Die Erfindung der Zeitgeschichte

Iwan-Michelangelo D'Aprile

Die Erfindung der Zeitgeschichte

Geschichtsschreibung und Journalismus
zwischen Aufklärung und Vormärz

Mit einer Edition von 93 Briefen
von Friedrich Buchholz
an Johann Friedrich Cotta und
Johann Georg Cotta 1805–1833

Akademie Verlag

Bibliografische Information der Deutschen Nationalbibliothek
Die Deutsche Nationalbibliothek verzeichnet diese Publikation in der Deutschen
Nationalbibliografie; detaillierte bibliografische Daten sind im Internet über
http://dnb.d-nb.de abrufbar.

© Akademie Verlag GmbH, Berlin 2013
Ein Wissenschaftsverlag der Oldenbourg Gruppe

www.akademie-verlag.de

Das Werk einschließlich aller Abbildungen ist urheberrechtlich geschützt. Jede Verwertung außerhalb der Grenzen des Urheberrechtsgesetzes ist ohne Zustimmung des Verlages unzulässig und strafbar. Das gilt insbesondere für Vervielfältigungen, Übersetzungen, Mikroverfilmungen und die Einspeicherung und Bearbeitung in elektronischen Systemen.

Einbandgestaltung: hauser lacour, unter Verwendung des Druckes Hafen von Port-au-Prince, Santo Domingo (Ende 18./Anfang 19. Jahrhundert). bpk | RMN - Grand Palais.
Druck: Concept Medienhaus, Berlin
Bindung: Norbert Klotz, Jettingen Scheppach

Dieses Papier ist alterungsbeständig nach DIN/ISO 9706.

ISBN 978-3-11-048540-0
eISBN 978-3-05-006103-0

Inhalt

Einleitung ... 7

1. Journalisten als Historiker ... 15

   1.1 Zeitschriftsteller als neuer Autorentypus ... 15
   1.2 Zeithistorische Medien ... 34

2. Europäische Pressenetzwerke ... 51

   2.1 Zwischen Preußen und dem Rheinbund: Buchholz und Cotta ... 55
   2.2 Zwischen Berlin und Paris: Buchholz und Widemann ... 60
   2.3 Buchholz' Monatsschrift als europäisches Presseorgan ... 66

3. Politikberatung und kritische Öffentlichkeit ... 81

   3.1 Aufklärung in Staatsnähe ... 81
   3.2 Buchholz und Hardenberg ... 92
   3.3 Zensur und Publizitätsstrategien ... 101

4. Zeitgeschichte als Wissensform ... 117

   4.1 Gegenwartsreflexion zwischen Geschichtsphilosophie und Frühhistorismus ... 117
   4.2 Historisierende Metaphysik-Kritik um 1800 ... 126
   4.3 Geschichte als historische Sozialwissenschaft ... 142

5. Zeitgeschichte als Weltgeschichte — 155

    5.1 Haiti als Medienereignis um 1800 — 155
    5.2 „Eine glückliche Manier, die Weltgeschichte zu reassumieren": Buchholz und Haiti — 159
    5.3 Globalisierung, Staatsschulden, Verzeitlichung — 168

6. Glanz und Elend des preußischen Frühliberalismus — 189

    6.1 Religionskritik und ökonomischer Antijudaismus — 192
    6.2 Republikanismus-Rezeption und Cäsarismus-Verdacht — 205

Anhang: Briefe von Buchholz an Cotta (1805–1833) — 221

    Briefe an Johann Friedrich Cotta (1805–1832) — 221
    Brief an Johann Georg Cotta 1833 — 388

Siglen und Abkürzungen — 391

Literaturverzeichnis — 393

    1. Ungedruckte Quellen — 393
    2. Friedrich Buchholz: Bücher, Broschüren, Periodika — 394
    3. Friedrich Buchholz: Artikel — 396
    4. Friedrich Buchholz: Übersetzungen — 399
    5. Gedruckte Quellen und Quelleneditionen — 400
    6. Darstellungen — 410

Personenverzeichnis — 433

Einleitung

Zeitgeschichtsschreibung wird um 1800 nicht neu erfunden, aber sie gewinnt als eine spezifische historische Reflexionsform der eigenen Gegenwart eine grundlegend veränderte Qualität. Als *histoire immédiate* bildet sie sich in ganz Europa unmittelbar mit der Französischen Revolution im Dreiangel von politischen und ökonomischen Umbrüchen, sich wandelnden Öffentlichkeitsformen und einem sich verändernden Zeit- und Aktualitätsverständnis heraus.[1] Sie ist keine bloß akademische Angelegenheit, sondern von Anfang an „ins Journalistische, in die Tagesschriftstellerei verschoben"[2] (Reinhard Koselleck) und kommt vorzugsweise in Medien wie historischen Zeitschriften, Almanachen oder Taschenbüchern zum Ausdruck. Ihre Akteure, Autoren wie Verleger, suchen die breite Öffentlichkeit ebenso wie die Einflussnahme auf die politischen Entscheidungsträger. Als eine Wirklichkeitswissenschaft des sozialen Wandels steht sie in den historiographischen Traditionen des 18. Jahrhunderts und verweist zugleich voraus auf die Historismus-Kritik des Vormärz.

In dieser Studie werden das journalistische Feld und die diskursiven Formen der neuen Zeitgeschichtsschreibung exemplarisch rekonstruiert, wobei die unmittelbaren Revolutionsdebatten im Umfeld von 1789 und 1830 als

---

[1] Vgl. Bourdin: La Révolution (2008) sowie für den deutschen Sprachraum die immer noch mustergültige Zusammenstellung von Horst Günther: Die Französische Revolution (1985).

[2] Koselleck: Stetigkeit und Wandel aller Zeitgeschichten (2003), S. 258. Kosellecks Hinweis, dass auch diese „ihr großes Format" mit Autoren wie Bruno Bauer, Karl Marx, Lorenz von Stein, Michelet oder Adolphe Thiers hatte, „deren Schriften zur Zeitgeschichte noch heute zur wiederholbaren Lektüre gehören", wird im folgenden am Beispiel von deren Vorläufern verfolgt.

die beiden Fluchtpunkte dienen, zwischen denen sich die hier untersuchten Phänomene bewegen. Der Fokus liegt dabei auf Autoren, die sich in die kosmopolitischen Traditionen der Aufklärung stellen und deren Lebenszeit häufig bis in den Vormärz reicht. Eine Bemerkung Walter Benjamins über Carl Gustav Jochmann verallgemeinernd ließen sie sich an einer „unbekannten Stelle zwischen der Aufklärung und dem jungen Marx"[3] verorten.

Man kann das Buch damit als eine Wiederaufnahme der altehrwürdigen Sattelzeit- und Verzeitlichungsthese lesen.[4] In der Forschung ist diese in den letzten Jahren aus unterschiedlichen Richtungen kritisiert worden.[5] Zuletzt hat Achim Landwehr Verzeitlichungserfahrungen und eine „deutliche[] Aufwertung der Gegenwart" in das 17. Jahrhundert zurückverfolgt und zu Recht eine Pluralisierung von historischen Temporalitäten eingefordert.[6] Tatsächlich ist selbst der Zusammenhang zwischen Mediengeschichte und veränderter Zeiterfahrung bereits seit den Anfängen der Aufklärung, nämlich in einer der ersten Apologien des Nutzens der Zeitungslektüre, formuliert. In seinem *Kuriösen Abriß über das Lesen von Zeitungen (Schediasma Curiosum de Lectione Novellarum)* von 1676 schreibt Christian Weise: „Daß es nützlich ist, die Geschichte unserer Zeit („temporis nostri historiam") zu kennen, bezweifelt niemand. Da aber nicht jedes Jahr ein neuer Thuanus erscheint, so suchen wir diese Lücke nicht mit Unrecht aus den Zeitungen auszufüllen."[7] In der Perspektive eines ‚langen 18. Jahrhunderts' sind Einheit der Epoche der Aufklärung und Sattelzeitthese – die Aufwertung der Gegenwart in der Frühaufklärung und eine beschleunigte und popularisierte Zeitgeschichtsschreibung im frühen 19. Jahrhundert – durchaus vereinbar. Ohnehin lässt sich diese Frage nicht einfach begriffs- oder dis-

---

[3] Jochmann: Politische Sprachkritik (1983), Nachwort, S. 235.
[4] Vgl. neben vielen weiteren Arbeiten Kosellecks: Die Verzeitlichung der Begriffe (2010); ders.: Abstraktheit und Verzeitlichung (1998); Becker: Zeit der Revolution (1999); Oesterle: Führungswechsel der Zeithorizonte (1985).
[5] Für einen Überblick zur Kritik an Kosellecks Verzeitlichungsthese vgl. Stefanie Stockhorsts Einführung zum Themenschwerpunkt „Zeitkonzepte" in *Das 18. Jahrhundert* (2006). Eine produktive Weiterführung der Verzeitlichungsthese aus soziologisch-historischer Perspektive findet sich in: Rosa: Beschleunigung (2005).
[6] Landwehr: Alte Zeiten, Neue Zeiten. Aussichten auf die Zeit-Geschichte (2012), S. 24f. Landwehr gebraucht hierfür den Begriff der „Zeit-Geschichte" im Sinne der Geschichte verschiedener Zeitvorstellungen.
[7] Deutsche Übersetzung des Zitats in: Pompe: Die Neuheit der Neuheit (2004), S. 53.

Einleitung

kursgeschichtlich entscheiden. Öffentlichkeitswandel, Globalisierung, ökonomische Krisen, politische Umbrüche, expandierender Pressemarkt, mediale Veränderungen und veränderte Zeitverständnisse gehen um 1800 Hand in Hand und sind alle ebenso Ursache wie auch Gegenstand der Zeitgeschichtsschreibung. Manchmal zeigen die historischen Quellen darüber ein größeres Bewusstsein als die spätere Forschungsliteratur. Ob sich dafür der Titel einer „Erfindung der Zeitgeschichte" rechtfertigen lässt, möge am Ende der Lektüre jeder selbst entscheiden.

Die in dieser Studie untersuchten Journalisten und deren Geschichtsschreibung sind bislang weder in der kanonischen Historiographiegeschichte noch in jüngeren Studien zum Zusammenhang von Geschichte und Literatur in der Aufklärungshistoriographie – etwa von Daniel Fulda oder Stephan Jaeger – näher in den Blick geraten.[8] Sicherlich sind die Grenzen zwischen akademischer Geschichtsschreibung und Journalismus um 1800 fließend: auch die Göttinger Universitätshistoriker Gatterer oder Schlözer waren zugleich sehr erfolgreiche Zeitschriftenherausgeber.[9] Dennoch gibt es naheliegende Kriterien, die es erlauben, von einem neuen Autorentypus zu sprechen, nämlich vom Journalisten-Historiker, der zumeist vom Schreiben lebt, ‚hauptberuflich' als Redakteur oder Journalist tätig ist, häufig bewusst Universitätsprofessuren ausschlägt und Ämter und Würden erst auf der Basis seiner Popularität als Journalist erhält. Zudem nehmen diese Autoren sich selbst als spezifische „Zeitschriftsteller" wahr und werden als solche auch von ihren Zeitgenossen gesehen. Mit einem aktuellen Begriff würde man sie eher dem Gebiet der „public history" als dem der akademischen Geschichtsschreibung zuordnen. Im Zentrum dieser Studie steht der Journalist und Historiker Friedrich Buchholz (1768–1843). Man hätte das Phänomen aber auch an Ernst Ludwig Posselt, Karl Ludwig Woltmann, Paul Usteri, Heinrich Zschokke, Friedrich Gentz – dann jedoch wohl mit dem Untertitel „zwischen Aufklärung und Restauration" – oder vielen weiteren exemplifizieren können.[10]

---

[8] Vgl. Fulda: Wissenschaft aus Kunst (1996); Jaeger: Performative Geschichtsschreibung (2011). Die bei Jaeger untersuchten Georg Forster und Johann Wilhelm von Archenholz ließen sich aber durchaus dem hier vorgestellten Typus zurechnen.
[9] Vgl. dazu zuletzt Gierl: Geschichte als präzisierte Wissenschaft (2012); sowie zur Göttinger Geschichtsschreibung: Melo Araújo: Weltgeschichte in Göttingen (2012).
[10] Zu Gentz vgl. jetzt Zimmermann: Die Erfindung der Realpolitik (2012).

Gegliedert ist das Buch in sechs Kapitel zu systematischen Fragestellungen und Spannungsfeldern, durch die der Untersuchungsgegenstand wesentlich gekennzeichnet ist. Die ersten drei Kapitel gehen medien- und institutionengeschichtlich vom journalistischen Feld aus, in den Kapiteln 4–6 stehen diskurs-, ideen- und historiographiegeschichtliche Fragen im Zentrum. In Kapitel 1 werden die Akteure und Medien der Zeitgeschichtsschreibung beschrieben, in Kapitel 2 werden exemplarisch die Vernetzungen der Zeitgeschichtsschreibung sowohl zwischen den deutschen Territorien wie auch innerhalb Europas rekonstruiert, Kapitel 3 beschäftigt sich mit dem spannungsreichen Wechselverhältnis von Regierungspolitik und Pressemarkt. In Kapitel 4 wird die Zeitgeschichtsschreibung als eine spezifische empirisch-sozialwissenschaftliche Wissensform der Gegenwartsreflexion ausgewiesen. In Kapitel 5 wird gezeigt, inwiefern die globalen Vernetzungen um 1800 nicht nur Gegenstand der Zeitgeschichtsschreibung sind, sondern auch selbst mitursächlich für eine veränderte Zeitwahrnehmung. Schließlich werden in Kapitel 6 aus der Perspektive der politischen Ideengeschichte einige Spezifika des preußischen Frühliberalismus an Hand exemplarischer Debatten der Zeit diskutiert.

Auf allen diesen Gebieten hat sich Friedrich Buchholz mit Beiträgen hervorgetan, die bereits von seinen Zeitgenossen als ebenso exemplarisch wie originell bewertet wurden. Darüber waren sich Buchholz' Gegner wie Friedrich Gentz, Adam Müller, August Wilhelm Rehberg, Johann Gottlieb Fichte oder Barthold Georg Niebuhr mit denjenigen einig, die seine Schriften geschätzt haben: zu letzteren gehörten neben vielen weiteren Goethe, Hardenberg, Johann Friedrich Cotta oder Karl August Varnhagen von Ense. Auch über den deutschen Sprachraum hinaus wurde Buchholz zu seiner Zeit intensiv rezipiert – unter anderem vom Begründer der Soziologie Auguste Comte oder dem ‚Gründungsvater' der Norwegischen Verfassung von 1814, Christian Magnus Falsen.

Dass ich mich dennoch gegen die chronologische Ordnung in Form einer Biografie entschieden habe, hat mehrere Gründe. Der erste ist, dass mich Buchholz eher als Symptom für die genannten Tendenzen und weniger im Hinblick auf seine Persönlichkeit interessiert. Zweitens sprechen ganz praktische Gründe gegen die biografische Form: von Buchholz ist kein Nachlass überliefert, es gibt nur spärliche biografische Zeugnisse, nicht einmal ein Porträt existiert. Aber selbst bei verändertem Erkenntnisinteresse oder bes-

Einleitung

serer Quellenlage wäre es drittens sehr fraglich, ob es für eine Buchholz-Biografie viel zu erzählen geben würde: anders als seine Journalistenkollegen Gentz, Johannes Müller, Adam Müller oder Karl Ludwig Woltmann hat Buchholz nicht nach höfischem Glanz gestrebt. Auch in den städtischen Geselligkeitszirkeln und Vereinen tritt er nicht als aktives Mitglied auf. Nach allem, was man weiß, scheint er ein häusliches Leben mit seiner Familie und den sechs Kindern geführt und die meiste Zeit am Schreibtisch verbracht zu haben. Was in dieser Richtung zu leisten war, kann man immer noch Rütger Schäfers gründlicher bio-bibliographischer Studie von 1972 entnehmen.[11] Der Nachteil am Zugang über die Kontexte bei gleichzeitiger Fokussierung auf Buchholz liegt jedoch sicherlich darin, dass das Buch zwischen den Zeiten springt: manches Frühere kommt später, manches zeitlich Zusammengehörige wird an unterschiedlichen Stellen aus verschiedenen Perspektiven diskutiert.

Auch wenn Buchholz heute nur noch Spezialisten bekannt ist, war er doch immer wieder sporadisch Gegenstand des Interesses der Forschung: neben der bereits angeführten grundlegenden Arbeit von Rütger Schäfer sind hier insbesondere die Studien von Hans Gerth und Jörn Garber zu nennen.[12] Daneben wurden Einzelaspekte von Buchholz Werk im Zusammenhang der Rheinbundpublizistik bei Gerhard Schuck und Birgit Fratzke-Weiß, in Bezug auf Preußen bei Andrea Hofmeister-Hunger und Ludger Herrmann, im Zusammenhang mit dem Wandel der politischen Wissenschaften bei Annette Meyer und Axel Rüdiger, in Bezug auf Buchholz' Romane bei Alexander Nebrig sowie im Kontext früher Antisemitismus-Debatten bei Ulrich Wyrwa behandelt.[13] Auf all diesen Studien baut dieses Buch auf. Generell lässt sich zur Abgrenzung gegenüber den klassischen Arbeiten von Gerth, Schäfer und Garber sagen, dass Buchholz dort vor allem unter der Perspektive eines Vorläufers der Soziologie und als revolutionärer Denker gedeutet wird. Dieser Interpretation wird hier nicht widersprochen, sie wird lediglich ergänzt durch eine stärkere Fokussierung auf Buchholz' Bedeutung als Journalist und Historiker: damit kommen sowohl die beiden Tätigkeitsfelder deutlicher in den Blick, durch die er sich selbst

---

[11] Vgl. Schäfer: Friedrich Buchholz – ein vergessener Vorläufer der Soziologie (1972).
[12] Hans H. Gerth: Friedrich Buchholz, auch ein Anfang der Soziologie (1954); sowie alle im Literaturverzeichnis genannten grundlegenden Arbeiten von Jörn Garber.
[13] Vgl. Nebrig: Helene Ungers Übersetzung (2008).

zeitlebens definiert hat als auch seine Rolle innerhalb der institutionellen, medialen und diskursiven Kontexte seiner Zeit, die hier möglichst dicht an den Quellen rekonstruiert werden. Nur so werden beide Seiten erkennbar – geschichtliche Nähe wie Distanz: in den Augen heutiger Leser ungeheuer Modernes und abgrundtief Fremdes stehen bei Buchholz unmittelbar nebeneinander.

Im Anhang erstmals veröffentlicht werden Buchholz' Briefe an seinen Verleger Johann Friedrich Cotta aus den Jahren 1805–1832, in denen sich die damaligen politischen Verhältnisse und die Marktbedingungen der neuen Öffentlichkeitsformen widerspiegeln und die zudem ein eindrucksvolles Zeugnis für den grenzüberschreitenden Charakter des zeithistorischen Diskurses sind. Vergleichbar der problematischen Rezeptionsgeschichte von Buchholz insgesamt, haben auch diese Briefe ihre eigene Geschichte. Über 30 Jahre lang waren sie vom Cotta-Archiv Marbach an den Preußen-Forscher Otto Tschirch verliehen, der in den 1930er Jahren eine Edition plante, dies aber nicht mehr realisiert hat.[14] Tschirch, der sein ebenso materialreiches wie hochideologisches Buch über die *Geschichte der öffentlichen Meinung in Preußen* 1933 den neuen Machthabern in Deutschland widmete, verband mit Buchholz eine Art Hassliebe – der psychologisierende Ausdruck erscheint hier ausnahmsweise zutreffend: so wie er in ihm den frankophilen Vaterlandsverräter brandmarkte, so sehr kamen seinen eigenen Ressentiments Buchholz' antijüdische Ausfälle entgegen.[15] Glücklicherweise gelangten Buchholz' Briefe nach Tschirchs Tod wohlbehalten wieder nach Marbach.

Danksagung

Dieses Buch wurde ermöglicht durch ein Fellowship, das mir im Frühjahr 2010 im Rahmen der Exzellenzinitiative des Bundes und der Länder zur Förderung von Wissenschaft und Forschung am Center for Advanced Studies der Ludwig Maximilians Universität München gewährt wurde. Auf dem

---

[14] Vgl. Tschirch: Friedrich Buchholz, Friedrich von Cölln und Julius von Voß (1936).
[15] Vgl. Tschirch: Geschichte der öffentlichen Meinung in Preußen (1933), Bd. 1, S. IX.

Einleitung

13. Kongress der Internationalen Gesellschaft zur Erforschung des 18. Jahrhunderts (ISECS) im Sommer 2011 in Graz konnte ich das Konzept der Zeitgeschichtsschreibung zwischen Aufklärung und Vormärz mit einem Panel vorstellen. Zudem konnte ich meine Arbeit durch Einladungen zu einem gemeinsamen Workshop des International Graduate Centre for the Study of Culture (GCSC) der Justus-Liebig-Universität Gießen und Institut für Europäische Geschichte (IEG) in Mainz (Horst Carl, Uwe Ziegler), dem Forum Ideengeschichte und der Internationalen Tagung zur „Wissenschaft des Politischen" an der Ludwig Maximilians Universität München (Eckhart Hellmuth), dem Interdisziplinären Zentrum zur Erforschung der europäischen Aufklärung (IZEA) Halle (Daniel Fulda), den Kolloquien der Historischen Institute der Universitäten Augsburg (Lothar Schilling, Kirill Abrosimov) und Jena (Werner Greiling), der Humboldt Universität Berlin und der École Normale Supèrieure ENS Paris (Anne Baillot), sowie dem Montagsclub des Akademievorhabens „Berliner Klassik" an der Berlin-Brandenburgischen Akademie der Wissenschaften zur Diskussion stellen. Allen Genannten danke ich für die Anregungen und die Unterstützung.

Mein erster Dank gilt Annette Meyer, die das Interesse an Buchholz von Anfang an geteilt hat und die dieses Buch ebenso und wahrscheinlich viel besser hätte schreiben können.

Wertvolle Hinweise auf Archivalien, Forschungsarbeiten und neue Aspekte habe ich von Bernhard Fischer, Håkon Harket, Rütger Schäfer, Uta Motschmann, Pauline Pujo, Axel Rüdiger, Tristan Coignard, Ulrich Wyrwa, Monika Meier, Uwe Ziegler, Helmut Peitsch, Reinhard Blänkner, Liliane Weissberg, Winfried Siebers, Darrin McMahon, Alexander Nebrig, William Hiscott und Christoph Kapp erhalten – Ihnen allen großen Dank!

Wie immer danke ich meinen akademischen Lehrern Conrad Wiedemann, Günther Lottes, Thomas Gil und Heinz Dieter Kittsteiner (†). Wenn sie ihre Bedeutung für meine Arbeit an der einen oder anderen Stelle wiedererkennen, würde ich mich freuen.

Helmuth Mojem, Leiter des Cotta-Archivs im Deutschen Literaturarchiv Marbach, sei dafür gedankt, dass er die Veröffentlichung der Briefe von Buchholz an Cotta ermöglicht hat. Birgit Slenzka, Cotta-Archiv, schulde ich Dank für die große Unterstützung bei der Transkription der Briefe. Vinzenz Hoppe hat mit im Wortsinn unermüdlichem und großartigem Einsatz das gesamte Manuskript durchgesehen, in Form gebracht und die Kollationierung der Transkription übernommen. Ihm sei ebenso herzlich gedankt wie Alix Winter für die gründliche Lektüre des Manuskripts.

Katja Leuchtenberger vom Akademie Verlag danke ich für die Aufnahme des Bandes in das Verlagsprogramm und die große Geduld mit einem Autor, der trotz der immens verbesserten heutigen technischen Möglichkeiten weitaus langsamer schreibt als diejenigen Autoren, die Gegenstand dieses Buches sind.

Dorothee D'Aprile schließlich hat alles gelesen und redigiert. Ohne sie und unsere Söhne Jakob und Bruno wäre dieses Buch nicht geschrieben worden.

Vorstudien zu diesem Buch finden sich in folgenden Aufsätzen des Verfassers: Am Anfang stand ein Beitrag für die *Zeitschrift für Ideengeschichte* (*Buchholz gegen Gentz*, 2009). In Kapitel 1 und 3 eingegangen ist ein Aufsatz für Ursula Goldenbaums und Alexander Košeninas *Berliner Aufklärung* (*Die letzten Aufklärer*, 2011), gleiches gilt für einen Beitrag für Martin Mulsows und Guido Nascherts Jahrbuch *Aufklärung* (*Netzwerke zwischen radikaler Spätaufklärung, Frühliberalismus und Vormärz*, 2012). Kapitel 2 baut auf einem Aufsatz für Anne Baillots *Netzwerke des Wissens* auf (*Europäische Pressenetzwerke im napoleonischen Zeitalter*, 2011), Einzelaspekte von Kapitel 3 wurden diskutiert in: *Friedrich Buchholz und die Konstellation politischer Öffentlichkeit* für das Kompendium *Berlins 19. Jahrhundert* (2011). In Kapitel 4 eingegangen sind Passagen aus meinen Aufsätzen *Friedrich Nicolai und die zivilgesellschaftliche Aneignung von Bildung und Wissenschaft* (2011) und *Der Weltgeist der Aufklärung* (2010). Einige Vorüberlegungen zu Kapitel 5 finden sich in meinem Aufsatz *Europa im Spiegel der Welt – ein Motiv in der deutschen Aufklärungsdiskussion* in Helmut Peitschs Sammelband *Reisen um 1800* (2012). Schließlich erscheinen zeitgleich eine Kurzfassung von Kapitel 5 unter dem Titel *Haiti und die Globalisierung des politischen Diskurses in Preußen um 1800* im von Reinhard Blänkner herausgegebenen Band zu *Literatur und Politik im globalen Kontext um 1800* (2013) sowie eine Untersuchung zu *Buchholz's Reception of James Harrington* in dem von Gaby Mahlberg und Dirk Wiemann herausgegebenen Band *European Contexts for English Republicanism* (2013), die auf den entsprechenden Abschnitten aus Kapitel 6 beruht.

1. Journalisten als Historiker

1.1 Zeitschriftsteller als neuer Autorentypus

In der Ankündigung seines Journals *Die Wage* aus dem Jahr 1818 stellt sich Ludwig Börne seinem Publikum programmatisch als „Zeitschriftsteller" vor.[1] Zeitschriftsteller werden von ihm im Zwischenbereich von Geschichtsschreibung, politischem Journalismus und Literatur verortet und seien als kritische Historiker ihrer eigenen Gegenwart zu verstehen: „Oft reißt die Geschichte ein Wort stammelnd auseinander, aber es sollen die Zeitschriftsteller nicht gleich einem Echo nur die letzte Silbe der Ereignisse, sondern das ganze verständliche Wort wiederholen."[2] Zeitschriftsteller im Verständnis Börnes gehorchen bei ihrer Analyse historischer Zusammenhänge sowohl dem Überparteilichkeitsgebot – „Ein Geschichtsschreiber muß sein wie Gott; er muß alles, alle lieben, sogar den Teufel" – zielten aber zugleich mit ihrem engagierten Schreiben und ihrer Gesellschaftskritik auf politische Veränderung. Genau durch diese Kombination würden sie zum „Fuhrmann" sowohl der historischen Wissenschaft wie der Geschichte selbst.[3]

Im Unterschied zur gängigen Periodisierung der kulturhistorischen Forschung, nach der Börne oder auch Heinrich Heine als im Vormärz neu entstehender Typus des politischen Zeitschriftstellers etikettiert werden, sollen sie hier als Fluchtpunkt und nicht als Anfang einer bestimmten Entwicklung

---

[1] Börne: Ankündigung der Wage, in: ders.: Sämtliche Schriften, Bd. 1, S. 668. Vgl. auch Rippmann: Zeitschriftsteller (2002), S. 255; sowie Wülfing: Schlagworte (1982), S. 124 ff.
[2] Börne: Ankündigung der Wage, in: ders.: Sämtliche Schriften, Bd. 1, S. 682.
[3] Ebd., S. 668.

verstanden werden, die in der Aufklärung in ihren Ausgang nahm.[4] Sowohl die Sache wie auch der Begriff haben hier ihren Ursprung: so spricht Wilhelm Ludwig Wekhrlin im vierten Band seines *Grauen Ungeheuers* von 1785 von seinen „Zunftbrüdern, den Zeitschriftstellern"[5]; Ludwig Ferdinand Huber handelt in den *Friedenspräliminarien* von 1794 von „Zeitschriftsteller[n] und Revolutionsalmanachsmacher[n]"[6], Garlieb Merkel benutzt den Begriff zur Selbstcharakterisierung[7] und Goethe betitelt den Herausgeber des Journals *Deutschland*, Johann Friedrich Reichardt, im Jahr 1796 in abgrenzender Absicht als „Zeitschriftsteller".[8] Ausführliche Reflexionen über „Zeitschriftsteller" und „Journalisten" finden sich um 1800 auch bei Friedrich Gentz, wobei er schon auf den engen Zusammenhang zwischen Journalismus und Zeitgeschichtsschreibung aufmerksam macht: „Der Journalist steht zwischen dem Zeitungsschreiber und dem Geschichtsschreiber mitten inne: in so fern er das so eben geschehene erzählt, geht er freilich am sichersten, wenn er sich mehr an die Manier des erstern hält; in so fern er aber den rohen Stoff, den dieser liefert, zu verarbeiten anfängt, schließt er sich an den letztern an; und in dieser Hinsicht gilt von ihm alles das, was hier von dem Geschichtsschreiber gesagt wird."[9]

Im Begriff „Zeitschriftsteller" drückt sich die Entstehung eines neuen Autorentypus des politischen Historiker-Journalisten aus, der sich um 1800 in allen großen europäischen und deutschen Staaten herausbildet.[10] Nach Anfängen im politischen Aufklärungsjournalismus bei August Ludwig Schlözer, Georg Forster, Wilhelm Ludwig Wekhrlin, Christian Daniel Schubart, Christoph Martin Wieland, Isaak Iselin oder Friedrich Schiller öffnet sich

---

[4] Vgl. Wülfing: Schlagworte (1982); sowie Siebers-Gfaller: Pressestimmen (1992), S. 6 ff.
[5] Wekhrlin: Das graue Ungeheuer, Bd. 4 (1785), S. 259.
[6] Huber: Friedenspräliminarien, Bd. 6 (1794), S. 282, Fußnote.
[7] Vgl. Bosse: Merkel als Zeitschriftsteller (2007).
[8] Goethe: Xenien 1796, S. 6: „Der Zeitschriftsteller: Bald ist die Menge gesättigt von demokratischem Futter / Und ich wette du steckst irgend ein anderes auf." Vgl. auch Rippmann: Zeitschriftsteller, S. 253.
[9] Gentz spricht sowohl von „Zeitschriftstellern" wie von „Journalisten". Vgl. Gentz: England und Spanien (1806), S. 16: „englische Zeitschriftsteller"; sowie ders.: Unparteilichkeit und Neutralität (1799), S. 334.
[10] Für die deutsche Nachkriegszeit des 20. Jahrhunderts hat Frank Bösch den Typus des Journalisten-Historikers untersucht. Vgl. Bösch: Journalisten (2009).

mit der Jahrhundertwende ein journalistisches Feld, das zunehmend Verdienstmöglichkeiten bietet, die es sogar ermöglichen, vom Journalismus den Lebensunterhalt zu bestreiten. Tatsächlich übersteigen diese Verdienstmöglichkeiten zum Teil die Bezahlungen für Anstellungen im akademischen Bereich. Die Autoren profitieren dabei sowohl von einem neuen Markt für historisch-politische Publikationen als auch von einem veränderten staatlichen Öffentlichkeitsverständnis, bei dem die ganze Nation als Adressat aktiver staatlicher Pressepolitik angesehen wird. Sie bedienen eine Vielzahl populärer zeithistorischer Medien wie historisch-politische Zeitschriften, historische Taschenbücher, Almanache und Kalender bis hin zur historischen Belletristik.

Zumeist sind sie weder als Akademiker verbeamtet, noch entstammen sie den adlig-bürgerlichen diplomatischen Eliten – was sie nicht davon abhält, als politische Pressearbeiter oder Berater auch gelegentlich in den Staatsdienst einzutreten. Als „Privatpersonen mit public character"[11] kommentieren sie kritisch das Zeitgeschehen, während nach dem offiziellen Verständnis bis weit ins 18. Jahrhundert hinein Privatpersonen als unbefugt galten, über die zum höfischen Arkanbereich gehörenden aktuellen politischen Ereignisse und Konflikte zu berichten. August Ludwig Schlözer etwa musste sich noch im Jahr 1784 einen scharfen Verweis des preußischen Ministers Ewald von Herzberg gefallen lassen, in dem dieser ihm die Kompetenz abspricht, über die Zeitgeschichte öffentlich zu verhandeln, nachdem Schlözer es gewagt hatte, die Zensurmaßnahmen in Preußen zu kritisieren: „Eine Privatperson ist nicht berechtigt, über die Handlungen und Verfahren, die Gesetze, die Maßregeln, und Anordnungen der Souveraine und Höfe, ihrer Staatsbedienten, Kollegien und Gerichtshöfe öffentlich sogar tadelnde Urteile zu fällen, oder davon Nachrichten, die ihm zukommen, bekannt zu machen oder durch den Druck zu verbreiten. Eine Privatperson ist auch zu deren Beurteilung gar nicht fähig, da es ihr an der vollständigen Kenntnis der Umstände und Motive fehlt. Sie setzt sich der Gefahr aus, Verleumdungen, Lästerungen und Unwahrheiten auszustreuen, und sich derselben ebenso teilhaftig und dafür ebenso strafbar zu machen, als der Urheber selbst ist. Sie kann sich in solchem Fall auch den Rechten nach nicht entbrechen, den Urheber und Einsender anzugehen, und kann sich, durch ihre Darstellung

---

[11] [Ascher]: Kabinett Berlinischer Karaktere (1808), S. IV f.

zur Ahndung dieser Anzeige nicht entledigen. Die Nation wird nicht erleuchtet, nicht gebessert, sondern verdorben. Die unbedachtsame Aufklärungssucht jetziger Zeiten artet in eine freche Ausgelassenheit aus, tritt alles, was heilig und würdig ist, mit Füssen, macht dem Volke alles verächtlich, verwirrt seine Begriffe und flößt ihm Aufruhr, Ungehorsam, Zügellosigkeit und Widersetzungsgrundsätze ein, ohne es zu unterrichten, zu erleuchten und zu bessern. Die Ausgelassenheit der Journalisten, Zeitungsschreiber, Sammler usw. verursacht Unannehmlichkeiten mit anderen Höfen, und es ist die höchste Zeit und Notwendigkeit, ihr einen Zügel anzulegen."[12]

Die Einkommensspanne der Zeitschriftsteller reicht von journalistischen Tagelöhnern und Vielschreibern, denen „im eigentlichen Sinne das Brod fehlt[e], wenn die Feder nicht schnell über das Papier gleitet",[13] bis zu Großverdienern und erstaunlichen europäischen Karrieren wie denen von Friedrich Gentz oder Johannes Müller. Johannes Müller etwa wurde im Jahr 1804 von der Preußischen Regierung aus Wien abgeworben und mit einem Jahresgehalt von 3000 Reichstalern zum ordentlichen Mitglied der Akademie der Wissenschaften mit dem Titel eines Geheimen Rats ernannt.[14] Gentz ging den umgekehrten Weg, verließ im Jahr 1802 Preußen und ließ sich mit einem Gehalt von 4000 Gulden jährlich als Kaiserlicher Rat anstellen. Zudem erhielt er für diplomatische Dienste 800 Pfund Sterling jährlich von der

---

[12] Hertzberg 1784 in einem Verweis an August Ludwig Schlözer, der die Preußischen Zensurmaßnahmen kritisiert hatte. Zit. n. Schömig: Politik und Öffentlichkeit (1988), S. 126 f.

[13] So Garlieb Merkel über den mit ihm befreundeten Vielschreiber Julius von Voss. Zit. n. Hahn: Voss (1910), S. 60. Je nach Renommée reichten die Autorenhonorare von wenigen Groschen bis maximal 15 rt (= Reichstaler) je Druckbogen. Aus einem Brief des Verlegers Sander an Böttiger über Garlieb Merkel lässt sich eine Lohnkalkulation für einen der erfolgreicheren Autoren berechnen: Sander kalkuliert für ein Zeitschriftenprojekt Merkels einen Gewinn für diesen in Höhe von 300 rt für 52 Bögen und schätzt, dass jeder Bogen 3 Tage Arbeit kosten wird, so dass sich ein Gehalt von 2 rt pro Tag errechne. Vgl. Steiner: Autorenhonorar (1998). Nach Helga Eichler lag das durchschnittliche Jahreseinkommen in Berlin um 1800 bei 100–150 rt für Manufakturarbeiterfamilien und Hauslehrern, bei 300–500 rt bei mittleren Beamten und bei bis zu 5000–8000 rt bei Ministern und Diplomaten. Vgl. Eichler: Berliner Intelligenz (1989), S. 36. Grundlegend zur Sozialstruktur von Intellektuellen immer noch: Gerth: Bürgerliche Intelligenz (1976).

[14] Vgl. Pape: Johannes von Müller (1989), S. 172.

Zeitschriftsteller als neuer Autorentypus

englischen Regierung.[15] Allerdings waren beide damit für den öffentlichen Diskurs verloren: Müller lehnte in der Folge die Mitarbeit an zeithistorischen Journalen ab, weil „mehr als ein Wink" von höherer Seite ihm zu verstehen gegeben habe, dass dies mit seinem offiziellen Amt kollidiere. Er beschränkte sich stattdessen auf Rezensionen, Empfehlungsschreiben und die Förderung anderer Zeitschriftsteller wie etwa Heinrich Luden.[16] Und Gentz gab die Redaktion aller historischen Journale auf und begründete seine Absage bei späteren Anfragen mit dem Geheimhaltungsgebot, dem er nun unterstehe: „[…] an authentischen Aufschlüssen über die neueste Zeitgeschichte kann kein Schriftsteller in Deutschland, können überhaupt wenige meiner Zeitgenossen so reich sein, als ich. Aber gerade das Anziehendste, das Wichtigste von dem, was ich weiß, kann ich nur selten dem Publikum mitteilen […]. Das ist heute das Haupthinderniß, welches mich hemmt."[17]

Aber auch unbekanntere Autoren fanden Aufstiegsmöglichkeiten, wie der österreichische Reiseschriftsteller Joseph Widemann, der zum bedeutenden Pressearbeiter der Regierungen in Frankreich und in Bayern wurde oder der jüdische Lebenskünstler Karl Julius Lange, der von den 1790er Jahren bis 1805 bei Hardenberg die Pressearbeit erledigte und unter Napoleon zum Isenbergschen Hofrat ernannt wurde. Manchen gelang es sogar mit Nicht-Schreiben Geld zu verdienen – so erhielt Adam Müller während der Reformzeit von der Preußischen Regierung ein „Wartegeld" genanntes Schweigegeld in der beachtlichen Höhe von 1200 rt, weil er sich zum Sprachrohr der altständischen Adelsopposition gemacht hatte.[18]

Der so umschriebene Autorentypus des politischen Zeitschriftstellers ist dabei nicht regional beschränkt, sondern findet sich in allen deutschen Territorien und deutschsprachigen Regionen: im Rheinbund (Johann Gottfried Pahl, Niklas Vogt, Peter Adolf Winkopp)[19], im Elsaß (Johann Friedrich

---

[15] Dies entspricht etwa 2700 rt aus Österreich und 4200 rt aus Großbritannien. Vgl. auch Meyer: Historisches Journal (1992), S. 63; Mann: Gentz (1947), S. 107 f., S. 122; sowie Zimmermann: Gentz (2012).

[16] Vgl. Pape: Müllers Rezensionen (1990); sowie ders.: Johannes von Müller (1989), S. 202.

[17] Gentz an Perthes, 20. Januar 1814, in: Briefe von und an Gentz, Bd. 1, S. 340. Vgl. auch Salzbrunn: Historisches Zeitschriftenwesen (1968), S. 230 f.

[18] Vgl. Kittsteiner: Der Streit um Christian Jacob Kraus (2005), S. 29.

[19] Vgl. Schuck: Rheinbundpatriotismus (1994); Fratzke-Weiß: Rheinbund (1997); sowie Coignard: Rheinbundpatriotismus (2008).

Butenschön, Friedrich Christoph Cotta)[20], in Württemberg (Ernst Ludwig Posselt, Christian August Fischer)[21], Bayern (Joseph Widemann, Christian Georg Otto)[22], Österreich (Friedrich Gentz, Adam Müller, Friedrich Schlegel), Sachsen (Christian Daniel Voss, Heinrich Luden)[23], Hannover (August Wilhelm Rehberg)[24], Preußen (Friedrich Buchholz, Saul Ascher, Karl Ludwig Woltmann), in der Schweiz (Heinrich Zschokke, Paul Usteri), Norddeutschland (August Hennings, Johann Wilhelm von Archenholz, Benedikt von Schirach)[25] oder im Baltikum (Garlieb Merkel, Carl Gustav Jochmann)[26]. Auch in Frankreich haben – nach den unmittelbaren revolutionären und gegenrevolutionären Historiker-Journalisten wie Mallet du Pan, Bonald, Sismondi und vielen weiteren[27] – unter anderem drei der wichtigsten Historiker der ersten Hälfte des 19. Jahrhunderts ihre Karrieren als historisch-politische Journalisten begonnen: der junge François Guizot (1787–1874) arbeitete ab 1808 als Korrespondent für Heinrich Zschokkes zeithistorische Journale; Augustin Thierry (1795–1856) schrieb nach seiner Tätigkeit als Sekretär Henri de Saint-Simons von 1817–1820 hauptberuflich historische Aufsätze für den *Censeur européen* und den *Courrier français* und Adolphe Thiers (1797–1877) war in den 1820er Jahren wichtigster Mitarbeiter bei den liberalen Zeitschriften *Le Constitutionel* und *Le national*.[28] Historiker-Journalisten sind im frühen 19. Jahrhundert ein europaweites Phänomen,

---

[20] Vgl. Lachenicht: Information und Propaganda (2004), bes. S. 459 ff.
[21] Zu Posselt vgl. Salzbrunn: Historisches Zeitschriftenwesen (1968); Lang: Foyer der Revolution (1998), S. 77 ff.; zu Fischer vgl. Huerkamp u. Meyer-Thurow: Fischer (2001).
[22] Zu Wiedemann vgl. Piereth: Bayerns Pressepolitik (1999); Fratzke-Weiß: Rheinbund (1997).
[23] Zu Voss vgl. Rüdiger: Staatslehre (2005).
[24] Vgl. Vogel: Rehberg (1972); sowie Dongowski: Rehberg (1997).
[25] Zu Archenholz vgl. Ruof: Archenholtz (1965); sowie Rieger: Archenholz (1994); zu Schirach vgl. Böning: Schirach (1997).
[26] Zu Merkel vgl. Bosse: Merkel als Zeitschriftsteller (2007); sowie Schwidtal u. Gutmanis (Hg.): Jochmann und Merkel (2001); Drews (Hg.): Merkel (2000); Sangmeister: Vom ‚Zuschauer' zu den ‚Staatsanzeigen' (2000); Schiewe: Jochmann (1989); sowie Kraft: Jochmann (1972).
[27] Vgl. Acomb: Mallet du Pan (1973); Alibert: Bonald (2002); sowie Mc Mahon: French Counter-Enlightenment (2001).
[28] Vgl. Ort: Zschokke (1998), S. 238 ff.; sowie Stadler: Geschichtsschreibung (1958), S. 143.

wobei die Grenzen zwischen Geschichtsschreibung, Journalistik, Belletristik und philosophischer Publizistik fließend sind.[29]

Die Kontinuität zwischen Aufklärung und Vormärz lässt sich am deutlichsten an einer Gruppe von Autoren festmachen, die als um 1765 Geborene gemeinsame Generationenerfahrungen aufweisen und wesentlich den Markt für zeithistorische Publikationen prägen. Dazu gehören Christian Daniel Voss (1761–1821), Ernst Ludwig Posselt (1763–1804), Saul Ascher (1767–1822), Friedrich Buchholz (1768–1843), Karl Ludwig Woltmann (1770–1817) oder Heinrich Zschokke (1771–1848). Sie alle verbindet, dass sie sich noch in die Tradition der Aufklärung stellen, obwohl sie zumeist noch weit bis ins 19. Jahrhundert tätig waren. In der Folge wurden sie deshalb manchmal auch als die ‚letzten Aufklärer' tituliert.[30] An ihnen lässt sich der Weg in den hauptberuflichen zeithistorischen Journalismus exemplarisch veranschaulichen.

Ernst Ludwig Posselt, geboren 1763 als Sohn eines Justizbeamten in Durlach, studierte in den Göttinger Historikerkreisen bei Gatterer, Schlözer und Pütter Staatswissenschaft und Statistik. Ab 1784 war er am Karlsruher Gymnasium als Professor der Geschichte tätig. 1791 nahm er eine Stellung als Amtmann im badischen Staatsdienst an. Bereits in der Karlsruher Zeit gab Posselt seine ersten Zeitschriften heraus, in denen sowohl der Bezug zur Aufklärung als auch das historische Interesse zum Ausdruck kommt: das *Wissenschaftliche Magazin für Aufklärung* (1785–1788) und das *Archiv für ältere und neuere, vorzüglich Teutsche Geschichte, Staatsklugheit und Erdkunde* (1790–1792). Zudem veröffentlichte er historische Werke wie eine *Geschichte der deutschen Fürstenvereine* (1787) oder eine *Geschichte der deutschen Stände* (1789/90). Zu Posselts engstem Umfeld gehörten dabei der radikalaufklärerische Journalist und Herausgeber der *Teutschen Chronik*, Christian Daniel Schubart und dessen Sohn Ludwig Schubart. Zugleich positionierte sich Posselt als Anhänger der Preußischen Aufklärung, hielt eine Rede zum ersten Todestag Friedrichs II. und veröffentlichte einen

---

[29] Vgl. Lüsebrink u. Molliers (Hg.): Presse et événement (2000); Lüsebrink u. Popkin (Hg.): Enlightenment, Revolution and the periodical press (2004).

[30] Eine Charakterisierung, die Heinrich Heine in seiner *Harzreise* ironisch zuspitzt, wenn er Saul Ascher als greisen „Vernunftdoktor" beschreibt, der ihm später noch als Gespenst erschienen ist, um ihn an die Macht der Rationalität zu erinnern. Heine: Harzreise, in: ders.: Säkularausgabe, Bd. 5, S. 26–28.

Nachruf auf Ewald von Herzberg, in dem er den König und Herzberg mit der Konstellation Henri IV und Sully verglich.[31] Dennoch schlug er alle Angebote der Preußischen Regierung auf ein Staatsamt aus und gab im Jahr 1796 auch seine Badischen Staatsämter auf, um hauptsächlich als politisch-historischer Publizist tätig sein zu können. Von 1794 bis zu seinem Selbstmord im Jahr 1804[32] hat er in Zusammenarbeit mit Johann Friedrich Cotta für ein Jahrzehnt die wichtigsten zeithistorischen Periodika begründet und geleitet: seit 1794 das *Taschenbuch für die neueste Geschichte*, ab 1795 die *Europäischen Annalen*, 1797 die *Neueste Weltkunde*.[33] Wie Ludwig Schubart in seinem 1805 veröffentlichten Nachruf auf Posselt berichtet, habe dieser aus den Honoraren für seine publizistischen Tätigkeiten ein Vermögen von 50.000 Gulden hinterlassen.[34]

Wie Posselt hat auch Karl Ludwig Woltmann eine akademische Laufbahn zu Gunsten des historischen Journalismus verlassen. Woltmann, 1770 in Oldenburg als Sohn eines einfachen Beamten und Hauslehrers geboren, hat wie Posselt in Göttingen Geschichte studiert und wurde hier vor allem von Spittler protegiert. 1794 wurde er auf eine außerordentliche Geschichtsprofessur in Jena berufen. Auf die Zusammenarbeit mit Friedrich Schiller gehen Woltmanns erste Veröffentlichungen zurück: historische Aufsätze in der *Neuen Thalia*, in den *Horen* und im Göttinger *Musenalmanach*. Woltmann schrieb eine *Geschichte Frankreichs* sowie eine *Geschichte Englands* und veröffentlichte eine zweibändige Ausgabe mit *Kleinen historischen Schriften*. Da ihm seine Professur in Jena „keinen Heller einträgt", wie Karl August Böttiger berichtet,[35] verdingte sich Woltmann zudem als Romanautor. Mit dem Honorar für seinen Roman *Mathilde von Meerveldt* begab sich Woltmann nach Berlin, wo er zwischen 1800 und 1805 zusammen mit dem Verleger Johann Friedrich Unger das Journal *Geschichte und Politik* herausgab. Wie Woltmann in seiner Selbstbiographie berichtet, war diese Tätigkeit

---

[31] Vgl. Posselt: Hertzberg (1798).
[32] Posselt befürchtete, im Zuge eines Verschwörungsprozesses gegen General Moreau, ebenfalls verhaftet zu werden, weil er in enger Beziehung zu Moreau stand. Vgl. Schubart: Sendschreiben (1805); Lang: Foyer der Revolution, S. 77 ff.; sowie Salzbrunn: Historisches Zeitschriftenwesen (1968), S. 132.
[33] Zu Posselts Tätigkeit für Cotta vgl. Lang: Foyer der Revolution (1998), S. 77 ff.; sowie Salzbrunn: Historisches Zeitschriftenwesen (1968), S. 132.
[34] Vgl. Schubart: Sendschreiben (1805), S. 46 f.
[35] Böttiger an Müller, 7. Dezember 1789, in. Briefe an Johann von Müller, Bd. 1, S. 301.

lukrativer als eine Professur in Göttingen, für die er gleichzeitig im Gespräch war: „Der Hauptgrund, warum er [Woltmann, Anm. I. D.] die göttingische Professur aus dem Augenmerk verlor, war eine allem Anschein nach äußerst vortheilhafte buchhändlerische Verbindung, welche ihm Unger in Berlin anbot, ein Mann, der sich durch Rastlosigkeit und Unternehmungsgeist, durch die Beihülfe seiner Frau, welche die schwächliche Natur zu einer unglaublichen Anstrengung für seine Unternehmungen spannte, zu einem sehr aufblühenden Wohlstand emporgearbeitet hatte, ohne über dem Kaufmann seine künstlerischen Anlagen zu vergessen. Woltmann's Gegenwart in Berlin ward durch solche Verbindung nöthig, wenigstens von dem Jahr 1800 an, wo er dem verabredeten Plan gemäß daselbst auch ein Journal für Geschichte und Politik beginnen sollte."[36]

In Berlin verkehrte Woltmann in den reformorientierten Regierungskreisen um die Minister Struensee und Alvensleben und war neben der journalistischen Tätigkeit als Resident des Landgrafen von Hessen-Homburg, später des Kurerzkanzlers Dalberg und der Reichsstädte Bremen, Hamburg und Nürnberg auch im diplomatischen Dienst tätig. Wie Johannes Müller oder Friedrich Gentz gehörte Woltmann damit zu den Journalisten, die bis in die Kreise der höheren Diplomatie aufstiegen. Seine Nobilitierung durch den Kurerzkanzler Dalberg im Jahr 1803 gilt als eine der letzten des Alten Reiches. Und wie Gentz und Müller musste er den Aufstieg in die höheren Sphären der Gesellschaft mit der Anhäufung immenser Schulden bezahlen.[37] Diese waren wohl auch der Hauptgrund, warum er Berlin im Jahr 1813 fluchtartig verließ. Bis zu seinem Tod im Jahr 1817 hat Woltmann dann mit mäßigem Erfolg versucht, in Österreich journalistisch Fuß zu fassen.[38]

Im mitteldeutschen Raum wird Christian Daniel Voss zu einem der wichtigsten Zeitschriftsteller.[39] Voss, geboren 1761 in der Nähe von Braunschweig als Sohn eines Superintendenten, studierte Theologie an der Uni-

---

[36] Woltmann: Selbstbiographie, in: ders.: Sämmtliche Werke, Bd. 1, S. 13–187.
[37] Kronenbitter: Gegengift (1997). Vgl. zu Müllers Schulden auch u. Buchholz an Cotta, 6. Oktober 1809, Brief Nr. 61.
[38] Salzbrunn: Historisches Zeitschriftenwesen (1968), S. 177; zu Woltmann vgl. Meyer: Woltmann (2009); sowie Weiß: Woltmann (1937).
[39] Zu Voss vgl. Rüdiger: Staatslehre (2005). Für die Hinweise zu Voss danke ich Axel Rüdiger.

versität Helmstedt und kam dann 1787 als Hauslehrer mit einem adligen Zögling nach Halle an das königlich-preußische Pädagogium innerhalb der Francke'schen Stiftungen, wo er dann als ordentlicher Lehrer angestellt wurde. Diese Lehrerstelle kündigte er jedoch 1793 und wechselte als Privatdozent und später als außerordentlicher Professor an die Hallesche Universität. Ohne festes Einkommen im akademischen Betrieb musste er seinen Lebensunterhalt wesentlich durch freies Publizieren bestreiten. Als Freund des Populärschriftstellers August Lafontaine[40] und Anhänger des Radikalaufklärers Karl Friedrich Bahrdt trat er zunächst als Ko-Autor einer *Einleitung und Erläuterung in den Bahrdtischen Katechismus der natürlichen Religion* in Erscheinung. 1794 schließlich tat er sich erstmals auf dem Gebiet der politischen Zeitgeschichte hervor, indem er ein *Handbuch der neuesten Staatengeschichte* publizierte, das, wie im Untertitel ausdrücklich angekündigt wurde, für den *denkenden Beobachter der Geschichte des Tages* entworfen worden war.[41] Nachdem Voss ab 1795 weitere, allerdings kurzlebige Zeitschriftenprojekte anstieß (*Bibliothek der allgemeinen Staatswissenschaft*, *Der Kosmopolit*), legte er zwischen 1796 und 1801 ein sechsbändiges *Handbuch der allgemeinen Staatswissenschaft* vor, das als der „bedeutendste deutsche Systementwurf der Naturrechts-, Ökonomie- und Verwaltungslehre des ausgehenden 18. Jahrhunderts" (Jörn Garber) gilt.[42] Erstmals ein regelmäßiges und ausreichendes Einkommen erzielte Voss, als er in Zusammenarbeit mit dem Verleger Friedrich Justin Bertuch im Jahr 1805 *Die Zeiten oder Archiv für die neueste Staatengeschichte und Politik* gründete, das eines der einflussreichsten Journale in der Rheinbund-Zeit war und bis 1820 erschien.[43] Erst im Jahr 1808, also zu einer Zeit als Halle nicht mehr zu Preußen, sondern zum neugebildeten Königreich Westfalen gehörte, wurde er zum ordentlichen Professor für Staatsrecht und Politische Ökonomie ernannt.

Eine bemerkenswerte journalistische Karriere weist auch Heinrich Zschokke auf, der vom Anhaltischen Tuchmachersohn zum wichtigsten

---

[40] Zu Lafontaine vgl. Sangmeister: Lafontaine (1998); sowie Berghahn u. Sangmeister: Lafontaine (2010).
[41] Vgl. Voss: Handbuch Staatengeschichte (1794).
[42] Garber: Spätaufklärerischer Konstitutionalismus (1992).
[43] Zu den *Zeiten* vgl. Fratzke-Weiß: Rheinbund (1997), S. 33–62; sowie Herrmann: Herausforderung (1998), S. 159 f.

politischen Publizisten der Schweiz wurde. Geboren 1771 in Magdeburg hat Zschokke Philosophie in Frankfurt an der Oder studiert. Bereits als 17jähriger hat er die *Monatsschrift für Mecklenburg* (1788) mitbegründet, anschließend gab er in Anlehnung an Isaak Iselins *Ephemeriden der Menschheit* und deren französischem Vorbild, die *Ephémérides du citoyen*, die *Frankfurter Ephemeriden für deutsche Weltbürger* (1793) heraus. Als Herausgeber des *Literarischen Pantheons* veröffentlicht er 1794 programmatische Aufsätze mit Titeln wie *Der Geist des Zeitalters beugt sich weder vor Gesetzen noch vor Armeen*.[44] Seine ersten großen Erfolge erzielt Zschokke aber als Autor von Romanen in den populären Gattungen der Spätaufklärung: Schauerromane wie *Die Männer der Finsterniß*, Räuberromane wie *Aballino der große Bandit* oder einen utopischen Zukunftsroman nach der Art von Sebastien Merciers *L'an 2044* mit dem Titel *Die schwarzen Brüder, eine abentheuerliche Geschichte von M.I.R.*, in dem die Protagonisten mit dem Ballon in das Jahr 2222 reisen. 1795 siedelte Zschokke in die Schweiz über, wo er mit seinen philanthropischen Journalen, dem *Helvetischen Volksfreund*, der *Helvetischen Zeitung*, dem *Helvetischen Genius* und dem *Schweizer-Boten* der wichtigste Volksaufklärer der Schweiz wurde.[45] Zudem leitete er seit 1798 das große republikanische Nationalerziehungsinstitut *Bureau de l'esprit public* (*Bureau für Nationalkultur*). Die beiden wichtigsten zeithistorischen Journale Zschokkes sind die *Miscellen für die neueste Weltkunde* (1807–1813) und die *Überlieferungen zur Geschichte unserer Zeit* (1817–1823), beide erschienen im Kanton Aarau in Zusammenarbeit mit dem Verleger Heinrich Sauerländer. Zschokkes letztes Zeitschriftenprojekt *Prometheus. Für Licht und Recht* (1832–1833) ist noch einmal eine Reminiszenz an das Aufklärungszeitalter. Zschokke, der in seinen Journalen selbst zahlreiche historische Schriften publizierte, veröffentlichte hier unter anderem nachgelassene Schriften Carl Gustav Jochmanns, wie dessen Skizzen über Konrad Engelbert Oelsner und den Grafen Schlabrendorf aus dem Paris der Revolutionszeit.[46]

Zu Zschokkes Korrespondenznetzwerk gehörte Saul Ascher (1767–1822), der in den *Miszellen für die neueste Weltkunde* und in den *Überlieferungen zur Geschichte unserer Zeit* monatlich von 1808 bis 1812 und dann wieder

---

[44] Vgl. Ort: Zschokke (1998), S. 21 ff.
[45] Vgl. Böning: Zschokke (1983).
[46] Vgl. Ort: Zschokke (1998), S. 442 ff.

1817 unter dem Titel *Mannigfaltigkeiten aus Berlin* einen ständigen Bericht aus der preußischen Hauptstadt verfasste.[47] Der gebürtige Berliner Ascher, dem als Jude eine akademische Karriere von vornherein versperrt war, gab im Jahr 1811 seine Buchhandlung auf, um ausschließlich als politischer Zeitschriftsteller tätig zu sein.[48] Wie beinahe alle jüdischen Aufklärer der zweiten Generation in Berlin begann Ascher seine intellektuelle Laufbahn zunächst als Kantianer. In seinen ersten Publikationen beschäftigte er sich mit Fragen der Emanzipation der Juden im Anschluss an die Dohm-Mendelssohnsche Schrift *Über die bürgerliche Verbesserung der Juden* von 1781. Mit der völligen rechtlichen Gleichstellung der Juden im Jahr 1791 wurde die Französische Republik sein Vorbild, was auch in seinen politischen Schriften zunehmend zum Ausdruck kommt. Seine 1799 erschienenen *Ideen zur natürlichen Geschichte der politischen Revolutionen* oder seine Schrift *Napoleon oder Über den Fortschritt der Regierung* von 1807 sind hierfür Zeugnisse. Bekannt ist Ascher heute am ehesten noch als früher Kritiker nationalistisch-antisemitischer Tendenzen im Zusammenhang mit der entstehenden romantischen und konservativen Nationalbewegung, gegen die Ascher z. B. in seinem berühmtesten Werk mit dem Titel *Germanomanie* von 1815 anschreibt.[49] Neben diesen Streitschriften werden vor allem Zeitschriftenartikel zu seinem Hauptmedium. André Thiele kommt das Verdienst zu, mit der Aufarbeitung seiner zahlreichen journalistischen Arbeiten begonnen zu haben. Diese finden sich u. a. in der *Berlinischen Monatsschrift*, im *Berlinischen Archiv der Zeit und ihres Geschmacks*, in August Hennings *Genius des 19. Jahrhunderts*, in der *Eunomia. Eine Zeitschrift des neunzehnten Jahrhunderts*,[50] in Cottas *Morgenblatt für die gebildeten Stände*, im *Nordischen Merkur* Karl Julius Langes oder auch im *Journal de*

---

[47] Vgl. Ort: Zschokke (1998), S. 167.

[48] Zu Saul Ascher vgl. Hacks: Ascher gegen Jahn (1991); Best: Schriftsteller Ascher, in ders.: Ausgewählte Werke, S. 7–52; Grab: Ascher (1984); Schulte: Jüdische Aufklärung (2002), S. 68–72; sowie S. 184–198, hier S. 68. Bei Christoph Schulte schreibt William Hiscott derzeit an einer Dissertation zu Saul Ascher. Für weiterführende Hinweise außerdem die Webseiten von André Thiele zu Ascher: http://www.saul-ascher.de/ sowie den Eintrag zu Ascher auf http://www.haskala.net/ [letzter Zugriff 08.01.2012].

[49] Vgl. dazu die dreibändige kommentierte Dokumentation von Peter Hacks: Ascher gegen Jahn (1991).

[50] Zur Humanitätsgesellschaft vgl. Motschmann: Schule des Geistes (2009).

l'Empire. Auch eine eigene bedeutende, wenn auch kurzlebige historisch-politische Zeitschrift mit dem bezeichnenden Titel *Welt- und Zeitgeist* gab Ascher im Jahr 1810/1811 heraus.[51]

Friedrich Buchholz schließlich galt bereits den Zeitgenossen als ein besonders einschlägiges Beispiel des neuen Typus' des politischen Journalisten.[52] Geboren 1768 im Brandenburgischen Altruppin, wurde er in den Kreisen der Berliner Spätaufklärung sozialisiert. Die Schulbildung erhielt er am Friedrichwerder'schen Gymnasium bei Friedrich Gedike. In seinem Abschlusszeugnis heißt es: „Friedr. Buchholz aus Alt-Ruppin, war seit Ostern 1785 unser Gymnasiast in der ersten Klasse. Er zeigte gute Fähigkeiten und Fleiss, und sein Betragen verdiente Lob. Nach ehe indessen ein halbes Jahr verlaufen war, verliess er das Gymnasium, ohne Abschied zu nehmen, und bezog die Universität, zu der er sich reif genug glaubte."[53] Schon hier deutet sich an, dass Buchholz nicht den üblichen Karriereweg eines preußischen Beamten einschlagen würde. Im Herbst 1785 begann Buchholz in Halle ein Theologiestudium, wechselte jedoch bald zum Philologen Friedrich August Wolf und studierte neuere Sprachen und Literatur. 1787 musste er sein Studium aus Geldmangel aufgeben und eine schlecht bezahlte Stelle als Lehrer für französische, spanische, italienische und englische Literatur an der Ritterakademie in Brandenburg an der Havel annehmen, wo er zwölf Jahre blieb.[54] Auch wenn Buchholz hier vor allem Demütigungen durch die adligen Schüler erfahren zu haben scheint, die sich in seiner späteren harschen Adelskritik niederschlagen, konnte er an der Ritterakademie doch mindestens zwei weitere Grundlagen für seine journalistische Tätigkeit legen. Zum

---

[51] Der vollständige Titel lautet: Welt- und Zeitgeist. Ein Archiv, politisch-philosophisch-literarischen Inhalts. Herausgegeben von Saul Ascher, Leipzig 1810.

[52] Als ein solcher neuer Typus steht Buchholz auch zentral in Hans H. Gerths klassischer Studie: Gerth: Bürgerliche Intelligenz (1976).

[53] Gedike: Vortrag des Schulmanns (1786), S. 31. Für diesen Hinweis danke ich Pauline Pujo.

[54] Das Einkommen der Lehrer an der Ritterakademie betrug zwischen 180 rt und 300 rt (je nach „Ancienneté" und „Zahl der Eleven") bei 18–20 Lectionen wöchentlich und zusätzlichen Betreuungsaufgaben wie z. B. den „Rechnungs-Etat ihrer Pflegebefohlenen verwalten" und „nicht nur das literär-geistige, sondern auch das moralische und physische Wohl derselben treu und gewissenhaft zu berathen". Arnold: Ritter-Akademie (1805), S. 81 f. Buchholz lag am unteren Rand der Einkommensspanne und verdiente 200 rt im Jahr. Vgl. Bahrs: Buchholz (1907), S. 6.

einen erwarb er eine intensive Kenntnis der romanischen Literatur, was sich in zahlreichen Übersetzungen niederschlug: So gehörte er zu den Mitarbeitern an einem *Handbuch der spanischen Sprache und Litteratur*.[55] Auch eine Übersetzung von Vittorio Alfieris großem republikanischen Traktat *Il principe e le lettere* zählt zu Buchholz ersten Werken, wurde jedoch von der Zensur nicht zum Druck zugelassen und konnte erst im Jahr 2011 erstmals veröffentlicht werden.[56] Wie Buchholz umfangreiche Übersetzungen aus dem Französischen[57] haben auch diese beiden Arbeiten entscheidende Bedeutung für sein historisch-politisches Werk: Die Kenntnis der spanischen Literatur befähigte ihn dazu, zum besten preußischen Kenner des zeitgenössischen Karibik-Diskurses zu werden;[58] Alfieri und Machiavelli prägten seine Auseinandersetzung mit dem europäischen Republikanismus.[59] Zum zweiten gehörte intensive Zeitungslektüre auch zum Unterrichtsstoff an der Ritterakademie: Bereits seit 1740 sollten dort „nach Anleitung der französischen Gazetten die historischen, zeremonialischen und politischen Umstände erörtert werden", wie es in der Schulordnung heißt. Und in einer Verfügung des für das Bildungssystem zuständigen friederizianischen Reformministers Karl Abraham von Zedlitz aus dem Jahr 1774 wurde als Aufgabe von Ritterakademien festgelegt, dass aus den Wochenzeitungen historische,

---

[55] Handbuch der spanischen Sprache und Litteratur, oder Sammlung interessanter Stücke aus berühmten spanischen Prosaisten und Dichtern, chronologisch geordnet und mit Nachrichten von den Verfassern und ihren Werken begleitet. Prosaischer Theil, Berlin: G. C. Nauck 1801; Poetischer Theil, Berlin: G. C. Nauck 1804. Vgl. zu Buchholz' Anteilen an dem Werk: Schäfer: Buchholz Bd. 2, S. 15.

[56] Vittorio Alfieri, Der Fürst und die Wissenschaften, übers. v. Friedrich Buchholz, hg. v. Enrica Yvonne Dilk u. Helmuth Mojem, Göttingen 2011.

[57] Aus dem Französischen hat Buchholz u. a. übersetzt: *Denkschrift des Grafen Montgaillard betreffend die Verschwörung Pichegru's in den Jahren 3, 4, 5 der Französischen Republik* (Berlin 1804); Charles Hyacinthe His: *Théorie du monde politique, ou de la science du gouvernement, considérée comme science exacte* (Paris 1806) (dt.: *Theorie der politischen Welt* [Hamburg 1807]), *Chauffour's, des jüngeren, Betrachtungen über die Anwendung des Kaiserlichen Dekrets vom 17ten März 1808 in Betreff der Schuldforderungen der Juden* (Berlin, 1809); Germaine de Staël, *De l'Allemagne* (dt. v. Friedrich Buchholz, Samuel Heinrich Catel, Julius Eduard Hitzig [Berlin 1814]). Vgl. zu Buchholz' Übersetzungen auch: Schäfer: Buchholz (1972), Bd. 2, S. 222–272.

[58] Vgl. u. Kapitel 5.2.

[59] Meyer: Machiavellilektüre (2010). Vgl. auch u. Kapitel 6.2.

Zeitschriftsteller als neuer Autorentypus

geographische und statistische Informationen sowie Materialien über Naturgeschichte, Handel und Schifffahrt gesammelt werden sollten.[60]

Im Frühjahr 1800 gab Buchholz seine Lehrer-Stelle auf und ging nach Berlin, um hier als freier Schriftsteller zu arbeiten. In die intellektuellen Zirkel der Stadt eingeführt wurde Buchholz durch Hans von Held (1764–1842), den er spätestens im Frühjahr 1797 in Brandenburg kennengelernt hatte, möglicherweise aber schon während seiner Hallenser Studienzeit, wo im Jahr 1785 auch Held eingeschrieben war.[61] Held war einer der eifrigsten Netzwerker der preußischen Spätaufklärung. Von seinen Studentenbund-Aktivitäten in Halle über den *Evergetenbund* in Schlesien bis hin zum Freimaurerorden der Loge *Royal York* in Berlin stand er im Zentrum unterschiedlicher radikalaufklärerischer Geheimorden.[62] Nachdem er 1801 in seinem sogenannten *Schwarzen Buch* mit dem Titel *Die wahren Jakobiner im Preußischen Staate* die Güterschacher und Nepotismus-Politik des Schlesischen Ministers Hoym in den seit der Zweiten und Dritten Polnischen Teilung von Preußen besetzten Gebieten angeprangert hatte, wurde er wegen Hochverrats angeklagt und verhaftet. Nach Karl August Varnhagen von Ense, der Held persönlich kannte und dessen heute verschollener Nachlass die Basis für Varnhagens Held-Biographie bildete, war Buchholz einer der wenigen, die Held auch nach dessen Festnahme verbunden blieb.[63]

Beim Verleger Johann Friedrich Unger veröffentlichte Buchholz seine ersten Arbeiten. Dazu gehörten Beiträge zu Karl Ludwig Woltmanns bei Unger herausgegebener historisch-politischer Zeitschrift *Geschichte und Politik*, bei der Buchholz von Beginn an zu den Hauptmitarbeitern zählte. Ab 1802 setzte Buchholz bei Unger *Girtanner's historische Nachrichten und politische Betrachtungen über die französische Revoluzion* (Bde. 14–17) fort; ab 1803 wurde er Redakteur der wichtigsten Berliner Zeitung, der *Königlich privilegierten Berlinischen Zeitung* (*Vossische Zeitung*). Überdies veröffentlichte Buchholz bei Unger seine ersten eigenständigen Werke, zu denen Abhandlungen zur Geschichtstheorie wie das *Neue Gravitationsgesetz für die moralische Welt* (1802) ebenso gehörten wie Romane in den

---

[60] Bussche: Ritterakademie (1989), S. 46.
[61] Grundlegend zu Held immer noch Varnhagen von Ense: Hans von Held (1845).
[62] Ebd., S. 5. Zu den Hallenser Studentenbünden: Zaunstöck: Denunziation und Kommunikation (2003).
[63] Ebd., S. 121 f.

populären Gattungen der Spätaufklärung von fiktiven Reiseromanen über empfindsame Liebesromane bis zu Kriminalromanen: *Francisco* (1802); *Bekenntnisse einer Giftmischerin. Von ihr selbst geschrieben* (1803); *Briefe eines reisenden Spanier an seinen Bruder in Madrid über sein Vaterland und Preussen* (1804); *Bekenntnisse einer schönen Seele. Von ihr selbst geschrieben* (1806). Aber auch in die Schwemme antijüdischer oder antisemitischer Schriften in der Folge von Karl Wilhelm Grattenauers *Wider die Juden. Ein Wort der Warnung an alle unsere christlichen Mitbürger* (1803) reihte sich Buchholz mit seiner Schrift *Moses und Jesus, oder über das intellektuelle und moralische Verhältniß der Juden und Christen* (1803) ein, wobei wie oft Ressentiments und das Wittern eines Geschäfts eine unheilvolle Allianz eingingen.[64]

Als Redakteur der *Vossischen Zeitung* konnte Buchholz deren Auflage schon in den ersten acht Monaten um 1500 Abonnenten und den Reingewinn von 335 Reichstaler im Jahrgang 1802/3 auf mehr als das zehnfache, nämlich 3881 rt, im Jahrgang 1804/05 steigern. Bei Ungers Tod und der Übernahme des Verlags durch dessen Witwe Friderike Unger fanden sich in den Verlagsbüchern ausstehende Wechsel an Buchholz in Höhe von 2000 rt.[65] Dennoch blieb Buchholz in dieser Zeit noch literarischer Außenseiter: vergeblich versuchte er, in Vereinen wie der Philomatischen Gesellschaft oder der Gesellschaft der Freunde der Humanität Aufnahme zu finden. Eine Eingabe an das Preußische Kabinett zur Reorganisation der Akademie der Wissenschaften vom 18. Juli 1802, mit der er sich die Aufnahme in den Staatsdienst erhoffte, zeitigte nicht den gewünschten Erfolg.[66] Die finanzielle Situation von Buchholz in dessen Anfängen als Schriftsteller schildert Karl Friedrich Zelter in seinem Brief an Goethe vom 7. September 1803 als trostlos: „[…] Herr Buchholz der das bekannte Gravitationssystem

---

[64] Vgl. u. Kapitel 6.1. Grattenauers Pamphlet wurde mit sechs Auflagen und 13.000 verkauften Exemplaren zu einem Bestseller. Zur Grattenauer-Debatte vgl. Bergmann: Grattenauer-Kontroverse (2011), S. 153 f.
[65] Vgl. Lehmstedt: „Ich bin nun vollends zur Kaufmannsfrau verdorben" (1996), S. 105 f.
[66] Vgl. Buchholz: Zeichen der Zeit; sowie ders.: Ueber die Universitäten (1803). Vgl. auch Kapitel 4.2.

Zeitschriftsteller als neuer Autorentypus

geschrieben hat [...] lebt hier mit einer zahlreichen Familie in Dürftigkeit."[67]

Mit der zunehmend antifranzösischen politischen Ausrichtung in Preußen war der Napoleon-Anhänger Buchholz als Redakteur der Vossischen Zeitung nicht mehr haltbar. Er wechselte Anfang 1805 zum Verleger Cotta, wo er die durch Posselts Tod frei gewordene Stelle als Redakteur der *Europäischen Annalen* vertrat. Bis 1811 war Buchholz, ohne als offizieller Redakteur geführt zu werden, Cottas wichtigster Mitarbeiter und häufigster Beiträger des Blattes.[68] Als Zweitverwertung seiner journalistischen Tätigkeit erschienen bei Cotta auch seine drei großen Monographien: *Der Neue Leviathan* (1805), *Rom und London oder über die Beschaffenheit der nächsten Universalmonarchie* (1807) sowie *Hermes. Oder über die Natur der Gesellschaft mit Blicken in die Zukunft* (1810). Für den Zeitraum von Oktober 1804 bis Januar 1807 weisen die Geschäftsbücher Cottas Zahlungen an Buchholz von 1825 rt aus.[69]

Seine größten Markterfolge hatte Buchholz aber in Zusammenarbeit mit dem Berliner Verleger Johann Daniel Sander während der Zeit der französischen Oberzensur in Preußen zwischen 1806 und 1808. Buchholz nutzte die Abwesenheit der preußischen Obrigkeit für seine berüchtigten Abrechnungen mit dem preußischen *Ancien Régime*: die *Untersuchungen über den Geburtsadel* von 1807, in denen er die Abschaffung des Adels forderte und die *Galerie Preußischer Charaktere* von 1808, in der er die politische und kulturelle Elite des alten preußischen Staates in satirischen Einzelporträts karikierte oder das *Gemählde des gesellschaftlichen Zustandes im Königreiche Preussen bis zum 14. October des Jahres 1806. Von dem Verfasser des Neuen Leviathan* (1808). Die *Galerie Preußischer Charaktere* wurde zum Bestseller der Napoleonischen Zeit. Als die französische Oberzensur das Buch auf Drängen des preußischen Königshauses verbieten und konfiszieren lassen wollte, waren bereits alle 6.000 Exemplare verkauft.[70]

---

[67] Zelter an Goethe, 7. September 1803, in: Briefwechsel zwischen Goethe und Zelter, S. 55.
[68] Vgl. Fratzke-Weiß: Rheinbund (1997).
[69] Vgl. DLAM CA Cotta/Verträge 1, Druckauftragsbuch 1800–1810. Für den Hinweis danke ich Bernhard Fischer.
[70] Herrmann: Herausforderung (1998), S. 99.

In seinem Selbstporträt in der *Galerie Preußischer Charaktere* von 1808 verweist Buchholz darauf, dass er seit acht Jahren in der Lage sei, seine sechsköpfige Familie von nichts als von seinem „schriftstellerischen Fleiß" zu ernähren.[71] Auch anderen gilt er in dieser Zeit als Personifikation des „freien Schriftstellers". Saul Ascher etwa charakterisiert Buchholz in seinem *Kabinett Berlinischer Karaktere* als Musterfall eines öffentlich wirksamen Schriftstellers, der dennoch aus einer unabhängigen Position heraus tätig ist. Und Friedrich August Wolf schlägt Buchholz in seiner Denkschrift zur Universitätsreform an den Geheimen Kabinettsrat Karl Friedrich von Beyme vom 3. August 1807 zusammen mit anderen „privatisirenden" Gelehrten wie Friedrich Gentz für eine Teilzeit-Geschichtsprofessur vor: Diese „nicht eigentlich zur Universität berufenen Professoren würden bloß als Freiwillige (volontairs) bei der Universität angesehen: man kann aber gewiß sein, daß viele mehr leisten würden als dieser und jener wohlbestallter Professor der Universität."[72]

In dieser Zeit wurde Buchholz zum großen Gegenspieler der konservativen politischen Publizisten.[73] Friedrich Gentz ernannte ihn zum „Chef der neuen revoluzionairen Schule"[74] und erkannte widerwillig seine „ungeheure Popularität"[75] an. Adam Müller erklärte Buchholz sogar zum „Haupt der politischen Presse" in Deutschland.[76] August Wilhelm Rehberg, der beinahe alle Buchpublikationen von Buchholz durch kritische Rezensionen begleitet hat, bezeichnete ihn rückblickend als einen „Schriftsteller, welcher einen nicht unbedeutenden Einfluß auf die deutsche lesende Welt gehabt hat."[77]

---

[71] [Friedrich Buchholz:] Gallerie (1982), S. 754: „In Berlin hatte er für seine Subsistenz keine andere Grundlage, als seinen schriftstellerischen Fleiß".

[72] Friedrich August Wolf: Vorschläge, wie ohne irgendeinen neuen Aufwand statt der jetzt verlorenen zwei am besten dotierten Universitäten eine für hiesige Lande und für ganz Deutschland wichtige Universität von größerer Anlage gestiftet und in kurzer Zeit in Gang gebracht werden könnte, in der Quellensammlung: Gelegentliche Gedanken über Universitäten., S. 43–54, S. 49.

[73] Vgl. D'Aprile: Buchholz gegen Gentz (2009).

[74] Zit. n. Garber: Politische Revolution (1991), S. 305.

[75] Gentz an Adam Müller, März 1808, in: Briefwechsel zwischen Friedrich Gentz und Adam Heinrich Müller, S. 129 f.

[76] Müller: Untersuchungen über den Geburtsadel von Fr. Buchholz (1808), S. 83.

[77] Rehberg: Buchholz (1829), S. 239. Vgl. auch u. Kapitel 6.

Zeitschriftsteller als neuer Autorentypus

Auch nach seiner Anstellung als pressepolitischer Berater in der Hardenbergschen Staatskanzlei ab 1811 hat Buchholz noch bis in die späten 1830er Jahre mit den von ihm herausgegebenen Zeitschriften wie dem *Historischen Taschenbuch* (1814–1837, 22 Bände) und dem *Journal für Deutschland* (1815–1819, 15 Bände, 1820–1835 unter dem Titel *Neue Monatsschrift für Deutschland*, 48 Bände) die zeithistorische Presselandschaft in Preußen wesentlich mitgeprägt.[78] In den Katalogen der Leihbibliotheken der Jahre zwischen 1815 und 1830 findet sich Buchholz auch außerhalb der preußischen Landesgrenzen in der Sparte der historischen Werke neben Schiller und Johannes von Müller auf den Spitzenplätzen.[79]

Buchholz' Selbstverständnis als Zeithistoriker kommt in einer Selbstcharakterisierung gegenüber seinem Verleger Friedrich Cotta vom 19. Januar 1810 deutlich zum Ausdruck: „Ich ziehe von allen Seiten Erkundigungen ein, um die Begebenheiten meiner Zeit so charakteristisch wie möglich zu erzählen. Mein größtes Verdienst wird einmal seyn: die Geschichtsschreibung in Deutschland weitergeführt zu haben."[80] Auch wenn man diese Äußerung als Teil der Selbstvermarktung eines auf ständige Aufträge angewiesenen Vielschreibers verstehen muss, verweist sie darauf, dass die Grenzen zwischen historischen Journalisten und akademischen Historikern nicht so weit auseinanderlagen wie es im späteren historiographiegeschichtlichen Kanon erscheint. Noch 1847 stellt beispielsweise Karl August Varnhagen von Ense in einer Tagebuchnotiz Buchholz mit Leopold von Ranke durchaus auf eine Stufe: „Ranke's ‚Preußische Geschichten' las ich mit Unlust weiter. Seine alten Fehler zeigen sich hier in ganzer Blöße [...]. Ich kann ihm nicht helfen, aber ich sehe nicht viel Unterschied, zwischen seiner Art, über die Dinge hinzureden, und der von Friedrich Buchholz, den er doch tief verachten zu können glaubt."[81] Der Ranke zugeschriebene akademische Dünkel allein kann jedenfalls nach Varnhagen gegenüber Buchholz' histori-

---

[78] Angaben nach Schäfer: Buchholz (1972), S. 89, S. 91.
[79] In Alberto Martinos Standardwerk wird Buchholz etwa in der Leihbibliothek G. C. Pfeiffer in St. Johann neben Schiller als Hauptautor in der Sparte Geschichte aufgeführt; bei den „Erfolgsautoren in Leihbibliotheken der Jahre 1815–1825" findet er sich auf Rang 82. Die Zählung bezieht sich nur auf die namentlich Buchholz zugeordneten Veröffentlichungen. Martino: Leihbibliothek (1990), S. 218, S. 277 f.
[80] Buchholz an Cotta, 19. Januar 1810, Brief Nr. 65.
[81] Varnhagen von Ense: Eintrag, 11. August 1847, Tagebücher, Bd. 4, S. 129 f.

scher Vielschreiberei noch keinen Wert- oder Wissenschaftlichkeitsmaßstab ausmachen.

1.2 Zeithistorische Medien

In ihren Dissertationsschriften *Populäre Geschichtsschreibung. Historiker, Verleger und die deutsche Öffentlichkeit (1848–1900)* und *Geschichte als Ware. Der Verleger Friedrich Christoph Perthes (1772–1843) als Wegbereiter der modernen Geschichtsschreibung* haben Martin Nissen und Dirk Moldenhauer eine mediengeschichtliche Erweiterung der Historiographiegeschichte des 19. Jahrhunderts vorgenommen.[82] Nicht eine Interpretation der kanonischen Werke der großen Fachhistoriker wie Ranke, Droysen oder Treitschke legen sie ihrer Analyse des Geschichtsdiskurses des 19. Jahrhunderts zu Grunde, sondern sie richten den Blick auf Veröffentlichungspraktiken, Medien, Marktanteile und Leserschichten. Anhand von Verlagsprogrammen, Auflagenzahlen, Beständen in Leihbibliotheken und der Untersuchung der Rolle von Verlegerpersönlichkeiten ermitteln sie Formen der historischen Wissensdistribution und ermöglichen so neue Perspektiven und eine differenzierte Sicht auf die Entstehungsgeschichte des Historismus.[83] Nissens und Moldenhauers Einsichten lassen sich auf den hier zu Grunde liegenden Untersuchungsgegenstand übertragen.

Mediengeschichtlich lässt sich der veränderte Charakter der Zeitgeschichtsschreibung an sich wandelnden oder neu entstehenden Publikationsformen wie der historisch-politischen Zeitschrift, historischen Taschenbüchern und populären Medien wie Almanachen, Kalendern und zeithistorischen belletristischen Werken festmachen. Aber auch die ab 1800 entstehenden Konversationslexika sind sowohl durch eine zeitgeschichtliche

---

[82] Vgl. Nissen: Populäre Geschichtsschreibung (2009); sowie Moldenhauer: Geschichte als Ware (2008). Nissen konzentriert sich auf das spätere 19. Jahrhundert; Moldenhauer untersucht zwar den gleichen Zeitraum wie in der vorliegenden Studie, allerdings ist er an der Entstehung und Popularisierung ‚vaterländischer', nationaler und christlicher Geschichte und dementsprechend an anderen Autoren interessiert.

[83] Vgl. dazu auch die Rezension zu Nissens *Populäre Geschichtsschreibung* von Annette Meyer: Geteilte Historiographie (2010).

Ausrichtung als auch durch große Popularität gekennzeichnet. So zeigen Friedrich Arnold Brockhaus' Lexika schon im Titel ihren zeitgeschichtlichen Fokus an: vom 1808 von ihm erworbenen *Conversationslexikon mit vorzüglicher Rücksicht auf die gegenwärtigen Zeiten* (1808) bis hin zu seiner von 1848 bis 1856 erschienenen *Die Gegenwart. Eine encyklopädische Darstellung der neuesten Zeitgeschichte für alle Stände*. Durch die Erscheinungsweise des Konversationslexikons in der populären Form fortlaufend nummerierter Hefte gelang es Brockhaus, bis dato unerreichte Verkaufszahlen zu erzielen.[84]

Markteröffnend haben im späten 18. Jahrhundert neben Schlözers Journalen (*Briefwechsel meist historischen und politischen Inhalts*, 5 Bände, Göttingen 1776–1779 und *Stats-Anzeigen*, 18 Bände, Göttingen 1782–1793) und Christopn Martin Wielands journalistischen Arbeiten zur Französischen Revolution[85] vor allem Schillers historische Schriften in den unterschiedlichen populären Formen gewirkt: dazu gehören Schillers Historische Dramen ebenso wie seine *Geschichte des Dreißigjährigen Krieges*, die ab dem Jahr 1790 in Göschens *Historischem Kalender für die Damen* erschienen ist und

---

[84] Vgl. zur Gründungsgeschichte von Brockhaus Konversationslexikon Spree: Streben nach Wissen (2000), S. 33 f. Von der fünften Auflage verkaufte Brockhaus bereits 32.000 Exemplare (vgl. ebd., S. 115). In einem Bericht des preußischen Oberzensurkollegiums vom 31. März 1836 ist die Erscheinungsweise der Lexika in Form von Heft-Literatur, die noch für Rottecks und Welckers frühliberale Staatslexika gilt, ausführlich beschrieben: „Ew. Majestät Eröffnung, daß die Verbote öfters zu spät kämen, wenn die Schriften bereits im Publikum verbreitet wären, erscheint vorzugsweise begründet bei einer Art von Literatur, welche seit einiger Zeit üblich geworden ist. Es ist die sogenannte Heft-Literatur, durch welche umfassende Werke in einzelnen Lieferungen von mehreren Bogen, oft mit fortlaufender Seitenzahl […] allmählig ins Publikum gebracht werden. […] Wir haben der Heftliteratur besonders seit der Zeit, wo auf diese Weise das Konversations-Lexikon von Brockhaus in einer ungemein großen Anzahl von Exemplaren verbreitet worden ist, nähere Aufmerksamkeit gewidmet.[…] So ist auf unseren Antrag das in Stuttgart erscheinende Lehrbuch des Vernunftrechts und der Staatswissenschaften von dem bekannten Carl v. Rotteck und das von demselben Verfasser in Gemeinschaft mit Carl Welcker zu Altona herausgegebene Staatslexikon oder Encyclopädie der Staatswissenschaften, sofort nach dem Erscheinen der ersten Lieferungen verboten worden." Abgedruckt in Kapp: Preßgesetzgebung (1880), S. 244.

[85] Wielands politische Analysen der Revolutionszeit aus dem Teutschen Merkur hat Jan Philipp Reemtsma zusammengestellt in: Wieland: Politische Schriften (1988).

bei einer Auflage von 7000 Exemplaren reißenden Absatz fand.[86] Auch die *Geschichte des Abfalls der Vereinigten Niederlanden*, die eigentlich als Teil einer populären Sammlung *Geschichte der merkwürdigsten Rebellionen und Verschwörungen der mittlern und neuern Zeiten* geplant war und in Teilen seit 1788 im *Teutschen Merkur* vorab gedruckt wurde, in dem auch seine berühmte Jenaer Antrittsvorlesung im Oktober 1789 erschien, ist hier zu nennen.[87] Allerdings hat Schiller sich Anfang der 1790er Jahre zunehmend von der Zeitgeschichte abgewendet und seine Zeitschrift *Die Horen* ausdrücklich als nicht-zeitgeschichtliches Journal konzipiert, aus dem alles ausgeklammert bleiben sollte, was auf die aktuelle Tagespolitik bezogen ist.[88] Auch später hat Schiller alle Angebote auf Mitarbeit an zeithistorischen Periodika ausgeschlagen.[89] Schillers historische Werke gehören aber insgesamt – neben den historischen Romanen Walter Scotts – noch bis in die 1820er Jahre zu den unangefochtenen Spitzenreitern in den Leihbibliotheksbeständen.[90]

Zum wichtigsten Medium zeithistorischer Geschichtsschreibung werden ab den 1790er Jahren die historisch-politischen Zeitschriften. Sie lösen sich aus dem akademischen Kontext, den sie im späten 18. Jahrhundert etwa in Form der Göttinger Gelehrtenzeitschriften Gatterers, Iselins, Spittlers oder Schlözers hatten und werden „zu den eigentlichen Kristallisationspunkten politischer Öffentlichkeit"[91]. Eine erneute Spezialisierung setzt dann wiederum in den 1830er Jahren mit dem Aufkommen der historischen Jahrbücher und historischer Fachzeitschriften ein.[92] Quantitativ lässt sich der Markt für

---

[86] Vgl. Schiller: Sämtliche Werke, Bd. 5, S. 1042.
[87] Vgl. ebd., S. 1011 f., S. 1056. Zu Schiller als Historiker vgl. Dann, Oellers, Osterkamp (Hg.): Schiller (1995); Prüfer: Bildung der Geschichte (2002); Hofmann, Rüsen, Springer (Hg.): Schiller (2006); sowie Fulda: Wissenschaft aus Kunst (1996).
[88] Im Vorwort des Herausgebers schreibt Schiller, dass er alles, „[…] was mit einem unreinen Partheygeist gestempelt ist" aus den „Horen" verbannen und sich „alle Beziehungen auf den jetzigen Weltlauf und auf die nächsten Erwartungen der Menschheit" versagen wird. Die Horen. Eine Zeitschrift, hg. v. Friedrich Schiller, Bd. 1 (1795), [Tübingen: Cotta], S. IV. Vgl. auch D'Aprile: Schöne Republik (2006), S. 4 f.
[89] Vgl. Lang: Foyer der Revolution (1998).
[90] Vgl. Martino: Leihbibliothek (1990).
[91] Schuck: Rheinbundpatriotismus (1994), S. 52.
[92] Vgl. die grundlegende und weiterhin nicht überholte Studie von Ingeborg Salzbrunn: Historisches Zeitschriftenwesen (1968).

Zeithistorische Medien

Zeitgeschichte an der Zunahme der Neugründungen historisch-politischer Zeitschriften im Untersuchungszeitraum erkennen. In den Jahrzehnten zwischen 1790 bis 1820 lassen sich mit Hans-Jürgen Pandel mindestens rund 70 Neugründungen pro Jahr feststellen, während die Zahlen in den Jahrzehnten zuvor zwischen 4 und 25 liegen und im Jahrzehnt zwischen 1820 und 1830 wieder auf 22 sinken.[93]

Während dieser Zeit prägen eine ganze Reihe von zeithistorisch räsonnierenden politischen Periodika den öffentlichen Diskurs, von denen Gottlob Benedict von Schirachs *Politisches Journal* (ab 1781)[94], Johann Wilhelm von Archenholtz' *Minerva. Ein Journal historischen und politischen Inhalts* (ab 1792) und Johann Friedrich Cottas *Europäische Annalen* (ab 1795) die überregional erfolgreichsten und langlebigsten waren. Schirachs frühkonservatives *Politisches Journal* etwa erschien in einer Auflage von rund 8.000 Exemplaren, wurde an allen großen mitteleuropäischen Höfen rezipiert und war die Grundlage des Aufbaus eines Familienimperiums, das nach Benedict von Schirachs Tod im Jahr 1804 noch bis 1837 von dessen Söhnen weitergeführt wurde. Archenholtz' *Minerva*, wie Schirachs Blatt im freiesten deutschen Presseraum Hamburg/Altona herausgegeben, war mit einer Auflage von bis zu 6.000 Exemplaren das auflagenstärkste zeithistorische Blatt der Zeit.[95] Weite Rezipientenschichten über den süddeutschen Raum hinaus erreichen Cottas *Europäische Annalen*, die mit einer Auflage von 2400 Exemplaren starteten und 1801 eine Auflage von 3.000 Exemplaren erzielten. Ab 1820 setzte ein Verkaufsrückgang ein und es wurden in den Folgejahren lediglich 600 Exemplare abgesetzt.[96] Eine Auflage von bis zu 2.000 Exemplaren erzielte Gentz in Preußen mit seinem *Historischen Journal*; Zschokkes *Überlieferungen zur Geschichte unserer Zeit* lagen bei

---

[93] Vgl. die Auflistung in Pandel: Historik und Didaktik (1990), S. 29. Pandel hat die Zahlen nach Kirchner, Bd. 1: Von den Anfängen bis 1830, 1969 berechnet. Je nach Definition von ‚Historisch-politischer Zeitschrift' ist eher von höheren Werten auszugehen.
[94] Zu Schirach vgl. Böning: Schirach (1997).
[95] Auflagenzahlen nach Fratzke-Weiß: Rheinbund (1997), S. 153 f.; Becker: Zeit der Revolution (1999), S. 33; Welke: Zeitung und Öffentlichkeit (1977), S. 77 ff.; sowie Herrmann: Herausforderung (1998), S. 145–160.
[96] Vgl. Salzbrunn: Historisches Zeitschriftenwesen (1968), S. 494.

bis zu 1.500 Exemplaren.[97] Ein später Nachzügler war Leopold von Rankes im Auftrag des Verlegers Christoph Perthes von 1832–1836 herausgegebene *Historisch-politische Zeitschrift*, die mit einer Auflage von ebenfalls 1.500 Exemplaren begann, allerdings rasch mit sinkenden Verkaufszahlen konfrontiert war.[98]

Ausrichtung und Formate der zeithistorischen Medien wurden wesentlich von den Verlegern bestimmt. Sie waren es, die über Titel und Programm entschieden und sich gegebenenfalls zu den Formaten die passenden Autoren, Redakteure oder Herausgeber suchten. Erst aus der Interaktion der Zeitschriftsteller mit Verlegern wird der Aufschwung zeithistorischer Publikationen erklärbar. So verhandelte Johann Friedrich Cotta[99] für seine geplante Gründung eines historisch-politischen Journals im Jahr 1794 zunächst mit Schiller und übertrug erst nach dessen Absage die Herausgeberschaft an Posselt, der bereits zu Beginn des Jahres 1794 einen Vorschlag zu einer solchen Zeitschrift unterbreitet hatte und ihr dann in einem Brief vom 29. Oktober 1794 den späteren Titel *Europäische Annalen* gab.[100] Nach Posselts Tod im Jahr 1804 fragte Cotta erneut bei Schiller an, der Johannes von Müller ins Spiel brachte. Schließlich führte Cotta das Blatt ohne offiziellen Herausgeber, aber mit dem wichtigsten Mitarbeiter und Redakteur Friedrich Buchholz weiter, der in Berlin wegen der veränderten politischen Situation in Preußen als Autor frei geworden war.

Gleiches gilt für Friedrich Justin Bertuchs Zusammenarbeit mit Christian Daniel Voss beim Journal *Die Zeiten*.[101] Voss hatte Bertuch bereits im Juni 1803 den Vorschlag für die Gründung eines zeithistorischen Journals unterbreitet. Bertuch jedoch zögerte über ein Jahr mit einer Antwort. Nach

---

[97] Vgl. Meyer: Historisches Journal (1992), S. 60; Ort: Zschokke (1998), S. 147 ff, S. 341 ff.

[98] Zu Auflagenzahlen, Konzeption und Mitarbeitern von Perthes/Rankes Historisch-politischer Zeitschrift vgl. Moldenhauer: Geschichte als Ware (2008), S. 535–559.

[99] Vgl. Hertel: Johann Friedrich Cotta (1978); Fischer: Verlegerisches „Know-How" (1999); ders.: Cottas politische Periodika (1998); sowie Neugebauer-Wölk: Revolution und Constitution (1989).

[100] Vgl. Lang: Foyer der Revolution (1998); Hocks u. Schmidt: Literarische und politische Zeitschriften (1975), S. 65 f.; sowie Salzbrunn: Historisches Zeitschriftenwesen (1968), S. 149.

[101] Vgl. Schmidt-Funke: Bürgergesellschaft (2005), S. 228 ff.; Greiling u. Seifert (Hg.): „Der entfesselte Markt" (2004); Fratzke-Weiß: Rheinbund (1997), S. 44 f.

Posselts Tod versuchte er sofort, die sich auf dem Markt ergebende Lücke zu schließen und trat geradezu in einen Wettbewerb mit Cotta um die Verpflichtung Johannes Müllers. Müller entwarf, nachdem er von Bertuch einen Vorschuss von 1500 rt erhalten hatte, zwar einen Plan für eine Zeitschrift mit dem Titel *Die Zeiten. An Teutschland. Eine periodische Schrift*, sagte aber schließlich wegen seiner Stellung im preußischen Staatsdienst ab und schlug stattdessen Niklas Vogt vor, der Professor für Geschichte in Mainz war und später einer der wichtigsten Publizisten im Rheinbund wurde. Erst nachdem auch Vogt abgesagt hatte, machte Bertuch Voss zum alleinigen Herausgeber des Journals. Voss erhielt für die Redaktion von Bertuch wie Posselt bei Cotta ein festes Honorar.[102] In Berlin wären die Journalistenkarrieren von Woltmann oder Buchholz ohne das Engagement des Verlegers Johann Friedrich Unger nicht möglich gewesen. Bei alledem bleiben die Journale abhängig von der jeweiligen Regierungspolitik. Sie sind eingebunden in ein vielfältiges System von Vorzensur und Privilegierungen: Friedrich Gentz etwa stellte sein *Historisches Journal* im Jahr 1800 ein, weil er wegen der zunehmend auf Frankreich bezogenen Ausrichtung der Preußischen Regierung keine Unterstützung mehr erhielt. Umgekehrt war Woltmanns *Geschichte und Politik* nicht mehr haltbar, als Preußen 1805 in die antifranzösische Koalition eintrat.[103]

Die zeithistorische Programmatik der Zeitschriften lässt sich sowohl an den Titeln der Zeitschriften als auch in Vorreden und Leitartikeln ablesen. Das Wortfeld ‚Zeit' in mannigfaltigen Komposita tritt inflationär seit den 1790er Jahren in den Titeln auf:[104] Das *Berlinische Archiv der Zeit und ihres Geschmacks* (Berlin 1795 ff.)[105], die *Fragmente über veschiedene Gegenstände der neuesten Zeitgeschichte* (Berlin 1790), das *Räsonnierende Magazin des Wichtigsten an der Zeitgeschichte* (Salzburg 1791–1792), *Klio. Eine Monatsschrift für die französische Zeitgeschichte* (Leipzig 1795–1796)[106], *Historisch-politische Monatsschrift zum Behuf der neuesten Zeitgeschichte*

---

[102] Vgl. Pape: Johannes von Müller (1989), S. 201 f.; zu Voss auch Fratzke-Weiß: Rheinbund (1997), S. 49 f.
[103] Vgl. Woltmann: Abschied von den Lesern (1805).
[104] Zur Verwendung des Begriffes der ‚Zeit' im Vormärz vgl. Wülfing: Schlagworte (1982), S. 124–287.
[105] Vgl. Hocks u. Schmidt: Literarische und politische Zeitschriften (1975), S. 84 f.
[106] Vgl. ebd., S. 68 f.

(Berlin 1794), die Elsässische *Geschichte der gegenwärtigen Zeit* (Straßburg 1790–1793)[107], August Hennings Hamburger *Genius der Zeit*[108], Zschokkes Schweizerische *Überlieferungen zur Geschichte unserer Zeit*, Voss' *Die Zeiten* oder Saul Aschers *Welt- und Zeitgeist* sind hierfür nur einige wenige Beispiele, die sich in einer umfassenden quantitativen Titelanalyse, wie sie Franco Moretti für englisch-sprachige Romane in Bezug auf das Wortfeld „Zeit" durchgeführt hat, erhärten ließen.[109] Oft wird um die Jahrhundertwende 1800 auch das „19. Jahrhundert" als ein projektiv-zukunftsorientiertes Label in die Titel aufgenommen: So benennt Hennings seinen *Genius der Zeit* in *Genius des 19. Jahrhunderts* um. Ein anderes Beispiel ist die *Eunomia. Eine Zeitschrift für das 19. Jahrhundert*, die sich im ersten Heft unter dem Titel *An die Leser* als „Eine Geschichte der Zeit" vorstellt.[110]

In den Vorreden, Verlagsankündigungen, Verlagskorrespondenzen und Leitartikeln der Zeitschriften wird das zeithistorische Programm festgelegt. Alle historisch-politischen Zeitschriften beziehen sich auf die großen Umbrüche des revolutionären Zeitalters, die unabhängig vom politischen Standpunkt als Epochenwechsel mit universalhistorischem Charakter wahrgenommen wurden. Gemeinsam ist ihnen die Erfahrung eines bis dato unbekannten historischen Bruchs, der zu einem beschleunigten politischen und sozialen Wandel geführt habe. So heißt es im ersten Band der Europäischen Annalen über den epochalen Charakter der eigenen Gegenwart: „Kein denkendes Wesen kann daran zweifeln, dass die neueste Geschichte einst in der Weltgeschichte einen jener großen Abschnitte bilden wird, wie in der Vorwelt die Noachische Flut."[111] Ernst Wolfgang Becker hat vergleichbare Passagen zur Beschleunigungserfahrung im Zeitschriftendiskurs zwischen 1789–1848 zusammengetragen.[112] Allerdings bleiben die Herausgeber und Journalisten nicht bei einer Konstatierung einer Beschleunigungs-

---

[107] Vgl. Lachenicht: Information und Propaganda (2004), S. 495 f. Hier auch Individualprofile der jakobinischen Presse im Elsaß: S. 493 ff.
[108] Vgl. Hocks u. Schmidt: Literarische und politische Zeitschriften (1975), S. 62 f.
[109] Dieser stichprobenartige Befund stützt Franco Morettis quantitativ globalvergleichende Studie zum Wortfeld ‚Zeit' in Romantiteln um 1800. Vgl. Moretti: Quantitative Data (2008).
[110] Zur Geschichte des Begriffs ‚Zeitgeists' vgl. jetzt auch die Artikel von Meumann: Genius saeculi (2012); sowie Jung: Zeitgeist (2012).
[111] EA, Bd. 1 (1795), S. 8.
[112] Becker: Zeit der Revolution (1999).

erfahrung stehen, sondern leiten daraus auch veränderte Möglichkeiten und Aufgaben für die Zeitgeschichtsschreibung ab, wobei Reflexionen über die medialen Formen, potentielle Adressaten und historiographisches Programm Hand in Hand gehen. Als Journale mittlerer Ebene werden dabei insbesondere die historisch-politischen Monatsschriften verstanden, die sich sowohl von der bloßen tagespolitischen „Kannengießerey", dem Boulevard und Stammtischparolen abgrenzen, wie auch von abstrakten akademischen oder philosophischen Abhandlungen. Dagegen wird Zeitgeschichte als eigene historisch reflektierte und auf aktuelle politische Fragen anwendbare, d. h. empirische und praxisbezogene Wissenschaft des sozialen Wandels konzipiert.[113] Ernst Ludwig Posselt etwa notiert bereits im Jahr 1790 in seinem *Archiv für ältere und neuere Geschichte*: „Was sonst öde Spekulation der Philosophen oder Kannengießerey der Stümper war, die hinterm Ofen träumten [...] das ist jetzt und wird täglich mehr, allgemein praktische Wissenschaft des Menschen und des Bürgers."[114]

In Posselts und Cottas programmatischen Diskussionen um die Doppelgründung der *Europäischen Annalen* und der *Neuesten Weltkunde* wird der Zusammenhang von Medienreflexion und zeithistorischer Programmatik deutlich. So sei es das Ziel der 1795 gegründeten *Europäischen Annalen*, „den Charakter und den Genius der jetzigen Zeit [...] soviel der nahe Gesichtspunkt des Zeitgenossen gestattet, in einer Reihe von Gemählden, sowie jedesmal die neueste Tagesgeschichte des Stoff dazu beut, vor den Lesern aufzustellen."[115] Schon kurze Zeit später wird der Aktualitätsanspruch durch die komplementäre Gründung der seit dem 1. Januar 1798 täglich, auch sonntags, erscheinenden *Neuesten Weltkunde*, die nach nur einem Jahr in *Allgemeine Zeitung* umbenannt wurde und zur bedeutendsten deutschsprachigen Tageszeitung des 19. Jahrhunderts werden sollte, unterstrichen.[116] In einer Verlagsankündigung vom 31. Oktober 1797 beschreibt Posselt die wechselseitig aufeinander bezogene Funktion der beiden zeithistorischen Journale: Die *Weltkunde* soll als „ein politisches Tagblatt [...] wie ein treuer Spiegel die wahre und ganze Gestalt unserer Zeit zurückstrahle[n], so vollständig, als ob er der ganzen Menschheit angehörte". Beide Periodika

---

[113] Vgl. auch u. Kapitel 4.
[114] Archiv für ältere und neuere Geschichte, I (1790), S. IV..
[115] EA, Bd. 1 (1795), S. 11.
[116] Vgl. Lang: Foyer der Revolution (1998); Heyck: Allgemeine Zeitung (1898).

zusammen würden dann „[…] ein Ganzes ausmachen, wodurch der Leser den grosen Zweck: – ‚*to shew the very age and body of the time its form and pressure*‘ – auf das vollständigste erreichen wird", wie es in Bezug auf das Motto von Archenholz' *Minerva* heißt.[117] Und noch im Jahr 1820 macht Cotta angesichts der Umbenennung der *Europäischen Annalen* in *Allgemeine politische Annalen* auf die mediale Lücke aufmerksam, die eine Zeitschrift schließe, die eine „vollständige, nach Originalquellen bearbeitete und nach Staaten geordnete Darstellung der Zeitgeschichte" zum Inhalt habe: „[…] in dem keine Nation und Sprache bisher ein der Tagespolitik und Zeitgeschichte gewidmetes Journal nach dem umfassenden Plane, der bey der Herausgabe dieser Zeitschrift zu Grunde gelegt worden ist, aufzuweisen hat."[118]

Als intendierte Zielgruppe werden – neben der Nation und der Weltbürgergemeinschaft („Menschen und Bürger") – von Cotta „Staatsmänner, Geschichtsliebhaber, Bibliotheken" und allgemein „cultivirte Menschen" genannt.[119] In dieser Aufzählung spiegelt sich der zweifache Anspruch auf praktische Wirksamkeit und Politikberatung ebenso wie auf Wissenschaftlichkeit und Unparteilichkeit. Gerade als eine empirische Wissenschaft ermögliche die Zeitgeschichte eine politische Folgenabschätzung, Katastrophenprävention und vernünftige Zukunftspolitik, die als Möglichkeit von Prognosen aus der Kenntnis der „Zeichen der Zeit" angesprochen wird: „Diese Kenntniß der Zeichen seiner Zeit, verbunden mit der Kenntniß der früheren Ursachen, durch welche sie herbeigeführt wurden, ist für den, der das feinere historisch-psychologische Gefühl hat, ein fruchtbarer und der einzigmögliche Erkenntniß-Grund der Zukunft."[120] Der Anspruch auf die Möglichkeit von Prognosen und Folgeabschätzungen als einem wesentlichen Nutzenaspekt historischen Wissens ist allen Zeithistorikern gemeinsam. Bei Zschokke heißt es: „Wer nicht ganz fremd ist mit dem Gang der

---

[117] „[…] den Geist und die Umstände des Zeitalters aufzuzeigen sowie seine Erscheinungsformen und agierenden Kräfte". Zu Archenholz aus Shakespeares Hamlet („to hold as 'twere the mirror up to nature: to show virtue her feature, scorn her own image, and the very age and body of the time his form and pressure." Hamlet, 3. Akt, 2. Szene, 17–24) entlehntem Motto vgl. auch Buck-Morss: Hegel (2011), S. 70. Vgl. zum Prospekt auch Lang: Foyer der Revolution (1998), S. 93.
[118] Allgemeine politische Annalen, IV (1820), S. 420.
[119] Vollmer: Briefwechsel Schiller und Cotta (1876), S. 608 ff.
[120] EA I (1803), S. 10.

Geschäfte, der Menschen, der Völker und Zeiten ist; ohne Vorliebe und Hass, ohne Hoffnung und Furcht, das Spiel der Gegenwart mit den Begebenheiten der Vergangenheit vergleicht, kann wohl, ohne ein Nostradamus zu sein, zur Ehre eines Propheten gelangen. Der beste Seher der Zukunft ist der beste Staatsmann, der beste Feldherr, der klügste Privatmann. – Der gute Schachspieler sagt nach den ersten Zügen den Ausgang der Parthie voraus."[121] Und noch Börne knüpft hieran an, wenn er feststellt: „Wer die Geschichte studiert und die Menschen der Mitwelt mit den Menschen der Vorwelt vergleicht – kann als Prophet in Zukunft schauen!"[122] Kurz und knapp fasst Cotta den Zusammenhang von Praxisrelevanz und Zeitgeschichtsschreibung in seiner Charakterisierung der *Europäischen Annalen* zusammen: „Zweck der europäischen Annalen: Eingreifen in die ZeitEreignisse durch Darstellung der ZeitGeschichte."[123]

Auch Friedrich Gentz formuliert in seinem *Historischen Journal* den Anspruch, dass sich aus einer historischen Reflexion des beschleunigten Wandels auch neue historische Wissensformen und Erkenntnismöglichkeiten ergeben: „ein beobachtender Geist kann aus dem reichen, aber verworrenen Stoffe, den die größte aller historischen Begebenheiten darbietet, jene belehrenden Resultate ziehen, in welchen der höchste Werth und der letzte Zweck des Studiums der Geschichte liegt."[124] Auch wenn die Resultate und die Belehrungen, die Gentz aus den revolutionären Ereignissen zieht, ganz andere sind, als diejenigen Possels,[125] treffen sich beide in dem Anspruch, Zeitgeschichte über die Interessen des Tages, über den „flüchtigen Augenblick" hinaus zu konzipieren. Dementsprechend sei es sein „Plan, dieses Journal weder zu einem Commentar über die laufenden Zeitungs-Artikel, noch zu einem Anekdoten-Register, noch zu einem Magazin von Uebersetzungen auswärtiger Flugschriften zu bestimmen, sondern Beiträge zur Ge-

---

[121] Miszellen Nr. 11 v. 8. Februar 1811, S. 44.
[122] Ludwig Börne, in: Zeitschwingen, Nr. 60, Mittwoch 28. Juli 1819, S. 240. Vgl. auch in Börne: Sämtliche Schriften, Bd. 2, S. 370.
[123] Cotta an Wangenheim, 13. Juli 1815, [Konzept] auf: Wangenheim an Cotta, 6. Juli 1815, DLAM CA Br. Wangenheim, Nr. 50. Zit. n. Fischer: Cottas politische Perdiodika (1998), S. 299.
[124] Historisches Journal 3 (1799), S. 434 f.
[125] So schreibt Posselt über Gentz am 25. März 1799 an Cotta: „Gentzens gar nicht historisches, sondern bloß politisierendes, und manchmal ziemlich schief politisierendes Journal wird kein furchtbarer Rivale werden" (Briefe an Cotta, Bd. 1, S. 422).

schichte und Politik unsrer Zeit in einer Reihe ausführlich-bearbeiteter, und eben deshalb nicht bloß für den flüchtigen Augenblick interessanter Aufsätze zu liefern [...]" und so „[...] für die, die sich ernsthaft mit Geschichte, Staatswissenschaft, und politischer Oekonomie beschäftigen, auch in künftigen Zeiten noch ein gewisses Interesse behalten werden."[126]

Allerdings gerät Gentz nach eigener Aussage mit diesem Anspruch an die Grenzen des Mediums der historisch-politischen Monatsschrift. So sei eine unmittelbare Folge dieser Zielsetzung gewesen, dass die Zeitschrift „Abhandlungen von beträchtlichem Umfang" enthalte, „die, wenn sie auch ihren Gegenstand nicht erschöpfen [...] – ihn doch wenigstens soviel als es mir möglich war, von allen Seiten erörterten und beleuchteten."[127] Abzulesen ist diese Schwierigkeit daran, dass ein großer Teil von Gentz' zeithistorischen Analysen als Fortsetzungsartikel über mehrere Hefte erschienen sind. Als Konsequenz kündigt Gentz in der letzten Ausgabe des Historischen Journals eine – später allerdings nicht realisierte – Vierteljahresschrift zur Zeitgeschichte unter dem Titel „Beiträge zur Geschichte, Politik, und politischen Oekonomie unsrer Zeit" an.[128]

Bei aller politischer Gegnerschaft zwischen Gentz' *Historischen Journal* und der Gegengründung von *Geschichte und Politik* teilt auch deren Herausgeber Karl Ludwig Woltmann die Einsicht in die Notwendigkeit einer historisierenden Revolutionskritik. In der Einleitung grenzt Woltmann die Zielsetzung des Journals gegen die Geschichtsvergessenheit der ersten Phasen der Revolution in Frankreich ebenso ab wie gegen leere philosophische und idealistische Spekulation in Deutschland. Als Aufgabe formuliert er dagegen eine strikt an der Erfahrung und an der Geschichte ausgerichtete Analyse des Zeitgeschehens. Unabhängig vom politischen Standpunkt müsse nach Woltmann jeder einsehen, dass mit dem Revolutionszeitalter eine neue Epoche angebrochen sei: „Auch die heftigsten Gegner des gegenwärtigen französischen Systems gestehn ein [...], daß es wirklich eine ganz neue Gestalt der politischen Welt bewirke und bewirken werde."[129] Durch die Ereignisse, für die man keine historischen Vorbilder kenne, scheinen über-

---

[126] Historisches Journal 4 (1800), S. 791 f.
[127] Ebd., S. 792.
[128] Ebd., S. 792 f.
[129] Woltmann: Abschied von den Lesern dieser Zeitschrift, in: Geschichte und Politik 3 (1805), S. 264.

lieferte Formen von Geschichtsbetrachtung und Politik nicht mehr angemessen zu sein. Geschichte erscheine seither als verselbständigter, nicht mehr politisch steuerbarer Prozess, der allen Versuchen der historischen Akteure, „den Geist ihres Zeitalters nach ihren Absichten zu formen und zu lenken" widerstreite. Die Französische Revolution sei als Ereignis mit den Mitteln bisheriger „historischer Weisheit" nicht mehr zu erklären, da sich aus ihr „täglich Phänomene" entwickelt hätten, „[...] über welche man die Geschichte immer weniger zu befragen verstand."[130]

Daher sei es „ungemein wichtig geworden, jenes System zu erforschen" und von diesem Standpunkt ausgehend Geschichte und Politik in ihrem wechselseitigen Verhältnis neu zu durchdenken und zu bestimmen. Nur so könne verhindert werden, dass man in „Staatssachen" weiterhin „mit unsäglichem Unheil umherirre": „Es ist unglaublich, wie unwissend unsre Zeitgenossen in der Tagesgeschichte sind, so zahllose öffentliche Blätter und Zeitschriften sich mit ihr beschäftigen; denn es fehlt noch schlechterdings an einem historisch begründeten Standpunkte für die Ansicht unsrer Tage, und darum fliegen und verfliegen alle Notizen über dieselbe wie Spreu im Winde. Nur durch eine tiefe und reine Würdigung des französischen Systems kann jener Standpunkt gegeben werden. Von ihm würden die Forscher auf die politische Gegenwart überhaupt fortgehen, und über sie könnte dann durch die Historie ein Werk geschaffen werden, welches so Codex für die sich eben entwickelnde Zukunft würde, wie Montesquieu für die Zeiten vor der gegenwärtigen Epoche gewesen ist. Ein solcher Leitstern wird bald für unsre Studien und Geschäftsführungen in Staatssachen nöthig werden, wenn wir nicht mit unsäglichem Unheil umherirren sollen." Mit dem Appell einer solchen neuen, an der Reflexion der französischen Revolution und an Montesquieu gleichermaßen orientierten Zeitgeschichtsschreibung, verabschiedet sich Woltmann im Dezember-Heft des letzten Jahrgangs 1805 von Geschichte und Politik von seinen Lesern: „Schreibe einer meiner historischen Brüder in dem erwähnten Geist über die Tagesgeschichte!"[131]

Wie Woltmann geht auch Christian Daniel Voss in der Einleitung zu seinen *Zeiten* vom „merkwürdigen Ereignis" der Revolution als Standpunkt jeder Zeitgeschichtsschreibung aus und bestimmt die Zielsetzung der „Zei-

---

[130] Woltmann: Geschichte und Politik (1800), S. 3.
[131] Woltmann: Abschied von den Lesern dieser Zeitschrift, in: Geschichte und Politik 3 (1805), S. 265 ff.

ten" in der Einleitung zum ersten Band 1805 „die Geschichte der Zeit vollständig und klar [zu] überblicken"[132]: „Seitdem die Französische Revolution ausbrach, und, unter einem so vielfachen Wechsel der Umstände und Verhältnisse, eine so dichte Reihe der mannichfaltigsten und ausserordentlichen Begebenheiten herbei führte, hörte man sehr oft den Ausruf: *wir leben in sehr merkwürdigen Zeiten!* In der That darf man auch wohl die Behauptung wagen, dass die Geschichte aller Völker und Staaten keinen Zeitraum darbiete, der diese Aeusserung so rechtfertigte, als der der letzten fünfzehn Jahre."[133] Nicht nur in der Tagespolitik sieht Voss die Aufgabe des Journals, sondern im Sinne Schlözers durchaus in einer umfassenden empirischen Materialsammlung: „Wenn die Staatengeschichte, nach Schlözers Ausdrucke, eine fortlaufende Statistik seyn soll; so wird aus unserm ihr gewidmeten Archive auch nichts ausgeschlossen werden dürfen, was zu einer vollständigen Staatenkunde gehört." Dementsprechend gliedert Voss seine Zeitschrift entlang der Schlözer'schen statistischen Rubriken: I. Regenten und Höfe, II. Ministerien und Kabinette, III. Staatsverfassung und Verwaltung im Allgemeinen, IV. Innere Angelegenheiten und Ereignisse, V. Äußere Angelegenheiten und Ereignisse, VI. Kriegsbegebenheiten. Voss hofft so, ein „treues Bild der Zeiten", ein „mit der Geschichte gleichen Schritt haltendes Gemählde" der Epoche liefern zu können, auch wenn er sich bewusst ist, dass dem „Erzähler und Beurteiler der Zeitgeschichte" die Distanz fehle, um eine annähernd vollständige Kausalerklärung liefern zu können.[134]

Wie Posselts Zeitschriften sind schließlich auch Zschokkes Journale zwischen räsonnierender Tageszeitung und Monatsschrift angesiedelt. Die *Miscellen der neuesten Weltkunde*, die Zschokke im direkten Anklang an Posselts *Neueste Weltkunde* konzipierte, erschienen zwei Mal wöchentlich, die „Ueberlieferungen zur Geschichte unserer Zeit" waren eine Monatsschrift. Dennoch sind beide nicht völlig unabhängig voneinander zu sehen oder medienkategorial zu trennen; überschneiden sich doch ganze Rubriken und auch der Aufbau der Zeitschriften. Als gemeinsame Ausrichtung beider Blätter legt Zschokke fest, dass sie eine zeitgeschichtliche Thematik verfolgen und im Interesse breiterer Bevölkerungsschichten stehen müssen: „[…] nur was auf die Culturgeschichte der neuesten Zeit bezug hat, und damit

---

[132] Christian Daniel Voss: Einleitung, in: Die Zeiten 1 (1805), S. 22.
[133] Ebd., S. 17.
[134] Ebd.

Zeithistorische Medien

historischen Inhalts ist, auch würdig ist einem grossen Publikum vorgetragen zu werden, ist dieser Blätter Hauptgegenstand"[135], wobei auch Zschokke sich gegen eine Verwechslung von Popularität und Parteilichkeit wendet und von seinen Mitarbeitern „treues, leidenschaftsloses Prüfen der Erscheinungen"[136] fordert. Der grundlegende Epochenwechsel, bei Gentz, Woltmann und Voss mit der französischen Revolution konstatiert, wird bei Zschokke im Jahr 1817 als Moderneerfahrung des Wandels in Permanenz nicht nur konstatiert, sondern ausdrücklich begrüßt: „Die Zeit ist kein Sumpf, sie ist Strom. Alle Völker nennen sie so, und mit Recht. Denn Stillstand ist nirgends; sondern fortwährender Wandel der Dinge und darum Verwandlung von Allem."[137]

Ein weiteres nach 1790 neu entstehendes Medium der Zeitgeschichte ist das Historische Taschenbuch. Es entwickelt sich aus den Almanachen und historischen Kalendern und ist schon durch das kleine Duodez-Buchformat als deren Verwandter erkennbar.[138] In Jahrbuch-Form werden hier die wichtigsten Zeitereignisse europäisch vergleichend dargestellt. Auch für dieses Periodikum kann Ernst Ludwig Possert als Wegbereiter gelten. Nach ersten Plänen seit 1792 erschien sein *Taschenbuch für die neueste Geschichte* in neun Bänden von 1794 bis 1803.[139] In diesen liefert Possert weitgehend unkommentierte europäische Kriegsgeschichte der Jahre 1792 bis 1800. Der Historiker versammelt als Chronist der Zeitereignisse hier wesentlich Materialien für eine spätere Darstellung und Bewertung der Vorgänge. Zwischen Ablauf der Ereignisse und Erscheinen der Bände liegen rund zwei Jahre. In direkter Nachfolge Posselts hat Friedrich Buchholz bei Cotta von 1805 bis 1810 auch die Europäische Staatengeschichte behandelt. Sein eigenes Historisches Taschenbuch erschien dann ab 1815 beim Berliner Verlag Wittich mit dem Untertitel *Geschichte der Europäischen Staaten seit dem Frieden von Wien*.

---

[135] Zschokke an H. H. Hirzel, 9. Februar 1809. Zit. n. Ort: Zschokke (1998), S. 183, Anm. 100.

[136] Zit. n. Ort: Zschokke (1998), S. 345.

[137] Zschokke: Geistliche Angelegenheiten, in: Überlieferungen, H. 20 (1817), S. 531.

[138] Vgl. Bunzel: Almanache (1999); Lanckoronska u. Rümann: Taschenbücher und Almanache (1954); sowie Salzbrunn: Historisches Zeitschriftenwesen (1968), S. 486 ff.

[139] Taschenbuch für die neueste Geschichte, hg. v. Ernst Ludwig Posselt, 9 Bde., Nürnberg 1794–1803.

Eine Auseinandersetzung um die Ausrichtung eines Historischen Taschenbuchs zwischen Friedrich Buchholz und seinem Verleger Johann Friedrich Cotta im Juni 1810, über die es dann auch zum Bruch zwischen Autor und Verleger gekommen ist, wirft ein Licht auf die Bandbreite zeithistorischer Darstellungsformen zwischen Popularität und dem Anspruch auf reflektierte Geschichtsschreibung.[140] Nachdem Cotta sich offenkundig über das Problem mangelnder Absatzzahlen beschwert und eine populärere Darstellung gefordert hatte, wendet Buchholz ein, dass man mit einer Geschichte, die nur „auf das Amüsement berechnet" ist, den anvisierten Publikumsgeschmack verderbe und letztlich gar keine historischen Werke, in welchen „große Ansichten u. inniger Zusammenhang anzutreffen sind", mehr absetzen würde. Dann könnte man sich beschränken auf „Biographien, Anecdoten, kleine Abhandlungen politischen oder statistischen Inhaltes, kurz alles was keinen langen Athem erfordert u. indem es Unterhaltung gewährt, sich mit allen Arten von Unterbrechungen verträgt".[141] Mit Verweis auf die dargestellten historischen Gegenstände einer von ständigen Kriegen geprägten Zeit gibt Buchholz allerdings zu bedenken: „[…] wie die europäische Staatsgeschichte amüsant gemacht werden könne, davon habe ich, die Wahrheit zu gestehen, gar keinen Begriff."[142]

Dass Erfolg und ernsthafte historische Darstellung im Buchholz'schen Verständnis sich nicht ausschlossen, kann man Robert Prutz' *Geschichte der Musenalmanache und Taschenbücher in Deutschland* entnehmen. Prutz (1816–1872), selbst einer der wichtigen Vormärz-Literaten, Mitarbeiter an der *Rheinischen Zeitung*, zusammen mit Arnold Ruge Herausgeber der *Hallischen Jahrbücher* und Verfasser einer der ersten Geschichten des Journalismus, beschreibt Buchholz' Historisches Taschenbuch als das erfolgreichste mit zeithistorischer Thematik. Es habe dabei auch Nachfolgeprojekte wie Wolfgang Menzels von 1831–1839 bei Cotta erschienenes *Taschenbuch der neuesten Geschichte* oder Gustav Bacherers und Ernst Münchs *Taschenbuch der neuesten Geschichte*, erschienen von 1836–1843 in Karlsruhe, übertroffen:[143] „Von historischen Taschenbüchern nennen wir ferner das von Fried-

---

[140] Buchholz an Cotta, 8. Juni 1810, Brief Nr. 71; sowie Brief Nr. 78, 80, 84, 87 u. 93.
[141] Buchholz an Cotta, 8. Juni 1810, Brief Nr. 71.
[142] Ebd.
[143] Taschenbuch der neuesten Geschichte, hg. v. Wolfgang Menzel, 7 Bde., Stuttgart, Tübingen 1831–1839; Taschenbuch der neuesten Geschichte, hg. v. Gustav Bacherer

rich Buchholz, dem bekannten Berliner Vielschreiber und geistreichen, aber unruhigen und flüchtigen Kopf; wir haben von ihm eine Staatsgeschichte Europas als Taschenbuch für 1805 bis 10, nebst einer Fortsetzung, die 1814 begann und die Geschichte der europäischen Staaten seit dem Frieden von Wien bis Ausgang der zwanziger Jahre umfaßt. Aehnliche Versuche, doch mit geringerem Glück, wurden dann im Lauf der dreißiger Jahre bis in die vierziger hinein von Wolfgang Menzel, Ernst Münch und Gustav Bacherer gemacht. Diese Taschenbücher hatten sich sämmtlich die Behandlung der Zeitgeschichte zur Aufgabe gestellt."[144] Keine ausschließlich zeitgeschichtliche Ausrichtung hatten daneben die Historischen Taschenbücher Joseph von Hormayrs (*Taschenbuch für die vaterländische Geschichte*, 1811–1829) oder Friedrich von Raumers *Historisches Taschenbuch* (1830–1892).[145] Dennoch sind auch hier zentrale zeithistorische Abhandlungen erschienen, wie etwa Eduard Gans' ungeheuer erfolgreiche *Vorlesungen über die Geschichte der letzten fünfzig Jahre* in Raumers Taschenbuch des Jahres 1833.[146]

In der Vorrede seines Taschenbuchs vom 24. November 1813 stellt Buchholz den Zusammenhang zwischen den neuen Öffentlichkeitsformen, der Möglichkeit der Zeitgeschichtsschreibung und den Nationen als neuen Subjekten politischer Prozesse her. Buchholz setzt an bei dem in der Diskussion um die Zeitgeschichte allgegenwärtigen Einwand, eine Geschichte des Revolutionszeitalters könne erst zu späteren Zeiten geschrieben werden, weil Quellen, politische Frontlinien und strukturelle Wandlungsprozesse erst dann deutlich würden. Hiergegen verweist er auf die veränderte historische Situation, durch welche die Tagespolitik nicht mehr in den Arkanbereich der Fürsten, sondern in den Öffentlichkeitsbereich der ganzen Nation falle:

---

u. Ernst Münch, Karlsruhe 1836–1843. Innerhalb der *Allgemeinen Historischen Taschenbibliothek für Jedermann*, hg. v. Julius Franz Schneller bei Hilscher, findet sich auch ein zeitgeschichtliches Taschenbuch mit dem schönen Titel: *Jetzt! Taschenbuch der Zeitgeschichte für 1832*, Dresden 1833.

[144] Prutz: Die Musenalmanache, in: ders.: Neue Schriften, Bd. 1 (1854), S. 138. Prutz grenzt die zeithistorischen Taschenbücher von den noch lange im 19. Jahrhundert weiterbestehenden allgemeinhistorischen Taschenbüchern Hormayrs und Friedrich von Raumers ab.

[145] Vgl. Salzbrunn: Historisches Zeitschriftenwesen (1968), S. 294–365.

[146] Vgl. Gans: Vorlesungen über die Geschichte, in: Historisches Taschenbuch, 5. Jg. (1833). Vgl. auch Kapitel 4.

„Viele werden behaupten: die Geschichte unserer Tage mit Erfolg zu schreiben, sey die Zeit noch nicht gekommen. Diese mögen innerhalb gewisser Gränzen nicht Unrecht haben; nur dürfen sie nicht vergessen, daß die Zeit, in welcher wir leben, eine Öffentlichkeit mit sich führt, vermöge welcher den Begebenheiten von ihrer Kundbarkeit nichts Wesentliches entzogen werden kann, indem die Erscheinungen ebenso sehr aus dem Interesse der Völker als aus dem der Fürsten hervorgehen."[147]

Zeitgeschichte wird von Buchholz als ‚public history' im emphatischen Sinn konzipiert: sowohl mit einem umfassenden Öffentlichkeitsanspruch als auch „aus dem Interesse der Völker" geschrieben. Es ist dieses zeithistorische Programm, das von den Autoren des Vormärz wie Ludwig Börne, nun unter frühdemokratischen Prämissen, weiterverfolgt wird – etwa in seinem Plan der „Studien über Geschichte und Menschen der Französischen Revolution"[148].

---

[147] Buchholz: Vorrede, in: ders.: Geschichte der europäischen Staaten, Bd. 1 (1814), S. VII f.
[148] Rippmann: Zeitschriftsteller (2002), S. 283.

2. Europäische Pressenetzwerke

In der Zeit um 1800 weist der Presse- und Buchmarkt einen hohen Grad an europäischer Vernetzung auf.[1] Verleger, Buchhändler und Zeitschriftenherausgeber verfügen über ein dichtes Korrespondentennetz in den wichtigen europäischen Hauptstädten.[2] Dies gilt von Wilhelm Archenholz' *Minerva*, zu dessen Pariser Korrespondenten Georg Forster, Karl Friedrich Reinhard und Konrad Engelbert Oelsner gehörten über Cottas weitverzweigtes Korrespondentennetz bis zu Heinrich Zschokkes zeithistorischen Journalen mit Korrespondenten wie Henri-Baptiste Grégoire und François Guizot in Paris, Antonin von Schlichtegroll in London, Saul Ascher in Berlin oder Karl Gotthard Grass in Rom und Neapel.[3] Alle Zeitschriften tauschten übersetzte Artikel untereinander aus. Und es gab auch schon ‚Meta-Zeitschriften', die als Kompendien für Berichte aus den einzelnen europäischen Presselandschaften dienen, wie als berühmtestes Beispiel die zunächst in Paris, später in Lüttich und Brüssel erscheinende Zeitschrift *Esprit des Journaux*.[4]

---

[1] Vgl. zur Europäisierung der Öffentlichkeit Requate u. Wessel (Hg.): Europäische Öffentlichkeit (2002). Leider kommen die hier untersuchten Zusammenhänge der Vernetzung in der Aufklärung und im Revolutionszeitalter in dem Sammelband nur am Rand vor.

[2] Diese Korrespondenznetzwerke sind unmittelbare Vorläufer der modernen Nachrichtenagenturen, die ab 1830 zunehmend eingerichtet werden. Vgl. Wilke (Hg.): Nachrichtenagenturen und Telegraphenbüros; sowie ders.: Unter Druck gesetzt, S. 79.

[3] Ruof: Archenholtz (1965), S. 33–42, S. 131; Rieger: Archenholz (1994), S. 32; Ort: Zschokke (1998), S. 165 f., S. 350–372.

[4] Vgl. zum *Esprit des Journaux* die Arbeiten der *Groupe d'étude du dix-huitième siècle de l'Université de Liège*: http://www.gedhs.ulg.ac.be/recherches/espritdesjournaux/index.html [letzter Zugriff: 01.12.2012].

Anders als die machtpolitischen und militärischen Fronten sind auf dem Gebiet der Publizistik die Grenzen dabei nicht so klar zu ziehen. Die Diskurse und Netzwerke konstituieren über die Staatsgrenzen hinaus einen europäischen Öffentlichkeitsraum. So gehört es zum wichtigsten Handwerkszeug der Journalisten, über die maßgebenden europäischen Periodika ständig auf dem Laufenden zu sein. Als etwa die *Europäischen Annalen* gegründet werden, fordert Posselt von seinem Verleger Cotta unterschiedlichste europäische Journale als Informationsmaterial an: „Moniteur, Journal de Paris, Hamburger-Berliner und Wiener HofZeitungen – Breslauer – Brünner – Clevische – Ministeriale Zeitung – Gothaer Handlungs-Zeitung – Frankfurter Oberpost-AmtsZeitung – Baireuther – Münchener – Schwäbischer Merkur – Karlsruher – Mannheimer – Cöllner – Hamburger politisches Journal – Niederelbisches Magazin – Schlözers Staatsanzeigen."[5] Über ein breit gestreutes europäisches Lektürepensum im Zusammenhang mit seiner journalistischen Tätigkeit berichtet auch Friedrich Gentz in einem Brief an Christian Garve: „Sie würden erstaunen, wenn Sie die Menge von Zeitungen sehen sollten, die jetzt posttäglich durch meine Hände gehen. Zwei Tage der Woche (gewöhnlich den Montag und Donnerstag, wo die Clevische Post bei uns ankömmt, und wo ich auch gemeinhin von andern Arbeiten am freiesten bin) sind lediglich und ausschließend dem Lesen der Zeitungen und sorgfältigen Exzerpieren und Klassifizieren ihres Inhalts eingeräumt. Außer der Posseltschen Zeitung, der Leydener, Frankfurter, Hamburger und andern deutschen, bekomme ich nun regelmäßig fünf große französische Zeitungen: Redacteur, Conservateur, Journal de Paris, Ami des Loix, Moniteur, und drei englische: London Chronicle, Morning Chronicle, und Courier de Londres. Daß das Lesen und Exzerpieren aller dieser Blätter viel Zeit wegfrißt, werden Sie leicht ermessen können: ich bin aber – wenn ich die unendliche Wichtigkeit und Merkwürdigkeit der Geschichte dieser Tage in Erwägung ziehe – fest überzeugt, daß es mich nie gereuen wird, diese Zeit verwendet zu haben."[6]

Auch der Ausbau der staatlichen Pressepolitik spielte für die Europäisierung der Debatten eine entscheidende Rolle: nach dem Beispiel Napoleons erkannten die Regierungen aller größeren Staaten den Wert der Öffentlichkeitsarbeit und versuchten, die öffentliche Meinung in ihrem Sinn zu

---

[5] Zit. n. Salzbrunn: Historisches Zeitschriftenwesen (1968), S. 149.
[6] Garve an Gentz, 23. März 1798, in: Briefe von und an Gentz, Bd. 1, S. 206 f.

Europäische Pressenetzwerke

steuern.⁷ Büros zur Beobachtung ausländischer Zeitschriften wurden eingerichtet und Zensurakten über den europäischen Pressemarkt angelegt.⁸ Einen umfassenden Überblick über die Verbreitung französischer Presse in Preußen kann man beispielsweise einem Bericht des Regierungsrates Philipp Joseph von Rehfues für die preußischen Zensurbehörden vom 10. Dezember 1833 entnehmen: detailliert werden hier die Absatzzahlen von Journalen wie dem *Constitutionnel*, der *Gazette de France*, dem *Journal des Débats*, dem *National* oder der *Temps* aufgelistet, wobei „die bei weitem größte Zahl der ultraliberalen Blätter [...] die Kaffeewirthe und die Konditors" bezögen.⁹ Ohne die Europäisierung staatlicher Pressepolitik wären die erstaunlichen europäischen Journalistenkarrieren dieser Zeit nicht möglich gewesen. So stieg Friedrich Gentz vom preußischen Zeitschriftenmacher zum wichtigsten Berater Metternichs auf. Auch die neben Gentz wichtigsten Österreichisch-Metternich'schen Pressearbeiter Friedrich Schlegel, Adam Müller oder Karl Ludwig Woltmann haben ihr journalistisches Handwerk in den 1790er Jahren in der preußischen Hauptstadt Berlin gelernt. Der aus dem Anhaltischen Magdeburg stammende Tuchmachersohn und Vielschreiber Heinrich Zschokke avancierte zum Chef des Büros für Nationalkultur der Helvetischen Republik. Und der Schweizer Historiker Johannes von Müller wurde als Regierungsberater an den Höfen in Österreich, Preußen und schließlich dem Königreich Westphalen angestellt.¹⁰

Während Gentz wie kein anderer die pressepolitischen Netzwerke der antinapoleonischen Koalition und der Restauration nach dem Wiener Kongress repräsentiert, steht Friedrich Buchholz für eine andere, frühliberale Option

---

[7] Vgl. grundlegend Piereth: Propaganda (1994).
[8] Vgl. Widemann an Cotta, 31. August 1811: „Malte-Brün, Lassale, Raimond, (der in Berlin dann in Madrid war) etc. sind zu Gliedern einer Commission ernannt, welche alle im Auslande erscheinenden Bücher prüfen und Analysen davon der Regierung vorlegen, um diese in Kenntniß von allem Wissenswerthen zu setzen, was gedruckt wird. Diese Commission wird von den Einkünften des Journals unterhalten." DLAM CA Briefe J. Widemann. Vgl. a. Akte „Verbot der Ein- und Durchfuhr ausländischer, besonders englischer, französischer und niederländischer Zeitungen nach Preußen." GStA PK, III. HA I, Nr. 8967.
[9] Der Bericht ist auszugsweise abgedruckt bei Kapp: Preßgesetzgebung (1880), S. 234–241, S. 240.
[10] Vgl. Zimmermann: Gentz (2012); Ort: Zschokke (1998), S. 36 ff.; sowie Pape: Müller (1989).

mit Bezügen in die Netzwerke des Rheinbund und nach Frankreich sowie, in der nachnapoleonischen Zeit, in westeuropäische Presseorgane und deren Debatten um Konstitutionalisierung, Wahlrecht und soziale Frage.[11] Im Folgenden werden Buchholz' Verbindungen in das südliche Deutschland und in den Rheinbund an Hand der Beziehungen zu seinem Verleger Cotta rekonstruiert (2.1); die Vernetzungen mit Frankreich zeigen sich in seiner Zusammenarbeit mit Cottas wichtigstem Pariser Korrespondenten Joseph Widemann, der zudem in der Napoleonischen und später der Bayerischen staatlichen Pressepolitik aktiv war (2.2).[12] Und nicht zuletzt war Buchholz' historische Monatsschrift, die von 1815 bis 1819 als *Journal für Deutschland* und anschließend von 1819 bis 1837 als *Neue Monatsschrift für Deutschland* erschien, ein Forum für die westeuropäischen politischen Debatten nach dem Wiener Kongress. Explizit vertritt Buchholz hier das Programm einer „europäischen Geschichte" zur Neuordnung des Kontinents nach dem Zusammenbruch des napoleonischen Empire, wobei er seine Leser mit liberalen Ideen aus der *Edinburgh Review* ebenso bekannt macht wie mit den Programmen der saint-simonistischen Bewegung in Frankreich (2.3).

---

[11] Grundlegend für diese andere, ‚rheinbündische' europäische Vernetzung der politischen Presse Fratzke-Weiß: Rheinbund (1997); Schuck: Rheinbundpatriotismus (1994). Vgl. auch D'Aprile: Buchholz gegen Gentz (2009).

[12] Vgl. Fratzke-Weiß: Rheinbund (1997). Ich danke dem Direktor des Goethe-Archivs in Weimar, Bernhard Fischer, für die zahlreichen Hinweise und insbesondere dafür, dass er mir die Pariser Korrespondenz Cottas zur Verfügung gestellt hat. Sie enthält neben Widemanns Schreiben u. a. Briefe von Konrad Engelbert Oelsner, Carl Friedrich Cramer, Alexander Schubart, Johann Gottfried Schweighäuser, Herman Henrichs, Ferdinand Baron von Eckstein, Henri Knapp und Eduard Collow. Zu den Korrespondenten des *Morgenblattes* und der *Allgemeinen Zeitung* gehörten daneben u. a.: Louis-François-Hilarion Audibert, Jean-Alexandre Buchon, Adolphe Thièrs, Johann Heinrich Schnitzler und Heinrich Heine.

2.1 Zwischen Preußen und dem Rheinbund: Buchholz und Cotta

Buchholz' Zusammenarbeit mit Cotta, der seit 1805 sein Hauptverleger war, zeigt beispielhaft den grenzüberschreitenden Charakter der Pressenetzwerke des beginnenden 19. Jahrhunderts. So wie Buchholz einer der meistdiskutierten Journalisten in Preußen war, so war Johann Friedrich Cotta (1764–1832) der wichtigste Verleger nicht nur im Rheinbund, sondern wahrscheinlich sogar deutschlandweit. Namhafte Autoren wie Schiller oder Goethe standen bei ihm unter Vertrag und mit seiner *Allgemeinen Zeitung*, dem *Morgenblatt für die gebildeten Stände* und den *Europäischen Annalen* hatte er ein meinungsführendes Presseimperium aufgebaut.[13] In allen europäischen Hauptstädten beschäftigte Cotta Korrespondenten und führte u. a. in Paris auch *joint venture*-Unternehmen mit ansässigen Verlagen und Buchhändlern.[14] In einem seiner Briefe an Cotta spricht Buchholz diesen bezeichnenderweise als „Napoleon unter den Buchhändlern" an.[15]

Buchholz' Briefe an Cotta gehen über ein geschäftliches Autor-Verleger-Verhältnis weit hinaus.[16] Neben den üblichen Diskussionen über Honorare, zu liefernde Werke und Empfehlungen von möglichen Autoren für Cottas zahlreiche Journale von Christian von Massenbach bis zu Friedrich von Raumer finden sich hier ausführliche Kommentare und Analysen der geopolitischen Situation ebenso wie aufschlussreiche Diskussionen zum Autor-Verleger-Verhältnis und zum Format zeithistorischer Publikationen. Wie Buchholz bewegte sich auch Cotta zwischen den Fronten: obwohl er Beziehungen zu den Regierungen des Rheinbundes pflegte und über seinen Korrespondenten Joseph Widemann sogar direkten Zugang zum französischen Machtzentrum hatte, befand er sich in ständiger spannungsreicher Auseinandersetzung mit den französischen Zensurbehörden, die mit seiner erklärten Neutralitätspolitik nicht einverstanden waren und ihm des öfteren die

---

[13] Vgl. die im Literaturverzeichnis aufgelisteten Arbeiten von Bernhard Fischer; Neugebauer-Wölk: Revolution und Constitution (1989); sowie Lang: Foyer (1998).
[14] So gab er mit dem ortsansässigen Drucker Xhrouet in Paris einen *Almanach des Dames* heraus.
[15] Buchholz an Cotta, 5. Januar 1807, Brief Nr. 15.
[16] Vgl. Anhang. Cottas Gegenbriefe an Buchholz sind leider wie Buchholz' Nachlass insgesamt nicht erhalten.

Druckerlaubnis entzogen. Schließlich arbeitete auch Cotta wie später Buchholz eng mit Hardenberg zusammen – und zwar schon seit dessen Zeit in Ansbach-Bayreuth in den 1790er Jahren, dann verstärkt wieder im Zusammenhang mit der Gründung des Deutschen Bundes. Auch seine spätere Nobilitierung verdankte Cotta Hardenberg.[17] Für Buchholz war Cotta eine Art Verbindungsmann zu einem anderen Deutschland jenseits von Preußen. Noch in seinem letzten Brief an Cotta vom 9. Dezember 1832 spendet Buchholz Cotta das größte Lob, das ein Liberaler zu vergeben hat, wenn er ihn als den Mann anspricht, „dem Deutschland die größte aller Wohltaten [...] verdankt" – nämlich „den freien Verkehr".[18]

Detaillierte Schilderungen gibt Buchholz' vom Leben in der Preußischen Hauptstadt: vom Einmarsch der napoleonischen Truppen in Berlin im Oktober 1806[19] über den Selbstmord Heinrich von Kleists[20] bis hin zum Alltag in einem bankrotten Staat. In ihnen spiegelt sich der Zwiespalt eines Anhängers der napoleonischen Reformen, der den französischen Sieg als Befreiung empfindet und der zugleich wie die gesamte Bevölkerung unter Besatzung, Krieg und Finanznot leidet. Gleich zu Beginn der Besetzung Berlins berichtet Buchholz: „Drei meiner Geschwister sind rein ausgeplündert worden, so daß sie nur das nackte Leben gerettet haben."[21] Und am 16. Januar 1808 klagt Buchholz ausdrücklich über den Widerspruch zwischen politischer Anschauung und den konkreten Alltagssorgen: „Berlin ist noch immer voll von französischem Militär u. auch ich muß diese Last noch immer theilen. Es ist ein sonderbares Schicksal, das ich habe; nachdem ich so viele Jahre hindurch Napoleon in Deutschland pronirt habe u. ihm für seine Zwecke gewiss ungemein nützlich geworden bin, muß ich französische Offiziere füttern u. meinen mühsamen Erwerb mit Ihnen theilen."[22]

An der Niederlage des Alten Preußischen Staates hingegen kann Buchholz nichts Schlechtes finden. Deren Ursachen sind für ihn schon lange vor der Schlacht bei Jena und Auerstedt zu suchen. Als ein bloß dynastischer Staat sei er viel zu sehr mit der alten Hohenzollern-Monarchie verwoben, als

---

[17] Vgl. Fischer: Cottas politische Periodika (1998), S. 300 ff.
[18] Buchholz an Cotta, 9. Dezember 1832, Brief Nr. 92.
[19] Buchholz an Cotta, 13. November 1806, Brief Nr. 13.
[20] Buchholz an Cotta, 26. November 1811, Brief Nr. 82.
[21] Buchholz an Cotta, 8. November 1806, Brief Nr. 13.
[22] Buchholz an Cotta, 16. Januar 1808, Brief Nr. 37.

dass aus ihm etwas Neues entstehen könne. Preußen erscheint ihm so als ein Anachronismus, der „nicht mehr in den gegenwärtigen Zusammenhang der Dinge gehört"[23]. Am 28. Mai 1808 sieht er den Untergang Preußens besiegelt: „Allem Ansehen nach verschwindet die Idee Preussen aus der europäischen Welt; denn diese Idee hängt aufs Innigste mit der Dynastie der Hohenzollern zusammen, welche ihre Rolle ebenso ausgespielt hat, als die Bourbonen auf dem spanischen Thron."[24] Einen besonders anschaulichen Eindruck von der politischen Heimatlosigkeit, die Buchholz als Liberaler in Preußen empfindet, vermittelt ein Brief vom 19. Januar 1810: „[...] im Vertrauen muß ich Ihnen sagen, daß es in jeder Hinsicht sehr schlecht um uns steht. Wir kämpfen mit unserem Bankerot so gut wir können. Ob er ausbleiben wird, steht dahin. Schwer ist es, ein gleichgültiger Zuschauer von allen den Albernheiten zu bleiben, von welchen die eine die andere jagt; aber ich habe mir fest vorgenommen, mich in Beziehung auf mein Vaterland zu indifferenziren, bis ich sehe, daß der Weltgeist wirklich über uns komt. Die Nacht von Barbaren in welcher wir liegen, wird kaum durch einige Vernunftstralen aufgehellt. Wir plumpen immer wieder in die Feudalität zurück, aus welcher wir uns erheben wollen; u. alle unsere öffentlichen Maaßregeln sind von solcher Beschaffenheit, daß der Herrschaft des Feudal-Geistes kein Ende gemacht werden kann. Weil die Liberalität nicht im Gemüthe ist, so ist sie auch nicht im Geiste."[25]

Von Anfang an äußert Buchholz vor diesem Hintergrund die Hoffnung, dass Preußen im Rheinbund aufgehen möge, den er als Keimzelle eines neuen deutschen Nationalstaats deutet. Bis weit in die Hardenberg'sche Regierungszeit gilt ihm der Rheinbund als Vorbild, an dem sich auch die Reformen in Preußen zu orientieren haben. Das Königreich Westphalen etwa stellt für Buchholz einen Modellstaat dar, als „ein wahrer Gährungsstoff, der seine Kraft nicht eher verlieren kann, als bis alle übrigen deutschen Königreiche dieselben Gesetze (organische u. bürgerliche) angenommen haben."[26] Und die Westorientierung am „transrheinischen Spiegel" Frankreichs wird auch noch in der nachnapoleonischen Zeit von Buchholz als Gegengift gegen altständische Restaurationsbestrebungen in Anschlag ge-

---

[23] Buchholz an Cotta, 30. Oktober 1809, Brief Nr. 62.
[24] Buchholz an Cotta, 28. Mai 1808, Brief Nr. 42.
[25] Buchholz an Cotta, 19. Januar 1810, Brief Nr. 65.
[26] Buchholz an Cotta, 18. Januar 1811, Brief. Nr. 76.

bracht, wie etwa ein Brief vom 18. April 1817 zeigt: „Ich halte die Zurückführung einer sogenannten ständischen Verfassung für den größten Unsinn, dem man sich hingeben kann. Diese Form war gut für das vierzehnte u. fünfzehnte Jahrhundert; aber sie taugt nicht für das neunzehnte. Hätte sie einen so entschiedenen Werth gehabt, wie Einige wollen, so würde sie nicht untergegangen seyn. In einer Zeit, wo die Verwaltung so ausgebildet ist, wie in der unsrigen, muß die Repräsentation einen anderen Charakter haben, als ehemals, u. der erste von allen Misgriffen, die man in dieser Hinsicht begehen kann, ist, das ständische Wesen, wär es auch nur dem Namen nach, zurückzurufen. Der transrheinische Spiegel giebt hierüber Aufschlüsse genug, wenn man sie finden u. benutzen will. Doch unglücklicher Weise glauben wir jetzt weit klüger zu seyn, als die Franzosen."[27]

Aus Verzweiflung über die Reformunfähigkeit Preußens spielte Buchholz immer wieder mit dem Gedanken, selbst in einen der Rheinbundstaaten zu wechseln. So heißt es am 8. November 1806: „Mein Entschluß ist gefaßt; komt es zu keiner Veränderung [...], so begeb' ich mich mit den Meinigen zu Anfang des künftigen Frühlings entweder in die Staaten des Fürsten Primas oder des Königs von Baiern."[28] Am 11. Dezember desselben Jahres schreibt er: „Könnte ich einen Ruf nach München erhalten, so würd' ich ihn mit Vergnügen annehmen. Wenn Sie <u>Rom u. London</u> pp bald abdrucken lassen, so will ich dem König von Baiern ein Exemplar davon übersenden, um so auch von meiner Seite etwas zur Erreichung meiner Wünsche zu thun. Hier kann ich nicht mehr mit Freude existiren. Unstreitig wird die alte Regierung zurückkommen; aber, verlassen von allen Ideen, wie sie einmal ist, wird sie das Böse nicht gut, sondern höchst wahrscheinlich das Uebel ärger machen."[29] Am 8. August 1807 nennt Buchholz Frankreich als mögliches Aufnahmeland, wovon auch die Zusammenarbeit an den *Europäischen Annalen* profitieren würde.[30] Schließlich stellt er am 18. November 1809 kurz und knapp fest: „Baiern ist jetzt der Haupt- und Musterstaat in ganz Deutschland; denn von da geht jetzt jede lustvolle Idee aus."[31] Letztlich müsse man eben doch zugeben, dass „in den Köpfen der Süddeutschen Fürs-

---

[27] Buchholz an Cotta, 18. April 1817, Brief Nr. 89.
[28] Buchholz an Cotta, 8. November 1806, Brief Nr. 13.
[29] Buchholz an Cotta, 11. Dezember 1806, Brief Nr. 14.
[30] Buchholz an Cotta, 8. August 1807. Brief Nr. 31.
[31] Buchholz an Cotta, 18. November 1809, Brief Nr. 63.

ten noch etwas mehr lebt, als in denen der norddeutschen", weil die letzteren als Abhängige des agrarischen Feudaladels und Gefangene des „Corporatgeists" „verbauert" seien.[32]

Über die Vermittlung Cottas zeichnet sich im Januar 1811 tatsächlich eine Anstellung für Buchholz in einem der Rheinbundstaaten ab, die sich aber im März des gleichen Jahres schon wieder zerschlägt.[33] Zugleich scheint dieses Angebot mitursächlich für die Anwerbung durch Hardenberg im Frühjahr 1811 gewesen zu sein, über die Buchholz an Cotta am 17. März 1811 berichtet, zumal Buchholz bei Hardenberg als eine Art Rheinbundbeauftragter angestellt wurde[34]: „Der Antrag, den Sie mir im verfloßenen Winter machten, hat die Folge gehabt, daß ich hier durch eine Anstellung fixirt worden bin. Ich arbeite unmittelbar unter dem Staatskanzler."[35] Durch die Zusammenarbeit mit Hardenberg kam es allmählich auch zur Ablösung von Cotta und schließlich zum Bruch. Im selben Schreiben versichert Buchholz zwar noch, dass er trotz seiner neuen Aufgabe seine schriftstellerische Tätigkeit fortsetzen „und auf der Bahn" bleiben werde. Zugleich zeigt sich aber eine veränderte Einstellung gegenüber der napoleonischen Zensurpolitik. Buchholz kündigt an, dass er zunächst nichts mehr für die „Europäischen Annalen" liefern werde, weil der zunehmende Despotismus Napoleons „aller politischen Schriftstellerei, die den gegenwärtigen Augenblick bearbeitet, wenn sie nicht still u. blind das französische Interesse umfaßt, ein Ende machen muß."[36]

Auch wenn Buchholz noch mindestens bis ins Jahr 1813 weiterhin abhängig von zusätzlichen Aufträgen Cottas blieb, wie etwa der Bittbrief vom 19. April 1812 zeigt, spitzte sich nun auch die bereits seit Juni 1810 schwelende Auseinandersetzung um die Neuausrichtung des Historischen Taschenbuchs zu.[37] Cotta hatte Buchholz hierfür einen Vorschuss von 400 Talern Gold gezahlt, war aber mit dem Ergebnis nicht zufrieden. Als Buch-

---

[32] Buchholz an Cotta, 24. September 1811, Brief Nr. 81.
[33] Buchholz an Cotta, 2. März 1811, Brief Nr. 78.
[34] Vgl. Kapitel 3.2.
[35] Buchholz an Cotta, 17. März 1811, Brief Nr. 79.
[36] Ebd.
[37] Vgl. Buchholz an Cotta, 8. Juni 1810, Briefe Nr. 71, Nr. 79 vom 17. März 1811; Nr. 81 vom 24. September 1811; Nr. 85 vom 19. April 1812, Nr. 88 vom 13. Februar 1814, den Schriftwechsel mit Gubitz ebd., Anm. 7; sowie Buchholz an Johann Georg Cotta, 13. April 1833, Nachtrag.

holz das Taschenbuch dann schließlich ab 1814 bei dem Berliner Verleger Wittich erscheinen ließ, kam es zum offenen Streit. Buchholz verteidigte sich gegen Cottas Vorwürfe, indem er darauf aufmerksam machte, dass er das Taschenbuch fristgerecht geliefert habe und dass dieser es war, der es abgelehnt hat. Außerdem habe er ihm mehrmals alternative Werke als Kompensation der Schulden angeboten. Schließlich pochte er auf seine schriftstellerische Eigenständigkeit als Autor und erinnerte Cotta daran, „daß ich nie Ihr Leibeigener war, über deßen Production Sie gebieten konnten [...]."[38] Gegenüber Cottas Sohn, der noch im Jahr 1833 nach dem Tod Johann Friedrich Cottas das Geld zuzüglich Zinsen zurückforderte, machte Buchholz rückblickend die französische Zensurpolitik für den Bruch mit dem Vater verantwortlich: „Allerdings hat mir Ihr verehrtester Vater im Jahre 1810 auf einen neuen Band europäischer Staatsgeschichte 400 Th. Gold vorgeschossen [...]. Wenige Monate nach dem Empfang des Geldes sendete ich eine Arbeit ein. Inzwischen hatte die französische Regierung Ihrem Herrn Vater Händel bereitet, u. verstimmt durch diese sendete er mir mein Mspt auf eine unzarte Weise zurück. So kamen wir, gegen meine Schuld, auseinander."[39]

2.2 Zwischen Berlin und Paris: Buchholz und Widemann

Wie Buchholz war auch Joseph Widemann (1778–1826) einer jener Berufsautoren, an denen man die europäischen Vernetzungen des politischen Journalismus der napoleonischen und nachnapoleonischen Zeit besonders gut studieren kann. Widemann, über den man bis zu den Forschungen von Birgit Fratzke-Weiß und Wolfgang Piereth praktisch nichts wusste,[40] war Österreicher und begann seine Karriere als Reiseschriftsteller – überliefert sind zwei Reiseberichte über Istrien und Venezien.[41] Im Jahr 1805 arbeitete er in der Redaktion der *Wiener Zeitung*, als diese während des dritten Koalitionskrie-

---

[38] Buchholz an Cotta, 13. Februar 1814, Brief Nr. 88.
[39] Buchholz an Johann Georg Cotta, 13. April 1833, Nachtrag.
[40] Vgl. Fratzke-Weiß: Rheinbund (1997); sowie Piereth: Bayerns Pressepolitik (1999).
[41] Vgl. Widemann: Streifzüge durch Innerösterreich (1801); sowie ders.: Streifzüge an Istriens Küsten (1810).

ges eine profranzösische Ausrichtung bekam.⁴² Zugleich gehörte er bereits ab 1804 zu den Korrespondenten von Cottas *Allgemeiner Zeitung*. Im Laufe des Jahres 1806 ging Widemann nach Paris und schloss sich der napoleonischen Pressearbeit an. Zwischen 1806 und 1807 war er zudem im Büro des französischen Intendanten in Berlin, Louis Pierre Edouard, Baron de Bignon tätig.⁴³ Sein Karriereweg scheint hier eng mit Henri-Jacques-Guillaume Clarke verbunden gewesen zu sein: Bei diesem war er zunächst als Übersetzer im *Cabinet topografique* tätig. Als Clarke Napoleons Kriegsminister wurde, wechselte auch Widemann in die Kartografie-Abteilung des Kriegsministeriums, wo er als Sekretär und Übersetzer (*Secrétaire-interprète*) arbeitete. Außerdem gehörte er der Redaktion des *Journal de l'Empire* an. Zugleich bildete Widemann das Zentrum von Cottas Korrespondenten-Netz in Paris.⁴⁴ Er belieferte nicht nur die *Europäischen Annalen* mit Artikeln und Korrespondentenberichten, sondern stellte für Cotta auch den Kontakt in die französischen Regierungsbehörden, zu Journalisten, Verlegern, Druckern oder Kupferstechern her und informierte ihn über interessante Neuerscheinungen auf dem französischen Buchmarkt.⁴⁵

Diese Pressenetzwerke waren stabiler als das napoleonische Empire und dauerten auch noch fort, als letzteres zusammenbrach. Nachdem er in Paris seine Arbeit verloren hatte, wandte sich Widemann im Jahr 1814 hilfesuchend an Cotta, der ihn nach Stuttgart holte, wo er weiter für die Europäischen Annalen und das Morgenblatt für die gebildeten Stände arbeitete. Als Widemann auf österreichischen Druck im Dezember 1814 dann aus Württemberg ausgewiesen wurde, entsandte Cotta ihn nach Augsburg, wo er an der *Allgemeinen Zeitung* mitarbeiten sollte. Schon im selben Jahr, Anfang 1815, wurde Widemann aber vom Bayerischen Minister Maximilian von Montgelas abgeworben, um die *Allemannia* zu einer Bayerischen Staatszeitung umzufunktionieren, welche die Reformpolitik öffentlichkeitswirksam unterstützen sollte. Wie bereits Buchholz, der nach seiner Anstellung bei Hardenberg Cotta mitteilte, dass er nun erstmals in seinem Leben ein gesichertes Auskommen habe, kündigte Widemann auch Cotta die Mitarbeit an

---

⁴² Zum Folgenden vgl. Piereth: Bayerns Pressepolitik (1997), S. 156–161.
⁴³ Vgl. [Widemann]: Die Sibyllinischen Blätter, in: Neue Feuerbrände, Bd. 4, (1808).
⁴⁴ Vgl. Fratzke-Weiß: Rheinbund (1997), S. 109–113.
⁴⁵ Vgl. Fratzke-Weiß: Rheinbund (1997), S. 115. Vgl. auch Cottas Pariser Korrespondenz DLAM Cotta.

der *Allgemeinen Zeitung* auf, weil sie erstens finanziell unbefriedigend sei und er zweitens in München die Gelegenheit habe, bei einer „großen ZeitungsReformation" mitzuwirken.[46] Aus den beiden berüchtigten Anhängern Frankreichs in der napoleonischen Epoche, Buchholz und Widemann, wurden so staatliche Pressearbeiter der deutschen Reformperiode.

Über die Vermittlung Cottas hatte Widemann auch Friedrich Buchholz kennengelernt. Widemann meldete sich auf Empfehlung Cottas das erste Mal im Februar 1807 bei Buchholz in Berlin. In den Briefen der beiden an Cotta kann man ablesen, dass sie sofort füreinander eingenommen waren. Buchholz bedauerte Widemann zwar dafür, dass er bei der französischen Regierung angestellt ist, lernte ihn aber schätzen.[47] Mit dem für ihn typischen großsprecherischen Gestus berichtete Buchholz am 23. Februar 1807 an Cotta, dass er von Widemann viel über diplomatische Details erfahre und dass umgekehrt Widemann – und mit ihm gleich alle Franzosen – durch ihn selbst die Zusammenhänge dieser Details erkennen würden: „Herr Widemann, den Sie an mich empfohlen haben, scheint ein sehr unterrichteter Mensch zu seyn; seine Unterhaltung hat mir theilweise sehr viel Vergnügen gemacht. Wenn wir über kurz oder lang auseinander scheiden, werden wir uns vielleicht gegenseitig verbunden fühlen; ich, indem ich die Sachen durch ihn im Kleinen, er, indem er durch mich die Sachen im Großen kennen gelernt hat. Er studirt jetzt den neuen Leviathan u. versichert mich unabläßig, daß er davon bezaubert ist. Viele Franzosen haben durch dies Buch ihre eigene Welt kennen gelernt."[48] Bald ist Widemann beinahe täglich bei Buchholz zu Gast, wie wiederum Widemann an Cotta berichtet: „Wegen der Empfehlung an H[]. Buchholz bin ich Ew. Wohlgeb[] ungemein verbunden; kann ich auch gleich nicht immer seiner Meinung seyn, so ist sein hell und scharf sehender Forscherblick mir ungemein belehrend; ich habe einige Mahle jede Woche das Vergnügen ihn zu sprechen!"[49]

Tatsächlich kann man in Widemanns Veröffentlichungen zunehmend Bezugnahmen auf Buchholz' ökonomische und geopolitische Analysen ablesen.[50] Dies gilt etwa für Widemanns Aufsätze mit Titeln wie *Handels-*

---

[46] Piereth: Bayerns Pressepolitik (1999), S. 174 f.
[47] Buchholz an Cotta, 20. Februar 1807, Brief Nr. 19.
[48] Buchholz an Cotta, 23. Februar 1807, Brief Nr. 20.
[49] Widemann an Cotta, Berlin 27. Februar 1807, DLAM CA Briefe J. Widemann, Nr. 5.
[50] Vgl. dazu unten Kapitel 5.2

System und See-Codex der Oceanokraten[51] oder *Noch eine Preißfrage über Kaffee und Zucker; aber nicht von Gelehrten, nur von Fürsten zu lösen* in den *Europäischen Annalen*.[52] Widemanns Schrift über die *Oceanokraten*, die auch unter dem Titel *Les oceanocrates et leurs partisans* als separate Broschüre auf Französisch erschienen ist, enthält z. B. in weiten Teilen eine Paraphrase von Buchholz' Beschreibung der englischen merkantilistischen Universalmonarchie.[53] Beide bemühten sich, einander zu fördern. So lobte Buchholz gegenüber Cotta Widemanns Aufsätze in den *Europäischen Annalen*, nicht ohne daran zu erinnern, durch wen dieser auf die richtige Bahn gekommen sei: „Ich kann Ihnen nicht sagen, mit welchem Vergnügen ich die beiden letzten Stücke (das 9th u. 10th) gelesen habe. Jetzt endlich kommt wieder Einheit in das Journal. Halten Sie ja den Widemann fest! Der Antrieb, den ich ihm gegeben habe, ist, wie ich mit Vergnügen bemerke, nicht verloren gegangen; u. wenn er in der Bahn bleibt, so kann er wesentlich dazu beitragen, daß die Köpfe andere Ansichten fassen, u. daß Deutschland dadurch regenerirt wird."[54] Umgekehrt arbeitete Widemann unermüdlich an der Verbreitung von Buchholz' Werken in Frankreich. Er besprach Buchholz' Arbeiten im *Journal de l'Empire* oder im *Esprit des Journaux*.[55] Die dortige ausführliche Rezension der *Gallerie Preußischer Charaktere* verrät deutlich Insider-Kenntnisse. So wird Buchholz' Autorschaft des in Preußen anonym zugleich in deutscher und französischer Sprache erschienenen und als Übersetzung aus dem Französischen getarnten Werkes klar herausgestellt

---

[51] [Widemann]: Handels-System und See-Codex der Oceanokraten, in: EA 3 (1813).
[52] [Widemann]: Noch eine Preißfrage über Kaffee und Zucker, in: EA 2 (1808).
[53] Widemann: Les Océanocrates et leurs partisans (1812). Vgl. zur „merkantilistischen Universalmonarchie" u. Kapitel 5.2. Widemann verwendet diese Analysen in seiner Schrift zur propagandistischen Begründung für die Notwendigkeit von Napoleons Russlandfeldzug.
[54] Buchholz an Cotta, 2. Dezember 1808, Brief Nr. 51.
[55] Widemann an Cotta, Paris 29. Juni 1811: „Buchh. Werken, die ich im J. del'E. anzeigen möchte, seh' ich mit Sehnsucht entgg", DLAM CA Briefe J. Widemann, Nr. 37; sowie Widemann an Cotta, 28. September 1811: „Von Buchholz erbitte ich mir nur eins der neuesten Werke zu schicken; für ihn und mich wäre es gleich zuträglich." DLAM CA Briefe J. Widemann, Nr. 42. Die Besprechung der *Gallerie Preußischer Charaktere* findet sich in: L'esprit des journaux français et étrangèrs, Bd. 5 (1808), S. 89–115 u. Bd. 6, S. 31–48.

– während man in Preußen selbst noch heftig darüber stritt, wer der Verfasser sei.[56]

Es gelang Widemann sogar, Buchholz' Arbeiten bis in die Spitze der französischen Regierung bekannt zu machen. Kurze Zeit nachdem er sich von Cotta Buchholz' Werk *Rom und London* schicken ließ, um es dem Kriegsminister Clarke zu übergeben, ist ein Bericht von Clarke an Napoleon überliefert, in dem er Buchholz' Schrift als „die gründlichste Analyse des politischen Zustandes in Europa" lobt und die Verbreitung einer französischen Übersetzung empfiehlt. Am 30. Dezember 1808 schreibt Clarke an Napoleon: „un Mr. Buchholtz à Berlin qui m'a dernièrement adressé un ouvrage en Allemand, intitulé *Rome et Londres, ou de l'essence de la Monarchie universelle*, qui contient peutêtre tout ce qui s'est dit de plus sage, de mieux pensé et de plus approfondi sur l'état politique de l'Europe, sur le Système des Anglais, sur celui de la France à leur égard, et sur la manière dont les Gouvernemens du Continent devraient envisager la lutte qui s'est établie avec l'Angleterre."[57]

Wenn Clarkes Einschätzung von Buchholz' Schrift auch wesentlich vom Standpunkt der propagandistischen Nützlichkeit geprägt sein dürfte, wirft der Brief doch ein Licht auf die europaweite Vernetzung der Presse während der napoleonischen Zeit. So wäre es zuvor nahezu undenkbar gewesen, dass die politischen Analysen eines Autodidakten aus ärmlichen Verhältnissen in der Brandenburgischen Provinz durch die Vermittlung eines österreichischen Reiseschriftstellers und eines Württembergischen Verlegers bis in die französische Regierung rezipiert werden. Welche zentrale Bedeutung Buchholz dabei für Widemann hatte, lässt sich noch einmal erkennen, als das napoleonische Empire zusammenbricht. In seinem letzten Brief an Cotta vor seiner Abreise aus Paris vom 25. Juli 1814 schildert der politisch heimatlos gewordene Widemann seine Verwirrung und Unsicherheit angesichts der veränderten Situation. Der Brief endet mit der verzweifelt nach Orientierung suchenden Frage: „Was denkt u schreibt wohl Buchholz?"[58]

Allerdings sind durch die veränderten Konstellationen in Europa auch die politischen Einschätzungen der beiden nicht mehr kompatibel. Während

---

[56] So wird die Reihenfolge der Porträts gegenüber dem Original umgestellt und das Selbstporträt Buchholz' an den Anfang gesetzt.
[57] Zit. n. Granier: Franzosenzeit (1913), S. 323.
[58] Widemann an Cotta, 25. Juli 1814, DLAM CA Briefe J. Widemann, Nr. 60.

Buchholz hoffte, dass unter Hardenberg auch nach dem Ende der napoleonischen Bedrohung die von Frankreich inspirierten Reformen in Preußen umgesetzt würden, sah Widemann in Preußen lediglich die Schutzmacht der *Ancien Régimes* in Europa und setzte auf Montgelas' Programm einer antiborussischen und anti-österreichischen Bayerischen Separatstaatslösung.[59] Die Vorbehalte Widemanns gegenüber Preußen werden besonders deutlich, als Cotta ihm Anfang 1815 eine Stelle beim *Deutschen Beobachter* in Hamburg anbot, der für seine propreußische Ausrichtung bekannt war. Entrüstet lehnte Widemann die Offerte ab, weil es ihm „unmöglich" sei, „etwas zu Gunsten einer Nazion zu schreiben, die wie Preußen es bei der Reorganisation von Deutschland auf die verkehrteste Weise angefangen hat." „Soll Deutschland aus den franz. Händen nur gerettet worden seyn", fragt Wiedemann, „um unter dem preussischen Korporal-Stab und der russischen Knute vollends zu verenden?" Cotta traf Widemanns Absage unerwartet – zum einen, weil er auf dessen Dankbarkeit für die Einkommensmöglichkeit gerechnet hatte, zum anderen wegen der politischen Begründung der Absage: „Lieber Freund, ich war wie aus den Wolken gefallen, als ich den Inhalt ihres [...] Briefes fand: ich dachte, daß die Redaction Ihnen eine angenehme Bestimmung wäre; um des Himmels willen, was haben Sie für Begriffe von *Preussens angeblichem Despotismus*."[60] Wie Buchholz glaubte auch Cotta, der gemeinsam mit Konrad Engelbert Oelsner und Hardenberg gerade die Herausgabe einer deutschen Bundeszeitung plante, zu dieser Zeit noch an die Reformfähigkeit Preußens.[61] Trotz aller Divergenzen blieb das Vertrauensverhältnis zwischen Buchholz und Widemann auch in dieser Zeit noch bestehen: als Buchholz im Oktober 1823 von konservativen Kräften in Österreich und Preußen in einem Artikel in der *Allgemeinen Zeitung* scharf angegriffen wurde, bat er Cotta, seinen „alten Freund Widemann" die Korrekturen zu seiner Gegendarstellung übernehmen zu lassen.[62]

---

[59] Zu Montgelas' pressepolitischem Programm ausführlich vgl. Piereth: Bayerns Pressepolitik (1999).
[60] Ebd., S. 159.
[61] Vgl. u. Kapitel 3.
[62] Buchholz an Cotta, 17. Oktober 1823, Brief Nr. 90. Vgl. zu dieser Kontroverse auch u. Kapitel 3.3 sowie Kapitel 6.2.

2.3 Buchholz' Monatsschrift als europäisches Presseorgan

Bei der publizistischen Begleitung der Reorganisation des preußischen Staates und der politischen Neuordnung Europas nach 1815 setzte Buchholz auf konsequente Europäisierung. Wie er in der programmatischen Einleitung zu seinem 1815 gegründeten *Journal für Deutschland* schreibt, gibt es seiner Ansicht nach „nur eine europäische Geschichte, nicht eine Geschichte der einzelnen Staaten, welche sich auf diesem Erdtheil befinden; wenigstens ist die Geschichte der letzteren so eng in die von Europa verflochten, daß, wenn sie mit einigem Verstand und einiger Unpartheilichkeit geschrieben werden soll, der Rückblick auf den Zusammenhang, worin die Staaten untereinander stehen, in keinem Augenblick fehlen darf."[63] Das Programm einer „europäischen Geschichte" stellt für ihn einen wesentlichen Grundpfeiler einer neuen Friedensordnung dar: „Allen unseren Vorsätzen nach, können wir vielmehr nur darauf bedacht seyn, solche historische Aufsätze zu liefern, die, indem sie Europa als ein großes Ganzes darstellen, recht eigentlich darauf abzwecken, dieses Ganze in Einigkeit und Harmonie zu erhalten."[64] Die europäische Perspektiverweiterung umfasst dabei ausdrücklich bereits die globalen Verflechtungen Europas: „Da übrigens Europas Machtgebiet weit hinausreicht über die engen Gränzen, in welche die europäische Halbinsel eingeschlossen ist: so werden die Begebenheiten aus den übrigen Welttheilen, sofern sie auf Europa zurückwirken, niemals aus der Acht gelassen werden."[65] In dieser Horizonterweiterung des historisch-politischen Diskurses im deutschen Sprachraum sieht Buchholz den wichtigsten Zweck seiner Zeitschrift: „das Hauptinteresse dieser Zeitschrift wird wesentlich darin bestehen, die Deutschen, als Bewohner des mittlern Europa, aufmerksam zu erhalten auf Alles, war ihr Geschick bisher bestimmt hat und noch künftig bestimmen wird."[66]

Ein Überblick über die Beiträge der Buchholz'schen Monatsschrift, die zum weitaus größten Teil von ihm selbst geschrieben oder übersetzt worden

---

[63] Buchholz: Einleitung, in: JD 1 (1815), S. 1 ff.
[64] Ebd.
[65] Ebd.
[66] Ebd.

sind, verdeutlicht den europäischen Charakter der Zeitschrift. Neben drei längeren Abhandlungen von Buchholz, die als Artikelserie erschienen sind – den *Historischen Untersuchungen über die Deutschen*, den *Philosophischen Untersuchungen über die Römer* und den *Philosophischen Untersuchungen über das Mittelalters*[67] – dominieren kommentierte Übersetzungen und Besprechungen europäischer Artikel und Werke die Zeitschrift.

Die Auswahl der übersetzten Autoren spiegelt Buchholz' eigene Interessen wider. Einen großen Anteil stellen Abhandlungen aus dem westeuropäischen politisch-ökonomischen Diskurs wie Destutt de Tracys *Über den Luxus*[68] und *Über den Handel*[69]. Jean Baptiste Say ist mit mehreren 100 Seiten (*Beweis, daß die Handels-Balanze ein unmögliches Ergebnis zu ihrem Zwecke macht*[70]; *Über England und die Engländer*[71], *Über Napoleon Bonaparte's Schicksal*[72]) sowie ausführlichen Auszügen aus seiner Korrespondenz mit Thomas Malthus vertreten.[73] Von Simonde de Sismondi übersetzt Buchholz sowohl ökonomische (*Über den Ursprung des Merkantil-Systems. Aus Sismondi's „Nouveaux principes d'économie politique"*[74]) wie historische Schriften (*Sismondis Geschichte der italienischen Republiken des Mittelalters*[75]). Charles Ganilh, dessen Werke auch von Saul Ascher übersetzt wurden,[76] ist mit mehreren Artikeln vertreten, u. a. mit einem Auszug aus seiner *Science des finances*[77].

Für Buchholz' eigene Methodik einer empirischen, an den Naturwissenschaften orientierten Geschichtsschreibung[78] kommt der ausführlichen Übersetzung von Adam Smiths *Versuch einer philosophischen Geschichte der Astronomie* (*The History of Astronomy*, Glasgow 1795) eine besondere Be-

---

[67] Vgl. u. Kapitel 4.3.
[68] Buchholz [Übers. Destutt de Tracy]: Über den Luxus, in: JD 15 (1819).
[69] Buchholz [Übers. Destutt de Tracy]: Über den Handel, in: NMD 1 (1820).
[70] Buchholz [Übers. Say]: Beweis, daß die Handels-Balanze ein unmögliches Ergebnis zu ihrem Zwecke macht, in: NMD 28 (1829).
[71] Buchholz [Übers. Say]: Über England und die Engländer, in: JD 3 (1815).
[72] Buchholz [Übers. Say]: Über Napoleon Bonaparte's Schicksal, in: NMD 45 (1834).
[73] Buchholz [Übers. Say]: Say an Malthus, in: NMD 44 (1834); u. NMD 45 (1834).
[74] Buchholz [Übers. Sismondi]: Merkantil-System, in: NMD 13 (1824).
[75] Buchholz [Übers. Sismondi]: Sismondis Geschichte, in: JD (1818).
[76] Vgl. u. Kapitel 3.1.
[77] Buchholz [Übers. Ganhil]: Science des finances, in: NMD 17 (1825).
[78] Vgl. u. Kapitel 4.2.

deutung zu.[79] Die Übersetzung stammt von dem Naturforscher Christian Ludwig Ideler, mit dem Buchholz bereits seit Schulzeiten befreundet war. In seinem Vorwort *Über Adam Smith, als Urheber einer neuen wissenschaftlichen Methode*[80] betont Buchholz die methodologische Bedeutung von Smiths Kosmologie, die im Vergleich zur breiten Rezeption von dessen Hauptwerk *Über den Wohlstand der Nationen* bislang unterschätzt gewesen sei. Er äußert die Hoffnung, dass Smiths Werk dazu beitragen könne, die Deutschen „der metaphysischen Starrsucht zu entreißen, und sie mit einer physiologischen Ansicht der wissenschaftlichen Erscheinungen zu befreunden."[81] Buchholz begründet die Aufnahme einer kosmologischen Abhandlung in eine historisch-politische Monatsschrift zudem mit dem „engsten Zusammenhang", in dem „sämmtliche gesellschaftliche Erscheinungen der Gegenwart mit dem Zustande der Astronomie, als Wissenschaft in ihrer zeitgemäßen Ausbildung" stehen.[82] In einer späteren Erläuterung unter dem Titel *Zugaben zu den Staatswirtschaftlichen Aphorismen. Eilfte Zugabe: Durch welche Uebergänge ist die Staatwirtschaft dahin gelangt, eine positive Wissenschaft zu werden* konkretisiert Buchholz Smiths Bedeutung für die Herausbildung einer neuen Sozialwissenschaft, die er „gesellschaftliche Physik" nennt: „Kurz: das Verdienst des schottischen Philosophen, von welchem hier die Rede ist, beruhet hauptsächlich darauf, daß er es zuerst gewagt hat, eine, vor ihm nur auf rein-physische Erscheinungen angewendete Methode auf gesellschaftliche Erscheinungen anzuwenden, und daß er dadurch die Bahn zu einer neuen Wissenschaft gebrochen hat, die, wenn sie je vollendet wird, nur die Benennung der gesellschaftlichen Physik führen kann."[83]

Eine ganz ähnliche Bedeutung schreibt Buchholz auch Jeremy Bentham zu, der mit einem Umfang von rund 175 Seiten einer der meistübersetzten Autoren ist: von Bentham finden sich in der Monatsschrift Auszüge aus der *Deontologie*[84], die *Abhandlung über politische Trugschlüsse*[85] sowie dessen

---

[79] Ideler [Übers. Smith]: Philosophische Geschichte der Astronomie, in: NMD 22 (1827); NMD 23 (1827); u. NMD 24 (1827).
[80] Buchholz: Über Adam Smith, als Urheber, in: NMD 22 (1827).
[81] Ebd., S. 392.
[82] Ebd., S. 392 f.
[83] Buchholz: Staatswirtschaftlichen Aphorismen, In: NMD 42 (1833), S. 410. Vgl. zu Buchholz' frühsoziologisch-positivistischem Programm auch u. Kapitel 4.2 u. 4.3.
[84] Buchholz [Übers. Bentham]: Deontologie, in: NMD 45 (1834).

Kritische Prüfung verschiedener Erklärungen der Rechte des Menschen und des Bürgers[86]. In einer Herausgeber-Anmerkung schreibt Buchholz, dass „nicht leicht ein Schriftsteller mehr Aufmerksamkeit verdient" habe als Bentham, weil dieser in der Nachfolge von Newton und Locke die „einfache Methode des erstern mit dem überwiegendern Scharffsinn des letztern" verbunden habe und so „zum Urheber einer neuen Wissenschaft" geworden sei, „worin die gesellschaftlichen Phänomene, gleich den rein-physischen, auf Gesetze zurückgeführt sind."[87]

Im Bereich der englischsprachigen Zeitschriften stellen Übersetzungen aus der *Edinburgh Review* den weitaus größten Anteil. In einer Anmerkung nennt Buchholz sie „vielleicht das beste literarische Journal von der Welt. Auch wird es von Philadelphia bis nach Calcutta gelesen."[88] Daneben gibt es übersetzte Abdrucke aus der *Quarterly Review*, *Westminster Review*, dem *New monthly Magazine* sowie *Blackwoods Edinburgh Magazine*.

Bei den Übersetzungen aus dem Französischen überwiegen historisch-politische Artikel: so Auszüge aus Augustin Thierrys *Histoire de la conquete de l'Angleterre par les Normands*[89] oder Artikel des liberalen Journalisten und Herausgeber des *Constitutionnel*, Adolphe Thiers[90]. Dominique de Pradt, der auch zu Zschokkes Korrespondenten gehörte, ist mit vier Artikeln vertreten (*Fortschritte der repräsentativen Regierung in Frankreich*[91]; *Wiederherstellung des Königtums in Frankreich*[92], *Französische Denkschriften*[93]; *Europa und Amerika im Jahre 1821*[94]), wird allerdings von Buchholz in einem Vergleich mit François Guizot (*Herr von Pradt und Herr Guizot*

---

[85] Buchholz [Übers. Bentham]: Politische Trugschlüsse, in: NMD 39 (1832).
[86] Buchholz [Übers. Bentham]: Rechte des Menschen und des Bürgers, in: NMD 39 (1832); u. NMD 40 (1833).
[87] Buchholz: Herausgeber-Anmerkung, in: NMD 39 (1832).
[88] Buchholz: Anmerkung, in: JD 3 (1815), S. 106.
[89] Buchholz [Übers. Thierry]: Histoire de la conquete, in: NMD 30 (1829); Einleitung des Herausgebers, ebd. S. 186–188. Vgl. zu Thierry auch Müller: Entwicklung aus Gegensätzen.
[90] Buchholz [Übers. Thiers]: Ueber Marseille's gegenwärtiges Verhältniß zu Frankreich, in: NMD 11 (1823).
[91] Buchholz [Übers. Pradt]: Regierung in Frankreich, in: JD 10 (1818).
[92] Buchholz [Übers. Pradt]: Wiederherstellung des Königtums, in: JD 5 (1816).
[93] Buchholz [Übers. Pradt]:Französische Denkschriften, in: NMD 13 (1824).
[94] Buchholz [Übers. Pradt]: Europa und Amerika im Jahre 1821, in: NMD 7 (1822).

als politische Schriftsteller[95]) als modischer Vielschreiber und politischer Opportunist zwischen Bonapartismus und Katholizismus stark kritisiert. Auch Victor Hugos die Ereignisse von 1789 und 1830 verbindende Revolutionsgeschichte *Étude sur Mirabeau* von 1834, die Buchholz unter dem Titel *Über Frankreichs gesellschaftliche Zukunft* auszugsweise übersetzt und mit einem Vorwort versieht, wird dem deutschen Publikum bekannt gemacht.[96] Besonders ausführlich übersetzt Buchholz die Inquisitionsgeschichte des spanischen Liberalen, Bonapartisten und Konstitutionalisten Juan Antonio Llorente, die dieser 1817 und 1818 in einer vierbändigen französischen Ausgabe unter dem Titel *Histoire critique de l'Inquisition espagnole* verfasst hat und die unter Anhängern der Restauration zu wütenden Protesten geführt hat, während das Werk bei europäischen Liberalen auf breite Zustimmung stieß.[97]

Schließlich ragt unter den von Buchholz übersetzten Historikern der Publizist und spätere französische Minister François Guizot mit Übersetzungen im Umfang von über 200 Seiten heraus: Buchholz publiziert Auszüge aus Guizots *Essais sur l'histoire de France* (*Über den politischen Charakter des Lehnswesens*)[98], *Über den Ursprung des Repräsentativ-Systems in England*[99] und dessen rechtsreformerische Schrift *De la peine de mort en matière politique* (*Von der sittlichen Wirksamkeit der Todesstrafe für politische Verbrechen*).[100] Nach Buchholz hat „seit Rousseaus Zeiten [...] kein Schriftsteller Frankreich mehr in Erstaunen versetzt" als Guizot.[101] In kaum einer „europäischen Litteratur, die englische gar nicht ausgenommen" dürfte sich nach Buchholz ein Werk finden, das sich mit Guizots Geschichtsschreibung messen könne.[102] In der Beschreibung von Guizots Standpunkt ist dabei unschwer Buchholz' eigene Position wiederzuerkennen: „Unbefangen stellt er sich als den Verteidiger der Revolution dar, nicht in dem, was Böses von

---

[95] Buchholz: Herr von Pradt und Herr Guizot, in: NMD 4 (1821).
[96] Buchholz [Übers. Hugo]: Frankreichs gesellschaftliche Zukunft NMD 46 (1835).
[97] Buchholz [Übers. Llorente]: Kritischen Geschichte der Inquisition, in: JD 10 (1818); JD 11 (1818); u. NMD 1 (1820).
[98] Buchholz [Übers. Guizot]: Charakter des Lehnswesens, in: NMD 13 (1824).
[99] Buchholz [Übers. Guizot]: Ursprung des Repräsentativ-Systems in England, in: NMD 13 (1824); u. 14 (1824).
[100] Buchholz [Übers. Guizot]: Wirksamkeit der Todesstrafe, in: NMD 9 (1822).
[101] [Buchholz]: Herr von Pradt und Herr Guizot, in: NMD 4 (1821), S. 99.
[102] Ebd., S. 92.

ihr ausgegangen ist, sondern in dem, was sie Gutes gewollt hat, und fortdauernd wollen muß. Die Charta ist ihm das, was sie jedem Franzosen seyn sollte: Anerkennung der Revolution."[103]

Umgekehrt sind Buchholz' Artikel aus seiner Monatsschrift auch in anderen europäischen Periodika erschienen. Ein Beispiel ist die skandinavische Buchholz-Rezeption im Kontext der Norwegischen Verfassungsdiskussion.[104] So wie der französische Kriegsminister Clarke erweist sich auch einer der ‚Gründungsväter' der ersten norwegischen Verfassung von 1814, Christian Magnus Falsen (1782–1830), als ein intensiver Buchholz-Leser und -Übersetzer. Nachdem Buchholz aufgehört hatte, regelmäßig für die *Europäischen Annalen* zu schreiben, kündigte Falsen im Frühjahr 1812 bei Cottas Kopenhagener Partnerbuchhandlung Brummer sein Abonnement, weil die Zeitschrift für ihn nicht mehr interessant sei. Stattdessen abonnierte Falsen ab 1816 Buchholz' *Journal für Deutschland* und bestellte auch alle vorhergehenden Nummern. In seinem eigenen 1817 gegründeten Journal, dem *Norwegischen Beobachter* (*Den Norske Tilskuer*), hat Falsen mehrere Artikel aus Buchholz' Monatsschrift zu Fragen der Ständegesellschaft und des Adels, zu Herrschaftsformen und der Erblichkeit der Monarchie sowie zu Fragen des Seehandels übernommen.[105] In einer selbst angefertigten Über-

---

[103] Ebd., S. 93.
[104] Diese Hinweise verdanke ich Håkon Harket, der diesen Zusammenhängen in seiner Studie über die Entstehung der Norwegischen Verfassung weiter nachgeht, die unter dem Titel *Paragrafen* zum 200. Jahrestag der Verfassung 2014 erscheinen wird.
[105] *Om Tronens Arvelighed i de europeiske Stater*. Nr. 24–25 v. 10. Juli 1817 (=Buchholz: Über die Erblichkeit der Throne, in: JD 1 [1815]); *Om Statsmagternes Deling og Ligevægt*. Nr. 31–32 v. 14. August 1817; Nr. 33–34 v. 28. August 1817; Nr. 35–36, 4. September 1817; *Om de 3 Stænder i det 19de Aarhundrede*, uddraget af Buchholz. Af det Tydske, med tilbørligt hensyn pa vor egen Forfatning (=Buchholz: Drei Stände im 19. Jahrhundert. In: Journal für Deutschland, Bd. 1 [1815]). Nr. 45–46 v. 13. November 1817 u. Nr. 47–48 v. 27. November 1817. Alle in: *Den Norske Tilskuer*. Vgl. zur Norwegischen Verfassungsdiskussion von Buchholz auch ders.: Wiedereinführung eines erblichen Adels?, in: NMD 6 (1821). In seinem *Historischen Taschenbuch* auf das Jahr 1816 preist Buchholz die Norwegische Verfassung als ein Modell, das „die Bewohner dieses Landes in einen beneidenswerthen Zustand versetzen muß", weswegen sie auch von deutschen Lesern „genauer gekannt zu werden verdient." Ausführlich beschreibt Buchholz hier insbesondere die Volks-Repräsentation des „Storthing", durch welche die „gesetzgebende Macht" ausgeübt wird. Buchholz schildert detailliert das Wahlverfahren und hebt hervor, dass „das Storthing bei

setzung veröffentlicht Falsen zudem Buchholz' *Betrachtungen über die Verfassung des Königreichs Norwegen*[106] und verteidigt diese in den Anmerkungen gegen die Kritik, die Johann Boye in der Monatsschrift *Athene* an Buchholz geübt hatte.[107]

Eine Sonderstellung innerhalb der Monatsschrift als europäischem Presseorgan nehmen Buchholz' Zusammenarbeit mit den saint-simonistischen Zeitschriften und seine Übersetzungen der Schriften von Auguste Comte ein. Nicht nur ist Comte in Buchholz' Monatsschrift der mit Abstand meistübersetzte Autor, sondern Buchholz, Comte und dessen Schüler Gustave d'Eichthal standen auch in direktem Austausch. Als Resultat dieser Korrespondenz verfasste Buchholz für die *Monatsschrift* unter anderem mit einem umfassenden Auszug aus Comtes *Système de politique positive* unter den Titeln *Grundlinien einer nicht-metaphysischen Staatswissenschaft*[108] und *Philosophische Betrachtungen über die Wissenschaften und über die Gelehrten*[109] die ersten deutschen Übersetzungen von Comtes Schriften überhaupt.

An Hand des Briefwechsels zwischen Gustave d'Eichthal und Auguste Comte lassen sich die Querverbindungen zwischen dem preußischen Publizisten und den französischen Positivisten und Frühsozialisten nachverfolgen.[110] Gustave d'Eichthal unternahm im Alter von 22 Jahren, kurz bevor er

---

offenen Türen gehalten [wird], und seine Verhandlungen durch den Druck bekannt gemacht [werden]" (Historisches Taschenbuch für das Jahr 1816, hg. v. Friedrich Buchholz, Berlin 1816, S. 178–197, S. 178, S. 184, S. 192). Auch Buchholz' ökonomischer Antijudaismus und seine Beschreibung der jüdischen Bevölkerung als „Geldaristokratie" wurde in Skandinavien breit rezipiert, seit der dänische Nationaldichter Thomas Thaarup Buchholz' Frühschrift *Moses und Jesus* übersetzt und mit einem Vorwort herausgegeben hatte (Vgl. *Moses og Jesus. En historisk-politisk Afhandling af Friedrich Buchholtz*, Kopenhagen 1813). Buchholz verwahrte sich in einer Stellungnahme in der Vossischen Zeitung öffentlich gegen diese Art der Rezeption (vgl. u. Kapitel 6.1).

[106] Betragtninger over Norges Konstitution, Nr. 5–6 v. 3. April 1817 u. Nr. 8–9 v. 17. April 1817.

[107] Vgl. Athene, hg. v. Christian Molbeck, Kopenhagen, Bd. 7 (1816), S. 1–24.

[108] Buchholz [Übers. Comte]: Nicht-metaphysischen Staatswissenschaft, in: NMD 14 (1824); u. NMD 15 (1824).

[109] Buchholz [Übers. Comte]: Über die Wissenschaften, in: NMD 19 (1826).

[110] Die Korrespondenz ist abgedruckt in: La Revue Occidentale philosophique, sociale et politique, Organe du Positivisme, hg. v. Pierre Laffitte, Seconde Série, Tôme XII,

in die Firma seines Vaters eintreten sollte, zwischen März 1824 und Januar 1825 eine Bildungsreise nach Deutschland. Er war ein Schüler und Bewunderer Auguste Comtes und reiste offenkundig auch mit dem Auftrag, Comtes positivistische Philosophie in Deutschland bekannt zu machen.[111] Bereits in seinem ersten Brief vom 23. März 1824, den er aus München schickt, berichtet d'Eichthal über Friedrich Buchholz, auf dessen Bedeutung als historisch-politischer Schriftsteller er in der Bayerischen Hauptstadt aufmerksam gemacht worden sei: „J'ai pris beaucoup d'informations depuis que je suis ici sur M. Fr. Bucholz. C'est un homme qui a beaucoup écrit tant sur l'histoire que sur la politique, principalement de nos jours. Son principale ouvrage historique est son ouvrage sur les Romains. Il fera aussi bientôt paraître un ouvrage suc le moyen âge. Malheureusement, je n'ai encore pu me procurer ici aucun de ses ouvrages. Il a la réputation d'avoir une très bonne tête."[112]

Bereits drei Wochen später hatte sich d'Eichthal umfassend informiert. Sein zweiter Brief vom 19. April 1824, immer noch aus München, handelt nur noch von Buchholz. D'Eichthal hat Buchholz' *Hermes oder über die Natur der Gesellschaft* gelesen und darin eine Wissenschaft des Politischen („Science politique") in der Richtung des Positivismus entdeckt. Insbesondere hebt d'Eichthal Buchholz' Geldtheorie, die dieser aus der Ausdifferenzierung der Gesellschaft und der zunehmenden Arbeitsteilung entwickelt, hervor, durch welche ihm die Wichtigkeit der politischen Ökonomie deutlich geworden sei: „Je vois tous les jours mieux l'importance des connaissances financières. Une théorie de l'argent dans M. de Bucholz, théorie qu'il

---

Premier semestre (1896), S. 186–276. Rütger Schäfer und nach ihm Stefanie Siebers-Gfaller haben die frühe Rezeption des Saint-Simonismus am Beispiel von Friedrich Buchholz ansonsten detailliert aufgearbeitet, diese Korrespondenz aber nicht berücksichtig. Vgl. Schäfer, Buchholz (1972); Siebers-Gfaller: Deutsche Pressestimmen (1992). Bei Friedrich August von Hayek und bei der Comte-Biographin Mary Pickering findet sich ein Verweis auf die Korrespondenz, allerdings mit fehlerhafter bibliographischer Angabe. Vgl. Hayek, Mißbrauch (1959), S. 177, Anm. 280; sowie Pickering: Comte (2006), Bd. 1, S. 275, Anm. 182.

[111] Vgl. La Revue Occidentale philosophique, sociale et politique, Organe du Positivisme, hg. v. Pierre Laffitte, Seconde Série, Tôme XII, Premier semestre (1896), S. 186–276; S. 190.

[112] D'Eichthal an Comte, 23. März 1824, ebd. S. 192.

déduit fort heureusement de la diversité des fonctions sociales, m'a donné bien des idées à ce sujet."[113]

Anfang Mai 1824 traf d'Eichthal in Berlin ein und berichtete schon am 11. Mai begeistert über sein erstes Treffen mit Buchholz am Morgen desselben Tages. Dieser großartige Mann habe das ganze System des Positivismus in seinem Kopf: „J'ai été le voir ce matin, et nous avons eu immédiatement une conversation de deux heures. C'est un homme superbe, grand, une tête magnifique et pleine de génie [...] On peut dire qu'il a tout le système positif dans la tête."[114] Umgekehrt übersetzte Buchholz sofort den ersten Teil von Comtes *Système de politique positive* unter dem Titel *Grundlinien einer nicht-metaphysischen Staatswissenschaft* für die Juli-Ausgabe seiner Monatsschrift.[115]

Am 18. Juni kommt d'Eichthal auf Buchholz' Erstlingswerk, das *Gravitationsgesetz für die moralische Welt* zu sprechen. Dieses sei ein Geniestreich und wahrscheinlich Buchholz' bestes Werk ("probablement son mellieur, parce que c'était le premier jet d'un homme de génie"[116]). In jedem Fall zeige sich in ihm, dass Buchholz seit seinen Anfängen eine ähnliche Richtung verfolgt habe wie Comte. Zusammen mit Herder, der in einer Linie mit Buffon als antimetaphysischer Evolutionsdenker präsentiert wird, und Condorcet zählt d'Eichthal Buchholz zu den unmittelbaren Vordenkern des Positivismus: "Il est incontestable que dans toute sa carrière il a suivi d'une manière plus ou moins précise la direction que vous indiquez."[117] D'Eichthal empfiehlt dieses „perfekte" Werk für eine französische Übersetzung und kündigt Comte an, für ihn eine solche anzufertigen: „chacun de ces chapitres est plein des points de vue les plus justes et les plus spiritules [...] En un mot, à l'exception de quelques chapitres théoriques, l'ouvrage est parfait, et il mérite entièrement d'être traduit."[118] Bis zu seiner Abreise aus Berlin hat d'Eichthal dann einen großen Teil seiner französischen Übersetzung des *Gravitationsgesetzes* an Comte geschickt.

---

[113] D'Eichthal an Comte, 19. April 1824, ebd. S. 195.
[114] D'Eichthal an Comte, 11. Mai 1824, ebd. S. 206.
[115] Vgl. D'Eichthal an Comte, Berlin, 6. Juni 1824, ebd.; S. 217 f.; sowie Buchholz [Übers. Comte]: Nicht-metaphysischen Staatswissenschaft, in: NMD 14 (1824); u. NMD 15 (1824).
[116] D'Eichthal an Comte, 18. Juni 1824, ebd. S. 225.
[117] Ebd., S. 218.
[118] Ebd., S. 228 f.

Direkt von Buchholz übernahmen d'Eichthal und Comte anfangs dessen Deutung der zwei widerstreitenden Schulen von idealistischen Metaphysikern einerseits und empirischen Historikern andererseits.[119] Nicht ohne Stolz berichtet Comte in einem Brief an seinen Freund, den Physiker Emile Tabarié, dass der in Deutschland berühmte Autor Friedrich Buchholz seine Arbeiten mit Hilfe von dessen Monatsschrift fördern wolle und auf eine breite Rezeption unter den metaphysik-kritischen Historikern hoffe: „M. Bucholtz a beaucoup de crédit en Allemagne, il pense que mon ouvrage doit agir fortement sur les esprits allemands plus que sur les français, et les articles ont pour but de seconder cette tendance. Je suivrai avec soin cette relation, et suis effectivement porté à croire à un assez grand success en Allemagne, dans le parti des historiens qui lute dans toutes les universities et dans la nation germanique contre celui des métaphysiciens, fait trop peu connu en France, et qui est très essential à la conaissance exacte de l'Allemagne."[120]

Die Beziehung zwischen d'Eichthal und Buchholz kühlte dann jedoch schnell wieder ab. Von Anfang an konstatierte d'Eichthal, dass der damals über 50jährige Buchholz eigentlich bereits zu alt sei, die neue Lehre des Positivismus zu vertreten. Zudem bewegte d'Eichthal sich nun in Berlin mehr und mehr in den Kreisen um Hegel und Eduard Gans, die ihn überzeugten, dass Buchholz seinen Hauptgedanken nur aus Kants *Idee zu einer allgemeinen Geschichte in weltbürgerlicher Absicht* abgeschrieben habe – d'Eichthal fertigte sofort auch eine Übersetzung der Kantischen Schrift für Comte an. Jetzt meinte d'Eichthal, dass doch eher Hegel der „ideale Mann" für die Vermittlung des Positivismus in Deutschland sei, während Buchholz ihm nun als ein sehr später Aufklärer erschien, der ohne jeden eigenständigen philosophischen Sinn sei. Für die Verbreitung des Positivismus in Deutschland könne dieser daher lediglich als „Portier" dienen, nicht aber als „Meister": „Bucholz a été pour nous le portier de l'Allemagne; mais il ne faut pas nous tromper, et prendre le portier pour le maître de maison. En un

---

[119] Comte an Eichthal, 5. August 1824, ebd., S. 236. Vgl. auch Kapitel 4.
[120] Comte an Tabarié, 22. August 1824, in: Lettres d'Auguste Comte, Bd. 2, S. 25. Vgl. die Übersetzung bei Schäfer: Buchholz (1972), Bd. 1, S. 119 f.: „Herr Buchholz genießt hohes Ansehen in Deutschland. Er nimmt an, dass mein Werk die Deutschen stärker beeinflussen wird als die Franzosen [...]. Ich werde mit Sorgfalt diese Beziehung pflegen und bin tatsächlich geneigt, an einen ziemlich großen Erfolg in Deutschland unter den Historikern zu glauben, die in allen Universitäten und in der gesamten deutschen Nation gegen die Metaphysiker kämpfen."

mot, c'est un homme qui comprend ce que les autres ont écrit, mais qui, par la faute de son éducation, ne produira jamais rien par lui-même."[121] Und auch Comte reagiert eher indigniert, als Buchholz ihn in einem Brief auf die Übereinstimmungen in ihren Arbeiten hinweist. Gegenüber d'Eichthal mokiert er sich darüber, dass Buchholz ihm die Ehre gemacht habe, ihm mitzuteilen, dass er bereits seit 24 Jahren, also seit seinem „Gravitationsgesetz", die gleichen Gedanken gehabt habe wie Comte: „J'ai reçu, il y a quelques jours, la lettre si longtemps attendue de Bucholz [...]. La lettre est très flatteuse, et même plus formelle que je ne m'y attendais, puisqu'il me fait l'honneur de regarder mes idées comme conforme à ce qu'il a pensé depuis vingt-quatre ans."[122]

Dennoch blieben Comte und Buchholz in Kontakt[123] und Buchholz machte seine Monatsschrift im Folgenden durch Comtes Vermittlung geradezu zum Sprachrohr saint-simonistischer Schriften und zu einer Art deutscher Teilausgabe des *Producteur*.[124] Nicht weniger als 32 Abhandlungen auf rund 850 Seiten von Allier, Bazard, Blanqui, Buchez, Comte, Decaen, Enfantin, Dubouchet, Laurent, Rodrigues und Rouen übersetzte Buchholz hier in den Jahren 1826 bis 1829. Hinzu kommen weitere Artikel aus Journalen wie der *Revue encyclopédique* (Paris 1820–1835) und der *Revue du progrès social* (Paris 1834), die dem Saint-Simonismus nahestand.[125] Die durchaus identifikatorische Übernahme der saint-simonistischen Schriften durch Buchholz lässt sich u. a. daran festmachen, dass er teilweise Artikel aus dem *Producteur* übernahm, ohne sie als Übersetzungen zu kennzeichnen, so dass sie als seine eigenen Herausgeberbeiträge erscheinen.[126] Auch fügt er des Öfteren längere wörtliche Passagen vor allem aus Comtes Schriften in seine eigenen

---

[121] D'Eichthal an Comte, 22. August 1824, in: Revue Occidentale, S. 245.
[122] Comte an d'Eichthal, 24. November 1824, in: d'Auguste Comte, S. 95 [hier fälschlich als Brief vom 24. November 1825 ausgewiesen].
[123] Vgl. ebd., S. 108.
[124] Der *Producteur – journal de l'industrie, des sciences et des beaux-arts* erschien von Oktober 1825 bis Oktober 1826 und war in dieser Zeit das zentrale saint-simonistische Publikationsorgan. Rütger Schäfer hat die von Buchholz in seiner Monatsschrift übersetzten saint-simonistischen Artikel neu abgedruckt in: Saint-Simonistische Texte.
[125] Vgl. Schäfer: Buchholz (1975), Bd. 1, S. 8 u. S. 13.
[126] Vgl. z. B. Schäfer: Buchholz (1975), Bd. 2, S. 147.

Artikel ein, ohne sie als Zitat auszuweisen.[127] Und in einer ausführlichen Anmerkung zu einem Aufsatz aus der *Revue encyclopédique* betont Buchholz die vollkommene Übereinstimmung zwischen der saint-simonistischen Stadienlehre von der Theologie über die Metaphysik zur Wissenschaft und von der Spekulation zu dem „der Prüfung der Thatsachen, d. h. eines sorgfältigen Studiums des Entwicklungsganges des menschlichen Geschlechts" mit der „leitenden Idee" seiner eigenen Zeitschrift heraus: „Was uns betrifft, so haben wir, die volle Wahrheit zu gestehen, unseren Lesern den Inhalt dieses Aufsatzes um so weniger vorenthalten können oder wollen, da seine Uebereinstimmung mit dem, was seit achtzehn Jahren die leitende Idee der Monatsschrift für Deutschland ausmacht, sich keinen Augenblick verkennen läßt."[128]

1832 verteidigte Buchholz die neue Sozialbewegung in einem längeren Beitrag unter dem Titel *Was ist von der neuen Lehre zu halten, die sich die St. Simonische nennt?* in dem er eine Presse-Debatte zwischen dem niederländischen *Journale de la Haye* und dem saint-simonistischen *Globe* wiedergibt und kritisch kommentiert.[129] In dieser Debatte, während der in Holland, Frankreich und Preußen gleichzeitig – zum Teil sogar am selben Tag – in mehreren Journalen aufeinander Bezug nehmende Artikel erscheinen, kommt der europäische Charakter der Presse beispielhaft zum Ausdruck.[130] Buchholz war in den *Berlinischen Nachrichten von Staats- und Gelehrten Sachen* vom 7. Januar 1832 öffentlich aufgefordert worden, als mutmaßlicher Anhänger und Kenner der saint-simonistischen Lehre zu den Angriffen auf den Saint-Simonismus seitens des *Journals de la Haye* Stellung zu beziehen. Im 37. Band des Jahrgangs 1832 seiner Monatsschrift nimmt er diese – mutmaßlich in denunziatorischer Absicht geäußerte – Aufforderung auf und referiert hier für die deutschen Leserinnen und Leser zunächst die unterschiedlichen Stellungnahmen, um dann seine eigene Position kenntlich zu machen.

---

[127] Vgl. Schäfer: Buchholz (1975), Bd. 1, S. 258.
[128] Buchholz: Über die neue Tendenz, in: NMD 38 (1832), S. 212.
[129] Buchholz: Was ist von der neuen Lehre zu halten, in: NMD 37 (1832). Vgl. zum Folgenden auch Siebers-Gfaller: Deutsche Pressestimmen (1992), S. 184 ff.
[130] Der Aufruf an Buchholz in den *Berlinischen Nachrichten* erschien am selben Tag wie die Antwort von Paul Rochette im *Globe* auf den Angriff aus Den Haag – beide am 7. Januar 1832.

Die Debatte begann im Dezember 1831, als der Direktor der Redaktion des *Globe*, Michel Chevalier, in einem – offenbar als Serienbrief verschickten – Schreiben an die Redaktion des *Journal de la Haye* anfragte, ob dort das kostenlos zugesendete und im Januar auslaufende ‚Probeabonnement' des *Globe* noch länger gewünscht werde. Verbunden ist die Frage mit einer Bitte um Rückmeldung, „welchen Eindruck unsere Bemühungen um fortschrittliche und friedliche Verbesserung auf Ihren Geist und Ihr Herz gemacht haben", weil die Redaktion des Globe zur „gewissenhaftesten Verwendung" der Einlagen ihrer Investoren verpflichtet sei. Diese Mittel dienten schließlich der „friedlichen Emanzipation aller der Wesen, welche verbraucht werden und leiden – des Weibes und des Proletars".[131]

In der in Form eines offenen Briefes im *Journal de la Haye* abgedruckten Antwort, wird die Anfrage des Globe negativ beschieden und mit der Begründung verbunden, dass man die dort propagierten Thesen nur verdammen könne, weil die saint-simonistische Lehre die Familien wie den Staatsverband zerstören, den Sozialneid fördern und alle Eigentumsverhältnisse untergraben würde: „Ihre Ideen über Eigenthum und Vererbung, über Ausübung politischer Rechte scheinen uns so angethan, daß sie die gesellschaftliche Ordnung über den Haufen werfen müssen; Ihre Systeme über das freie Weib scheinen uns nur gemacht, um Störungen in den Familien zu bewirken, und das Wort Religion in Ihrem Munde scheint uns eine um so bittere Verspottung zu seyn, da alles beweiset, daß Sie mit Ihrem vorgeblichen Glauben durchaus an nichts glauben."[132] Schließlich würde der *Globe* mit seinen Positionen direkt zu Umsturz und Aufruhr beitragen: „Ich sage kein Wort von dem Proletarier. Die ärmsten Klassen gegen die reichen aufhetzen, das Volk zum Aeußersten dringen, dieser Anarchie Beifall klopfen, und den Antheil läugnen, den man daran hat, das ist weder gewissenhaft noch rechtlich, und doch ist es das, was Ihr [...] gethan habt."[133]

Nach dem Referat des Vorgangs positioniert sich Buchholz auf Seiten des *Globe* und betont, dass er als derjenige, der als Erster Saint-Simons Lehren in Deutschland bekannt gemacht habe, tatsächlich zur Verantwortung zu ziehen sei und deshalb dessen Verteidigung gerne übernehme: „wir unterziehen uns diesem Geschäft um so bereitwilliger, weil wir darin eine Art

---

[131] Buchholz: Was ist von der neuen Lehre zu halten, in: NMD 37 (1832), S. 195.
[132] Ebd., S. 197
[133] Ebd., S. 203.

von Pflichterfüllung wahrnehmen: denn, so weit unsere Kenntniß der deutschen Literatur reicht, hat die Monatsschrift für Deutschland seit dem Jahr 1824 die erste Auskunft über den Grafen St. Simon und über die Doktrinen gegeben, welche von diesem ausgezeichneten Manne und seinen Schülern ausgegangen sind."[134]

Ausführlich widerlegt Buchholz den Atheismus-Vorwurf, der ohnehin nur von einem orthodox-katholischen Standpunkt aus erhoben werden könne. Aber darauf komme es primär nicht an. Vielmehr liege die größere Bedeutung der Saint-Simonisten darin, die soziale Frage als drängendstes Gegenwartsproblem thematisiert zu haben. Denn die „allgemeine Gährung, worin die europäische Welt sich in diesen Zeiten befindet" rühre „von einer solchen Theilung der Arbeit her [...], welche große Anstrengungen unbelohnt läßt und die zahlreichste Klasse dem Mangel preisgiebt." Saint-Simon habe nicht nur erkannt, dass die „menschliche Gesellschaft wesentlich durch die materielle Arbeit besteht, die von ihr verrichtet wird" und daher „in Gesetzen und Institutionen alles darauf abzwecken muß, der arbeitenden Klasse alle die Erleichterungen zu geben, deren sie bedarf." Er habe darüber hinaus auch „darauf aufmerksam gemacht, daß es auch für diese Klasse Fortschritte giebt, und wie viel darauf ankommt, daß man diese Fortschritte nicht unbeachtet lasse, wenn man nicht von einer Umwälzung in die andere gerathen will. Dies in's Licht zu stellen, ist der Zweck seiner letzten Werke, d. h. seines *Systeme industriel* und seines *catéchisme des industriels*. In beiden Werken findet man keine Spur weder von Theologie noch von Metaphysik; sie sind dadurch aber nur um so belehrender."[135]

Solange diese Fragen nicht in Angriff genommen würden, sei „an eine anhaltende Ruhe und Sicherheit nicht" zu denken.[136] Daher sei der vom *Journal de la Haye* gegen den *Globe* erhobene Vorwurf der Aufrührerei eine mutwillige Verwechslung von Ursache und Wirkung: nicht in der Herbeiführung von Revolutionen, sondern in der Abwendung derselben durch eine Lehre, „welche den gesellschaftlichen Bedürfnissen in der Zeit am vollkommensten"[137] entspreche, bestehe der Saint-Simonismus wie die aktuelle Aufgabe für jede Gesellschaftstheorie. Daher sei auch nicht Anklage, son-

---

[134] Ebd., S. 204 f.
[135] Ebd., S. 213.
[136] Ebd., S. 218.
[137] Ebd., S. 219.

dern „Dankbarkeit" und „Hochachtung" die angemessene Reaktion auf die saint-simonistischen Schriften: Wir „bekennen hiermit ganz offen, daß uns der Produkteur großes Vergnügen gemacht hat. Nicht genug, daß wir darin nichts Verfängliches fanden, hielten wir es sogar für unsere Pflicht, die besten Aufsätze jener Zeitschrift" den Lesern der Monatsschrift mitzuteilen und „den uns unbekannten Schülern des großen Meisters dadurch unsere Dankbarkeit und Hochachtung zu beweisen."[138]

So hat Buchholz nicht nur die Schriften der Saint-Simonisten zuerst im deutschen Sprachraum eingeführt, sondern deren spezifische Relevanz auch in einer bestimmten Weise gedeutet: nicht als quasi-religiöse Gemeinschaftslehre, sondern als eine Bewegung, in der die soziale Frage und die Klassenauseinandersetzungen der beginnenden Industriegesellschaft ins Zentrum der Gesellschaftstheorie gestellt werden. Es ist diese Lesart, durch die der Saint-Simonismus dann bei Junghegelianern wie Eduard Gans, Heinrich Heine oder Friedrich Engels eine so breite Wirkung entfaltete und für den Vormärz von entscheidender Bedeutung wurde.[139] Dabei ist es besonders bemerkenswert, dass dies in der *Neuen Monatsschrift für Deutschland*, d. h. in einem Medium geschah, das mit Privileg und Finanzierung der Preußischen Regierung erschienen ist.

---

[138] Ebd., S. 215.

[139] Vgl. u. a.: Schmidt am Busch (u. a.) (Hg.): Hegelianismus und Saint-Simonismus (2007); Blänkner, Göhler u. Waszek (Hg.): Gans (2002); sowie Mader: Philosophie als politischer Prozess (1986).

3. Politikberatung und kritische Öffentlichkeit

3.1 Aufklärung in Staatsnähe

In der pressegeschichtlichen Forschung der letzten Jahre haben Historikerinnen und Historiker wie Andrea Hofmeister-Hunger, Susanne Lachenicht, Wolfgang Piereth, Wolfram Siemann oder Bernhard Fischer die Habermas'sche Unterscheidung zwischen höfisch-repräsentativer und bürgerlich-kritischer Öffentlichkeit für die Zeit um 1800 weiter ausdifferenziert und gezeigt, dass beide in der ersten Hälfte des 19. Jahrhundert auf vielfältige Weise miteinander verwoben waren.[1] Politische Öffentlichkeit erscheint so als eine komplexe Konstellation aus erweitertem literarischen Markt unterschiedlicher Akteure (Publikum, Verleger, Autoren und Regierungen) und einer zunehmend aktiven staatlichen Pressepolitik in Form von Zensur oder Propaganda. Gerade die hier beschriebenen Historiker-Journalisten sind Virtuosen der Grenzüberschreitung zwischen den unterschiedlichen Bereichen. Sie suchen wegen ihres Anspruchs auf politische Wirksamkeit und Veränderung die Nähe zu den Entscheidungsträgern und Machtzentren und sind in diesem Sinne alle „Realpolitiker"[2]. Zugleich erheben sie durchaus den Anspruch auf rationale und unabhängige Analysen der eigenen Gegen-

---

[1] Vgl. Habermas: Strukturwandel der Öffentlichkeit (1990). Entgegen vereinfachender Kritik hat Habermas durchaus selbst auf diese Querverbindungen hingewiesen. – Vgl. hierzu auch Hofmeister-Hunger: Pressepolitik und Staatsreform (1994); dies.: Opposition via Pressepolitik (2002); Lachenicht: Information und Propaganda (2004); Piereth: Propaganda im 19. Jahrhundert (1994); Siemann: Ideenschmuggel (1987); sowie Fischer: Cottas politische Periodika (1998).

[2] So der Titel von Harro Zimmermanns neuer Gentz-Monographie (2012).

wart und sehen ihre Aufgabe eher in der Kritik als in der bloßen Propaganda für die Herrschenden.

Die sich daraus ergebenden Spannungen lassen sich grundsätzlich bei allen Zeitschriftstellern herausarbeiten, zeigen sich aber vielleicht in Preußen wegen der spezifischen Staatsnähe der Aufklärung und der länger als anderswo einflussreich bleibenden Aufklärungszirkel besonders deutlich.[3] Nicht nur rekrutierten sich hier zahlreiche Aufklärer aus der Beamtenschaft, auch waren zivilgesellschaftliche Formationen wie Freimaurerzirkel, Vereine und Medien häufig mit den Regierungsorganen verbandelt. Einschlägige Beispiele für diese Querverbindungen sind die Berliner *Mittwochsgesellschaft,* in der sowohl Regierungsbeamte wie Buchhändler oder der jüdische Aufklärer Moses Mendelssohn sich trafen, und deren Publikationsorgan, die *Berlinische Monatsschrift.* Aus dieser Staatsnähe muss man jedoch nicht unbedingt auf eine Art „limitierter Aufklärung" in Preußen schließen.[4]

Gerade in der Zeit nach dem Baseler Frieden 1795 und dem Thronwechsel zu Friedrich Wilhelm III. im Jahr 1797 gab es durchaus Überschneidungen zwischen den an Gesellschaftsreformen nach französischem Vorbild orientierten Aufklärern und der offiziellen Politik. So entstanden mit Privileg der Regierung insbesondere Journale, in denen die ‚natürliche Koalition' zwischen den beiden europäischen Repräsentanten des Rationalismus – Frankreich und Preußen – propagiert wurde. Dies gilt für Johann Friedrich Reichardts bei Unger erschienenes Journal *Deutschland* ebenso wie für die *Friedenspräliminarien* von Ludwig Ferdinand Huber oder das *Berlinische Archiv der Zeit und ihres Geschmacks,* das von Friedrich Rambach und Ignaz Aurelius Feßler herausgegeben wurde.[5] Ab 1800 kamen dann noch Woltmanns *Geschichte und Politik* sowie die *Eunomia. Eine Zeitschrift des neunzehnten Jahrhunderts. Von einer Gesellschaft von Gelehrten* (1801–1805) hinzu, die vor allem zum Publikationsorgan der *Gesellschaft der Freunde der Humanität* wurde.[6]

---

[3] In diesem Sinn ist es eventuell auch kein Zufall, dass die wichtigsten Österreichisch-Metternich'schen Pressearbeiter ihr journalistisches Handwerk in den 1790er Jahren in der preußischen Hauptstadt lernten: dies gilt für Friedrich Gentz, Friedrich Schlegel, Adam Müller oder Karl Ludwig Woltmann. – Vgl. auch Kapitel 2.

[4] Vgl. Haberkern: Limitierte Aufklärung (2005).

[5] Vgl. Schumann: Berliner Presse und Französische Revolution (2001). Zu Reichardts *Deutschland* vgl. die Auswahlausgabe von Gerda Heinrich.

[6] Vgl. Motschmann: Schule des Geistes (2009).

Aufklärung in Staatsnähe

Seit den 1790er Jahren bildeten die Kreise um den Preußischen Wirtschafts- und Finanzminister Carl August von Struensee ein Zentrum der spät- und radikalaufklärerischen Publizistik. Hier trafen sich die Autoren Karl Ludwig Woltmann, Hans von Held, Friedrich Buchholz oder Johann Gottlieb Fichte mit dem Verleger Johann Friedrich Unger und weiteren Staatsbeamten. In einer Erinnerung von Hans von Held an dieses Netzwerk sind alle Akteure genannt, die dieses publizistische Umfeld prägten: „Das war eine vergnügte Zeit. [...] Wir konversirten viel mit Struensee, der Zerboni'n [dem Gründer des Evergetenbundes, Anm. I.D.] behilflich war, mit dem Minister von Buchholz, mit Fichte und dem Schriftsteller Friedrich Buchholz, und speisten [...], von Feßler eingeladen, in der Loge Royal York, wo ich den Professor Schummel aus Breslau kennen lernte. Unter anderem gab uns auch der Professor Unger im Schulgarten ein ländliches Mittagsmahl, wobei der Schriftsteller und Geheime Legationsrath Woltmann die Honneurs machte."[7]

Carl August von Struensee, der selbst Artikel für die Berlinische Monatsschrift verfasste[8], vertrat als preußischer Finanzminister durchaus ebenfalls ein an der französischen Revolution ausgerichtetes Reformmodell, das er gegenüber dem französischen Gesandten in Berlin, dem Revolutionär der ersten Stunde Emmanuel Sieyès, im Jahr 1799 folgendermaßen auf den Punkt brachte: „La révolution très utile que vous avez faite du bas en haute se fera lentement en Prusse du haute en bas. Sous peu d'année, il n'y aura plus des classes privilégiées en Prusse."[9] Struensee war es auch, dem der wegen seiner Verteidigungsschrift der Französischen Revolution berüchtigte Johann Gottlieb Fichte im Jahr 1800 seine Schrift über den *Geschlossenen Handelsstaat* widmete, in der er ein Staatsmodell vertrat, das unter anderem ein garantiertes Recht auf freie Tätigkeit, die Abschaffung der konvertierbaren Währung zu Gunsten eines „Landesgeldes" und den Verzicht auf expan-

---

[7] Zit. n. ebd., S. 93.
[8] Vgl. Weber: Mirabeau (2006), S. 177 f.
[9] „Die sehr nützliche Revolution, welche Sie von unten nach oben gemacht haben, wird sich in Preußen allmählich von oben nach unten vollziehen. In ein paar Jahren wird es in Preußen keine privilegierten Klassen mehr geben." Zit. n. ebd., S. 181 f. Zu Sieyès in Berlin vgl. auch Bourel: Preußen und die Französische Revolution (1991); Adler-Bresse: Sieyès et le monde allemand (1976). In der letzten Struensee-Monographie findet sich leider nichts von diesen Zusammenhängen. Vgl. Straubel: Struensee (1999).

sionistischen Kolonialhandel vorsah und mit dem Fichte hoffte, im preußischen Staatsdienst eine Anstellung zu finden.

In den unterschiedlichen städtischen Gesellschaften und Institutionen kamen diese Kreise zusammen: in der *Gesellschaft der Freunde der Humanität*, wo unter anderem auch der neben Fichte bekannteste weitere Verfasser einer Verteidigung der Französischen Revolution *Über das Recht des Volkes zu einer Revolution* Johann Benjamin Erhard seine republikanischen Thesen verbreitete[10] oder in der Freimaurerloge *Royal York*. Auf sie bezog sich der frühkonservative Publizist Friedrich Gentz, als er im Jahr 1800 empört die politische Öffentlichkeit in der Preußischen Hauptstadt beschrieb, um seinen Wechsel in österreichisch-englische Dienste zu rechtfertigen: „Berlin ist der Sammelplatz aller unruhigen Köpfe, aller gefährlichen Neuerer von Deutschland, geworden. Was alle anderen Staaten von sich stoßen, (die Fichte, die Erhard, die Merkel, die Woltmann, die Schlegel [gemeint ist hier der noch revolutionsaffine Frühromantiker, Anm. I. D.], und hunderte ihres Gleichen) finden hier nicht bloß Zuflucht, sondern Protektion. Die ausgelassensten Revoluzionsprediger ziehen frei und frech in den Caffeehäusern, auf den Promenaden, in den Freymaurer-Logen, in den Humanitätsgesellschaften, in hundert Clubbs und sogenannten Ressourcen herum."[11]

Nach dem Tod Struensees im Jahr 1804, der Aufkündigung des Separatfriedens, dem Vierten Koalitionskrieg und dem Zusammenbruch des Alten Staates wurde 1810 die neugegründete Hardenberg'sche Staatskanzlei zum wichtigsten Sammelpunkt für aufklärerisch-liberal gesinnte Publizisten.[12] In ihr manifestierte sich die zumindest teilweise Interessengemeinschaft zwischen Hardenbergs Reformpolitik, deren Hauptgegner die altständischen Partialgewalten waren und den radikalen Aufklärern. So hat Hardenberg seine pressepolitischen Mitarbeiter bevorzugt unter den politischen Gefangenen, Ausgestoßenen und Geächteten des preußischen *Ancien Régime* ausgewählt. Direkt aus dem Gefängnis holte er unter anderem Karl Julius Lange, Saul Ascher, Hans von Held, Friedrich von Cölln oder Konrad Engelbert Oelsner und versorgte sie mit Aufträgen aus der Staatskanzlei. Dass sich

---

[10] Zu Erhards Vorträgen in der Humanitätsgesellschaft vgl. Motschmann: Schule des Geistes (2009), S. 174–185.
[11] Wittichen: Preußisches Kabinett (1902), S. 263.
[12] Vgl. zum Folgenden die vorzügliche Studie von Andrea Hofmeister-Hunger: Pressepolitik und Staatsreform (1994).

unter ihnen besonders viele Anhänger der von Frankreich ausgehenden Gesellschaftsreformen finden, ist nicht nur als Konzession an Napoleon zu sehen, sondern war eine bewusst gewählte politische Maxime: Hardenberg erhoffte sich von diesen Autoren, dass sie „durch Verbreitung liberaler Ideen und guter Gesinnung am Wiederaufbau des Preußischen Staates" teilnehmen würden, wie er an die Preußische Polizeibehörde schrieb, als er die Freilassung von Konrad Engelbert Oelsner anordnete, um ihn mit der Herausgabe der *Deutschen Bundeszeitung* zu betrauen.[13]

Besonders aktive Mitarbeiter in Hardenbergs Pressepolitik waren – neben Friedrich Buchholz[14] – Karl Julius Lange, Saul Ascher, Konrad Engelbert Oelsner und Karl August Varnhagen von Ense. Karl Julius Lange, geboren 1755 in Braunschweig, gestorben mutmaßlich 1813, der ursprünglich Alexander Daveson hieß, war schon in der zeitgenössischen Literaturszene ein misstrauisch beäugter Außenseiter und wurde dann später besonders von der nationalborussischen Geschichtsschreibung als Vorläufer des schädlichen jüdischen Einflusses auf die deutsche Geschichte gebrandmarkt.[15] Da es keine aktuellen biographischen Arbeiten zu Lange gibt, ist man auf zeitgenössische Lexika angewiesen, die aber dafür den Vorteil haben, dass sie einen anschaulichen Eindruck sowohl von Langes ziemlich abenteuerlichem Leben als auch von seinem Ansehen in der etablierten Gelehrtenschicht vermitteln. In Hamberger/Meusels Lexikon *Das gelehrte Teutschland* kann man z.B. in der Auflage von 1810, also noch zu Langes Lebzeiten, über ihn lesen: „Lange (K. J.) ein Jude von Geburt, geb. zu Braunschweig den 16. Nov. 1755, brachte sein ansehnliches Vermögen durch Handelsspeculationen und wüstes Leben hindurch, irrte dann mehre Jahre in der Welt umher, hielt sich lange in England auf, kehrte als angeblicher Engländer nach Deutschland zurück, durchzog alle bedeutenden Hauptstädte, wo er Englische Declamationen hielt, ward hierauf publicistischer Schriftsteller, liess sich in Bayreuth nieder, wo er ein publicistisches Blatt schrieb und sich taufen liess, gerieth wegen grosser Freimüthigkeit auf Antrag der Oesterreichischen Regierung in gefängliche Haft, ward aber bald (1804) von dem Minister von Hardenberg wieder befreit, und mit dem Titel Professor nach

---

[13] Hardenberg an Oelsner, 18. November 1815. Zit. n. ebd., S. 323. Zur *Deutschen Bundeszeitung* ebd. S. 322–326.
[14] Vgl. u. Kapitel 3.2.
[15] So bei Tschirch: Geschichte der öffentlichen Meinung (1933).

Berlin gezogen. Hier begann er innerhalb 2 Jahren 3 periodische Blätter, die er aber bald wieder aufgeben musste."[16]

Durch den Briefwechsel zwischen Lessing und Moses Mendelssohn ist außerdem eine Episode aus Langes Braunschweiger Jugendzeit überliefert. Damals war er einer der letzten Freunde Lessings und als einziger neben Lessings Stieftochter auch an dessen Sterbebett anwesend. Lessing hatte Lange bei sich aufgenommen, nachdem dieser wegen angeblichen Lotteriebetrugs sowohl vom Herzog von Braunschweig-Wolfenbüttel als auch von der Braunschweiger jüdischen Gemeinde verfolgt wurde. In einem Brief vom 19. Dezember 1780 bat Lessing Mendelssohn um Hilfe für den zu ihm geflüchteten Lange und schrieb über ihn: „Eigentlich heißt er Alexander Daveson, dieser Emigrant; und daß ihm unsre Leute, auf Verhetzung der Ihrigen, sehr häßlich mitgespielt haben, das kann ich ihm bezeugen. Er will von Ihnen nichts, lieber Moses, als daß sie ihm den kürzesten und sichersten Weg nach dem Europäischen Lande vorschlagen, wo es weder Christen noch Juden giebt. Ich verliere ihn ungern; aber sobald er glücklich da angelangt ist, bin ich der erste, der ihm folgt."[17]

In den 1790er Jahren begann Lange für Hardenberg zu arbeiten. So redigierte er in Ansbach-Bayreuth die *Deutsche Reichs- und Staatszeitung* und berichtete darin über die Reformgesetze der neuen preußischen Regierung. Ansbach-Bayreuth war seit 1792 Preußisches Staatsgebiet. Unter dem Dirigierenden Minister Hardenberg versammelten sich hier viele der späteren preußischen Reformer.[18] Bereits in dieser Zeit werden Hardenbergs pressepolitische Strategien erkennbar, die er später als Staatskanzler weiter verfolgt hat: so etwa die fiktive Verlegung des Druckorts der *Deutschen Reichs- und Staatszeitung* nach Nürnberg, das als Freie Reichsstadt außerhalb des Preußischen Territoriums lag.[19] Bei den ständig eingehenden Beschwerden über die politische Freizügigkeit des Blattes verwies Hardenberg dann wiederholt darauf, dass die preußische Regierung wegen des Druckorts

---

[16] Hamberger u. Meusel: Das gelehrte Teutschland, 5. Aufl., im Jahr 1810. Die Zeitschriften Langes sind u. a.: Die Chronik; ein Journal, Hamburg 1802; Der Nordische Merkur; ein Journal historischen, politischen und literarischen Inhalts, Berlin 1805; Der Telegraph; eine politische Zeitung, Berlin 1806–1808.
[17] Lessing: Werke und Briefe, Bd. 12, S. 369 f.
[18] Vgl. zur „fränkischen Reformclique" Endres: Aera Hardenberg (1993).
[19] Zum Folgenden vgl. Hofmeister-Hunger: Pressepolitik und Staatsreform (1994), S. 141–144.

Nürnberg keinen Zugriff habe. Als jedoch im Mai 1799 sowohl eine russische als auch eine österreichische Beschwerde gegen Lange eingingen, war auch Hardenberg machtlos. Das preußische Kabinett verlangte unwiderruflich, dass Lange exemplarisch bestraft werde, weil er zu den „Libellisten" gehöre, „die nur Unheil stiften". Mit der folgenden Haft und der anschließenden Flucht ins dänische Altona war Langes Existenz als Berufsschriftsteller erst einmal zerstört. In der *Bayreuther Zeitung* vom 14. Mai 1801 findet sich eine diesbezüglich aufschlussreiche Annonce, in der die Versteigerung seines Hausstandes und seiner Bibliothek angezeigt wird, wodurch ihm seine Arbeitsgrundlage entzogen war.

Hardenberg bemühte sich in der Folge ununterbrochen darum, den Prozess niederzuschlagen und Lange zurück zu holen.[20] Im Dezember 1803 gelang es ihm, die Anklage auszusetzen und für Lange eine Anstellung in Berlin zu organisieren. Im Gegenzug unterstützte Lange in seinen Journalen, dem *Nordischen Merkur* (1805) und dem *Telegraph* (1805), Hardenbergs diplomatische Bestrebungen im Rahmen der Preußischen Neutralitätspolitik.[21] Allerdings blieb Langes Status immer prekär: Der *Telegraph*, die erste deutschsprachige Tageszeitung, musste nach nur sieben Nummern wegen österreichischer Proteste, in denen die „strengste Ahndung" des Herausgebers gefordert wird, eingestellt werden und erschien dann erst wieder in veränderter Form in den Jahren 1806–1808 unter französischer Oberzensur. Als Hardenberg nach dem Zusammenbruch des Alten Staates und der Rückkehr in die Preußische Hauptstadt für sein neues Staatskanzleramt wieder publizistische Mitstreiter suchte, befand sich Lange bereits seit einigen Jahren in französischen Diensten, wo er den Titel eines Isenburgischen Hofrates verliehen bekam.

Genauso empörte sich Preußens politisches Establishment über Hardenbergs Zusammenarbeit mit Saul Ascher. Ascher galt spätestens seit 1799 als revolutionärer Schriftsteller, nachdem er mit seinem Buch *Ideen zur natürlichen Geschichte der politischen Revolutionen* zum ersten Mal in schweren Konflikt mit den preußischen Zensurbehörden geraten war.[22] Aschers Revolutionsgeschichte wurde am 27. März 1799 mit der Begründung verboten,

---

[20] Ebd., S. 165.
[21] Im *Nordischen Merkur* erscheint beispielsweise ein hymnischer Aufsatz Langes mit dem Titel *Der Freiherr von Hardenberg*, in: Der Nordische Merkur, 2 (1805).
[22] Vgl. zum Folgenden Best: Ascher (2010), S. 28–32.

dass das Werk „ein vollständiges System aller Revolutionen" enthalte, „welche der Schwindelgeist unserer Zeit nur hervorgebracht haben kann, und sogar einen unverhüllten Aufruf zum wirklichen Revolutionieren" darstelle, wie der Zensor an den Altonaer Oberpräsidenten schrieb: „Die auf Umsturz der bisherigen Staatsverfassung abzielende höchst sträfliche Absicht des Verfassers ist darin wirklich auf eine so planmäßige Art ausgeführt worden, dass an einem schädlichen Eindruck auf das große Publikum nicht zu zweifeln ist."[23]

Als Anhänger der Französischen Revolution und Napoleons, den er als den Vollender derselben sah, geriet Ascher in den Jahren nach dem Abzug der Franzosen und der Rückkehr der Preußischen Verwaltung wieder zunehmend unter Druck. Am 5. April 1810 wurde er wegen seiner Berliner Korrespondentenberichte für Zschokkes *Miscellen für die neueste Weltkunde* und wegen der unerlaubten Herausgabe seiner eigenen Zeitschrift *Welt- und Zeitgeist* als „unruhiger und ungehorsamer Bürger" festgenommen und „wegen seiner bösartigen Schriftstellerei in auswärtigen Zeitungen und injuriöser Aufsätze über die [...] höchsten Staatsbehörden" im Berliner Stadtgefängnis, der Hausvogtei, inhaftiert.[24] Im entsprechenden Polizei-Rapport heißt es über den „Arrestanten": „Gestern Nachmittag wurde der jüdische Kaufmann Saul Ascher verhaftet, weil er den bekannten schmähsüchtigen Aufsatz in den Miscellen für die neueste Weltkunde, welcher die obere Geschäftsleitung des preußischen Staates betrifft, verfaßt hat. [...] Ascher hat eingestanden, daß er das Journal Welt- und Zeitgeist bei dem hiesigen Buchdrucker Littfaß ohne Zensur hat drucken lassen."[25]

Zu Aschers Glück übernahm nur sechs Wochen später Hardenberg die Amtsgeschäfte und ließ gleich nach seinem Dienstantritt das gegen Ascher eingeleitete Verfahren einstellen. Ascher bedankte sich, indem er Hardenberg seine Übersetzung von Charles Ganilhs *Untersuchungen über die Systeme der politischen Ökonomie* aus dem Französischen widmete.[26] Außer-

---

[23] Brief von J. Schultz, bevollmächtigter Resident Preußens am Niedersächsischen Kreis an den Altonaer Oberpräsidenten L. Stemann vom 27. März 1799, in Landesarchiv Schleswig-Holstein, Abt. XVIII, 682/II.
[24] Zit. n. Grab: Ascher (1984), S. 481.
[25] Zit. n. Best: Ascher (2010), S. 29 f.
[26] Ascher [Übers. Ganilh]: Politischen Oekonomie (1811), S. III–VIII. Vgl. auch Best: Ascher (2010), S. 30.

dem veröffentlichte er in seiner Zeitschrift *Welt- und Zeitgeist* Memoranden und Gutachten der Regierung wie etwa Friedrich von Raumers *Betrachtungen über das englische Besteuerungssystem* und schrieb lobende Kommentare, zum Beispiel auf das Emanzipationsedikt für die Juden in Preußen, durch das er die Angleichung an die in Frankreich bereits 1791 eingeführte Rechtsgleichheit hergestellt sah.

Aschers Beifall für Hardenbergs Reformen begegnete man im Preußischen Kabinett indes mit Argwohn. Als Ascher am 25. Juni 1811 im *Nürnberger Korrespondenten von und für Deutschland* die Verhaftung der altständischen Oppositionellen Friedrich August Ludwig von der Marwitz und Friedrich Ludwig Karl von Finckenstein durch Hardenberg rechtfertigte, sah sich das Kabinett trotz Aschers scheinbarer Apologie der Regierungspolitik sofort zur öffentlichen Richtigstellung genötigt. Bei Aschers Artikel habe es sich keineswegs um eine offiziell sanktionierte Meinung gehandelt, hieß es in der im *Österreichischen Beobachter* und anderen Tageszeitungen abgedruckten Stellungnahme: „Was das revolutionäre und verbrecherische Licht betrifft, welches der erwähnte Zeitungsartikel auf den ganzen Vorgang hat werfen wollen, so reicht es hin, zu bemerken, daß dieser Artikel von einem völlig ununterrichteten jüdischen Instruktor, namens Saul Ascher, herrührt, der vor einem Jahre wegen ähnlicher, durch auswärtige Flugblätter verbreiteter Kalumnien, dem Stadtgefängnisse übergeben worden, und, wie sich zeigt, nur zu früh wieder daraus entlassen ist."[27] Dennoch konnte Ascher auch nach 1811 in den zahlreichen Debatten um den aufkommenden nationalistisch begründeten Antijudaismus, wie er in dem Theaterstück *Unser Verkehr*, in den *Hep Hep*-Unruhen oder bei der Wartburgfeier zum Ausdruck kam, auf Hardenbergs Unterstützung zählen.[28]

In der nach-napoleonischen Zeit zählten Konrad Engelbert Oelsner und Karl August Varnhagen von Ense zu Hardenbergs wichtigsten Öffentlichkeitsarbeitern. Oelsner (1764–1828) gehörte zum Kreis der deutschen Revolutionsanhänger in Paris um Gustav Graf Schlabrendorf, Georg Forster und Karl Friedrich Reinhard. Er war einer der ersten deutschen Berichterstatter über die Französische Revolution der ersten Stunde: seine *Bruchstücke aus den Papieren eines Augenzeugen* und seine *Briefe aus Paris* erschienen 1792 und 1793 in Archenholz' *Minerva* und sind Musterbeispiele der *histoi-*

---

[27] Österreichischer Beobachter vom 27. Juli 1811.
[28] Vgl. Hacks: Ascher gegen Jahn (1991).

re immédiate der Revolutionszeit.[29] Neben seiner Korrespondententätigkeit für zahlreiche deutsche Journale, neben der *Minerva* etwa auch Usteris *Klio* oder Hubers *Friedenspräliminarien*, hatte Oelsner in Paris unterschiedliche offizielle Stellen wie etwa den Residentenposten der freien Reichsstadt Frankfurt am Main inne. Vor allem aber war er einer der wichtigsten Berater und ständiger Wegbegleiter von Emmanuel Joseph Sieyès. Oelsner hat Sieyès' Werke nicht nur herausgegeben und kommentiert, sondern wir verdanken ihm auch die ersten biographischen Abhandlungen zu Sieyès überhaupt.[30] Hardenberg hatte Oelsner bereits 1795 bei den Friedensverhandlungen in Basel kennen und schätzen gelernt. 1814 warb er ihn für Preußische Dienste an. Ursprünglich wollte er Oelsner zum Chefredakteur einer neuen Staatszeitung machen.[31] Allerdings regte sich gegen diesen Plan sofort der Widerstand der konservativen höfischen Ultras um den Fürsten Wittgenstein. Friedrich von Coelln etwa, der sich inzwischen den Ultras angeschlossen hatte, schrieb an Wittgenstein: „Eine Staatszeitung in eines Jacobiners Hand, in einer Zeit, wo die Zeitungen regieren helfen, hieße dem Staat das Messer an die Kehle setzen."[32] Deshalb betraute Hardenberg Oelsner 1817 zusammen mit dem Verleger Johann Friedrich Cotta mit der Redaktion einer deutschen Bundeszeitung: *Die Bundeslade* sollte die Verhandlungen der Bundesversammlung in Frankfurt publizistisch begleiten. Nachdem die Bundesidee zu Gunsten der auf dem Wiener Kongress festgeschriebenen Restauration fallen gelassen wurde, wurde auch die Bundeszeitung nach wenigen Nummern wieder eingestellt. Oelsner bekam daraufhin einen Posten als Legationsrat im Ministerium für Auswärtige Angelegenheiten und wurde als Gesandter Hardenbergs nach Paris geschickt.

---

[29] Vgl. Oelsner: Bruchstücke; Historische Briefe, in: Günther: Französische Revolution (1985), S. 245–472; sowie den zugehörigen Kommentar des Herausgebers, ebd., S. 1325–1375.
[30] Sieyès en Allemagne. Klaus Deinet: *Konrad Engelbert Oelsner und die Französische Revolution. Geschichtserfahrung und Geschichtsdeutung eines deutschen Girondisten*. Mit einem Vorwort von Jacques Droz. München 1981.
[31] Hofmeister-Hunger: Pressepolitik u. Staatsreform (1994), S. 375.
[32] Cölln an Wittgenstein, 28. März 1817, GStA PK, I. HA Rep. 92 Hardenberg H 12 1/2, Bl. 18 ff.

Aufklärung in Staatsnähe

Karl August Varnhagen von Ense (1785–1858) wurde im Umfeld des Wiener Kongresses 1814/15 Leiter von Hardenbergs Presseabteilung.³³ Nach anfänglichen literarischen Versuchen in der Berliner Romantiker-Szene wurde Varnhagen von Ense auch über die Hardenberg'sche Regierungszeit hinaus zum wichtigsten politischen Netzwerker des preußischen Frühliberalismus. Später gehörte er zu den Anhängern und Verfechtern der 1848er Revolution.³⁴

Von den Anfängen der Hardenberg'schen Pressepolitik mit Karl Julius Lange, Garlieb Merkel oder Johannes von Müller bis zu Karl August Varnhagen von Ense und der kurzlebigen Realisierung einer Preußischen Staatszeitung unter Leitung von Friedrich August von Stägemann im Jahr 1819 wird in den unterschiedlichen Staatszeitungsprogrammen das Verhältnis von Öffentlichkeitsanspruch, Medium und Nationsbildung reflektiert.³⁵ So verweist Karl Julius Lange in seinem frühen Entwurf aus dem Jahr 1800 explizit auf den Zusammenhang zwischen einem wachsenden öffentlichen Interesse an historisch-politischen Periodika und dem staatlichen Bildungsanspruch: „Seit ungefähr zwanzig Jahren hat der Hang zur historischen, politischen und statistischen Lecture so sehr zugenommen, daß Zeitungen und Journale *eigentliche Volksbedürfnisse* geworden sind. Sie gehören gleich den *Schulbüchern* zu der Bildung der Nationen; man kann sie daher sehr füglich Elementarblätter für politische Begriffe und Grundsätze nennen."³⁶

In der gleichen Stoßrichtung greift Karl August Varnhagen von Ense in seiner „Denkschrift über die Notwendigkeit, in Preußen die öffentliche Meinung nicht ohne Mitwirkung der Stimme der Regierung zu lassen" vom 9. März 1815 direkt auf das Kantische Vokabular aus dessen *Beantwortung der Frage: Was ist Aufklärung?* zurück und stellt fest, dass der Ausgang der

---

[33] Vgl. Hofmeister-Hunger: Opposition via Pressepolitik (2002), S. 311. – Vgl. zu Varnhagen auch Greiling: Varnhagen (1993); Misch: Varnhagen (1925); sowie Feilchenfeldt: Varnhagen als Historiker (1970).
[34] Vgl. Greiling: Varnhagen (1993).
[35] Zu den unterschiedlichen Staatszeitungsplänen vgl. Hofmeister-Hunger: Pressepolitik und Staatsreform (1994), bes. S. 164–180 u. S. 380–395; sowie Struckmann: Staatsdiener als Zeitungsmacher (1981); Sangmeister: Vom *Zuschauer* zu den *Allgemeinen Staatsanzeigen* (2000).
[36] GStA PK, I. HA Rep. 9, F 2a 1, Fasc. 22, Bl. 1 ff. Hervorhebungen im Original. – Vgl. auch Hofmeister-Hunger: Pressepolitik und Staatsreform (1994), S. 165 f.

Öffentlichkeit aus der Unmündigkeit inzwischen ein Faktum geworden sei, dass es aber zugleich darauf ankomme, die öffentliche Meinung als „das größte Gut des Staats" weiterhin „würdig zu beachten". Nur scheinbar paradox garantiert für Varnhagen ausgerechnet die Gründung einer (liberalen) Staatszeitung die weitere Emanzipation aus der „vormundschaftlichen Leitung der Regierenden": „Daß die öffentliche Stimme in Deutschland der vormundschaftlichen Leitung der Regierenden größtenteils entwachsen und zum Bewußtsein selbständiger Kraft gekommen sind, haben die letzten Jahre, wie mich dünkt, bewiesen [...] Sie leise und ununterbrochen zu leiten, verständig aufzuhalten und würdig zu beachten, ist das einzige Mittel, welches die Regierung anwenden kann, um das größte Gut des Staats, die öffentliche Meinung, nicht zu dessen größtem Übel werden zu lassen."[37]

Schließlich glaubte auch Ludwig Börne noch an die preußische Staatskanzlei als ein Zentrum publizistischer Freiheit und gesellschaftlicher Reform in der Tradition der Aufklärung, als er im März 1817 Hardenberg und Cotta den Vorschlag unterbreitete, eine Preußische Staatszeitung unter seiner Redaktion zu gründen.[38]

3.2 Buchholz und Hardenberg

Friedrich Buchholz wurde kurz nach Hardenbergs Dienstantritt als Staatskanzler mit dem Jahreswechsel 1810/1811 wegen einer möglichen Mitarbeit angesprochen und arbeitete bis zu Hardenbergs Tod 1822 mit diesem zusammen. Nach Cotta, dessen Aufträge Buchholz' Lebensunterhalt zwischen 1805–1810 sicherten, wurde Hardenberg in den Jahren von 1810–1822 zum wichtigsten Förderer von Buchholz.

Zur Zeit der Berufung in die Staatskanzlei gehörte Buchholz zu den bekanntesten Kritikern des Alten Preußischen Staates. Konsequent hatte er die neuen publizistischen Freiheiten nach dem militärischen Zusammenbruch und die Abwesenheit der preußischen Zensur während der Jahre 1806 bis

---

[37] Varnhagen von Ense: Denkschrift über die Notwendigkeit, in Preußen die öffentliche Meinung nicht ohne Mitwirkung der Stimme der Regierung zu lassen, 9. März 1815. Zit. n. Hofmeiser-Hunger: Pressepolitik und Staatsreform (1994), S. 295.
[38] Rippmann: Zeitschriftsteller (2002), S. 269.

1808 zu einer umfassenden Kritik der alten Eliten genutzt und den Anspruch auf politische Öffentlichkeit in einer bis dahin nicht bekannten Weise formuliert. So forderte er in seinen *Untersuchungen über den Geburtsadel und der Möglichkeit seiner Fortdauer im 19. Jahrhundert*, die im Oktober 1807 erschienen, die komplette Abschaffung aller Adelsprivilegien, weil diese als ein Relikt des Raubrittertums nicht mehr zeitgemäß seien. Zusammen mit der „Vernichtung des Feudalismus in Frankreich" und dem am 9. Oktober 1807 in Preußen erlassenen „Edikt, den erleichterten Besitz u. den freien Gebrauch des Grundeigenthums, so wie die persönlichen Verhältniße der Landbewohner betreffend" verstand Buchholz sein Werk als einen von *Drei Schlägen* im „Kampf gegen diesen wunderbaren Ueberrest des Mittelalters, den wahrscheinlich der Anfang des 20ten Jahrhunderts nur aus der Tradition kennen wird", wie es in einer handschriftlich von Buchholz überlieferten Skizze mit dem Titel *Drei mal drei Schläge* vom Januar 1808 lautet.[39]

In seinem ebenso erfolgreichen und skandalträchtigen Werk, der *Gallerie Preußischer Charaktere*, das 1808 anonym bei Sander erschien und das in der späteren nationalborussischen Geschichtsschreibung als „schändlichste Schmähschrift des damaligen Preußen" bezeichnet wurde[40], karikierte Buchholz nicht nur die preußische politische und kulturelle Elite in Einzelporträts, sondern machte auch eine an den König gerichtete geheime Denkschrift des Freiherrn vom Stein zur *Fehlerhaften Organisation des Kabinetts und der Nothwendigkeit der Bildung einer Ministerialkonferenz* vom Frühjahr 1806 öffentlich.[41] Er verband dies in der Vorrede seines Werks mit der expliziten Forderung nach umfassender Öffentlichkeit im Bereich des Politischen: Wenn „jeder Schriftsteller, jeder Künstler [...] es sich gefallen lassen" müsse, „daß seine Arbeit öffentlich – oft sehr ungerecht – beurtheilt wird", warum solle dies nicht auch für „Generale und Staatsmänner" gelten, zumal deren Handeln viel ausschlaggebender sei für das „Schicksal des Staates".[42] Die gleiche Forderung steht auch hinter dem Motto, das Buchholz seinem *Gemählde des gesellschaftlichen Zustandes im Königreiche Preussen bis zum 14. October des Jahres 1806* voranstellt. Hier wird das politische Mit-

---

[39] Buchholz: Drei mal drei Schläge, in: DLAM CA Cotta Br. Buchholz, Bl. 94 ff.
[40] Tschirch: Geschichte der öffentlichen Meinung (1933), Bd. 2, S. 455.
[41] Die Denkschrift ist in der Gallerie Preussischer Charaktere auszugsweise zitiert in den Abschnitten zu Beyme und Lombard. Vgl. Buchholz: Gallerie (1808/1982), S. 636 ff.
[42] Ebd., S. 485 ff.

spracherecht auch für Nicht-Regierungsmitglieder mit einem Zitat des englischen Frührepublikaners James Harringtons aus dessen *Popular Government* unterstrichen: „To say that a man may not write of Government, except he be a Magistrate, is as absurd as to say, that a man may not make a Seachart, unless he be a Pilot."[43]

An den zeitgenössischen Reaktionen lässt sich ablesen, wie skandalös diese neuartige Publizistik war. Als „Terroristenanschläge" auf Staat und Menschheit wurden Buchholz' Werke etwa in einer zeitgenössischen Rezension des Breslauer Pastors Georg Goldfinder in Voss' *Zeiten* gebrandmarkt.[44] Konservative Autoren wie Friedrich Gentz oder Barthold Georg Niebuhr wetteiferten geradezu in ihren Warnungen vor Buchholz, dessen Gefährlichkeit noch dadurch gesteigert werde, dass er qualitativ auf einem anderen Niveau schreibe als die vielen anderen Skandalliteraten.

Für Friedrich Gentz zum Beispiel ist Buchholz genau wie Napoleon ein Traditionszerstörer, der mit seinen Schriften und Artikeln den „ganzen Kreis menschlicher Verruchtheit" durchmessen habe und „durch die barbarische Kälte, mit welcher er von nicht gemeiner Fähigkeit, obgleich von einem schiefen, manchmal verrücktem Kopf geleitet, das ganze künstliche kostbare Gewebe des alten gesellschaftlichen Lebens Faden vor Faden auseinanderreisst", wie Gentz am 18. April 1808 an Rühle von Lilienstern schreibt.[45] Gegenüber dem Hannoverschen Regierungsrat Ompteda charakterisiert er Buchholz als einen „Kerl ohne Gemüt, ohne Liebe, ohne Religion, ohne irgend ein menschliches oder geselliges Gefühl, – aber von einem scharfen und gewandten Verstande und einer Leichtigkeit und Fruchtbarkeit der Komposition, die ihn im höchsten Grade gefährlich macht."[46]

---

[43] Buchholz: Gemählde (1808), Bd. 1, Titelseite. Das Original-Zitat findet sich in: James Harrington, The Prerogative of Popular Government. A Politicall Discourse in Two Books, London 1658, Preface.

[44] So der Breslauer Pastor Georg Goldfinder in einer Polemik gegen das Werk unter dem Titel *Leviathan der Große, der Reformator. Versuch einer Beleuchtung* in der Zeitschrift *Die Zeiten*, 9. Stück, September 1808, 335–374 (fortgesetzt im 10. Stück, Oktober 1808, S 3–31), hier S. 354: „Welch ein Heil solche Terroristenanschläge der Menschheit zu bringen pflegen, hat die Welt jüngst reichlich gesehen [...] Obige Weise zu reformiren nennen unsere Revolutionärs, unsere Leviathans radikal."

[45] Zit. n. Hüffer: Kabinettsregierung (1891), S. 366.

[46] Bahrs: Buchholz (1907), S. 71.

Gentz bestürmte seinen Schüler Adam Müller, umgehend eine „ausführliche Widerlegung des Buchholtz'schen Werkes über den Geburtsadel" zu schreiben, das zu einer bislang in diesen Ausmaßen unbekannten Betroffenheit unter dem Adel geführt habe[47]: „Unterdessen, Müller, folgen Sie einmal [...] einem wohl überlegten, freundschaftlichen, väterlichen Rath. Legen Sie Phöbus, Pallas, Vorlesungen [über die Staatswissenschaft], alles andere bei Seite; setzen Sie sich an Ihren Tisch, lassen Sie sich von Gott Beharrlichkeit einflößen, und schreiben Sie von folgenden zwei Büchern eins: Entweder eine etwas ausführliche Widerlegung des Buchholz'schen Werkes über den Geburtsadel, oder eine Sammlung politischer, moralischer, historischer etc. Aufsätze, von der Art wie die in der Pallas. Mit Leib und Leben stehe ich Ihnen dafür: Sie machen sich eine ungeheure Reputation – und entschließen Sie sich gar zu dem ersten, so gründen Sie sich eine höchst angenehme Existenz. Ich weiß, was ich sage. Sie haben keine Idee von der Consternation, in welche die Buchholz'schen Schriften die Denkenden unter dem alten Adel geworfen haben."[48]

Barthold Georg Niebuhr erklärte Buchholz' Gallerie Preußischer Charaktere kurzerhand zum Werk des Teufels, wobei er wie Gentz vor Buchholz' literarischen Qualitäten warnt. An Altenstein schrieb Niebuhr am 2. Februar 1808: „Lesen Sie Buchholzens Galerie. Es ist das Werk eines Teufels: übrigens steht er über Cölln wie ein falscher Wechselmacher, der sein Handwerk versteht, über dem Taschendieb. Wie hat er aber des Ministers Memoire für den König (vom Mai 1806) in die Hände bekommen. Ist das unter den Papieren der Königin zu Charlottenburg gefunden?"[49] Und wie Gentz hat auch Niebuhr Buchholz' Publizistik später weiter ständig und mit großem Grimm verfolgt. Noch 1814 entließ er Achim von Arnim als Redakteur des von ihm herausgegeben *Preußischen Correspondenten*, weil dieser Buchholz' Historisches Taschenbuch zu positiv besprochen hatte.[50]

Dass Buchholz trotz seines Rufes als revolutionärer Schriftsteller für die Staatskanzlei angeworben wurde, ist umso bemerkenswerter als Hardenberg

---

[47] Jörn Garber zählt rund 2000 Seiten unmittelbarer Kontroversliteratur als Folge von Buchholz' *Geburtsadel*. Vgl. Garber: Reformstrategien (1991), S. 305.
[48] Gentz an Müller, 1808, in: Briefwechsel Gentz-Müller, S. 140.
[49] Niebuhr an Altenstein, 2. Februar 1808, in: Briefe Niebuhrs, Bd. 1, S. 441.
[50] Der Vorgang wird rekonstruiert in Knaack: Arnim und Niebuhr (2006), S. 32 ff.; sowie Arnim: Werke, S. 1247 ff.

selbst in der *Gallerie Preußischer Charaktere* ein satirisches Porträt gewidmet ist: Er wird dort als einer der typischen Repräsentanten der altadligen, überforderten Funktionsträger dargestellt. In Buchholz' Briefen an Cotta kann man sehen, welches Bild er bis zu seiner Anstellung in der Staatskanzlei vom Staatskanzler hatte. Noch Hardenbergs Dienstantritt im Sommer 1810 wird von Buchholz ganz im Zeichen einer Kontinuität der alten Herrschaftseliten gedeutet. Wie in der *Gallerie* beschreibt er Hardenberg als einen greisen und orientierungslosen Politiker, der an der Aufgabe, die Staatsfinanzen in Ordnung zu bringen, nur scheitern könne: „Hier haben wir eine der allerseltsamsten Revolutionen erlebt. Der Baron von Hardenberg, von welchem das französische Gouvernement im Jahre 1806 sagte: er habe sich auf das Vollständigste entehrt, der warlich einen dummen Streich über den anderen hat ausgehen lassen, der gegenwärtig ein Alter von 63 Jahren hat u. halbtaub ist – dieser Herr von Hardenberg ist jetzt, mit Genehmigung des französischen Kaisers – vielleicht sogar auf dessen Antrieb – unser Premier-Minister mit dem Titel eines StaatsKanzlers geworden. Sein Hauptgeschäft wird darin bestehen, unsere Finanzen in Ordnung zu bringen; u. in dieser Hinsicht erwartet man hier zu Lande Wunderdinge von ihm! Nur ich nicht. Ich betrachte diese Revolution als einen mächtigen Vorschritt zu einer vollendeten Auflösung des ganzen Staats u. zu einer gänzlichen Vernichtung der Idee: Preußen. Nach einem halben Jahre wird von dem Herrn von Hardenberg kaum noch die Rede sein. Seine ersten Finanzoperationen werden entscheiden; u. da er, als Alt-Adeliger nicht das Herz haben wird, mit dem gesellschaftlichen Zustande diejenigen Veränderungen vorzunehmen, durch welche allein nur Verbesserung der Finanzen möglich ist, so sehe ich auch vorher, daß ein Misgriff auf den anderen folgen wird, bis er sich entfernt oder entfernt wird. Die Neunaugen müssen sich im Salze todt laufen, ehe sie eingemacht werden."[51]

Wird Hardenberg im Juni 1810 von Buchholz noch mit einem Fisch aus der Familie des Aals verglichen, der in den versalzenen Staatsfinanzen eingemacht werden wird, so beginnt sich seine Einschätzung des Staatskanzlers ab Oktober 1810 allmählich zu verändern. Nun berichtet Buchholz an Cotta, dass er auf „eine sehr unverhofte Weise zu der Ehre gelangt" sei, seine Meinung über den Zustand der Finanzen abzugeben und sich „aus der Affäre

---

[51] Buchholz an Cotta, 8 Juni 1810, Brief Nr. 71.

gezogen habe", indem er geantwortet habe, dass man die Finanzen eines Staats nur dadurch verbessern kann, wenn man auch den gesellschaftlichen Zustand verbessere.⁵² Im Januar 1811 berichtet er dann euphorisch, dass der plumpe und schwerfällige Preußische Staat nun mit „Riesenschritten" umgebaut und Veränderungen umgesetzt würden, die man zuvor nicht für möglich gehalten habe. Das Tempo werde dabei nicht von den Entscheidungen der Politiker vorgegeben, sondern durch „die Notwendigkeit der Verhältnisse". Am 17. März 1811 teilt Buchholz Cotta schließlich mit, dass er in der Staatskanzlei angestellt worden sei. Dabei sei Hardenberg dem Abwerbeversuch aus dem Rheinbund zuvorgekommen. Ausdrücklich verbindet Buchholz die Mitteilung aber mit dem Hinweis, dass dies nicht bedeute, dass er nun als politischer Schriftsteller verloren sei: „Sie haben sich im Stillen vielleicht darüber gewundert, daß ich so lange nicht an Sie geschrieben habe. Die Ursache ist folgende. Der Antrag, den Sie mir im verfloßenen Winter machten, hat die Folge gehabt, daß ich hier durch eine Anstellung fixirt worden bin. Ich arbeite unmittelbar unter dem Staatskanzler. Meine Arbeiten sind indeß von einer solchen Beschaffenheit, daß sie mich nicht aus der Bahn heraus werfen, die ich bisher beschrieben habe; sie geben meiner Schriftstellerei einen anderen Charakter, aber sie verhindern dieselbe nicht."⁵³

Auf der anderen Seite kann man Hardenbergs Tagebüchern entnehmen, dass dieser die *Gallerie Preußischer Charaktere* nicht nur gelesen hat, sondern ihm darüber hinaus auch bekannt war, dass Buchholz deren Verfasser war.⁵⁴ Hardenberg war also vollauf bewusst, wen er sich mit Buchholz in die Staatskanzlei holte. Buchholz erhielt von Hardenberg ab März 1811 ein regelmäßiges monatliches Gehalt von 90 Talern und wurde eine Art Rhein-

---

⁵² Buchholz an Cotta, 1. Oktober 1810, Brief Nr. 72.
⁵³ Ebd.
⁵⁴ Vgl. Hardenberg: Tagebücher (2000), S. 683, Freitag, 25. März 1808: „Dans les pamphlets qui paroissent sur les Événemens des dernières années, je ne suis point ménagé, quoique personne ne se soit permis de dire quelque chose contre mon caractère, ce qui est arrivé à bien d'autres. Je ferai des notes aux plus rémarquables de ces productions, comme die Vertrauten Briefe, die Feuerbrände, Récueil de traits caractéristiques [=Charakteristik Friedrich Wilhelms III. und der bedeutendsten Persönlichkeiten an seinem Hofe. Gesammelt und bekannt gemacht von M.W., Paris 1808, Anm. I.D.], Gallerie de caractères prussiens – apparement de Bucholz et rempli de fiel et de méchanceté [...]."

bundbeauftragter.⁵⁵ In einem Brief von Hardenberg an Buchholz vom 16. März 1811 findet sich die Stellenbeschreibung: Buchholz solle als ein „Mann, der mit historischen Kenntnißen die Einsicht des für den jetzigen Moment Wichtigen verbindet" prüfen, welche „inneren Einrichtungen der benachbarten Staaten" man nachahmen könne und welche nicht.⁵⁶ Auf der Grundlage dieser Aufgabenbeschreibung hat Buchholz die wichtigsten Reformvorhaben vom Finanzedikt über das Emanzipationsedikt für die Juden bis hin zur Frage nach einer Nationalrepräsentation durch öffentliche Kommentierung oder auch durch vorbereitende Studien pressepolitisch begleitet. Buchholz erstellte hier unter anderem eine *Vergleichende Übersicht über die Verfassungen Frankreichs, Italiens und Westfalens*⁵⁷ und unterbreitete Vorschläge zur *Umbildung des Deutschen Reiches zu einem zentralen Staat*⁵⁸ nach deren Muster.

Buchholz' erste veröffentlichte Schrift, in der sich die beginnende Zusammenarbeit mit Hardenberg manifestiert, trägt den Titel *Freimüthige Betrachtungen über die Verordnung vom 27. October in Betreff des Finanz-Wesens* und ist als offener Brief an die Mitbürger ausgewiesen, der unmittelbar nach Verkündigung des Finanzedikts beim Verleger Matzdorff in

---

⁵⁵ Am 14. Juni 1816 werden die monatlichen Zahlungen von Hardenberg in ein festes Jahresgehalt von 1080 Taler verwandelt. Zu Buchholz' Anstellung bei Hardenberg vgl. auch Bahrs: Buchholz (1907), S. 86 ff.

⁵⁶ Vgl. Hardenberg an Buchholz, 16. März 1811, GStA PK I. HA, Rep. 74 N III Nr. 40, Bl. 1 f.: „Bei der täglich wachsenden Nothwendigkeit, von den innern Einrichtungen der benachbarten Staaten Kenntnis zu nehmen, damit man das Heilsame nachahme, das Verderbliche vermeide, hat es mir räthlich geschienen, durch einen Mann, der mit historischen Kenntnißen die Einsicht des für den jetzigen Moment Wichtigen verbindet die zu jenem Zweck erforderlichen Ausmittelungen vornehmen zu lassen [...]. Sie werden zwar in der Regel die Gegenstände der Bearbeitung aus meinem Bureau vorgezeichnet erhalten; doch auch wird es mir sehr angenehm seyn, wenn Sie selbst bei Ihrer ausgebreiteten Kenntniß mich auf die Puncte aufmerksam machen, welche eine Beleuchtung und Darlegung verdienen, und welche in fremden Staaten bereits bearbeitet und ausgeführt sind [...]."

⁵⁷ Buchholz: Verfassungen Frankreichs, Italiens und Westfalens, GStA PK VI. HA, Nl Albrecht, Nr. 32.

⁵⁸ Buchholz: Umbildung des Deutschen Reiches zu einem zentralen Staat, GStA PK VI. HA, Nl Albrecht, Nr. 30.

Berlin mit persönlichem Imprimatur Hardenbergs erschien.[59] Das „Finanzedikt" beinhaltete bereits Hardenbergs gesamtes Regierungsprogramm: es stellt seine Antwort auf die scheinbar ausweglose Situation dar, den bankrotten preußischen Staat wieder liquide zu machen und gleichzeitig die Kontributionsforderungen der französischen Besatzungsmacht zu erfüllen. Dies sollte einerseits durch Steuererhöhung und Einführung neuer Abgaben gelingen, vor allem aber durch den Abbau von Privilegien, Standes- und Zunftschranken und Binnenzöllen, um so Wirtschaftstätigkeit und Handel zu erleichtern. Daneben enthält das Edikt auch das erste einer Reihe von Verfassungsversprechen, die Hardenberg dem König abgetrotzt hat.

In der Vorrede seiner *Betrachtungen* thematisiert Buchholz zunächst seine eigene Rolle als Autor und rechtfertigt sich dafür, warum er als unabhängiger politischer Schriftsteller nun plötzlich zum Propagandisten von Staatsverordnungen wird. Er macht darauf aufmerksam, dass das Finanzedikt in der Tendenz seinen eigenen bereits seit Jahren vertretenen politischen Grundsätzen entspricht und jenen Zustand der „Gleichheit vor dem Gesetz" realisiere, den er selbst immer als einzigen Ausweg aus der Krise des *Ancien Régime* gesehen habe. Euphorisch äußert Buchholz die Hoffnung, dass sich mit dem Edikt eine „neue Aera" für Preußen eröffne. Daher habe er als Patriot das Bedürfnis empfunden, sich mit seinen Mitbürgern über die Bedeutung der neuen Verordnung auszutauschen. Offenkundig ging Buchholz davon aus, dass die Leserinnen und Leser den offiziellen Hintergrund seiner Veröffentlichung durchschauten und er verspricht, trotz dieser sehr propagandistisch klingenden Einleitung nichts zu schreiben, was mit seinen bekannten früheren politischen Ansichten in Widerspruch stehe, sondern den Gegenstand „mit der gleichen Freimüthigkeit abzuhandeln", für die er als Schriftsteller bekannt sei.[60]

Tatsächlich argumentiert Buchholz im Folgenden ganz entsprechend der sozioökonomischen Herangehensweise seiner anderen Werke und zeigt, wie die „einzelnen Classen der Gesellschaft" durch den Übergang von der „Productenwirtschaft" zur „Geldwirtschaft" und durch den damit verbundenen Privilegien- und Bürokratieabbau gewinnen werden: Die Bauern

---

[59] Hardenberg erteilte Buchholz *Freimüthigen Betrachtungen* das Imprimatur eigenhändig am 24. November 1810, „da er gegen den Inhalt derselben nichts zu erinnern habe". Vgl. Steig: Kleist's Berliner Kämpfe (1901), S. 154.
[60] Buchholz: Freimüthige Betrachtungen (1810), S. 13.

durch neugewonnene Freiheit, die Bürger durch Zeitgewinn. Vor allem aber würde die Klasse gewinnen, die sich am lautesten über die Reformen beklagt, nämlich die Adligen, die sich durch die neuen Gesetze aus mittelalterlichen Feudaladligen in moderne Agrarunternehmer verwandeln würden. Während solche wirtschaftsliberalen Nutzenkalkulationen vielleicht noch kompatibel mit der offiziellen Argumentationslinie für das Finanzedikt sind, macht besonders der Schluss von Buchholz' Werk deutlich, dass er seinem Anspruch, mit seiner Abhandlung nicht bloße Regierungspropaganda zu betreiben, dennoch durchaus gerecht wird. Er zieht nämlich hier das überraschende Fazit, dass das Hardenberg'sche Finanzedikt den ersten Schritt zur Übernahme der Verfassung Frankreichs in Preußen darstelle und damit die Voraussetzung für eine dauerhafte Friedensordnung in Europa schaffe. Buchholz geht sogar noch weiter und unterstellt in einem hintersinnigen Fürstenlob Friedrich Wilhelm III., dass diese Entwicklung schon immer dessen geheimsten Wünschen entsprochen habe, dass er sich aber gegen die Beharrungskräfte und Privilegienträger nicht habe durchsetzen können, bis „durch einen Stoß von außen" der Alte Staat in Preußen abgeschafft und damit jene „Gleichheit vor dem Gesetz" ermöglicht worden wäre, die Buchholz in der Vorrede als seine eigene politische Hauptforderung ausgewiesen hatte.

In der älteren Forschung wurde es oft so dargestellt, als ob Buchholz durch die Anstellung bei Hardenberg sozusagen stillgestellt worden sei und seinen kritischen Impetus abgelegt habe. So heißt es bei Otto Tschirch, Hardenberg habe Buchholz „durch ein Jahresgehalt unschädlich gemacht" und dieser sei seitdem ein „harmloser Chronist der Zeitereignisse geworden".[61] Dagegen erscheint Buchholz' Deutung der Hardenberg'schen Finanzreform in einer immerhin im offiziellen Auftrag veröffentlichten Abhandlung als durchaus konsistent mit seinen auch sonst geäußerten politischen Ansichten. Im Gegenteil scheinen es gerade diese Argumente gewesen zu sein, die Buchholz für Hardenberg als Pressearbeiter attraktiv machten. Jedenfalls berichtet Karl August Varnhagen von Ense in seinen Briefen an Konrad Engelbert Oelsner immer wieder vom engen Verhältnis zwischen Buchholz und dem Staatskanzler, das sich gerade aus der gemeinsamen Arbeit an einem Umbau Preußens zu einem konstitutionellen Staat ergebe. So schreibt

---

[61] Tschirch: Öffentliche Meinung (1933), Bd. 2, S. 458.

Varnhagen am 2. November 1820, Buchholz würde nun gezielt „eine – wie man vermuthet, vom Fürsten Staatskanzler nicht bloß gutgeheißene, sondern aufgegebene und gestimmte – konstitutionelle Sprache [...] führen."[62] Kurz zuvor, am 29. August 1819, hatte er bereits berichtet, dass der Staatskanzler mit der Realisierung einer Verfassung nun ernst mache und dies niemandem anders als seinem Pressearbeiter Buchholz mitgeteilt habe: „Hier bei uns meint man es gewiß ernst und aufrichtig mit der Verfassung [...]; zufolge einer Äußerung des Fürsten von Hardenberg, die man als an Hrn. Professor Buchholz gerichtet, erzählt, dürfte etwa nach dreien Jahren der Zeitpunkt eintreten, wo eine Verfassungsurkunde für Preußen verwirklicht werden könnte."[63]

Buchholz' Zusammenarbeit mit Hardenberg erscheint so weniger als opportunistische Konzession an die Machthaber, sondern umgekehrt als Versuch, seine Forderungen nach freier Presse, Aufhebung der Standesunterschiede oder auch der Einführung von Konstitution und Nationalversammlung durch unmittelbare Mitarbeit in der Nähe der Entscheidungsträger umzusetzen. Diese Hoffnung teilte Buchholz mit vielen weiteren frühliberalen Publizisten – von Lange, Ascher, Oelsner, Varnhagen bis hin zu Börne. Besonders deutlich wird der Anspruch auf kritische Öffentlichkeit, den diese Autoren auch als Teil der aktiven staatlichen Pressepolitik aufrecht erhielten, an den Zensurkonflikten, die sich aus diesem Anspruch ergaben und denen gerade die Publizisten aus Hardenbergs Umfeld ständig ausgesetzt waren.

3.3 Zensur und Publizitätsstrategien

Dass die spezifische Staatsnähe von Aufklärung und Frühliberalismus in Preußen nicht automatisch zur einer bloßen Verlautbarungspublizistik führte, lässt sich an den ständigen Zensurkonflikten ablesen, die mit den Wöllner'schen Religions- und Zensurediken von 1788 zunehmend auch öffent-

---

[62] Varnhagen von Ense an Oelsner, 2. November 1820, in: Briefwechsel Varnhagen und Oelsner, Bd. 2, S. 149.
[63] Ebd., S. 102 f.

lich thematisiert wurden und sich über die Karlsbader Beschlüsse und deren Umsetzung in Preußen nach 1819 bis hin zur Juli-Revolution von 1830 noch verschärften.[64] Als Antwort entwickelten Verleger und Autoren unterschiedliche „Publizitätsstrategien"[65], um politische Fragen trotz verschärfter Zensur in der Öffentlichkeit verhandeln zu können. Dabei bedienten sie sich als Gegengewicht gegen die Zensurpraxis staatlicher Institutionen wie Gerichte oder staatlicher Druck-Monopole ebenso wie wirtschaftlicher Argumente. Schließlich übernahmen sie notfalls auch selbst das Zensorenamt, um so kritische Schriften passieren zu lassen.

Für die Zeit unmittelbar im Anschluss an das Zensuredikt von 1788 hat insbesondere der wichtigste Verleger politischer Publizistik in Berlin, Johann Friedrich Unger, eine ganze Reihe von Widerstandsformen entwickelt.[66] Eine seiner publizistischen Strategien, die auch von Hans von Held und anderen verfolgt wurde, bestand in der Veröffentlichung von Prozessakten.[67] Mit diesen konnten die von der Zensur inkriminierten Texte dennoch an das Publikum gebracht werden – sei es als Zitate innerhalb der Gerichtsverhandlungen oder sei es als Volltext in Form der Dokumentation des juristischen Streitgegenstands. In einem fingierten Prozess vor dem Berliner Kammergericht, den Unger vermeintlich gegen – in Wahrheit aber in Absprache mit dem Zensor Johann Friedrich Zöllner – geführt hat, wurde so das Wöllnersche Religionsedikt zum Gegenstand öffentlicher Kritik gemacht. Streitsache war eine Broschüre aus dem Umfeld der vielen Debattenbeiträge zum Religionsedikt,[68] in der die Notwendigkeit eines allgemeinen Landeskatechismus, wie Wöllner ihn vorsah, in Frage gestellt wurde. Unger hat diese Broschüre im Jahr 1790 mit dem Imprimatur des Zensors des Oberkonsistoriums publiziert. Als ihm am Tag nach der Auslieferung vom Minister Wöllner bei Strafandrohung der weitere Vertrieb untersagt

---

[64] Vgl. Schwartz: Kulturkampf (1925); Kemper: Missbrauchte Aufklärung (1996). – Eine an der konkreten Praxis orientierte Darstellung der Zensur findet sich bei Tortarolo: Zensur als Institution und Praxis (2001). – Vgl. außerdem ders.: Zensur in der Berliner Spätaufklärung (1991).
[65] Zu diesem Begriff vgl. Weber: Publizistische Strategien (2004); sowie ders.: Literarische und politische Öffentlichkeit (2006), S. 201 ff.
[66] Vgl. zu den Umgehungsstrategien von Zensur im frühen 19. Jahrhundert auch Siemann: Ideenschmuggel (1987).
[67] Vgl. Varnhagen: Held (1845).
[68] Vgl. Kemper: Mißbrauchte Aufklärung (1996).

wurde, verklagte Unger den Zensor Zöllner auf Ausgleich des finanziellen Verlusts in Höhe von „41 Thlr. 16 Gr.", den er mit den bereits gedruckten 500 Exemplaren gemacht habe. Zwar verlor Unger den Scheinprozess vor dem Berliner Kammergericht, erreichte aber dennoch seinen Zweck, weil die Richter – die ebenfalls die Notwendigkeit des Religionsedikts nicht einzusehen bereit waren – ihm erlaubten, die Prozessakten zu veröffentlichen, in denen die wichtigsten Stellen aus der Streitschrift über den Landeskatechismus zitiert wurden. Der ganze Vorgang ist dann unter dem Titel *Prozeß des Buchdrucker Unger gegen den Oberkonsitorialrath Zöllner in Censurangelegenheiten wegen eines verbotenen Buchs* 1791 in Berlin erschienen und hat so weitaus mehr Publizität erlangt, als es die Broschüre über den Landeskatechismus allein vermocht hätte.[69]

Ab 1796 nutzte Unger sein Kalendermonopol, das er bei der Akademie der Wissenschaften für rund 30.000 rt pro Jahr gepachtet hatte, zur Verbreitung von politischer Kritik – was zur ständigen Auseinandersetzung mit den Zensurbehörden führte. So wurde der historisch-genealogische Kalender für das Jahr 1797 sofort von der Zensur verboten, weil darin die Preußische Besatzungspolitik in Polen kritisiert wurde. Nicht nur wurde der gerade von Preußen und Russland aufgelöste Staat in einer *Geschichte von Polen* gewürdigt, sondern auf dem Titelblatt für das Jahr 1796 war darüber hinaus der Anführer der polnischen Aufständischen, Tadeusz Kosciuszko, mit erhobenem Säbel und dem Ausspruch „Gott! laß mich noch einmal fürs Vaterland kämpfen" abgebildet.[70] Im Jahr darauf, dem Kalender für 1798, hatte Unger bereits die Kupferplatten mit der Abbildung des Freiheitsbaums und der französischen Regierungsamtskleider hergestellt, als die Akademiezensoren ihm den Abdruck untersagten.[71] Auch die Zeitrechnung des Französischen Revolutionskalenders wollte Unger in den Preußischen Kalendern einführen. Selbst wenn er auch hiermit scheiterte, konnte Unger in den Kalendern immer wieder staatskritische Inhalte verbreiten, weil von seiner Pacht der gesamte Etat der Akademie der Wissenschaften gedeckt wurde

---

[69] Der Fall wird dargestellt in Uwe Ottos Vorwort zum Reprint von Ungers Schrift: Prozeß des Buchdrucker Unger gegen den Oberkonsitorialrath Zöllner in Censurangelegenheiten wegen eines verbotenen Buchs. Aus den bei Einem Hochpreißl. Kammergericht verhandelten Akten, Berlin 1791.
[70] Tschirch: Öffentliche Meinung (1933), Bd. 1, S. 157.
[71] Harnack: Geschichte der Akademie (1970), Bd. 1. 2, S. 520 f.

und weder ein Interesse bestand, die wirtschaftliche Grundlage der Akademie zu zerstören noch ein anderer Pächter in Sicht war.

Auch über Ungers Zeitschriften kam es immer wieder zu Zensurkonflikten: So forderte das Kabinett Friedrich Wilhelm III. auf, Ungers zusammen mit Woltmann herausgegebenes Journal *Geschichte und Politik* wegen des dortigen „Lob[s] des Consuls Bonaparte" vorübergehend zu verbieten.[72] Zwar hat der zuständige Zensor die entsprechenden Artikel dennoch zum Druck freigegeben, allerdings nur, wenn zahlreiche Passagen gestrichen würden: Woltmanns These, dass „die Gruppe der deutschen Fürsten [...] von den mächtigen Monarchien mehr zu fürchten [hat], als vom Freistaat der Franzosen" ebenso wie seine Einschätzung, dass Napoleon – im Gegensatz zu den alten Monarchien – die „Gleichheit der Menschen und die mit ihr verbundene Freiheit" liebe und nicht wolle, „daß der Staat die Ungleichheit, welche Natur und Glück unvermeidlich über die Geburt ausstreuen, noch vermehre, und unter seine Bürger mehr Verschiedenheit des Rangs bringe, als die Organisazion des bürgerlichen Lebens erfordert"[73]. Da Woltmann mit diesen Kürzungen nicht einverstanden war, fragte er nach der Erlaubnis, statt einer kastrierten Fassung seines Artikels eher „die Aktenstücke über die ganze Verhandlung wegen der Censurverbote bei meinem Publikum vorlegen" zu dürfen.[74] Als auch dies nicht genehmigt wurde, zeigte Woltmann im nächsten Heft von Geschichte und Politik unter dem Titel „An das Publikum" die vom Zensor untersagten Artikel an und machte so zumindest die Zensurpraxis publik: „Von dem Königlichen Kabinettsministerium sind die Fortsetzungen von drei Artikeln, die im dritten Stück dieser Zeitschrift angefangen waren, untersagt worden, nämlich von 1. den Briefen aus Norköping, 2. der geheimen Geschichte Gustav's des Dritten von Schweden, 3. meiner Abhandlung über das englische Ministerium und Buonaparte, Pitt und Fox. Woltmann".[75]

---

[72] Alvensleben an den König, 29. April 1800, in: GStA, I. HA, Rep.9, F2a1, Fasc. 19, Bl. 10–13. Zum Folgenden vgl. Schumann: Berliner Presse (2001), S. 175 ff.

[73] Zensurblätter betreffend den Aufsatz „Das Englische Ministerium und Buonaparte, Pitt und Fox", GStA, I. HA, Rep. 9, F2a, Fasc. 42, Bl. 233–252, hier Bl. 237, 239.

[74] Woltmann an das Ministerium, 10. Juli 1800, GStA, I. HA, Rep. 9, F2a, Fasc. 42, Bl. 232.

[75] Geschichte und Politik (1800), Bd. 2, S. 1.

Zum Teil stoppten reformfreudige Staatsminister wie Karl August von Struensee oder auch Hardenberg übereifrige Zensoren. Als beispielsweise Johann Wilhelm von Archenholz' *Minerva* im Frühjahr 1793 Schwierigkeiten mit der Zensur bekam, wandte sich Struensee direkt an die beim Department für Auswärtige Angelegenheiten angesiedelte Zensurbehörde, um sich „aus Ueberzeugung für den Archenholz [zu] verwenden" und zu fordern, dass „dis nützliche Journal [...] zum Nutzen und Vergnügen des lesenden Publici" erhalten bleiben solle.[76] Da sich auch die zuständigen Richter am Kammergericht Struensees Argumentation anschlossen, konnte ein Verbot der *Minerva* zunächst abgewendet werden – trotzdem siedelte Archenholz kurze Zeit später mit seiner Zeitschrift ins liberalere Hamburg über.

Im Anschluss an die Karlsbader Beschlüsse vom 20. September 1819 wurde das Wöllner'sche Zensuredikt von 1788 nicht nur als weiterhin geltend bestätigt, sondern sogar noch verschärft. Am 18. Oktober 1819 wurde ein entsprechendes neues Zensuredikt erlassen, am 25. November 1819 zur Durchsetzung der Beschlüsse mit dem Ober-Censur-Collegium eine neue Behörde gegründet. Dekretiert wurde nicht nur eine umfassende Vorzensur aller Schriften unter 300 Druckseiten, sondern es wurden auch Eingriffe in die verlegerischen Belange bis hin zu der staatlichen Möglichkeit, missliebige Redakteure abzusetzen oder auszutauschen, rechtlich ermöglicht, wie es in §9 heißt: „Die Ober-Censur-Behörde ist berechtigt, dem Unternehmer einer Zeitung zu erklären, daß der angegebene Redakteur nicht von der Art sei, das nöthige Vertrauen einzuflößen, in welchem Falle der Unternehmer verpflichtet ist, entweder einen anderen Redakteur anzunehmen, oder, wenn er den ernannten beibehalten will, für ihn eine von Unseren oben erwähnten Staatsministerien auf den Vorschlag gedachter Ober-Censurbehörde zu bestimmende Kaution zu leisten."[77] Insbesondere die zeitgeschichtliche Publizistik wurde einer verschärften Beobachtung unterzogen, wie es in zahlreichen Verordnungen zum Ausdruck kommt, die alle eine „strengere Zensur über die neuesten Zeitbegebenheiten sich erstreckenden Zeitungen, Zeit-

---

[76] Minister v. Struensee an das Departement der Auswärtigen Angelegenheiten, 15. März 1793, GStA, I. HA, Rep. 9, F2a, Fasc. 24, Bl. 103.
[77] Kapp: Preßgesetzgebung (1880), S. 230.

schriften und Flugblätter" – so der Titel einer Kabinettsordre vom 6. Oktober 1830 – nach sich zogen.[78]

Selbst unter diesen Bedingungen konnte die neue politische Öffentlichkeit weder aufgehalten noch manipuliert werden. Besonderes Aufsehen erregte in der Folge dieser Verschärfungen der Fall Friedrich von Raumers (1781–1873), der sein eigenes Entlassungsgesuch als Zensor öffentlich machte, um gegen diese Tendenzen zu protestieren.[79] Raumer war 1810 zunächst Hardenbergs wichtigster Mitarbeiter in der neugegründeten Staatskanzlei geworden, verabschiedete sich aber 1811 aus der Politik und trat eine Geschichtsprofessur in Breslau an. 1819 erhielt er einen Ruf auf eine Geschichtsprofessur an der Berliner Universität, wo er bald darauf auch zum Rektor wurde. Als Rektor der Universität und als Mitglied der Akademie der Wissenschaften, sowie durch familiäre Verbindungen – Raumers Onkel Karl Georg von Raumer war als Preußischer Legationsrat Präsident des 1819 gegründeten Oberzensurkollegiums – war Raumer Teil der hohen preußischen Verwaltungszirkel und war auch selbst zu einem der elf Mitglieder der neuen Zensurbehörde berufen worden.

Als einer von Raumers eigenen Texten, die Druckfassung seiner Festrede zum 25. Thronjubiläum Friedrich Wilhelm III. aus dem Jahr 1822, vom Oberzensurkollegium verstümmelt wurde, reichte Raumer am 30. Oktober 1831 in einem Schreiben an seinen Onkel sein Entlassungsgesuch als Zensor ein. Er macht hierin auf die zunehmende Reaktion in Preußen aufmerksam, die dazu geführt hätte, dass das, was man 1822 noch im Beisein des Kronprinzen und mit Beifall des Königs hätte sagen dürfen, nun nicht mehr geduldet werde. Anstatt „die schreibende und lesende Welt für große, echte Freiheit zu erziehen", habe „vielmehr die Strenge und Aengstlichkeit der Aufsicht allmälig zugenommen, sodaß Preußen (einst in dieser Beziehung der freigesinnteste und der Treue, sowie dem Verstande seiner Unterthanen am meisten vertrauende Staat) jetzt hinter allen andern zurücksteht."[80] Raumer kritisiert, dass „die Zahl der Verbote von Büchern und Zeitschriften" wachse, die gebildete Bevölkerung „wie das unerfahrene Kind" behandelt

---

[78] GStA PK I. HA Rep. 101 c, Nr. 20.

[79] Vgl. zum Folgenden Baillot: Intellektuelle Öffentlichkeit (2011); sowie Kapp: Preußische Preßgesetzgebung (1880).

[80] Raumer: Lebenserinnerungen und Briefwechsel (1861), Bd. 1, S. 356–358. Vgl. auch Kapp: Preßgesetzgebung (1880), S. 229.

Zensur und Publizitätsstrategien

werde und ein ökonomischer Schaden entstehe, weil das, was „hier das Imprimatur nicht erhält", eben in anderen Territorien gedruckt werde. Schließlich führe die verschärfte Zensurgesetzgebung und -praxis dazu, dass Preußen, „auf welches das übrige Deutschland wie auf seinen Leitstern hinblickte", „unglaublich an Popularität verloren" habe.[81]

Wegen der Deutlichkeit des Schreibens hielt der Präsident des Kollegiums es nicht für angebracht, es weiterzuleiten. Dies hatte allerdings Friedrich von Raumer selbst schon besorgt, indem er eine Abschrift seines Entlassungsgesuchs ‚versehentlich' dem ihm befreundeten Buchhändler Georg Reimer zukommen ließ. Von dort aus gelangte es an Cottas *Allgemeine Zeitung*, wo es ebenso vollständig abgedruckt wurde wie in der *Speyerer*, der *Casseler* und der *Bremer Zeitung* sowie im *Nürnberger Korrespondenten*. Nun schaltete sich auch der preußische König ein und entließ Raumer mit Kabinettsordre vom 21. Juli 1833 aus dem Oberzensurkollegium. Friedrich Wilhelm III. drückt hierin „seine enstliche Mißbilligung der verunglimpfenden Fassung" des Entlassungsgesuches und des „Mißbrauch[s] einer öffentlichen Bekanntmachung" aus und verbindet die Entlassung mit dem scharfen Verweis, dass Raumer sich „früher schon auf eine ungehörige Weise" seinen Aufgaben als Zensor entzogen habe und einer Drohung „zu solchen Vorwürfen fernerhin keine Veranlassung mehr [zu] geben."[82]

Friedrich von Raumer ist nur ein Beispiel dafür, dass das Spannungsverhältnis zwischen aktiver Pressepolitik, Öffentlichkeitsanspruch und repressiven Maßnahmen bei den Zeitschriftstellern selbst nicht notwendigerweise zum Opportunismus führte. Dass beispielsweise auch Friedrich Buchholz' im Auftrag von Hardenberg verfasste Schriften eher für Verbiegungen in der Preußischen Verwaltung als bei ihm selbst gesorgt haben, lässt sich an Hand der Berichte des für die gesamte politische Zensur zuständigen Beamten Johann Heinrich Renfner an Hardenberg demonstrieren.[83] Renfner war ein altgedienter Beamter, der im Jahr 1810 seit 40 Jahren im Staatsdienst war, also schon unter Wöllner in der Zensurbehörde gearbeitet hatte. Formal war er direkt dem Staatskanzler unterstellt, für den er jährliche Zensurberichte abzufassen hatte. Diese Berichte und die entsprechenden Begleitbriefe

---

[81] Ebd., S. 230.
[82] Ebd., S. 232 f.
[83] Vgl. GStA PK, III. HA: Ministerium für Auswärtige Angelegenheiten, I, Nr. 8942: Acta Renfner.

Renfners zeigen, welche Herausforderungen Buchholz' Schriften für den Zensor darstellten – und zwar ironischerweise besonders gerade dann, wenn sie vordergründig der Unterstützung von Hardenbergs Reformen dienten.

So musste Renfner gegenüber seinem Vorgesetzten Hardenberg gewunden rechtfertigen, dass er eine Eloge von Buchholz auf den Staatskanzler streichen musste, weil Buchholz dort seine eigenen, sehr radikalen Gedanken zur Abschaffung der Adelsprivilegien Hardenberg untergeschoben habe. Zwar sei die Abschaffung der Adelsprivilegien „das Lieblingsthema des Herrn Buchholz", aber seines Wissens nicht die Politik des Staatskanzlers und deshalb sei er sich dessen Zustimmung sicher gewesen, als er auf diese falsche Behauptung seine „Hand gelegt habe": „Un autre champion, un peu difficile à combattre, était le professeur Buchholtz, et cependant mes corrections dans son Journal de poche était d'une nécessité absolue. Il a cru m'embarrasser par ma radiation côtée f, le passage en question impliquant en même temps une éloge de Votre Exc. Mais à quel prix? Il La prônait de ce qu'en Se mettant au dessus des préjugés de Sa caste, Elle avait aboli dès le commencement de Son administration tous les privilèges de la Noblesse. C'est là le thême favori de Sieur Buchholtz, mais Votre Excellence n'abondant pas, que je sache, dans le même sens, j'étais sûr de ne pas Lui déplaire en faisant main basse sur une assertion qui est fausse."[84]

Dass gerade Buchholz' lobende Artikel über Hardenberg vom Zensor besonders misstrauisch beäugt wurden, zeigt sich auch ein Jahr später, als Renfner in Buchholz Historischem *Taschenbuch für das Jahr 1814* eine Passage streicht, in der dieser Hardenbergs erste Dienstanordnungen beim Amtsantritt als Staatskanzler öffentlich machen wollte.[85] Einmal jubelt Renfner, als er einen neuen Band von Buchholz' *Europäischer Staatengeschichte* auf den Tisch bekommt. Er stellt fest, dass Buchholz sich gewandelt habe und nun endlich – nach Renfners Verständnis – vernünftig geworden sei. In seinem Bericht für die Behörde notiert er, nun anders als in seinen Berichten für Hardenberg auf Deutsch: „In diesem 2. Bande hat sich der Prof. Buchholtz keine einzige seiner alten Unarten zu Schulden kommen lassen. Nichts mehr von Volksfreiheit und Vorrechten – kein Streit mehr

---

[84] Johann Heinrich Renfner: Begleitschreiben zum Verzeichnis der im Monat November 1813 censirten Schriften, Berlin, le 30. Novembre 1813, GStA PK, I. HA Rep. 74 JX, Nr. 5 adh, Bl. 3.

[85] Ebd., Bl. 80

über Klassen und Stände – keine Vorschläge mehr über Regierungsveränderungen – keine Neuerungssucht mehr. – Bloss historische Darstellung mit Ernst, Würde und Scharfsinn. [...] Ich habe in dem ganzen, mehr als 300 Seiten starken Buch kaum zwanzig Zeilen zu streichen oder zu ändern gefunden."[86]

Doch schon in seinem nächsten Begleitschreiben vom 1. November 1814 musste Renfner eingestehen, dass er sich zu früh gefreut hatte. Entgegen seiner Einschätzung sei Buchholz mit seinem neuen Werk, einer Verteidigungsschrift der Freimaurer, doch wieder in seine alten Grundsätze zurückgefallen. Die Schrift sei ein wahrer jakobinischer Skandal und er könne daher diese in jeder Hinsicht sträfliche Schrift nicht zum Druck zulassen.[87] Offenkundig blieb Buchholz bis zum Ende seiner Tätigkeit bei Hardenberg unangepasst. Besonders aufschlussreich für die Beziehungen zwischen dem reformfreudigen Staatskanzler, dem radikalen Zeitschriftsteller und dem peniblen Zensor sind dabei die Vermerke und Randnotizen an den Zensurakten: immer wieder finden sich hier Hinweise, nach denen sowohl Buchholz als auch Hardenberg versuchen, den Zensor zu umgehen und die Druckerlaubnis auf dem kurzen Dienstweg zu regeln. Das persönliche Imprimatur Hardenbergs für Buchholz' *Freimüthige Betrachtungen über das Finanzedikt* ist hierfür nur ein Beispiel von vielen.

Nach den Karlsbader Beschlüssen und der damit verbundenen Verschärfung der Zensur geriet Buchholz in zahlreiche Konflikte mit der Staatsgewalt, wovon nicht zuletzt die sich häufenden Zensurlücken in seiner Monatsschrift – in der veröffentlichten Zeitschrift sind die gestrichenen Passagen durch lange Auslassungsstriche kenntlich – in den Jahrgängen 1820 und 1821 zeugen.[88] In mehreren Briefen zwischen Januar 1821 und April 1823 drohte Friedrich von Schuckmann, Preußischer Innenminister und Leiter der im Zuge der Karlsbader Beschlüsse gegründeten *Königlichen Immediat-Untersuchungskommission zur Ermittlung hochverräterischer Verbindungen und staatsgefährlicher Umtriebe*, Buchholz mit dem Verbot der *Neuen Monatsschrift* und damit der Vernichtung seiner Existenzgrundlage. Speziell

---

[86] Ebd., Bl. 82.
[87] Vgl. GStA PK, III. HA, Nr. 8942, Bl. 53.
[88] Vgl. Bahrs: Buchholz (1907), S. 91. Die Zensurlücken in der Monatsschrift sind durch Auslassungsmarkierungen gekennzeichnet in: NMD, 3 (1820), S. 347, S. 449, S. 458; 4 (1821), S. 27, S. 135; 5 (1821), S. 75, S. 77 f., S. 80 f.

wurde der Abdruck eines Auszugs aus Johann Benjamin Erhards Verteidigungsschrift der Französischen Revolution *Über das Recht des Volkes zu einer Revolution*[89], sowie eine Darstellung der Revolution in Neapel gerügt.[90] Zudem zeigte der Deutsche Tischgesellschafter und konservative Verteidiger der Ständegesellschaft Ludolph von Beckedorff, der ebenfalls Mitglied des Oberzensurkollegiums war, Buchholz beim preußischen Polizeidirektor Karl von Kamptz wegen „Geringschätzigkeit der christlichen Religion" und „unstatthafter journalistische Thätigkeit" an.[91] Er legte Kamptz nahe, dem „angeblich von der Regierung besoldeten Redacteur" Buchholz seine „unwürdige Schriftstellerei untersagen zu wollen."[92] Nicht ohne Ironie ist es, dass eine der Begründungen für die Vorwürfe gegen Buchholz aus dem Innenministerium lautete, dass Buchholz einige preußische Staatseinrichtungen als „veraltet" und den König als eine „flüchtige Erscheinung" bezeichnet habe.[93]

Der wie üblich gut unterrichtete Varnhagen von Ense schildert die Zensurvorgänge gegen Buchholz im Januar 1821 als einen regelrechten „Ministerialsturm gegen den Prof. Buchholz", bei dem gleichzeitig aus dem Innen- und Außenministerium, sowie vom Polizeidirektor gegen Buchholz vorgegangen werde, weil dieser „in seiner Zeitschrift revolutionaire Richtungen nehme"[94]. In seinem Tagebuch notierte Varnhagen am 18. Januar 1821: „Herr Prof. Buchholz hat einen ausführlichen Verweis, unterzeichnet von

---

[89] Erhard: Über das Recht des Volkes zu einer Revolution [1795], in: ders.: Über das Recht (1970).

[90] Erhard: Recht des Volkes, in: NMD 2 (1820), S. 226: „Zu den weniger bekannten Schätzen der deutschen Literatur gehört ein Werk, welches bereits 1795 erschienen ist, es führt den Titel *Ueber das Recht des Volkes zu einer Revolution*, und es dürfte wohl alles enthalten, was über diesen großen Gegenstand Anziehendes und Lehrreiches gesagt werden kann." Vgl. auch Buchholz: An den Herrn Doctor Johann Benj. Erhard, in NMD 5 (1821); sowie ders.: Über die Revolution in Neapel, in: NMD 3 (1820). – Zu den Verwarnungen an Buchholz GStA PK, I. HA Rep 101, E Lit. B, Nr. 4, Bl. 3–9. Bahrs: Buchholz (1907), S. 91 f.; sowie Schmieder: Das Bild Lateinamerikas (2004), S. 89 f.

[91] GStA PK, I. HA Rep 101, E Lit. B, Nr. 4, Bl. 3–9. Vgl. auch Schäfer: Buchholz (1972), Bd. 1, S. 104.

[92] Ebd.

[93] Vgl. GStA PK, III. HA I Nr. 9262: Acta betr. die Buchholz'sche Monatsschrift.

[94] Varnhagen von Ense an Oelsner, 19. Januar 1821, in: Briefwechsel Varnhagen und Oelsner, Bd. 2, S. 188.

den Ministerien des Aeußern und Innern erhalten, er schreibe im reveluzionairen Sinne, er feinde bei jeder Gelegenheit das katholische Christenthum an, er solle das künftig bleiben lassen, man habe bereits den Zensor strenger angewiesen, man werde ihm allenfalls sein Gehalt streichen etc. Buchholz hat sich zu vertheidigen gesucht; alles sei die Zensur ja passirt, übrigens sei er in seiner Zeitschrift kein Vertheidiger, sondern nur ein Erklärer der Ereignisse von Neapel etc. Man glaubt, die Sache komme von Troppau, aus Gentzens und Schöll's Anregungen."[95] Am 5. Februar 1821 kennt Varnhagen auch die Urheber der Angriffe in der preußischen Verwaltung: „Der neuliche Ministerialsturm gegen Herrn Prof. Buchholz kam nicht aus Troppau, sondern rührte von Beckedorff und Kamptz her."[96]

Trotz aller Angriffe und Zensurverschärfungen blieb der Ausgang der Auseinandersetzungen unterschiedlicher politischer Kräfte und Strömungen, die sich in Staaten mit Repräsentationen in den Parlamenten, in Preußen dagegen innerhalb der Staatsverwaltung spiegeln, dennoch offen: auch nach Hardenbergs Regierungszeit prägen reformfreudige Minister wie Friedrich August von Stägemann neben höfischen Ultras wie dem Fürsten Wittgenstein oder konservative absolutistische Zentralisten wie Theodor Anton Heinrich Schmalz die Pressepolitik.[97] Buchholz selbst wurde sogar im Januar 1823 von den Reformkräften zum Zensor der Berliner politischen Zeitungsartikel vorgeschlagen.[98]

Tatsächlich ermöglichte Buchholz seine Stellung in der Nähe der Zentren der Macht und der Zensurbehörden, sein Insiderwissen zur Veröffentlichung der von der Zensur als besonders heikel eingestuften Themen und zum Teil auch zur Gegenöffentlichkeit gegen die herrschende Restriktionspolitik zu nutzen. Wenn man die Veröffentlichungspraxis in seiner Monatsschrift vor dem Hintergrund der entsprechenden Zensuredikte und Instruktionen dieser Zeit liest, lässt sich dies beinahe Punkt für Punkt rekonstruieren. So wird in der Instruktion vom 8. Januar 1820, in der das Zensuredikt vom 18. Oktober 1819 mit Ausführungsvorschriften konkretisiert wird, die öffentliche Dis-

---

[95] Varnhagen: Blätter (2009), Bd. 1, S. 255.
[96] Ebd., S. 258.
[97] Zu Buchholz' Kritik an Schmalz vgl. u. Kapitel 6.2.
[98] Oberpräsident von Brandenburg Heydebreck an das Ober-Censur-Collegium, 23. Januar 1823, GStA PK, HA I, Rep 101, E Lit. B, Nr. 1, Bd. II, Bl 141f. Vgl. auch Schmieder: Das Bild Lateinamerikas (2004), S. 90.

kussion von „repräsentativen Verfassungen [...], welche einige deutsche Fürsten, ohne das Resultat des Wiener Congresses abzuwarten, in ihren Staaten eingeführt haben", also Verfassungen der Staaten des ehemaligen Rheinbunds, untersagt, weil diese Fragen „außer dem Fassungskreise des großen Publikums" lägen. „Noch weniger kann geduldet werden", heißt es in der Instruktion weiter, „daß unberufene Schriftsteller sich anmaßen, solche Verfassungsversuche[...] als Meisterstück oder beglückende Einrichtung anzupreisen und dadurch die Begriffe des Volkes zu verwirren."[99] Unter anderem das Gründungsdokument des europäischen konstitutionellen Liberalismus, die Verfassung von Cádiz von 1812, sei lediglich in seinen negativen Folgen darzustellen und „die Einführung derselben" könne „höchstens als ein beklagenswerther Irrthum geschildert werden."[100] Es sind jedoch gerade solche vergleichenden Verfassungsuntersuchungen eines der Hauptthemen in Buchholz' Monatsschrift.

In derselben Instruktion wird vor der Übernahme ausländischer Zeitungsartikel gewarnt, wenn sie nicht von den „in ihren Grundsätzen und Ansichten vollkommen" übereinstimmenden „Höfen zu Wien, London und Petersburg" herkommen. Insbesondere das „Gift", welches von „gefährlichen und verabscheuungswürdigen Lehren [...] von in Frankreich erscheinenden Flugschriften" ausgehe, soll von der Zensur mit ganzer Härte unterbunden werden.[101] Hierzu seien ausdrücklich auch die liberalen Blätter wie der *Constitutionnel*, der *Indépendant*, der *Censeur*, der *Renommée* und die *Minerve* zu zählen, deren Artikel „nur mit der größten Behutsamkeit aufgenommen werden" dürfen.[102] Wie im vorangegangenen Kapitel dargestellt, machte Buchholz seine Monatsschrift geradezu zum Pressespiegel französischer und englischer liberaler Journale und der dort diskutierten Lehren.[103]

Die Politik der „Höfe zu Wien, London und Petersburg" wird von ihm hingegen zumeist kritisch dargestellt. Dies betrifft insbesondere das in der Instruktion als einzige Ausnahme genannte Blatt, aus dem Übernahmen von Artikeln ausdrücklich erlaubt und erwünscht werden: den von Friedrich Schlegel und Friedrich Gentz geleiteten und seine Aufsichtsfunktion als

---

[99] Kapp: Preßgesetzgebung (1880), S. 211.
[100] Ebd., S. 216.
[101] Ebd., S. 211.
[102] Ebd., S. 213.
[103] Vgl. o. Kapitel 2.3.

Zentralorgan der Heiligen Allianz schon im Titel anzeigende *Österreichische Beobachter*: „Eine Ausnahme verdient jedoch der von bekannten wohldenkenden Männern redigirte ‚Österreichische Beobachter', dessen Artikel immer aufgenommen werden können".[104] Es ist genau das Programm des *Österreichischen Beobachters* und der zugehörigen *Concordia*, gegen das Buchholz seine Zeitschrift programmatisch abgrenzt.

Auch über den europäischen Tellerrand schaut die Instruktion hinaus: die Vereinigten Staaten von Amerika seien zwar „auf freundschaftlichen Fuß" mit „unserer Regierung", allerdings seien alle „Lobpreisungen der Weisheit der amerikanischen Regierung" sowie überhaupt Darstellungen zu vermeiden, durch welche jenes „epidemische Uebel", „der Hang zum Auswandern" gefördert werde. Was die „transpyrenäische Halbinsel", d. h. den südatlantischen Raum angeht, dürfe „in keinem Falle [...] der Aufstand der spanischamerikanischen Kolonien gegen das Mutterland als rechtmäßig dargestellt werden."[105] Entgegen dieser Vorschriften macht Buchholz die Unabhängigkeitskämpfe auf Haiti und die Kolonialismus-Kritik zu Hauptthemen seiner Zeitschrift.[106]

In der folgenden Instruktion vom 25. April 1820 werden die Zensoren angewiesen, bei der Benennung der Parteien der französischen Deputiertenkammer die Bezeichnungen „Ultras" für die rechte Seite und „Liberale" für die linke in jedem Fall zu unterbinden. Einzig der Ausdruck „Royalisten" sei für das Publikum in einem „monarchischen Staate wie der preußische ist" angemessen.[107] Die Bezeichnung „Ultras" sei wegen ihres die Royalisten abwertenden Charakters „in keinem Werke zu dulden". Umgekehrt tauge auch die Bezeichnung „Liberale" nicht zur Bezeichnung „einer Faction [...], deren strafwürdige Bemühungen und verruchte Zwecke von ihren Mitgliedern selbst in Schriften und Reden enthüllt worden" seien. Wegen dieses Charakters wird für diese politische Richtung der besser passende Begriff der „Revolutionäre" an Stelle von „Liberale" anempfohlen: „Wohlgesinnte Schriftsteller behandeln ohnehin diese Partei als Revolutionäre und werden sich dieser Benennung am Liebsten bedienen."[108] Buchholz nimmt auch

---

[104] Kapp: Preßgesetzgebung (1880), S. 211.
[105] Ebd., S. 214.
[106] Vgl. u. Kapitel 5.2.
[107] Kapp: Preßgesetzgebung (1880), S. 216.
[108] Ebd.

diese Instruktion auf und stellt im 8. Band des Jahrganges 1822 seiner Monatsschrift ausführlich den Unterschied zwischen Royalisten und Liberalen aus seiner Sicht dar. Nicht zerstörerische „Revolutionäre" seien die Liberalen, sondern das „Lebensprinzip" eines Staates.[109]

Auch in den Presseskandal um die beiden Schriften des rheinischen Liberalen Johann Friedrich Benzenberg war Buchholz unmittelbar involviert. Benzenbergs bei Brockhaus publizierte Schriften über die *Verwaltung des Staatskanzlers Fürsten von Hardenberg* (1821) und *Friedrich Wilhelm der Dritte* (1821) waren die bedeutendsten Manifeste des Versuchs, eine Synthese aus rheinischem und preußischem Liberalismus zu begründen. Die preußische Reformpolitik wurde hier – genau auf Buchholz' Linie – als konsequenter Umbau des Staates in der Nachfolge der Französischen Revolution und nach dem Modell der rheinbündischen Verfassungen dargestellt.[110] Zudem war die Schrift über Hardenbergs Leibarzt Friedrich Daniel Koreff an den französischen Liberalen Benjamin Constant gekommen, der sie als quasi-offizielle Stellungnahme der preußischen Regierungspolitik übersetzte und in Frankreich mit dem bezeichnenden Titel *Du triomphe inévitable et prochain des principes constitutionnels en Prusse*[111] verbreitete. Metternich beauftragte sofort Gentz, im *Österreichischen Beobachter* Stellung zu beziehen.[112] Die *Preußische Staatszeitung* versuchte den Vorgang als eine „Gaunerei der revolutionären Fraktion" – d. h. entsprechend der Terminologie der Instruktion vom April 1820, der liberalen Fraktion – herunterzuspielen. Skandalös war nicht nur der Inhalt der Schriften, sondern mehr noch deren vermutete Protektion durch die Staatskanzlei selbst. Zudem galt Friedrich Arnold Brockhaus, bei dem die Schriften verlegt worden waren, als der vom Oberzensurkollegium „bestgehaßte und grimmigst verfolgte deutsche Verleger".[113] Brockhaus' Periodika wie das *Literarisches Wochen-*

---

[109] Vgl. u. Kapitel 6.2.

[110] Vgl. Hofmeister-Hunger: Pressepolitik und Staatsreform (1994), S. 355; sowie Baum: Benzenberg (2008), S. 309–342.

[111] Du triomphe inévitable et prochain des principes constitutionnels en Prusse, d'après un ouvrage imprimé, traduit de l'allemand de M. Koreff, Conseiller intime de Régence, par M. xxx, avec un avant-propos et des notes de M. Benjamin Constant, Député de la Sarthe, Paris 1821.

[112] Baum: Benzenberg (2008), S. 333. Vgl. auch Stern: Geschichte Europas (1913), Bd. 2, S. 382.

[113] Kapp: Preßgesetzgebung (1880), S. 218.

blatt und die *Zeitschrift für ganz Preußen* waren bereits seit 1820 verboten worden.[114] Tatsächlich hatten liberale Kräfte in der Staatskanzlei die Veröffentlichung der Benzenberg'schen Werke befördert. Friedrich Buchholz hatte mit Hilfe von Friedrich August von Stägemann die Fahnen für unbedenklich erklärt und bewarb Benzenbergs Bücher zudem in seiner Monatsschrift.[115]

Seine Strategie der ‚Gegenöffentlichkeit via Pressepolitik'[116] setzte Buchholz noch bis in die 1830er Jahre fort. Neben Buchholz' Einsatz zur Verbreitung des Saint-Simonismus im deutschen Sprachraum gilt dies zum Beispiel für seine Unterstützung von Eduard Gans in dessen Auseinandersetzungen mit der Obrigkeit.[117] Mit seinem Periodikum *Beiträge zur Revision der preußischen Gesetzgebung* hatte sich Gans nach Ansicht des Oberzensurkollegiums strafbar gemacht. In einem Bericht vom 21. April 1831 wurde Gans scharf für seine „unanständige Sprache" gerügt, weil er behauptet habe, auf die „sieben geistig fetten Jahre der Reformzeit von 1806–1813 in der preußischen Gesetzgebung seien „zweimal sieben geistig magere" gefolgt. Neben Gans habe sich auch der Zensor, der das Werk als unbedenklich eingeschätzt habe, „einer groben Pflichtvernachlässigung schuldig gemacht". Friedrich Buchholz aber hatte genau dieses Werk von Gans schon 1830 in seiner Monatsschrift seinen Lesern empfohlen.[118]

Zugleich betritt in den 1830er Jahren mit den Autoren des Jungen Deutschlands eine neue Generation politischer Publizisten die öffentliche Bühne, für die das Modell von Kritik via Pressepolitik von Aufklärer-

---

[114] Ebd., S. 219.

[115] Vgl. Brockhaus: Friedrich Arnold Brockhaus (1881), Bd. 3, S. 191–194. Vgl. auch Baum: Benzenberg (2008), S. 334 f.; sowie Schäfer: Buchholz (1972), Bd. 1, S. 103. Lobende Rezensionen und Anzeigen von Benzenbergs Schriften durch Buchholz finden sich in: NMD 3 (1820), S. 246–256 (Über Provinzial-Verfassung mit besonderer Rücksicht auf die vier Länder Jülich, Cleve, Berg und Mark); NMD 5 (1821), S. 122–128 (Friedrich Wilhelm der Dritte); sowie in: NMD 12 (1823), S. 472–476. Benzenberg war zudem zwischen 1820 und 1822 auch selbst Beiträger in Buchholz' Monatsschrift. Vgl. zu Benzenbergs Artikeln Schäfer: Buchholz (1972), Bd. 2, S. 227 f.

[116] In Anlehnung an Hofmeister-Hunger: Opposition via Pressepolitik (2002).

[117] Vgl. o. Kapitel 2.3.

[118] Buchholz: Ankündigung, die Revision der Gesetzgebung betreffend, in: NMD 31 (1830). Ob Buchholz der in der Beschwerde des Oberzensurkollegiums genannte Zensor war, ist nicht ermittelt. Vgl. Kapp: Preßgesetzgebung (1880), S. 228.

Liberalen wie Buchholz keine gangbare Option mehr darstellte. So führt Karl Gutzkow in seinem Berliner *Forum der Journal-Literatur* vom 15. August 1831 Friedrich Buchholz neben dem Herausgeber der *Jahrbücher der Geschichte und Staatskunst* Karl Heinrich Ludwig Pölitz als Vertreter eines älteren Liberalen-Typus an, mit denen man zwar noch einige Positionen teile, deren staatsnahe Publizistik aber zunehmend suspekt erscheine. Einerseits wünscht sich Gutzkow, dass Buchholz seine Positionen auch außerhalb des Bereiches der offiziellen Pressepolitik vertrete: „Ueberhaupt würden wir es recht gern sehen, wenn Hr. Friedrich Buchholz noch öfter über die Kreise seines historisch-politischen Monatsbereiches hinausgienge; Wir Nichprivilegirte könnten da zuweilen Gelegenheit finden, ihm näher zu treten und gar, wie sich das von selbst versteht, gegenüber."[119] Andererseits kritisiert er, dass die Vorwürfe gegen Buchholz' „Inspiration von obenher" nicht unbegründet seien und dass dieser damit eben doch bloß Teil einer „in Preussen herschende[n] öffentliche[n] Meinung" sei, „welche sich aus den Beamtenansichten der Staatszeitung bildet."[120] Die demokratisch perspektivierte Öffentlichkeit des Vormärz konstituierte sich nach der Juli-Revolution denn auch zunehmend außerhalb des politischen Machtzentrums Preußens: etwa im Rheinland oder in Ostpreußen – und schließlich vor allem im französischen Exil.[121]

---

[119] Karl Gutzkow (Hg.): Forum der Journal-Literatur Nr. 7 vom 15.08.1831 (1971), S. 27. Zu Gutzkow als Journalist vgl. Rasch: Nachrichten (2011).
[120] Ebd.
[121] Vgl. z. B. zum Übergang von der *Rheinischen Zeitung* zu den *Deutsch-Französischen Jahrbüchern* Stedman Jones: Kommunistisches Manifest (2012), S. 123 f. Für Ostpreußen wären die Kreise um Johann Jacoby zu nennen.

4. Zeitgeschichte als Wissensform

4.1 Gegenwartsreflexion zwischen Geschichtsphilosophie und Frühhistorismus

In seinem im Pariser Exil Anfang der 1830er Jahre entstandenen Essay *Verschiedenartige Geschichtsauffassung* stellt Heinrich Heine zwei Arten historischer Reflexion einander gegenüber: einen vergangenheitsorientierten Historismus auf der einen und einen geschichtsphilosophischen Fortschrittsoptimismus auf der anderen Seite. Für ersteren ist nach Heine die deutsche „Historische Schule" und namentlich Leopold von Rankes *Historische Zeitschrift* charakteristisch, die als ‚Ranke- und Ränkespiel' der preußischen Regierung gegen die Freiheitsbestrebungen im Anschluss an die Juli-Revolution gedeutet wird, indem historistische Vergangenheits- und Antikenidealisierung und eine orthodoxe Rechristianisierung als Sedative eingesetzt würden: „Eine zur Genüge wohlbekannte Regierung in Norddeutschland weiß ganz besonders diese Ansicht zu schätzen, sie läßt ordentlich Menschen darauf reisen, die unter den elegischen Ruinen Italiens die gemütlich beschwichtigenden Fatalitätsgedanken in sich ausbilden sollen, um nachher, in Gemeinschaft mit vermittelnden Predigern christlicher Unterwürfigkeit, durch kühle Journalaufschläge das dreitägige Freiheitsfieber des Volkes zu dämpfen. Immerhin, wer nicht durch freie Geisteskraft emporprießen kann, der mag am Boden ranken; jener Regierung aber wird die Zukunft lehren, wie weit man kommt mit Ranken und Ränken."[1]

---

[1] Heine: Verschiedenartige Geschichtsauffassung, in: ders.: Säkularausgabe, Bd. 8, S. 233 f.

Die auf die Zukunft ausgerichtete Geschichtsphilosophie hingegen charakterisiert Heine mit dem wohl seinerzeit meistzitierten Ausspruch Henri de Saint-Simons, dass das goldene Zeitalter nicht hinter, sondern vor uns liege.[2] Heines politische Sympathien sind dabei klar verteilt: deren „Hochstreben ist jedenfalls erfreulicher als die kleinen Windungen niedriger Ranken; wenn wir sie einst bekämpfen, so geschehe es mit dem kostbarsten Ehrenschwerte, während wir einen rankenden Knecht nur mit der wahlverwandten Knute abfertigen werden."[3] Dennoch würden beide Modelle letztlich nicht ausreichen, da beide die Gegenwart zu Gunsten eines Anderen – Vergangenheit oder Zukunft – entwerteten. Der Artikel endet mit der Schlussfolgerung, dass das gegenwärtige Leben nur zu seinem Recht komme, wenn seine Widersprüche in der Praxis aufgehoben würden. Heines Essay ist damit eines der Zeugnisse für die praxeologische Umdeutung der Geschichtsphilosophie, die sich auch bei anderen, mit Heine in Verbindung stehenden, Junghegelianern wie Eduard Gans oder Karl Marx findet.[4] Zugleich lässt sich Heines Essay aber auch als ein Resümee am Ende einer diskursiven Konstellation lesen, die zu Heines Zeit bereits seit gut 30 Jahren die Debatten um die Zeitgeschichte prägt. Die Epochenerfahrung der 1789er Revolution führte zu verschiedenen Spielarten der Gegenwartsreflexion zwischen den – noch für Heine bestimmenden – Polen einer idealistischen Geschichtsphilosophie und einer frühhistoristischen Revolutionskritik.[5]

Ideengeschichtlich lassen sich diese unterschiedlichen Positionen im deutschen Sprachraum auf die Auseinandersetzung mit Immanuel Kants, zumeist in der *Berlinischen Monatsschrift* erschienenen, geschichtsphilosophischen Schriften und die daran anschließenden Debatten um Theorie und

---

[2] „L'âge d'or, qu'une aveugle tradition a placé jusqu'ici dans le passé, est devant nous." Opinions littéraires, philosophiques et industrielles, Paris 1825, Motto; sowie S. 11; Le Producteur, journal de l'industrie, des sciences et des beaux-arts, Paris 1825–26, Motto.

[3] Heine: Geschichtsauffassung, in: ders.: Säkularausgabe, Bd. 8, S. 234.

[4] Karl Marx: Die deutsche Ideologie (1845/46), Thesen über Feuerbach, 2. These, in ders.: Frühschriften, S. 339: „Die Frage, ob dem menschlichen Denken gegenständliche Wahrheit zukomme, ist keine Frage der Theorie, sondern eine praktische Frage. In der Praxis muß der Mensch die Wahrheit, d. i. Wirklichkeit und Macht, Diesseitigkeit seines Denkens beweisen."

[5] Auf die Verbindungslinien zwischen Geschichtsphilosophie und Historismus an den Beispielen Hegel und Ranke verweist Gil: Kritik der Geschichtsphilosophie (1999).

Praxis, Geschichte und Rationalität und die politischen Möglichkeiten einer Friedensordnung zurückführen, an die man entweder anknüpfte oder von der man sich kritisch abgrenzte. Im direkten Anschluss an Kant entwickelt etwa Johann Gottlieb Fichte seine geschichtsphilosophisch-idealistische Gegenwartsreflexion beginnend mit seinem *Beitrag zur Berichtigung der Urteile des Publikums über die Französische Revolution* (1793), fortgesetzt im Jahr 1800 in seinem *Geschlossenen Handelsstaat*, dessen zweiter Teil explizit mit *Zeitgeschichte* überschrieben ist und schließlich ausgearbeitet in einer systematischen Theorie der Gegenwart in seinen Vorlesungen über die *Grundzüge des gegenwärtigen Zeitalters*, die er im Winter 1804/05 öffentlich an der Berliner Akademie der Wissenschaften hielt. Zum zahlreichen Publikum von Fichtes zeitgeschichtlichen Vorlesungen gehörten unter anderem die preußische Verwaltungselite, „ein preußischer Prinz, mehrere fremde Gesandten, viel Adel, Gelehrte, und Profeßoren".[6] Auch wenn Fichte die eigene Gegenwart hier als zu überwindende dritte Epoche der „vollendeten Sündhaftigkeit" in ein universalhistorisches Fünfstadien-Modell einbettet, macht er doch auf ihren besonderen epistemischen Status aufmerksam. Die Aufgabe des Geschichtsphilosophen wird bestimmt als die historische Reflexion der je zeit- und gegenwartsgebundenen Situation: es gehe ihm darum, das eigene „Untersuchen und Denken selbst [...] zu einem Faktum in der Zeit [zu] machen, und zwar in derjenigen Zeit, in welche es fiel, in der gegenwärtigen."[7] Dementsprechend sei der Zweck seiner Vorlesungen auch erfüllt, wenn es gelungen sein sollte, „unsere Zeit begriffen" zu haben.[8]

Ebenfalls als Begreifen der eigenen Gegenwart bestimmt kurze Zeit später Hegel in seinen *Vorlesungen zu den Grundlinien der Philosophie des Rechts* von 1820 die Aufgabe der Philosophie insgesamt.[9] Für Hegel, zu dessen Zuhörern auch Heine gehörte, lässt sich Philosophieren definieren als „das Erfassen des Vernünftigen [...], eben damit das Erfassen des Gegen-

---

[6] Fichte, obwohl noch nicht Akademiemitglied, hielt die Vorlesungen „im hiesigen Academieschensaale alle Sonntage vor einem großen Auditorium von 140 Menschen", wie seine Frau nach Zürich berichtet. Vgl. Fichte: Schriften zur angewandten Philosophie (1997), S. 942 f.
[7] Ebd., S. 313.
[8] Ebd., S. 312.
[9] Zu Hegels Rechtsphilosophie im Kontext der sozialen Debatten seiner Zeit vgl. jetzt Ruda: Hegels Pöbel (2011).

wärtigen und Wirklichen" und gerade nicht im abstrakten und zeitlosen „Aufstellen eines Jenseitigen [...], das Gott weiß wo sein sollte, – oder von dem man in der Tat wohl zu sagen weiß, wo es ist, nämlich in dem Irrtum eines einseitigen, leeren Räsonnierens."[10] Wie die Vernunft von ihm als „die Rose im Kreuze der Gegenwart" bestimmt wird, so ist Philosophie nichts anderes als die Gegenwart in ihrer jeweiligen begrifflichen Form: „Das was ist zu begreifen, ist die Aufgabe der Philosophie, denn das was ist, ist die Vernunft. Was das Individuum betrifft, so ist ohnehin jedes ein Sohn seiner Zeit; so ist auch die Philosophie, ihre Zeit in Gedanken erfaßt."[11]

Ein besonders einschlägiges Plädoyer für eine zeithistorische Gegenwartsreflexion aus geschichtsphilosophischer Perspektive stellen die Vorlesungen über die Geschichte der neuesten Zeit des Hegelianers Eduard Gans im Winter 1831/1832 dar. Gans' zeithistorische Vorlesungen dürften zu den meistbesuchten Universitätsveranstaltungen der ersten Hälfte des 19. Jahrhunderts überhaupt zählen. Sie waren ein öffentliches Ereignis in Berlin, rund 1500 Zuhörer drängten sich in den Vorlesungsraum, später wurden sie in Friedrich von Raumers populärem *Historischem Taschenbuch* unter dem Titel *Geschichte der letzten fünfzig Jahre* abgedruckt.[12] Gans kehrt das geläufige Argument, dass Zeitgeschichte auf wissenschaftlichem Niveau nicht möglich sei, weil der historische Abstand zur Bewertung und Einordnung der Fakten fehle und sie damit der „Befangenheit des Augenblicks unterworfen" sei, um. Im Anschluss an Hegel stellt er im Gegenteil die These auf, dass gerade der Zeitgeschichte ein besonderer Status als historische Wissenschaft zukomme. Nicht nur sei sie die „Gedankengeschichte selbst", insofern „ihr Inhalt [...] nichts als der logische Fortschritt und die dialektische Bewegung ihrer Gedanken" sei.[13] Darüber hinaus weise das Revolutionszeitalter einen besonderen Reichtum, eine Dichte und Komplexität von Entwicklungen auf, die in der älteren Geschichte ganze Jahrhunderte umfasst oder gar nicht stattgefunden hätten. Der Verzicht auf Zeitgeschichtsschreibung auf Grund eines Methodenideals vermeintlicher Objektivität sei daher

---

[10] Hegel: Grundlinien der Philosophie des Rechts, Vorrede, in: ders.: Gesammelte Werke, Bd. 14, S. 13 f.
[11] Ebd., S. 15.
[12] Gans: Vorlesungen über die Geschichte, Erste Vorlesung. Vgl. zu Gans' Vorlesungen auch Blänkner: Berlin – Paris (2002), S. 392 ff.
[13] Gans: Vorlesungen über die Geschichte, S. 288.

nichts anderes als ein Verzicht auf „Lebendigkeit der Ansicht". So habe die bloß antiquarische Geschichtsbetrachtung dazu geführt, dass „die Deutschen nur als Historiker zweiter Art, als vermittelnde Sammler" auftreten und „die unmittelbare Geschichte, das Teilnehmen an den Begebenheiten, und die Erzählung derselben, den weltgeschichtlichen Völkern [...] überlassen."[14] Eduard Gans, der als Rechtsphilosoph seine Position vor allem in kritischer Abgrenzung von der historischen Rechtsschule Niebuhrs und Savignys entwickelte,[15] nennt eine solche Gegenwartsreflexion, die Geschichte und Philosophie verbindet, an anderer Stelle auch treffend eine „Wissenschaft von heute"[16]. Als ein „Freund seiner Zeit und der Gegenwart überhaupt" habe er nie „begreifen können, warum die Rechtswissenschaft sich bisher so fern von derselben gehalten und es vorgezogen hat, dem Gewesenen alle ihre Kräfte zuzuwenden." Dagegen haben die gegenwärtigen „Umstände und Verhältnisse" nach Gans wenigstens „eben so sehr darauf Anspruch [...], wissenschaftlich betrachtet zu werden, als das, was die entferntere Vergangenheit darbietet."[17]

Fichtes Vorlesungen über die *Grundzüge des gegenwärtigen Zeitalters* 1804/05 und Gans' Vorlesungen über die *Geschichte der neuesten Zeit* 1831/32 markieren zwei Eckpunkte zeithistorischer Reflexion aus geschichtsphilosophischer Perspektive und sind zugleich Indikatoren für das immense Publikumsinteresse an Analysen, Deutungen und Theorien der eigenen Gegenwart im frühen 19. Jahrhundert. Dass es sich auch bei der geschichtsphilosophischen Gegenwartsreflexion um einen gesamteuropäischen Diskurs handelt zeigt beispielsweise John Stuart Mills 1831 für den *Examiner* geschriebener Zeitungsartikel *Spirit of the age*, in dem Mill die

---

[14] Ebd., S. 286.
[15] Vgl. dazu die Einleitungen von Johann Braun zu Gans: Naturrecht und Universalrechtsgeschichte; sowie zu Gans: Briefe und Dokumente. Vgl. zur Diskussion der historischen Rechtsschule bei den Junghegelianern auch Stedman Jones: Kommunistisches Manifest, S. 183–200. Allerdings fehlt hier die Darstellung der Positionen von Autoren wie Gans oder Buchholz.
[16] Zitiert in Friedrich Buchholz' zustimmender Besprechung von Gans' Ankündigung seines Periodikums *Beiträge zur Revision der Gesetzgebung* in der *Allgemeinen Preußischen Staatszeitung*. Vgl. Buchholz: Bemerkungen zu einer literarischen Ankündigung, in: NMD 31 (1830), S. 83. Vgl. zu den Reaktionen der preußischen Zensur auf Gans' Zeitschrift o. Kapitel 3.3.
[17] Ebd., S. 79.

Zeitgeschichte als den „most important part of history"[18] beschreibt. Zum einen sei das Verstehen der eigenen Gegenwart („philosophical inquiry, what the spirit of the age really is") unerlässlich, weil sie der jeweils historisch gegebene Rahmen für Erkenntnis überhaupt ist: „The subject is deeply important: for, whatever we may think or affect to think of the present age, we cannot get out of it." Zum anderen ermögliche nur diese zeitgeschichtliche Reflexion eine Verbindung zwischen Vergangenheit, Gegenwart und rationalem Zukunftshandeln: „It is only in the present that we can know the future; it is only through the present that it is in our power to influence that which is to come."[19]

Aber auch für die frühkonservative und frühhistoristische Revolutionskritik bei Autoren wie Friedrich Gentz oder August Wilhelm Rehberg steht die zeithistorische Reflexion im Zentrum ihrer Publizistik, wobei auch sie ihre Positionen in der Auseinandersetzung mit Kants geschichtsphilosophischen Schriften entwickelten.[20] Auch für einen Autor wie Gentz ist die Französische Revolution unstrittig ein Ereignis von „wahrhaft-welthistorischen Gewicht und Interesse"[21]. Die Revolution ist in seinen Zeitschriftenartikeln in der *Berlinischen Monatsschrift*, in der *Minerva*, in seinen eigenen Zeitschriften der *Neuen deutschen Monatsschrift* und dem *Historischen Journal* sowie als Rezensent der neuesten Revolutionsschriften bei der *Allgemeinen Literaturzeitung* sein Hauptthema, das er von Anfang an als „pragmatischer Geschichtsschreiber der Revolution"[22] analysierend und kommentierend begleitet – die er jedoch diametral entgegengesetzt bewertet wie Kant oder Fichte. Im Anschluss an die gegenrevolutionäre Publizistik Edmund Burkes, Jacques Mallet Du Pans oder Louis de Bonalds in Zeitschriften wie dem *Journal des débats* oder dem *Mercure de France* und in Werken wie Burkes *Reflections on the Revolution in France* oder Mallet du Pans *Considérations sur la nature de la révolution de France et sur les causes, qui en prolongent la durée*, die Gentz in Übersetzungen dem deutschen Publikum zugänglich

---

[18] John Stuart Mill: The Spirit of the Age, Examiner vom 9. Januar 1831, S. 20 f.; sowie vom 13. März 1831, S. 162 f.; u. S. 20 f.
[19] Alle Zitate ebd. Vgl. zu Mill auch Remaud: Philosophie de l'accélération (2008), S. 143 f.; sowie Jung: Zeitgeist (2012), S. 320 f.
[20] Vgl. Kant-Gentz-Rehberg: Theorie und Praxis (1967).
[21] Gentz: Entstehung der Französischen Revolution, in: Historisches Journal 3 (1799), S. 434.
[22] Zimmermann: Gentz (2012), S. 108.

macht[23], wird die Berufung auf Geschichte, verstanden als Traditionsstabilisierung, zu einem zentralen gegenrevolutionären Argumentationsmuster.[24] Erfahrung und Empirie, Tradition und Geschichte werden gegen den vermeintlich leeren Vernunftidealismus und Utopismus der Revolution ins Feld geführt. Gentz selbst charakterisiert seine Rolle dabei als ein „Vertheidiger des Alten".[25] In seinen kritischen Rezensionen der Schriften von Kant und Fichte entwickelt Gentz seine frühkonservative und frühhistoristische Position in direkter Auseinandersetzung mit deren idealistischer Geschichtsphilosophie: in der Debatte um Kants in der *Berlinischen Monatsschrift* erschienenen Aufsatz *Über den Gemeinspruch: Das mag in der Theorie richtig sein, taugt aber nicht für die Praxis* von 1793, den Gentz wohl zu Recht als direkte Kritik an seiner dem Preußischen Monarchen Friedrich Wilhelm II. gewidmeten Burke-Übersetzung verstand, wenn Kant dort von kriecherischen (mit „Maulwurfsaugen") „Staatsanpreisungen für die preußische Monarchie" sprach, die unter der Würde eines aufrecht gehenden menschlichen Wesens lägen;[26] in seiner Kritik an Fichtes *Beitrag zur Berichtigung der Urteile des Publikums über die französische Revolution*[27] oder in seiner im *Historischen Journal* veröffentlichten umfangreichen Gegenschrift zu Kants Aufsatz *Zum ewigen Frieden*, in dem Gentz gegen Kants Normativismus und gegen die preußische Neutralitätspolitik ein Konzept von historisch fundierter Realpolitik stellt, das ihm zufolge den Krieg gegen das napoleonische Frankreich erforderte.[28] Gentz fordert dazu eine „neue Theorie aus der Erfahrung", in der anthropologische, historische und soziologische Aspekte zusammengedacht werden: „Kenntniß des Menschen, des Einzelnen und großer Massen, Kenntniß menschlicher Fähigkeiten, Neigungen,

---

[23] Vgl. Mallet du Pan: Über die französische Revolution (1794).

[24] Die einschlägigen Polemiken der gegenrevolutionären Publizistik in Frankreich kann man in Darrin McMahons Studie zur französischen Gegenaufklärung nachlesen. Vgl. McMahon: Enemies of the Enlightenment (2001), S. 138 ff.

[25] Gentz: Fragmente (1806), S. XX. Vgl. auch Kronenbitter: Gegengift (1997), S. 601 u. S. 584 f.

[26] Kant: Ueber den Gemeinspruch (1784), S. 205 f. Vgl. auch Zimmermann: Genz (2012), S. 82; Rüdiger: Staatslehre (2005), S. 316; sowie Henrich: Einleitung, in: Kant, Gentz, Rehberg: Über Theorie und Praxis (1967); S. 7–36.

[27] Gentz: Rezension zu Fichtes *Beitrag*, in: Allgemeine Literatur-Zeitung (1794).

[28] Gentz: Über den Ewigen Frieden, in: Historisches Journal, 3 (1800). Vgl. dazu auch Zimmermann: Gentz (2012), S. 132 ff.

Schwachheiten und Leidenschaften, anhaltende Beobachtung, Vergleichung mannichfaltiger Lagen und Umstände, Studium der gesellschaftlichen Verhältnisse".[29]

Bei seinem Schüler Adam Müller wird Gentz' rationaler Frühkonservativismus romantisch gewendet, aber auch hier bleibt, bei aller Begeisterung für Edmund Burkes idealisiertes „Age of Chivalry"[30], die Gegenwartsperspektive zentral. So lässt Müller in seinem Fragment *Studium der positiven Wissenschaften* von 1808 zwei fiktive Dialogpartner über Fragen der Zeitgeschichte debattieren, wobei A Müllers eigene Position vertritt, während B wohl für einen politisch interessierten Durchschnittsleser seiner Zeit steht. Am Beispiel von Friedrich Buchholz sowie weiterer zeitgenössischer Publizisten einerseits und Edmund Burke andererseits stellt Müller zwei Gegenwartskonzepte gegenüber, von denen ersteres von einem einseitigen bloßen „Interesse des Augenblicks" geprägt sei, während letzteres für ein traditionsbasiertes, ‚rechtes und echtes' Gegenwartsgefühl stehe: „A. Lies dennoch den Burke! und grade die Gelegenheitsschriften. B. Aber es liegt doch so vieles dem Interesse des Augenblicks näher: Eggers, Villers und Buchholz, und die Angelegenheiten von Rom, von Spanien, von Preußen. Du sagst selbst, man müsse in seiner Zeit, in der Gegenwart leben vor allen Dingen. A. Wohl, nur daß ihr diese Kunst nicht versteht! nicht bloß eure Augen, auch eure Herzen, euer ganzes Leben soll gegenwärtig sein. Dies sollt ihr lernen, indem ihr unermüdet betrachtet, wie ein andrer Rechter, Echter in seiner Zeit gegenwärtig gewesen. Darum leset den Burke!"[31]

Autoren wie Friedrich Buchholz, Karl Ludwig Woltmann, Saul Ascher oder Heinrich Zschokke lassen sich zwischen den beiden Polen der idealistischen Geschichtsphilosophie auf der einen Seite und der frühkonservativen Revolutionskritik auf der anderen verorten. Mit dem Frühhistorismus à la Gentz teilen sie das Empirie- und Historisierungsgebot und die Kritik am

---

[29] Gentz: Nachtrag zu dem Räsonnement des Herrn Professor Kant, in: Berlinische Monatsschrift (1793), S. 539 f. Wieder abgedruckt in: Kant, Gentz, Rehberg: Über Theorie und Praxis (1967), S. 89–111, hier S. 103.

[30] Edmund Burkes berühmtes kulturpessimistisches Diktum, das seither immer wieder zum Abgesang auf Europa herbeizitiert wurde, lautet: „But the Age of chivalry is gone. – That of sophisters, oeconomists, and calculators, has succeeded; and the glory of Europe is extinguished for ever." Burke: Reflections (1791), S. 113.

[31] Müller: Ausgewählte Abhandlungen (1931), S. 25. Gemeint sind neben Buchholz die Publizisten Christian von Eggers (1758–1813) und Charles de Villers (1765–1815).

Idealismus, nicht aber dessen politisch konservative Traditionsemphase und Verteidigung der Ständegesellschaft. Dagegen sehen sie wie die prorevolutionäre *histoire immédiate* und die idealistische Geschichtsphilosophie das Revolutionsgeschehen als grundsätzlich begrüßenswerte Erneuerung der überkommenen feudalen Gesellschaftsstrukturen.

Sie knüpfen dabei direkt an die Historiographie, Anthropologie, kosmopolitische Orientierung und das naturwissenschaftliche Methodenideal der europäischen Aufklärung an, wie sie seit den 1750er Jahren von Voltaire und Turgot über Smith und Ferguson bis hin zu den Göttinger Historikern vertreten wurden. Wie Annette Meyer für die schottische und Dorothee Baxmann für die französische Aufklärung eindrücklich gezeigt haben, mündet dieses historisch-anthropologische Denken der Aufklärung in die neuen Wissenschaften der Soziologie, der Ökonomie und der Politik.[32] Zeitgeschichtliche Reflexion wird von den genannten Autoren dementsprechend lokalisiert zwischen Geschichtsphilosophie, Wissenschaft der Gesellschaft und des Politischen und der Historiographie, wobei historische Beschreibungen mit gesellschaftlichen Situationsanalysen und einer zukunftsorientierten Prognose- und Praxisdimension zusammengeführt werden, d. h. mit „Blicken in die Zukunft" wie der programmatische Untertitel von Friedrich Buchholz' Werk *Hermes* lautet.[33] Wie in den Stadienmodellen Turgots, Condorcets oder Adam Smiths wird die geschichtliche Entwicklung dabei ausgehend von den sich verändernden sozio-ökonomischen Subsistenzweisen, Eigentumsverhältnissen und Produktionsarten erklärt. Explizit grenzen sie sich ab von allen idealistischen oder metaphysischen Systementwürfen und konzipieren die so verstandene Zeitgeschichte zu einer Wirklichkeitswissenschaft der eigenen Gegenwart, als eine empirisch und ökonomisch basierte Theorie des sozialen Wandels. Diese Theorie des sozialen Wandels ließe sich in Anlehnung an eine Bemerkung Walter Benjamins über Carl Gustav Jochmann an einer „unbekannten Stelle zwischen der Aufklärung

---

[32] Meyer: Von der Wahrheit zur Wahrscheinlichkeit (2008); Baxmann: Wissen, Kunst, Gesellschaft (1999). Vgl. zur Entstehung der „science sociale" bei Sieyès und Condorcet außerdem Bach: Sieyès (2001); sowie Sonenscher: Moment of Social Science (2007).

[33] Annette Meyer schlägt für diese Form der Gegenwartsreflexion und einer bestimmten „Methode zur Vermittlung von Vergangenheit, Gegenwart und Zukunft" den Namen „Machiavellistik" vor. Vgl. Meyer: Machiavellilektüre (2010), S. 211.

und dem jungen Marx" lokalisieren und markiert einen in der deutschen Historiographiegeschichte unterbelichteten Weg in das historische und soziologische Denken des 19. Jahrhunderts.[34]

4.2 Historisierende Metaphysik-Kritik um 1800

Es war Voltaire, der das Verwissenschaftlichungsprogramm der Geschichtsschreibung in der Aufklärung mit dem später zum Topos werdenden Bild eines „Newton der Geschichte"[35] verbunden hat. Mit diesem Motiv hatte Voltaire programmatisch das Methodenideal der Naturwissenschaften für die Geschichtsschreibung und die Humanwissenschaften insgesamt zum Muster erklärt.[36] Zu diesem Verwissenschaftlichungsprogramm der Geschichtsschreibung gehört es, „mehr von der Vernunft anstatt von seinem Gedächtnis" Gebrauch zu machen und „mehr zu prüfen als abzuschreiben": „Das woran es die Leute, die die Geschichte kompilieren, gemeinhin fehlen lassen, ist der philosophische Geist. Die Mehrzahl erörtert nicht Tatsachen, sondern erzählt Geschichten", schreibt Voltaire in seinen *Bemerkungen über*

---

[34] Jochmann: Politische Sprachkritik (1983), Nachwort, S. 235. So kann etwa noch Lorenz von Steins *Geschichte der socialen Bewegung in Frankreich von 1789 bis auf unsere Tage* (1850) in der Verbindung von Zeit- und Revolutionsgeschichte und soziologischer Analyse als eine Fortsetzung dieser Form zeithistorischen Denkens gelesen werden. Vgl. Stein: Geschichte (1959). Zu den positivistischen Traditionen im Geschichtsdenken des 19. Jahrhundert vgl. Fuchs: Positivistischer Szientismus (1997). Entgegen des älteren Stereotyps der unhistorischen Aufklärung und der Entstehung modernen Geschichtsdenkens erst im Historismus haben seit den 1980er Jahren Historiker wie Horst Walter Blanke, Hans-Erich Bödeker, Peter H. Reill oder Ernst Schulin auf die vielfältigen Kontinuitäten insbesondere der akademischen Aufklärungshistoriographie im 19. Jahrhundert aufmerksam gemacht. Vgl. zur Vorgeschichte von Marx' Sozialphilosophie Breckman: Marx (1999).
[35] Dierse: Newton der Geschichte (1986/87), S. 158–182.
[36] Etwa gleichzeitig formuliert David Hume das Anliegen, wenn er seinen *Treatise of Human Nature* von 1739/40 als „An Attempt to introduce the experimental Method of Reasoning into Moral Subjects" charakterisiert. Vgl. zu Humes naturwissenschaftlicher orientierter „Science of Man" Meyer: Von der Wahrheit zur Wahrscheinlichkeit (2008).

die Geschichte.[37] An die Stelle von Mythen und Anekdoten sollen kausale Erklärungen und Argumentationen auf der Basis eines gesicherten und ausreichenden Quellenbestandes treten. In diesem Sinn versteht Voltaire auch den Begriff der „Geschichtsphilosophie", der „philosophie de l'historie": nicht als philosophische Spekulation, sondern als Rationalisierung der Geschichtsschreibung. Eine solche wissenschaftliche Geschichtschreibung grenzt Voltaire von teleologischen Heilsgeschichten und Herrscherchroniken ab, in denen Geschichte nicht als Wissenschaft, das heißt als Erkenntnisform, sondern lediglich zur Erbauung, Herrscherlegitimation oder bloßen Unterhaltung diene. An deren Stelle sollen struktur- und kulturgeschichtliche Erklärungen treten. Für die Kultur oder Struktur einer Zeit verwendet Voltaire bevorzugt den Begriff des „Geistes der Zeiten" oder des Zeitgeists, des „esprit du temps". Dieser sei der eigentliche Gegenstand des historischen Forschers, weil jeder historische Akteur durch die mit ihm gegebenen Strukturen bestimmt sei. Im *Essai sur les moeurs* schreibt Voltaire: „Mon but est toujours d'observer l'esprit du temps; c'est lui qui dirige les grandes événements du monde. [...] Tout homme est formé par son siècle."[38] Bei den Physiokraten um Turgot und Condorcet und den schottischen Aufklärern um Adam Smith wird dieser „Geist der Zeiten", d. h. die Epochenstruktur einer jeweiligen historischen Zeit, entlang der ökonomischen Subsistenzweisen der Menschen bestimmt und in sozio-ökonomische Stadienmodelle des Zivilisationsprozesses eingeteilt – etwa von der Jägergesellschaft bis hin zur *commercial society* bei Adam Smith.[39]

Emphatisch aktualisiert wird der Topos des „Newton der Geschichte" im Jahr 1802 von Henri de Saint-Simon in seiner Erstlingsschrift *Lettres d'un habitant de Genève à ses contemporains.* Die Schrift steht im Zusammen-

---

[37] „Si on voulait faire usage de sa raison au lieu de sa mémoire, et examiner plus que transcrire, on ne multiplierait pas à l'infini les livres et les erreurs [...] Ce qui manque d'ordinaire à ceux qui compilent l'Histoire, c'est l'esprit philosophique: la plupart, au lieu de discuter des faits avec des hommes, font des contes à des enfants." Voltaire: Remarques sur l'histoire, in: ders.: Oeuvres, Bd. 2, S. 186. Deutsch nach: Voltaire: Kritische und satirische Schriften, S. 553.

[38] Voltaire: Oeuvres complètes, Bd. 17, S. 357 f. Vgl. zu Voltaires „Zeitgeist"-Begriff: Schröder: Epochenbegriffe (2002); sowie Meumann: Zeitgeist (2012), S. 300. Zum Begriff innerhalb der Debatten der französischen Aufklärung vgl. Jung: Zeitgeist (2012).

[39] Rohbeck: Geschichtsphilosophie (2004), S. 33 ff.

hang mit den Reformen des *Institut National*, d. h. der republikanischen Nachfolgeorganisation der französischen Akademie der Wissenschaften, die 1795 auf der Basis von Condorcets Vorarbeiten gegründet wurde, und der 1797 von der *Classe des sciences morales et politiques* ausgeschriebenen Preisfrage „Quelles sont les institutions les plus propres à fonder la morale d'un peuple?"[40] Ausgehend von einer Kritik am „überheblichen" und „kriecherischen" „Akademikergeist" der alten königlichen Institution, schlägt Saint-Simon hier anlässlich von Newtons 75. Todestages die Einrichtung eines republikanischen „Newton-Rates" vor, der die politischen und kulturellen Leitlinien der künftigen Gesellschaft des 19. Jahrhunderts auf eine wissenschaftlich fundierte Grundlage stellen solle. An die Stelle von Metaphysik und Theologie solle so eine rationale und naturwissenschaftlich fundierte Einsicht in die „Fortschritte des menschlichen Geistes" treten. Wie die Natur sei auch die menschliche Geschichte bzw. Praxis dem universalen Gravitationsgesetz unterworfen, das Natur- wie Humanwissenschaftlerinnen – auch Frauen sollen in den Newton-Rat gewählt werden[41] – gemeinsam zu untersuchen haben. Ausgeschlossen werden sollen dagegen alle Metaphysiker, Theologen und Moralisten, die noch dem älteren vorwissenschaftlichen Stadium angehörten: „il faut que les physiologistes chassent de leur société les *philosophes*, les *moralistes* et les *métaphysiciens*, comme les astronomes ont chassé les astrologues, come les chymistes ont chassé les alchymistes."[42] In seinen weiteren Schriften hat Saint-Simon diesen Übergang von den bloß „mutmaßenden" zu den „positiven" Wissenschaften im Programm einer allgemeinen Gesellschaftstheorie, einer „science de l'homme", unter dem programmatischen Titel der *Travail sur la gravitation universelle* ausgearbeitet.[43] Saint-Simon hat damit nicht nur die frühsozialistische Bewegung des Saint-Simonismus und die positivistische Schule Auguste Comtes be-

---

[40] „Quelles sont les institutions les plus propres à fonder la morale d'un peuple?" Sujet du premier prix de la classe des sciences morales et politiques de l'Institut national de France, pour le 15 messidor de l'an VI de la République". Vgl. Saint-Simon: Ausgewählte Schriften (1997), S. 1.

[41] Ebd., S. 29.

[42] Saint-Simon: Lettres, S. 55. „[...] die Physiologen müssen aus ihrer Gesellschaft die *Philosophen*, die *Moralisten* und die *Metaphysiker* so verjagen, wie die Astronomen die Astrologen und die Chemiker die Alchimisten verjagt haben." Saint-Simon: Ausgewählte Schriften (1997), S. 21.

[43] Vgl. dazu auch Hayek: Mißbrauch (1959), S. 133.

gründet, sondern auch die französische Geschichtsschreibung nachhaltig geprägt: Augustin Thierry begann seine Historiker-Karriere als Sekretär bei Saint-Simon; François Guizot verkehrte in den 1820er Jahren in den Zirkeln um Auguste Comte und knüpfte nach der Juli-Revolution als neuer Bildungsminister mit dem *rétablissement*, der Wiederherstellung der *Académie des sciences morales et politiques* ab 1832 unmittelbar an dieses Programm an.[44]

Aber nicht nur in der französischen und westeuropäischen Diskussion, auch im deutschen Sprachraum war Voltaires Topos vom „Newton der Geschichte" von Anfang an präsent. Nicht zuletzt die beiden bedeutendsten deutschen Aufklärer überhaupt, Gotthold Ephraim Lessing und Immanuel Kant, können als Zeugen für diese Rezeptionslinie angeführt werden. Lessing übersetzte Voltaires historische Schriften unmittelbar nach Erscheinen ins Deutsche und veröffentlichte sie unter dem Titel *Des Herrn von Voltaire kleinere historische Schriften*.[45] Im Vorwort führt Lessing Voltaire bezeichnenderweise als neuen Newton ein: dieser sei, nachdem er sich bereits auf dem Parnass der französischen Literatur befunden habe, mit seinen historisch-wissenschaftlichen Werken nun auch noch „die Bahn eines Newton gelaufen"[46]. Immanuel Kant knüpft in seinem in der Berlinischen Monatsschrift im Jahr 1784 erschienenen geschichtsphilosophischen Aufsatz *Idee zu einer allgemeinen Geschichte in weltbürgerlicher Absicht* direkt an diese Diskussionen an.[47] Kants geschichtsphilosophischer Entwurf lässt sich auch als ein Naturalisierungsprogramm der Geschichte lesen. Da „menschliche Handlungen, eben so wohl als jede andere Naturbegebenheit, nach allgemeinen Naturgesetzen bestimmt"[48] sind, wie es gleich im ersten Satz heißt, muss es nach Kant auch zumindest möglich sein, „die allgemeine Weltge-

---

[44] Vgl. Müller: Entwicklung aus Gegensätzen (2010), S. 223; Hayek: Mißbrauch (1959), S. 135; Fuchs: Positivistischer Szientismus (1997); Stadler: Geschichtsschreibung, S. 102 ff.

[45] Des Herrn von Voltaire kleinere historische Schriften, übers. und hg. v. Gotthold Ephraim Lessing, Rostock 1752.

[46] Ebd., S. V.

[47] Vgl. Kant: Idee zu einer allgemeinen Geschichte, in: Berlinische Monatsschrift (1784). Zu Kants Geschichtsaufsatz vgl. immer noch Riedel: Geschichtstheologie, Geschichtsideologie, Geschichtsphilosophie (1973).

[48] Kant: Idee zu einer allgemeinen Geschichte, in: Berlinische Monatsschrift (1784), S. 385.

schichte nach einem Plane der Natur [...] zu bearbeiten."[49]. Kant nimmt für sich nur in Anspruch „einen Leitfaden zu einer solchen Geschichte" zu liefern und überlässt die Ausformulierung derselben einem künftigen Newton der Geschichtsschreibung.[50] Am Schluss seines Aufsatzes macht er darauf aufmerksam, dass für eine solche an Newton geschulte Geschichtsschreibung beides – Geschichtsphilosophie oder „Idee einer Weltgeschichte" und „empirisch abgefaßte[] Historie" untrennbar zusammengehörten. Es bräuchte einen „philosophischen Kopf", der „sehr Geschichtskundig sein müßte"[51].

Während Friedrich Schiller, Johann Gottlieb Fichte, Karl Heinrich Ludwig Pölitz und viele andere an der philosophischen Seite des Kantischen Programms ansetzten und dieses in unterschiedlichen methodischen, narratologischen und geschichtsphilosophischen Aspekten weiterentwickelten,[52] knüpften Saul Ascher und Friedrich Buchholz direkt an die naturalistische Lesart Kants an und radikalisierten sie zu einem umfassenden Naturalisierungs- und Historisierungsprogramm, das sich gegen eine idealisierende Kant-Rezeption richtete. So formuliert Saul Ascher in seinen *Ideen zur natürlichen Geschichte der politischen Revolutionen* von 1799 ein ökonomisch fundiertes, universalhistorisches Stadienmodell, das schon im Titel seinen an Newton und den Naturwissenschaften orientierten Ansatz zeigt. Ausgangspunkt ist eine Kritik am spezifisch idealistischen Geschichtsdenken in Deutschland. Während sich in England oder Frankreich Leute aus der Praxis, Geschäftsmänner mit „Welt- und Menschenkenntnis" mit Fragen der Geschichte beschäftigten und für eine breite Öffentlichkeit schrieben, sei diese Disziplin in Deutschland ein Spezialgebiet der Stubengelehrsamkeit und Schulphilosophie. So seien es „mehrentheils Gelehrte von Profession", die sich in die „Labyrinthe der Metaphysik vertiefen" und losgelöst sowohl „vom Kreise aller Beobachtung" als auch von einem breiteren Publikum

---

[49] Ebd., S. 407.
[50] Ebd., S. 387 f.
[51] Ebd., S. 410.
[52] Zu Schillers Geschichtsdenken vgl. Dann, Oellers, Osterkamp (Hg.): Schiller als Historiker (1995); Prüfer: Bildung der Geschichte (2002); Hofmann, Rüsen, Springer (Hg.): Schiller und die Geschichte (2006); sowie Fulda: Wissenschaft aus Kunst (1996). Zu Fichte vgl. Henrich: Grundlegung (2004). Zur Kant-Rezeption vgl. Schaumkell: Kulturgeschichtsschreibung (1905), S. 166 f.; zu Pölitz ebd., S. 219–237; sowie Blänker: Pölitz (2005). Vgl. außerdem Jaeger: Performative Geschichtsschreibung (2011).

über Fragen der Geschichte spekulierten: „Nur in Deutschland allein kennt man eine gelehrte oder Büchersprache, die für das gemeine Leben ein wahres Sanskrit ist, und die nur in der Republik der Gelehrten geschrieben und kärglich gesprochen wird."[53] In der Vorrede zu seiner Übersetzung von Ganilhs *Untersuchungen über die Systeme der politischen Ökonomie* führt Ascher diese Idealismus-Kritik weiter aus, in dem er „einige Blicke auf den Zustand der politischen Oekonomie in Deutschland, als Wissenschaft" wirft. Diese Wissenschaft, die in England und Frankreich im 18. Jahrhundert entwickelt worden sei, habe in Deutschland eine nur stiefmütterliche Aufnahme gefunden. Auch auf diesem Gebiet habe das von Kants idealistischen Anhängern vertretene *credo*, „transzendental" zu sein, zu einer Abschottung in eine akademisch spezialisierte Schulphilosophie geführt: „Der Idealismus wird für immer nur eine Schule für esoterische Anhänger des Wissens abgeben, deren Zahl gegen diejenigen, die man exoterische Anhänger des Wissens nennt, immer klein sein wird."[54]

Demgegenüber will Ascher die menschliche Geschichte als Teil der Naturgeschichte mit wissenschaftlichen Mitteln auf der Basis von „Beobachtung und Erfahrung" und frei von allen normativen Setzungen beschreiben: „Allein, vergessen Sie nicht: daß ich des weisen Perser Sadi Regel befolge: Man bleibe auf dem Wege der Erfahrung. Was hilft es zu behaupten, daß es nicht so sein soll, wenn man doch wahrnimmt, daß es nicht anders in der Wirklichkeit ist."[55] Wie die Natur insgesamt ein Kausal- und Wirkungszusammenhang sei, eine „nothwendige Folge der Wirkungen, die wir in den Erscheinungen wahrnehmen",[56] so gelte dies auch für die menschliche Geschichte. Zu diesem Naturalisierungsprogramm, d. h. der holistischen Einbettung der Menschheitsgeschichte in die Naturgeschichte, gehört auch, den Geschichtsprozess nicht als Abfolge philosophischer Ideen, sondern als Folge „äußerer Triebfedern" anzusehen. Die wichtigste dieser „Triebfedern" des Geschichtsprozesses ist für Ascher die Entstehung des Eigentums. Ausgehend von den Einsichten in Rousseaus *Abhandlung über die Entstehung der Ungleichheit* beschreibt Ascher sein eigenes Geschichtsmodell in be-

---

[53] Ascher: Ideen zur natürlichen Geschichte (1975), S. 5 ff.
[54] Ascher [Übers. Ganilh]: Systeme der politischen Oekonomie (1881), S. XIII–XVI.
[55] Ascher: Ideen zur natürlichen Geschichte (1975), S. 34. Gemeint ist der persische Dichter Saadi, eigtl.: Muscharraf ad-Din Abdullah (1190–1283).
[56] Ebd., S. 28.

wusst technisch-mechanischer Terminologie: „Verfolgen Sie einmal mit mir den ganzen Gang der sogenannten Welt- und Menschengeschichte, forschen Sie nach dem allgemeinen Hebel, der alle diese Maschinerien, alle die automatisch scheinenden Figuren in Bewegung setzte; was ist es anders, als Eigenthum? Eine Geschichte des Eigenthums würde eine Entwicklung aller Triebfedern der durch Menschen veranlaßten Wirkungen und Handlungen enthalten, und daher zugleich eine Geschichte vom wirklichen Ursprung der Gesellschaft."[57]

Auf dieser Basis bestimmt Ascher drei Stadien der neueren Menschheitsentwicklung, die sich überschichten und ineinander übergehen. Diese Stadien finden jeweils in bestimmten Revolutionen, man könnte auch sagen, Paradigmenwechseln, ihren Ausdruck.[58] Grundlegend ist das ökonomische Stadium, das in der Freiheit des Besitzes und im Profitstreben zum Ausdruck kommt. Dieses Stadium nimmt mit der Entstehung des Bürgertums im Mittelalter seinen Ausgang und mündet in der *Glorious Revolution* in Großbritannien und in der Amerikanischen Revolution. Ein zweites Stadium, das Ascher vor allem durch die Freiheit der Meinungen und des Geistes charakterisiert, beginnt mit der europäischen Reformationsgeschichte und führt zur Anerkennung der Religionsvielfalt. Wirkliche Freiheit, nämlich Handlungs- und Willensfreiheit, aber wird nach Ascher erst im dritten Stadium, dem Stadium der Vernunft, erreicht, das mit der Französischen Revolution eingeläutet wird. Erst hier bildet sich eine auf allgemeinen Rechten, d. h. Vernunftgrundsätzen, basierte Gesellschaft heraus, weshalb Ascher dieses Stadium auch als „Zeitalter der Konstitutionen"[59] bezeichnet. Während Ascher mit „Zeitgeist" auch die unterschiedlichen Stadien oder Paradigmen bezeichnet, versteht er unter „Weltgeist" den gesamten Evolutionsprozess aufeinander folgender Revolutionen, „die Idee einer gewissen Ordnung [...] die sich [...] als eine Dominante in den [...] Bewegungen des

---

[57] Ebd., S. 23.
[58] Einige begriffsgeschichtliche Überlegungen zum Bedeutungswandel des Begriffs „Revolution" stellt Ascher im 11. Kapitel, S. 74 ff. an. Seine Befunde gehen in die Richtung von denen Reinhard Kosellecks in dem immer noch grundlegenden Artikel: Historische Kriterien des neuzeitlichen Revolutionsbegriffes, in: ders.: Vergangene Zukunft (1979). Daneben finden sich bei Ascher auch Überlegungen zum Bedeutungswandel der Begriffe „Konstitution", S. 178 ff. und „Staatsbürger", S. 130 ff.
[59] Ebd., S. 163.

Zeitgeistes verräth, und sich uns bald stärker, bald schwächer als – Weltgeist verkündigt."[60]

Für den in der zeitgeschichtlichen Reflexion grundlegenden Zusammenhang zwischen Geschichts- und Gesellschaftsanalyse einerseits und daraus sich ergebender Praxis andererseits, sind Aschers methodische Überlegungen zum Zusammenhang von Geschichtsschreibung und Politik im Schlusskapitel des Werks besonders aufschlussreich. Ähnlich wie Condorcet unterscheidet Ascher hier einen praktischen von einem theoretischen Teil der Politik. Condorcet spricht von der „art social", die der politischen Verbesserung der Gesellschaft dient und unterscheidet davon die „science sociale", in der es um die theoretischen Grundlagen geht.[61] Ganz analog beschreibt Ascher die Politik als eine Kunst, „die in unsern Zeiten zum Range einer Wissenschaft"[62] geworden sei. Ihren Ort habe diese neue Wissenschaft zwischen der Physik einerseits und der Moral andererseits. Wie die Physik beschäftige sich auch die Politik mit den Erscheinungen der Natur. Erscheinungen, die uns gegeben werden, sind Gegenstand der „physischen Welt", Erscheinungen, die sich der Mensch als Naturwesen selbst gibt, gehören zum Gegenstandsbereich der Geschichte, der Moral und der Politik. Während die Moral sich jedoch nur mit einzelnen Menschen beschäftigt, ist der Gegenstandsbereich der historisch informierten Politik die Gesellschaft oder die Menschen im gesellschaftlichen Zustand. Die theoretische und die praktische Seite zusammenfassend, definiert Ascher daher die Politik als die neue „Wissenschaft der höchstmöglichen Vollkommenheit des gesellschaftlichen Zustandes."[63] Im Widerspruch zur idealistischen Geschichtsphilosophie macht Ascher darauf aufmerksam, dass erst diese Verbindung von Geschichte, Soziologie und Politik „echtes Wissen" generiere. Historische Reflexion werde so zu einer „praktischen Wissenschaft", die „mit dem wirklichen Leben verwebt und verbunden" sei.[64]

Ebenfalls in direktem Bezug auf Newton und Kant versuchte kurze Zeit später der bis dahin gänzlich unbekannte Friedrich Buchholz mit erstaunlich ähnlich lautenden Thesen wie in Saint-Simons oben angeführten Reform-

---

[60] Ascher: Vorbericht, in: Welt- und Zeitgeist (1810), S. III f.
[61] Vgl. Baxmann: Wissen (1999), S. 115 f.
[62] Ascher: Ideen zur natürlichen Geschichte (1975), S. 195.
[63] Ebd., S. 195.
[64] Ascher [Übers. Ganilh]: Systeme der politischen Oekonomie (1811), S. XV f.

programm in der Berliner Wissenschaftswelt Fuß zu fassen. Buchholz' Erstlingswerk, das im Jahr 1801 (mit Jahresangabe 1802) bei Unger erschien, trägt den programmatischen Titel *Darstellung eines neuen Gravitationsgesetzes für die moralische Welt*. Buchholz radikalisiert hier die spätaufklärerischen Prinzipien von Rationalität, Empirie und der Einheit von Natur- und Kulturwissenschaften zu einer konsequent historisierenden und naturalistischen Kritik an der idealistischen Welt- und Geschichtsauffassung. In einem Brief an Christian Gottfried Schütz, den Herausgeber der *Allgemeinen Literaturzeitung*, bezeichnet Buchholz sein Werk als „eine Generalattaque auf den Idealismus, um ihn in seinen Grundvesten zu erschüttern." Mit dem Selbstbewusstsein des Neuankömmlings auf dem literarischen Markt erklärt Buchholz, dass sein Werk endlich die Überwindung überkommener idealistischer und metaphysischer Systeme einläuten wird: „[...] wenn mich nicht alles täuscht, so gebe ich dem Untersuchungsgeiste eine ganz neue Richtung, weil man sich durchaus überzeugen muß, daß aller Idealismus nichts anderes ist, als Unwissenheit. Ich habe bewiesen, daß die einzige Philosophie in der Geschichte enthalten ist und gezeigt, wie viel aus ihr gemacht werden kann. Damit muß ich jetzt Eingang finden, da die ganze Metaphysik in den letzten Zügen liegt."[65]

In der Vorrede seines *Gravitationsgesetzes* schreibt Buchholz, dass er mit diesem Werk das ausformulieren werde, „was Kant suchte [...] und Fichte verdarb".[66] Zwar habe Kant in seinem geschichtstheoretischen Aufsatz die richtige Aufgabe formuliert, aber mit seiner normativen Transzendentalphilosophie habe er dann eben diese Geschichtlichkeit wieder eliminiert. Diese Flucht ins Ideale sei von den „modernen Metaphysikern" wie Fichte noch verstärkt worden. Zwar habe Fichte mit seiner Wissenschaftslehre alles geleistet, was auf dem Weg der Metaphysik zu leisten war, aber eben idealistisch verkehrt. „Es ist in der Wissenschaftslehre vielleicht alles richtig, aber es ist alles einwärts gestellt." Man müsse „Das Ich und Nicht-Ich" „nicht in dem Kopf, sondern in den bewegenden Kräften" suchen, schreibt Buchholz.[67] Nur eine an naturwissenschaftlichen Erkenntnismethoden orientierte historische Sozialwissenschaft könne modernen Wissensansprüchen

---

[65] Buchholz an Schütz, 3. September 1802, in: Schütz: Auswahl aus seinem litterarischen Briefwechsel, Bd. 2, S. 30 f.
[66] Buchholz: Gravitazionsgesetz (1802), S. III.
[67] Ebd., S. 275 f.

genügen, während man Werke wie Kants *Kritik der reinen Vernunft* oder Fichtes *Wissenschaftslehre* in naher Zukunft auf die gleiche okkulte Stufe wie scholastische Disputationen über „die unbefleckte Jungfernschaft Mariä" stellen werde.[68]

Wie Newton für die Natur müsse man nach Buchholz die „bewegenden Kräfte" in der Kultur und Geschichte aufzeigen, um so „das Moralische an das Physische [zu] knüpfen und dadurch den Idealismus [zu] zerstören."[69] Zu den die menschliche Geschichte bewegenden Kräften gehören dabei ökologische Voraussetzungen wie „das Fortbestehen der Beschaffenheit des Planeten, den wir bewohnen"[70] ebenso wie eine bestimmte biologische Grundausstattung: diese beschreibt Buchholz im Anschluss an Kants Geschichtsaufsatz als antagonistische Triebstruktur der „ungeselligen Geselligkeit", d. h. dem Widerstreit zwischen Selbsterhaltungs- und Geselligkeitstrieb. Über Kant hinaus verortet Buchholz diese Triebstruktur allerdings in zwei Körperorganen: den Selbsterhaltungstrieb im Magen, den Geselligkeitstrieb in den Geschlechtsorganen. Schließlich leitet Buchholz aus der Dynamik dieses Widerstreits die historischen „Sozialverhältnisse"[71] ab, die er nacheinander an den unterschiedlichen Bereichen menschlicher Kultur nachzeichnet: Gesellschaft, Staat, Religion, Polizei, Wissenschaften, Technologien und Künste, schließlich auch die Geschichtsschreibung selbst, werden so in einem umfassenden Geschichtsmodell historisiert.

Damit ist nach Buchholz auch das Verhältnis von Aufklärung und Geschichte neu zu bestimmen. So wie ihm die Wissenschaft der Geschichte – neben der Physik und der Mathematik – als einzige Wissenschaft gilt, die dem neuen Exaktheitsanspruch gerecht werden kann, so ist Aufklärung immer nur historisch zu bestimmen. Sie besteht nicht in zeitlosen normativen Setzungen der Vernunft, sondern im Erkennen der je wandelbaren historischen Sozialverhältnisse. Die Einsicht in die Veränderbarkeit und Geschichtlichkeit aller Verhältnisse ist nach Buchholz das beste Heilmittel gegen Intoleranz und Dogmatismus und damit wesentlich selbst bereits Aufklärung. Im Fazit seines *Gravitationsgesetzes* heißt es: „Studiert, statt einer ewig unfruchtbaren Metaphysik, die Geschichte und die Gesellschaft, und

---

[68] Ebd., S. 277.
[69] Ebd., S. III.
[70] Ebd., S. 347.
[71] Ebd., S. 117 u. S. 135.

ihr werdet finden, dass die Aufklärung in jedem gegebenen Momente das ist, was sie seyn kann; nie mehr, nie weniger, aber im nächsten Augenblick nicht mehr dieselbe. Wie? Dies sollte euch nicht toleranter machen? Die Geschichte sagt uns, daß alles nur Übergang und Verwandlung ist, und dass nichts fortdauert [...] Dies muß euch von allem Stolze heilen, der die Quelle aller Intoleranz ist."[72]

An Hand mehrerer unveröffentlichter Quellenbestände und zeitgleich erschienener Zeitschriftenartikel lässt sich zeigen, dass Buchholz mit seinen geschichtstheoretischen Thesen eine umfassende Reform hin zu einer wissenschaftsbasierten rationalen Gesellschaftsorganisation verfolgt hat, die Saint-Simons Newton-Rat erstaunlich ähnlich sieht.[73] So schlägt Buchholz in einer handschriftlich überlieferten Eingabe an das Preußische Kabinett zur *Reorganisation der Akademie der Wissenschaften* vom 18. Juli 1802 entsprechend der im *Gravitationsgesetz* formulierten Thesen vor, dass alle Theologen und Metaphysiker aus der Akademie ausgeschlossen werden sollen, weil die Gesellschaft sie entbehren könne. Stattdessen solle neben den Naturwissenschaften und der Mathematik nur eine empirisch-soziologisch orientierte Geschichtswissenschaft, betrieben werden. Als Akademiker berufen werden sollten nur Wissenschaftler, „welche in der Geschichte aller Zeiten die Gesetze der menschlichen Entwicklung studiren und zugleich Geschichtsforscher und Geschichtsschreiber sind."[74] Dem Reorganisationsentwurf liegt ein Aufsatz unter dem Titel *Zeichen der Zeit. Akademien der Wissenschaften in Europa* bei, den Buchholz für die Veröffentlichung in der *Eunomia* vorgesehen hatte, der dort aber nicht erschienen ist und in dem Buchholz in einem europäisch vergleichenden Überblick die Reformbedürftigkeit dieser Wissenschaftsinstitution unter veränderten gesellschaftlichen Bedingungen beschreibt. Am Maßstab eines gesellschaftlichen Nützlichkeitsgebots und, damit verbunden, der gesellschaftlichen Nachfrage seien die Theologie, Metaphysik und Jurisprudenz nicht mehr zeitgemäß: „Es giebt Wissenschaften, welche, dem Himmel sei es gedankt,

---

[72] Ebd., S. 357.
[73] Es ist nicht unwahrscheinlich, dass sich auch Buchholz' Reformvorschläge für die Akademie auf die Diskussionen in der *Classe des sciences morales et politiques* des französischen Nationalinstituts beziehen, auch wenn dies in den Akten nicht explizit vermerkt ist.
[74] Buchholz: Zeichen der Zeit, GStA PK I. HA Rep. 96 A, Tit 36.

zu Grabe getragen sind. Diese bedürfen keiner Repräsentanten mehr. Dafür verstärke man die Zahl der Repräsentanten jener ewig nützlichen Wissenschaften, für deren fortgesetzte Kultur die Gesellschaft [...] aufs lebhafteste interessiert ist."[75]

Vergleichbare Thesen vertritt Buchholz in einem Artikel in der *Eunomia* vom Februar 1803 zur Reformbedürftigkeit der Universitäten.[76] Hier überträgt er seine Idealismus-Kritik auf den Bereich der höheren Bildung. Er stellt fest, dass die „spekulative Philosophie [...] nur auf den Universitäten geboren werden, und gedeihen" konnte. Nur hier, im akademischen Elfenbeinturm („von der praktischen Welt geschieden") hätte man auf die Idee kommen können, unsere Denkkategorien, die nach Buchholz immer nur als Ausdruck eines bestimmten historischen Zustandes zu verstehen seien, idealistisch „als Vernunftbegriffe in und durch sich selbst" zu überhöhen. In dieser Verkennung geschichtlicher Veränderung träfen sich die metaphysischen Idealisten mit den traditionellen Fächern der Jurisprudenz und der Theologie, die nur noch als „alten Trödel, den man zu nichts gebrauchen kann" erscheinen.[77] Buchholz' Zusammenführung von Theologie und Idealismus unter dem Titel der Metaphysik nimmt Auguste Comtes spätere Gegenüberstellung von modernen positiven Wissenschaften auf der einen und traditionaler Metaphysik auf der anderen vorweg. Dabei gebraucht Buchholz bereits die gleiche Begrifflichkeit wie später Comte in seiner Begründung des wissenschaftlichen Positivismus: nach der Einsicht in die Abstraktheit der idealistischen „neuen Metaphysik" werde „man mit desto größerem Eifer zu den positiven Wissenschaften zurückkehren; aber vorher werden sie ihre ganze Natur geändert haben".[78]

Die Wissenschaften werden von Buchholz wie bei Saint-Simon als ein Motor der Nationalentwicklung gesehen, der die Standesgrenzen und ansatzweise auch die Grenzen der „gebildeten Stände" überwindet.[79] Buchholz' Bezugshorizont ist sowohl in theoretischer wie in praktischer Hinsicht nicht ein mehr oder weniger elitär konzipierter Gelehrtenkreis, sondern die Entwicklung der Gesellschaft als Ganzes, oder wie er sagt, die „National-

---

[75] Ebd.
[76] Ebd. Vgl. zum Folgenden a. D'Aprile: Friedrich Nicolai (2011).
[77] Buchholz: Ueber die Universitäten, in: Eunomia 1 (1803), S. 110.
[78] Ebd., S. 108f.
[79] Bödeker: Die „gebildeten Stände" (1989).

entwicklung". Den reformierten Universitäten schreibt er die Rolle zu, die Avantgarde dieser Entwicklung zu werden: „Die Universitäten, die immer à la hauteur der Nationalentwicklung seyn sollten, sind immer hinter derselben zurückgeblieben. Dies ist ihr Uebel; diesem muß abgeholfen werden."[80] Das Ziel der Reformen bestünde letztlich sogar darin, auch die Nationalgrenzen zu überwinden und „die ganze Welt in eine große Universität zu verwandeln."[81]

Die unmittelbaren zeitgenössischen Reaktionen auf Aschers' und Buchholz' Idealismuskritik zeigen, wie vielschichtig das Berliner Geistesleben um 1800 war. Scharfe Kritik kam aus dem Lager der etablierten Berliner Aufklärung. Insbesondere Lazarus Bendavid setzte sich – aus der Perspektive des Idealisten wie des etablierten Sachwalters seriöser Wissenschaften – von Anfang an kritisch mit Aschers und Buchholz' Thesen auseinander. Ascher bezeichnet er als einen „Stockfisch", der „mit bubenhaftem Leichtsinne" und „schaamloser Stirne" Positionen kritisiere, die „er nicht Fassungskraft hat zu ahnden, geschweige zu durchdringen."[82] In ähnlichem Stil verwarf Bendavid in der naturwissenschaftlich ausgerichteten *Philomatischen Gesellschaft* am 13. Oktober 1801 auch Buchholz' *Gravitationsgesetz* und erklärte die Thesen des Verfassers aus dessen prekärem Stand als freischaffendem Neuankömmling auf dem literarischen Markt. Im entsprechenden Sitzungsprotokoll heißt es: „der Sekretär [Bendavid] stattete [...] Bericht über ein neu erschienenes Werk ab, das den Titel führt: Darstellung eines neuen Gravitationssystems in der moralischen Welt. Er zeigte die völlige Unhaltbarkeit des Gedankenspiels des Verf. und zeigte wie wenig das vom Vf. Hervorgebrachte die Lehren Kants berühren, geschweige denn widerlege, und erklärte, da der Verf. alles aus einem Antagonism erklärt wissen will, die Entstehung des Buches aus dem Antagonism eines leeren Magens mit einem leeren Beutel.[83] Diese Polemik gegen einen vermeintlich

---

[80] Ebd., S. 116.
[81] Ebd., S. 106.
[82] Zit. n. Best: Ascher (2010), S. 17. Zu den Auseinandersetzungen zwischen Etablierten und Radikalen innerhalb der Haskala, die zugleich auch generationelle Auseinandersetzungen der Generation Moses Mendelssohn und der Generation Salomon Maimon sind vgl. auch D'Aprile: Berliner Rationalismuskritik (2005).
[83] Vgl. Staatsbibliothek Berlin, Ms. germ. fol. 1034, Bd. 1, Bl. 2 r [Vierteljahresbericht vom 3. Jan. 1802]. Für diesen Hinweis und Informationen zur Auseinandersetzung

Unberufenen, der in die Gelehrtenwelt Eingang begehrt, führte Bendavid ein Jahr später, am 16. Oktober 1802, in einer Rede vor der *Gesellschaft der Freunde der Humanität*, deren Vorsitzender er war, noch einmal aus.[84] Hier bezeichnet er den in Buchholz wirkenden Antagonismus als einen „Kampf der nothwendig in einem Menschen entstehen muß, der nichts gelernt hat, der Gesellschaft also nur durch Holzhaken nützlich werden könnte, und seinen Hunger doch als Schriftsteller stillen will." Buchholz besitze „nicht die geringste Kenntniß von irgend einem Fache der Wissenschaft", daher müsse „ein solches Machwerk mit keiner Schonung behandelt werden, und es ist Pflicht eines jeden es dahin zu bringen, daß kein einziges Exemplar an andere Verkauft werde, als an solche, die Lust daran finden, für das Herumwandern in einem Irrenhause ein paar Thaler zu bezahlen."[85] Bendavid stellt vom Standpunkt des Kantianers die ironische Frage, „was die moralische Welt mit der von Newton für die Körperwelt erwiesenen allgemeinen Gravitation zu schaffen" habe und spottet über die Erklärungen des „neue[n] carricaturartige[n] Newton", nach der „die menschliche Vernunft eine bloße von Aristoteles erfundene Hypothese sey". Zudem habe Buchholz „auch nicht die geringste Kenntniß von irgend einem Fache der Wissenschaft" und benutze „etwanige Geschichtkenntniß nur dazu, [...] um Albernheiten auszukramen."[86] Insbesondere Buchholz' Anti-Moralismus und dessen Invektiven gegen die Religion und die Ständegesellschaft erscheinen Bendavid als

---

 zwischen Bendavid und Buchholz in der *Humanitätsgesellschaft* danke ich Uta Motschmann.

[84] Vgl. Bendavid: Bericht über das neue Gravitations System in der moralischen Welt. Rede in der Gesellschaft der Freunde der Humanität am 16. Oktober 1802. Handschriftliches Manuskript im Nachlass Bendavid. University Archive Jerusalem ARC.792 A10–4. Bendavid tritt in seiner Polemik als Verteidiger des Idealismus und der Wissenschaftlichkeit gegen einen Unberufenen auf. Ob auch antisemitische Äußerungen von Buchholz, wie sie sich in vielen seiner späteren Werke finden, hierfür mitursächlich gewesen sind, bleibt Spekulation, ist aber nicht unwahrscheinlich (vgl. a. Kapitel 6.2). Zugleich verweist aber die Strukturähnlichkeit von Bendavids Kritik an Ascher und Buchholz auf einen sachlichen Kern der Auseinandersetzung. Fakt ist, dass Buchholz' Aufnahmeantrag in die Humanitätsgesellschaft im November 1801 in einer Kampfabstimmung abgelehnt wurde. Landesarchiv Berlin A Rep. 060–40 13, Sitzungsprotokoll vom 28. November 1801. Vgl. auch Motschmann: Schule des Geistes (2009).

[85] Bendavid: Bericht über das neue Gravitations System, Bl. 1.

[86] Ebd., Bl. 2.

ein Skandal: „Was nun die Moral betrifft, so kann schon aus dem, was der Vf von der Religion denkt, seine Meinung über Moral leicht abgenommen werden. Tugend ist ihm nichts anders als die Achtung für die Socialverhältniße; und damit man ihn ja nicht mißverstehe, setzt er ausdrücklich S. 131 hinzu: ‚daß jeder Addreß-Kalender, wie unvollständig er auch sey, jedem Compendium der Moral vorzuziehen ist, blos weil er bey weitem mehr zur Achtung gegen Socialverhältnisse führt, als dieses' [...]. Sobald also der HochEdel, Wohl, und Hochwohlgebohren einmahl aus unserer Sprache verbannt seyn wird hört alle Moral, nach unserm Vf auf."[87]

Johann Gottlieb Fichte, der zu dieser Zeit in denselben städtischen Intellektuellen-Kreisen verkehrte wie Buchholz und selbst in die wissenschaftlichen Institutionen Berlins wie die Akademie, die Humanitätsgesellschaft und Freimaurerlogen drängte, reagierte erwartungsgemäß eher verhalten auf Buchholz' Kritik, auch wenn er dessen adels- und ständekritischen Einstellungen teilte. In einem Schreiben an den gemeinsamen Freund Hans von Held, der Fichte das Werk nahegelegt hatte, stellt er Buchholz in eine Reihe mit frühmaterialistischen Denkern wie Spinoza und La Mettrie, um aber zugleich festzustellen, dass sein idealistisches System auch schon diese widerlegt habe und Buchholz bei weitem nicht deren Niveau erreicht habe. Schließlich bleibe Buchholz wegen seines mangelnden Verständnisses für die moderne Metaphysik auf den veralteten Bahnen der Berliner Spätaufklärung: „Daß er sich einbildet, die Metaphysik zu schlagen, ist ihm zu verzeihen; er weiß nicht, was Metaphysik ist, und hat keinen metaphysischen Atom in seiner ganzen Wesenheit. – [...] Unser einer hat z. B. den Spinoza ausgehalten, und ihm sogar die Wege gewiesen; und ohne Schimpf und Spaß, Spinoza ist doch ganz etwas anderes, als Buchholz; ja sogar La Méttrie ist etwas anderes. Buchholz vermag einiges Interesse nur bei denen zu erregen, deren Kenntnis sich nicht viel über die Deutsche Bibliothek und die Berliner Monatsschrift hinaus erstreckt."[88]

Positive Aufnahme fand Buchholz' Erstlingswerk bei den Mitarbeitern der *Eunomia*[89] und beim Herausgeber von *Geschichte und Politik*, Karl Ludwig Woltmann, den er sich auch für sein *Gravitationsgesetz* ausdrücklich neben Georg Christian Otto, einem anderen Mitarbeiter an *Geschichte*

---

[87] Ebd., Bl. 11.
[88] Varnhagen: Held (1845), S. 124.
[89] Bendavid: Bericht über das neue Gravitations System, Bl. 17.

und Politik, Freund Jean Pauls und Verfasser origineller politisch-ökonomischer Abhandlungen, als einen kompetenten möglichen Rezensenten seines Werks wünschte.[90] Tatsächlich hat Woltmann das Werk in einem Brief an den damals führenden Historiker Johannes von Müller vom 16. Oktober 1802 als Manifest einer neuen Schule der Geschichtsschreibung empfohlen, die sich gegen die idealistische Philosophie etablieren werde: „Eine Tendenz, die Ihrem Geiste sehr wohlthun wird, finden Sie in einem kaum erschienenen Buche: Darstellung eines neuen Gravitationsgesetzes für die moralische Welt. Alles, was die Philosophie bisher usurpirte, theilt der Verfasser (Buchholz) der Historie zu, und mit einer großen Konsequenz führt er seine Grundidee durch. Seine meisten Urtheile sind weniger schneidend und einseitig, als sie scheinen, sobald man den Gedanken festhält, daß der Verfasser nur nach einem Gesichtspunkte urtheilt. [...] Uebrigens bestätigt auch dieses Buch meine Hoffnung, daß wir jungen Historiker uns bald zu einer Schule ausbreiten werden, in welcher Sie nicht ohne Vergnügen als Meister ihren Sitz einnehmen."[91]

In Woltmanns Charakterisierung deutet sich an, dass die Verbindungslinie zwischen Buchholz und einer später „positivistisch" genannten Geschichtstheorie von den Zeitgenossen selbst durchaus bereits wahrgenommen wurde. Es waren dann kurze Zeit später die französischen Saint-Simonisten selbst, die diese Parallele explizit machten und in Buchholz einen der Vorläufer ihrer Theorien sahen.[92] D'Eichthal preist Buchholz' *Gravitationsgesetz* gegenüber Comte als dessen wahrscheinlich bestes Werk („probablement son mellieur, parce que c'était le premier jet d'un homme de

---

[90] Buchholz: Gravitazionsgesetz (1802), S. 284. Georg Christian Otto (1763–1828) hat unter dem Pseudonym Georgius u. a. veröffentlicht: *Metamorphose des Germanischen Adels*, Nürnberg 1810; *Handels- und Finanz-Pandora der neuesten Zeit*, Nürnberg 1810; *Geschichts- Finanz- und Handels-Ansichten*, 2 Bde, Nürnberg 1811; *Betrachtungen über den Kours der Oesterreichischen Einlösungsscheine*, Nürnberg 1813; *Versuch einer Darstellung der Lizenzen-Geschichten. Eine Bittschrift an die, zum Wohl Europa's verbündeten, Monarchen, um Abstellung der Seekaperei*, [Nürnberg] 1814. Für die Hinweise zu Otto danke ich Monika Meier.
[91] Woltmann an Müller, 16. Oktober 1802, in: Briefe an Johann von Müller (1839), S. 212.
[92] Vgl. o. Kapitel 2.3.

génie"[93]). In ihm zeige sich, dass Buchholz seit seinen Anfängen eine ähnliche Richtung verfolgt habe wie Comte selbst.[94] Zusammen mit einem naturalistisch-evolutionsbiologisch gedeuteten Herder und Condorcet zählt d'Eichthal es zu den unmittelbaren Vorgängerwerken des Positivismus: "Il est incontestable que dans toute sa carrière il a suivi d'une manière plus ou moins précise la direction que vous indiquez."[95] Und selbst auf die Parallelen zwischen Buchholz' *Gravitationsgesetz* und Kants *Idee zu einer allgemeinen Geschichte in weltbürgerlicher Absicht* macht d'Eichthal Comte aufmerksam.[96]

4.3 Geschichte als historische Sozialwissenschaft

Die in seinem *Gravitationsgesetz* anvisierte Transformation der Moraltheorie in eine historisch perspektivierte Sozialwissenschaft wird von Buchholz in seinen weiteren Werken weiter ausformuliert: im *Neuen Leviathan* (1805), den er in der Vorrede als Versuch ausweist, eine neue Wissenschaft zu formulieren, die sich mit den „Grundlinien einer socialen Technik (oder Mechanik)" beschäftigt[97]; in der *Idee einer arithmetischen Staatskunst* (1809), in der er im Anschluss an Condorcets „Sozialmathematik" versucht, die aktuelle politische Lage in Preußen mit statistischen und stochastischen Methoden zu beschreiben oder in *Hermes oder über die Natur der Gesellschaft mit Blicken in die Zukunft* (1810), wo er die Grundlagen der Gesellschaft auf der Basis von Arbeitsteilung und Geldwirtschaft untersucht. Besonders aussagekräftig sind in diesem Zusammenhang auch Buchholz' programmatische Übersetzungen etwa von Charles Hyacinthe His' *Théorie du Monde Politique* von 1806, die vom Verfasser im Untertitel als eine „Science du Gouvernement, considérée comme science exacte" ausgewiesen wird oder von Auguste Comte, die er

---

[93] D'Eichthal an Comte, 18. Juni 1824, in: La Revue Occidentale, Tôme XII, (1896), S. 225.
[94] D'Eichthal an Comte, 11. Mai 1824, in: ebd., S. 206.
[95] D'Eichthal an Comte, 18. Juni 1824, in: ebd., S. 218.
[96] D'Eichthal an Comte, 22. August 1824, in: ebd., S. 245.
[97] Buchholz: Leviathan (1805/1970), S. VI.

in seiner *Neuen Monatsschrift für Deutschland* unter dem Titel *Grundlinien einer nicht-metaphysischen Staatswissenschaft* veröffentlicht.[98] Und in seiner Vorrede zur deutschen Übersetzung von Christoph Wilhelm Kochs im Auftrag des französischen National-Instituts verfasstem Lehrbuch *Gemählde der Revolutionen in Europa* (1807) betont Buchholz den Zusammenhang zwischen einer historisch und empirisch fundierten Gesellschaftswissenschaft und der „allgemeinen Angelegenheit" eines zukunftsorientierten rationalen politischen Handelns.[99]

In allen diesen Werken verbindet Buchholz den Anspruch auf Wissenschaftlichkeit – im Sinne empirisch belegter, objektivierbarer und damit auch falsifizierbarer Aussagen – mit einer konsequenten Historisierung aller Phänomene. Wie später zwei berühmte Junghegelianer, kennt Buchholz nur eine Wissenschaft – nämlich die Geschichtswissenschaft.[100] In der Schlusspassage des *Neuen Leviathan* schreibt Buchholz: „Ich kenne keine andere Quelle wahrer Einsicht in die Natur der menschlichen Dinge, als die Geschichte. Diese betrachte ich als das Entwickelungsprotokoll der Menschheit, und nach den Aufschlüssen, die sie mir gegeben hat, muß ich notwendig annehmen, daß alle Versuche, eine einzelne Form zur herrschenden zu machen, ewig fehlschlagen werden. [Daher] bleibe ich der Meinung, daß es eine Abgeschmacktheit ist, für alle Zeiten festsetzen zu wollen, was recht und wahr und schön sein soll. Wir wissen nicht, wie wir als Menschen angefangen haben; wir wissen eben so wenig, wie wir als Menschen endigen werden."[101]

---

[98] Nicht-metaphysischen Staatswissenschaft, in: NMD 14 (1824); u. NMD 15 (1824).

[99] Buchholz [Übers. Koch]: Gemählde der Revolutionen in Europa (1807), S. IV: „Ich füge hinzu, daß wir nicht eher eine zuverlässige Philosophie haben werden, als bis wir die Geschichte auf's förmlichste zu ihrer Grundlage gemacht haben. Jene Kluft, welche noch immer zwischen Theorie und Praxis befestigt ist, kann allein hierdurch ausgefüllt werden, und das Philosophieren, das bisher nur die Beschäftigung einiger Wenigen war, wird die allgemeine Angelegenheit für alle Die seyn, welche mit einiger Sicherheit in das staatsbürgerliche Leben eingreifen wollen."

[100] Die bekannte Passage von Karl Marx und Friedrich Engels in der Deutschen Ideologie lautet: „Wir kennen nur eine einzige Wissenschaft, die Wissenschaft der Geschichte." Marx, Engels: Die Deutsche Ideologie (1845/46), in: dies.: Die Frühschriften (1971), S. 346.

[101] Buchholz: Leviathan (1805/1970), S. 376,

Auf diesen historisch relationalen Charakter der jeweiligen gesellschaftlichen Voraussetzungen bezieht sich Buchholz bevorzugt mit Begriffen wie den „Zeichen der Zeit", dem „Geist der Zeiten", dem „Zeitgeist", und vor allem, dem „Weltgeist". Wie auch Hegel, aber ohne dessen spekulative Überhöhung, meint Buchholz mit diesen Begriffen eine Art objektiven Handlungsrahmen, eine Logik des Feldes, in das alle Handelnden zu einem bestimmten geschichtlichen Zeitpunkt eingebunden sind. Buchholz spricht in diesem Zusammenhang auch von der „Kraft der Dinge" oder der „Vernunft der Sache".[102] Buchholz setzt damit das situative, raum-zeitlich relative Kriterium der Angemessenheit an die Stelle zeitlos gültiger Hypothesen oder Systeme. Lange vor der Institutionalisierung der Soziologie erhebt Buchholz diese so zur neuen Leitwissenschaft des beginnenden 19. Jahrhunderts: „Verkennt man das Jahrhundert nicht ganz, so muß man eingestehen, daß eine Wissenschaft im Anzuge ist, von welcher sich frühere Jahrhunderte wenig träumen ließen; nämlich die Wissenschaft der Gesellschaft in ihren nothwendigen und zufälligen Beziehungen."[103]

Unter den frühsoziologisch argumentierenden Publizisten ist Buchholz derjenige, der mit mehreren 10.000 Seiten das umfangreichste historiographische Werk hinterlassen hat. Dabei hat er sich nicht nur mit Zeitgeschichte im engeren Sinn beschäftigt, sondern zu allen Aspekten und Epochen der europäischen und atlantischen Geschichte umfangreiche Abhandlungen veröffentlicht. Neben der *Geschichte der europäischen Staaten seit dem Frieden von Wien* als Historisches Taschenbuch in 22 Bänden (1814–1837) oder der *Geschichte Napoleon Bonaparte's* in drei Bänden (1827–1829) gehören dazu unter anderem die umfangreichen Abhandlungen *Historische Untersuchungen über die Deutschen*[104], *Philosophische Untersuchungen über das Mittelalter*[105] und *Philosophische Untersuchungen über die Römer*[106].

---

[102] Vgl. neben vielen anderen Stellen Buchholz: Geburtsadel (1807), S. 373–382; sowie ders.: Gallerie Preußischer Charaktere (1808/1982), S. 760.
[103] [Buchholz]: Über die drei Stände im 19ten Jahrhundert, in: JD 1 (1815), S. 87. Vgl. auch Garber: Entstehung der Soziologie (2006).
[104] Buchholz: Historische Untersuchungen, in: JD 1 (1815), S. 435–477 bis 4 (1816), S. 473–516.
[105] Buchholz: Untersuchungen über das Mittelalter, in: JD und NMD 1818–1828, insgesamt 5710 Seiten.
[106] Buchholz: Untersuchungen über die Römer, 3 Bde. (1819).

Alle diese Werke verbindet, dass Buchholz Geschichte als einen antagonistischen Prozess widerstreitender Kräfte auf der Basis der jeweiligen Eigentums- und Produktionsformationen deutet. Innerhalb dieses Prozesses entstehen Umbrüche und Revolutionen aus den Widersprüchen zwischen überkommenen politischen, rechtlichen und kulturellen Formen und ökonomischen Wirklichkeiten: „Alle Revolutionen [...] müssen also auf eine und dieselbe Weise erfolgt sein; nämlich dadurch, daß der innige und notwendige Zusammenhang, in welchem Gesellschaft, gesellschaftliche Arbeit und Geld miteinander stehen, aufgehoben worden ist."[107] Seine eigene Gegenwart beschreibt Buchholz entsprechend als umfassenden Wandel vom „Feudalismus" zur „bürgerlichen Gesellschaft", womit er sowohl die Französische Revolution als auch die Umbrüche in Preußen historisiert. Der Feudalismus als eine ökonomisch-politische Formation, die auf der „Herrschaft des Bodens über die Menschen", auf Geburtsprivilegien und „unbeweglichem Eigentum" beruht werde abgelöst durch die „bürgerliche Gesellschaft", d. h. die „Herrschaft der Menschen über die Dinge", Rechtsgleichheit und „beweglichem Eigentum".[108] Zu verstehen ist dieser Übergang als notwendige Anpassung an die sich ausdifferenzierenden gesellschaftlichen Produktions- und Austauschprozesse und damit verbunden Eigentumsverhältnisse: „Zu allen Zeiten haben die Begriffe, die man sich von der Natur des Eigentums gemacht hat, die besondere Beschaffenheit des politischen Systems bestimmt. Unsere Zeiten zeichnen sich vor allen früheren dadurch aus, daß die Idee vorwaltet, das Eigentumsrecht gebühre allen Menschen ohne Ausnahme, und nur aus der Sicherung desselben gehe mit einer weiter getriebenen Teilung der Arbeit die höhere Kraft der Gesellschaft hervor. Die natürliche Folge ist der Zusammenbruch des Feudalwesens in allen seinen Teilen."[109]

Verbunden mit diesem übergreifenden Gegensatzpaar von „Feudalwesen" und „bürgerlicher Gesellschaft" deckt Buchholz weitere grundlegende Widersprüche oder soziale Antagonismen auf, mit denen er die Umbrüche des Revolutionszeitalters analysiert. Dem sozialwissenschaftlichen Erklärungsansatz entspricht dabei eine naturwissenschaftlich-ökonomische Terminologie, mit Hilfe derer Buchholz die historischen Vorgänge darstellt. So wird

---

[107] Buchholz: Hermes (1975), S. 41. Vgl. auch Garber: Ideologische Konstellationen (1974), S. 215 f.
[108] Ebd.
[109] Ebd., S. 195.

der geopolitische Konflikt zwischen Frankreich und England von ihm als ein „Finanzantagonismus" zwischen „zwei gegenüberstehenden Massen" erklärt, bei dem beide Regierungen als Gefangene ihrer Staatsschulden agieren, deren „Kraft" sich mathematisch aus dem Kurs der Staatsanleihen errechnen lasse.[110] Ausdrücklich beschreibt Buchholz dabei die Konflikte der späten Ständegesellschaft bereits 1805 als Klassenkampf – als „Gegensatz, worin beweglicher und unbeweglicher Reichthum" sich befinden oder als Kampf zwischen den „Kapitalisten Englands" und „der arbeitenden Klasse der Bewohner Großbritanniens"[111]. Er nimmt damit ein Beschreibungsmuster vorweg, das später bei den Revolutionsgeschichten von französischen Historikern wie François Guizot oder Augustin Thierry vorherrschend wird, die die Revolution als „lutte des diverses classes" analysieren und damit Karl Marx' Deutung der Geschichte als Geschichte von Klassenkämpfen wesentlich inspirierten.[112]

Buchholz' Programm der konsequenten Historisierung und damit verwissenschaftlichenden Deutung des Revolutionsgeschehens lässt sich in allen seinen Arbeiten von seinen schriftstellerischen Anfängen bis zur dreibändigen *Geschichte Napoleons* beobachten. Als Buchholz im Jahr 1802 *Girtanner's historische Nachrichten und politische Betrachtungen über die französische Revolution* fortsetzt, grenzt er sich in der Vorrede in diesem Sinn sofort programmatisch von seinem Vorgänger ab. Christoph Girtanner hatte die Historischen Nachrichten von 1791 bis 1797 bei Buchholz' Verleger

---

[110] Buchholz: Leviathan (1805/1970), S. 285. Vgl. auch u. Kapitel 5.2.
[111] Buchholz: Leviathan (1805/1970), S. 301.
[112] Guizot führt 1828 die Geburt des modernen Europas auf den „Kampf der unterschiedlichen gesellschaftlichen Klassen" zurück: „L'Europe moderne est née de la lutte des diverses classes de la société". „les élemens théocratique, monarchique, aristocratique, démocratique, toutes les classes [...] ces forces diverses sont entr'elles dans un état de lutte continuelle". Guizot: Cours d'histoire moderne (1828/2008), S. 29. Marx nennt Thierry in einem Brief an Engels vom 27. Juli 1854 „le père des ‚Klassenkampfes' in der französischen Geschichtsschreibung". In: ders., Engels: Werke, Bd. 28, S. 381 ff. Vgl. auch Plechanov: Klassenkampf (1902). Noch 1832 im Zuge seiner Rezeption der saint-simonistischen Schriften nennt Buchholz den Klassengegensatz als die Hauptursache der „allgemeine[n] Gährung, worin die europäische Welt sich in diesen Zeiten befindet", die „von einer solchen Theilung der Arbeit herrührt, welche große Anstrengungen unbelohnt läßt und die zahlreichste Klasse dem Mangel preisgiebt". Buchholz: Was ist von der neuen Lehre zu halten, in: NMD 37 (1832), S. 213.

Geschichte als historische Sozialwissenschaft

Unger publiziert und zu einem Sprachrohr konservativer Revolutionskritik gemacht.[113] Als Kernpunkte des Journals unter Girtanner hat Christof Wingertszahn eine „Reduktion der historischen Vorgänge auf persönliche Intrigen"[114], Darstellungen von Komplotten und Verschwörungen, wodurch die Revolution als bloßer „Aufruhr" gebrandmarkt wird[115], sowie im Anschluss an Edmund Burke die Idealisierung des Königspaars und der Adelskultur gegenüber dem wildgewordenen „Pöbel" ausgemacht.[116] Mit Buchholz' Wiederaufnahme des Journals ist nicht nur ein stilistischer Qualitätssprung zu konstatieren, sondern auch eine veränderte Darstellung und Deutung der Revolution. Buchholz markiert die neue Ausrichtung des Journals mit „einer liberaleren Behandlung des großen Gegenstandes", wobei das „liberalere" sich nicht nur auf den politischen Standpunkt bezieht, sondern vor allem ein Geltenlassen historischer Vorgänge in ihrer zeitgebundenen Eigengesetzlichkeit meint.[117] Dementsprechend wendet sich Buchholz strikt gegen jede moralisierende Bewertung in der Geschichtsdarstellung: er selbst sei „durch das genaue Studium der Revoluzionsgeschichte von allem Glauben an Bosheit und damit zusammenhangenden Vorurtheilen einmal für allemal genesen."[118] Gerade in der Darstellung der Revolution in ihrer jakobinischen Phase und ihrer Akteure Danton und Robespierre komme es auf das Begreifen und Erklären historischer Vorgänge an und nicht auf das Verurteilen:

---

[113] Vgl. Wingertszahn: Girtanner (1997). Zu Girtanners historischen Werken und Periodika, ebd. S. 485.

[114] Ebd.

[115] Ebd., S. 486.

[116] Ebd., S. 487.

[117] Vgl. zu dieser Bedeutungsebene von „liberal" im historiographischen Diskurs Arnold Hermann Ludwig Heerens Lob Herders: „Jedes Volk für das anzusehen, was es war, und in seiner Lage seyn und werden konnte, ist der Grundsatz, welchen der vortreffliche Verfasser desselben auf jeder Seite predigt; und eben dadurch sind die liberaleren Ideen in das Studium der Geschichte der Menschheit gebracht, und hingegen jene egoistischen Grundsätze verscheucht worden, nach denen wir mit dem Maaßstabe unserer Cultur die sittliche und bürgerliche Ausbildung fremder und entfernter Völker zu messen pflegten". Heeren: Über Quellenstudium, Raisonnement und historische Kritik, zuerst in: *Göttingische Anzeigen von gelehrten Sachen*, Nr. 57 (1795), S. 265 f. Wiederabgedruckt in Blanke, Fleischer (Hg.): Theoretiker, Bd. 2, S. 515–520, hier S. 520.

[118] Girtanner's historische Nachrichten und politische Betrachtungen über die französische Revoluzion fortgesetzt von Friedrich Buchholz, 14. Bd. (1802), S. IV.

„Die Wörter: Bösewicht, Heuchler u.s.w. erklären nichts und müssen für die Feder des Geschichtsschreibers gar nicht vorhanden sein."[119] Letztendlich müsse es das Ziel sein, die Revolution mit dem gleichen „ruhigen Blicke" zu analysieren wie „die Völkerwanderungen, die Kreuzfahrten und die Reformation."[120] Am deutlichsten wird Buchholz' Abgrenzung in der Bewertung des *terreurs*. Man habe Robespierre „man weiß selbst nicht, zu welchem Ungeheuer gemacht"[121], während seine Handlungen doch nur strukturell aus der spezifischen außen- und innenpolitischen Situation zu erklären seien. In dieser Phase der Revolution sei Robespierre nur das „Werkzeug" dieser unterschiedlichen Kräfte gewesen und die Terreurphase insgesamt eine „nothwendige" Periode, „um große Resultate hervorzubringen".[122] Daher würden dem historischen Blick „Robespierre, Pitt und alle diejenigen, welche zugleich Gegenstände des Abscheus und der Verwunderung gewesen sind, in einem ganz anderen Lichte erscheinen; denn alsdann wird man einsehen, daß alle diese Männer etwas ganz anderes und weit mehr geleistet haben, als sie leisten wollten."[123] Auch Phasen der Negation gehören zum geschichtlichen Prozess hinzu und lassen sich dementsprechend historisch erklären.

Auch Buchholz' historische Arbeiten, die sich nicht unmittelbar mit dem Zeitgeschehen beschäftigen, sind von dem von ihm konstatierten epochalen Wandel von der Feudalordnung zur bürgerlichen Gesellschaft aus zu verstehen und so auf die eigene Gegenwart bezogen. So behandeln seine aufeinander bezogenen *Philosophischen Untersuchungen über die Römer* und die *Philosophischen Untersuchungen über das Mittelalter* die Vorgeschichte dieses Gegensatzes: die Entstehung des Feudalismus aus dem Niedergang des römischen Imperiums und das Mittelalter, das als Zeitalter des Feudalismus definiert wird und als solches bis in Buchholz' eigene Gegenwart reicht: „Ohne griechische Philosophie und ohne römische Politik würde also die europäische Gesellschaft nicht die theologisch-feudale Grundlage erhalten haben, auf welcher sie sich zu dem entwickelt hat, was sie gegenwärtig

---

[119] Ebd., S. VI f.
[120] Ebd., S. VIII.
[121] Ebd., S. VII.
[122] Ebd., S. VIII f.
[123] Ebd., S. IX.

ist."[124] Aufgrund dieses Zusammenhangs begründet Buchholz seine Entscheidung, in den Untersuchungen über das Mittelalter, diese „Periode so weit auszudehnen, daß sie in das neunzehnte Jahrhundert hineinreicht."[125] Und auch gegenüber Cotta macht Buchholz darauf aufmerksam, dass das Mittelalter nicht etwas Vergangenes ist, sondern durchaus gegenwarts- und zeitgeschichtsrelevant: „Ich betrachte also die Erfahrung meiner philosophischen Untersuchungen über das Mittelalter (das ich beiläufig gesagt, bis zur französischen Revolution hinführe), als sehr zeitgemäß."[126]

Das von Buchholz zugrundegelegte ‚Entwicklungsgesetz' der Geschichte als Dynamik gegensätzlich wirkender Kräfte und des notwendigen Zusammenhangs von Position und Negation leitet auch hier die Darstellung: so sei die römische Republikanische Ordnung mit der immer größeren Ausdehnung des Imperiums letztlich nicht mehr vereinbar gewesen. Die sogenannte Völkerwanderung und der Untergang des Römischen Reichs seien nicht einfach ein vermeintlicher historischer Rückschritt, sondern ein Resultat dieses inneren Widerspruchs, auf Grund dessen die Römerwelt „nothwendig in sich selbst unter" gegangen sei, wobei die „Eindringlinge, die wir Barbaren nennen, nur das Mittel" gewesen seien, „dessen sich die Natur bediente, dies Verhältniß ganz aufzuheben."[127] Im gleichen Sinn ist auch die Entstehung des Feudalismus als Umwandlung der Sklaverei in Leibeigenschaft eine notwendige Voraussetzung für die Gegensätze des Revolutionszeitalters zwischen der feudal-theologischen und der bürgerlichen Ordnung – oder wie Buchholz auch sagt, für den „Kampf des menschlichen Gesetzes mit dem angeblich göttlichen."[128]: „Auf gleiche Weise kann eine neue Epoche nicht eher eintreten, als bis die Gesellschaft in großer Allgemeinheit das Bedürfnis fühlt, sich auf einer minder wandelbaren Grundlage, als die bisherige theologisch-feudale war, zu ordnen, und bis sie alle die Mittel erworben hat, diesen großen Gedanken ins Werk zu richten."[129]

Auch methodisch reflektiert Buchholz das Wechselverhältnis zwischen konsequenter Historisierung und gleichzeitiger Gegenwartsperspektivierung.

---

[124] Buchholz: Untersuchungen über das Mittelalter, in: NMD 26 (1828), S. 33.
[125] Ebd., S. 29 ff.
[126] Buchholz an Cotta, 9. Dezember 1832, Brief Nr. 92.
[127] Buchholz: Untersuchungen über das Mittelalter, in: NMD 10 (1818), S. 131.
[128] Ebd., S. 132.
[129] Buchholz: Untersuchungen über die Römer (1829), Bd. 1, S. 33.

Er verweist darauf, dass geschichtliche Epochenmerkmale erst von einem bestimmten historischen Standpunkt aus erkennbar werden und dass sich auch unsere historischen Beschreibungskategorien mit dem jeweiligen sozio-ökonomischen Stadium ändern. So hätten die Vorgänger der römischen Geschichtsschreibung, auf die er sich in der Einleitung der Untersuchungen über die Römer beruft, Machiavelli, Montesquieu und Gibbon, ihre römische Geschichte von einem Standpunkt aus geschrieben, an dem das Feudalsystem selbst noch nicht hinterfragbar gewesen sei. Gleiches gelte für den Epochenbegriff des „Mittelalters", der in der Renaissance als eine Art Verlegenheitslösung entwickelt wurde und ein bloßer ‚Trostbegriff' sei, weil er die unbegrenzte menschliche Entwicklungsfähigkeit mitbedenke, nicht aber eine wissenschaftliche Kategorie.[130] Denn indem in diesem Begriff die moralisierende Vorstellung dunkler Zeiten zugrundegelegt ist, übersehe man die notwendige Bedeutung dieses vermeintlichen Rückschrittes für nachfolgende Entwicklungen.

Wissenschaftliche Geschichtsschreibung besteht für Buchholz gerade im wechselseitigen In-Beziehung-Setzen von Gegenwärtigem und Vergangenem, von jeweiligem gegenwärtigen Standpunkt und dargestellten Gegenständen: „Lehrreich kann die Geschichte einer längst verflossenen Zeit nur dadurch werden, daß man das Verhältniß nachweiset, worin ihre Erscheinungen zu denen einer späteren Zeit stehen."[131] Historische Erkenntnis sei damit ein Prozess, in dem die Gegenwart sich in ihrem historischen Gewordensein ebenso erkennt, wie sich die Vergangenheit jeweils immer nur durch die Fragestellungen und Problemlagen der Gegenwart erschließe: „Es hat uns immer geschienen, als ob die frühere Welt nur in der späteren, und umgekehrt diese nur in jener, erkannt werden könne; und in so fern dies wirklich der Fall ist, wird es nicht an Veranlassung fehlen, die Eigenthümlichkeit der Römerwelt durch die der gegenwärtigen Zeit, und umgekehrt, aufzuhellen."[132] In diesem Sinn will Buchholz die Geschichte früherer Epochen nicht bloß „antiquarisch", sondern „politisch" oder „philosophisch" beschreiben, wie er in der Einleitung der Römer formuliert.[133] Tatsächlich lassen die Briefe an Cotta erkennen, dass Buchholz seine Römer- wie seine

---

[130] Buchholz: Untersuchungen über das Mittelalter, in: NMD 10 (1818), S. 130 f.
[131] Buchholz: Untersuchungen über die Römer (1829), Bd. 1, S. VIII.
[132] Buchholz: Untersuchungen über die Römer (1829), S. 8.
[133] Ebd.

Mittelaltergeschichte ursprünglich als eine umfassende Verfassungsgeschichte Westeuropas von der Antike bis zur Gegenwart konzipiert hatte, die aus seinen Überlegungen zur Einrichtung von Nationalversammlungen und Konstitutionen hervorgegangen ist.[134]

Dass dieser Gegenwartsbezug nicht die bloße Vereinnahmung der Vergangenheit durch die Gegenwart meint, sondern ebenso sehr die kritische und wissenschaftliche Prüfung von Gegenwartsideologien durch konsequente Historisierung, lässt sich nicht nur an Buchholz' Polemik gegen moralisierende Geschichtsdarstellungen ablesen, sondern vor allem an seiner Kritik an Geschichtsmythisierungen im Zuge des aufkommenden romantischen Nationalismus'.

So wendet sich Buchholz in seinen *Historischen Untersuchungen über die Deutschen* von 1815 gegen die in diesem Zusammenhang konstruierten Germanen- und Ursprungsmythen einer vermeintlichen „deutschen Nation".[135] Nach Buchholz ist es völlig widersinnig, einen modernen Begriff von Gesellschaft und Nation unter Rückgriff auf die Vergangenheit, sei es die der Germanen oder des Mittelalters, begründen zu wollen. Die sogenannten Germanen seien in der Geschichte „etwas ganz Verschiedenes" als die Deutschen der Gegenwart gewesen und es sei sinnlos, „von dem, was da bleiben soll" zu sprechen.[136] Aufgrund geschichtlicher Veränderungen und Migrationsprozesse gebe es keine „autochthone" deutsche Kultur: „[...] waren sie [...] Autochthonen? Das Wort ist ohne Sinn, wenn man es genauer untersucht. Die Zersetzungen, welche das menschliche Geschlecht im Laufe von Jahrtausenden erfahren hat, gehen hinaus über alle Darstellung."[137] In den Germanen die Vorväter der deutschen Nation zu konstruieren, sei bloße Geschichtsverfälschung: „Von dem Patriotismus der Nomaden-Völker kann überhaupt nicht die Rede sein. Denn worauf sollte er sich beziehen? Auf eine feststehende Verfassung? Sie hatten keine Ahnung davon. Auf den

---

[134] Vgl. Buchholz an Cotta, 17. März. 1810, Brief Nr. 79: „Was ich über National-Repräsentation zu schreiben gedachte u. zum Theil bereits ausgearbeitet habe, hat sich zur Idee einer *Geschichte der organischen Gesetzgebung des Occidents von Europa seit dem Anfang der römischen Republik bis auf unsere Zeiten herab* ausgedehnt"; sowie Brief Nr. 81, vom 24. September 1811.

[135] Vgl. zu Buchholz im Kontext der Nationalisierungs-Debatten auch Echternkamp: Aufstieg (1998), S. 342 ff.

[136] Buchholz: Über die Deutschen, in: JD 1 (1815), S. 437.

[137] Ebd., S. 436.

vaterländischen Grund und Boden? Sie hatten keine bleibenden Wohnsitze."
Auch die vielbeschworene germanische Freiheit als Element des Nationalcharakters sei eine anachronistische Begriffsverwechslung: „Nicht viel besser steht es um die Freiheitsliebe; wenigstens kann sie nicht als eine aufgeklärte gedacht werden."[138] Tacitus' immer wieder als Beleg angeführte Beschreibungen der Germanen seien als idealisierende Projektion seiner Unzufriedenheit mit den damaligen römischen Verhältnissen zu verstehen, nicht aber als historische Tatsachen. Die Frage nach der Ursprünglichkeit von Nationen sei ohnehin falsch gestellt, wenn man sie auf „Sitten" oder „Kultur" gründe: die Kultur der sogenannten Germanen sei die gleiche gewesen wie die aller „Nomaden-Völker". Wenn man dagegen sinnvollerweise den Begriff der Nation an den Gesetzes- und Verfassungsbegriff koppele, werde man bei den Germanen umso weniger fündig: „[...] von dieser Seite boten die Germanen nichts Anziehendes dar, konnten sie nichts Anziehendes darbieten, weil sie noch auf einer so niedrigen Stufe der Civilisation standen."[139] und in einer bloß „hordenmäßigen Verfassung"[140] lebten. Nicht die vermeintliche germanische Freiheitsliebe, sondern bloße Armut sei der Grund dafür gewesen, dass die Römer die mitteleuropäischen Waldgebiete nicht eroberten, sondern lediglich so gut es ging „in Zaum" hielten. Darin seien sie klüger gewesen als die „Franzosen unserer Zeit, die, indem sie es auf eine Eroberung Rußlands anlegten, ihrem Untergange sporenstreichs entgegen gingen": „Germanien blieb also frei, nicht weil es tapfer, sondern weil es arm war, und einen gesellschaftlichen Zustand in sich schloß, der von keiner Seite zu der übrigen Römerwelt paßte."[141] Schließlich stelle sich auf Grund der nomadischen Lebensweise das Problem der dürftigen Quellenüberlieferung, wenn man über ein vermeintliches „Deutschland" spricht: „Das eigentliche Deutschland bietet in dieser Periode keinen Stoff zu Bemerkungen dar [...] während in Frankreich, Spanien und Italien sich einige Überreste von Kunst und Wissenschaft erhielten, blieben beide den Deutschen noch immer fremd. Was daher auch bei ihnen vorgehen mochte, so blieb es unbemerkt."[142]

---

[138] Ebd., S. 439.
[139] Ebd., S. 438.
[140] Ebd., S. 437.
[141] Ebd., S. 440.
[142] Ebd., S. 445.

Die sozialwissenschaftliche Betrachtungsweise der Geschichte kann bei Buchholz zweierlei Funktionen dienen. Man kann mit ihrer Hilfe Geschichtsmythen kritisch dekonstruieren. Und man kann eine vermeintlich bloß „antiquarische" Geschichtsbetrachtung als standortgebundene Darstellung im jeweiligen Gegenwartsinteresse entlarven. Auch wenn Buchholz diese Einsichten nicht in einer umfassenden Geschichtstheorie oder einer „Historik" ausformuliert hat, finden sich doch in seinen Werken zahlreiche Motive, die beides als Leitlinien seines Geschichtsverständnisses ausweisen. Immer bleibt Geschichte für ihn dabei ein Mittel, nicht blind in den Zwängen der Vergangenheit zu verharren, sondern künftige Politik auf der Basis erweisbarer historischer Kenntnisse zu gestalten. Beides zusammen – historische Tiefenperspektive und sozial- und politikwissenschaftliche Gegenwartsperspektive – gehört für ihn zu den notwendigen Instrumentarien, den epochalen sozialen Wandel seiner Zeit zu erklären und zu gestalten. In diesem Sinn charakterisiert Buchholz seine Arbeiten als Historiker gegenüber Cotta als „Beiträge zur Geschichte unserer Verwandelung."[143]

---

[143] Buchholz an Cotta, 18. Januar 1811, Brief Nr. 76.

5. Zeitgeschichte als Weltgeschichte

5.1 Haiti als Medienereignis um 1800

Will man sich über den Zusammenhang zwischen Welthandel, Weltpolitik und den kolonialen Diskursen um die Haitianischen Revolutionen seit 1791 informieren, bietet sich Susan Buck-Morss vielbeachtete Studie *Hegel und Haiti* an. Hegels Begriff der bürgerlichen Gesellschaft als System der Bedürfnisse, seine Herr-Knecht-Dialektik sowie seine Subjekt- und Staatstheorie werden von Buck-Morss auf Hegels Haiti-Rezeption zurückgeführt. Über die Haitianische Revolution sei er durch Archenholz' Zeitschrift *Minerva* immer informiert gewesen. Am Beispiel Haitis zeige sich, dass Hegels Philosophie im sehr konkreten Sinn eine „Theorie der Zeit", eine Reflexion seiner eigenen politischen Gegenwart gewesen sei.[1]

Allerdings gibt es bei Buck-Morss' These ein Problem: Hegel erwähnt Haiti in all seinen zentralen Werken überhaupt nicht; erst ganz spät, im Jahr 1830 taucht es einmal am Rande auf.[2] Deshalb ist Buck-Morss auf Analogie-Schlüsse angewiesen, derart, dass Hegels Analyse „eine theoretische Lösung" liefere, wie sie „in genau jenem Moment in Haiti in die Tat umgesetzt wurde".[3] Wenn Hegel von „Knechten" oder „Sklaven" schreibe, habe er unausgesprochen immer die Haitianischen Aufständischen vor Augen gehabt. Die naheliegende Frage, „wieso die Ereignisse in seinen Texten nicht expliziter zur Sprache [kommen]?",[4] beantwortet sie mit Spekulatio-

---

[1] Buck-Morss: Hegel und Haiti (2009), S. 26.
[2] Ebd.
[3] Ebd.
[4] Ebd., S. 33.

nen über geheime Freimaurernetze, mit eventueller Vorsicht wegen seiner ungesicherten beruflichen Situation, „Angst vor politischen Unannehmlichkeiten"[5] – oder sogar über möglicherweise verloren gegangene Zeugnisse wie die „verschwundene[n] letzte[n] Seite(n) des späteren Fragments 22 der *Jenaer Systementwürfe* von 1803/1804."[6] Schließlich wird die Frage einfach an die verdutzten Leserinnen und Leser zurückgegeben: „Der Zusammenhang scheint offensichtlich zu sein, so offensichtlich, daß die Beweislast eigentlich bei denen liegen sollte, die ihn abstreiten."[7] Apodiktisch stellt Buck-Morss fest: „Es kann allerdings kein Zweifel daran bestehen, daß Hegel und Haiti zusammengehören."[8]

Dass Haiti um 1800 in ganz Europa und damit auch in den deutschen Staaten ein Medienereignis war, ist inzwischen bekannt.[9] Die wichtigsten französischen und englischen Augenzeugenberichte etwa von Louis Dubroca, Bryan Edwards oder Marcus Rainsford erschienen unmittelbar in deutscher Übersetzung.[10] Haiti regte zudem die literarische Phantasie an und bot den Stoff für zahlreiche belletristische Adaptionen: von Friedrich Döhners Tragödie *Des Aufruhrs schreckliche Folge, oder Die Neger* (Wien 1792) über das als Reportage getarnte Pamphlet *Dessalines, Tyrann der Schwarzen und Mörder der Weissen auf St. Domingo. Ein Gemälde aus der Gallerie politischer Ungeheuer* (Erfurt 1805) bis hin zu Haiti-Romanen für Kinder wie *Adonis und Zerbine oder Die Leiden einer edlen Familie auf St. Domingo. Für gebildete junge Leser von 10 bis 16 Jahren* (Gotha 1811). Wie bereits die Titel zeigen, erschien der Haiti-Stoff mit seiner Mischung aus Exotismus und Angstphantasien als besonders geeignet für moralische Abschreckungspädagogik und Unterhaltungsliteratur. Auch die heute berühmteste literarische Adaption des Haiti-Motivs, Heinrich von Kleists Erzählung *Die Verlobung in St. Domingo*, die vom 25. März bis zum 5. April als Fortsetzungsgeschichte in der Berliner Zeitschrift *Der Freimüthige. Ein*

---

[5] Ebd., S. 34, S. 37f. u. S. 39.
[6] Ebd., S. 40.
[7] Ebd., S. 26.
[8] Ebd., S. 39.
[9] Vgl. grundlegend Schüller: Rezeption Haitianischer Geschichte (1992).
[10] Vgl. Dubroca: Leben des J. J. Dessalines (1805); sowie Rainsford: Geschichte der Insel Hayti (1802).

Unterhaltungsblatt für gebildete, unbefangene Leser erschien, gehört in diesen Kontext.[11]

Von den Anfängen der Revolution 1790 über die Unabhängigkeitserklärung von 1804 bis hin zur endgültigen Anerkennung der Unabhängigkeit durch Frankreich im Jahr 1825 konnte sich das deutsche Publikum über die entscheidenden Ereignisse in Haiti informieren. In allen einschlägigen historisch-politischen Journalen finden sich ausführliche Berichte. Die jeweilige inhaltliche und politische Ausrichtung der Zeitschrift prägte auch ihre Haiti-Berichterstattung: so stehen im Hamburger *Historisch-politischen Magazin* Fragen des Handels im Fokus,[12] Schlözers Göttinger *Stats-Anzeigen* versorgten ihre Leser vor allem mit statistischen Informationen[13] und Ernst Ludwig Posselts Serie über *Frankreichs Colonien* in den *Europäischen Annalen* von 1795–1802 spiegelt die Sichtweise der französischen Kolonialmacht.[14] Frühkonservative und gegenrevolutionäre Blätter wie Benedict von Schirachs *Politisches Journal* sahen in den Vorgängen auf der Insel die Bestätigung für die Auswüchse der Revolution, während sich eine positive Rezeption der Haitianischen Revolution naturgemäß eher in den revolutionsfreundlichen Blättern wie Johann Friedrich Reichhardts Journal *Frankreich* findet, wo Toussaint als neuer Spartakus gefeiert und St. Domingo als „Wiege der Freyheit für das africanische Geschlecht" gedeutet wird.[15]

Archenholz' *Minerva* als in Preußen meistgelesenes, moderat-frühliberales Blatt brachte hauptsächlich Übersetzungen und Auszüge aus den Berichten und Aktenstücken von Barbault-Royer, Dubroca und Rainsford, sowie aus amerikanischen Zeitungen wie dem *Courier of Charlestown*, dem *Daily*

---

[11] *Der Freimüthige. Ein Unterhaltungsblatt für gebildete, unbefangene Leser* wurde von August von Kotzebue gegründet, ab 1806 von Kotzebue und Garlieb Merkel mit dem Untertitel „Ernst und Scherz" weitergeführt und ab 1808 von August Kuhn herausgegeben, der das Blatt für 4000 Reichsthaler von Kotzebue übernommen hat. Es handelt sich um die führende Unterhaltungszeitschrift Berlins im frühen 19. Jahrhundert.

[12] Vgl. z. B. [Anonymus]: Zustande der Handlung auf der Insel St. Domingo, in: Historisch-politisches Magazin 10 (1791).

[13] Vgl. z. B. [Anonymus]: StatsEinkünfte und Handlung, in: Stats-Anzeigen, 13 (1789).

[14] Vgl. Posselt: Frankreichs Colonien, in: Europäische Annalen 1 (1795); 3 (1796); 2 (1796); 1 (1797); sowie 1 (1802).

[15] Vgl. [Anonymus]: Toussaints Louverture, in: Frankreich 2 (1802), S. 73; sowie [Anonymus]: Gegenwärtiger Krieg in St. Domingo, in: Frankreich 2 (1803), S. 287. Vgl. auch Schüller: Rezeption Haitianischer Geschichte (1992), S. 172 ff.

Advertiser oder dem *Norfolk Chronicle*. Archenholz selbst äußert sich in Kommentaren und Einleitungen zu den Artikeln, wobei durchaus eine negative Darstellung der Haitianischen Revolution überwiegt. Sowohl bei der Auswahl der Artikel als auch in Archenholz' eigenen Beiträgen lässt sich eine vor allem moralisierende Darstellung der Vorgänge feststellen, in welchen er sich mit seinen Lesern über die Vorgänge auf der Insel empört. So heißt es in seiner Einleitung zu einem Artikel *Zur neuesten Geschichte von St. Domingo* im Jahr 1804 etwa: „Die Augen der Welt sind jetzt auf St. Domingo und auf die dort hausenden Neger – eine Republik kann man diese zusammen gerotteten rasenden Schwarzen wohl nicht nennen – gerichtet, da die Folgen dieses Unwesens nicht zu berechnen sind."[16] Ein Jahr später schildert Archenholz unter dem Titel *Neue Greuel der Neger in St. Domingo* Horrorszenarien aus Haiti: „Die schwarzen Ungeheuer in St. Domingo bleiben auch nach gänzlicher Vertilgung der weissen Bewohner der Insel, ihrem Mord-Character getreu."[17] Nachdem er so die Schwarzen zu „Ungeheuern" verteufelt hat, ruft er Napoleon auf, den Handel der Amerikaner mit den Haitianern zu unterbinden, weil diese als „Unmenschen"[18] aus dem Umfang der zivilisierten Welt auszuschließen seien. Auch eine Rassismus, Klassismus und Sexismus verbindende Anekdote über die moralische Verworfenheit insbesondere der Haitianischen Frauen fehlt nicht, deren Abdruck Archenholz folgendermaßen rechtfertigt: Die „Beschreibung dient die Lebensweise, den Luxus und die ausschweifenden Schwelgereyen des schwarzen Adels auf der Insel Haity anschaulich zu machen; und zwar ist die Schilderung eines sittlichen Auswuchses, wenn ich mich so ausdrücken darf, um so mehr der Aufbewahrung werth, da sich dies Neger-Reich wohl schwerlich lange erhalten dürfte."[19] Wie für die frühkonservativen Publizisten war auch für Archenholz Haiti ein Musterbeispiel dafür, dass Revolutionen in Terror umschlagen. In seiner Vorrede zu Dubrocas *Geschichte der Neger-Empörung* resümiert er: „Die Freyheit, [...] hat sich in St. Domingo nur als eine unbarmherzige Furie gezeigt, die von allen Seiten Schrecken und Tod schnaubte, und nur mit Fackel und Dolch einher schritt."[20]

---

[16] Archenholz: Geschichte von St. Domingo, in: Minerva 4 (1804), S. 340.
[17] Archenholz: Neue Greuel der Neger, in: Minerva 2 (1805), S. 295.
[18] Ebd.
[19] Archenholz: Geschmückter Ball, in: Minerva 2 (1805), S. 343 f.
[20] Archenholz: Vorrede, Geschichte der Neger-Empörung, in: Minerva 1 (1805), S. 435.

Vor diesem Hintergrund erscheint es fragwürdig, wenn Susan Buck-Morss Archenholz als eine Art Vorreiter der Sklavenbefreiung dargestellt. Insgesamt bedient Archenholz' Berichterstattung gleichermaßen das Bedürfnis seines Publikums nach Information wie auch dessen Vorurteile. Während die Übersetzungen englischer und französischer Berichte vor allem informieren sollen, ersetzt Archenholz in seinen Herausgeberkommentaren politische Analysen durch moralische Wertungen. Verglichen mit anderen zeitgenössischen Pressedarstellungen findet man in der *Minerva* weder eine besonders herausgehobene positive Haiti-Darstellung – wie etwa in Reichardts *Frankreich* –, noch eine sich auf Fakten beschränkende Darstellung. Zwar wird an einigen wenigen Stellen neben Abscheu auch ein gewisses Verständnis für die Revolutionäre gezeigt, aber letztlich verbleibt beides auf der Ebene moralisierender Wertungen.

5.2 „Eine glückliche Manier, die Weltgeschichte zu reassumieren": Buchholz und Haiti

Dennoch ist Buck-Morss zuzustimmen, dass Haiti für den intellektuellen Horizont um 1800 über die Inspiration zu literarischen Gruselgeschichten oder der Selbstvergewisserung der vermeintlichen eigenen moralischen und zivilisatorischen Überlegenheit hinaus von entscheidender Bedeutung ist. Tatsächlich führte die Reflexion über Haiti zu einer veränderten Einsicht über die Zusammenhänge auf dem Weltmarkt als einem globalen System der wechselseitigen Bedürfnisse, die sich daraus ergebende strukturelle Verselbständigung des Tauschmittels Geld und der Finanzmärkte. Ansatzweise wird sogar anerkannt, dass Europa nicht der Nabel der Welt ist. Allerdings findet sich dies alles eben nicht bei Archenholz und vermittelt über diesen bei Hegel, sondern bei Friedrich Buchholz. Hier ist tatsächlich jener globale Perspektivwechsel vollzogen, der Haiti als weltgeschichtlichen Faktor betrachtet.

Buchholz hat immer wieder über Haiti geschrieben: Von seinem ersten Aufsatz *Über den Verlust St. Domingo's und die politische Wichtigkeit dieser Insel* in der Zeitschrift *Geschichte und Politik* Anfang 1804 über die zentralen Kapitel über St. Domingo in seinem *Neuen Leviathan* (1805) bis hin zu zahlreichen Artikeln in seinen beiden historischen Zeitschriften *Journal für Deutschland* und *Neue Monatsschrift für Deutschland* nach 1815.[21] Tatsächlich kann Buchholz als einer der preußischen Lateinamerika-Experten seiner Zeit gelten. Zugute kamen ihm dabei seine Kenntnisse der spanischen Literatur und Geschichte. Zu seinen ersten Veröffentlichungen gehörten unter anderem das *Handbuch für spanische Sprache und Literatur*, Aufsätze zu Themen der spanischen Geschichte in der *Berlinischen Monatsschrift* und in der *Eunomia* bis hin zum fiktiven Reiseroman *Briefe eines reisenden Spaniers über sein Vaterland und Preußen* oder einer Biographie über *Juan de Marianas*.[22] Karin Schüller nennt Buchholz' Haiti-Artikel in ihrer grundlegenden Studie zur deutschen Rezeption haitianischer Geschichte in der ersten Hälfte des 19. Jahrhunderts einen „der ersten selbständigen Deutungsversuche aus der Feder eines deutschen Publizisten."[23]

Diese Selbständigkeit besteht darin, dass Haiti bei Buchholz als Schlüssel der gesamten Weltpolitik gedeutet wird. Zum einen entwickelt er ein umfassendes Modell der politisch-ökonomischen Weltmarktbildung, in dessen Zentrum Haiti angesiedelt ist.[24] Zum anderen gelangt er von hier aus durchaus zu einer Anerkennung der eigenständigen Entwicklung Haitis bis hin zur Hoffnung, dass Haitis Unabhängigkeit ein Indikator für das Ende des eurozentrisch organisierten Kolonialhandels darstellt.

Buchholz' Hauptgedanke ist, dass man die politische Situation in Europa seit der Entdeckung Amerikas nicht angemessen verstehen kann, wenn man sie nicht in einem „transatlantischen Spiegel" betrachtet.[25] Durch die europäische Expansion habe sich die gesamte politische Machtbalance verändert und es seien neue Imperien entstanden. Ohne diese Erweiterung des Unter-

---

[21] Vgl. Buchholz: Verlust St. Domingo's, in: Geschichte und Politik 1 (1804); ders.: Leviathan (1805), S. 269–290; ders.: Zustande auf der Insel St. Domingo, in: JD 5 (1816); ders.: Aufschlüsse über die Umwälzung auf Haity, in: NMD 4 (1821); sowie ders.: Vorwort zu: Über den gegenwärtigen Zustand Hayti's, in: NMD 18 (1825).

[22] Vgl. [Buchholz]: Handbuch der spanischen Sprache und Litteratur (1804); ders.: Francisco (1802); ders.: Briefe eines reisenden Spaniers (1804); ders.: Juan de Mariana (1804). Vgl. auch Schmieder: Bild Lateinamerikas (2004), S. 89 f.

[23] Schüller: Rezeption Haitianischer Geschichte (1992), S. 183.

[24] Hegels „Weltgeist" ist bei Buchholz bereits als Weltmarkt gedacht. Vgl. D'Aprile: Der Weltgeist der Aufklärung (2010). Klassisch zu Hegels Konzeption von Weltgeschichte Schulin: Die weltgeschichtliche Erfassung (1958).

[25] Buchholz: Bereicherung der deutschen Literatur, in: NMD 44 (1834), S. 112.

suchungsrahmens seien auch die epochalen zeitgeschichtlichen Ereignisse wie die Französische Revolution, die Kontinentalkriege oder die Napoleonische Expansion nicht zu verstehen.[26] Der „Zusammenhang, welcher zwischen Europa und [...] Amerika statt findet" wird dabei von Buchholz als ein System wechselseitiger Bedürfnisse beschrieben: „Im Grunde bildet die menschliche Gesellschaft ein Ganzes [...] Was den Menschen an den Menschen kettet, ist die Kraft gegenseitiger Bedürfnisse."[27] Die zunehmende Verflechtung ist ein „unbeabsichtigtes Product" der Ausdifferenzierung dieser Bedürfnislagen: „alles, was Cultur genannt zu werden verdient, [ist] zuletzt nichts weiter, als das allmählige und unbeabsichtigte Product der Bestrebungen aller Mitglieder der Gesellschaft, ihre physischen und moralischen Bedürfnisse zu befriedigen."[28]

Mit der spanischen Expansion nach Amerika im 16. Jahrhundert habe diese Ausdifferenzierung erstmals einen globalen Charakter angenommen: „Im Ganzen genommen, war Spanien nur der Stapelort der ganzen europäischen Industrie, so weit sie sich auf Amerika bezog. Deutschland, Holland, und die Schweiz, Frankreich, England dreheten sich um Spanien, wie Planeten um die Sonne. In Schlesiens Gebirgen wurde ein großer Theil der Leinwand verfertigt, womit die Bewohner Mexiko's und Peru's sich bedeckten; die Schweiz versah mit Musselinen; Holland schickte theils, was es in sich selbst fabrizirt hatte, theils was im Auslande aufgekauft war; Frankreich lieferte Seidenwaaren; England Tücher, Hüte, Getreide und jeden anderen Artikel, der sich aufdrängen läßt."[29]

Während Spanien jedoch noch Teil der mittelalterlich geprägten „theokratischen Universalmonarchie" Roms gewesen sei, habe im 18. Jahrhundert das Britische Empire globalen hegemonialen Status erlangt und eine „merkantilistische Universalmonarchie" errichtet. Während die theokratische Universalmonarchie auf der Gottesfurcht als oberstem Herrschaftsprinzip beruhte und ihr Instrument das kirchliche System mit Bischöfen, Priestern

---

[26] Mit dieser globalen Erklärung der Französischen Revolution nimmt Buchholz Einsichten vorweg, die in der jüngeren Revolutionsforschung wieder aufgegriffen werden. Vgl. Stone: Genesis of the French Revolution; ders.: Reinterpreting the French Revolution.
[27] Buchholz: Leviathan (1805), S. 319.
[28] Ebd.
[29] Ebd., S. 322.

und Orden und dem damit verbundenen Gewissenszwang gewesen sei, so ist die englische Universalmonarchie auf die Herrschaft über die Weltmeere gegründet, deren Träger die „Gutsbesitzer und Bankiers" sind.[30] So wie Rom die Hauptstadt des theokratischen Weltreichs war, so ist London in der Gegenwart der „Zentralpunkt der Geldkraft" und das „Stapelhaus der ganzen Welt".[31]

Von entscheidender Bedeutung für diesen Epochenwechsel war nach Buchholz die englische Revolution von 1688/89 sowie die damit verbundene Reorganisation der Staatsfinanzen. An die Stelle des traditionellen Staatsschatz-Systems zur Sicherung der staatlichen Aufgaben sei ein neues permanentes Kreditsystem getreten, das Buchholz im Anschluss an Friedrich Gentz „Anleihe-System" nennt.[32] Die britische Regierung wurde von der Verpflichtung entbunden, Staatspapiere zu einem festen Datum einzulösen und garantierte stattdessen einen festen Zinssatz von 8% für die neuen permanenten Staatsanleihen. Zum Zweck der Abwicklung der Transaktionen wurde 1694 nach Amsterdamer Vorbild die Bank von England gegründet.[33] Als Bürgschaft für die regelmäßige Zahlung der Zinsen diente die Produktivkraft der gesamten englischen Nation, die vor allem durch den Kolonialhandel sichergestellt wurde.

Hier liegt nach Buchholz die ungeplante Dynamik der britischen kolonialen Expansion begründet. Die durch das „Anleihe-System" charakterisierte merkantile Herrschaftsform wird als eine riesige auf Pump finanzierte Spirale dargestellt, bei der der englische Staat durch immer neue Schulden zu immer neuen kolonialen Expansionen gezwungen wird, um die ins Unendliche wachsenden Zinsforderungen begleichen zu können. Über ihr Machtmittel, das vom Adel dominierte Parlament, zwängen die Landlords und die Gentry den König zu immer neuen Schulden und damit zur Aufrechterhaltung eines Systems, in dem Kolonialkriege eine „einträgliche Speculation" darstellen. Nicht politische Partizipation sei der vom Parlament verfolgte

---

[30] Buchholz: Rom und London (1807), S. 357
[31] Buchholz: Leviathan (1805), S. 265.
[32] Ebd., S. 240–244.
[33] Vgl. auch Vogl: Gespenst (2010), S. 53–82. Pate für diese Art der Staatsfinanzierung standen die holländischen und englischen Ostindien-Kompanien als große, in den außereuropäischen Kolonien mit staatsähnlichen Hoheitsansprüchen auftretende Aktiengesellschaften.

Zweck, sondern einzig und allein, „die Last der öffentlichen Abgaben zu vermehren."[34] und dadurch die „erzwungene Unterordnung der ganzen Gesellschaft unter den Vortheil der Grundbesitzer". Der englische Premier-Minister habe keine andere Wahl als die Zinsforderungen zu begleichen, wolle er nicht seine eigene Machtbasis untergraben: „Auf diese Weise ist der gegenwärtige Krieg entstanden, durch welchen die englische Regierung einen Bürgerkrieg abzuwenden sucht, der von dem Augenblick an ausbricht, wo die Regierung ihre Verheißungen nicht erfüllen kann und ihre bisherigen Freunde (die Kapitalisten Englands) genöthigt werden, zu ihren Feinden (der arbeitenden Klasse der Bewohner Großbritanniens) überzugehen."[35]

Der geopolitische Konflikt zwischen England und Frankreich entpuppt sich nach Buchholz somit wesentlich als ökonomischer Konflikt um die Vorherrschaft auf den Weltmärkten, d. h. als ein „Finanzantagonismus"[36], wie er ihn nennt: „Denkt man sich den französischen und den englischen Staat als zwei gegenüberstehende Massen, welche sich gegenseitig bedrohen, so ist die Kraft des englischen Staats gerade um so viel stärker, als die englischen Staatspapiere besser sind denn die französischen. Der wesentliche Unterschied zwischen beiden Staaten besteht nämlich darin, daß die 3 Procent Consolidirten in England eben so viel werth sind, als die 5 Procent Consolidirten in Frankreich, d. h. daß die englischen Staatspapiere um gute 41 Procent besser sind, als die französischen."[37]

In Haiti als dem überseeischen „Centrum des französischen Handels" mit seinen „Zuckerpflanzungen, Kaffee, Indigo, Baumwolle, Cacao" kulminiere dieser Konflikt.[38] Könnten die Franzosen St. Domingo nicht halten, müssten sie entweder „auf mehrere Bedürfnisse, an deren Befriedigung sie sich seit Jahrhunderten gewöhnt haben, Verzicht" leisten oder über den Preis der Produkte für die Zinsen der „überschwänglichen Nationalschuld" Englands aufkommen.[39] Buchholz unterstreicht die geostrategische Bedeutung Haitis, in dem er darauf aufmerksam macht, dass die Insel nicht nur genau so groß wie England selbst sei, sondern zudem ein Handelsvolumen wie alle ande-

---

[34] Buchholz: Leviathan (1805), S. 378.
[35] Ebd., S. 301.
[36] Ebd., S. 286.
[37] Ebd., S. 285.
[38] Ebd., S. 268 f.
[39] Buchholz: Verlust St. Domingo's, in: Geschichte und Politik 1 (1804), S. 180.

ren englischen Kolonien in Asien und Nordamerika zusammen aufweise: „Die Engländer gestehen übrigens selbst, daß St. Domingo eben so viel hervorbringe, als alle ihre west- und ostindischen Besitzungen zusammengenommen."[40]

Diese überseeische Mächtekonkurrenz zwischen England und Frankreich hat unmittelbare Konsequenzen für die politische Lage auf dem europäischen Kontinent und damit auch für Preußen. Die Abdrängung Frankreichs vom Weltmarkt ist laut Buchholz ursächlich für die Expansion auf dem europäischen Kontinent; Englands „Seedespotismus" führt zu Napoleons „Landdespotismus": „Denkt man sich St. Domingo weg, so giebt es keinen Gegenstand des Haders zwischen England und Frankreich, so ruhen die Waffen auf allen Punkten Europa's".[41] Während aber Napoleons Ziel die Einhegung des Finanzantagonismus durch die Einführung gleicher Rechte, politischer Strukturen, durch welche die ganze Nation repräsentiert werde, sowie die Schaffung internationaler Institutionen sei, ziele die englische Politik auf den Erhalt rückständiger Feudalstrukturen auf dem Kontinent ab. Das europäische Festland solle zum bloßen Rohstofflieferanten herabgestuft werden, Handel, Manufakturen und Gewerbe dagegen würden blockiert und boykottiert. Profiteur dieser Politik seien die Preußischen Großgrundbesitzer, die „Feudaladligen", „Kornproduzenten" und „Getreidelieferanten", wie Buchholz sie nennt. In der antifranzösischen Koalition würden sich Klasseninteressen und ökonomische Interessen des Adels diesseits und jenseits des Kanals wechselseitig ergänzen. Für einen Vertreter des dritten Standes, als den Buchholz sich begreift, erscheint ein solches Bündnis dagegen als „Bündnis gegen den Weltgeist"[42]. Allerdings ist der Konflikt wegen seines Charakters als Finanzantagonismus nach Buchholz nicht, wie Napoleon glaubt, mit militärischen Mitteln zu lösen, sondern nur ökonomisch: Buchholz schlägt vor, England bei der Reduzierung der Staatsschulden zu unterstützen, um so Zeit für die notwendigen politischen Reformen und die Einführung eines modernen Repräsentativsystems zu gewinnen.

Auch Buchholz' Haiti-Darstellungen bleiben eurozentristisch in dem Sinn, dass die Geschichte der Haitianischen Revolution immer in Bezug auf die Machtzentren des europäischen Kolonialismus' gedeutet werden. Aller-

---

[40] Buchholz: Leviathan (1805), S. 280.
[41] Ebd., S. 284.
[42] Buchholz: Rom und London (1807), S. 373.

dings wird dieser Eurozentrismus in zwei Hinsichten relativiert. Erstens zeigt Buchholz die mit Haiti verbundenen Rückwirkungen auf den europäischen Kontinent. Die entscheidenden politischen Ereignisse in Europa sind ohne diese Rückwirkungen nicht verstehbar: dies gilt für die Französische Revolution wie für die Sachzwänge der englischen Politik oder Napoleons Kontinentalexpansion. Zweitens setzt Buchholz gegen den moralisch bewertenden Blick auf Haiti und gegen die Dämonisierung der Aufständischen den Versuch, die Revolution in ihrer eigenen Rationalität zu erklären. Durch gezielte Vergleiche bringt er seinen europäischen Lesern die Geschehnisse näher, etwa wenn er darauf hinweist, dass Haiti genau so groß wie Großbritannien sei oder wenn er betont, dass die Haitianischen Revolutionäre sich durchaus rational verhalten: „Jeder europäische Regierungschef würde gleich gehandelt haben". Dies gilt für Toussaint l'Ouverture, „in welchem man vergeblich einen Verbrecher sucht"[43] ebenso wie für Dessalines: „Was von seiner Grausamkeit gesagt ist, diente nur zur Entschuldigung seiner Mörder; denn in sich selbst war es unbegründet. Dessalines war tapfer, wohlwollend und träge. In einem geordneten Gesellschaftszustande würde er ein trefflicher Regent gewesen seyn."[44] Die vermeintliche Unzivilisiertheit Haitis sei gerade im Gegenteil Folge einer barbarischen und ‚barbarisierenden' europäischen Kolonialpolitik, durch welche Zivilisation und Prosperität in Haiti verhindert würden, weil man keine Konkurrenz wünscht. „Die ganze Tendenz des gegenwärtigen Krieges ist von Seiten Englands keine andere, als die Cultur von St. Domingo für immer zu verhindern."[45]

Immer wieder macht Buchholz zudem darauf aufmerksam, dass die Haitianer „seit Jahrhunderten" mit der europäischen Kultur bekannt seien. Toussaint wird als ein eifriger Leser von Raynals *Geschichte beider Indien* vorgestellt, dessen Büste auch in seinem Arbeitszimmer stand.[46] Was die großen Vordenker der europäischen Abolitionismus-Bewegung, Grégoire und Wilberforce geschrieben haben, sei in Haiti wohlbekannt und verinnerlicht worden.[47]

---

[43] Buchholz: Leviathan (1805), S. 275.
[44] Buchholz: Aufschlüsse über die Umwälzung auf Haity, in: NMD 4 (1821), S. 121.
[45] Buchholz: Leviathan (1805), S. 282.
[46] Buchholz: Verlust St. Domingo's, in: Geschichte und Politik 1 (1804), S. 188.
[47] 1808 werden in den *Europäischen Annalen* „Briefe des General Toussaint Louverture an den Bischoff und Senator Gregoire" veröffentlicht. (Europäische Annalen, 3

Die Schaffung von Rechts- und Bildungsinstitutionen durch Dessalines Nachfolger König Henri Christophes bewertet Buchholz als Versuch einer aufgeklärt-rationalen Staatsreform, der sogar „in sehr vieler Hinsicht bei weitem überlegter ist, als Napoleons Schöpfung es war."[48] Unterstrichen wird diese Deutung Henri Christophes als gutem Reform-Monarchen durch weitere Details, etwa, dass er seinen Regierungssitz „Sans Souci" genannt habe, wodurch er in die Nähe des unter preußischen Frühliberalen wie Buchholz zum Modell stilisierten Friedrich II. von Preußen gerückt wird. Es ist diese Schaffung eigener Institutionen, in welchen Buchholz den wichtigsten Stabilitätsfaktor sieht, der eine Rekolonialisierung verhindert: „Nichts, so scheint es, wird die Franzosen an der Wiedereroberung dieser Insel kräftiger verhindern, als die Schöpfung Heinrichs."[49] Mit der Landung der ersten Haitianischen Schiffe in Deutschland sei erstmals auch die Gelegenheit gegeben, sich auf der Basis von authentischen und nicht-europäischen Zeugnissen über die Vorgänge auf der Insel zu informieren: „Im Sommer des Jahres 1815 erschienen die ersten haytischen Schiffe an Deutschlands Gestaden; und die waren es, welche die Urkunden mitbrachten, aus welchen diese Darstellung des gegenwärtigen Zustandes von St. Domingo ein treuer Auszug ist."[50]

In einem späteren Aufsatz, der während der Juli-Revolution von 1830 entstand, blickt Buchholz noch einmal auf die Kolonialismus-Diskussionen seit der europäischen Aufklärung zurück. Er zitiert eine Überlegung Diderots aus der *Geschichte beider Indien*, nach der die europäisch dominierte, koloniale Weltherrschaft irgendwann in ferner Zukunft durch ein auf Gleichberechtigung basierendes System abgelöst werden wird. Nach Diderot ist diese Ablösung nicht nur unvermeidlich, sondern es würde darüber hinaus auch niemand einen Grund haben, sie zu bedauern. Bei Diderot heißt es in der Buchholz'schen Übersetzung: „Wozu sich doch einer Umwälzung widersetzen, die unstreitig noch fern ist, die aber, allen Gegenbemühungen zum Trotz, nicht ausbleiben wird? Die Welt, die ihr verheert habt (also: die außereuropäische Welt), muß sich befreien von derjenigen, die Ihr bewohnt

---

[1808], S. 173–186). Zur Wilberforce und Gregoire-Rezeption in Haiti vgl. auch Buchholz: Zustande auf der Insel St. Domingo, in: JD 5, S. 259.

[48] Ebd., S. 288.
[49] Ebd.
[50] Ebd.

(d.i. die europäische Welt). Dann werden die Meere nur zwei Brüder, zwei Freunde trennen. Und würde bei dieser Ordnung der Dinge das Mindeste zu bedauern seyn?"[51]

Ausgehend davon äußert Buchholz seine Hoffnung, dass diese Zeit nun gekommen sei, weil alle Anzeichen für ein Ende des europäischen Kolonialsystems sprächen: die erfolgreiche nordamerikanische Unabhängigkeitserklärung sei zum Muster sowohl der antikolonialen Bewegungen in Lateinamerika als auch der Revolution der ehemaligen Sklaven auf Haiti geworden. In der Befreiung Haitis (hier nach dem alten spanischen Namen „Hispaniola") sei „das sicherste Zeichen der nahen Befreiung" aller europäischen Kolonien zu sehen. Die Folge werde der Zusammenbruch aller europäischen Empires und schließlich die Errichtung eines auf gleichen Rechten und Chancen beruhenden Welthandels sein: „Großbritanniens Kolonien auf dem amerikanischen Festlande eroberten zuerst eine Unabhängigkeit, die sie nicht länger entbehren konnten. Das von ihnen gegebene Beispiel blieb nicht unbenutzt. Was ist seit dem Jahre 1808 aus der unermeßlichen Monarchie Philipps des Zweiten geworden, in welcher die Sonne nie unterging? Was aus Portugal, das jenseits des atlantischen Ozeans in Brasilien eine Kolonie besaß, die an Größe und Fruchtbarkeit des Bodens den Mutterstaat unendlich übertraf? Was ist übrig geblieben von den weitschichtigen Eroberungen des fünfzehnten und sechzehnten Jahrhunderts? Nicht einmal die sämmtlichen Inseln des Archipelagus, mit denen diese Eroberungen begannen; denn Hispaniola ist den Negern zu Theil geworden, und hierin liegt das sicherste Unterpfand der Freiwerdung aller englischen, französischen und spanischen Kolonien, so viel davon noch übrig ist. Schon beschäftigt man sich mit der Frage, ob ein, von allen Souveränitäts-Rechten gesonderter Verkehr mit ihnen nicht den Vorzug vor materiellem Besitz verdienen würde?"[52]

Die entscheidende Horizonterweiterung, die mit Buchholz' Analysen einhergeht, wurde bereits von den Zeitgenossen wahrgenommen. So hebt niemand anderes als Goethe in einem Brief an den gemeinsamen Verleger Cot-

---

[51] Buchholz: Bereicherung der deutschen Literatur, in: NMD 44 (1834), S. 108–115.
[52] Ebd., S. 108 f.

ta die „sehr glückliche [...] Manier, die Weltgeschichte zu reassumieren" hervor.[53]

In Berlin ist es vor allem der Volksschriftsteller und Vielschreiber Julius von Voss, der in seinen Schriften Buchholz als denjenigen preist, der so tief wie kein anderer in Fragen der aktuellen Weltpolitik gedrungen sei. In seinen *Eingetroffenen Weissagungen und prophetischen Irrthümern der Herren Archenholz, Bülow und Fr. Buchholz* (Berlin 1806) etwa wird Buchholz' *Neuer Leviathan* als „goldnes Buch" gefeiert, durch das die politische Situation in Preußen in einer ganz neuen, nämlich nun globalen Perspektive erscheine. Denn Buchholz habe gezeigt, dass „St. Domingo [...] eigentlich die Achse des großen politischen Schwungrades von Europa [sey]."[54] In seinem eigenen populären Zeitroman *Ignaz von Jalonski oder die Liebenden in der Tiefe der Weichsel. Eine wahre Geschichte aus den Zeiten der Polnischen, Französischen und Negerrevolution in St. Domingo* (Berlin und Leipzig 1806) verarbeitet Voss Buchholz' Einsichten literarisch.[55]

5.3 Globalisierung, Staatsschulden, Verzeitlichung

Susan Buck-Morss' These zum Zusammenhang von Globalisierung und Kolonialismuskritik einerseits und zeitgeschichtlicher Reflexion andererseits lässt sich nicht nur mit Verweis auf Buchholz' geopolitische Analysen auf eine breitere Quellenbasis stellen. Aus unterschiedlicher Perspektive haben in jüngerer Zeit Michael Sonenscher und Joseph Vogl auf den internen Zusammenhang von Kreditwesen und Zukunftsdenken aufmerksam gemacht. Sonenscher und Vogl verweisen damit gleichsam auf eine ökonomische Basis für Reinhart Kosellecks Verzeitlichungsthese und geben so auch eine mögliche Antwort auf die Frage nach deren Erfahrungshintergründen in der Sattelzeit, wo doch die großen Beschleunigungen der Lebensverhältnisse, das Auseinandertreten von Erfahrung und Erwartung und die Öffnung eines prospektiven Möglichkeitsraumes in der Zukunft im eminenten Sinn erst mit

---

[53] Goethe an Cotta, 1. November 1807, in: Goethe und Cotta. Briefwechsel, Bd. 1, S. 165. Vgl. a. Seibt: Goethe und Napoleon (2008), S. 77 ff.
[54] Voss: Eingetroffene Weissagungen und prophetische Irrthümer (1806), S. 43.
[55] Vgl. Voss: Ignaz von Jalonski oder die Liebenden (1806), Bd. 2, S. 298–362.

Globalisierung, Staatsschulden, Verzeitlichung

der Industrialisierung des 19. Jahrhunderts einsetzten. Stützen lässt sich diese Interpretation aus globalgeschichtlicher Perspektive. So verweisen Jürgen Osterhammel und Niels Petersson darauf, dass sich in „globalisierungsgeschichtlicher Sicht" die Dynamik von Staatsbildung und vorindustriellem Kolonialismus", die zunehmende Überschichtung von Welthandels- und Agrargesellschaft und die damit einhergehenden finanzpolitischen Staatskrisen bereits vor der europäischen politisch-industriellen „Doppelrevolution" ab dem Ende des 18. Jahrhunderts intensivieren. Daher könne man durchaus bereits für die Zeit um 1750 von einem Epochenwechsel sprechen.[56] Dies korrespondiert mit der zunehmenden Reflexion dieser Themen, die genau um diese Zeit einsetzt.

Michael Sonenscher rekonstruiert den Staatsschuldendiskurs der europäischen Aufklärung von Montesquieu und David Hume bis zu Emmanuel Sieyès und Edmund Burke und weist nach, dass hier Zukunftsperspektivierung wie Katastrophenerwartung, die man später der Revolutions- und vor allem der Terreur-Erfahrung zugeschrieben hat, bereits vorweggenommen sind: „The future-oriented speculation of the eighteenth century was a product of this dilemma because it seemed to indicate that all roads led to state bankruptcy [...] Well before the Bastille fell, the eighteenth century already had something like a prospective history of the violent political trajectory that was to lead, first to Maximilien Robespierre and the revolutionary government of the Year II of the first French republic, and then to Napoleon Bonaparte's imperial regime."[57] Die politischen Diskussionen im Anschluss an die Französische Revolution, namentlich bei Emmanuel Sieyès, stellen für Sonenscher demzufolge Versuche dar, die positiven Effekte eines permanenten Staatsschuldensystems wie es in Großbritannien praktiziert wurde, mit neuen Formen politischer Repräsentation und Partizipation zu verbinden und so das Staatsschulden-Problem politisch einzuholen.

Eine andere Perspektivierung nimmt Joseph Vogl in seinen vielbeachteten Studien zur politischen Ökonomie *Kalkül und Leidenschaft* und *Das Gespenst des Kapitals* vor.[58] Für Vogl stellt die Französische Revolution nicht den Ausgangspunkt für eine neue politische Lösung der Staatsschul-

---

[56] Osterhammel u. Petersson: Geschichte der Globalisierung (2003), S. 46.
[57] Sonenscher: Deluge (2007), S. 7 f.
[58] Vgl. Vogl: Kalkül und Leidenschaft (2008); sowie ders.: Gespenst des Kapitals (2010).

denkrise dar, sondern die letzte Manifestation eines auf Rematerialisierbarkeit von Schulden basierenden ökonomischen Denkens des 18. Jahrhunderts. Ausgehend von einer Gegenüberstellung der von der Französischen Nationalversammlung herausgegebenen Anleihen (Assignaten) und des britischen *banking acts* von 1797 habe sich gezeigt, dass die politischen Kontrollmechanismen der Staatsschuldendynamik des 18. Jahrhunderts endgültig gescheitert seien. Der *banking act* sei dagegen getragen von der Einsicht des unaufhörlichen Aufschubs der Schulden. In der romantischen politischen Ökonomie, insbesondere bei Adam Müller, der nicht zufällig Großbritannien als Modell auch für die deutschen Staaten propagierte, sei dieser Tatsache Rechnung getragen. Hier würde „das neueste Wissen vom Stand ökonomischer Funktionssysteme in eine allgemeine Gesellschaftslehre" integriert und so „eine Theorie öffentlichen Kredits zur Sozialtheorie gewendet" werden.[59] Damit sei der Schritt zu einer auf Virtualisierung und Verzeitlichung basierenden Ökonomie vollzogen, der noch die heutige ökonomische Situation präge. Die romantische Ökonomie „rekurriert auf einen virtuell unendlichen Aufschub, der die Zeit als dezentrierenden Faktor einführt. Und diese Macht einer stets offenen Zukunft markiert schließlich einen Mangel, ein wesentliches Fehlen als das in sich verschobene Zentrum dieser Bewegung: Die Zirkulation verläuft nicht über fortschreitende Kompensationen, sondern über die endlose Proliferation einer uneinholbaren Schuld – eine Verzeitlichung, die sich bis auf weiteres als Unaufhörlichkeit des Systemverlaufs installiert."[60]

Tatsächlich lässt sich die Geschichte der großen Umwälzungen und Reformen vom Ständestaat zur Staatsbürgergesellschaft im revolutionären Zeitalter als eine Geschichte von Staatsbankrotten und der notwendigen Anpassung politischer Institutionen vor dem Hintergrund einer beschleunigten Globalisierung reformulieren.[61] Der einzige Staat, dem es im Laufe des 18. Jahrhunderts gelungen war, ein funktionierendes System des Umgangs mit Staatsschulden zu entwickeln, war Großbritannien.[62] Doch während

---

[59] Vogl: Kalkül und Leidenschaft (2008), S. 287 u. S. 281.
[60] Ebd., S. 279.
[61] Zu den globalen Verflechtungen der Französischen Revolution vgl. auch Stone: Genesis of the French Revolution (1994); sowie ders.: Reinterpreting the French Revolution (2002).
[62] Vgl. Hellmuth: Glorreiche Revolution (2000).

dessen auf Gewaltenteilung und permanentem Kredit beruhende politische Ökonomie in der ersten Jahrhunderthälfte unter Aufklärern in ganz Europa als vorbildlich galt, geriet das britische Staatsschuldensystem später diesseits und jenseits des Kanals zunehmend in die Kritik.[63] Mit der Unabhängigkeitserklärung der nordamerikanischen Kolonien 1776 und der Französischen Revolution 1789 verlor das Britische Verfassungs- und Finanzsystem in Aufklärerkreisen dann weitgehend seinen Modellcharakter. Der innere Widerspruch, dass auf der einen Seite die ganze Nation und über die Monopolisierung des Welthandels letztlich sogar alle Nationen für die Verzinsung der Staatsschulden aufkommen müssten, auf der anderen Seite das britische Parlament aber weder die ganze Nation noch die Vertreter der Kolonialstaaten repräsentierte, war nicht mehr übersehbar. Immer drängender stellte sich ab nun die Frage, wie man ein modernes Staatsschuldensystem mit der Kontrolle durch die gesamte Bevölkerung als neuem Souverän verbinden konnte.

Die erste ausführliche Kritik an den permanenten Staatsschulden lieferte David Hume mit seinem *Essay on Public Credit* von 1752, der die gesamte Diskussion der nächsten 50 Jahre in Deutschland prägte. Humes Essay wurde bereits zwei Jahre später ins Deutsche übersetzt und erschien noch 1805 beinahe vollständig in Buchholz' *Neuem Leviathan*.[64] Hume unterscheidet die Art, die Ausgaben des Staates zu finanzieren, nach dem Antike-Moderne-Schema: während in der Antike ein Staatsschatz für die Ausgaben gebildet wurde, sei die moderne Zeit durch eine Beleihung der öffentlichen Einkünfte gekennzeichnet, in der Hoffnung, dass diese auch in Zukunft erbracht werden: „[...] our modern expedient, which has become very general, is to

---

[63] Zur Diskussion der englischen Verfassung in Europa vgl. Kraus: Englische Verfassung. Bei Horst Carl entsteht zur Rezeption der englischen Verfassung in Deutschland um 1800 derzeit eine Dissertation von Uwe Ziegler.

[64] David Humes Essay ist unter dem Titel „Vom öffentlichen Kredit" bereits 1754 in deutscher Übersetzung erschienen in: Herrn David Humes Vermischte Schriften über die Handlung, die Manufacturen und die andern Quellen des Reichthums und der Macht eines Staats, Hamburg und Leipzig bey Georg Christian Grund und Adam Heinrich Holle 1754, S. 159–184. Buchholz' Hume-Übersetzung in: ders.: Neuer Leviathan (1805/1970), S. 224–238. Eine aktuellere Übersetzung findet sich unter dem Titel „Über Staatskredit" in der Ausgabe Hume: Politische und ökonomische Essays (1988), Bd. 2, S. 273–290. Als älterer historischer Überblick vgl. Fischer: Lehre vom Staatsbankrott (1921).

mortgage the public revenues, and to trust that posterity will pay off the incumbrances contracted by their ancestors"[65].

Allerdings habe diese moderne Art der Staatsfinanzierung nach Hume mehr Nachteile als Vorteile und führe letztlich zu selbstzerstörerischen Effekten. So führe das Staatsschuldensystem zu einer einseitigen Privilegierung der Finanzwirtschaft gegenüber anderen Wirtschaftszweigen und des Finanzzentrums London gegenüber den Provinzen. Zudem würden von den Staatsanleihen vor allem die unproduktiven Stockholder und Rentiers profitieren, die allein von den Zinsen lebten, während die Steuern, die die Regierung erheben muss, um die Zinsforderungen der Staatsanleihen zu bedienen, zu einer Verteuerung der Arbeit führe, was zur sozialen Spaltung der Gesellschaft führen müsse: „The taxes, which are levy'd to pay the interests of these debts, are a check upon industry, heighten the price of labour, and are an oppression on the poorer sort."[66] Durch diese faktische Abwertung produktiver Tätigkeiten würde die Gesellschaft schließlich zur Inaktivität und zum Luxus motiviert: „The greater part of the public stock being always in the hands of idle people, who live on their revenue, our funds, in that view, give great encouragement to an useless and inactive life."[67]

Hinzu komme, dass sich durch die Gewöhnung an das Schuldenmachen „eine auffallende Schläfrigkeit"[68] in der ganzen Gesellschaft breitgemacht habe, die der Gleichgültigkeit gegenüber religiösen Doktrinen ähnelt, aber weitaus gefährlicher als letztere sei: „I must confess, that there is a strange supineness, from long custom, creeped into all ranks of men, with regard to public debts, not unlike what divines so vehemently complain of with regard to their religious doctrines."[69] Hume schließt mit der pessimistischen Prognose, dass es letzlich nur zwei Möglichkeiten gebe – entweder die Nation schaffe das Staatsschuldenwesen ab oder die Staatsschulden vernichten die

---

[65] Hume: Of Public Credit, in: ders.: Political Discourses, S. 124.
[66] Ebd., S. 131. In der Buchholz'schen Übersetzung heißt es: „[...] alle zur Bezahlung der Interessen dieser Schulden eingeforderten Taxen sind eine Hemmkette für die Industrie, erhöhen den Preis der Arbeit und sind eine Art Unterdrückung für die ärmere Classe." Buchholz: Leviathan (1805), S. 231.
[67] Ebd.: „[...] da der größte Theil der Stocks sich immer in den Händen der Müßiggänger befindet, welche von ihren Revenuen leben; so geben unsere Fonds einem unthätigen Leben alle nur mögliche Aufmunterung."
[68] Ebd., S. 233.
[69] Hume: Of Public Credit, in: ders.: Political Discourses, S. 134.

Nation: „either the nation must destroy public credit, or public credit will destroy the nation."[70]

Eine offene Frage sei lediglich, ob die erste Möglichkeit, die von Hume auch der „natürliche Tod" („natural death"[71]) des Schuldenwesens genannt wird, oder die zweite Möglichkeit, der „violent death"[72], eintrete. Der „natural death" bestehe in einer Resozialisierung der Staatsanleihen, d. h. faktisch deren Umwandlung in eine rückwirkende Vermögenssteuer, um den Erhalt der Nation sicherzustellen. Auch wenn dies kein wünschenswertes Szenario sei, ist es nach Hume immer noch dem „gewaltsamen Tod" vorzuziehen, nämlich der Zerstörung der gesamten Nation wegen des bloß kurzfristigen Vorteils der kleinen Gruppe der Stockholder.

Humes Staatsschulden-Kritik wird von Adam Smith im Schlusskapitel seines Hauptwerks *Inquiry into the Nature and Causes of the Wealth of Nation* (1776) weiter ausformuliert und vor allem in den weiteren globalen Kontext der kolonialen britischen Expansion gestellt. Dass Smith dieses Thema an den Schluss seines Hauptwerks stellt, zeigt bereits, welche große Bedeutung für die Zukunft des „Wohlstands der Nationen" er ihm einräumt. Das Staatschuldensystem bewertet Smith wie Hume weitgehend skeptisch. Überall in Europa hätten die Schulden enorm zugenommen und würden auf die Dauer vermutlich zum Bankrott führen: „The progress of the enormous debts which at present oppress and will in the long-run probably ruin all the great nations of Europe, has been pretty uniform."[73] Während im Altertum alle großen Herrscher über einen Staatsschatz verfügt hätten, gelte dies im 18. Jahrhundert nur noch für die „Anführer der Tataren", sowie die Könige von Preußen und den Kanton Bern.[74] In einem Vorgriff auf die Zukunft würden durch das Schuldensystem die künftigen Steuereinnahmen immer schon für die Zinsen und die Rückzahlung der Kredite verpfändet.[75] Schließlich sei das Schuldenmachen in die „ruinöse Methode der permanenten Kreditaufnahme" („ruinous expedient of perpetual funding"[76]) umgeschlagen,

---

[70] Ebd., S. 135.
[71] Ebd., S. 138.
[72] Ebd., S. 141.
[73] Smith: The Nature and Causes of the Wealth of Nations (1801), S. 448.
[74] Ebd., S. 445.
[75] Ebd., S. 459.
[76] Ebd., S. 460.

bei dem die Rückzahlung immer weiter in eine virtuelle Zukunft aufgeschoben wird.

Die negativen Effekte des permanenten Kreditsystems würden dabei durch zwei sich wechselseitig ergänzende kollektive psychologische Dispositionen verstärkt: das Profitinteresse der Käufer und das Bequemlichkeitsinteresse der Regierenden. So wie die Kreditgeber, Händler und Kaufleute ein Interesse am Schuldensystem haben, weil sie mit dem Kauf von Staatsanleihen sicher und einfach Geld verdienen, so würden die politischen Entscheidungsträger verleitet, aktuelle Problemlagen in die Zukunft zu verschieben: „To relieve the present exigency is always the object which principally interests those immediately concerned in the administration of public affairs. The future liberation of the public revenue, they leave to the care of posterity."[77]

Insbesondere werde durch das permanente Kreditwesen die Kriegsführung erleichtert. Während die Staaten in früheren Zeiten für jede außergewöhnliche kriegerische Expansion Steuern erheben mussten, mache sich durch die Schuldenfinanzierung weder die Kriegsaufnahme, noch dessen Beendigung für die Bevölkerung besonders bemerkbar. Wird der Krieg noch dazu – wie im Fall der Kolonialkriege – nicht im eigenen Land geführt, führe dies zu einer unbeteiligten Zuschauerrolle, bei der man den Krieg nicht mehr als ein Übel wahrnimmt, sondern sich sogar daran ergötze. Schließlich werde sogar der Friedensschluss bedauert, weil dieser „tausenden von mit dem Krieg verbundenen visionären Hoffnungen von Eroberungen und nationalem Ruhm" ein Ende setze: „people [...] enjoy, at their ease, the amusement of reading in the newspapers the exploits of their own fleets and armies [...] They are commonly dissatisfied with the return of peace, which puts an end to their amusement, and to a thousand visionary hopes of conquest and national glory".[78] Bei einer Steuerfinanzierung würden Kriege dagegen schneller beendet, weil die Bevölkerung die ganze Last unmittelbar zu spüren bekäme und des Krieges daher bald überdrüssig werden würde: „Wars would, in general, be more speedily concluded, and less wantonly undertaken. The people feeling, during continuance of war, the complete burden of it, would soon grow weary of it; and government, in order to hu-

---

[77] Ebd., S. 453.
[78] Ebd., S. 458.

mour them, would not be under the necessity of carrying it longer than it was necessary to do so."[79]

Schließlich sei die ganze militärisch abgesicherte Monopolisierung des Welthandels und die auf Schulden basierende britische Kolonialpolitik zu überdenken, weil deren ökonomische Rationalität in Frage stehe bzw. für den größten Teil der Bevölkerung nur Kosten verursacht habe: „the monopoly of colony trade, it has been shewn, are to the great body of the people, mere loss instead of profit."[80]

Eine der ausführlichsten und originellsten Auseinandersetzungen mit dem Staatsschulden-Problem stammt von Emmanuel Sieyès, der sich bereits seit seiner Erstlingsschrift, den *Lettres aux Économistes sur leur système de politique et de morale* von 1775 und dann in der Revolutionszeit in zahlreichen Reden und Artikeln zwischen 1789 und 1799 mit dieser Frage beschäftigt hat.[81] Sieyès wendet gegenüber den Jakobinern ein, dass sich Staatsschulden nicht einfach per Dekret abschaffen oder – etwa durch Enteignungen – ungeschehen machen ließen.[82] Vielmehr sind sie für ihn Ausdruck einer modernen Wirtschaftsweise, die nicht einfach zu verdammen, sondern Teil eines grundsätzlich zu begrüßenden Zivilisationsprozesses ist. So macht Sieyès darauf aufmerksam, dass ein vernünftiges Staatsschulden-System sogar von politischem Nutzen sein kann, weil es untrennbar mit der Einführung permanenter staatlicher Steuern und damit der Kontrolle der Regierung über das Finanzwesen verbunden ist. Drängendste Aufgabe der Politik angesichts des unübersehbaren Schuldenproblems sei es, Ökonomie und Gesellschaft in ein neues, angemessenes Verhältnis zu setzen. Sieyès sucht dabei einen Mittelweg zwischen dem am Rousseau'schen allgemeinen Willen orientierten jakobinischen Modell, das Sieyès mit einer seiner vielen begrifflichen Neuschöpfungen als „ré-totale" bezeichnet, und dem britischen Modell, nach dem der Staat als bloße Aktiengesellschaft von den ökonomisch

---

[79] Ebd., S. 465.
[80] Ebd., S. 489. Vgl. zu Smith' Position in der Frage der Besteuerung und der Repräsentation der Kolonien auch Kraus: Englische Verfassung (2006), S. 283
[81] Sieyès: Manuscripts 1773–1799 (1999). In deutscher Übersetzung sind die Schriften zugänglich in der Ausgabe Sieyès: Ausgewählte Schriften (2010). Zum Folgenden vgl. auch Sonenscher: Deluge (2007), S. 1–94; Lembcke, Weber: Revolution und Konstitution (2010); Bach: Sieyès (2001).
[82] Sonenscher: Deluge (2007), S. 17.

Mächtigen und geburtsständisch Privilegierten erpressbar ist, das Sieyès „ré-privée" nennt.[83]

An die Stelle der unhaltbaren alten Privilegienordnung solle daher nach Sieyès ein komplexes Repräsentativsystem gesetzt werden, in dem die Volkssouveränität durch eine Nationalversammlung vertreten wird.[84] Der zentrale Terminus der „Repräsentation" ist aber nicht nur als politische Repräsentation in Form gewählter Volksvertreter zu verstehen, sondern umfasst auch ökonomische und soziale Repräsentationen. Ähnlich wie bei Smith wird die Gesellschaft als ein Band wechselseitiger Bedürfnisse und zunehmender Arbeitsteilung verstanden. Das Fundament der Gesellschaft wird ökonomisch als „Arbeit" bestimmt, die Sieyès auch als die „Lebenskraft" („force vive") des gesellschaftlichen Reichtums bezeichnet.[85] Bei jedem dieser Austauschprozesse wird etwas oder jemand durch etwas anderes oder jemand anderen repräsentiert. Der Staat ist nach Sieyès nichts anderes als der Ausdruck, oder die oberste Repräsentation, umfassender gesellschaftlicher Austauschbeziehungen. Er ist Repräsentation der Einheit der Nation als neuem Subjekt, zugleich aber nur ein Moment der Gesellschaft.[86]

Als eine solche oberste Repräsentation muss die Regierung nicht nur ihre Obligationen gegenüber den Privilegienträgern und Stockholdern erfüllen, sondern sie ist der gesamten Gesellschaft verpflichtet.[87] Neben die ökonomischen Hierarchien und Ungleichheiten müssen daher meritokratische, auf dem Verdienst für die Gesamtgesellschaft beruhende Ausgleichmechanismen treten. Diese meritokratischen Momente beziehen sich auf die intelligente Beobachtung und kluge Verwaltung der gesellschaftlichen Arbeitsteilungsprozesse. Die neue Wissensform, die Sieyès als Hauptaufgabe der Politik beschreibt, bezeichnet er – wie gleichzeitig auch Condorcet – als „science sociale" oder „art sociale".[88] Über die schottischen Autoren Hume und Smith hinaus stellt Sieyès damit den Zusammenhang zwischen Staatsfinanzen und Staatsverfassung her. Arbeit und Reichtum, Steuern und Staats-

---

[83] Vgl. Lembcke u. Weber: Revolution und Konstitution (2010), S. 48
[84] Kommentar zu Sieyès: Ausgewählte Schriften (2010), S. 111.
[85] Lembcke, Weber: Revolution und Konstitution und (2010), S. 42.
[86] Ebd., S. 47
[87] Sonenscher: Deluge (2007), S. 11.
[88] Baxmann: Wissen, Kunst und Gesellschaft (1999), S. 97 ff.; Sonenscher: Moment of social science (2009); sowie Bach: Sieyès (2001).

schulden sind immer nur als gesellschaftliche Faktoren zu verstehen, deren Ausdruck die politische Verfassung ist.[89] Erst in diesem Rahmen bilden sich die liberalen Freiheiten heraus, die grundlegend für ein produktives Unternehmertum sind.

Mit Hume, Adam Smith und Sieyès sind zugleich drei Positionen markiert, die auch für die Staatsschulden-Diskussionen in der deutschen Aufklärung maßgeblich sind. Idealistische Philosophen wie Immanuel Kant oder Johann Gottlieb Fichte teilten die aufklärerische und frühliberale Kritik am Schuldenwesen und entwarfen unterschiedliche normative Gegenmodelle. Bei Immanuel Kant wird die Staatsschulden-Frage seit seiner *Idee zu einer allgemeinen Geschichte in weltbürgerlicher Absicht* von 1784 thematisiert. Das Schuldensystem wird von ihm als eine „neue Erfindung"[90] beschrieben, die aber selbstzerstörerische Tendenzen habe. Kant spricht von einem „sinnreichen, aber sich zuletzt selbst vernichtenden Hülfsmittel"[91]. Am ausführlichsten setzt sich Kant in seinem im Zusammenhang mit dem Baseler Frieden veröffentlichten Entwurf „Zum ewigen Frieden" von 1795 mit der Schuldenfrage auseinander. Kant formuliert hier das Ideal einer Weltbürgergesellschaft, die auf freiem Handel, einem durch internationale Institutionen wie einem Völkerbund abgesicherten Rechtssystem[92] und republikanischen Verfassungen[93] innerhalb der beteiligten Staaten basiert. Freier Handel und republikanische Verfassung seien die „vereinenden Prinzipien" durch welche die beiden Mittel der Natur, die „Völker von der Vermischung abzuhalten und sich abzusondern", nämlich Sprache und Religion, überwunden werden sollen.[94] Das Britische Staatsschuldensystem und die damit verbun-

---

[89] Daher sind die Steuern, die ein Staat erhebt, auch kein Diebstahl am selbst Erwirtschafteten, sondern „Rückerstattung" an die Gesellschaft, die einem diesen Reichtum ermöglicht hat: „[Die individuellen] Fähigkeiten [werden] durch umfangreiche öffentliche Leistungen und Fürsorge gefördert, so dass die Steuer, die der Bürger an die Gemeinschaft zahlt, nur eine Art Rückerstattung darstellt; sie nimmt ihm nur einen kleinen Teil des Gewinns, den er der Gesellschaft verdankt. Es handelt sich um ein gemeinsames Geschäft, von dem alle im Höchstmaß profitieren." Vgl. Lembcke, Weber: Revolution und Konstitution, S. 41.
[90] Kant: Idee, in: Berlinische Monatsschrift (1784), S. 406.
[91] Kant: Gemeinspruch, in: Berlinische Monatsschrift (1793), S. 280.
[92] Kant: Zum ewigen Frieden (1984), S. 16 f.
[93] Ebd., S. 10 f.
[94] Ebd., S. 32.

dene Monopolisierung des Welthandels hingegen sieht Kant als die größten Hindernisse einer solchen kosmopolitischen Gesellschaft. Im „Vierten Präliminarartikel" seines *Ewigen Friedens* fordert Kant daher: „Es sollen keine Staatsschulden in Beziehung auf äußere Staatshändel gemacht werden."[95]

Johann Gottlieb Fichte radikalisierte das Kantische Modell hin zu einem von Rousseau inspirierten, jakobinischen Lösungsvorschlag. In seinem *Geschlossenen Handelsstaat* von 1800, den er als Bewerbungsschrift für ein Staatsamt dem preußischen Finanzminister Struensee widmete, plädiert Fichte für konsequenten ökonomischen Isolationismus. Fichtes Ausgangspunkt ist die Kritik an der europäischen kolonialen Ausbeutung des Rests der Welt: „[...] daß Europa über die übrigen Welttheile im Handel großen Vortheil hat, und ihre Kräfte und Producte, bei weitem ohne hinlängliches Aequivalent von seinen Kräften und Producten, an sich bringt."[96] Dies ist nach Fichte ein Zustand, der „sich nicht auf Recht und Billigkeit gründet" und daher nach Maßgabe der Vernunft nicht fortdauern könne. Die Aufgabe wäre daher, „aus der Handelsanarchie zur vernunftmäßigen Einrichtung des Handels zu gelangen."[97] Da eine unparteiische internationale Instanz zur Kontrolle der Weltmärkte nicht in Sicht sei, kann diese vernunftgemäße Einrichtung nach Fichte nur in der Abschottung der jeweiligen Ökonomien und der Erlangung wirtschaftlicher Autarkie bestehen: in der Einführung eines nicht-konvertierbaren „Landesgeldes", im Verzicht auf Luxusgüter und in einem vom Staat garantierten Recht auf Arbeit und Eigentum. Nach Fichte würden diese Maßnahmen nicht zuletzt zu einem neuen Patriotismus führen: „Es ist klar, dass unter einer so geschlossenen Nation [...], sehr bald ein hoher Grad der Nationalehre, und ein scharf bestimmter Nationalcharakter entstehen werde. Sie wird eine andere, durchaus neue Nation. Jene Einführung des Landesgeldes ist ihre wahre Schöpfung."[98] Allerdings ist Fichtes ökonomischer Isolationismus hier noch mit einem intellektuellen Kosmopolitismus verbunden und noch kein exkludierender Nationalismus wie in seinen späteren *Reden an die deutsche Nation*. Denn nach Fichte kann man sich frei von den militärischen und ökonomischen Zwängen bei der globalen Kommunikation nun auf die wirklich wichtigen Themen des

---

[95] Ebd., S. 6.
[96] Fichte: Der geschloßne Handelsstaat (1800), Widmung, o. S.
[97] Ebd.
[98] Ebd., S. 282.

wissenschaftlichen und zivilisatorischen Fortschritts konzentrieren, wie er im Schlusssatz seines Handelsstaates prognostiziert: „Die öffentlichen Blätter enthalten von nun an nicht mehr Erzählungen von Kriegen und Schlachten, Friedensschlüssen und Bündnissen; denn dieses alles ist aus der Welt verschwunden. Sie enthalten nur noch Nachrichten von den Fortschritten der Wissenschaften, von neuen Entdeckungen, vom Fortgange der Gesetzgebung [...] und jeder Staat eilt, die Erfindung des anderen bei sich einheimisch zu machen."[99]

Die ausführlichste Auseinandersetzung mit der aufklärerischen und frühliberalen Kritik des Schuldensystems von Autoren wie Hume, Smith, Kant und anderen findet sich in Friedrich Gentz' Artikel *Ueber den jetzigen Zustand der Finanz-Administration und des National-Reichthums in Großbrittannien*, den er 1799 in seinem *Historischen Journal* veröffentlicht hat.[100] Detailliert diskutiert Gentz hier alle Einwände gegen die Staatsschulden und versucht sie zu widerlegen. Gentz' Hauptargumentationslinie besteht darin, das Staatsschuldensystem, das er „Anleihe-System" nennt, als Ausdruck einer zunehmenden zivilisatorischen Ausdifferenzierung und Handelsverflechtung zu historisieren – wie insgesamt in seiner kritischen Wendung gegen Kant und die Aufklärung stellt er vermeintliche Argumente der historischen Vernunft gegen die bloß normativen Entwürfe, die er „Hirngespinste" nennt. Gentz entwirft dabei ein Drei-Stadienmodell der Staatsschulden von einem „Kindheitsalter" mit der Einführung des permanenten Kreditwesens am Anfang des 18. Jahrhunderts bis zur Einrichtung eines Tilgungsfonds zur Absicherung der Schulden an dessen Ende, das er als Reife und „Erwachsenenalter" beschreibt: „Wenn man die Geschichte des öffentlichen Credits vom Ende des vorigen Jahrhunderts, bis ans Ende des jetzigen verfolgt, so ergeben sich drei sehr kenntliche Perioden, von denen man die erste als die Kindheit des Staatsschulden-Systems, die zweite als das Jugend-Alter, die dritte als die letzte Reife desselben betrachten kann."[101] Die erste Phase beginnt mit der Umwandlung der Staatskredite in „perpetuierliche Annuitäten", die zweite Phase ist durch die Fundierung der

---

[99] Ebd., S. 290.
[100] Vgl. Gentz: Zustand der Finanz-Administration, in: Historisches Journal (1799), insbesondere im Oktober-Heft 1799: Beschluß: Theore der Staatsschulden überhaupt, S. 143 ff.
[101] Ebd., S. 168.

Staatsschulden gekennzeichnet und die Reifephase beginnt nach Gentz mit der Einrichtung eines Amortisations- oder Tilgungsfonds seit 1786.

Es sind bei alledem zwei Prinzipien, die dafür sorgen, dass das Staatschuldensystem funktioniert, „die beiden großen Angel-Punkte, um welche die ganze künstliche Maschine sich drehte": Erstens die „regelmäßige Entrichtung der Zinsen" und zweitens der steuerfreie Handel mit Staatsanleihen.[102] Zwar ist das durch die Anleihen generierte Kapital eine bloße Fiktion: „So viel ist gleich klar, daß das Kapital, welches die Obligazionen einer solchen Staatsschuld ausmachen, nichts, als ein fingirtes, durch die Macht und den Credit des Staates aus Papieren künstlich zusammengesetztes Kapital seyn kann. Dieses Kapital lebt und wirkt lediglich in seinen Zinsen."[103] Allerdings stellt dieses Kapital eine Fiktion mit sehr realen Konsequenzen für diejenigen, die die Zinsen aufbringen müssen, dar: „ob dies gleich anfänglich nichts, als eine bloße Fikzion ist, so nöthigt doch diese Fikzion alle die, welche die Abgaben bezahlen und die Zinsen aufbringen müssen, zu Anstrengungen, die ohne diese Veranlassung unterblieben wären, spornt sie unablässig an, ein neues Produkt, zu welchem die sich selbst überlassene Thätigkeit nicht gelangt sein würde, hervorzubringen, und bewirkt in so fern, als es diese neue Anstrengungen hervorruft, den rellen Ersatz des ersten bei."[104] Darüber hinaus habe das virtuelle Kapital des Anleihe-Systems den Vorteil, ein „Cirkulazions-Mittel" zur Verfügung zu stellen, das dem Wirtschaftskreislauf kein Geld entzieht – im Unterschied zu Gold- oder Silbermünzen, die für einem Staatsschatz deponiert werden und so zu einer Art totem Kapital werden.[105] Das fiktive Kapital stelle somit eine Art Bewegungs- und Beschleunigungsmittel der gesellschaftlichen Produktivität dar. Ein drittes entscheidendes Argument neben der Produktivitätssteigerung und der verbesserten Zirkulation besteht für Gentz darin, dass es keinen besseren Maßstab für eine gelungene oder fehlgeleitete staatliche Politik gebe, als den Stand der Staatsanleihen: „Der beschleunigte Fall des Preises der Staats-Obligazionen gibt eine unverkennbare und heilsame Warnung ab, so wie

---

[102] Ebd., S. 174.
[103] Ebd., S. 163.
[104] Ebd., S. 167.
[105] Ebd., S. 153.

Globalisierung, Staatsschulden, Verzeitlichung

ueberhaupt der Curs dieser Obligazionen [...] ein trefflicher Thermometer für die Verwalter der öffentlichen Angelegenheiten ist."[106]

Kritiker wie David Hume hätten dagegen nach Gentz bei ihren Untergangsszenarien ein zu statisches Bild der Schuldenkrise zu Grunde gelegt. Weder hätten sie berücksichtigt, dass innerhalb des Staatsschulden-Wesens Lernprozesse möglich seien noch hätten sie sich die mit dem Anleihe-System verbundenen Produktivitätssteigerungen und die Dynamik des „National-Vermögens" in dem Ausmaße vorstellen können, wie sie im Laufe des 18. Jahrhunderts eingetreten seien: „Sie konnten sich die Fortschritte der innern Macht ihres Vaterlandes, die Fortschritte seine Territorial- und Fabriken-Industrie, seines Handels und seines Reichthums, nicht in dem Umfange denken, in welchem die Erfahrung der letzten zwanzig Jahre sie uns wirklich gezeigt hat."[107]

Ausführlich setzt sich Gentz mit Einwänden wie dem Argument der sozialen Spaltung, dem Argument der erleichterten Kriegsführung und dem Argument der Belastung der Zukunft auseinander. Gegen den Vorwurf, das Staatsschuldensystem würde die soziale Schere der Gesellschaft zwischen einigen wenigen unproduktiven Stockholdern und einer größer werdenden Anzahl Geringverdienenden bei gleichzeitigem Verschwinden der Mittelschicht öffnen, wendet Gentz ein, dass die Rentiers und Kapitalisten schon vor den Anleihen da seien und nicht erst durch diese geschaffen würden. Im Gegenteil sei diese Schicht der Kapitalgeber für die Gesellschaft und das Funktionieren eines Kreditwesens essentiell wichtig: „Ehe eine Anleihe zu Stande kömmt, muß es nothwendig Personen geben, die von ansehnlichen Kapitalien keinen bessern Gebrauch zu machen wissen, als, sie auf Zinsen auszuthun. Hätten die in unsern Tagen so gewöhnlichen Ausfälle gegen diese Classe von Menschen den geringsten Grund, so müßte man das eingebildete Uebel in der Organisazion einer zu großer Cultur und großem Reichthum gediehnen bürgerlichen Gesellschaft überhaupt, und nicht im Anleihe-System aufsuchen. Nichts aber ist falscher und abgeschmackter, als die Kapitalisten oder sogenannten Rentenirer wie eine schädliche Classe von Bürgern zu betrachten. Sie sind es gerade so wenig, wie Land-Eigenthümer, Häuserbesitzer, Kaufleute und Fabrikanten; und weit entfernt, eine Last des Staates zu seyn, der ihre Abwesenheit gar bald in allen Gewerben, und in

---

[106] Ebd., S. 204.
[107] Ebd., S. 187.

allen Unternehmungen, in seinen Bedürfnissen, wie in seinen Kräften fühlen würde, gehören sie, ein nothwendiger Bestandtheil, wesentlich in die große Kette, die alle Glieder dieses wundervollen Körpers zusammenhält und umschlingt."[108]

Den kritischen Einwand, das Anleihe-System erleichtere durch einfachere Finanzierung die Kriegsführung und sei daher „der gefährlichste Feind des Friedens", nennt Gentz das „ehrwürdigste Argument".[109] Nach Gentz kann man dieses Argument nicht durch die Rechtfertigung von Kriegen entkräftigen, dann Kriege sind nach ihm als Kapitalvernichtung immer schlecht („unbedingt schädlich"). Allerdings würden Kriege auch ohne Anleihe-System geführt: „Fürs erste hat uns eine lange und traurige Erfahrung gelehrt, daß Kriege, und blutige und zahlreiche Kriege geführt worden sind, lange, ehe man Staatsschulden, und noch vielmehr, ehe man regelmäßig fundierte Staatsschulden kannte."[110] Vor allem aber ist das Schuldensystem nicht isoliert zu betrachten. Es ist keine willkürliche Erfindung, sondern selbst historisch gewachsenes Resultat und Ausdruck gesellschaftlichen Fortschritts. Wer im Namen des Friedens gegen den ungewollten Nebeneffekt argumentiert, dass das beweglichere Kapital auch zu kriegerischen Unternehmungen genützt werden könne, müsse dann konsequenterweise auch von dem durch die Schulden erreichten Stand der Zivilisation Abschied nehmen und die Rückkehr in eine primitive Vergangenheit akzeptieren: „Das Anleihe-System ist nicht die willkührliche Erfindung irgend eines müßigen Kopfes: es ist eins der natürlichen Resultate des steigenden Reichthums der Völker. Wer es deshalb, weil es die Kriege erleichtert hat, verdammen will, muß schlechterdings, um nicht in die größte Inkonsequenz zu verfallen, auch alle die gesellschaftlichen Fortschritte, von denen es eine unmittelbare Folge ist, mit ungünstigen Augen betrachten. Er muß einen Zustand der Rohheit und Kraftlosigkeit, weil er weniger Stoff zu gewissen Uebeln enthält, den Vorzug vor einem Zustand der Cultur und Stärke, weil er jenen Uebeln eine neue Nahrung darbietet, einräumen."[111]

Mit einem ähnlichen Argument weist Gentz auch den Einwand zurück, dass künftige Generationen durch Staatsschulden belastet werden. Da auch

---

[108] Ebd., S. 194.
[109] Ebd., S. 200.
[110] Ebd., S. 201 f.
[111] Ebd., S. 203.

die künftigen Generationen von allen durch die Schuldendynamik erreichten Zivilisationsleistungen profitieren würden, wäre es im Sinne der Generationengerechtigkeit sogar unfair, wenn sie nicht auch am Preis dieser Fortschritte beteiligt würden. Schließlich befördere das Schuldensystem als ein solcher „ewiger Kontrakt" zwischen den Generationen sogar die „verstärkte Solidarität der Geschlechter": „Die bürgerliche Gesellschaft ist keineswegs eine Reihe für sich bestehender, unzusammenhängender, von einander geschiedner Generationen: sie ist ein großes, unvergängliches Ganzes, welches weit entfernte Jahrhunderte künstlich in einander webt, das Resultat eines Contraktes, der für die Ewigkeit (so weit menschliche Begriffe reichen) geschlossen, und auf Ewigkeit berechnet ward. Die verschiednen Generazionen, die diese Gesellschaft bilden, sind, im höchsten Sinne des Wortes, solidarisch verbunden und verbürgt [...] Wenn das kommende Geschlecht, an dem großen Schatze von öffentlicher Sicherheit und gesetzlicher Ordnung, von Erziehung und Cultur, von National-Anstalten und National-Reichthum, von Kunst, und Wissenschaft, und Geselligkeit, und Verschönerung des Lebens, den das jetzige und die längst vergangnen niderlegten, an den Früchten ihrer mühsamen Arbeit, und dem Glanze ihres wohl erworbnen Ruhmes Theil nehmen will, warum soll es nicht seinen Beitrag zu den Kosten liefern, welche mit der Einsammlung und Erhaltung so unschätzbarer Güter verknüpft gewesen sind?"[112]

Als ein solches, Vergangenheit, Gegenwart und Zukunft verknüpfendes Band, ist das permanente Kreditsystem nach Gentz die beste Garantie, die Traditionen der Ständeordnung in den Stürmen des Revolutionszeitalters aufrechtzuerhalten: „In den Zeiten, die wir erlebt haben, ist eine jede Anstalt, die dazu beiträgt, das gesellschaftliche Band fester zu knüpfen, und die Idee von einer unauflöslichen Dauer des Staates in ihrer ganzen Heiligkeit zu unterhalten, schon in dieser einzigen Rücksicht schätzbar. Es ist nicht zu verkennen, daß das Brittische Credit-System, unter den Stürmen, die jeder bestehenden Verfassung den Untergang drohten, zur Rettung der Brittischen mitgewirkt hat."[113] Gentz verbindet in seiner Verteidigung des Staatsschuldensystems von 1799 damit in eigenartiger Weise ökonomische Fortschrittsgläubigkeit mit einer konservativen Verteidigung von bestehenden sozialen Verhältnissen des Ständesystems. Ökonomische Verzeitlichung,

---

[112] Ebd., S. 196 f.
[113] Ebd., S. 198.

Dynamisierung und Entessentialisierung gehen Hand in Hand mit politischer und sozialer Entzeitlichung der „bürgerlichen Gesellschaft als ewigem Kontrakt" und der „unauflöslichen Dauer des Staates in ihrer ganzen Heiligkeit".

Während Gentz weitgehend am Maßstab einer ökonomischen Vernunft argumentiert, wird die Verteidigung des Staatsschuldensystems bei seinem Schüler Adam Müller in dessen ökonomischen Aufsätzen zu einem nationalistischen romantischen Anti-Kapitalismus transformiert.[114] In seinem Artikel *Vom Nationalkredit*, der im Jahr 1810 in Kleists Berliner Abendblättern erschienen ist und im Zusammenhang mit dem Streit um die Besetzung der Ökonomie-Professur der Berliner Universität steht,[115] nimmt Müller den Gentz'schen und Burke'schen Topos des „ewigen Bundes" auf. Nach Müller basiert der Erfolg des Britischen permanenten Kreditsystems nicht auf dem Wohlstand an materiellen Gütern, sondern auf der ewigen Achtung vor den Gesetzen der Vorfahren. Erst durch die Garantie, dass die Traditionen und Eigentumsverhältnisse auch in Zukunft gesichert seien, würden die Gläubiger das Vertrauen in den Schutz ihrer Anlagen haben: „Also die Gesetzgebung, ihre Aufrechterhaltung, ihre Heiligachtung ist die Mutter des Nationalkredits, und nicht die Masse der handgreiflichen Reichtümer oder der Produktion [...] die Hypothek aller Hypotheken ist das wahre, durch Jahrhunderte bestandene Gesetz."[116]

Auf der Basis dieser Interpretation hatte Müller keine Schwierigkeiten, sein Lob der führenden Welthandelsmacht mit einer Absage an den Weltmarkt, liberale Handelsprinzipien und Globalisierung zu verbinden. Enormen Mengen von Edelmetallen hätten seit der Entdeckung Amerikas den europäischen Kontinent überschwemmt und so zu einer Kapitalisierung aller Lebensverhältnisse geführt. Die damit einhergehende Inflation hätte direkt zum moralischen Niedergang geführt: „Die Depreziation der europäischen Geldmittel [...] hält mit der moralischen Depreziation, mit der steigenden Abtrünnigkeit der Menschen von den Gesetzen der Zucht, Ordnung und weisen Gewohnheit, mit dem wachsenden Übermute einer völlig verblendeten Vernunft und mit dem vermeintlichen Zauber der Arbeitsteilung und

---

[114] Gesammelt in Müller: Ausgewählte Abhandlungen (1931).
[115] Vgl. Kittsteiner: Streit um Kraus (2005).
[116] Müller: Vom Nationalkredit, in: ders.: Ausgewählte Abhandlungen (1931), S. 88.

Globalisierung, Staatsschulden, Verzeitlichung

Geldanbetung gleichen Schritt."[117] Diese „unmoralische Begeisterung für die unechte Vernunft und die falsche Aufklärung"[118] hätte eine Auflösung aller familiären, ständischen, regionalen und nationalen Bande zur Folge: „So verschwand die Vorliebe für das Nähere, Nachbarliche, Vaterländische, Nationale mehr und mehr, und so fanden flache Vorstellungen von Universalstaat, Menschheit, Weltbürgerlichkeit, Philanthropie überall Eingang."[119]

Müller verfasste auf der Basis solcher Thesen die „Pressemitteilungen der altständischen Reaktion" (Jens Bisky)[120] gegen die Preußischen Reformen des Staatskanzlers Hardenberg, der ab 1810 das Schuldenproblem durch die Abschaffung von ständischen Steuerprivilegien, Einführung von Gewerbefreiheit und die Gründung einer Nationalrepräsentation zu lösen versuchte. So denunzierte Adam Müller im Auftrag des altständischen Oppositionellen Friedrich August Ludwig von der Marwitz in der *Lebuser Denkschrift* von 1811 den Hannoveraner Hardenberg und seine Mitarbeiter beim Preußischen König als „Fremdlinge", durch deren Reformen „unser altes ehrwürdiges Brandenburg-Preußen ein neumodischer Judenstaat" würde.[121]

Friedrich Buchholz war als Hardenbergs pressepolitischer Mitarbeiter nicht nur publizistischer Gegenspieler Müllers, sondern entwickelte seine Position auch in direkter kritischer Auseinandersetzung mit Gentz' Artikel über den *National-Reichtum Groß-Brittanniens*.[122] Es ist vor allem der Widerspruch zwischen einer verzeitlichenden Ökonomie und einem entzeitlichten Konzept von Gesellschaft und Nation in der konservativen und romantischen Theorie, an dem Buchholz' Kritik ansetzt.[123] Gegen das von Adam Müller und anderen in Reaktion auf Napoleon propagierte Nationalmodell auf den Säulen der Ständeordnung und des Franzosenhasses setzt er auf die kosmopolitischen Traditionen der Aufklärung und eine Nationenbildung auf

---

[117] Müller: Wissenschaft der Nationalökonomie [1816], in: ders.: Ausgewählte Abhandlungen (1931), S. 46
[118] Ebd., S. 48.
[119] Müller: Vom Papiergelde [1812], in: ders.: Ausgewählte Abhandlungen (1931), S. 63.
[120] Bisky: Kleist (2007), S. 390 u. S. 456 ff.
[121] Marwitz: Letzte Vorstellung [1811] (1913), S. 21.
[122] Buchholz zitiert und kritisiert Auszüge aus Gentz' Abhandlung ohne Quellenangabe im *Neuen Leviathan* (S. 240–244).
[123] Ähnliche nationalismuskritische Positionen vertritt Saul Ascher. Vgl. Hacks: Ascher gegen Jahn (1991).

der Basis von Verfassung, Nationalversammlung, Gewerbefreiheit und „Geldwirtschaft".

Die politische Ständeordnung sei nicht Stabilitätsfaktor, sondern gerade die Ursache des Untergangs des Alten Preußischen Staates gewesen: die alten Eliten seien unter dem Einfluss des Korporatsgeistes „verbauert" und deren „Feudal-Geist" habe jede Liberalität verhindert.[124] Dies schlägt sich nach Buchholz auch im politischen Denken und in der politischen Terminologie wieder. Immer wieder kritisiert er den Versuch, die aktuelle politische Situation im Vokabular einer Agrargesellschaft zu beschreiben und damit zugleich auch auf einem bestimmten Stand festzuschreiben. So spricht Buchholz von der „Kornproduzenten-Terminologie" der Verteidiger des alten Systems, mit der die gesellschaftlichen Transformationen eher verdeckt als erklärt werden. Über eine der vielen Verteidigungsschriften des Preußischen Adels heißt es: „Vor mir liegt eine kleine Schrift ‚Was könnte wohl für unser unglückliches Land geschehen?' Land! Und immer Land! Warum nennt man das Ding nicht lieber Reich, Staat, Gesellschaft? Ein Land kann als solches weder glücklich noch unglücklich werden: nur die in dem Lande lebende Gesellschaft ist abwechselnden Schicksalen unterworfen [...]. Aus der Verwirrung in den Benennungen erfolgt die Verwirrung in den Begriffen, und eben deswegen muß jene möglichst vermieden werden. Ich möchte die ganze Terminologie des Verfassers dieser Schrift eine Kornproduzenten-Terminologie nennen."[125]

In der Gegenüberstellung von Statischem und Festem einerseits und Beweglichem und Flüssigem andererseits drückt Buchholz den Gegensatz zwischen veralteter Ständeordnung und moderner Gesellschaft aus. Während die entscheidenden globalen Veränderungen durch die ‚flüssigen' Elemente des Geldes und der Weltmeere gekennzeichnet seien, sei der preußische Adel noch ganz in einem agrarisch-essentialistischen Weltbild gefangen und könne „in der Regel sich zwar einen deutlichen Begriff von der Natur und Kraft des Stätigen, aber nicht von der des Flüssigen machen."[126] Frankreich und Napoleon hingegen werden als „Hebel des Weltgeists" gedeutet, deren historische Bedeutung es ist, diese überkommenen

---

[124] Vgl. Buchholz an Cotta, 24. September 1811, Brief Nr. 81; sowie Brief Nr. 65 vom 19. Januar 1810.
[125] Buchholz: Arithmetische Staatskunst (1809), S. 250 f.
[126] Buchholz: Rükblike auf das System, in: EA 3 (1806), S. 73.

Strukturen aufzubrechen: „Unstreitig ist das Uebel, welches Deutschland seit dem Revolutionskriege von Frankreich hat erdulden müssen, groß genug, um zu bitteren Klagen zu berechtigen; blikt man aber über die Gegenwart hinaus, so ist Frankreich schwerlich etwas anderes gewesen, als der Hebel, den der Weltgeist gebrauchte, um Deutschland, welches in seiner Verfassung versunken war, kräftig aufzuregen, und zur Annahme neuer Formen zu zwingen."[127]

Der Konservierung überkommener Traditionen in der romantischen Ökonomie stellt Buchholz so die verändernde Kraft zunehmender globaler Zirkulation, Kommunikation und Partizipation einer auf Geldwirtschaft basierenden modernen Gesellschaft gegenüber. Es sind diese dynamisierenden Momente des Weltmarkts, oder des „Weltgeists", von denen her der geschichtliche Prozess zu verstehen ist. Nur in diesem globalen Kontext des ökonomischen und geopolitischen Verflechtungszusammenhangs lassen sich auch Europäisches, Nationales und Territoriales bestimmen. Vor diesem Hintergrund komme es für einen rückständigen Agrarstaat wie Preußen in erster Linie darauf an, den Anschluss an den westeuropäischen *state of the art* zu finden und nicht umgekehrt von einer europäischen Vorreiter-Rolle Preußens zu fantasieren, wie es so viele seiner Zeitgenossen von Kleist bis Fichte getan haben. Wie Buchholz feststellt, komme es für sein „Vaterland wohl eigentlich nur darauf an [...], daß es sich mit den politischen Ideen des neunzehnten Jahrhunderts ins Gleichgewicht setze, nicht darauf, daß es diese Ideen überfliege".[128]

Im Hinblick auf die politische Aufgabe der wechselseitigen Anpassung von gesellschaftlichen Institutionen und Ökonomie hat Buchholz in verschiedenen Situationen unterschiedliche Modelle propagiert: von einem internationalen Gerichtshof, der über die Freiheit des Welthandels und die Vergemeinschaftung der Weltmeere wacht, auf geopolitischer Ebene über einen föderalen europäischen Wirtschaftsbund unter Leitung einer vom Bildungsbürgertum oder der Wissenschaft, dem „Stand der Intelligenz", dominierten Schiedsstelle, bis hin zu Hardenberg'schen Wirtschaftsrefor-

---

[127] Ebd., S. 56.
[128] Buchholz: Arithmetische Staatskunst (1809), S. VIII.

men und schließlich zum Zollverein auf nationaler Ebene.[129] Allen diesen Modellen ist gemeinsam, dass Buchholz die politische Sicherstellung einer freien Ökonomie und Marktzirkulation ins Zentrum stellt. Für Buchholz sorgen nicht, wie die Romantiker meinen, Sprache, Kultur und Religion für den Zusammenhalt einer modernen Gesellschaft, sondern viel eher ökonomische Faktoren wie die Etablierung eines gerechten und „alles umfassenden Finanzsystems", das allein in der Lage sei, dem Staat Einheit und Stärke zu verleihen.[130]

Vor diesem Hintergrund bestimmt Buchholz auch die Aufgabe eines zeithistorischen Journalisten in der öffentlichen und kritischen Reflexion dieser politisch-ökonomischen Wechselverhältnisse und dadurch in der „Beschleunigung" der als Befreiungsgeschichte gedeuteten Transformationen. Gegenüber Cotta formuliert er seine schriftstellerische Zielsetzung als liberales *credo*: „[...] mein eigentlicher Zweck aber geht auf eine Beschleunigung der Freiheit in Deutschland, ohne welche kein Heil zu erwarten ist."[131]

---

[129] Vgl. zu Buchholz' Europa-Modell auf der Basis eines föderalen und rechtsstaatlichen Wirtschaftsbundes: Fratzke-Weiß: Rheinbund, S. 303. Zur deutschen Nation als Wirtschaftsbund: Buchholz: Gränzzölle [1828].

[130] „Man ahme ihr Beispiel mit denjenigen Modificationen nach, welche einen Bankerut nothwendig hintertreiben, und man wird die allerheilsamsten Folgen davon erleben. Für den gegenwärtigen Moment besonders ist in der Etablirung eines neuen alles umfassenden Finanzsystems allein Rettung zu finden; denn nur ein solches Finanzsystem kann diejenige Einheit verleihen, welche jeder Staat bedarf, um ein kräftiger Staat zu seyn; die Bande der Sprache, der Sitten, der Religion sind nur schwache Bande gegen diejenigen, womit ein großes Creditsystem eine Nation von vier und dreissig Millionen Individuen umschlingt." Buchholz: Über den Verlust St. Domingo's, in: Geschichte und Politik 1 (1804), S. 185 f.

[131] Buchholz an Cotta, 2. Oktober 1810, Brief Nr. 73.

6. Glanz und Elend des preußischen Frühliberalismus

Wie bereits Fritz Valjavec in seiner Studie zur *Entstehung der politischen Strömungen in Deutschland 1770–1815* herausgearbeitet hat, entwickelt sich der Liberalismus in Deutschland aus der Aufklärung des späten 18. Jahrhunderts und behält noch bis in die 1830er Jahre den Charakter einer ideellen „Strömung" im Unterschied zu der auf institutionellen Organisationsformen beruhenden politischen Bewegung in Frankreich oder England.[1] In seinen vergleichenden Untersuchungen zum europäischen Liberalismus kennzeichnet Jörn Leonhard die spezifische deutsche Spielart des Liberalismus entsprechend durch ein „gesinnungsethische[s] und geschichtsphilosophische[s] Deutungsmuster von Vernunft, Individuum und Fortschritt".[2] Klassische liberale Manifestationen wie Immanuel Kants politische Schriften oder Wilhelm von Humboldts früher Aufsatz über die Grenzen des Staates sind durch philosophischen oder ästhetischen Normativismus gekennzeichnet.[3] Ohne ihnen damit ihr kritisches Potential abzusprechen, ist Gustav Seibt wohl zuzustimmen, wenn er bemerkt, dass von dort „kaum ein

---

[1] Vgl. Valjavec: Die Entstehung der politischen Strömungen (1978).
[2] Leonhard: Erfahrungsgeschichte der Moderne (2011), S. 433 f.
[3] Humboldts *Ideen zu einem Versuch, die Grenzen der Wirksamkeit des Staates zu bestimmen* sind zudem zwar in den frühen 1790er Jahren entstanden, aber erst 1851 publiziert worden. Lediglich der kurze und weit weniger kritische Artikel *Ideen über Staatsverfassung, durch die neue Französische Konstituzion veranlaßt* im Januar-Heft des Jahres 1792 der *Berlinischen Monatsschrift* war der Öffentlichkeit bekannt. Vgl. Wilhelm von Humboldt: Ideen über Staatsverfassung in: Berlinische Monatsschrift 1 (1792). Die verhinderte Veröffentlichungsgeschichte der *Ideen zu einem Versuch, die Grenzen der Wirksamkeit des Staates zu bestimmen* ist dargestellt in der Vorrede des Herausgebers Eduard Cauer zur Erstveröffentlichung 1851. Vgl. Humboldt: Ideen zu einem Versuch (1851), S. I–XXVII.

Weg ins alltägliche Handeln, sondern bestenfalls ins Verfassungsgericht" führt.[4]

Von Hans Gerth über Rütger Schäfer bis zu Jörn Garber ist auf Friedrich Buchholz immer wieder als ein Gegenbeispiel für einen anderen Frühliberalismus in Deutschland aufmerksam gemacht worden[5]: hier findet man das Beispiel eines politisch aktiven Autoren und radikalen Kritikers, der als Theoretiker und Verfechter der bürgerlichen Gesellschaft einen ökonomisch reflektierten Liberalismus gegen die Feudal- und Privilegiengesellschaft in Anschlag brachte, auf der Höhe des westeuropäischen Diskurses seiner Zeit war und in seinen Spätschriften ausgehend von Robert Owen oder den Saint-Simonisten sogar noch die soziale Frage thematisierte.

Allerdings haben bereits die Zeitgenossen Zweifel geäußert, ob Buchholz überhaupt als ein Liberaler gelten kann. Von einem moderat reformkonservativen Standpunkt aus hat sich etwa August Wilhelm Rehberg von Anfang an in ausführlichen Rezensionen in der *Jenaischen* und der *Halleschen Allgemeinen Literatur-Zeitung* mit allen größeren Werken von Buchholz auseinandergesetzt.[6] Zusammen mit Johannes von Müller, Karl Ludwig von Woltmann, Johann Gottlieb Fichte, Adam Müller und Ernst Moritz Arndt zählt Rehberg Buchholz hier zu den bedeutenden politischen Autoren des napoleonischen Zeitalters. Bereits Rehberg verweist dabei auf einen Widerspruch zwischen Buchholz' frühsoziologischem Ansatz und seinem gleichzeitigen Misstrauen gegen zivilgesellschaftliche Akteure, die bei Buchholz zumeist nur als abzuschaffende ständische Korporationen vorkommen. Letztlich wolle Buchholz nach Rehberg die ganze gesellschaftliche Pluralität auf dem Niveau von „Proletariern" nivellieren: „Sollen diese Classen verschwinden, so bleibt nur noch ein Haufen Proletarier. Der Verfasser gehört zu denen, welche die

---

[4] Gustav Seibt: Die Leerstelle. Der deutsche Liberalismus hatte nie eine rechte Aufgabe, in: Süddeutsche Zeitung vom 2. April 2011, S. 13. Natürlich gibt es weitere Spielarten des preußischen Frühliberalismus – etwa den Verwaltungsliberalismus in Berliner (Varnhagen von Ense) oder ostpreußischer (von Schön) Ausprägung oder den rheinischen Frühliberalismus. Vgl. Greiling: Varnhagen (1993); Sösemann (Hg.): Theodor von Schön (1996); sowie Baum: Benzenberg (2008). Als Überblick zum Liberalismus in Deutschland vgl. die im Literaturverzeichnis genannten Arbeiten v. Dieter Langewiesche.

[5] Vgl. Gerth: Buchholz (1954); Schäfer: Buchholz (1972); Garber: Nachwort (1974).

[6] Rehberg hat seine Buchholz-Rezensionen später in seinen *Politisch-historischen kleinen Schriften* gesammelt veröffentlicht. Vgl. Rehberg: Buchholz (1829).

Glanz und Elend des preußischen Frühliberalismus

ganze bürgerliche Gesellschaft in ein Feld Flugsand verwandeln möchten, worin die Winde den Herrn spielen."[7] Damit einher gehe, dass Buchholz wegen seines Misstrauens in die Korporationen alle Macht in der Zentralgewalt konzentrieren wolle und somit die „uneingeschränkteste Despotie"[8] propagiere – offen sichtbar in dessen Anhänglichkeit an Napoleon. Dies widerspreche aber der von Buchholz selbst immer wieder betonten Einsicht, dass auch die Regierung von den ökonomischen Gegebenheiten abhängig sei: „Es klingt zwar sehr scharfsinnig, wenn ein Schriftsteller demonstrirt, daß ein Viertel-Procent den Staat zerrüttet habe; aber die Procente richten sich nach den Umständen und lassen sich nicht so vorschreiben."[9] Beides, Buchholz' Zentralismus wie seine Unkenntnis gesellschaftlicher Pluralität seien darauf zurückzuführen, dass er nur die rückständigen Verhältnisse in Preußen kenne: hier liege die Ursache dafür, dass er den Adel auf den „Feudaladel" reduziere und als Bankiers und Finanzhändler einzig die Juden identifiziere.[10]

Auch wenn Rehbergs Kritik selbst von einem bestimmten zeitgebundenen politischen Standpunkt aus formuliert ist, sind bei ihm damit doch zugleich zwei kritische Einwände formuliert, die auch heute noch für die Frage nach der Einordnung des Buchholz'schen politischen Denkens relevant sind und die eine aktualisierende Lektüre seiner Texte erschweren. Zum einen betrifft dies die Frage, ob und inwiefern sich seine Position in das Cäsarismus-Paradigma[11] eines „despotischen" zentralistischen Herrschaftsmodells einordnen lässt (Kapitel 6.2). Noch deutlicher sichtbar wird dies vor allem aber in Buchholz' ökonomisch perspektivierten Antijudaismus.[12] (Kapitel 6.1)

---

[7] Ebd., S. 226.
[8] Ebd., S. 201.
[9] Ebd., S. 219.
[10] Ebd., S. 215 f.
[11] Vgl. Garber: Von der naturalistischen Menschheitsgeschichte (2006), S. 74; Groh: Art. ‚Cäsarismus, Bonapartismus, Führer, Chef, Imperialismus' (1972).
[12] Ich folge der Terminologie von Ulrich Wyrwa, der für die Napoleonische Zeit die Begriffe der „Judenfeindschaft" und des „Antijudaismus" entgegen dem späteren, rassisch definierten Antisemitismus vorzieht. Vgl. Wyrwa: Juden in Preußen (2003), S. 9, Anm. 1.

6.1 Religionskritik und ökonomischer Antijudaismus

Zu Recht hat Ulrich Wyrwa in seiner Studie zur Judenemanzipation im Napoleonischen Zeitalter gegen ein modernisierendes Verständnis von Buchholz, das einseitig dessen „radikale politische Anschauungen und seine neue, am Sozialen interessierte Sprache" hervorhebt, darauf aufmerksam gemacht, dass man nicht über Buchholz schreiben könne, ohne von seinem Antijudaismus zu sprechen.[13] Tatsächlich sind sowohl Buchholz' Schriften als auch seine Briefe von Anfang an von abgründigen antijüdischen Ressentiments durchzogen. Nirgendwo offenbart sich der krasse Widerspruch zwischen dem weiten Horizont von Buchholz' weltgeschichtlichen Reflexionen und dem engen und borniertem Provinzialismus eines aus armen protestantischen Verhältnissen stammenden Landpastorensohn, der Preußen nie verlassen hat, so sehr wie hier.

Zwar steht Buchholz' antijudaistische Polemik in der Tradition einer aufklärerischen verzeitlichenden Religionskritik, in der die Offenbarungsreligionen des Judentums und des Katholizismus in der Nachfolge von Gotthold Ephraim Lessings *Erziehung des Menschengeschlechts* als historische Vorstufen des Vernunftstaats gesehen werden. Judentum und Katholizismus werden von Buchholz als Formationen der theokratischen Universalmonarchie des Mittelalters beziehungsweise antiker Stammesreligionen gedeutet und damit historisiert. So wie das ptolemäische Weltbild durch Kopernikus überwunden worden sei, so gelte dies auch für solche Religionsformen, die einen persönlichen Schöpfergott annehmen.[14] Zweitens ist Buchholz Kritik am Judentum ökonomisch perspektiviert. Das Judentum wird von ihm als „Geldaristokratie" zumeist in einem Atemzug mit der „Feudalaristokratie", d. h. dem Adel, als den beiden wichtigsten Trägerschichten des alten Feudalsystems genannt und kritisiert. „Geburtsadel" wie ‚Geburtsreligion' können aber – wie auch das Zunftwesen insgesamt – nach Buchholz in ihrer

---

[13] Ebd., S. 176: „Aufgrund seiner radikalen politischen Anschauungen und seiner neuen, am Sozialen interessierten Sprache ist Buchholz in der geschichtswissenschaftlichen Literatur zu einem ‚vergessenen Vorläufer der Soziologie' deklariert worden [...] Auf den abgründigen Judenhass von Buchholz geht Schäfer mit keinem Wort ein. Seine antijüdischen Schriften behandelt er verharmlosend als Beiträge zur Religionssoziologie."

[14] Vgl. Buchholz: Moses und Jesus (1803), S. 155 ff.

traditionellen Form in einer neuen nachfeudalen Gesellschaft nicht fortbestehen.

Allerdings verhüllt dieser Deckmantel vermeintlich rationaler Argumentation nur schwach Buchholz' Vorurteile, die sich auch daran festmachen lassen, dass er bei diesem Thema verstärkt in den emotionalen Empörungsmodus wechselt: so in alarmistischem Ton an Cotta vom 18. April 1807 („was mich mehr als alles übrige ängstigt ist das Verhältniß der Feudalaristokratie zur Geldaristokratie [des Adels zu den Juden] in meinem Vaterlande; ein Verhältniß, das kein Gedeihen zuläßt"[15]) oder in seinen *Untersuchungen über den Geburtsadel,* wo Buchholz schreibt, dass es „unstreitig kein scheußlicheres Amalgama, als das der Feudal-Aristokratie und der Geld-Aristokratie"[16] gebe.

Mit seinem ökonomisch perspektivierten Antijudaismus „von links" (Ulrich Wyrwa)[17] gehört Buchholz fraglos in die Vorgeschichte des deutschen Antisemitismus, den man, wie zuletzt Götz Aly gezeigt hat, in seinen modernen Formen im beginnenden 19. Jahrhundert aufsuchen muss.[18] Zum anderen zeigt sich aber auch hier – wie bei der Frage nach Buchholz' Liberalismus insgesamt – die Problematik historischer Wertungen aus der rückschauenden Perspektive, wie man etwa in Werner Bergmanns Artikel zu Buchholz im *Handbuch des Antisemitismus* erkennen kann. Bergmanns Artikel gibt einen guten Überblick zum Problemstand. Buchholz' Antijudaismus wird von den unterschiedlichen gleichzeitigen Ausformungen eines romantisch, national oder religiös motivierten Antijudaismus abgegrenzt. Als Fazit seiner Darstellung schließt Bergmann dann jedoch etwas unvermittelt mit einem Zitat des Buchholz-Biographen Kurt Bahrs und übernimmt dessen Bewertung: „In seiner Buchholz-Biographie entwarf Kurt Bahrs ein wenig anziehendes Bild des Porträtierten, den er als ehrgeizig, käuflich und ruhm- und gewinnsüchtig hinstellte. Es fehle ihm ‚jeder sympathische Zug, und es ist kein angenehmes Verweilen in dem Gedankenkreise dieses Mannes möglich'."[19] Allerdings hat sich Bergmann mit Bahrs Darstellung aus

---

[15] Buchholz an Cotta, 18. April 1807, Brief Nr. 24.
[16] [Buchholz]: Geburtsadel (1807), S. 172.
[17] Wyrwa: Juden in Preußen (2003), S. 268.
[18] Vgl. Aly: Warum die Deutschen? (2011).
[19] Bergmann: Art. ‚Friedrich Buchholz', in: Handbuch des Antisemitismus, Bd. 2.1 (2009), S. 113.

dem Jahr 1904 einen schlechten Zeugen gewählt. Nicht nur die aus der vorletzten Jahrhundertwende stammende Wortwahl zeigt ein Geschichtsverständnis, das nicht auf Wissenschaftlichkeit basiert, sondern durch die Identifikationssuche des „angenehmen Verweilens" in der Geschichte gekennzeichnet ist. Liest man das vollständige Zitat von Kurt Bahrs, dessen Monographie ganz im Zeichen der national-konservativen Bewertung von Buchholz als antinationalem Vaterlandsverräter steht, erkennt man, dass sich dessen Bewertung gerade auf dessen „undeutsche" Positionen und eben nicht auf dessen Antijudaismus bezieht: „Es fehlt Buchholz jeder sympathische Zug und es ist kein angenehmes Verweilen in dem Gedankenkreise dieses Mannes möglich. Wir fühlen uns von seiner Person abgestoßen und seine politische Stellungnahme beleidigt unser Nationalbewusstsein."[20]

Wenn man Geschichte nicht betreibt, um angenehm zu verweilen oder deren Akteure vom jeweiligen Gegenwartsinteresse aus moralisch zu bewerten, muss man auch diesen Aspekt in Buchholz' Denken in den Debatten seiner Zeit kontextualisieren. Buchholz' Stellungnahmen spannen sich dabei über den gesamten Zeitraum seiner publizistischen Tätigkeit – also in etwa die 30 Jahre von der Grattenauer-Debatte im Jahr 1803 bis zur Streckfuß-Debatte im Jahr 1833. Die Auseinandersetzung um die Judenemanzipation ist eines seiner zentralen Themen.

Mit seiner Schrift *Berichtigung der Urteile des Publikums über die französische Revolution* von 1793 hatte Fichte dem Antijudaismus eine neue Argumentationsgrundlage geliefert. Fichte hatte hier verschiedene Arten von „Staaten im Staate" ausgemacht, neben dem Adel und dem Militär auch das Judentum, und in Bezug auf die Juden in einer berüchtigten Fußnote als Voraussetzung für Integration die absolute Assimilation gefordert: „[…] ihnen Bürgerrechte zu geben, dazu sehe ich wenigstens kein Mittel, als das, in einer Nacht ihnen allen die Köpfe abzuschneiden, und andere aufzusetzen, in denen auch nicht eine jüdische Idee sei".[21] Wie Saul Ascher in einer

---

[20] Bahrs: Buchholz (1907), S. 7.
[21] Fichte: Beitrag zur Berichtigung der Urteile (1973), S. 115. Gegen eine ahistorische und unterkomplexe Sicht auf Fichtes Antijudaismus argumentierte zuletzt Aly: Warum die Deutschen? (2011), S. 32 f.: „Wenn eine Bemerkung von Johann Gottlieb Fichte immer wieder als Beispiel für einen selbst unter deutschen Philosophen verbreiteten Vernichtungsantisemitismus dient, versperrt das den Erkenntnisgewinn." Mit seiner berüchtigten Fußnote in der *Berichtigung der Urteile des Publikums über die französische Revolution* von 1793 habe Fichte nicht Totschlag, sondern Umerziehung

unmittelbar im Anschluss an Fichte gerichteten Gegenschrift von 1794 feststellte, habe Fichte mit dieser „politischen" Gegnerschaft gegen die Juden „eine neue Epoche des Judenhasses" begründet und daher als „Urheber dieses neuen Phänomens" nach dem berüchtigten Antijudaisten des 17. Jahrhunderts Johann Andreas Eisenmenger den Namen „Eisenmenger der Zweite" verdient.[22] Im Anschluss an Fichte ist auch Buchholz' Antijudaismus an einem rigorosen staatsbürgerlichen Gleichheitsgrundsatz orientiert. So ist zu erklären, wie die allgegenwärtigen antijüdischen Hetztiraden neben für ihre Zeit sehr weitgehenden Reformvorschlägen zur staatsbürgerlichen Gleichstellung bei ihm so unvermittelt nebeneinander stehen können.

Dies gilt bereits für Buchholz' erstes größeres Pamphlet, *Moses und Jesus*[23], das im Umfeld der Grattenauer-Debatte entstanden ist. In der Folge von Karl Wilhelm Grattenauers populistischem Machwerk *Wider die Juden. Ein Wort der Warnung an alle unsere christliche Mitbürger*, das bereits im Erscheinungsjahr 1803 in Berlin mehrmals aufgelegt wurde, ist ein ganzer Schwall antijüdischer Hetzschriften erschienen, was schließlich am 1. Oktober 1803 sogar zu einer *Cabinets-Ordre in Ansehung der Druckschriften wider und für die Juden* seitens der Regierung führte.[24] Buchholz gehörte nicht zur Grattenauer-Partei, der auf der anderen Seite des politischen Spektrums stand, Abhandlungen von Friedrich Gentz in der *Humanitätsgesellschaft* vortrug und mit Autoren aus Buchholz' Umfeld wie Hans von Held im ständigen Streit stand.[25] Auf seine eigene Position in der Grattenauer-Debatte bezieht sich Buchholz, wenn er in der Vorrede über sich selbst als Verfasser sagt: „Er ist kein Jude oder Judengenosse; aber er ist eben so we-

---

gefordert („andere Köpfe aufsetzen") und „sich später von seiner rabiaten Formulierung distanziert und das in seinem Tun unter Beweis gestellt."

[22] Ascher: Eisenmenger der Zweite, in Hacks: Vier Flugschriften, S. 39.
[23] Buchholz: Moses und Jesus (1803). Bereits im Oktober 1802 hatte Buchholz einen Aufsatz zum Thema in der *Eunomia* publiziert: [Philaleth = F. Buchholz]: Die Juden, in: Eunomia 2 (1802).
[24] GSTA PK I. HA Rep. 104 II (General-Fiscalat Juden. Specialia), S. 1. Vgl. auch Heinrich: Bürgerliche Verbesserung (2004), Bd. 2, S. 822.
[25] Grattenauer hielt in der Humanitätsgesellschaft zwei Vorträge: am 17. Januar 1801 las er Aufsätze aus Gentz' Historischem Journal vor, am 9. Januar 1802 eine Verteidigung des Adels von Basilius von Ramdohr. Vgl. Motschmann: Schule des Geistes (2009), S. 599 f. Zu Helds Kritik an Grattenauer vgl. Varnhagen: Held (1845), S. 152 ff.

nig ein Christ in dem Sinne des Wortes, worin man dasselbe gewöhnlich nimmt. Sein ganzes Streben ging von jeher dahin, keiner Parthei anzugehören" und einzig und allein das „Staatswohl" im Blick zu haben.[26] Daher seien für ihn nur drei Prinzipien maßgeblich: „1) der letzte Staatszweck kann kein anderer seyn, als eine kraftvolle Nationalexistenz; 2) alle Staatskraft ist in der Industrie der Staatsbürger enthalten; 3) was der Industrie Abbruch thut, schwächt die Staatskraft und wirkt eben deswegen dem letzten Staatszweck entgegen."[27]

Die Identifikation der Juden mit dem so bestimmten Staatszweck sei im wesentlichen durch zwei Maßnahmen zu erreichen; erstens durch die Öffnung, aber auch dem Zwang zum Militärdienst für jüdische Bürger und zweitens durch zivile Mischehen: „Um die Identifikazion noch von einer andern Seite her einzuleiten, verwandle man die eheliche Verbindung einer Jüdin mit einem Christen in einen bloßen bürgerlichen Kontrakt, welchem der Magistrat die nöthige Sankzion giebt."[28] Die „Pluralität der Jüdinnen" würde sich mit Christen verbinden und die jüdischen Männer würden „genöthigt, eine Christin zu suchen" und so „die nothwendige Identifikazion der Juden mit den Christen [...] zu Stande kommen."[29] Auch wenn Buchholz' Argument in eine krude und diskriminierende historische Herleitung der vorgeblich selbstgewählten Absonderungen der Juden aus dem Staat eingebettet ist, wird deutlich, dass es sich ähnlich wie bei Fichte um ein staatsbürgerliches Integrationsmodell auf der Basis rigider kultureller Assimilationsforderungen handelt. Mit der Anerkennung des Militärdienstes und der Einführung von Zivilehen stellt Buchholz aber dabei durchaus auch Reformforderungen an die Mehrheitsgesellschaft.

Die Widersprüchlichkeit in Buchholz' Stellungnahmen zwischen allgegenwärtigen Ressentiments und sehr weitgehenden Gleichstellungsforderungen wurde schon von den Zeitgenossen wahrgenommen. So heißt es in einem satirischen Buchholz-Porträt im *Kabinett Berlinischer Karaktere*, dass dieser „keinen Bogen" ohne judenfeindliche Ausfälle schreiben könne, so dass einige von Buchholz Gegnern mutmaßten, diese dienten nur dazu, seine eigene jüdische Herkunft zu verschleiern: „Mehrere seiner Gegner

---

[26] Buchholz: Moses und Jesus, Vorrede, [unpag., S. II].
[27] Ebd., Vorrede, [unpag., S. V].
[28] Ebd., S. 248 f.
[29] Ebd., S. 251.

wollen nun behaupten, daß, [...] er wohl so ein ausgesetzter Israelit sein mag, und, um diese Meinung zu verscheuchen, so laut sich gegen dieselben erkläre."[30] Hier findet sich auch eine der wenigen Beschreibungen von Buchholz' Äußerem. Karikierend heißt es: „Er ist groß, von einem böotischen Körperbau, sein Gesicht von einer breiten Physiognomie, großem Munde, pechschwarzen Augen, furchtbaren Brauen, stierem Haar, nachläßig in seinem Anzug und von der in sich selbst gekehrtesten Haltung. Wer ihn auf sich zukommen sieht, würde ihn am ersten für einen Sprößling aus dem Stamme Israel oder für einen Erz- und Urjuden halten, wie uns aus dem Innern Polens deren oft entgegen kommen."[31]

Bemerkenswert und durchaus symptomatisch ist auch die Rezension des Breslauer Pastors Georg Goldfinder zu Buchholz' *Gemälde des gesellschaftlichen Zustandes in Preußen* in Voss' *Zeiten*. Hier raunt der Rezensent, dass Buchholz' judenfeindliche Passagen nur vorgeschoben seien: „eine Maske, womit er seine warme Anhänglichkeit" an die Juden „und seine Operationen für dieselben zu verdecken" versuche. Letztlich wolle er durch seine Reformvorschläge die Juden auf Kosten der Christen gleichstellen. Goldfinders Besprechung ist ein eindrückliches Dokument für die traditionelle, orthodox-protestantische Judenfeindschaft, für die allein schon eine nicht mehr auf religiösen Gegensätzen beruhende Diskussion des Gegenstands ein Skandalon war.[32]

Am ehesten kann man in der historischen Kontextualisierung von Buchholz' Antijudaismus vielleicht dem Urteil Saul Aschers trauen, der zum einen viele von Buchholz' politischen Zielen teilte, zum anderen einer der aufmerksamsten Beobachter und Kritiker antijüdischer Tendenzen war. Ascher nennt in seiner Flugschrift *Napoleon oder Über den Fortschritt der Regierung* von 1808 Buchholz und Fichte die beiden einzigen „systematischen Gegner" der Juden und unterscheidet sie von dem „Heere" derer „em-

---

[30] [Ascher]: Kabinett Berlinischer Karaktere (1808), S. 10 f.
[31] Ebd., S. 9 f. Vgl. dazu auch Buchholz' eigenes Selbstporträt in der *Gallerie Preussischer Charaktere*, S. 753: „Friedrich Buchholz ist von ziemlich hohem Wuchse und festem Körperbau. In seinem Gesichte fällt gleich Anfangs nichts so sehr auf, als seine vorgetriebene Stirn. Seine dunkelbraunen Augen, welche ein wenig tief liegen, vereinigen mit dem Ausdruck des Ernstes eine Lebhaftigkeit, die auf Regheit des Geistes schließen läßt. Sanfte Augenbrauen, und ein dünner Haarwuchs verkündigen in ihm einen Sinn, in welchem keine Heftigkeit liegt."
[32] Goldfinder: Rezension zu [Buchholz:] Gemählde, in: Die Zeiten (1808), S. 360.

pirischen Widersacher".³³ Denn beide, Buchholz und Fichte, würden einen Zusammenhang zwischen dem orthodoxen und traditionalistischen Verständnis der jüdischen Religion und den vermeintlichen Hindernissen für die gesellschaftliche Integration, nämlich „Glaubensegoismus und Wucher", herstellen: „Von jenen kenne ich in Deutschland nur zwei genialische Köpfe: Fichte und Buchholz. Sie finden nämlich beide im Judentume, wie es von Abraham bis auf Moses und endlich bis auf Christus sich konstituierte, schon das Prinzip, das den Juden den Glaubensegoismus und den Wucher zum heiligen Gesetz macht. Das sonderbarste ist nur: daß sowohl Fichte als Buchholz weder mit dazugehörigen Sprach- noch exegetischen Kentnissen ausgerüstet sind, um so etwas gründlich behaupten zu können. Sie sollten beide die Quellen, von welchen und mit welchen das Judentum sich bildete, verstehen lernen, dann würde Fichte seinen schlechthin setzenden Willen nicht so allgemein geltend finden und Buchholz aus dem Taumel erwachen, worin man ihn, in seinem Eifer für Paradoxie, so seltsame Luftsprünge machen sieht."³⁴

An anderer Stelle macht Ascher in seinem Korrespondenten-Bericht aus Berlin in Zschokkes *Miszellen für die Neueste Weltkunde vom* 30. März 1811 aber auch darauf aufmerksam, dass Buchholz einer der ersten war, der den Verkauf von Domänengütern auch an Juden gefordert hat: „Schon vor längerer Zeit hat Buchholz, in seiner *Idee zu einer arithmetischen Staatskunst,* der preussischen Regierung den Vorschlag gemacht, den Juden die Freiheit zum Ankauf der Domänen zu gestatten."³⁵ Zwar sei dessen Annahme, dass die Juden über das meiste bare Geld verfügen, irrig und zudem seien die meisten Juden mit Geld Kaufleute und Bankiers, die „ihr Geld besser anzuwenden wissen, als auf einen mäßigen Ertrag von Grund und

---

[33] Ascher: Napoleon oder Über den Fortschritt (1807), S. 155 f.
[34] Ebd. In der Engführung von Judentum und Wucher und der Aufhebung von beidem in einer befreiten Gesellschaft verweisen Fichte und Buchholz voraus auf junghegelianische Abhandlungen zum Thema wie Bruno Bauers *Die Judenfrage* (Braunschweig 1843) und Karl Marx' Kritik an Bauer in den *Deutsch Französischen Jahrbüchern* vom Februar 1844, deren Schluss lautet: „Sobald es der Gesellschaft gelingt, das *empirische* Wesen des Judentums, den Schacher und seine Voraussetzungen aufzuheben, ist der Jude *unmöglich* geworden [...]. Die *gesellschaftliche* Emanzipation des Juden ist die *Emanzipation der Gesellschaft vom Judentum*" (MEW 1, S. 376 f.).
[35] Ascher: Mannigfaltigkeiten aus Berlin, in: Miszellen für die Neueste Weltkunde (1811), S. 102.

Religionskritik und ökonomischer Antijudaismus

Boden." Dennoch zeuge die Diskussion von „humanen Grundsätzen" und sei ein Hoffnungszeichen, „daß der Plan, nach welchem den Juden im preussischen Staat ebenfalls völlige Bürger- und Gewerbefreiheit gestattet werden soll, bald zur Reife gediehen sein wird."[36] Die Passage zeigt zudem, dass Ascher über die Diskussionen in der Hardenbergschen Staatskanzlei informiert war und auch von Buchholz' dortiger Mitarbeit wusste. Buchholz hatte an Cotta erst kurz zuvor, in einem Brief vom 18. Januar 1811 berichtet, dass er von der Staatskanzlei zur Mitarbeit am Emanzipationsedikt aufgefordert worden sei.[37]

Tatsächlich hat sich Buchholz auch öffentlich dagegen verwahrt, für antijüdische Kampagnen vereinnahmt zu werden und immer wieder darauf bestanden, dass einzig eine verbesserte Integration in die Gesellschaft sein Anliegen sei. Nachdem der dänische Literat Thomas Taarup 1813 Buchholz' *Moses und Jesus* ins Dänische übersetzt hatte, kam es im Zusammenhang mit frühnationalen Bewegungen in Skandinavien zu einer breiten Debatte mit rund 50 Schriften und Gegenschriften.[38] Buchholz reagierte mit einer bemerkenswerten öffentlichen Gegendarstellung, die er nicht nur am 17. Juli 1813 in der *Vossischen Zeitung*, sondern auch auf Dänisch in Kopenhagen

---

[36] Ebd.
[37] Buchholz an Cotta, 18. Januar 1811, Nr. 76: „Ich werde aufgefordert, Vorschläge zur bügerlichen Verbeßerung der Juden zu thun."
[38] Friedrich Buchholz: Moses og Jesus. Eller om jodernes of des Christnes (Leipzig) 1813. Gegenschrift von Johan Hendrik: Tilleag til Moses og Jesus, Kopenhagen 1813. Übersetzung ins Schwedische: Närvarande förhallande emellan judar och kristne i intelletuelt och moraliskt hänseende. Öfversättning, Stockholm 1815. Vgl. auch die Sammelrezension in der *Jenaer Allgemeinen Literaturzeitung*: „Da das Original von Buchholz nach seinen Vorzügen, wie nach seinen Mängeln, unsern Lesern als längst bekannt vorausgesetzt werden kann: so lassen wir es bey dieser kurzen Anzeige bewenden, und bemerken nur noch, daß die wohlgeratene Uebersetzung desselben in Dänemark fast ein halbes Hundert größere und kleinere Streitschriften für und wider die Juden veranlaßt hat, ohne daß dadurch über den Gegenstand des Streites ein vorzügliches Licht verbreitet worden wäre." JALZ Nr. 146, Juni 1815, S. 389–391, S. 391. Diese Debatten gehören zur Vorgeschichte des berüchtigten „Juden und Jesuiten"-Paragraphen der Norwegischen Verfassung von 1814. Für diese Hinweise danke ich Håkon Harket (vgl. auch o. Kapitel 2.3).

veröffentlichen ließ.[39] Schon in seinen Frühschriften wie *Moses und Jesus* sei „nicht Verfolgung der Juden, wohl aber Verbesserung des bürgerlichen Zustandes derselben" sein Ziel gewesen. Die jüdische Bevölkerung für die in Skandinavien herrschende Finanzkrise verantwortlich zu machen, gehe an den wirklichen Ursachen vorbei. Zum einen seien Geldhändler und Finanzakteure sowohl jüdisch wie auch christlich. Zum anderen sei es ohnehin nicht die Schuld der Investoren, wenn die Staatspapiere fallen. Da diese in Finanzkrisen Verluste verbuchen müssten, hätten sie kein Interesse an sinkenden Kursen. Dem Übersetzer seiner Schrift empfiehlt er, sich um die wirklichen Ursachen der Finanzkrise zu kümmern, die in der Verfassung und in den politischen Umständen lägen, anstatt der jüdischen Minderheit die Schuld zu geben und so „einen Theil [seiner Mitbürger] anzuklagen und dem öffentlichen Unwillen preis zu geben". In Buchholz' Gegendarstellung, die durchaus als ein frühes öffentliches Plädoyer gegen den ökonomisch motivierten Antijudaismus gelten kann, heißt es im Wortlaut:

Protestation

Ich lese in den öffentlichen Blättern, daß man einer meiner Schriften: Moses und Jesus betitelt, die Ehre erzeigt hat, sie ins Dänische zu übersetzen.

Wenn, wie ich zu glauben Ursache habe, die Absicht dieser Uebersetzung keine andere ist, als den allgemeinen Unwillen der Dänen über den täglich zunehmenden Verfall ihrer Staats-Effekten auf die Juden hinzuleiten: so muß ich gegen eine solche Absicht als eine protestiren, die meiner Schrift durchaus fremd ist. Nicht Verfolgung der Juden, wohl aber Verbesserung des bürgerlichen Zustandes derselben, lag in meinem Plane, als ich vor ungefähr zehn Jahren Moses und Jesus schrieb; jeder unbefangene Leser wird sich davon überzeugt haben.

Die Natur der Dinge bringt es mit sich, daß, wenn Staats-Effekten ihren Werth verlieren, dies nie die Schuld der Privatpersonen seyn kann, die sich mit Geldhandel beschäftigen. Was hätten sie wohl für ein Interesse, solche Effekten herabzuwürdigen? Sie haben ja kein anderes Interesse, als daß es Geschäfte gibt und daß diese leicht zu machen seyen; wozu das Daseyn und der volle Werth der Staats-Effekten nicht wenig beiträgt. Wenn also, wie die öffentlichen Blätter aussagen, das Dänische Papiergeld auf 5000 Prozent steht; so kann (das Geld als Werkzeug des Handels betrachtet) der Dänische Kaufmann, er sey christlichen oder nicht-christlichen Glaubensbekenntnisses, darüber nur

---

[39] Buchholz: Protestation, in: Königlich privilegierte Berlinische Zeitung (1813). Friedrich Buchholz: Erklæring med hensyn paa Oversættelsen af Moses og Jesus. Oversat og med Anmærkninger ledsaget af J Kragh Høst, Kopenhagen 1813.

seufzen, nicht aber die Absicht haben, diesen Stand der Papiere zu seinem Vortheil zu benutzen, indem die Wahrscheinlichkeit eines glücklichen Erfolges gegen ihn seyn würde. Wer demnach mit 100 Thlr. baar 5000 Thlr. in Staats-Effekten kauft, ist so weit entfernt, ein Verbrechen zu begehen, daß er sich sogar ein Verdienst um den Staat erwirbt, bestände dies auch nur darin, daß er an der Fortdauer desselben nicht ganz verzweifelt.

Ich fühle mich nicht berechtigt, dem mir unbekannten Uebersetzer meiner Schrift einen guten Rath zu geben; aber das muß ich ihm sagen, daß er sich ein größeres Verdienst erworben haben würde, wenn er seinen Landsleuten über die wahren Ursachen des tiefen Verfalls ihrer Staats-Effekten die Augen geöffnet hätte. Diese Ursachen liegen offenbar theils in der Verfassung des Königreichs, theils in dem Verfahren der Dänischen und Norwegischen Species-Bank (welche in der Emission der Noten über ihren baaren Bestand weit hinausgegangen seyn muß) theils in dem Verlust der Flotte und der Kolonien, theils endlich in der Politik der Regierung, die sich nur durch standhaftes Anschließen an das sogenannte Kontinental-System retten zu können glaubte. Wenn alle diese Ursachen zusammengenommen, in einem Zeitraum von sechs Jahren, die Wirkung hervorgebracht haben, daß die Staatspapiere auf 5000 Prozent stehen, und daß – eine neue Finanzverordnung notwendig wird; so darf man sich darüber so wenig wundern, daß es beinahe unbegreiflich ist, wie Jemand auf den Einfall gerathen kann, die Schuld des öffentlichen Elendes den Geldhändlern beizumessen.

Papier und Geld sollten eigentlich nie in Kollision gerathen. Wo es dennoch der Fall ist, da sind die, welche sich der Gefahr aussetzen, das Opfer dieser Kollision zu werden, nur zu beklagen. Es ist unstreitig ein großes Unglück, wenn Kapitale gegen sich selbst wirken müssen; allein kann dies Unglück anders gehoben werden, als so, daß man den Kapitalien die Objekte zurückgiebt, gegen welche sie wirken wollen? Die Geldhändler in Dänemark sind jetzt so unschuldig, wie sie es vor dem Bombardement von Kopenhagen waren; und wenn sich damals Niemand einfallen ließ, ihnen den Prozeß zu machen, so darf man auch jetzt einem solchen Gedanken keinen Raum geben. Ein Hamburgischer Bankier wäre vielleicht berechtigt, sich über den beinahe unheilbar niedrigen Stand der Dänischen Staats-Effekten zu freuen; wenigstens dürfte er darin eine gerechte Strafe sehen. Ein Dänischer Schriftsteller sollte sich über diese Erscheinung nur betrüben, und seine Mitbürger, anstatt einen Theil derselben anzuklagen und dem öffentlichen Unwillen preis zu geben, nur die Mittel lehren, wie sie dem Verderben entrinnen können.

F. Buchholz[40]

---

[40] Ebd.

Auch Buchholz' letzte Stellungnahme zur Frage der staatsbürgerlichen Gleichstellung der Juden steht im Kontext einer öffentlich geführten Kontroverse, der sogenannten Streckfuß-Debatte. Als Reaktion auf die Juli-Revolution von 1830 gab es in konservativen Kreisen verstärkte Tendenzen, den preußischen Staat auf ein orthodox protestantisches Fundament zu stellen. Damit stand auch die seit dem Emanzipationsedikt von 1812 immer noch nicht umgesetzte staatsbürgerliche Gleichstellung der preußischen Juden wieder in Frage. Der Geheime Berliner Regierungsrat Karl Streckfuß schlug in einer Broschüre mit dem Titel *Über das Verhältniß der Juden zu den christlichen Staaten* vor, die preußischen Juden in zwei „Classen" zu unterteilen und nur einer der beiden den vollen Rechtsstatus zu gewähren.[41] Noch weiter gingen konservative Journale wie das *Berliner Politische Wochenblatt*, das eine Kopplung der Staatsbürgerschaft an die Konversion zum Christentum forderte.[42] Buchholz schaltete sich mit einem im Herbst 1833 in seiner Monatsschrift und zeitgleich bei Ensslin in einem Separatdruck erschienenen Artikel *Was verhindert die Juden an der Erwerbung bürgerlicher Rechte?*[43] in die Debatte ein. Rund zwanzig Jahre nach dem Preußischen Emanzipationsedikt von 1812 zieht Buchholz hier Bilanz und entwickelt einen europäisch vergleichenden historischen Überblick zur Frage der rechtlichen Gleichstellung. Er macht auf die unverminderte Wichtigkeit dieses Themas für die „neuere Geschichte" aufmerksam, weil sich gerade auf diesem Gebiet der Unterschied moderner Gesellschaften zur barbarischen Vergangenheit zeige. Ohnehin dürfe man das Thema nicht auf die Juden eingrenzen, sondern allgemeiner als Frage nach dem Zusammenleben unterschiedlicher Religionen im Staat stellen. So hätten im Jahr 1829 in Großbritannien sogar die Katholiken bürgerliche Rechte erhalten, was kurz zuvor niemand für möglich gehalten hätte. In Frankreich, wo die Juden schon mit der Revolution 1789 politische Rechte erlangt hätten, sei nach der Juli-Revolution nun auch zivile Gleichstellung erreicht worden und jüdische

---

[41] Streckfuß: Über das Verhältniß der Juden (1833). Ein Jahr später konkretisierte Streckfuß seinen Vorschlag in dem Artikel: Classification der deutschen Juden, in: Der Nationalökonom (1834). Vgl. zum Kontext der Debatte Wyrwa: Juden in Preußen (2003), S. 253–263.

[42] Ebd., S. 260 f.

[43] [Buchholz]: Was verhindert die Juden?, in NMD 40 (1833); sowie als Separatdruck Berlin: Th. Ensslin 1833.

Kirchenbeamte nun gleich den katholischen und protestantischen aus der Staatskasse besoldet. Spanien sei seit der Inquisition den bekannten Weg der Glaubenshomogenisierung und der Judenvertreibung gegangen und habe dafür mit dem Preis immer noch andauernder Rückständigkeit bezahlt. Und in Deutschland hätte man inzwischen begriffen, „daß es eine Abgeschmacktheit in sich schließt, Personen, welche seit einem Jahrtausend in Deutschland leben, die Sprache dieses Landes reden, den Gesetzen desselben gehorchen und sich bei jeder Gelegenheit als friedliche und gefügige Unterthanen beweisen, als Solche zu betrachten, welche erst seit gestern und vorgestern aus Judäa eingewandert seien."[44] So werde „in allen zivilisierten Staaten" die „Gleichstellung der Juden in bürgerlichen Rechten und Pflichten mit den christlichen Bewohnern des Landes gefordert."

Dies gelte auch für Preußen, wo seit dem Emanzipationsedikt mit der Einführung der Gewerbe- und Handelsfreiheit „Außerordentliches" erreicht worden sei. Durch die Aufhebung der Zunftschranken habe die „Betriebsamkeit der Juden [eine] neue Bahn" betreten. So gebe es kein Handwerk mehr, das nicht auch von jüdischen Meistern ausgeübt werde und keine Kunstausstellung ohne jüdische Künstler. Insgesamt sei die Gesellschaft nicht mehr auf „schwankende Glaubenslehren", sondern auf „Gemeinschaftlichkeit der Arbeit" gegründet.[45] Es sei diese Öffnung aller gesellschaftlichen Tätigkeitsbereiche für die Juden, durch welche sich die moderne Gesellschaft von den „abgewichenen Jahrhunderten" unterscheide, in denen das Verhältnis der Christen zu den Juden ein „barbarisches" gewesen sei und durch die sichergestellt werde, dass diese Barbarei der Vergangenheit angehört, „die nicht zurückkehren kann, weil die Unmöglichkeit der Wiederkehr in Verhältnissen liegt, die sich nicht mit Wahnbegriffen und Vorurtheilen verträgt."[46]

Entsprechend seines nicht-kulturell definierten Verständnisses von Nation[47] sieht Buchholz auch hier Integration am besten über Partizipation an gesellschaftlicher Arbeit, sowie an der Möglichkeit sich produktiv einzubringen, gewährleistet. Schließlich werde das Zugehörigkeitsgefühl viel eher durch „die gesellschaftliche Lage" bestimmt denn durch Religion oder „trans-

---

[44] [Buchholz]: Was verhindert die Juden?, in NMD 40 (1833), S. 337.
[45] Ebd., S. 339.
[46] Ebd., S. 340 f.
[47] Vgl. o. Kapitel 5.3.

zendentale Lehren": „Der Einfluß transcendentaler Lehren auf die Leidenschaften und Handlungen der Menschen ist zu allen Zeiten sehr gering gewesen, und die Erfahrung sagt auf eine unaussprechliche Weise aus, daß unsere Art zu denken und zu empfinden unendlich mehr das Resultat unserer gesellschaftlichen Lage und der damit verbundenen Verrichtungen, als die Ursache derselben, ist. [...] Wir bilden unsere allgemeinen Anschauungen und die daraus herfließenden Grundsätze und Maximen immer nur nach den Lagen, worin wir uns befinden, und nach den Aufgaben, welche von uns gelöset werden müssen."[48]

Anders als in seinen früheren Schriften wird hier die Frage gesellschaftlicher Integration von Buchholz nicht hauptsächlich auf die mangelnde Integrationsbereitschaft der religiösen Minderheit reduziert, sondern aus der Analyse der jeweils herrschenden Mehrheitsgesellschaft diskutiert. In einem historischen Durchgang zeigt Buchholz, wie die „Beweggründe eines höchst materiellen Eigennutzes" sowohl die Mehrheitskirche als auch die Regierenden in ihrer Politik gegenüber den Juden geleitet haben. So sei die Inquisition als Kampf der spanischen Krone mit der Feudalität auf dem Rücken der Juden ausgetragen worden.[49] Überall in Europa wurden die Juden von den Regierungen als „die ersten Finanz-Beamten" eingesetzt, die man „wie Schwämme" gebraucht hätte, „welche ihre Unterthanen aussogen, und dann von ihnen auf eine minder verhaßte Weise, als die direkte Besteuerung in sich schließt, ausgepreßt werden konnten."[50] Auch der christliche Gott der „theokratischen Universal-Monarchien" sei nur ein „Partikulargott" gewesen. Buchholz schließt mit einem Ausblick, dass mit den religiösen Ausschluss- und Diskriminierungsmechanismen im Staat auch die ‚Geburtsreligionen', wie man sie im Anschluss an Buchholz' Rede vom „Geburtsadel" nennen könnte, als „letzte Zitadelle des Zunftwesens"[51] fallen werde. Auch wenn Buchholz vor einem „himmelstürmende[n] Liberalismus" warnt, der glaube, Gleichstellung einfach per Dekret herstellen zu können[52], kann man seine Stellungnahme vor dem Hintergrund der zeitgenössischen Debatte und ihre dezidierte Gegenposition gegen die konservativen Re-Christianisie-

---

[48] [Buchholz]: Was verhindert die Juden?, in NMD 40 (1833), S. 341 f.
[49] Ebd., S. 351.
[50] Ebd., S. 348.
[51] Ebd., S. 356.
[52] Ebd., S. 355.

rungsversuche des Preußischen Staates schwerlich als einen Markstein des Antijudaismus in Deutschland lesen.[53]

Eher eröffnet sich hier – wie auch in Buchholz' oben zitierter öffentlicher *Protestation* in der *Vossischen Zeitung* oder in seiner öffentlichen Verteidigung von Eduard Gans gegen die Angriffe der historischen Rechtsschule, die mit der „Lex Gans" eine Einschränkung des Emanzipationsedikts von 1812 und der Verhinderung einer Professur für Gans durch Friedrich Wilhelm III. zur Folge hatten[54] – noch eine andere Deutungsperspektive. So wie Buchholz' Liberalismus von Anfang an durch seine allgegenwärtigen antijüdischen Ressentiments gebrochen ist, so wird umgekehrt diese Vorurteilsstruktur durch seine an einer ökonomischen Rationalität ausgerichteten liberalen Einsichten in Frage gestellt. Das Hardenberg'sche Emanzipationsedikt von 1812, das auch am Anfang von Buchholz' Mitwirkungsmöglichkeit in der Staatsverwaltung steht, verweist dabei durchaus auch auf die persönliche Emanzipationsgeschichte eines auf Grund seiner sozialen Stellung und räumlichen Immobilität notwendigerweise immer auch provinziellen Denkers in einem – von ihm selbst als rückständig erkannten – Agrarstaat wie Preußen.

6.2 Republikanismus-Rezeption und Cäsarismus-Verdacht

Eine ähnliche „Preußische Regression" (Heinz Dieter Kittsteiner)[55] scheint Buchholz' politische Position insgesamt zu betreffen. Sozialisiert im Staat Friedrichs II. scheint auch seine Napoleon-Anhängerschaft im Paradigma eines zentralistisch-monarchistischen Cäsarismus' begründet zu sein, der grundlegende liberale Positionen konterkarieren würde – im Sinne der durchaus verbreiteten zeittypischen Deutung von Napoleon als Wiedergän-

---

[53] In diesem Punkt entgegen Wyrwas Deutung: ders.: Juden in Preußen (2003), S. 260.
[54] Vgl. o. Kapitel 4.1. Vgl. zur „Lex Gans" Braun: Die ‚Lex Gans' (1998).
[55] Der Begriff ist entlehnt aus Kittsteiner: Weltgeist (2008), S. 42.

ger und Fortsetzer des Werkes des Preußen-Königs.[56] Buchholz' Betonung der „Einheit der Regierung" oder sein Misstrauen gegen die auf Gewaltenteilung basierende britische Staatsverfassung verweisen zum mindesten in diese Richtung. Auch Buchholz' borussozentrischer Antiföderalismus, gerade im Umfeld des Wiener Kongresses, ist in diesem Zusammenhang unübersehbar.[57]

Im Hinblick auf diese Fragen fällt auf, dass Buchholz schriftstellerische Sozialisation von Anfang an entlang der Rezeption des europäischen republikanischen Denkens verläuft, die sich an seiner Auseinandersetzung mit den Werken von Vittorio Alfieri, Niccolo Machiavelli und James Harrington festmachen lässt. Eines seiner ersten Werke war eine Übersetzung von Vittorio Alfieris Traktat *Del Principe e delle Lettere* (*Der Fürst und die Wissenschaften*).[58] Entstanden in den 1780er Jahren, steht Alfieris Abhandlung in der Tradition Machiavellis und Rousseaus und zählt zu den Gründungsdokumenten des europäischen Republikanismus. Alfieri reflektiert hier den Zusammenhang zwischen der politischen Verfassung und der Möglichkeit kultureller und wissenschaftlicher Entwicklung. Seine These lautet, dass Wissenschaften und Künste nur in einer republikanischen Staatsverfassung gedeihen können, während sie in Monarchien korrumpiert und der Lächerlichkeit preisgegeben würden. Dies sei in den nicht-kompatiblen Interessen der Machthaber mit den „Zwecken der Wissenschaften" begründet. Während der Fürst will und „wollen muss", „daß seine Unterthanen verblendet, unwissend, niederträchtig, betrogen und unterdrückt seyen", weil sonst seine absolutistische Machtgrundlage „aufhören würde zu existiren", sei es der Zweck der Wissenschaften, „der möglich-größten Anzal von Menschen Licht, Wahrheit und Vergnügen zu gewähren."[59] „Der Vortheil der großen Menge" ist nach Alfieris protodemokratischem Diktum im Allgemeinheits- und Rationalitätsanspruch der Wissenschaften immer schon angelegt. Mit zahlreichen historischen Beispielen aus Literatur, Philosophie, Geschichts-

---

[56] So in Johannes von Müllers von Goethe übersetzter und gefeierter Rede anlässlich des Geburtstags Friedrichs II. am 29. Januar 1807 in der Berliner Akademie der Wissenschaften.
[57] Vgl. seinen Vorschlag zur *Umbildung des Deutschen Reiches zu einem zentralen Staat* unter preußischer Führung, GStA PK VI. HA, Nl Albrecht, Nr. 30.
[58] Buchholz [Übers. Alfieri]: Der Fürst und die Wissenschaften (2011). Vgl. zu Buchholz' Übersetzung auch ders. an Cotta, 3. Mai 1805, Brief. Nr. 1.
[59] Buchholz [Übers. Alfieri]: Der Fürst und die Wissenschaften (2011), § 3.

schreibung, Politik, Medizin und Naturwissenschaften – all diese Bereiche umfasst Alfieris Titelbegriff der „Wissenschaften" („lettere") – versucht er zu zeigen, inwiefern Protektion, Mäzenatentum und Androhung von Strafen in Monarchien zu einer Lähmung nicht nur der republikanischen Bürgertugenden, sondern auch des Erfindungsgeistes und der Denkkraft geführt hätten. Anstatt sich im „Koth der Höfe"[60] zu besudeln, rät er den Literaten und Wissenschaftlern, sich zu einer europaweiten Avantgarde der Republik zusammenzufinden und durch wirkliche Literatur und Wissenschaft „die allgemeine Schlafsucht" zu stören, „welche man sehr fürstlich die öffentliche Ruhe nennt."[61] Mit solchen Thesen wird Alfieris Abhandlung nicht zuletzt als ein radikaler Vorläufer zu Friedrichs Schillers *Briefen über die ästhetische Erziehung des Menschen* erkennbar.

Der zweite wichtige republikanische Referenzautor für Buchholz ist Machiavelli. Annette Meyer hat gezeigt, dass Buchholz einer der aktivsten Protagonisten der Machiavelli-Renaissance um 1800 war, an der auch Autoren wie Johann Gottlieb Fichte oder August Wilhelm Rehberg beteiligt waren.[62] Buchholz betont dabei insbesondere Machiavellis anti-normativistisches und anti-idealistisches Politikverständnis. Wie er in seinem Aufsatz *Über Niccolo Machiavellis Fürstenspiegel* in *Geschichte und Politik* von 1803 schreibt, sei Machiavellis Hauptanliegen „die Zerstörung des Idealismus in Regierungsangelegenheiten"[63] gewesen. Weder Buchholz' frühsoziologische Historisierung der Moral noch seine Geschichte der römischen Republik wären ohne diese Machiavelli-Rezeption denkbar. Um die Bedeutung Machiavellis für seinen eigenen Charakter als politischem Schriftsteller deutlich zu machen, hat sich Buchholz bis zum Schluss seiner publizisti-

---

[60] Ebd., § 5.
[61] Ebd.
[62] Vgl. Meyer: Machiavellilektüre (2010). Vgl. auch Michel Foucault: Sicherheit, Territorium, Bevölkerung (2006), S. 136–141; Elkan: Die Entdeckung Machiavellis (1919), S. 427–58.
[63] Buchholz: Machiavellis Fürstenspiegel, in: Geschichte und Politik 2 (1803. Mutmaßlich von Buchholz ausgewählte Passagen aus Machiavellis Werken finden sich bereits im Jahr 1800 in dem von Buchholz' Freund Christian Ludwig Ideler herausgegebenen *Handbuch der Italiänischen Sprache und Litteratur oder Auswahl interessanter Stücke aus den klassischen italiänischen Prosaisten und Dichtern nebst Nachrichten von den Verfassern und ihren Werken*, Berlin 1800.

schen Tätigkeit als „Schüler des florentinischen Staatssecretairs" bezeichnet.[64]

Schließlich reaktiviert Buchholz in seinen Schriften aus der Zeit nach dem Zusammenbruch des Alten Preußischen Staates die frührepublikanischen Traktate aus der Zeit der englischen Revolutionen von James Harrington. Während Harrington im Umfeld der politischen Debatten der Amerikanischen Unabhängigkeitsbewegung oder der Französischen Revolution intensiv rezipiert wurde, ist Buchholz' Auseinandersetzung mit ihm eines der ganz wenigen Zeugnisse einer Harrington-Rezeption in Deutschland überhaupt.[65] So nennt Buchholz Harrington in seiner *Gallerie Preußischer Charaktere* „denjenigen, der unter allen Politikern der modernen Welt, Machiavelli vielleicht allein ausgenommen, die meiste Aufmerksamkeit verdient."[66] Und in seinem im selben Jahr 1808 erschienenen *Gemählde des gesellschaftlichen Zustandes im Königreiche Preussen bis zum 14. October des Jahres 1806* wird Harrington als Klassiker des politischen Denkens gefeiert: „Nie verdiente ein Schriftsteller mehr, die *Theorie der politischen Welt* aufzufinden, als Harrington, der, vermöge seines schönen Gemüths, welches die bürgerliche Freiheit wollte, und vermöge des Umfanges seiner Gelehrsamkeit, welcher ihn in den Stand setzte, Vergleichungen aller Art anzustellen, mehr als tausend andere Schriftsteller geeignet war, in den Tempel der Wahrheit einzugehen."[67] Tatsächlich kann Buchholz' *Gemählde* als Versuch einer Übertragung von Harringtons Überlegungen zu einer republikanischen Gesellschaftsordnung auf die Situation in Preußen gelesen werden. Dies beginnt mit dem Motto aus Harringtons *Prerogative of Popular Government*, das Buchholz diesem Werk voranstellt und mit dem er den Anspruch auf einen breiten öffentlichen Diskurs auf dem Gebiet politischer Fragen formuliert: „To say that a man may not write of Government, except he be a Magistrate, is as absurd as to say, that a man may not make a Seachart, unless he be a Pilot."[68]

---

[64] Gutzkow: Forum der Journal-Literatur (1971), S. 27.
[65] D'Aprile: Harrington; Vgl. Jonathan I. Israel: *Democratic Enlightenment*, Oxford 2011, S. 444–446; Rachel Hammersley: *French Revolutionaries and English Republicans: The Cordeliers Club 1790–1794*, Woodbridge 2005.
[66] [Buchholz]: Gallerie Preussischer Charaktere (1982), S. 761.
[67] [Buchholz]: Gemählde des gesellschaftlichen Zustandes (1808), Bd. 2, S. 11 f.
[68] Ebd., Bd. 1, Titelseite. Das Original-Zitat findet sich in Harrington: The Prerogative of Popular Government (1658), Vorwort.

Im Anschluss an Harringtons funktionale Erklärung der Herrschaftsformen aus den Besitzverhältnissen einer Gesellschaft umreißt Buchholz ein Panorama der „Beschaffenheit der verschiedenen Klassen" in Preußen, um von hier aus die Frage der Regierungsform zu bestimmen. Explizit und in deutlich absolutismuskritischer Schlagrichtung wird die Regierung oder der König rein funktional in Beziehung zu diesen Sozialstrukturen definiert: In dieser Voraussetzung nun steht das Wort ‚König' in einer Kategorie mit dem algebraischen x, [...] bei welchem sich, wenn man es absolut nimmt, eigentlich gar nichts denken lässt.[69]

Für die Analyse der Regierungsform knüpft Buchholz an Harringtons Unterscheidung von „government de jure" und „government de facto" an und verbindet diese mit seinem Stufenmodell des Übergangs von der Feudalgesellschaft zur bürgerlichen Gesellschaft. Nach Harringtons Definition in der Einleitung zum *Commonwealth of Oceana* (1656) beruht die Regierung *de jure* auf der Basis allgemeingültiger Rechte und gemeinsamer Interessen („upon the foundation of common right or interest") und lässt sich dementsprechend als Herrschaft der Gesetze an der Stelle personaler Willkürherrschaft verstehen („the empire of laws and not of men"). Im genauen Gegensatz dazu sei die bloße Regierung *de facto* die Unterwerfung eines politischen Gemeinwesens unter die Partikularinteressen des oder der Herrscher: „an art whereby some man, or some few men, subject a city or nation, and rule it according unto his or their private interest; which [...] may be said to be the empire of men and not of laws."[70]

Für Buchholz lässt sich mit dieser begrifflichen Unterscheidung der stufenweise Übergang von der Feudal- zur bürgerlichen Gesellschaft charakterisieren. In der Feudalgesellschaft, oder wie Buchholz auch sagt, dem „Agricultur-System"[71], basiert die Wirtschaftsform auf Landbesitz und Leibeigenschaft und die Herrschenden regieren nach Maßgabe ihrer partikularen Interessen, wobei der König oder Herrscher nur der größte Grundbesitzer unter anderen ist. Mit der zunehmenden Bedeutung der Handelsstädte und der intensiveren Handelsverflechtung zwischen Stadt und Land war der König gezwungen nach neuen Alliierten zu suchen, um seine Position gegenüber den anderen Grundbesitzern abzusichern. Als Gegenleistung ist er gezwun-

---

[69] Ebd., Bd. 2, S. 6.
[70] Harrington: The Commonwealth of Oceana (1992), S. 8 f.
[71] [Buchholz]: Gemählde des gesellschaftlichen Zustandes (1808), Bd. 2, S. 16.

gen, größere Freiheiten zu gewähren und nach und nach wandelt sich das ganze Regierungssystem von einer „government de facto" zu einer „government de jure" oder vom bloßen „Herrschen" zum „Regieren", d.h. zum Regierungshandeln auf der Basis guter Gesetze und bürgerlicher Freiheiten. Der Regierende selbst mutiert so vom „ersten Edelmann" zum „Staats-Chef", der im Interesse der ganzen Gesellschaft handelt: „Man sieht hieraus, daß das Wesen der Könige, wie alles in der Welt, der Verwandlung ausgesetzt ist. In einem gewissen Zustande der Gesellschaft ist das *Herrschen* eben so nothwendig, wie in einem anderen Zustande derselben Gesellschaft das *Regieren* natürlich wird. Da nämlich, wo die Regierung sich genöthigt sieht, ihre Machtmittel allein aus Grund und Boden zu ziehen, wird sie eine Zerstörerin der bürgerlichen Freiheit werden, und ihre Unterthanen immer nur als ihre Werkzeuge gebrauchen; da hingegen, wo sie mit ihren Machtmitteln auf ihre Unterthanen unmittelbar angewiesen ist, wird sie sogar die allgemeine Freiheit befördern, und dieselbe zur ersten Quelle ihrer Macht erheben. Im ersten Falle ist der König nichts weiter, als der erste Edelmann […] in dem letzten Falle ist er der Staats-Chef.[72]

In Formulierungen wie dieser, in der die „Beförderung der allgemeinen Freiheit" als „Quelle der Macht" gesehen wird, ist ein Selbstregulierungsmodell der Gesellschaft ausgesprochen, in dem Regieren wesentlich in der Gewährleistung und Beförderung der Zirkulation und Kommunikation zwischen den einzelnen Sektoren besteht. Neben das bewegliche Eigentum als neuer ökonomischer Basis der Gesellschaft tritt dabei eine zunehmende Verwissenschaftlichung der Lebensverhältnisse, in der gesellschaftlicher Wohlstand in der möglichst weiten öffentlichen Verbreitung dieses Wissens besteht: „[…] daß die wahre Stärke eines Staates nicht auf etwas Physischem, sondern auf der Intelligenz seiner Bürger beruhe, und daß diese nicht ausgebreitet genug sein könne".[73]

Zugleich lässt sich an Buchholz' Republikanismus-Rezeption festmachen, welche Akzentverschiebungen er gegenüber der klassischen Tradition vornimmt. Harringtons Idealisierung der antiken oder mittelalterlichen italienischen Stadtrepubliken basiert für ihn auf einem elitären „Vorurtheil" und offenbart dessen paradoxen Charakter als „republikanischer Edelmann".[74]

---

[72] Ebd., S. 15 f.
[73] Ebd., Bd. 1, S. VI f.
[74] Ebd., Bd. 2, S. 12.

Beinahe gleichlautend äußert sich Buchholz auch über Alfieri.[75] Dagegen sei ein moderner Staat wesentlich durch die Einheit der Zentralgewalt gekennzeichnet, durch die erst Freiheit und Gleichheit in der Gesellschaft garantiert würden. Es ist diese Einheit, oder wie Buchholz mit einem Begriff aus Adam Smiths Kosmologie auch sagt, „Konzentrizität", durch welche die „zentrifugalen Kräfte" der Gesellschaft zusammengehalten werden.[76] Wie viele andere preußische Liberale von Kant bis Hegel, war Buchholz somit Anhänger einer starken, „monarchischen" Zentralmacht und versuchte diese mit republikanischen Elementen zu vermitteln.[77] Allerdings gingen Buchholz Forderungen nach Freiheit und Gleichheit insofern weiter als diejenigen Kants oder Hegels als er dabei die Abschaffung geburtsständischer Privilegien forderte. In diesem Punkt ähnelt Buchholz Position der von Emmanuel Sièyes konzipierten Kombinationsform einer "monarchischen Republik".[78] Für Sièyes wie für Buchholz, ist der Gegenbegriff zur Monarchie nicht die Republik, sondern die „Polyarchie" der privilegierten Stände. Nicht grundlos erklärten deshalb Buchholz' konservative Gegenspieler ihn auch zum ‚deutschen Sièyes'.[79] Hierin ist auch Buchholz' Misstrauen gegen jede Form der Gewaltenteilung nach dem britischen Modell oder der kontinentalen Ständeversammlungen zu sehen: diese für ihn feudalen Regierungsformen führten immer nur zur Unterordnung der Gesellschaft unter die Partikularinteressen der privilegierten Stände. Im Grunde teilt Buchholz damit die Deutung der britischen Konstitution als Bollwerk gegen die Abschaffung der Ständegesellschaft seiner konservativen Gegenspieler wie Friedrich Gentz oder Adam Müller – nur mit umgekehrten Vorzeichen.

---

[75] Buchholz: Vittorio Alfieri von Asti, in: Eunomia 4, 1 (1804), S. 172 ff.
[76] Den Terminus „Konzentrizität" hat Buchholz aus Adam Smiths Kosmologie übernommen. Vgl. Buchholz: Über Adam Smith, in: NMD 22 (1827).
[77] Zur Kantischen Verwendung des Republikanischen als einer Art zu regieren anstatt einer bestimmten Regierungsform vgl. Zurbuchen: Theorizing Enlightened Absolutism (2006). Zu Hegels Kritik des Britischen Parlamentarismus als korruptionsanfälliger politischer Ordnung vgl. Hegel: Über die englische Reformbill [1831], in: ders.: Werke (1979), Bd. 11. Vgl. dazu auch Jamme, Weisse-Lohmann (Hg.): Politik und Geschichte (1995).
[78] Sonenscher: Deluge (2007), S. 13.
[79] Vgl. Rehberg: Friedrich Buchholz, in: ders.: Sämmtliche Schriften (1829), Bd. 4, S. 210: „Dieser Inhalt des ersten Buchs [der Untersuchungen über den Geburtsadel, Anm. I. D.] ist eine bloße Copie von der Schrift des Syèyes sur les Privilèges."

Allerdings scheint die Zuschreibung des Cäsarismus in Bezug auf Buchholz in mehrerer Hinsicht selbst während der napoleonischen Zeit als zu pauschal und danach sogar unzutreffend. Nicht zuletzt Buchholz' Briefe an Cotta zeigen, dass er von Anfang an ein auf Konstitution und Nationalrepräsentation beruhendes Regierungsmodell vertrat, wie er es etwa im Königreich Westphalen realisiert sah.[80] Immer wieder scheint auf, dass sein vermeintliches Vertrauen in die Zentralregierung als höchster Entscheidungsinstanz mit seiner Einsicht in deren funktionale Abhängigkeit von einer zunehmend komplexen Gesellschaft in Widerspruch gerät und dass die Selbstorganisation der Gesellschaft am besten gewährleistet werde, wenn sie „gegen den Willen der Regierungen" geschehe: „Die Sachen fangen nachgerade an, sich gegen den Willen der Regierungen zu machen. Dahin müßte es allerdings kommen, wenn aus der Gesellschaft etwas werden soll."[81] Zudem kritisiert Buchholz explizit jeden Personenkult – etwa in der propagandistischen Gleichsetzung von Napoleon und Karl dem Großen[82] – und macht darauf aufmerksam, dass die monarchische Regierungsform als ein Prinzip oder eine „Idee" zu verstehen ist, die sich in Institutionen wie einem europäischen Gerichtshof materialisiert und nicht in einer Person.[83]

Insbesondere mit dem Ende der Hardenberg'schen Regierungszeit ist geradezu ein ‚Liberalisierungsschub' in Buchholz' Positionen zu konstatieren, der sich in einer ganzen Reihe von Debatten mit Vertretern der politischen Restauration in Österreich wie in Preußen manifestiert. In diesen Debatten wird auch die semantische Umdeutung des „Liberalismus" als Partei und nicht lediglich Geisteshaltung erkennbar.

Explizit kommt dies etwa in Buchholz' Artikel *Giebt es einen specifischen Unterschied zwischen Royalisten und Liberalen?* im achten Band des

---

[80] Vgl. zum Rheinbund als Modell für Buchholz' Konstitutionalismus oben Kapitel 2.1.
[81] Buchholz an Cotta, 2. Oktober 1810, Brief Nr. 73.
[82] Buchholz: Rükblike auf das System des Gleichgewichts, in: EA 1 (1807), S. 71. Vgl. zu Buchholz' Kritik an dieser Parallelisierung auch Fratzke-Weiß: Rheinbund (1997), S. 253 f.; Schuck: Rheinbundpatriotismus (1994), S. 282 f.
[83] Buchholz: Gallerie Preussischer Charaktere (1808/1982), S. 763: „Die wahre Universal-Monarchie muß sich in der Gewalt einer Idee offenbaren, nicht in der Gewalt einer Person, wie die eines Französischen [...] Kaisers seyn würde; denn die Idee gewährt Ruhe, die Person hingegen erregt Zwietracht und Streit. [...] Die Freiheit, der wir entgegen gehen, ist die politische. Sie kann nur dadurch entstehen, daß ein Völkerrecht möglich wird [...] und durch ein großes Tribunal [...] aufrecht erhalten wird."

Jahres 1822 der *Neuen Monatsschrift für Deutschland* zum Ausdruck. Wie bereits der Titel sagt, kommt Buchholz hier auf die Frage des Verhältnisses zwischen monarchistischer und republikanischer oder, wie es nun heißt, liberaler Staatsverfassung zurück. Der Artikel beginnt mit seiner bereits bekannten Engführung von beidem. Demnach sei ein "wahrer" Royalist immer auch ein Liberaler, weil er die Funktion der Regierung als Garant bürgerlicher Rechte erkenne. Dann allerdings entwirft Buchholz mit Blick auf die Verhältnisse in Frankreich ein anderes Modell: während der Royalist, als Anhänger der Regierung, nach den Maximen der Herrschaftsstabilisierung und -affirmation handele, fungiere der Liberale als Opponent, der als Regierungskritiker versucht, die Dinge – und insbesondere die Gesetzgebung – im Fluss und veränderlich zu halten, um so die Gesellschaft vor dem Stillstand zu bewahren. Innerhalb einer konstitutionellen Monarchie stelle der Liberalismus somit die essentielle Gegenkraft oder das „Lebensprinzip" dar: „[...] denn während die Verwaltung, ihrer Natur nach, dahin strebt die Dinge unveränderlichen Formen zu unterwerfen und stereotypisch zu machen, muß etwas da seyn, wodurch dies verhindert wird, und die Kraft, welche dies bewirkt, führt mit Recht die Benennung einer liberalen, weil sie es ist, was [...] den Staat in seiner wichtigsten Function, in der Gesetzgebung, lebendig erhält."[84]

Buchholz gesteht ein, dass diese Vorstellung einer positiven Funktion der Opposition auf dem europäischen Kontinent noch in den Anfängen stehe, vertritt aber die Überzeugung, dass der „Hass gegen die Opposition" allmählich der rationaleren Einsicht weichen wird, „daß eine Oppositionsparthei zur Erhaltung des politischen Lebens eben so notwendig ist, wie ein Schlagadern-System zur Erhaltung des physischen."[85]

Wenn man berücksichtigt, welchen Stellenwert das gesamte Begriffsfeld von "Bewegung", "Veränderung" und "Beschleunigung" in Buchholz historisierender politischer Theorie hat, wird sofort deutlich, auf welcher Seite er sich selbst positioniert. In direktem Anschluss an François Guizots Abhandlung *Des moyens de gouvernement et d'opposition dans l'état actuel de la France* von 1821, aus der Buchholz große Ausschnitte übersetzte und in seiner Monatsschrift publizierte, ist der vermeintliche Cäsarist Buchholz damit einer der Ersten, der einen Begriff von Opposition in die politische

---

[84] [Buchholz]: Giebt es einen specifischen Unterschied, in: NMD 8 (1822), S. 378.
[85] Ebd.

Diskussion in Deutschland einführt: während „Opposition" bis dahin nur als altständische Adelsopposition und damit genau umgekehrt als Festhalten an starren Formen gesellschaftlicher Hierarchien gegenüber jeglicher Gesellschaftsreform denkbar war, wird sie nun zum liberalen Korrektiv gegen den Ultraroyalismus.[86] Es ist dieses Verständnis von Opposition, das kurze Zeit später von Eduard Gans weiter ausformuliert wird[87] und das zum *credo* des deutschen Frühliberalismus wird, der sich als eine „Partei der Bewegung" gegen die „Partei der Reaction" definiert.[88]

Wie weit sich Buchholz' frühliberale Position von anderen Formen eines bürokratischen Zentralismus, wie sie ebenfalls im Umfeld Hardenbergs vertreten wurden, unterscheidet, macht seine Auseinandersetzung mit Theodor Anton Heinrich Schmalz um unterschiedliche Formen des Konstitutionalismus deutlich. Im Zusammenhang mit den Karlsbader Beschlüssen hatte Friedrich Gentz mit seiner Denkschrift *Über den Unterschied zwischen den landständischen und Repräsentativ-Verfassungen* die beiden politischen Pole zwischen einer entlang der alten Stände gegliederten Konstitution auf der einen Seite und einer auf Volkssouveränität oder Nationalrepräsentation basierenden Verfassung andererseits markiert.[89] Von Gentz' Standpunkt der konservativen Restauration ist einzig die erstere konstitutionelle Form legitim, während letztere als revolutionär gebrandmarkt wird.[90] Als im Anschluss an diese Diskussionen in Preußen der Verfechter eines bürokratischen Absolutismus Theodor Anton Heinrich Schmalz im Herbst 1822 in der unter dem Kürzel „E.F.d.V.", d. h. „Einem Freund der Verfassung",

---

[86] Vgl. Guizot: Des moyens de gouvernement (1821). Übersetzungen längerer Auszüge hat Buchholz in seiner Monatsschrift veröffentlicht (vgl. o. Kapitel 2.3). Zur Geschichte des Begriffes der ‚Opposition' vgl. Art. ‚Opposition', in: Geschichtliche Grundbegriffe, Bd. 4, S. 484 (zu Guizot) u. S. 485 ff. (zu den deutschen Diskussionen, allerdings ohne Verweis auf Buchholz); sowie Gall: Das Problem der parlamentarischen Opposition (1973).

[87] Zum ‚Oppositions'-Konzept bei Eduard Gans vgl. Reinhard Blänkner: Berlin – Paris (2002), S. 395–398; sowie Braun: Einführung des Herausgebers, in: Gans: Naturrecht und Universalrechtsgeschichte (2005), S. XXV–XXVIII (= „Die Lehre von der Opposition").

[88] Vgl. Art. ‚Bewegung', in: Conversations-Lexicon der neuesten Zeit und Literatur. In vier Bänden, Bd. 1, Leipzig: F. A. Brockhaus 1832, S. 245–248.

[89] Vgl. grundlegend Grimm: Deutsche Verfassungsgeschichte (1998).

[90] Gentz: Über den Unterschied (1819). Vgl. auch Siemann: Staatenbund (1995), S. 30.

publizierten Schrift *Ansicht der ständischen Verfassung der Preußischen Monarchie* eine Verfassung nach dem landständischen Modell forderte, in der „Grund-Eigenthümer zuerst [...] die Bedingungen derselben verabredet haben müssen"[91], wurde Buchholz zu dessen „schärfsten Kritiker"[92]. In einem in seiner Monatsschrift erschienenen Artikel, der gleichzeitig als selbständige Broschüre bei Enslin erschien, machte Buchholz auf „den nicht zu verkennende[n] Unterschied zwischen den alten Ständeversammlungen und neueren Volks-Repräsentationen" aufmerksam und erklärte den vermeintlichen „aufgeklärten Absolutisten" Schmalz zum Vertreter „mittelalterlicher" Prinzipien.[93]

Dass Buchholz selbst diese Verschiebungen als Anpassung seiner Theorien an veränderte historische Begebenheiten und nicht als einen Bruch mit seiner eigenen Vergangenheit verstand, lässt sich schließlich an der Concordia-Debatte verdeutlichen, die Buchholz angestoßen hat und während der er sich von 1821 bis 1823 mehrfach öffentlich scharf gegen die Restaurationstendenzen in Wien wie in Berlin positionierte. Der Herausgeber des *Österreichischen Beobachters*, Friedrich Schlegel, hatte 1820 als programmatische Monatsschrift der „Heiligen Allianz" die *Concordia* gegründet und mit dem Aufsatz über die *Signatur des Zeitalters* eröffnet, in dem er der Gegenwart einen Mangel an Achtung vor dem „Positiven", worunter er die gegebenen Traditionen und Autoritäten verstand, vorwarf. Buchholz antwortete im vierten Band seiner Monatsschrift mit einer harschen Polemik unter dem Titel *Sollte es so leicht seyn, die Entwickelung der drei letzten Jahrhunderte*

---

[91] Vgl. [Schmalz]: Ansicht der ständischen Verfassung (1823). Die Schrift enthält ein nach Kraus für Schmalz' Absolutismus bis dahin nicht typisches Loblied auf den Adel und altständischer Rechte im Staat: „Ohne eine Aristokratie hat nie und nirgend die Freiheit bestanden. Adel ist darum immer der Gegenstand des Hasses sultanischen oder demokratischen Despotism's gewesen, weil kein Despotism Recht anerkennen will, das nicht von seinem Wohlgefallen gegeben ist und genommen werden kann. Freie Völker haben immer den Adel zu erhalten getrachtet, und in England würde, wer gleich vielen Schriftstellern bei uns Vernichtung des Adels vorschlüge, [...] geradehin für wahnsinnig gehalten werden." Ebd., S. 42 f. Vgl. auch Kraus: Schmalz (1999), S. 472.

[92] Ebd., S. 476. Vgl. zum Diskussionszusammenhang ebd. S. 463–477.

[93] Buchholz: Marginalien zu der Schrift (1822), S. 29 ff.; zugleich erschienen in: NMD, 9 (1822), S. 295–335. Vgl. dazu auch Buchholz spätere Erwiderung: Antwort auf die zwölf Fragen, in: NMD 10 (1823),.

zu verdrängen?.[94] Mit direktem Bezug auf die Karlsbader Beschlüsse und die Knebelung der Presse[95] beschreibt er Schlegel und seine Mitarbeiter polemisch als „Secte" der „Concordia-Brüder", welche die „europäische Gesellschaft [...] in das funfzehnte Jahrhundert zurück" führen wolle und deren Ziel die „Wiederherstellung der theokratischen Universal-Monarchie" sei.[96] Schon mit dem Galilei-Zitat als Motto („E pur si muove") stellt Buchholz dagegen das Bewegungsprinzip und den Anspruch auf Wissenschaftlichkeit.

Im Folgenden kehrt Buchholz die Schlegel'sche These vom Mangel an Achtung vor dem Positiven gegen diesen selbst. Denn nicht „das Wahre" sei „der Secte das Positive, sondern die Satzung, welche immerdar durch menschliche Autorität vertheidigt werden muß."[97] Dagegen sieht Buchholz das Positive in der „Vernunft der Millionen [...], welche von der Secte als unvernünftig, leichtsinnig, albern dargestellt" würden.[98] Nicht in der Vergangenheit sei das Positive zu suchen, sondern in den gegenwärtigen „Bedürfnissen der Gesellschaft".[99] Kluge Staatsmänner hätten sich immer dadurch ausgezeichnet, dass sie die Zukunft nie gefürchtet hätten: „von der Gegenwart aus halfen sie dieselbe bilden, nicht etwa dadurch, daß sie ihr die ganze Vergangenheit aufbürdeten, sondern dadurch, daß sie, so viel an ihnen war, den Uebergang in ein anderes Seyn erleichterten." Dagegen hätten nur die „Pedanten" unter den „Staatsmännern" „ängstlich an der Vergangenheit" geklebt, „weil sie sich keine Vorstellung von der Zukunft machen konnten."[100] Bezeichnend für diese rückwärtsgewandte Sicht sei das Lamento über das Ende der Ständegesellschaft: „Die ewige Klage über das Verschwinden der sogenannten Corporationen wird nachgerade langweilig und ekelhaft."[101]

Zunächst reagierten die Vertreter der Restauration auf Buchholz' Kritik durch interne Verweise. So berichtet Varnhagen bereits im Januar 1821 an

---

[94] [Buchholz]: Sollte es so leicht seyn?, in: NMD 4 (1821).
[95] Vgl. ebd., S. 70: So sei die „Secte" der „Concordia-Brüder" „begünstig von dem dermaligen Zustande der Preßgesetzgebung".
[96] Ebd., S. 70 u. S. 73.
[97] Ebd., S. 71.
[98] Ebd., S. 74.
[99] Ebd., S. 85 f.
[100] Ebd., S. 75.
[101] Ebd.

Oelsner: „Herr Professor Buchholz dagegen schreibt tapfer gegen die Concordia-Brüder, welches ihm auch Verdruß zuziehet."[102] Schließlich aber bedienten sich auch die Gegner der Pressefreiheit der Presse. So lancierte der preußische Ultra von Beckedorff in der Beilage Nr. 164 vom 30. September 1823 in Cottas *Allgemeiner Zeitung* einen anonymen Artikel, in dem Buchholz als ein Beispiel „jener verderblichen Sekte politischer Scribenten" angegriffen wird, „die von der französischen Revolution an bis auf unsere Tage herunter, die widersprechendsten Systeme verfochten" hätten und denen man besser das Handwerk lege. So habe sich Buchholz „aus einem Enthusiasten der unumschränkten Gewalt und der vollkommensten Sklaverei, die jemals die Völker gebeugt hat [gemeint ist das Napoleonische Zeitalter, Anm I.D.], endlich zu einem Lobredner des neuen Repräsentativsystems und zu einem Verfechter des Liberalismus" gewandelt: „Damals predigte er in einem unvergeßlichen Buche, der neue Leviathan betitelt, die absolute Monarchie, und heute die neue Repräsentativverfassung." Schließlich wird Buchholz die Berechtigung abgesprochen, sich kritisch über konservative Staatsmodelle Carl Ludwig von Hallers oder Friedrich Schlegels, aber auch Dominique de Pradts äußern zu können: „Und das ist der Mann, der sich gegenwärtig über den Bonapartismus des Hrn. v. Pradt skandalisirt, und der sich berufen glaubt, so edle und hochgeachtete Männer, wie die Herren v. Haller und Schlegel, im Angesicht von ganz Deutschland zurechtweisen zu können!"[103]

Karl August Varnhagen von Ense führte von Beckedorffs Angriff auf eine direkte Intervention aus Wien zurück. In seinem Tagebuch notiert er: „Heftiger Angriff in der Allgemeinen Zeitung aus Berlin gegen Herrn Prof. Buchholz; man glaubt, der Artikel könne nur aus Beckedorff's Feder kommen, der, selbst ein Concordiabruder, sich der Herren von Haller und Schlegel annimmt. Oesterreich, Oesterreich! schreit man. Der Einfluß von Metternich, heißt es, und von dem ‚Unter-Metternich' Gentz (wie ihn neulich

---

[102] Varnhagen an Oelsner, 26. Januar 1821, in: Briefwechsel Varnhagen Oelsner, S. 192.
[103] Buchholz setzt sich kritisch mit Hallers Werken „Über die Constitution der spanischen Cortes" und „Restauration der Staats-Wissenschaft" auseinander in: Sendschreiben an den Herrn v. Haller, in: NMD 2 (1820). Buchholz Kritik am Bonapartismus de Pradts gegenüber dem Liberalismus Guizots findet sich in: Herr von Pradt und Herr Guizot, in: NMD 4 (1821).

jemand witzig nannte, und Metternich den ‚Ober-Gentz'), auf Preußen werde immer sichtbarer und unleidlicher."[104]

Buchholz selbst wandte sich sofort an Cotta und schickte diesem eine Gegendarstellung, die in der *Beilage Nr. 190* der *Allgemeinen Zeitung* abgedruckt ist.[105] Gegen den Vorwurf der Modeschriftstellerei und des politischen Opportunismus verweist Buchholz auf den notwendig historisch veränderlichen Charakter politischen Handelns wie auch politischer Reflexion. Dies bringe es mit sich, dass man bei gewandelten gesellschaftlichen Realitäten auch die eigenen Konzepte anpassen müsse: „Staatsmänner und politische Schriftsteller gehen immer mit der Gesellschaft; das Interesse derselben in der Zeit entscheidet; und wessen man sich auch rühmen möge, die Erwartungen sind noch immerhin vor den Erfolgen zurück geblieben, und der menschliche Geist hat noch immer dem Schicksal hinterhergehinkt."[106] So macht Buchholz darauf aufmerksam, dass im Jahr 1804, als er den *Neuen Leviathan* geschrieben habe, die politische Form einer auf Repräsentation beruhenden konstitutionellen Monarchie auf dem europäischen Kontinent noch gänzlich außerhalb der Realitäten lag und sein seinerzeitiger Zentralismus sich gegen die landständische Auffassung von Republik als einer Adelsrepublik gerichtet habe: „[...] die Idee einer konstitutionellen Monarchie wurde erst zehn Jahre später für das europäische Festland geboren, und wer weiß denn nicht, wie viel Mühe es gekostet hat, und noch immer kostet, sich darüber ins Klare zu kommen? Ich vertheidigte im neuen Leviathan wesentlich die Monarchie, im Gegensatz zur Polyarchie oder der sogenannten Republik"[107]. In diesem Sinn sei Napoleon-Anhängerschaft im Jahr 1804 etwas anderes gewesen als ein absolutistischer Bonapartismus im Restaurationszeitalter wie er von Autoren wie de Pradt vertreten wird. Schließlich fordert er ein, dass unterschiedliche Meinungen und Analysen überhaupt erst den öffentlichen politischen Diskurs ausmachen: „Die HH. v. Haller und Schlegel anlangend, so mögen sie, wie ich und Andere, ihr Handwerk treiben; ich habe nicht das Mindeste dagegen. Wenn aber verlangt wird daß ich sie, in dem Geiste einer gewissen Sekte, für Heroen in der deutschen Litera-

---

[104] Varnhagen: Blätter (2009), Bd. 2, S. 422.
[105] Vgl. Buchholz an Cotta, 17. Oktober 1823, Brief Nr. 90. Bucholz: Gegenerklärung des Hrn. Friedrich Buchholz, in: Beilage Nr. 190 der Allgemeinen Zeitung (1823).
[106] Ebd., S. 758.
[107] Ebd.

tur halten soll, so gestehe ich, daß ich dessen ganz unfähig bin. Schließet diese Unfähigkeit ein Verbrechen in sich, nun gut! dann theile ich es mit sehr viel Ehrenmännern, die sich mit mir in gleichem Falle befinden."[108]

In solchen Debatten konkretisieren sich politische Kategorien und Sammelbegriffe wie der des „Liberalismus" im Kontext seines zeitgenössischen Möglichkeitsraumes zwischen Napoleon-Anhängerschaft, einem bürokratischen Zentralismus Hardenbergs oder Montgelas' bis hin zum auf Volksrepräsentation beruhenden Konstitutionalismus. Die Kontinuität innerhalb dieser unterschiedlichen Positionen ist durch ihre durchgehende Opposition gegen die Ständegesellschaft gekennzeichnet und lässt sich nicht nur aus der Selbstzuschreibung, sondern zu allererst daran ablesen, dass die Gegner zwischen 1800 und 1830 immer aus dem gleichen Lager der Restauration kommen. Für eine politische Ideengeschichte, die nicht nur nach Bestätigung abstrakt verstandener Prinzipien in der Vergangenheit sucht, sondern an den historisch und sozial je konkreten und konfliktreichen Ausprägungen des Liberalismus interessiert ist, kann Buchholz gerade wegen dieser Widersprüche zwischen durchaus symptomatischen preußischen Regressionen auf der einen Seite und radikalliberalen Positionen auf der anderen aufschlussreich sein.

Dies gilt insbesondere für die Debatten zwischen Buchholz und Friedrich Gentz, mit dem sich Buchholz seit seinen journalistischen Anfängen im Journal *Geschichte und Politik* kritisch auseinandersetzte und der seinerseits Buchholz seit seinen *Fragmenten aus der neuesten Geschichte des Politischen Gleichgewichts in Europa* (1806) zu einem publizistischen Hauptgegner erklärt hatte.[109] Nicht nur von konservativer Seite ist oft betont worden, dass Gentz als politischer Analyst seiner Zeit unübertroffen und dass er seinen liberalen Gegenspielern „bei weitem überlegen" gewesen sei.[110] Ungeachtet aller Problematik solcher Wertungen wäre Buchholz hier ein geeigneter Kandidat für ein Gegenbeispiel. Nicht normativ-moralisierend protestiert er gegen Gentz' „Realpolitik" (Harro Zimmermann)[111] der Stände-

---

[108] Ebd., S. 759.
[109] Vgl. D'Aprile: Buchholz gegen Gentz (2009).
[110] Hocks, Schmidt: Literarische und politische Zeitschriften (1975), S. 76. Golo Mann nennt Gentz den „größten politischen Schriftsteller deutscher Sprache". Mann: Friedrich von Gentz (1995), S. 8.
[111] Zimmermann: Gentz (2012).

gesellschaft, sondern als sowohl historisch wie materialistisch argumentierender Liberaler.

In diesem historischen Bewusstsein ist auch die spezifische Zuversicht begründet, die Zeitgenossen immer wieder in Buchholz' Stellungnahmen erkannt haben. Als Karl August Varnhagen von Ense etwa in seinem Tagebucheintrag vom 11. April 1821 die besonders gedrückte Stimmung der preußischen Liberalen angesichts der umfassenden Gegenreform der konservativen Kräfte am preußischen Hof schildert, nennt er Buchholz als einzige Ausnahme, weil dieser sich sicher sei, die Zeit auf seiner Seite zu haben: „Hier in Berlin sind fast alle Leute höchst niedergeschlagen wegen des Unterliegens des Liberalismus; die Meisten geben alles verloren. Herr Prof. Buchholz sagt dagegen mit großer Heiterkeit, die allgemeine Bildung des Zeitalters vernichte alle noch so großen Siege der Ultra's unwiderstehlich."[112]

Auch Gentz selbst hat dies wiederholt bemerkt. Bereits 1808 berichtete er verstört an Adam Müller von „einer gewissen Ruhe" mit der Buchholz Werke geschrieben seien, „die aus einem tiefen Gefühl des Vertrauens auf den nahen und unvermeidlichen Sieg seiner Sache herzustammen scheint"[113] Und nachdem er Buchholz 30 Jahre lang publizistisch bekämpft hatte, drängte sich auch dem Vordenker der Restaurationsordnung nach den revolutionären Erschütterungen der 1830er Jahre in ganz Europa nicht nur die Erkenntnis auf, dass die Liberalen am Ende vielleicht doch Recht behalten könnten, sondern dass sie sich möglicherweise auch auf dem Gebiet des zeithistorischen Journalismus näher an der geschichtlichen Wirklichkeit befinden. In diesem Sinn bemerkt der alte Gentz im Jahr 1832 über Buchholz: „Wenn die Liberalen so zu schreiben beginnen, werden wir ihnen bald das Feld räumen müssen."[114]

---

[112] Varnhagen: Blätter (2009), Bd. 1, S. 283.
[113] Gentz an Müller, 1808, in: Briefwechsel zwischen Gentz und Müller (1857), S. 129 f.
[114] Gentz an Prokesch-Osten, 23. Januar 1832, in: Prokesch-Osten: Aus dem Nachlasse (1881), Bd. 2, S. 61.

Anhang:
Briefe von Buchholz an Cotta (1805–1833)

Briefe an Johann Friedrich Cotta (1805–1832)

Nr. 1 vom 3. Mai 1805

Berlin den 3ten May 1805

Ich habe Ihr gütiges Schreiben vom 22ten April erhalten u. mich sehr gefreut, daß mein Aufsatz die Reichsritterschaft[1] betreffend glücklich in Ihre Hände gerathen ist; denn, die Wahrheit zu gestehen, hab' ich daran gezweifelt, da mir schon einmal ein ähnlicher Aufsatz verloren gegangen ist, weil ich ihn der Post anvertraut hatte. Meine übrigen Aufsätze werden Sie jetzt unstreitig erhalten haben; u es wird mir lieb seyn, wenn sie in ein u. daßelbe Heft der E. A.[2] kommen. In historischen Unternehmungen vertieft, hab' ich die Politik seit einigen Wochen beseitigen müssen. Indeßen hoff' ich recht bald zu ihr zurückzukehren, u. alles was ich auf diesem Felde zusammenbringe, wird in die Eur. Annalen niedergelegt.

Schicken Sie mir von Leipzig aus kein anderes Geld, als was vielleicht schon unterweges ist; ich brauch' es jetzt nicht u. werde zu seiner Zeit schon darüber disponiren. Bei Ihnen ist es mir ja gewiß genug.

Einen Vorschlag möcht' ich Ihnen machen – Ich habe seit mehreren Jahren ein sehr sorgfältig gearbeitetes Manuskript liegen, das in sich <d. h. so weit es von mir herrührt> nichts weiter ist als eine Uebersetzung aus dem Italienischen, aber interessant genug, weil es ein Werk des berühmten Vittorio Alfieri ist u. von dem Einfluße der Verfassungen auf Künste u. Wissenschaften handelt.[3] Ich sage Ihnen mit aller Aufrichtigkeit, die ich Ihnen schuldig zu seyn glaube, daß, wenn es auf Wahrheit ankommt, ich den Inhalt dieses Werks aus allen Kräften bestreite; allein als bloße Fulguration[4] eines kräftigen Geistes ist es wiederum höchst anziehend u., in sofern sich die Denkungsweise eines Aristokraten darin abspiegelt, einzig in seiner Art. Wollen Sie diese Schrift verlegen, welche ungefähr 20 gedruckte Bogen ausmachen würde, so verlange ich dafür kein Honorar, ausser in sofern Sie nach gemachtem Absatz etwa für gut befinden, mich wegen der darauf verwandten Mühe zu entschädigen. Ich werde aber eine Vorrede dazu schreiben, welche eine | gründliche Beurtheilung des ganzen Werkes enthielte u. mit dem Gift zugleich das Gegengift gäbe.[5] Antworten Sie mir hierauf sobald als möglich. Das Imprimatur will ich Ihnen von hier aus verschaffen; denn obgleich der Abdruck dieses Werks vor ungefähr vier Jahren von der hiesigen Regierung verboten wurde, so haben sich doch seitdem die Zeiten so verändert, daß man kein Bedenken tragen wird, das ehemals versagte Imprimatur jetzt zu geben. Auf jeden Fall wird das Alfierische Werk gedruckt; es komt nur darauf an, ob Sie es haben wollen?

Leben Sie wohl!
Fr. Bucholz.

---

[1] [Friedrich Buchholz]: Bermerkungen über das Verfahren mehrerer Reichsfürsten gegen die Reichsritterschaft, in: EA, Bd. 2, St. 4., April 1805, S. 3–9
[2] Europäische Annalen
[3] Buchholz' Übersetzung von Vittorio Alfieris *Il principe e le lettere* wurde erstmals 2011 publiziert: Vittorio Alfieri: Der Fürst und die Wissenschaften, hg. von Enrica Yvonne Dilk und Helmuth Mojem. Mit einem Nachwort von Arnaldo di Benedetto. Aus dem Italienischen übersetzt von Friedrich Buchholz, Göttingen 2011.
[4] Erleuchtung, Wetterleuchten. Vgl. a. Art.: Fulguration, in: Historisches Wörterbuch der Philosophie, Bd. 2, Sp. 1130–1132.
[5] Als „Vorrede" bietet Buchholz Cotta hier wohl seinen Artikel über Alfieri aus der *Eunomia* an: Friedrich Buchholz: Vittorio Alfieri von Asti, in: Eunomia 1 (1804), S. 89–105 u. 169–183.

Nr. 2 vom 13. Dezember 1805

Berlin den 13 Dec. 1805

Vor allen Dingen, mein sehr werther Freund, gratulire ich Ihnen zu dem nahen Frieden, deßen Sie zur wackeren Betreibung Ihrer Geschäfte so sehr bedürfen. Die Schlacht bei Austerlitz muß ihn herbeiführen; u. eben diese Schlacht wird die allerglänzendsten Folgen für die ganze europäische Welt haben. An der mährischen Gränze ist der englischen Constution das Todesurtheil gesprochen worden.[1] Woher ich das weiß? Pitt wird schwerlich eine neue Anleihe zu Stande bringen; u. bedarf es mehr, um die Revolution in England zu organisiren? Meinem Calcul zu Folge, ist von jetzt an, eine Landung in England ganz unnöthig; denn was durch sie bewirkt werden sollte, wird sich ganz von selbst einstellen, nämlich der Zusammensturz des Papierberges, auf welchem der gesellschaftliche Zustand Großbritanniens bisher geruht hat. Indem ich nun einen weiten Blick in die Zukunft werfe, seh' ich die Feudal-Aristokratie, bei welcher kein Gedeihen möglich war, auf allen Punkten der europäischen Erde zu Grabe getragen werden, nicht auf einmal, sondern nach u. nach, so wie die politische Freiheit der einzelnen Staaten, welche das Daseyn der englischen Verfassung verhinderte, allmählig zunimt u. ein wahres Völkerrecht entsteht. Sie werden mich einen sanguinischen Politiker nennen. Das bin ich aber nicht, u. Sie selbst sollen Ihr Urtheil über mich zurücknehmen, sobald ich meine Gedanken über diesen wichtigen Gegenstand ausführlicher werde entwickelt haben, was in einem Aufsatz geschehen soll, den ich für das Februar-Stück der Europ. Annalen bestimme.[2] Es macht mir gegenwärtig, ich gestehe es Ihnen, unaussprechliche Freude, den Leviathan[3] geschrieben zu haben. Jede meiner Behauptungen ist durch den Erfolg gerechtfertigt worden, u. über das was noch zurück ist, bin ich in keiner Art von Sorge

Verlangen Sie nicht, mein werther Freund, daß ich mein Urtheil über Moreau zurücknehme oder abändere; ich kann es nicht, ohne der Wahrheit etwas zu vergeben. Wie ich über Moreau[4] geurtheilt habe, so wird, meine Zeitgenossen mögen in ihrem Antagonismus gegen Bonaparte'n sagen, was sie wollen, die Nachwelt über ihn urtheilen. Ich bestreite ja nicht seine Liebenswürdikeit als Privatmann, auch nicht seine Talente als General; ich behaupte ja nur, daß er mit diesen Eigenschaften noch nicht berufen war,

Bonaparte's Rolle zu | übernehmen.⁵ Etwas anderes ist, ein sehr brauchbares Werkzeug seyn, u etwas anderes, als Intelligenz dazustehen zu verdienen. Nie konnte sich dieser Moreau, einen anschaulichen Begriff von den Verhältnissen Frankreichs zu England u. zu dem festen Lande machen, u weil er dies nicht konnte, so würde er, an Bonaparte's Stelle nur eine Geißel der Welt, nie der Wohlthäter derselben gewesenen seyn. Er selbst setzte seinen höchsten Werth in seine Bescheidenheit. Wie abgeschmackt, wenn er sich gleichwol würdig fühlte, an der Spitze des französischen Staates zu stehen! Gehen Sie nur auf sich selbst zurück, mein werther Freund, um Moreau's Wesen zu begreifen. Sie haben gewiß, seitdem Sie Ihre Geschäfte treiben, manchen wackeren Diener gehabt, der, wenn er an Ihre Stelle hätte treten sollen, ihr ganzes Werk verdorben haben würde. In demselben Verhältnisse standen Bonaparte u. Moreau; jener ein durchaus poetischer Kopf, der seinen Beruf immer aus sich selbst hernahm: dieser ein durchaus prosaischer, der um seiner Bürgertugenden willen immer von außen her berufen seyn u. auf dem Strome der Begebenheiten schwimmen wollte, ohne ihn lenken zu dürfen. Moreau's Unglück ist nicht durch Bonaparten, sondern durch die Schwachheit herbeigeführt worden, womit er sich den Schmeicheleien der cidevants⁶ in Frankreich u. der Freunde Englands hingab. Ein großer Ruhm war ihm zu Theil geworden; aber nicht zufrieden damit, wollte er zu einer staatsbürgerlichen Freiheit emporsteigen, die gar nicht für ihn vorhanden war. Sie sehen hieraus, daß ich sehr gut weiß, was ich über Moreau niedergeschrieben habe; Sie begreifen aber und auch, warum ich nicht zurückziehen kann. Laßen Sie, ich bitte Sie darum, den Grundsatz gelten: Amicus Plato, magis amico veritas⁷. Das ganze Geschäft eines Geschichtsschreibers ist verdorben, wenn er Impulsen folgt, die nicht aus der Sache selbst hervorgehen.⁸

Wir sollen hier ein Blatt ad modum⁹ des Moniteurs¹⁰ erhalten; es wird mit dem Anfange des künftigen Jahres unter dem Titel der Zuschauer¹¹ erscheinen. Man hat sich einge Mühe gegeben, mich für dies neue Institut zu gewinnen; aber ich habe jede Mitarbeit | abgelehnt, weil ich sehr deutlich einsehe, daß das Unternehmen in kurzer Zeit scheitern muß. Ich werde dagegen fort fahren, mich in den europäischen Annalen zu expectoriren; u. da meine Ansichten denen der Mitarbeiter des Zuschauers geradezu entgegengesetzt seyn werden, so werd' ich mir um diese Herrn das Verdienst erwerben, daß ich ihnen den Stoff zu ihrem politischen Wischiwaschi zuführe. Sie

Anhang: Briefe von Buchholz an Cotta

glauben nicht, wie albern die Urtheile der meisten hiesigen Politiker über die neusten Begebenheiten sind. Für mich ist es ein merkwürdiger Umstand, daß ein Schweizer u. eine Lette (Johann Müller u. Garlieb Merkel)[12] das Geschäft übernommen haben, die Berichtiger politischer Urtheile zu seyn. Ich behaupte von beiden, daß sie nicht ein Jota von dem wissen, was sie eigentlich wißen sollten.

Den Aufsatz, den ich Ihnen hierbei überschicke, nehmen Sie als eine bloße Einleitung zu einem andern, in welchem ich auseinandersetzen werde, wie viel England in dem Continentalkrieg trotz der Schlacht bey Cap Trafalgar verloren hat.[13] Es wird mir lieb seyn, wenn ich die beiden letzten Aufsätze, die ich Ihnen zu Ausgang des Nov. zugeschickt habe, noch im Dec. der Europ. Annalen finde. Von meiner Sappho[14] überschicke ich Ihnen nächstens ein sehr sauberes Manuskript: ich hoffe, diese Arbeit wird Ihren Beifall finden u. nicht das Schlechteste von dem seyn, was in Ihr nächstes Taschenbuch für Damen komt. Leben Sie wohl. Ich bin heute geschwätziger gewesen, als man gegen einen Mann seyn sollte, der gewiß sehr wenig überflüssige Augenblicke hat.

FBuchholz

N.S. Ich gab im Jahre 1801 dem jetzt verstorbenen Major v. Nothard[15], der sich Ihren Schul- und Universitätsfreund nannte, ein Manuskript unter dem Titel: „Ueber den Einfluß der Verfassungen auf die Wissenschaften" an Sie mit.[16] Das Manuskript ist nicht an Sie abgegeben worden u. in der Folge gänzlich verloren gegangen. Sollte jetzt darüber bei Ihnen Nachfrage geschehen, so wissen Sie durch diese Notiz woran Sie sind. Der Verlust des Manuskripts hat natürlich zu einem Prozeß geführt, der wohl eine Nachfrage veranlassen könnte. B.

---

[1] Sieg Napoleons über die österreichischen und russischen Truppen bei Austerlitz am 2. Dezember 1805. Am 6. Dezember wurde ein Waffenstillstand beschlossen, der anschließende Frieden von Preßburg am 26. Dezember 1806 besiegelte das Ende des Alten Reichs. Vgl. a.: [F.B.]: Über die Schlacht bei Austerlitz, in: EA 1 (1806), S. 93–99.
[2] [F.B.]: Was wird aus der Welt werden, wenn England in seinem Kampfe mit Frankreich unterliegt?, in: EA 1 (1806), S. 25–40.

3 Friedrich Buchholz: Der Neue Leviathan, Tübingen: Cotta 1805.
4 Jean Victor Moreau, frz.-republikanischer General, als Oberbefehlshaber der Rheinarmee Sieger der Schlacht bei Hohenlinden am 3. Dezember 1800 gegen österreichisch-bayerische Truppen unter Johann von Österreich. Mit dem anschließenden Frieden von Lunéville (9. Februar 1801) schied Österreich bis 1805 aus der antifranzösischen Koalition aus. Anfang 1804 wurde Moreau zusammen mit dem General Charles Pichegru der Verschwörung und des geplanten Staatsstreichs verdächtigt, am 4. Feburar 1804 verhaftet und nach einem anschließenden Prozess in die Vereinigten Staaten von Amerika verbannt. Der Vorwurf lautete auf Kollaboration mit den royalistischen Kräften um den Herzog von Enghien, einem Mitglied des ehemaligen bourbonischen Herrscherhauses, den Napoleon am 14. März 1804 aus dem badischen Exil in Ettenheim wegen des Verdachts auf eine royalistische Verschwörung entführen und hinrichten ließ. Buchholz' Vorgänger Ernst Ludwig Posselt arbeitete eng mit Moreau zusammen und verteidigte diesen. Posselts Selbstmord am 11. Juni 1804 wurde von Zeitgenossen mit Moreaus Verurteilung in ursächlichem Zusammenhang gesehen. Buchholz veröffentlichte eine Rechtfertigungsschrift für Napoleons Handeln: Denkschrift des Grafen Montgalliard betreffend die Verschwörung Pichegrü's in den Jahren 3, 4, 5, der französischen Republik. Uebersetzt und mit Anmerkungen und einer historischen Analyse des Charakters des Generals Pichegrü begleitet von Friedrich Buchholz, Berlin: Unger 1804. Die Vorrede von Buchholz ist mit 16. Mai 1804 gezeichnet. In einer Nachschrift unter dem Titel „General Pichegrü als Gegenstand der Geschichte" stellt Buchholz seine Interpretation der Ereignisse dar, ebd. S. 221–248.
5 Moreau war 1799 kurz vor dem 18. Brumaire von Sieyès die diktatorische Übernahme der Macht angeboten worden, die er jedoch ausschlug.
6 „Cidevants", d. h. „die Gewesenen", „die Gestrigen" wurden während der Französischen Revolution die Anhänger des *ancien régime* genannt.
7 Aristoteles zugeschriebene Redewendung: „Plato ist mein Freund, aber die Wahrheit ist mir eine größere Freundin."
8 Mutmaßlich hatte Cotta Buchholz zu Gunsten des Andenkens an Posselt gebeten, auf die Veröffentlichung seiner Darstellung der Ereignisse zu verzichten.
9 in der Art von
10 *Gazette nationale ou le Moniteur universel*. Seit 1793 die offizielle Zeitschrift der Französischen Republik.
11 Garlieb Merkel hatte im Herbst 1805 sowohl Johannes von Müller als auch Friedrich Buchholz wegen seines Planes angesprochen, eine zweisprachige preußische Staatszeitung als Gegengründung zum Moniteur zu gründen. Für die französisch-sprachige Ausgabe versuchte Merkel den in Berlin lebenden Emigranten und bourbonischen Agenten Louis Fauche-Borel gewinnen. Merkel wollte die Zeitschrift unter dem Titel *Der Zuschauer* bei den Verlegern Frölich oder Sander herausgeben. Buchholz sagte wohl wegen der anti-napoleonischen Stoßrichtung des geplanten Blattes ab. Nach der preußischen Niederlage in der Schlacht bei Jena und Auerstedt im Oktober 1806 floh Merkel nach Riga und gab dort eine antinapoleonische Zeitschrift unter dem Titel *Der*

Zuschauer heraus. Merkel: Darstellungen und Charakteristiken (1839), S. 259–269; Pape: Johannes von Müller (1989), S. 239; Sangmeister: Vom Zuschauer zu den Staatsanzeigen (2000); Hofmeister-Hunger: Pressepolitik (1994), S. 175–180.

12 Johannes Müller stammte aus dem Schweizerischen Schaffhausen, Garlieb Merkel war Livländer.

13 In der Schlacht von Trafalgar, in Südspanien an der Meerenge von Gibraltar gelegen, wurde die französische Flotte am 21. Oktober 1805 von den Briten vernichtend geschlagen, wodurch die Britische Vorherrschaft über die Weltmeere endgültig besiegelt wurde und Napoleon seine Expansion auf den europäischen Kontinent konzentrierte. [F.B.]: Noch etwas von der Schlacht bei Trafalgar, in: EA 5 (1806), S. 191–195.

14 Friedrich Buchholz: Sappho und Phaon ist erschienen in: Taschenbuch für Damen auf das Jahr 1807. Herausgegeben von Huber, Lafontaine, Pfeffel u.a., Tübingen: Cotta, S. 98–171.

15 Friedrich Magnus von Nothardt, 1766 in Karlsruhe geboren, 1804 in Berlin gestorben, wurde wegen seiner Verdienste in der preußischen Armee 1798 geadelt und war Adjutant des Generalleutnants Ernst von Rüchel.

16 Verbleib des Manuskripts unbekannt.

Nr. 3 vom 21. Dezember 1805

Berlin den 21ten Dec. 1805

Sie sehen aus dieser neuen Uebersendung, wie fleißig ich an die Europäischen Annalen denke.

Was ich Ihnen diesmal übersende, ist aus den Angaben einer unserer ersten Staatsmänner zusammengesetzt, u. in sofern ein höchstwichtiger Aufsatz, dem Alles weichen muß, was Sie – etwa über die Schweiz oder einen anderen politischen Schweinestall – vorräthig haben.

Nächstens gedenke ich Ihnen einen Aufsatz über das Misverhältniß der Production zu dem Circular-Vermögen in Deutschland zu übersenden; ein Aufsatz, der alles erschöpfen soll, was man über den gesellschaftlichen Zustand, in unserem gemeinschaftlichen Vaterlande u über die uns bevorstehende Regeneration, sagen kann. Ich werde zeigen, daß die Finanz-Wissenschaft noch immer in ihrer Kindheit ist u. daß die Staaten nicht eher Festigkeit u. Dauer erhalten können, als bis sie Grundsätze darbietet, an welchen man sich wirklich festhalten kann. Die staatsbürgerliche Freiheit, die ich genieße, wird für mich die Quelle einer immer höheren Entwickelung, u. indem ich mich in den Europäischen Annalen ausspreche, hoffe ich den Gefahren zu entgehen, welche mit jener verbunden sind. Legen Sie alles, was von mir komt, redlich der Censur vor, wofern für sie eine vorhanden ist; allein seyn Sie, ich bitte Sie darum als um eine Gefälligkeit, nicht allzu liberal mit der Nennung meines Nahmens. Die Wahrheit ist, so lange die Welt steht, noch nie ungestraft gesagt worden.

Ich wünsche Ihnen von ganzem Herzen Glück zum neuen Jahre.
FB.

Wird das historische Taschenbuch[1] bald erscheinen?

---

[1] [F.B.]: StaatsGeschichte Europa's von dem Wiederausbruch der Feindseligkeiten zwischen England und Frankreich bis zur Verwandlung der Consular-Gewalt in eine kaiserliche, als Taschenbuch für 1806, 2. Jg., Tübingen: Cotta o. J. [1806]. Buchholz gab als Nachfolger Posselts die Jahrgänge 2 bis 6 (1806–1811) der StaatsGeschichte Europa's als Historisches Taschenbuch heraus. Vgl. Schäfer: Buchholz, Bd. 2, S. 45f.

Nr. 4 vom 7. Januar 1806

Berlin den 7ten Jan. 1806

Die letzten Hefte der europäischen Annalen sind mir noch nicht zu Gesicht gekommen. Ich schließe daraus, daß sie noch nicht erschienen sind. In sofern es nun an Materialien fehlen sollte, übersende ich Ihnen von neuem ein Paar Aufsätze, von welchen ich glaube, daß sie nicht ohne Interesse sind.

Zugleich überschicke ich Ihnen Sappho u. Phaon[1] für den nächsten Damenkalender. Ich habe einmal ein Kupfer gesehen, in welchem Sappho in dem Momente dargestellt wurde, wo sie sich von dem leukadischen Felsen in die Wellen des Meeres stürzen will. Das Kupfer war vortrefflich u. würde, ins Kleine gebracht, ein herrliches Titelkupfer gewesen seyn. Unglücklicher kann ich mich des Meisters nicht mehr erinnern. Kennen Sie aber einen tüchtigen Künstler, so brauchen Sie ihm nur die letzten Briefe vorzulesen, um ihm den Stoff zu einer herrlichen Schöpfung zu geben.

Leben Sie wohl. In Ihrer Nähe muß es jetzt sehr unruhig seyn; allein Ihr Churfürst wird dadurch gewinnen u. das ganze Land sich in der Folge beßer befinden.[2]

FB.

---

[1] Vgl. Brief Nr. 2, Anm. 14.
[2] Herzog Friedrich II. von Württemberg (1754–1816) erlangte auf dem Reichsdeputationshauptschluss vom Februar 1803 große Gebietsgewinne und den Kurfürstenstatus. 1805 schaffte er mit Hilfe Napoleons die Landstände ab. Am 1. Januar 1806 nahm Kurfürst Friedrich die ihm von Napoleon angebotene Königswürde an und regierte nun bis zu seinem Tod als König Friedrich I. von Württemberg.

Brief Nr. 5 vom 21. Januar 1806

Berlin den 21 Jan. 1806

Da bin ich schon wieder mit einem Aufsatz für die Europäischen Annalen; u. wenn das Glück gut ist, d. h. wenn keine außerordentliche Hindernisse ins Mittel treten, so erhalten Sie mit dem nächsten Posttage noch einen über den gegenwärtigen Charakter der politischen Partheien auf dem Continente.[1]

Erzeigen Sie mir doch aber die Gefälligkeit, einen Theil Ihrer Autorität dazu anzuwenden, daß meine Aufsätze beßer corrigirt werden. Ich habe die im 12ten St. des letzten Jahrganges enthaltenen mit großem Verdruß gelesen[2]; so voll unausstehlicher Druckfehler sind sie. Was ich Ihnen zuletzt geschickt habe – Sappho u Phaon[3] – wird jetzt bereits in Ihren Händen seyn. Leben Sie wohl. Ich wünsche von Herzen, daß die Verwandelung des Churfürsten von Würtemberg in einen König von Schwaben keinen nachtheiligen Einfluß auf die Zensur in Tübingen haben möge.[4] Im Fall der aber doch erfolgen sollte, so werden Sie die Güte haben, mir einen Wink darüber zu geben.

FB.

---

[1] Über den gegenwärtigen Charakter der politischen Parteien in Europa, in: EA, St. 3, Januar 1806, S. 278–284.
[2] [Friedrich Buchholz]: Wie viel ist für die Ruhe des Continents von einer Thronveränderung in England zu erwarten?, in: EA, Bd. 4, St. 4, Dezember 1805, S. 208–213; [Friedrich Buchholz]: Über die Verderblichkeit englischer Subsidiengelder, in: EA, Bd. 4, St. 4, Dezember 1805, S. 213–218.
[3] Vgl. Brief Nr. 2, Anm. 14.
[4] Vgl. Brief Nr. 4, Anm. 2.

Brief Nr. 6 vom 1. Februar 1806

Berlin den 1 Febr.

Ich schicke Ihnen, mein werther Freund, mit dem versprochenen Aufsatz über den gegenwärtigen Charakter der politischen Partheien[1] einen Artikel für die Allgemeine Zeitung. Sie haben mir vor Jahr u. Tag für Aufsätze letzterer Bestimmung besondere Ordre schon gegeben; aber theils hab' ich diese vergessen, theils hab' ich es sicherer gefunden, meine Zusendungen durch den gewöhnlichen Canal an Sie gelangen zu lassen.

Ich gestehe Ihnen, daß ich mich darüber wundere, daß bis jetzt weder das so störrische Taschenbuch[2] noch das erste Heft des neuen Jahrganges der Europäischen Annalen erschienen ist.

Vielleicht werd' ich im Stande seyn sowohl für die Annalen als für die Allg. Zeit. im Laufe dieses Jahres Mehreres zu arbeiten; wenigstens hab' ich durch Aufgabe der Redaction der Ungerschen Zeitung[3] mehr Musse u. Freiheit gewonnen.

Adieu
FB.

[1] Vgl. Brief Nr. 5, Anm. 1.
[2] Vgl. Brief Nr. 3, Anm. 1.
[3] Buchholz redigierte im Unger Verlag die Königlich Privilegierte Berlinische Zeitung von Staats- und gelehrten Sachen („Vossische Zeitung") seit 1803.

Nr. 7 vom 15. Februar 1806

Berlin den 15 Febr. 1806

Ich habe gestern Ihre angenehme Zuschrift erhalten, u. beantwortete sie, indem ich einen kleinen Aufsatz über Englische Parlamentsberedsamkeit, oder eigentlich über den Führer der englischen Oppositionsparthei beifüge.[1] Mein Aufsatz über die Ursachen des letzten Krieges ist gewiß sehr erwogen; allein ich begreife, daß Sie gute Gründe haben, ihn nicht so abdrucken zu lassen, wie er ist. Ich will gewisse Stellen abändern; nur müssen Sie ihm alsdann keine weitere Hindernisse in den Weg legen. Nachdem wir hier Alexander den Ersten von Angesicht zu Angesicht kennen gelernt haben, wißen wir ganz genau, wie viel an ihm ist u. was wir von ihm halten sollen; u. ich habe ihn warlich noch in seinem vortheilhaftesten Lichte gezeigt.[2] Und wie sind seine Vertrauten beschaffen! Sagen Sie, was Sie wollen, die Feudal-Aristokratie taugt nichts, ob ich gleich dem <u>Adel</u> immer u. ewig das Wort reden werde.

Ich habe noch immer kein Heft von dem neuen Jahrgange der E. A. gesehen; u. doch verlangt mich so sehr danach, u. nicht blos mich, sondern auch viele meiner Bekannten u. Freunde. Ueberschicken Sie mir doch bei Gelegenheit die beiden letzten Hefte des vorigen Jahrganges. Von dem 11ten ist mir gar nichts zu Gesichte gekommen u Einzelne meiner Bekannten, welche sich abonnirt haben, wissen durchaus nicht, ob es erschienen ist, oder nicht. Es muß aber wohl erschienen seyn, da das 12te angelangt ist. /

Ihre Bemerkungen über ein Königreich von höchstens einer Million Individuen sind sehr richtig; aber Sie müssen sich über die Gegenwart erheben. Mich interessiren Bonapartes Geschöpfe in Deutschland, in sofern ich in Ihnen die Anfangspunkte einer künftigen National-Einheit erblicke.[3] Es giebt ein sehr expressives Sprichwort, welches also lautet: Serpens, nisi serpentem commederit, non fit draco.[4] Die Wahrheit dieses Sprichworts werden wir bald kennen lernen; u. das Resultat des Schlangenkampfes wird unsern Enkeln zu gute kommen. Ich habe drei Söhne – tüchtige Jungen – u. stelle mir vor, daß Ihnen, wenn Sie mein Alter werden erreicht haben, ganz anders zu Muthe seyn wird, als mir. Von dem guten Willen der Individuen erwarte ich für die Zukunft ungemein wenig; desto mehr von dem Entwicklungsprincip, das in jeder menschlichen Brust liegt u. von dem Drange der Umstände, der, so viel ich davon einsehe, mit jedem Jahre größer werden muß. Alle Kräfte sind überspannt worden; u. diese Spannung kann für Erste noch nicht aufhören.

Im Fall Sie von der Sappho[5] keinen Gebrauch machen können, bitte ich Sie um baldige Zurücksendung. Es scheint, als würden wir über Moreau u. Enghien verschiedener Meinung bleiben.[6] Sie lieben den ersteren, Sie bedauern den letzteren. Ich befinde mich in demselben Fall, mein theurer Freund, u. doch steht mein Urtheil über beide fest. Was Moreau's Advokaten gesagt haben, ist mir nicht unbekannt geblieben; aber der Advokat u. der Geschichtsschreiber sind toto coelo[7] | von einander verschieden u. können sich eben daher niemals die Hand reichen. Wär' ich Moreaus Advokat gewesen, so würde ich ihn vielleicht nicht mit französischer Beredsamkeit, aber durch mit solidern Argumenten vertheidigt haben. Das Urtheil der Franzosen über Moreau ist eben so seicht, als ihr Urtheil über Bonaparte u. jede andere Erscheinung der französischen Revolution, die zu begreifen sie durchaus nicht Kaltblütigkeit u. Entsagung genug haben. – Laßen Sie, mein theurer, meinen historischen Aufsatz, wie er ist; je mehr meine Urtheile u. meine ganze Darstellung von den gewöhnlichen abweichen, desto beßer, für Sie u. mich!

In München hätt' ich Ihnen wohl zur Seite stehen mögen, so entschieden ich auch sonst alles Gepränge hasse. Die Prinzessin Auguste bedauere ich, unter uns gesagt.[8] Sie wird im Königreich Italien sehr wenig glückliche Stunden verleben. Nie werden die europäischen Mächte im Stande seyn, dies Königreich von Frankreich zu trennen; aber in den Italienern selbst liegt

Etwas, das sie ewig verhindern wird, sich mit den Franzosen zu amalgamiren. Nie wird der Vice-König ein Gegenstand ihrer Liebe werden. Ob er ein Gegenstand ihrer Achtung werden könne? Ich zweifle daran. Was einem Italiener mit Franzosen gelang, wird keinem Franzosen mit Italienern gelingen. Selbst Bonaparte wird es überdrüssig werden, die Italiener zu beherrschen.

Leben Sie wohl.
FB.

[1] [F.B.]: Über die englische Parlaments-Beredsamkeit und das Wesen des jedesmaligen Anführers der Oppositionsparthey, in: EA 4 (1806), S. 35–42.
[2] Der russische Zar Alexander I. hielt sich im Oktober und November 1805 in Berlin auf, wo er ein russisch-preußisches Bündnis aushandelte. Allerdings wurde dieses durch die Niederlage der russisch-österreichischen Truppen bei Austerlitz im Dezember 1805 gegenstandslos, da Russland anschließend bis 1807 aus der antinapoleonischen Koalition ausschied.
[3] 1806 wurden Bayern und Württemberg von Napoleon zu Königreichen erhoben; Baden, Hessen-Darmstadt und Berg wurden Großherzogtümer.
[4] „Eine Schlange kann kein Drache werden, solange sie nicht eine andere Schlange verspeist." Griechisches Sprichwort, das Buchholz mutmaßlich aus Francis Bacons Essay *Of Fortune* (1612) zitiert.
[5] Vgl. Brief Nr. 2, Anm. 14.
[6] Vgl. Brief Nr. 2, Anm. 4.
[7] lat.: himmelweit, so weit der Himmel reicht.
[8] Prinzessin Auguste von Bayern (1788–1851) wurde am 14. Januar 1806 in München mit dem neuen italienischen Vizekönig, Napoleons Stiefsohn Eugène de Beauharnais verheiratet. Johann Friedrich Cotta wohnte der Zeremonie bei.

Nr. 8 vom 20. März 1806

Berlin den 20 März 1806

Sie erhalten hier eine Beurtheilung der famösen Schrift des Herrn von Antraigues, betitelt: Uebersetzung eines Fragments aus dem XVIII Buche des

Polybius.¹ Da diese Schrift so viel Sensation gemacht hat, so wird den Lesern der Eur. Annalen jene Beleuchtung derselben nicht ganz unangenehm seyn.

Wenn Sie die Uebersetzung des Alferischen Werkes² noch nicht haben abdrucken lassen; so bitte ich Sie gegenwärtig sich nicht damit zu beeilen. Macht willens die Censur die mindeste Schwierigkeiten, so unterlassen Sie lieber den Druck ganz u. gar.

Von dem neuen Leviathan³ sind hier keine Exemplare mehr zu haben; ich wünsche um der guten Sache willen, daß dies allenthalben so seyn möge.

Einer meiner Freunde, ein gewisser Kriegsrath von Kölln⁴ wünscht mit Ihnen in Verbindung zu treten, durch ein wissenschaftliches Werk über das Papiergeld. Vielleicht werden Sie nächstens eine Probe davon erhalten

F.B.

---

[1] Emmanuel Henri Louis Alexandre de Launay, Comte d'Antraigues (geb. 1753 in Montpellier, gest. 1812 in London) war als französischer Emigrant Legationsrat in russischen Diensten in Dresden. Dort hat er 1806 das antinapoleonische Pamphlet *Traduction d'un fragment du XVIII. Livre de Polybe, trouvé dans le monastère St. Laure au Mont Athos* veröffentlicht, in dem er unter der leicht zu durchschauenden antikisierenden Maske (der Syrerkönig Antiochus ist Friedrich Wilhelm III. von Preußen, Philipp von Mazedonien ist Franz II. von Österreich, Arsaces von Persien ist Zar Alexander I., die Römer sind die Franzosen) zum Kampf gegen Napoleon aufruft (vgl. Tschirch, Bd. II, S. 222 ff.); [F.B.]: Bemerkungen über die angebliche Uebersetzung eines Fragments aus dem achtzehnten Buche des Polybius, in: EA 4 (1806), S. 92–104.

[2] Vgl. Brief Nr. 1, Anm. 3.

[3] Vgl. Brief Nr. 2, Anm. 3.

[4] Friedrich von Cölln (1766–1820) war im preußischen Staatsdienst in Schlesien und Berlin tätig und zugleich Autor von Skandalschriften wie *Vertraute Briefe über die inneren Verhältnisse am preußischen Hofe seit dem Tode Friedrichs II.*, 6 Bde., Amsterdam und Köln 1807 und der Fortsetzung *Neue Feuerbrände*, Amsterdam und Köln 1807.

Anhang: Briefe von Buchholz an Cotta

Nr. 9 vom 2. Mai 1806

Berlin den 2ten May 1806

Ich überschicke Ihnen hierbei einen Aufsatz, von welchem ich glaube, daß er ein wahrer Leckerbißen für die Leser der Eur. Annalen seyn wird. Ich zweifle kaum daran, daß er das Imprimatur erhalten wird; sollte es ihm aber, wider alles Vermuthen versagt werden, so heben Sie ihn ja auf. Ich selbst verdanke die Materialien, aus welchen er zusammengesetzt ist, der Mittheilung einer diplomatischen Person, von welcher ich noch manches Interessante für die Annalen zu erwarten habe

Mein letztes Schreiben werden Sie unstreitig noch in Tübingen erhalten haben.
Leben Sie wohl.
FB.

Nr. 10 vom 2. Oktober 1806

Berlin den 2 Oct. 1806

Ich überschicke Ihnen hier die corrigirten Bogen des ersten Buchs des neuen politischen Werkes, welches ich unter dem beikommenden Titel erscheinen zu sehen wünsche. Zugleich erfolgt das dritte Buch. Das vierte werde ich mit der nächsten Post abschicken.[1] Es ist fertig; aber es muß noch einmal durchgesehen werden. Die Art des Drucks überlasse ich Ihrem Ermessen; nur bitte ich Sie inständig, einen tüchtigen Corrector zu gebrauchen.
    Ich hoffe noch immer, daß es zwischen Preussen u. Frankreich zu keinem Krieg kommen wird. Wird meine Erwartung nicht erfüllt, so wird es einer der dummsten Gemüthskriege werden, welche jemals geführt worden sind. Der Friede zwischen England u. Frankreich ist so gut als abgeschlossen. Woher ich das weiß? Weil die Engländer das Königreich Rio de la Plata erobert haben.[2] Dies ist, meines Erachtens, die größte Begebenheit unserer

Zeit, wie wol sie den größten Haufen nie als solche einleuchten wird. Der Inhalt des neuen Leviathan[3] ist dadurch vollkommen gerechtfertigt. Entweder man hat dies Buch in Frankreich u. in England gelesen – u. dann hab' ich das Verdienst, den streitenden Mächten gezeigt zu haben, was sie thun müßten, um sich nicht gegenseitig aufzureiben. Oder man hat es nicht gelesen – und dann hab' ich das noch größere Verdienst ihre Handlungsweise zwei Jahre vorher bestimmt zu haben. Dem sey wie ihm wolle, ich rechne von jetzt an auf einen Frieden von langer Dauer, weil Frankreich in den Besitz seiner Colonien zurücktritt u. die Freiheit der Meere in dem Stillstand des englischen Anleihe-Systemes den zuverlässigsten Garant bekommt. Hier ahnet man von diesem Allen | nichts, u. unsere Staatsmänner machen, bei einem gefälligen Lächeln, große Augen, wenn ich Ihnen sage, daß Preussen durch die Occupation des Churfürstenthums Hannover[4] die Eroberung des Vicekönigreichs Rio de la Plata erzwungen habe, weil bei dem englischen Anleihen-System für den König von England[5] nur so lange Sicherheit statt fand, als er zugleich Churfürst von Hannover war u. sich, dringendenfalles, nach Deutschland zurückziehen konnte. In der That, wir haben der Welt einen großen Dienst erzeigt, ohne es zu wollen.

Die allgemeine Zeitung habe ich samt einem Exemplar von dem Taschenbuch für Damen erhalten. Ich danke Ihnen für beides. In dem Freimüthigen[6] ist mir der Lobspruch gemacht worden, daß ich mich in Sappho u. Phaon als einen glücklichen Nachahmer Wielands gezeigt habe.[7] Dazu hab' ich herzlich gelacht; denn während der Arbeit ist mir der Gedanke immer gegenwärtig gewesen, <u>nicht</u> in Wielands Fußtapfen zu treten.

Die Fortsetzung der Staatsgeschichte von Europa[8] werden Sie noch in diesem Jahre erhalten u. außerdem hoff' ich Ihnen noch den einen u. den anderen Aufsatz für die E. A. zu schicken. Mehrere Materien haben ein großes Interesse für mich; aber in den Zeiten der Crisis muß man an sich halten, um weder sich noch seine Freunde in Verlegenheit zu setzen.

Leben Sie wohl.
FB.

---

[1] Gemeint ist Buchholz: Rom und London, Tübingen: Cotta 1807.
[2] Die britische Armee okkupierte 1806 und 1807 mehrfach Teile des spanischen Vize-Königreiches Rio de la Plata, wurde aber immer wieder zurückgeschlagen.

[3] Vgl. Brief Nr. 2, Anm. 3.
[4] In den Bündnisverträgen zwischen Frankreich und Preußen von Schönbrunn vom 15. Dezember 1805 und Paris vom 15. Februar 1806 war Preußen das in Personalunion zu Großbritannien gehörende Kurfürstentum Hannover zugesprochen worden. Am 27. Februar 1806 besetzte Preußen Hannover.
[5] George III. (1738–1820), König von Großbritannien seit 1760.
[6] Der *Freimüthige oder Ernst und Scherz* wurde von 1803–1806 von August von Kotzebue und Garlieb Merkel in Berlin herausgegeben und war eines der führenden Kultur- und Unterhaltungsjournale der Zeit.
[7] Der Freimüthige oder Ernst und Scherz, Donnerstag, den 25. September 1806, S. 250: „[…] so tritt in Fr. Buchholz Sappho und Phaon, ein glücklicher Nachahmer von Wieland Menander und Glyceriou, Crates und Hipparchia auf." Vgl. a. Brief Nr. 2, Anm. 14.
[8] [F.B.]: StaatsGeschichte Europa's von der Verwandlung der französischen Consular-Gewalt in eine erbliche Kaisermacht bis zum Preßburger Frieden, 3. Jg., Tübingen: Cotta 1808.

Nr. 11 vom 7. Oktober 1806

Berlin den 7ten Oct. 1806

Der Absatz des Freimüthigen[1] beläuft sich auf 2000 Ex. Ich bin nicht abgeneigt, Antheil zu nehmen an dem Blatte, welches Sie ad modum[2] des Freimüthigen herauszugeben gedenken.[3] Auch werde ich Ihnen hier noch einige andere Mitarbeiter erwecken. – Was aus dem Krieg zwischen Preussen u. Frankreich werden wird weiß Gott; ich halte ihn für einen sehr einfältigen Kreig. – Die Ce[n]sur wird dem Werke: Rom u. London[4] ihr Imprimatur schwerlich versagen. Laßen Sie es abdrucken sobald Sie können.

Fr. Buchholz

---

[1] Vgl. Brief Nr. 10, Anm. 7.
[2] in der Art von.
[3] Gemeint ist das *Morgenblatt für gebildete Stände*, das Cotta ab 1807 herausgab.
[4] Vgl. Brief Nr. 10, Anm. 1.

Nr. 12 vom 22. Oktober 1806

Berlin den 22ten Oct. 6

Ich schreibe Ihnen, mein werthgeschätzter Freund am Morgen des Tages an welchem vielleicht 5000 Franzosen in diese Hauptstadt einrücken werden. Ueber den Ausgang der Schlacht bei Auerstaedt werden Sie bereits unterrichtet seyn; vielleicht sogar beßer als ich.[1] Wie mich das Ereigniß affizirt? Ich habe es mit allzu viel Bestimmtheit vorhergesehen, als daß ich nicht alle Faßung haben sollte, die sich mit so viel Unglück verträgt. Ich habe seit zwei Jahren keine Zeile geschrieben, welche nicht die Absicht gehabt hätte, es abzuwenden; allein meine Wünsche sind unerfüllt geblieben, weil die Preussen entartet waren. Ihre Entartung bestand vorzüglich darin, daß sie sich keinen Begriff von der Ueberlegenheit eines Feindes machen konnten, der von einem genievollen Manne angeführt wird. Unsere Aristocratie hat uns zu Grunde gerichtet; nichts ist entschiedener. Wie wir uns jemals erholen wollen, begreife ich nicht. Unsere ideelle Macht war von jeher größer, als unsere reelle; u. eben deswegen gab es für uns keine heiligere Pflicht, als jene wie unseren Augapfel zu bewahren. Wir haben es nicht gethan, u. werden nun für unseren Unverstand büssen müssen. Des Herrn Wille geschehe! Wenn ich künftiges Jahr für das historische Taschenbuch die europäische Staatsgeschichte[2] bearbeite, so werd' ich Wahrheiten sagen, von welchen der größte Theil meiner Mitbürger selbst in diesem Augenblick noch keine Ahnung hat. In 6 Stunden ist die preussische Monarchie zerschossen worden, u. gerade als hätte der französische Kaiser es darauf angelegt, uns unsere schwache Seite fühlbar zu machen, haben wir in ihm dem Artilleristen huldigen müssen. Abstrahire ich von der Gegenwart, so ist der Ausgang der Schlacht bei Auerstaedt vielleicht ein Glück, sogar für uns; denn als Staat waren wir ein unglückliches Mittelding, immer geneigt, einen Willen haben zu wollen, ohne gleichwol dazu berechtigt zu seyn. Waren wir | klug, so vergaßen wir nie, was Friedrich der Zweite, ich weiß nicht welcher Unruhstifter sagte, der ihn zu einem neuen Krieg verleiten wollte. Monsieur, antwortete der seine Kräfte berechnende Monarch, les grandes monarchies peuvent s'aviser de faire des sottises; mais un petit roi, comme votre très-humble serviteur, n'a pas la même permission.[3] Mit Frankreich mußten wir gehen, wenn etwas aus uns werden sollte. Gegen Frankreich gehend, geriethen wir nothwendig auf Abgründe. Wenigstens haben wir den freien Willen eingebüßet; u. hohle ihn der Henker, wenn er nur ein <u>verkehrter</u> seyn konnte!

Daß es mit dem Freimüthigen zu Ende gehen würde, haben Sie scharfsichtig genug vorhergesehen. Der Redacteur deßelben ist auf einem Esel davon geritten u. hat seinen Verleger an den Schwanz gebunden.[4] Viele andere Schriftsteller sind in seine Fußstapfen getreten u. vielleicht bin ich der Einzige, der zurückgeblieben ist. Freilich von meiner Seite wurde kein Muth dazu erfordert, da ich weder einen Patrioten-Spiegel[5] noch Kriegslieder mit dem Refrain: <u>Der Krieg ist gut!</u> geschrieben habe. Sie glauben nicht, mein Freund, wie weit der Unsinn hier von allen Seiten u. in aller Hinsicht getrieben worden ist. Jetzt wird man sich freilich bekehren müssen, u. Napoleons entschiedenste Feinde werden, je weiter er es mit dem regierenden Hause treibt, seine entschiedensten Anhänger werden; das seh' ich auf das bestimmteste vorher. Es ist indessen nicht das ganze königliche Haus geflüchtet. Der Prinz Ferdinand, Groß-Oheim unseres Königs,[6] ist zurückgeblieben, um Napoleon die heitere Stirn eines schuldlosen Lebens zu zeigen. Dies wird indeßen wenig helfen, da für einen Mann wie Napoleon nur die große Moral vorhanden ist, u. daß alle übrigen Staatschefs auf das unerträglichste zwischen kleiner u großer Moral hin u. her schwanken.

Was wird aus den europäischen Annalen werden? Wenigstens wird es darin keine Debatte mehr geben. Jetzt können Sie, meines Erachtens, den Aufsatz, welchen ich Ihnen über Pauls Tod im verwichenen Frühling zugeschickt habe, mit Sicherheit abdrucken lassen.[7] | Denn die europäische Polyarchie hat aufgehört; wenigstens hat das Continent nur noch Ein Interesse.

Ich habe das vierte Buch von London u. Rom[8] an Sie abgeschickt u. wünsche von Herzen, daß es in Ihre Hände gekommen seyn möge. Schreiben Sie mir doch bald ein Wort darüber; ich konnte nicht anders, als mich auf den Verstand Ihres Commissionnärs in Leipzig verlassen. Das Werk kann Sie in keiner Art in Gefahr bringen, ob es gleich Ideen enthält, welche das französische System überflügeln.

Gegenwärtig arbeite ich Tag für Tag an der Geschichte des Jahres 1805.[9] Die Mannichfaltigkeit der Materien, die Größe der Begebenheiten u. die Nothwendigkeit, worin ich mich, wofern ich ein Ganzes hervorbringen will, befinde, bei dem Presburger Tractat[10] auszuruhen, bringen es mit sich, daß die Erzählung wenigstens 16 bis 17 gedruckte Bogen füllen. Hiernach mögen Sie denn Ihren Zuschnitt im Uebrigen machen. Ich arbeite mit großer Liebe, in dem es mir unaussprechlich viel Vergnügen macht, dem Gange der französischen Regierung in Ihren Unternehmen, die merkantilische Universalmonarchie zu zerstören, Schritt vor Schritt zu folgen. Da ich ganz gesund u. heiter bin, so glaub ich Ihnen eine sehr gelungene Arbeit versprechen zu können. Das Beste, was man gegenwärtig thun kann, ist, die Welt mit sich selbst zu versöhnen, u dies kann, dünkt mich, nur durch historische Schriften geschehen, wodurch die Welt über ihre Interessen belehrt wird. Zu Ende des Novembers, höchstens um die Mitte des Dez. werd' ich meine Arbeit an Sie abschicken.

Mehr als jemals muß ich jetzt mein Vertrauen in Sie setzen u Sie bitten, daß Sie auch von Ihrer Seite meine Moralität nicht in Zweifel ziehen. Ich kann, da alle Cassen geflüchtet worden sind u. es in kurzer Zeit nicht möglich seyn wird, irgend ein Papier ohne bedeutenden Verlust anzubringen, in große Verlegenheit gerathen. Ich bitte Sie also, mir gegen die Mitte des Dez. 300 Thaler Gold zu übermachen, die mein u. meiner Familie Schicksal sichern sollen, bis die Dinge wieder in irgend ein Geleis gebracht sind.

Ich werde Ihnen von Zeit u. Zeit schreiben, welche Wendung die Dinge hier nehmen. Wäre die Entfernung nur nicht gar zu groß.

B.

---

[1] In der Doppelschlacht bei Jena und Auerstedt wurde die Preußische Armee am 14. Oktober 1806 vernichtend geschlagen. Die französischen Truppen rückten am 25. Oktober in Berlin ein, Napoleon am 27. Oktober 1806.
[2] Vgl. Brief Nr. 3, Anm. 1.
[3] Friedrich II. von Preußen (1712–1786): „Die großen Monarchien können sich solche Dummheiten leisten, aber einem kleinen König, wie es Euer ergebendster Diener ist, ist dies nicht erlaubt."
[4] Garlieb Merkel hat Berlin nach dem Einmarsch der napoleonischen Truppen sofort verlassen. Das Erscheinen des *Freimüthigen* wurde eingestellt. Vgl. a. Brief Nr. 10, Anm. 6.
[5] [Hans Deutschmann = Hans von Held]: Patriotenspiegel für die Deutschen in Deutschland. Ein Angebinde für Bonaparte bey seiner Kaiserkrönung. Tuetoburg 1804.

[6] Prinz August Ferdinand von Preußen (1730–1813), jüngster Bruder Friedrichs II. von Preußen.
[7] [F.B.]: Paul's des Ersten gewaltsamer Tod, in: EA 7 (1807), S. 3–14.
[8] Vgl. Brief Nr. 10, Anm. 1.
[9] Vgl. Brief Nr. 10, Anm. 8.
[10] Vgl. Brief Nr. 2, Anm. 1.

Nr. 13 vom 8. November 1806

Berlin den 8ten Nov. 6

Ich benutze die erste Wiedereröffnung der Communikationen, um Ihnen, mein werther Freund zu sagen, daß ich lebe und – wie ich lebe.

Die Franzosen sind seit ungefähr sechzehn Tagen Besitzer dieser Hauptstadt, u. ihr Kaiser bewohnt seit ungefähr vierzehn Tagen das Königliche Schloß.[1] Berlin, obgleich gedrückt von Einquartirungen u. Durchmärschen, kann mit dem Schicksal zufrieden seyn, das ihm bisher zu Theil geworden ist. Einzelne Familien haben indeßem sehr viel gelitten, und möchten von dem Wohlstand, der ihnen bisher eigen war, vielleicht für immer herabgeworfen seyn. Wie es rund um uns her aussieht, wissen wir noch nicht; wie können die Greuel der Verwüstung aber ausbleiben, wenn die Disciplin nicht durch Magazine unterstützt wird? Drei meiner Geschwister sind rein ausgeplündert worden, so daß sie nur das nackte Leben gerettet haben, u. nach allem, das mir zu Ohren gekommen ist, muß ich schließen, daß der preussische Staat von Grund aus revolutionirt ist u. daß – vorausgesetzt, daß er fortdauern soll – ein ganz neuer gesellschaftlicher Zustand anheben muß.

Ich war nicht sehr neugierig, Napoleon den Großen zu sehen; denn nachdem ich mich so viel mit ihm beschäftigt hatte, war es mir gleichgültig geworden, ob er, körperlich genommen, groß oder klein, schön oder häßlich sey. Indeßen wollte vor einigen Tagen der Zufall, daß ich mich, ich möchte sagen in seiner nächsten Nähe befinden sollte. Nachdem nun was ich gesehen habe, muß ich behaupten, daß von allen den Abbildungen, welche mir von ihm vorgekommen sind, keine einzige die Wahrheit aussagt. Ein blaßes völliges Gesicht, mit tiefliegenden dunkelblauen Augen, feiner Nase, geschlossenen Lippen u. dem Ausdruck der Melancholie; das ist, was ich gesehen, u. die Wahrheit zu sagen, mit Vergnügen gesehen habe. Nichts an der Spiritualität, welche den Physiognomien der Franzosen so eigen ist; dafür aber der Ausdruck eines starken Willens u. einer gebietenden Vernunft in einem desto höheren Maaße! Napoleon hat gewiß nichts von der Grazie u der Majestät der letzten Bourbons; aber je stärker der Gegensatz ist, welchen er, selbst symbolisch, gegen Franzosen bildet, desto nachdrücklicher beherrscht er sie u. desto williger folgen sie dem von ihm erhaltenen Impuls. Eines solchen Mannes bedarf Deutschland, um das zu werden, wozu die | Natur dasselbe bestimmt hat. Deutschland wird ihr aber nicht eher erhalten, als bis Frankreich ein handeltreibendes Volk geworden ist.

Sagen Sie allen denjenigen, welche Napoleon Furchtsamkeit zuschreiben, daß sie sich im Irrthum befinden. Es läßt sich an u. für sich nicht begreifen, wie ein Mann, der sich immer nur als Idee darstellt, der Furcht zugänglich seyn sollte; aber auch selbst der Augenschein lehrt, daß er nichts von Furcht weiß. Mit der größten Freiheit u Unbefangenheit hat er sich unter uns bewegt. Wahr ist, daß man die Bürgerschaft vor seiner Ankunft entwaffnet hatte; allein da eine solche Maasregel nie zum Zweck führen kann, so wurde Napoleon wenn er wirklich für sein Leben zitterte, wie man so oft behauptet hat, sich gewiß nicht mit so viel Zuversicht gezeigt haben.

Was aus uns werden wird, weiß Gott. Der Plan zur Wiederherstellung des Königreichs Polen ist öffentlich angekündigt, u. in diesem Augenblick vielleicht zum Theil schon realisirt. Diese Wiederherstellung würde immer ein Glück für Preussen seyn; denn der Verfall der preussischen Monarchie datirt sich gerade von der Theilung Polens[2], u. den Verständigen unter uns ist es niemals ein Geheimniß gewesen, warum Preussen in sich selbst zerfallen mußte, sobald Friedrichs des Zweiten mit kaufmännischer Genauigkeit berechnetes Verwaltung-System über den Haufen fiel, weil der Staat sein à plomb nicht mehr in dem Getreide reichen Polen hatte. Die große Frage ist, ob die Dynastie unverändert bleiben wird. Wie sie auch beantwortet werden mag, immer ist so viel gewiß, daß man sich hier sehr wenig sperren wird, den Prinzen Jerome[3] zum König zu erhalten. Das Vertrauen zu der alten Dynastie ist für immer dahin. Man wird Friedrich Wilhelm den Dritten[4] immer die Gerechtigkeit widerfahren lassen, daß er es herzlich gut mit seinen Unterthanen gemeint hat; allein, von allen Verwaltungstalenten entblößt, u. ohne alle Stärke des Willens, taugte taugte er warlich sehr wenig zu einem Staatschef in einer so kritischen Periode, wie die gegenwärtige ist. Glauben Sie mir, mein werther Freund, die preussische Monarchie war bereits aufgelöset, ehe sie in der Schlacht bei Jena zerschossen wurde; denn wie kann man da von Monarchie sprechen, wo keine Einheit des Wollens mehr statt findet u. die Partheien selbst von keiner Art der Einsicht geleitet werden? Der Zustand meines Vaterlandes hat mich seit zwei Jahren sehr bekümmert, u. jetzt erst fange ich an, neue | Hoffnungen zu schöpfen – vielleicht nur, weil ich wünsche, daß ein so kräftiges Volk, wie die Brandenburger sind, nicht für immer verlassen seyn möge. Mein Entschluß ist gefaßt; komt es zu keiner Veränderung, die meinen Wünschen entspricht, so begeb' ich mich mit den Meinigen zu Anfang des künftigen Frühlings entweder in die Staaten des Fürsten Primas[5] oder des Königs von Baiern[6] u. nähere mich auf diese Weise Ihnen, mein werther Freund, um 50 bis 60 gute Meilen. Denken Sie vorläufig immer darauf, wo u. wie ich mein Unterkommen am besten finde.

Ich arbeite täglich an der Geschichte des Jahres 1805; u. hoffe im Dezember damit fertig zu werden. Um Beilagen brauchen Sie sich diesmal weniger zu bekümmern; denn ich selbst werde Ihnen mehrere liefern; als da sind: die Constitution des Königreichs Italien u. die des Fürstenthums Lucca. Die Geschichte selbst soll ihres großen Gegenstandes würdig vorgetragen werden; ich stelle darin nämlich den Kampf Frankreichs mit der merkantilischen Universalmonarchie dar, u. lasse Napoleon als den ersten Protestanten auftreten, versteht sich, nicht in kirchlicher, sondern in rein politischer Hinsicht. Diese Arbeit soll meinen Wünschen nach, wesentlich dazu beitragen, die Köpfe aufzuklären, u. das Unglück zu verringern, welches dem Continent noch immer von England aus bevorsteht.

Mit Begierde warte ich auf die Nachricht, daß die letzten Abschnitte meines Rom u. London[7] in Ihre Hände gekommen sind.

In einem Schreiben vom drei u. zwanzigsten Oct. hab' ich Sie ersucht, mir einen Wechsel auf 3 bis 400 Thaler zu übermachen. Ich bin um so mehr genöthigt, diese Bitte zu wiederholen, da sich gar noch nicht absehen läßt, wie früh oder wie spät die Staatskassen zurückkommen werden. Alles was ich an Staatspapieren besitze, ist in dem gegenwärtigen Augenblick ohne alle Kredit; u. so komm ich mit tausenden von meinen Mitbürgern in greuliche Verlegenheit, wenn Sie sich meiner nicht annehmen. Ich bitte Sie diesmal sogar um Eile. Mit Schicklers⁸ hab' ich bereits gesprochen. Sie honoriren jeden Wechsel, der von Frege⁹ komt. Leben Sie wohl.

Fr. Buchholz

---

[1] Vgl. Brief Nr. 12, Anm. 1.
[2] Gemeint ist die zweite und dritte Teilung Polens 1793 und 1795.
[3] Jérôme Bonaparte (geb. 1784 in Ajaccio auf Korsika, gest. 1860 in Paris) war der jüngste Bruder Napoleon Bonapartes und wurde von 1807 bis 1813 König des neu gegründeten Königreichs Westphalen.
[4] Friedrich Wilhelm III. von Preußen (1770–1840), preußischer Regent ab 1797.
[5] Von Napoleon neu geschaffenes Amt als Vorsitz des Rheinbundes, zu dem sich am 12. und 16. Juli 1806 16 deutsche Fürsten zusammen geschlossen haben, darunter Bayern, Württemberg, Baden und Berg. Später traten weitere Fürstentümer bei. Der Erzbischof von Mainz und Regensburg, Kurfürst und Reichserzkanzler Karl Theodor von Dalberg hatte dieses Amt als einziger vom 25. Juli 1806 bis zum 19. Oktober 1813 inne.
[6] Das Königreich Bayern wurde am 1. Januar 1806 proklamiert und der Bayerische Kurfürst Maximilian IV (1756–1825) trug fortan den Titel Maximilian I. Joseph König von Bayern.
[7] Vgl. Brief Nr. 10, Anm. 1.
[8] Bankhaus Gebrüder Schickler in Berlin.
[9] Bank- und Handelshaus Frege & Co in Leipzig.

Nr. 14 vom 11. Dezember 1806

Berlin den 11 Dec 1806

Ich überschicke Ihnen hier die Staatsgeschichte¹; wenigstens hab ich meine Maasregeln so genommen, daß ich mit einiger Sicherheit darauf rechnen kann, sie werde wohlbehalten bei Ihnen anlangen.

Ihre beiden letzten Schreiben hab' ich erhalten. Hätten die meisten Bankiers nicht ihre Boutiken² geschlossen, so würde der Wechsel, den Sie mir zu überschicken die Güte gehabt haben, bereits honorirt worden seyn. Wie die Sachen gegenwärtig stehen, werd' ich ihn wohl zur Acceptation³ nach Leipzig schicken müssen.

Der Zustand, in welchem sich die Dinge hier befinden, kann schwerlich abscheulicher werden, als er bereits geworden ist. Eine förmliche Auflösung mit tödtendem Gestank verbunden! Uebrigens ist das Ende noch nicht vorhanden. Friedrich Wilhelm der Dritte[4] vertheidigt sich als ein wahrer Paladin, u. die Franzosen haben, ohne daß davon in öffentlichen Blättern die Rede ist, bereits mehr als eine Niederlage erlitten. Es ist der unglücklichste Kampf, der jemals geführt worden ist! Nur Napoleon[5] weiß, was er will, was er wollen muß. Uebrigens zweifle ich daran, daß diese Mittel zum Zweck führen werden. Die Bestechlichkeit der Franzosen ist das größte Hinderniß. Ich habe immer gedacht, daß die große Revolution, welche dem gesellschaftlichen Zustande in Europa bevorsteht, nur durch die Deutschen werde vollendet werden; u. über diesen Punkt irre ich gewiß nicht. Was muß aber noch alles geschehen ehe die Deutschen wieder emporkommen!

Könnte ich einen Ruf nach München erhalten, so würd' ich ihn mit Vergnügen annehmen. Wenn Sie <u>Rom u. London</u> pp[6] bald abdrucken lassen, so will ich dem König von Baiern[7] ein Exemplar davon übersenden, um so auch von meiner Seite etwas zur Erreichung meiner Wünsche zu thun. Hier kann ich nicht mehr mit Freude existiren. Unstreitig | wird die alte Regierung zurückkommen; aber, verlassen von allen Ideen, wie sie einmal ist, wird sie das Böse nicht gut, sondern höchst wahrscheinlich das Uebel ärger machen. Ich aber mag nicht länger tauben Ohren predigen, u. fühle durchaus keinen Beruf zum Märtyrer.

Jetzt, wo ich mit der Staatsgeschichte fertig bin, kann ich wieder an die Annalen denken. Gleich nach Weihnachten hoffe ich Ihnen einige sehr interessante Aufsätze zu überschicken, worin die Gegenwart sich in dem Spiegel der Vergangenheit zeigen soll. Gregor der Siebente[8], Kaiser Friedrich der Zweite[9] u.s.w. sind mir beständig gegenwärtig, u. ich werde schwerlich eher ruhig werden, als bis ich mich über diese Charaktere werde entledigt haben.

Sorgen Sie beim Abdruck der Staatsgeschichte ja für einen tüchtigen Correktor. Ich habe ihm sein Geschäft möglichst erleichtert; aber Augen muß er gleichwol haben.

Ueber den gegenwärtigen Krieg werde ich Ihnen Manches mittheilen, wenn der Sturm vorüber ist. Die Wahrheit auszumitteln, bedarf es sorgfältiger Vergleichungen. In dem gegenwärtigen Augenblick läßt sich nichts mit Bestimmtheit sagen. Alles um mich her behauptet, Napoleon sei verwundet in Potsdam angelangt; man nennt sogar den Urheber der Verwundung. Gleichwol glaub' ich noch nichts von der Sache.

Ich habe mich bisher immer in einer gewißen Entfernung von den Franzosen gehalten; u. zwar, weil mir, von den ersten Tagen ihres hiesigen Aufenthaltes an, der Unterschied eingeleuchtet hat, der zwischen einem Deutschen u. einem Franzosen stattfindet; diese Menschen haben Begriffe, aber sie haben keine Ideen, u. deshalb ist an kein Einverständniß zu denken.

FB.

[1] Vgl. Brief Nr. 10, Anm. 8.
[2] Geschäfte.
[3] Wechsel mussten vor der Einlösung durch den Empfänger gegengezeichnet, d. h. schriftlich bestätigt werden.
[4] Vgl. Brief Nr. 13, Anm. 4.
[5] Napoleon Bonaparte (1769–1821), von 1799 bis 1804 Erster Konsul der Französischen Republik, von 1804 bis 1814 Kaiser der Franzosen.
[6] Vgl. Brief Nr. 10, Anm. 1.
[7] Vgl. Brief Nr. 13, Anm. 6.
[8] Gregor VII, eigentl. Hildebrand von Soana (1020–1085), war römischer Papst und führte mit Kaiser Heinrich IV. den sogenannten Investiturstreit.
[9] Friedrich II. (1194–1250) aus dem Geschlecht der Staufer war ab 1198 König von Sizilien und ab 1220 Kaiser der Heiligen Römischen Reichs. Friedrich Buchholz: Kaiser Friedrich der Zweite aus dem Hause der Hohenstaufen, in: Historisch genealogischer Kalender auf das Jahr 1808, Berlin: Unger, S. 1–251.

Nr. 15 vom 5. Januar 1807

Berlin den 5ten Jan. 1807

Ich schicken Ihnen schon wieder frische Waare. „Wie sie von der Hirnpfanne kommt", würde ich hinzufügen, wenn ich ein Engländer wäre. Bei den gegenwärtigen Aufsätzen hab' ich recht viel gedacht. Wollte Gott, daß sie auch Andere recht viel denken machten. Denn alsdenn würde dieser scheußliche Krieg aufhören, welcher Deutschland für nichts u. wieder nichts in eine Einöde zu verwandeln droht. Ich werde jetzt hinter einander alle die einzelnen Ideen ausspinnen, die mir bei der Ausarbeitung der Geschichte des Jahres 1805 durch den Kopf gegangen sind. Sie können also darauf rechnen, daß Sie von acht Tagen zu acht Tagen kleine Pakete von mir erhalten; u. so werden <u>Sie</u> u. <u>ich</u> zuletzt doch das Verdienst haben, die Welt mit sich selbst zu versöhnen, Sie, als Verleger, ich, als ein Schriftsteller, der sich ein Gewißen daraus macht, etwas zu widerholen, das Andere vor ihm gedacht u. gesagt haben.

Mit großem Vergnügen hab' ich den Prospectus zu Ihrem Morgenblatt[1] gelesen: Wissen Sie, was Sie sind? Der Napoleon unter den Buchhändlern. Auch geht es Ihnen, unter uns gesagt, mit den Buchhändlern, wie Jenem mit den Königen. Hier wenigstens nennt man Sie immer den literarischen Corsaren, der alles Gute für sich allein haben will. Ich lache darüber; denn mir komt das recht gelegen. Hätten Sie es nur erst dahin gebracht, daß die Zahl der deutschen Buchhändler auf die Hälfte, wo nicht gar auf das Drittel reduziert wäre. Meiner innigsten Ueberzeugung nach liegt das Verderben der deutschen Literatur in der Construction des deutschen Buchhandels, so wie sich dieser seit 30 Jahren entwickelt hat; u. so lange diese Construction dauert, ist nicht an eine beßere Literatur zu denken. Die Maße der Schriftsteller wird sich vermindern u. die Zahl der Autoren wachsen, sobald es weniger Buchhändler giebt. Ihr Morgenblatt ist ganz dazu gemacht, ein halbes Duzend von eleganten Zeitungen[2], Freimüthigen[3], Auroren[4] u. s. w. zu Grabe zu bringen, wenn der Redacteur ein so wackerer Mann ist, als der Red. der allgemeinen Zeitung[5], die unter allen deutschen Zeitungen die beste ist u. bleibt.

Wenn Sie dieses Schreiben erhalten, werden Sie bereits erfahren haben, daß Napoleon die Winterquartiere bezogen hat. Unter uns gesagt, in Pohlen ist es sehr schief gegangen, das war aber vorherzusehen. Nie konnte eine Wiederherstellung dieses Staats gelingen, den Frankreich, wenn es gleich nie in die Theilung Pohlens gewilligt hat, durch die Schifffahrt auf dem schwarzen Meere indirect am meisten zu Grunde gerichtet hatte. Doch was wiederhol' ich hier Dinge, die Sie, wenn Sie wollen, in einem von den beikommenden Aufsätzen lesen können? Wissen Sie aber, wer diesmal die französische Armee mürbe gemacht hat? Nicht die Russen, auch nicht die Preussen, wohl aber die pohlnischen Läuse, mit Ehren zu melden. Ich sagte es vorher, u. ich freue mich darüber, daß ich mich nicht geirrt habe. Dieser letzte Krieg war den Naturgesetzen entgegen, u. konnte also durchaus nicht glücklich endigen. Preussen wird auf diese Weise gerettet.

Laßen Sie ja mein Schreiben an den Herausgeber der Annalen so abdrucken, wie ich es Ihnen geschickt habe.[6] Es enthält nur Wahrheiten; die Hauptsache aber ist, daß sie bekannt werden. Alle Vorwürfe von Duplizität, die der preussischen Regierung seit einiger Zeit gemacht worden sind, haben Ihren Grund in dem misgekannten Zustande des preusischen Staats. Es giebt auf der Welt keinen ehrlicheren Mann, als Friedrich Wilhelm den Dritten, u. keine eigensüchtigern Minister, als die ihn umgeben haben. Weder Sie noch ich riskiren das Mindeste bei der Bekanntmachung u. einem großen Theil der Leser werden endlich die Augen über Preussens Schwäche aufgehen.

Sie haben mir aufgetragen, Ihnen Bildniße von dem Herzog von Berg[7] u. s. w. zu verschaffen. Einige werd' ich wenigstens prokuriren[8] können. Sie sollen mit dem nächsten Paquet erfolgen; denn in diesen Tagen ist das Wetter so schlecht, daß man den Fuß nicht aus den Zimmern setzen mag.

Es gehört zu meinen aufheiternden Ideen, daß ich diesen Frühling in der Ostermesse Ihre persönliche Bekanntschaft machen werde.

Leben Sie wohl.
FB.

N.S.
Sollten Sie dies Paquet frühe genug erhalten, so lassen Sie den Aufsatz über die vierte französische Dynastie in das <u>erste</u> Heft des Jahrganges 1807 einrücken[9]; er ist, ohne Ruhm zu melden, einer der solidesten, den ich jemals geschrieben habe, u. die <u>neuen</u> Wahrheiten, die er enthält, eignen ihn vielleicht zu einem Prachtaufsatz. Sie sehen, daß ich für Sie kein Geheimniß habe, indem ich so ganz rücksichtslos über meine Arbeiten spreche. Vorhersagen kann ich Ihnen noch das, daß ich an dem Morgenblatte für meine Person wenig Antheil nehmen werde. Mein einziges Verdienst um dasselbe kann nur darin bestehen, gute Mitarbeiter anzuwerben; u. dies werd' ich nach Vermögen thun. Im Uebrigen interessiren mich nur die <u>großen</u> Erscheinungen; u. so glaub' ich, daß es unmöglich ist, zugleich die Annalen u. das Morgenblatt zu bedienen. Die Hand, welche den Diamanten gräbt, ist unfähig, ihn zu schleifen, u. wie in jeder Art des Verkehrs, so muß es auch in dem Ideen-Verkehr Grossisten u. Krämer geben. Ich glaube mit dem biss-

chen Reputation, das ich mir erworben habe, nicht Unrecht daran zu thun, wenn ich mich zu den ersteren zähle.

Leben Sie wohl.

---

[1] Vgl. Brief Nr. 11, Anm. 3.
[2] Zeitung für die elegante Welt, literarisch-kulturelle Zeitschrift, die ab 1801 von Johann Gottlieb Karl Spazier in Leipzig herausgegeben wurde.
[3] Vgl. Brief Nr. 10, Anm. 6.
[4] Aurora. Eine Zeitschrift aus dem südlichen Deutschland, ab 1804 von Johann Christoph von Aretin und Joseph Marius von Babo in München herausgegeben.
[5] Am 1. Januar 1798 von Johann Friedrich Cotta zusammen mit Ernst Ludwig Posselt unter dem Titel Neueste Weltkunde gegründete Tageszeitung. Im September 1798 in Allgemeine Zeitung umbenannt und bis ins späte 19. Jahrhundert eine der wichtigsten deutschen Tageszeitungen.
[6] [F.B.]: Sendschreiben an den Herausgeber der europäischen Annalen über das Königreich Preussen vor den Schlachten bei Jena und Auerstädt, in: EA 2 (1807), S. 138–150.
[7] Joachim Murat (1767–1815), napoleonischer Offizier und Marschall von Frankreich, seit der Gründung des Herzogtums am 15. März 1806 Großherzog von Berg.
[8] beschaffen.
[9] [F.B.]: Über die vierte französische Dynastie, in: EA 2 (1807), S. 113–138.

Nr. 16 vom 15. Januar 1807

An Herrn Buchh. Cotta.
Berlin den 15ten Jan. 1807

Meinem Versprechen gemäß überschicke ich Ihnen hier ein neues Paket.

Was die Parallele[1] betrift, so schärfen Sie ja dem Setzer u. dem Corrector ein, daß sie nicht gewissenlos verfahren; die Zahlen, welche darin vorkommen machen die höchste Genauigkeit nothwendig. Gern hätte ich diese Zahlen vermieden, hätte die Gründlichkeit nicht das Gegentheil gefordert. Gegen die Tendenz des Aufsatzes werden Sie nichts einwenden, da Sie von einer Argumentation unterstützt ist, welche schwerlich einen Widerspruch gestattet. Glauben Sie mir, mein werther Freund, die Welt muß in ihrer Entwickelung vorwärts, u. soll Deutschland dem Sklavenjoche entgehen, so kann es nur dadurch geschehen, daß eine neue Aristokratie an die Stelle der alten tritt, die sein Unglück gemacht hat. Die europäischen Annalen werden immer nur in sofern interessant seyn, als sie, außer den politischen Actenstücken, Aufsätze enthalten, welche die alte Lethargie befehden u. die Leser auf die Höhe der Weltbegebenheiten bringen. Dies sag' ich mir, so oft ich etwas für dies Journal niederschreibe.

Ich schicke Ihnen hier auch etwas für das <u>Morgenblatt</u>[2], von welchem ich bis jetzt noch kein Exemplar gesehen habe. Es sind nur Anecdoten; aber in sofern sie lebende Personen betreffen, werden sie den Absatz des Blattes vermehren. Es liegt ja so sehr in der Natur des Menschen, daß er nur durch seine Persönlichkeit in die Sache hinausgezogen seyn will. Außerdem ist es gut, daß gewisse Dinge vorläufig zur Sprache gebracht werden; denn glauben Sie mir, nach dem Frieden mit Frankreich wird es hier <u>ein wenig kunterbunt</u> hergehen, weil der Staat nur durch sehr entschlossene Maasregeln wird gerettet werden können.

Ich halte den Frieden für sehr nahe. Die letzte Schlacht ist nicht zum Vortheil der Franzosen ausgefallen. Hier spricht man von einem 63tägigen Waffenstillstand, wiewol ich nicht begreife, wie Napoleon ihn aushalten will, wenn er an Ort u. Stelle bleibt. Der Menschen-Verbrauch in Polen ist außerordentlich, u. Reisende können die Gräuel der Verwüstung nicht genug beschreiben. Tantae moles erat, romanam condere gentem[3] d. h. so sauer wird es den Russen, sich in den Besitz | der Dardanellen zu setzen; denn damit wird die ganze Sache endigen, oder ich müßte mich gewaltig irren. In dem gegenwärtigen Augenblicke geb' ich nichts für den Rheinbund[4]. Besteht er, so wird wenigstens ein nordischer Bund neben ihm bestehen; u. dies wird für Deutschland kein Unglück seyn, weil der deutsche Charakter, auf welchen ich, wie Sie wissen, sehr viel halte, und in sofern gerettet werden kann, als er dem französischen Einflusse nicht ganz blindlings hingegeben wird. Gern schrieb' ich über diese wichtige Materie, wenn ich für meine Gedanken ein Debouché[5] finden könnte. Um keinen Preis möcht ich Ihnen dergleichen antragen, da ich Ihre Verhältnisse kenne; wiewol ich etwas ganz anderes zu Markte bringen würde, als was vorigen Sommer so viel Lärm gemacht hat.

Ich habe mich einer Anforderung nicht versagen können, welche Madame Unger im Namen der hiesigen Akademie der Wissenschaften an meine Schriftstellerei gemacht hat.⁶ Ich hoffe indessen mit der übernommenen Arbeit in einigen Wochen fertig zu werden. Während diesem Zeitraum erwarten Sie von mir keine Aufsätze. Ich werde, sobald als möglich, zu Ihnen zurückkehren, weil das, was mir am meisten am Herzen liegt, nur durch Sie an das Tageslicht gefördert werden kann.
Leben Sie wohl.
FB.

¹ [F.B.]: Carl der Große und Napoleon der Erste. Eine Parallele, in: EA 4 (1807), S. 3–15.
² Vgl. Brief Nr. 11, Anm. 3.
³ „Solcherlei Mühsal war es, das römische Volk zu begründen." Vergil: Aeneis, 1. Buch.
⁴ Vgl. Brief Nr. 13, Anm. 5.
⁵ frz.: Absatzmarkt.
⁶ Friedrich Buchholz: Maria die Große. Königin von Castilien und Leon, in: Berlinischer Damen-Kalender 1808, S. 1–96. Mit dem Kalender-Verkauf, auf den der Unger-Verlag ein Monopol hatte, wurde der Etat der Akademie der Wissenschaften gedeckt. Daher die Aufforderung durch die Akademie der Wissenschaften, die von den finanziellen Schwierigkeiten Friederike Ungers (1741–1813), die seit dem Tod Ihres Mannes Johann Friedrich Unger 1804 den Verlag leitete, unmittelbar betroffen war. Es handelt sich mutmaßlich um die letzte Arbeit von Buchholz für Unger, deren Verlag 1809 bankrott ging.

Nr. 17 vom 7. Februar 1807

Berlin den 7 Febr: 1807

Ihr Schreiben vom 16ten Januar ist mir zu Händen gekommen. Wenn ich es so spät beantworte, so geschieht dies, weil es dem Inhalte nach bereits beantwortet war. Zwar hab' ich mich im ersten Augenblick darüber gewundert, daß von Allem, was ich seit der Mitte des Dec. an Sie abgeschickt habe, noch nichts angelangt war; da ich aber in meine Absendungen die nöthige

Vorsicht gelegt hatte, so beruhigte ich mich wieder. Sie müssen in dem gegenwärtigen Augenblick von mir erhalten haben: 1, die Staatsgeschichte von Europa bis auf den Preßburger Frieden[1]; 2, zwei Aufsätze, von welchen der eine über die politische Wichtigkeit des Churfürstenthums Hannover, der andere über die Individualität des Königreichs Preussen[2] handelte; 3, zwei Aufsätze mit den Ueberschriften: Ueber den nahen Zusammensturz des türkischen Reichs u. Ueber das vierte Geschlecht der französischen Staatschefs[3], 4, eine Parallele zwischen Sully u. Colbert[4]. Dies alles hab' ich hinter einander abgeschickt u. Ihnen in meinem letzen Briefe zugleich die Ursache der Unterbrechung angegeben, die ich in meinen Arbeiten gelitten habe. Gegenwärtig wo diese Unterbrechung aufgehört hat, kehre ich gleich zu Ihnen zurück; u. so erhalten Sie den beikommenden Aufsatz für die Annalen, der nicht ohne alles Interesse seyn wird.

Ich habe mir einige Mühe gegeben, Proselyten für das Morgenblatt zu werben. Mehrere meiner Bekannten haben sich anwerben lassen; aber vielleicht geht es mir, wie dem Prinzen von Ysenburg[5], dem man so häufig abtrünnig geworden ist. Ein Einziger hat mir die Beilage zugeschickt. Wes Geistes Kind er ist, weiß ich nicht einmal. Im Ganzen genommen, m. Fr. steht die hiesige Schriftstellerei auf einem sehr niedrigen Punkte, wenn man einzelne achtungswerthe Gelehrte ausnimmt, denen Ihr Morgenblatt terra incognita ist u. bleiben wird. Langbein[6] dürfte keine schlechte Emplette[7] für Sie werden; ich sage Ihnen | aber zum voraus, daß er, wie so viele andere Personen seines Schlages, niemals die Kraft gehabt hat, seinem Schicksal zu gebieten, u. überlasse es Ihrem Gutbefinden, ob Sie, bei dem verworrenen Umständen, worin er lebt, sich mit ihm einlassen wollen oder nicht. Wenigstens rathe ich Ihnen, sich mit ihm in Acht zu nehmen. Menschen seines Schlages kann die Rechtlichkeit nicht zum Bedürfniß werden, weil ihr Kopf nicht inneren Gehalt genug hat.

Ich bin als Polemiker gegen den Herrn von Archenholz[8] aufgetreten, der sich hat beigehen lassen, den <u>ewigen</u> Untergang der preussichen Monarchie vorher zu sagen.[9] Man bat mich, meine Abhandlung, die eigentlich für die Annalen bestimmt war, hier drucken zu lassen, u. ich habe nachgegeben – weil ich nicht wußte, in welchem Verhältnisse Sie, als Buchhändler, mit dem Herrn von Archenholz stehen. Indessen ist es noch immer problematisch, ob ich das Imprimatur erhalte; u. wenn es mir versagt werden sollte, so werd' ich Ihnen wenigstens <u>eine Bemerkungen über die Elegie in des Herrn</u>

v. Archenholz am Grabe der preußischen Monarchie zusenden.[10] Das Persönliche ist darin von keiner Bedeutung; das Sächliche hingegen von desto größerer, u. in dieser letzteren Beziehung würde es mir in der That lieb seyn, wenn Sie meinen Aufsatz abdrucken ließen. Ich gestehe Ihnen, daß ich keines Menschen Feind bin; aber ich gestehe Ihnen zugleich, daß die Erbärmlichkeit u. Niederträchtigkeit der deutschen Schriftstellerey nach gerade anfängt, mich zu indigniren. Die ganze deutsche Literatur d. h. alles was in derselben vortrefflich ist, wird ja von Ihnen allein verlegt.

Ich habe hier ein recht gutes Portrait von dem Herzog von Berg gefunden. Gubitz[11] will es stechen. Sind Sie damit zufrieden?

Leben Sie wohl.
F.B.

---

[1] Vgl. Brief Nr. 10, Anm. 8.
[2] Vgl. Brief Nr. 15, Anm. 6. Orts- und Zeitangabe: Berlin, den 29. Dec. 1806, ebd. S. 150.
[3] [F.B.]: Ueber die vierte französische Dynastie, in: EA 2 (1807), S. 113–138.
[4] [F.B.]: Sully und Colbert. Eine Parallele, in: EA 5 (1807), S. 121–152.
[5] Johann Casimir Prinz zu Isenburg (1715–1759), hessen-kasseler Generalmajor und Kommandeur der Infanterie-Regiments Prinz Ysenburg, das im Siebenjährigen Krieg auf Seiten Preußens kämpfte.
[6] August Friedrich Ernst Langbein (1757–1835), erfolgreicher Unterhaltungsschriftsteller seiner Zeit.
[7] frz. Erwerb, Einkauf.
[8] Johann Wilhelm von Archenholz (1741–1812), preußischer Offizier und Journalist, Herausgeber der *Minerva. Ein Journal historischen und politischen Inhalts*.
[9] J. W. v. Archenholz: Betrachtungen eines Deutschen am Grabe der Preußischen Monarchie, in: Minerva 4 (1806), S. 377–396.
[10] [F.B.]: Bemerkungen über die Elegie des Herrn von Archenholz am Grabe der preussischen Monarchie, in: EA 1 (1807), S. 309–324.
[11] Friedrich Wilhelm Gubitz (1786–1870), Grafiker, Holzstecher, Schriftsteller und Zeitschriftenherausgeber in Berlin.

Nr. 18 vom 10. Februar 1807

Berlin den 10ten Febr. 1807

Ich schicke Ihnen hier, mein werther Freund, neue Aufsätze für die Annalen. Vielleicht werden Sie mit dem Paket, welches ich zuletzt an Sie abgeschickt habe, zugleich ankommen; das Paket enthielt, außer den Correcturen, einen Aufsatz über die Juden-Reform im französischen Reiche[1] u. eine Beilage von einem gewißen Herrn Stein[2], der an dem Morgenblatt Theil zu nehmen wünscht. Ich habe jetzt nur Verstand u. kann also nichts beßeres hervorbringen, als was ich Ihnen schicke. Stehe ich nicht mehr unter dem Einfluß der Stubenwärme, dann werd' ich wieder Fantasie bekommen, u. etwas beßeres leisten können. Ich selbst sehne mich bisweilen aus den Regionen der Geschichte u. Politik in die der eigentlichen Poesie. Melden Sie mir doch ja bei Zeiten, ob sie auch dieses Jahr von mir einen Beitrag zu ihrem Taschenbuch für Damen erwarten. Mit einiger Ungeduld harre ich jetzt auf die Erscheinung meines <u>Rom u. London</u>.[3] Ich habe in diesem Werke den Weltbegebenheiten eine Ansicht abgewonnen, die mir eben so viel Ehre macht, als der neue Leviathan, an deßen Inhalt man sich gegenwärtig mit Bedauern hier zurückerinnert.

Ich quäle mich eigentlich, um Ihnen hier Mitarbeiter an dem Morgenblatte zu verschaffen; aber glauben Sie mir, wenn auch der eine oder der andere Kopf noch etwas taugt, so steht er auf einem so erbärmlichen Rumpf, daß ich Bedenken tragen muß, Ihnen das Ganze vorzuführen. Liederliche Hunde genug, die Sie würden benutzen wollen; aber keine solide Menschen, die bei der Stange bleiben.

Leben Sie wohl.

Der hiesige Hausfreund[4] ist auf Befehl der französischen Regierung eingegangen. Wieder ein öffentliches Blatt weniger!

FB.

---

[1] [F.B.]: Über die Juden-Reform im französischen Reiche, in: EA 4 (1807), S. 66–78.

² Evtl. Christian Gottfried Daniel Stein (1771–1830), Lehrer am Gymnasium zum Grauen Kloster in Berlin.
³ Vgl. Brief Nr. 10, Anm. 1.
⁴ Berlin oder Der preußische Hausfreund, hg. v. Theodor Heinsius (1770–1849), erschien seit dem 1. April 1806 zwei Mal wöchentlich und wurde im Februar 1807 von der französischen Verwaltung verboten. Vgl. Tschirch: Geschichte der öffentlichen Meinung (1933), Bd. 2, S. 419.

Nr. 19 vom 20. Februar 1807

Berlin den 20ten Febr. 1807

Ich überschicke Ihnen hier außer der Correctur der Rückblicke meine Bemerkungen über die Elegie am Grabe der Preussischen Monarchie von dem Herrn von Archenholz[1]. Ob Sie dieselbe wollen abdrucken lassen, steht ganz bei Ihnen; ich glaube indeßen, daß es den Annalen zu keinem Nachtheil gereichen wird, wenn sie einmal, gleichsam zur Veränderung, ein persönliches Interesse in sich aufnehmen. Die eckelhafte Unbescheidenheit der Minerva[2] muß in ihnen ihren Correctiv finden; so wie aber die Sachen gegenwärtig liegen, kann es nur durch eine Zurechtweisung des Herrn von Archenholz geschehen. Ich wollte diesen Aufsatz Anfangs hier abdrucken lassen; die Langsamkeit der Censur hat mich bewogen, ihn zurückzufordern. Wenn Sie davon Gebrauch machen wollen, so wird es nöthig seyn, ihn in das nächste Stück der Annalen zu bringen.

Die Crisis, worin wir jetzt leben ist größer, als daß man ganz ruhig dabei bleiben könnte. Am Ende ist u. bleibt es unnatürlich, daß sich der Süden auf den Norden geworfen hat. Jener verliert in einer so ungeheuren Offensive seine moralische Kraft; dieser gewinnt die seinige in der Defensive wieder. Ich hoffe noch immer, daß das große Trauerspiel sich mit dem politischen Tode der europäischen Türkey endigen soll. Hierin erblick ich das einzige Mittel, England zu salviren; es sey denn, daß dieses außerordentliche Anstrengungen macht u. Oesterreich von neuem mit sich fortreißet. Dann wehe dem südlichen Deutschland! In der That, ich wollte der Teufel hätte England bereits geholt.

Ein gewißer Herr Widemann[3] attaché aux services du gouvernement français ist diesen Morgen bei mir gewesen u. hat mir | einen Gruß von Ihnen gebracht. Als von Ihnen kommend hab' ich ihn aufgenommen. Er scheint ein Mann zu seyn, der mancherlei Schicksale gehabt hat. Die Parthei, welche er zuletzt ergriffen hat, ist gewiß nicht die glücklichste. In Wahrheit, ich begreife nicht, wie man sich der französischen Regierung attachiren kann, wenn man ein Deutscher ist. Ein solches Amalgam ist wie Essig u. Oel.

Die Herausgeber des Hausfreundes[4] haben, so viel ich weiß, heute ihre Freiheit wieder erhalten, nachdem sie vierzehn Tage en prison gewesen sind, ohne genau zu wißen, warum sie es gewesen sind. Nichts ist närrischer, als der Kampf des Patriotismus gegen eine Macht, die sich mit keinem Patriotismus verträgt. Ich thue von ganzem Herzen Verzicht auf alle Märtyrerkronen, die auf diesem Kampfplatze zu erwerben sind; um so mehr, weil ich vorhersehe, daß von dem Augenblicke an, wo der Friede gemacht seyn wird, alles noch zehnfach schlimmer werden muß, als es bisher gewesen ist. Der preussische Staat ist seit zwanzig Jahren nichts mehr u. nichts weniger gewesen, als ein Cadaver, um welchen sich die Minister u. die Juden als Todtengraber geschlagen haben. Diesen Cadaver von neuem zu beleben, wird große Mühe kosten.

Leben Sie wohl u. vor allen Dingen erhalte Ihnen der Himmel den Frieden, den Sie bisher genossen haben.

FB.

---

[1] Vgl. Brief Nr. 17, Anm. 8–10.
[2] Minerva. Ein Journal historischen und politischen Inhalts, von 1792 bis 1809 hg. v. Johann Wilhelm von Archenholz.
[3] Joseph Widemann (1778–1826), österreichischer Reiseschriftsteller und Journalist, ab 1806 in der französischen Pressearbeit tätig und Pariser Korrespondent für Cotta. Vgl. Kapitel 2.
[4] Vgl. Brief Nr. 18, Anm. 4.

Nr. 20 vom 23. Februar 1807

Berlin den 23ten Febr. 1807

Wenn ich so fortfahre, so werd' ich die Annalen ganz allein schreiben. Doch laßen Sie sich davor nicht bange seyn, mein werther Freund[.] Ich sehne mich nach dem Augenblick, wo Sie mir melden werden, daß Sie von mir einen Beitrag zu dem Taschenbuch für Damen zu haben wünschen. Ohne diesen Impuls geh' ich nicht an die Arbeit, welche ich vorhabe; mit ihm wird sie mir sogar Vergnügen machen; wenigstens wird sie mir eine Abwechselung gewähren, deren ich um so mehr bedarf, da ich mich seit länger als 8 Monaten mit lauter historischen u. politischen Ideen beschäftigt habe.

Wie die politischen Angelegenheiten stehen, mag Gott wissen. Allgemein wird gesagt, daß die Franzosen in der Schlacht bei Eilau[1] den Kürzeren gezogen haben. So sehr ich mein Vaterland immer geliebt habe, so wünsch' ich doch nicht, daß Frankreich in diesem Kampfe unterliegen möge; denn mit ihm würde die ganze Welt unterliegen u. Deutschland auf eine längere Zeit zu Grunde gehen. Uebrigens ist u. bleibt die Expedition nach Polen ein großes Wagestück. Indem der Süden sich auf den Norden warf, mußte er seine moralischen Kräfte verlieren; u. hierin liegt der letzte Grund aller Niederlagen, wenn die Franzosen wirklich dergleichen erlitten haben. Napoleons Genie konnte, ohne ein göttliches zu seyn, nicht allen Hindernissen gewachsen seyn. |

Für das Morgenblatt muß ich Ihnen noch eine Anecdote erzählen, welche Hulin[2] characterisirt.

Eine wohlhabende Witwe in Berlin erhält einen französischen Officier zur Einquartierung, der seinen Forderungen kein Ziel zu setzen versteht. Nachdem die gute Frau alles gegeben hat, was der Wohlstand mit sich bringt, soll sie auch noch Champagner auftragen lassen. Dies schlägt sie ab; aber der Officier bleibt bei seiner Forderung, u. wiederholt sie auch am zweiten u dritten Tage mit gleichem Ungestüm. Unfähig, sich selbst zu helfen, wendet sich die Wittwe an Hulin, den General Commandanten von Berlin. "Warten Sie einen Augenblick! antwortet Hulin, indem er an den Schreibtisch geht. Nach ein Paar Minuten komt er mit einer Karte zurück, auf welcher folgende Worte stehen: Si Monsieur N... veut avoir du vin de

Champagne, il n'a qu'à venir chez Hulin qui lui en donnera.["][3] Diese Karte wird dem jungen Krieger zugeschickt, als er das nächstemal wieder Champagner fordert; u. von diesem Augenblick an, wie es sich von selbst versteht, die größte Höflichkeit mit tausend Entschuldigungen wegen der früheren Anmaßung.

Im Ganzen genommen haben wir alle Ursach mit dem Betragen der französischen Militärs zufrieden zu seyn; auch sind alle Bewohner der preussischen Staaten darin einverstanden, daß von allen Feinden die Franzosen noch die erträglichsten sind. Was ihnen allein auffällt, ist der Geist der französischen Marschälle. Diese Herrn haben samt u. sonders die Souveräne im Kopf. Nichts übertrift ihre Empfindlichkeit; sie sind wahre Sensitiven, denen man sich nicht nähern kann, | ohne ihnen moralische Krämpfe zu verursachen. Begegnete einem von ihnen, was dem guten Feldmarschall Turienne[4] mit seinem Koch begegnete, als ihm dieser einen Schlag auf den Hintern versetzte, so würde er darin nur ein Verbrechen der verletzten Marschallwürde erblicken, u. gegen den Frevler rasen. Das Schlimme in der Sache ist, daß diese hohe Zartheit nur parziel ist, u. durchaus wegfällt, wenn es aufs Nehmen ankommt. Eine meine Nachbarinnen hat an den Marschall Lannes[5] einen schönen Wagen verloren, den er zu einer kurzen Reise gebrauchen wollte u. sogleich zurückzuschicken versprach. Als sie ihn an sein Versprechen erinnerte, erhielt sie eine Antwort, worin das Factum mit Stillschweigen übergangen wurde, u. der Herr Marschall bat, oder vielmehr befahl, de ne pas lasser la patience de son Excellence dans une affaire si au dessous de lui.[6] Was ist da anzufangen? Und doch hatte der Marschall sein Ehrenwort gegeben.

Herr Widemann[7], den Sie an mich empfohlen haben, scheint ein sehr unterrichteter Mensch zu seyn; seine Unterhaltung hat mir theilweise sehr viel Vergnügen gemacht. Wenn wir über kurz oder lang auseinander scheiden, werden wir uns vielleicht gegenseitig verbunden fühlen; ich, indem ich die Sachen durch ihn im Kleinen, er, indem er durch mich die Sachen im Großen kennen gelernt hat. Er studirt jetzt den neuen Leviathan u. versichert mich unablässig, daß er davon bezaubert ist. Viele Franzosen haben durch dies Buch ihre eigene Welt kennen gelernt[.] Der vorlaute Carrion Nisas[8] gehört dahin.

Ich arbeite jetzt an einem Aufsatz über den Patriotismus in der alten u. neuen Welt[9]. Er ist für die Annalen bestimmt u. wird, schmeichle ich mir, die Augen über viele Erscheinungen unserer Zeit erklären.

F.B.

---

[1] Die Schlacht bei Eylau (heute Bagrationowsk) in Ostpreußen fand vom 7. bis zum 8. Februar 1807 zwischen französischen und russisch-preußischen Truppen statt und endete ohne Sieger mit großen Verlusten auf beiden Seiten.

[2] Pierre-Augustin Hulin (1758–1841), napoleonischer General und Stadtkommandant im besetzten Berlin.

[3] frz.: „Wenn Monsieur N… Champagner möchte, soll er zu Hulin kommen, der ihm welchem geben wird."

[4] Herni de La Tour d'Auvergne, vicomte de Turenne (1611–1675), französischer Generalmarschall im Dreißigjährigen Krieg und unter Ludwig XIV.

[5] Jean Lannes (1769–1809), französischer General und enger Vertrauter Napoleons.

[6] frz.: „man solle nicht die Geduld seiner Exzellenz mit einer solchen unter seiner Würde liegenden Angelegenheit strapazieren."

[7] Vgl. Brief Nr. 19, Anm. 3.

[8] Henri de Carrion-Nizas (1767–1841), französischer Leutnant und Schriftsteller.

[9] [F.B.]: Über den Patriotismus in der alten und neuen Welt, in: EA 5 (1807), S. 162–174. Orts- und Zeitangabe: B… den 15. Februar 1807, ebd. S. 174.

Nr. 21 vom 28. Februar 1807

Berlin den 28ten Febr. 1807

Das lange Ausbleiben Ihrer Briefe fängt nachgerade an, mich zu ängstigen; denn ich weiß noch immer nicht, ob Sie etwas von dem erhalten haben, was ich seit der Mitte des Decembers an Sie abgeschickt habe.

Ist nichts untergeschlagen worden, so müssen, außer der europäischen Staatengeschichte, vierzehn Aufsätze verschiedenen Inhalte in Ihren Händen seyn, wenn Sie dies Schreiben erhalten. Die fünf ersten hab' ich Ihnen bereits in einem früheren Briefe genannt. Die nachfolgenden führen, so weit ich mich erinnern kann, folgende Ueberschriften: Ueber einen Ausspruch

Friedrichs des Zweiten[1]; Carl der Große u. Napoleon, eine Parallele[2]; über die Juden-Reform in Frankreich[3]; über die Vertreibung des Jesuiten-Ordens aus dem Königreich Neapel[4]; Bemerkungen über die Elegie des Herrn von Archenholz am Grabe der preussischen Monarchie[5]; würde Fox, wenn er länger gelebt hätte, der Welt den Frieden gegeben haben?[6] über den Organismus in der französischen u. englischen Regierung[7]. Dazu kommen die gegenwärtigen Aufsätze. Ich gebrauche die Vorsicht, meine Pakete bald der einen, bald der anderen Buchhandlung anzuvertrauen; aber ich weiß nicht, wie umsichtig ihr Commissionär in Leipzig ist.

Gern schrieb' ich etwas über den gegenwärtigen Krieg; denn er ist in mehreren Rücksichten nur allzu interessant. Allein die Erfolge sind bisher von einer solchen Beschaffenheit gewesen, daß die Empfindlichkeit der französischen Regierung sich von selbst versteht; u. so unparteiisch ich auch | seyn würde, so könnte doch Ihnen u. mir mannichfaltiger Nachtheil daraus erwachsen: Ursache genug, sich in Acht zu nehmen. Komt der Friede nicht zwischen jetzt u. dem 1sten May zu Stande, so bedaure ich das arme Deutschland; denn je mehr die moralischen Ressorts verbraucht werden, welche Frankreich in den Krieg gebracht hat, desto größer wird das Uebergewicht der Russen, welche Deutschland erdrücken werden, sobald es dahin komt, daß die Franzosen zurück müssen. Ich sehe keinen anderen Ausweg als die Theilung der Türkey. Wäre man nur erst darüber einig, ihn wirklich einzuschlagen. Die Türken sind aber so immobil als die Perser, u. wenn Frankreich sich nur durch die Unterstützung solcher Mächte retten kann, so ist es in seinen Entwürfen verloren.

Hier gefällt man sich nachgerade unter der französischen Regierung. Desto schlimmer! Denn die natürliche Folge davon ist, daß die Demoralisation mit jedem Tage überhand nimmt. Ich lebe hier wie ein Einsiedler; u. wenn der moralische Unfug um mich her noch lange anhält, so stehe ich nicht dafür, daß er mich nicht zu einem Swift[8] macht, der Hans, Peter, Martin u. s. w. zwar von ganzem Herzen liebt, aber mit dem übrigen Tross nichts zu schaffen haben mag. Ich kann Ihnen nicht sagen, welche widrigen Gefühle ich mitunter bearbeiten muß. Wie sehr ich der Gegenwart zu entfliehen bemüht bin, werden Sie unstreitg aus meinen Arbeiten abstrahiren. Noch keinen Winter bin ich so fleißig gewesen. Wenn ich mir dadurch nur nicht den Frühling u. den Sommer verderbe! Ich werde Morgen aufpacken, um nach Tübingen zu gehen, würde ich nicht durch familiäre Bande gefesselt.

Leben Sie wohl.
Fr. Buchholz

---

¹ [F.B.]: Über einen angeblichen Ausspruch Friedrichs des Zweiten Königs von Preußen, in: EA 6 (1807), S. 287–294.
² Vgl. Brief Nr. 16, Anm. 1.
³ Vgl. Brief Nr. 18, Anm. 1.
⁴ [F.B.]: Über die Wiedervertreibung der Jesuiten aus dem Königreich Neapel, in: EA 7 (1807), S. 21–29.
⁵ Vgl. Brief Nr. 17, Anm. 10.
⁶ [F.B.]: Würde Charles Fox, wenn er länger gelebt hätte, der Welt einen dauerhaften Frieden gegeben haben?, in: EA 5 (1807), S. 152–162.
⁷ [F.B.]: Über den Organismus der französischen und englischen Regierung, in: EA 4 (1807), S. 46–58.
⁸ Jonathan Swift (1667–1745), irischer Autor. In *A Tale of a Tub* [dt. *Erzählung von einer Tonne*] (1704), einer religionskritischen Satire, stehen die drei Söhne Martin, Peter und Jack für die Ausschweifungen der drei großen christlichen Konfessionen (Katholizismus, Lutherischer Protestantismus, Calvinismus).

Nr. 22 vom 3. März 1807

Berlin den 3ten März 1807

Gestern endlich hab' ich Ihr gütiges Schreiben vom 17 Febr. erhalten. Beruhigt über die glückliche Ankunft meiner vier ersten Pakete, beruhige ich mich selbst über das Schicksal derjenigen die ich im Lauf des Febr. an Sie abgeschickt habe. Wenn alles aus seinen alten Fugen gerissen ist, wird man leicht mistrauisch.

Ich habe der politischen Schreiberei für einige Monate entsagt, um meinem Geiste einige Erholung zu gewähren. Da ich indeßen nicht müssig bleiben kann, so werd' ich meine Feder in historischen u. poetischen Aufsätzen üben. Das Beste bestimme ich vorläufig für Sie, als Beitrag zu dem Damenkalender. Sie mögen alsdann darüber verfügen, wie Sie wollen.

Sieyes[1] wird in diesen Tagen hier erwartet. Allen Anzeigen nach neigt sich der Krieg zu seinem Ende. Der Himmel gebe, daß der Friede von einer solchen Beschaffenheit sey, daß Weltzwecke dadurch befördert werden; denn es ist Zeit, daß die Hudeleien endlich aufhören. Die Europäer behandeln sich unter einander wie Bestien, nicht wie Menschen u. Christen.

Es thut mir leid, daß Ihre Ansicht von dem englischen Anleihe-System nicht die meinige ist: ich werde diese Ansicht aber deshalb nicht aufgeben u. der Erfolg wird mich über die Wahrheit derselben rechtfertigen. In Europa ist an keinen dauerhaften Frieden zu denken, so lange dies verführerische System fortgesetzt wird. Es ist die Ausgeburt schlechter organischer Gesetze u. diese stehen u. fallen mit ihm.

Leben Sie wohl u bitten Sie mit mir den Himmel, daß es nicht dahin komme, daß die Franzosen über den Rhein zurück<u>müssen</u>.

Fr.B.

---

[1] Emmanuel Sieyès (1748–1836), einer der wichtigsten französischen Politiker der französischen Revolutionsepoche.

Nr. 23 vom 21. März 1807

Berlin den 21 März 1807

Ich schicke Ihnen hier, mein sehr werther Freund, einen neuen Beitrag für die europäischen Annalen, den ich wegen des Historischen, das er enthält, nicht allzu lange zurückzulegen bitte.

Ueber acht Wege werd' ich Ihnen einen zweiten über die angebliche Entartung der regierenden Geschlechter schicken, worin ich diejenigen Schriftsteller angreifen werde, welche noch vor kurzem in Napoleon den abscheulichsten Tyrannen haßten u. ihn jetzt als den Regenerator aller Macht-

Anhang: Briefe von Buchholz an Cotta

menschen anzubeten beginnen; Dumköpfe, welche, ewig lobend u. ewig gelobt, keine Ahnung davon haben, daß die Ursache des Verderbens nicht in den Geschlechtern, sondern in den organischen Gesetzen der meisten Staaten zu suchen sind.

Sagen Sie doch dem Redakteur der Annalen, daß er endlich Anstalt machen soll, das Familiengesetz des Kaisers Napoleon[1] in diese Zeitschrift zu bringen; denn was soll sie enthalten, wenn man dergleichen wichtige Piecen davon ausschließet? Auch die Verhandlungen zwischen England u. Frankreich im Laufe des vorigen Sommers müssen ja endlich erscheinen, u. die Bekanntmachungen der englischen Regierung nicht mit Stillschweigen übergangen werden, obgleich die französische sie von Hause aus anathemisirt hat.

Ich erwarte mit einiger Ungeduld ein Schreiben von Ihnen, worin Sie mir sagen, ob Sie einen Beitrag zum Damenkalender von mir | gebrauchen. Ich habe das Leben der Königin Maria von Castilien u. Leon[2] ausgearbeitet, u. glaube, daß es sich in dem Damenkalender sehr gut ausnehmen werde; wenigstens ist es voll großer Züge, die, in sofern sie einer wirklichen Person zukommen, immer ein weit höheres Interesse erregen, als der künstlichste Roman. Es sind 6 Bogen – versteht sich geschrieben – die ich für Sie zurückgelegt habe, mit denen ich übrigens in keiner Verlegenheit bin, im Fall Sie der Materialien für Ihren Damenkalender bereits genug haben sollten.

Mir wähnt die Zeit lang, bis ich wieder ein Stück von den Annalen gesehen habe; doch es ist vergeblich, daß ich Ihnen dies sage.

Vielleicht können Sie folgende Anecdote für die allgemeine Zeitung gebrauchen; sie ist, so viel ich weiß, noch gar nicht bekannt.

Der durch den Kopf geschossene General Hautpoult[3] wurde aus dem Hauptgetümmel in ein benachbartes Dorf getragen. Von den Russen verfolgt, schickten die Franzosen, im Begriff dieses Dorf zu verlassen, einen Trompeter an den russischen General Kamenskoi[4] ab, um ihn bitten zu lassen, daß er die letzten Augenblicke ihres sterbenden Generals nicht erschweren möchte. Seine Antwort war: Daß der General Hautpoult nach Verdienst behandelt werden sollte. Die Zweideutigkeit dieser Antwort veranlaßte die Absendung eines zweiten Trompeters mit derselben Bitte; da aber die Antwort wiederholt wurde, so kehrten die Franzosen zurück, das Dorf zu vertheidigen, u. so kam es zu einem Gefecht, in welchem 400 Russen u. 300 Franzosen blieben. Unterdessen starb Hautpoult an seiner Kopfwunde.

Hier ist alles, wie im tiefsten Frieden. Selbst die öffentliche Noth verliert sich allmählig. Nichts ist wünschenswerther, als daß es zu einem Frieden komme, der in Warschau oder in Königsberg abgeschlossen werde.[5] Dies scheint indeßen nicht der Fall werden zu sollen. Schon gestern erwartete man hier den Prinzen von Benevent[6]. Ob er gekommen ist, weiß ich nicht, ist er aber gekommen, so ist der Friede noch weitausstehend. Es ärgert mich, daß die Aufhebung der politischen Existenz der hohen Pforte so vielen Schwierigkeiten unterliegt. Dies würde gewiß nicht der Fall seyn, könnte Frankreich sogleich in den Besitz von Aegypten, Cypern u. Candia treten. Also wieder die Engländer die Ursach aller Zwietracht in Europa! Daß ich hierin richtig gesehen habe, läugnen mir jetzt die Franzosen nicht mehr.

Herr Wiedemann[7] besucht mich fleißig u. scheint sich sehr zu erbauen an dem, was er von mir erfärt. Ich möchte übrigens nicht in seiner Lage seyn. Das Schicksal eines attaché der französischen Regierung ist nichts weniger, als beneidenswerth, so weit ich es an ihm beobachten kann

Leben Sie wohl.
Fr. Buchholz

---

[1] Mit Gesetz vom vom 18. Mai 1804 wurde die Kaiserwürde Napoleons Familie für erblich erklärt. Mit Dekret vom 31.03.1806 wurden die Abhängigkeiten innerhalb der Bonapartistischen Dynastie geregelt.

[2] Vgl. Brief Nr. 16, Anm. 6.

[3] Jean-Joseph Ange d'Hautpoul (1754–1807), französischer General, der in der Schlacht bei Eylau fiel. Vgl. a. Brief Nr. 20, Anm. 1.

[4] Nikolai Michailowitsch Kamenski (1776–1811), russischer General und Leiter der 14. Division der Schlacht bei Eylau. Vgl. a. Brief Nr. 20, Anm. 1.

[5] Der Frieden von Tilsit wurde erst im Juli 1807 geschlossen.

[6] Charles-Maurice de Talleyrand-Perigord (1754–1838), seit 1806 Prinz von Benevent, war einer der wichtigsten französischen Staatsmänner und Diplomaten während der Französischen Revolution, der Napoleonischen Kriege und beim Wiener Kongress.

[7] Vgl. Brief Nr. 19, Anm. 3.

Nr. 24 vom 18. April 1807

Berlin den 18ten Apr. 1807

Ich habe so lange nicht an Sie geschrieben, mein hochgeschätzter Freund, daß mich eine Art von Sehnsucht dazu treibt. Lieber käme ich freilich zu Ihnen nach Leipzig; allein der vor Kurzem erfolgte Tod meines Vaters, die nahe Entbindung meiner Frau u. die Unruhe, in welche uns die Schweden versetzen, sind Hindernisse, die mich bei Ihnen entschuldigen müssen. Der Mensch denkt u. Gott lenkt. Nachdem ich mich den ganzen Winter darauf gefreut hatte, Ihre persönliche Bekanntschaft zu machen, werde ich durch die Kraft der Umstände zur Entsagung eines sehr angenehmen Entwurfs genöthigt.

Ihr Schreiben von 4 Apr. hab' ich in diesen Tagen erhalten. Mich wundert, daß von den Arbeiten, die ich seit dem Anfang dieses Jahres an Sie abgeschickt habe, nicht schon mehrere in Ihren Händen waren; doch sie werden deshalb nicht verloren gegangen seyn. In Ansehung des Aufsatzes über die politische Wichtigkeit des Churfürstenthums Hannover so wie auch in Ansehung desjenigen, der von dem nothwendigen Zusammensturz der europäischen Türkei handelt, unterwerfe ich mich Ihrem Gutbefinden; ich sage Ihnen aber vorher, daß mich der Erfolg rechtfertigen wird. Sehr lieb ist es mir, daß meine Bemerkungen über die Elegie des Herrn von Archenholz am Grabe der pr. Mon.[1] in das dritte Stück gekommen sind; denn dieser falsche Prophet hört noch immer nicht auf zu geifern, wie sehr es auch am Tage liegt, daß die Umstände so gar misslich nicht sind. Die Wahrheit zu gestehen, ich fürchte mehr die Rückkehr der alten Regierung, als ich dieselbe bezweifle – u. was mich mehr als alles übrige ängstigt ist das Verhältniß der Feudalaristokratie zur Geldaristokratie (des Adels zu den Juden) in meinem Vaterlande; ein Verhältniß, das kein Gedeihen zuläßt u. das ich über kurz oder lang in seiner ganzen Abscheulichkeit in den Annalen darstellen werde.

Die Arbeit, welche ich für Ihren Damen-Almanach bestimmt hatte, ist mir von Madame Unger abgeschwatzt worden; es war das höchst interessante Leben einer spanischen Königin des vierzehnten Jahrhunderts.[2] Ich habe indeßen für Sie das Leben der Königin Johanna der Zweiten[3] angefangen, u. werde dafür sorgen, daß Sie bei diesem Tausche nicht verlieren; oder vielmehr, das Schicksal selbst hat dafür gesorgt; denn daß es eine große Tragikomödie genannt werden kann. Kommen mir nicht unvorhersehbare Hindernißen in die Quere, so wird diese Arbeit noch vor der Abreise aus Leipzig in Ihren Händen seyn.

Da Sie durchaus darauf bestehen, daß ich an dem Morgenblatte arbeiten soll, so muß ich mich schon bequemen, so wenig Talent ich auch für dergleichen kleine Aufsätze habe. Mehrere meiner Bekannten u. Freunde hab ich aufgefordert, daran Theil zu nehmen; unstreitig sind sie nur durch die Unruhe, welche der Krieg erzeugt, daran verhindert worden. Einen besonders wünsch' ich für Ihr Blatt zu gewinnen; es ist der Hofrath Fischer[4], ein sehr ehrgeiziger Mann, den die Natur mit allem ausgestattet hat, was zu einem unterhaltenden Gesellschafter gehört. Wie wäre es, wenn Sie ihn in einigen Zeilen dazu aufforderten. Er lebt zu Rüdersdorf bei Berlin. Sie brauchen Ihre Zuschrift aber nur Ihrem nächsten Schreiben an mich beizuschließen, um einer pünktlichen Besorgung sicher zu seyn. Folgen Sie hierin meinem Rathe. Denn was Sie hier sonst noch für Ihr Blatt gewinnen können, ist, mit wenigen Ausnahmen, lauter Schofel.

Schicken Sie mir, wenn es Ihnen nicht unbequem ist, eine Assignation von 60 Friedrichdor. In sofern sie auf Frege[5] lautet, braucht das Geld hier gar nicht ausgezahlt zu werden. Ich gebe sie einem hiesigen Kaufmann, der damit in Leipzig bezahlt.

Ich habe angefangen, Anecdoten niederzuschreiben, welche den gegenwärtigen Krieg betreffen. Die meisten sind von einer solchen Beschaffenheit, daß sie einige Jahre liegen müssen, um nicht zu verwunden; sie werden aber immer pikant bleiben u. können mit der Zeit in die Annalen kommen.

Leben Sie wohl. Es thut mir gewiß sehr leid, daß ich nicht nach Leipzig kommen kann; ich hoffe aber, wir werden deshalb nicht minder gute Freunde bleiben.

FB.

---

[1] Vgl. Brief Nr. 17, Anm. 8–10.
[2] Vgl. Brief Nr. 16, Anm. 6.
[3] Johanna II, Königin von Neapel (1373–1435). Bislang unveröffentlichtes Manuskript von Buchholz, das sich im Cotta Archiv im DLAM befindet. Vgl. a. die Briefe Nr. 27

vom 8. Mai 1807, Nr.30 v. 28. Juli 1807 sowie Buchholz an Buchholz an Johann Georg Cotta am 13. April 1833.
4 Johann Christian Karl Fischer (1765–1816), Hofrat in Berlin, publizierte auch unter dem Pseudonym Gustav Fredau. Veröffentlichte u.a. mit Ignaz Aurelius Fessler: Eleusinen des neunzehnten Jahrhunderts Oder Resultate vereinigter Denker über Philosophie und Geschichte der Freimaurerei, 2 Bde., Berlin: Frölich 1802–1803.
5 Vgl. Brief Nr. 13, Anm. 9.

Nr. 25 vom 28. April 1807

Berlin den 28ten Apr. 1807

Ich benutze Herrn Wiedemann's[1] Reise nach Leipzig, um Ihnen wenigstens einige Zeilen zu adressiren.

Ihr Schreiben vom 14ten Apr. hab' ich erhalten. Ich danke Ihnen aufs verbindlichste für die mir mitgetheilte Rechnung, von welcher ich nicht geglaubt habe, daß sie so sehr zu meinem Vortheil sey, als sie es durch Ihre Güte geworden ist.

Den Beischluß an Herrn Bothe[2] habe ich besorgt.

Die zurückgesandten Aufsätze können anderweitig verarbeitet werden; denn was ihren Inhalt betrifft, so bin ich auf das vollkommenste überzeugt, daß er die Wahrheit selbst ist.[3] Die Crisis in welcher wir leben verdient allerdings eine strenge Rücksicht; u. zwar von Ihrer Seite eine um so strengere, weil Sie das Meiste dabei verlieren würden. Warten wir also gelassen ab, daß mich der Erfolg rechtfertige; denn rechtfertigen wird er mich gewiß.

Der nächste Friede wird, allem Anschein nach, wieder ein Palliativfriede[4], weil die Franzosen diesmal des Krieges überdrüßiger geworden sind, als jemals. Ich wollte sogar darauf wetten, daß die nächste Schlacht zum Nachtheil der Franzosen ausfällt, so wenig ich das auch wünsche, weil niemals so viel auf dem Spiel gestanden hat, als gegenwärtig.

Den nächsten Sonnabend schick' ich den für Ihren Damen-Calender bestimmten Aufsatz ab. Ich bin nur noch mit der Feile beschäftigt.

Mein Schreiben durch Herrn Schade werden Sie erhalten haben.

Leben Sie wohl, u. glauben Sie mir, daß ich es noch immer bedaure, nicht nach Leipzig gekommen zu seyn.

Fr. Buchholz

---

[1] Vgl. Brief Nr. 19, Anm. 3.
[2] Evtl. Friedrich Heinrich Bothe (1772–1855), Schriftsteller, Übersetzer, Altphilologe.
[3] Vgl. die Briefe Nr. 17 vom 7. Februar 1808 und Nr. 24 vom 18. April 1807.
[4] Aus dem Medizinischen: Heilung nicht der Ursache, sondern bloße Linderung der Symptome. Vgl. a. *Des Hrn. Hofr. Moritz grammatisches Wörterbuch der deutschen Sprache*, fortgesetzt von Balthasar Stenzel, Dritter Band, Berlin 1797, S. 111.

Nr. 26 vom 2. Mai 1807

Berlin den 2 May 1807

Meinem Vorsatze nach wollte ich heute meine Johanna[1] an Sie abschicken; dies hatte ich durch Herrn Bothe[2] gesagt, von welchem die Einlage komt[.] Das Werk ist fertig; allein es muß noch einmal abgeschrieben werden, wenn ich die Druckfehler vermeiden will, welche meine Sappho[3] entstellt haben. Ich bitte Sie also, noch eine Woche Nachsicht mit mir zu haben.

Der politische Horizont klärt sich auf, wofern er sich nicht mehr als jemals verfinstert. Wenigstens ist Frankreich zum Frieden geneigt; u. meiner Einsicht nach ist dies eine natürliche Folge von der Wirkung, welche die russischen Kanonen in der Schlacht bei Eilau[4] hervorgebracht haben. Der Himmel gebe uns einen baldigen Frieden. Er thut in jeder Hinsicht nöthig.

Ich fange in diesen Tagen ein Werk über den Adel an, von welchem viele Spähne für das Morgenblatt abfallen werden.[5] Mir scheint dies eine Materie, welche bisher ganz unerörtert geblieben ist; u. täuscht mich nicht alles, so soll sie unter meiner Bearbeitung ein allgemeines Interesse gewinnen.

Leben Sie wohl: Ich habe vor einigen Tagen durch Herrn Wiedemann[6] an sie geschrieben.

F.B.

---

[1] Vgl. Brief Nr. 24, Anm. 3.
[2] Vgl. Brief Nr. 25, Anm. 2.
[3] Vgl. Brief Nr. 2, Anm. 14.
[4] Vgl. Brief Nr. 20, Anm. 1.
[5] Buchholz: Untersuchungen über den Geburtsadel. Von dem Verfasser des Neuen Leviathan, Berlin und Leipzig 1807.
[6] Vgl. Brief Nr. 19, Anm. 3.

Nr. 27 vom 8. Mai 1807

Berlin den 8ten May 1807

Nur weniges kann ich Ihnen heute schreiben, mein hochgeschätzter Freund.
    Sie erhalten hiermit meine <u>Johanna von Neapel</u>.[1] Ich wünsche von Herzen, daß sie Ihnen eben so gut gefallen möge, als ich mir Mühe gegeben habe, sie durch Charakter-Zeichnung und eingestreute Bemerkungen anziehend für denjenigen Theil der Leserinnen zu machen, der es nach Grade überdrüssig ist, in Romanen (halben u. ganzen) immer dieselbe Leier zu hören.
    Die Einlage ist von dem Dr. Zeune[2]; ihre Bestimmung kennen Sie.
    Ich arbeite munter an meinen Untersuchungen über die Feudal-Aristokratie[3] u. hoffe diesem Werke, das unserem Zeitalter so nothtut, ein hohes Interesse zu geben. Erst wenn ich darin weiter vorgerückt seyn werde, kann ich mich darüber näher <u>gegen Sie</u> erklären.
    Ich habe von Rom u. London[4] bis den 7ten Bogen erhalten, u. bitte Sie vorläufig, das Werk nicht eher auszugeben, als bis ich Ihnen ein Verzeichniß der Druckfehler geschickt haben werde.

Leben Sie wohl, u. der Himmel begleite Sie nach Tübingen zurück. Ueber die politischen Ereignisse leben wir hier in der höchsten Sorglosigkeit. Indessen muß eine neue Schlacht vorgefallen, oder wenigstens sehr nahe seyn.

Aus Schlesien hat man mir gemeldet, daß Ihren armen Landsleuten sehr übel mitgespielt worden ist.

[1] Vgl. Brief Nr. 24, Anm. 3.
[2] Johann August Zeune (1778–1853), Lehrer am Gymnasium zum Grauen Kloster in Berlin und freundschaftlich mit Johann Gottlieb Fichte und Johannes von Müller verbunden.
[3] Vgl. Brief Nr. 26, Anm. 5.
[4] Vgl. Brief Nr. 10, Anm. 1.

Nr. 28 vom 1. Juni 1807

Berlin den 1 Jun. 1807

In Untersuchungen über die feudale Aristokratie[1] vertieft, hab' ich seit vier Wochen an keinen meiner Freunde denken können. Daher mein langes Stillschweigen. Herr Wiedemann[2] hat mir unterdeßen Ihr letztes Schreiben überbracht, für dessen Inhalt ich Ihnen meinen verbindlichsten Dank sage. Ihren Brief an den Hofrath Fischer[3] hab' ich abgeschickt, u. nebenher auch manchen anderen meiner Bekannten aufgemuntert, an dem Morgenblatt Theil zu nehmen. Dies Blatt findet hier immer mehr Beifall.

Herr Bothe[4] hat mir den beikommenden Aufsatz zugeschickt; unstreitig in der Voraussetzung daß er früher abgehen werde. Mir schien er solchen Inhalts zu seyn, daß seine verspätete Absendung nichts verschlug.

Feßler[5] hat mich gebeten, einen Antrag zu unterstützen, den er Ihnen vor kurzem gemacht hat. In sofern es mir darauf ankommt, Ihnen zu sagen, daß Feßler zuverlässig ist, kann ich seine Bitte unbedenklich erfüllen. Ob die Spekulation selbst eine richtige ist, das muß ich Ihrem Urtheil überlassen. So wenig ich von Bonaventura's mystischen Nächten[6], ich konnte wohl sagen, von Feßlers Werken überhaupt halte; so glaub' ich doch, daß sein projectirtes Andachtsbuch noch am besten gelingen werde, weil es aus lauter einzelnen, unter sich selbst nicht zusammenhängenden Stücken zusammengesetzt seyn würde. Denn etwas organisch-Tüchtiges zu schaffen, hat Feßler nicht Kraft genug u. ich müßte mich | sehr irren, oder Schelling[7] hat keine große Ursache, mit der Excemplifation zufrieden zu seyn, welche im Bonaventura von seiner Philosophie gemacht worden ist. Es soll nämlich darin bewiesen werden, daß der beste Idealist auch der beste Geschäftsmann sey; allein der Beweis ist so misrathen, daß der Verfasser sich zuletzt genöthigt gesehen hat, seinen Helden zum Professor von St. Marien zu machen, der vielleicht noch weniger zu bedeuten hat, als der erste Bürgermeister der ehemaligen freien Reichsstadt Nürnberg.

Das dritte Stück der Annalen hab ich nicht erhalten; unstreitig die Schuld desjenigen der hiesigen Buchhändler, an welchen es abgeschickt worden ist. Im vierten Stück, welches ich vor einigen Tagen erhielt, hat mir nichts so viel Vergnügen gemacht, als die Erscheinung des Ministers Kretschmann unter den politischen Kleinigkeiten.[8] Unstreitig haben Sie sich der Zudringlichkeit dieses Ministers nicht länger versagen können; aber wohl haben Sie daran gethan, ihm den Ort anzuweisen, welchen er einnimmt. Er nimt sich in den Annalen aus, wie – mit Ehren zu melden – der Mäusedreck unter dem Pfeffer; u. dennoch zweifle ich, daß er zur Besinnung kommen u. der Eitelkeit entsagen werde, die so unaufhörlich ansport, die Welt mit seinen Bagatellen u. seiner kleinen Person bekannt zu machen. Dies geht so weit, daß er seine werthen Manuskripte immer mit | Stafetten schickt; doch das werden Sie aber so gut wissen, als ich. Der gute Mann muß gar keine Ahnung davon haben, daß er der Narr im Spiele ist. Mir komt er vor, wie der Volkstribun Rienzo Rienzi, der sich zum Ritter schlagen ließ[9]. Nie mußte Kretschmann ein Edelmann werden, wenn er die Feudal-Aristokratie im Coburgischen mit Erfolg bekämpfen wollte. Er hat sich mit sich selbst in Widerspruch gesetzt.

Meine Aufsätze im vierten Heft haben hier einige Sensation gemacht; besonders der über die Juden-Reform in Frankreich[10]. So hat man sich die Sache nicht gedacht; man wird aber noch mehr erstaunen, wenn man in meinen Untersuchungen über die Feudal-Aristokratie[11] das Verhältniß aufgedeckt sehen wird, welches zwischen der Feudal-Aristokratie u. Geld-Aristokratie mit den Advokaten in der Mitte statt findet. Etwas Scheußlicheres giebt es gar nicht.

Leben Sie wohl. Ich denke öfters, ich gestehe es Ihnen, mit einer gewissen Wehmuth an Sie, denn es komt mir vor, als überarbeiteten Sie sich. Ist es denn ganz unmöglich, Gehülfen zu finden, die Ihnen einen Theil Ihrer Last abnehmen, u. die Freude vermehren, die Ihre wohlberechneten Unternehmungen Ihne gewähren sollten?

Danzig ist über.[12] Die nächste Schlacht muß entscheiden; ich hoffe zum Vortheil meiner Wünsche, die sich mehr auf Europa, als auf Preussen, beziehen.

FB.

---

[1] Vgl. Brief Nr. 26, Anm. 5.
[2] Vgl. Brief Nr. 19, Anm. 3.
[3] Vgl. Brief Nr. 24, Anm. 4.
[4] Vgl. Brief Nr. 25, Anm. 2.
[5] Ignaz Aurelius Feßler (1756–1839), Netzwerker und Publizist in Schlesien, wo er Mitbegründer des Evergeten-Bundes war. Ab 1796 in Berlin aktiv in der Reform der Freimaurerloge Royal York, Begründer einer Lesegesellschaft (*Feßlersche Mittwochsgesellschaft*), Mitherausgeber der *Eunomia. Eine Zeitschrift des 19. Jahrhunderts*, Berlin 1801–1805 und Verfasser von liturgischen Büchern wie historischen Romanen.
[6] Ignaz Aurelius Feßler: Bonaventura's mystische Nächte, Berlin: Maurer 1807.
[7] Friedrich Wilhelm Joseph Schelling (1775–1854), idealistischer Philosoph, gehörte zu Feßlers Bekanntenkreis und hatte selbst unter dem Pseudonym Bonaventura im Musen-Almanach für das Jahr 1802, hg. v. August Wilhelm Schlegel und Ludwig Tieck, Tübingen: Cotta vier Gedichte publiziert.
[8] Theodor Konrad von Kretschmann (1762–1820), sächsisch-coburgisch-saalfeldischer Minister. Als Publizist Herausgeber der *Staatswissenschaftlichen Zeitung* (1789–91) und des *Staatsarchivs der königlich preußischen Fürstentümer in Franken* (1797) sowie Verfasser des *Versuch eines Lehrbuches des positiven Rechtes der Deutschen* (1792). Der Streit Kretschmanns mit dem Vertreter der altständischen Adelsopposition, Franz Josias von Hendrich, ist in der Rubrik „Kleine historische Denkwürdigkeiten" dokumentiert in: EA 4 (1807), S. 90–95.
[9] Cola di Rienzo (1313–1354), römischer Politiker und Volkstribun, der im Jahr 1347 die römische Republik restituierte und sich anschließend zum Ritter weihen ließ. Der Stoff wird u.a. dargestellt in Edward Gibbons *Decline and Fall of the Roman Empire* und von Friedrich Schiller: Revolution in Rom durch Nikolaus Rienzi im Jahre 1347, in: ders.: Geschichte der merkwürdigsten Rebellionen und Verschwörungen, Bd. 1, Leipzig 1788, S. 1–106.
[10] Vgl. Brief Nr. 18, Anm. 1.

[11] Vgl. Brief Nr. 26, Anm. 5.
[12] 1. April bis 26. Mai 1807 Einnahme von Danzig durch die napoleonischen Truppen.

Nr. 29 vom 18. Juli 1807

Berlin den 18^(ten) Jul 1807

Endlich muß ich Ihnen einmal wieder ein Lebenszeichen geben, mein theurer Freund; vorläufig freilich nur durch einen Brief, aber die Aufsätze, die ich für die europäischen Annalen bestimme, sollen bald nachfolgen, und Ihnen, hoff' ich, noch bestimmter sagen, wie sehr ich Ihrer eingedenk bin. Die letzten drei Monate hindurch hab' ich, so viel häusliche Umstände es erlauben wollten, ununterbrochen an meiner Critik der Feudal-Aristokratie[1] gearbeitet. Ich würde Ihnen das Werk angetragen haben, hätt' ich von Ihnen glauben können, daß Sie sich mit dem Verlag desselben befassen würden; nicht als mistraute ich über diesen Punkt ihren Grundsätzen, deren Charakter die Liberalität selbst so weit meine Abstraction reicht; sondern weil ich geglaubt habe Sie befänden sich in Verhältnissen, welche Ihnen genug zur Pflicht machten. Aus eben diesem Grunde habe ich Ihnen keine Fragmente für das Morgenblatt geschickt, welches mir, wie es scheint, immer fremd bleiben soll. Laßen Sie es gut seyn! Das Morgenblatt ist unter so günstigen Umständen erschienen, daß es sich auch ohne mich halten wird; auch hab' ich warlich genug zu thun; wenn ich, meinem eigentlichen Beruf zufolge, die lesende Welt über die Erscheinungen im Großen aufkläre und leite. Sie haben zu wissen verlangt, ob die Theorie der politischen Welt[2] von mir sey? Nicht einmal zur Hälfte ist sie es. Ich bin nur der Uebersetzer derselben;[3] Verf. ist ein gewisser Hiss[4] in Frankreich, dessen Ansichten mit den meinigen so wunderbar übereinstimmen, daß man uns geistige Zwillingsbrüder nennen könnte. Möchte diese Theorie Recht viel Nutzen stiften. Bis zur Verbeßerung der organischen Gesetze bleibt Deutschland der Sklave Frankreich's; das ganze Gravitations-System Napoleon's aber ist über den Hau | fen geworfen, so bald die deutschen Regierungen ganze geworden sind, u. die Art u. Weise, die Gesetze zu machen, die Güte der Gesetze verbürgt.

Anderen Sinn u. andere Tendenz hat die Theorie in der politischen Welt, so weit sie von mir herrührt, nicht.

Ihren Brief an Feßler[5] hab' ich abgegeben; die verneinende Antwort wird ihm nicht angenehm gewesen seyn. Sie haben aber vollkommen Recht darin getan, sich nicht mit dem Verlage dieses Andachtsbuches zu befassen, welches die Religion zur historischen Notiz gemacht haben würde. Weil die Idee schlecht war, so würde sie keinen Eingang gefunden haben. Feßler gehört zu den wenigen, welche sich einbilden, daß die Kirche ein gutes politisches System ersetzen könne, da sie selbst immer nur unter der Bedingung einen Werth u. eine erträgliche Kraft hat, wenn sie durch das politische System gehalten wird. Ueberhaupt ist Feßler mit einigen Juden nicht im Reinen, u. sein Bonaventura verwehrt, daß er Schelling zwar anbeten, aber durchaus nicht begreifen kann.

Von den Friedensbedingungen mit Preussen weiß ich nur, daß Danzig u. Thorn zu Haupt-Städten ernannt sind. Man befürchtet hier aber allgemein, daß Schlesien u. Süd-Preussen werden an Sachsen abgetreten werden. Wenn dies der Fall ist, so hätte Napoleon beßer daran gethan, der Dynastie Hohenzollern sogleich den Hals zu brechen. Die Wahrheit zu gestehen, ich glaube noch immer nicht an den Verlust Schlesiens u. Preussens; denn wie sehr wir (d. h. die Regierung) ihn auch durch unsern Einhalt verdient haben mögen, so glaub' ich doch, daß man uns, um Rußlands Willen, nicht so empfindlich gekränkt haben werde. Ueberhaupt bin ich sehr gespannt auf den nächsten Frieden, welcher, ich behaupte es noch immer, nur durch die Theilung der europäischen Türkey ein solider Friede werden kann.

Beim Abdruck von Rom und London[6] ist dadurch ein ausgezeichneter Fehler begangen worden, daß man pag. 156 nicht mit den | Worten: Die Perser waren im Besitz einer Wissenschaft pp das Dritte Buch angefangen hat. Kann das Versehen nicht redressirt werden, so wird das Zweite Buch unverhältnißmäßig stark werden. Das wird sich noch ertragen lassen, sofern nur an die Stelle des Dritten Buchs nicht das Vierte gesetzt wird, so daß das Dritte gänzlich verschwindet.

Wie sehr die Franzosen uns auch angezogen haben mögen, so werden wir uns am Ende doch ungern von ihnen trennen. So lange ich Berlin kenne, ist es nie ordentlicher daselbst hergegangen, als diesen Winter. Clarke[7] u. Hulin[8] haben sich als Männer offenbart, welchen unsere Aristokraten nicht werth sind die Schuhriemen aufzulösen. Ich schreibe mehrere Anecdoten nieder, die Regierung der Franzosen zu charakterisiren. Vielleicht teile ich Ihnen künftig davon etwas mit. Fürs erste muß man auf die Wendung achten, welche die Dinge nach der Zurückkunft des Königs u. seiner Getreuen nehmen werden. Ich augurire nichts gutes. Der alte Bratenwender, den man bisher pudelmäßig gedreht hat, ist zerstört, u. einen neuen aufzubauen, den man eben so mechanisch drehen könnte – fehlt es an Verstand. Die Sache wird dadurch noch schlimmer, daß den Leuten die Gleichheit in dem Kopf liegt u. daß sie nicht wissen, was es damit auf sich hat. Wird es mir hier zu bunt, so retirire ich nach Tübingen. Auch Müller[9] hat dahin gehen wollen; er hat sich aber so viel ich weiß, noch einmal halten lassen.

Leben Sie wohl.
FrB.

[1] Vgl. Brief Nr. 26, Anm. 5.
[2] Theorie der politischen Welt, Hamburg 1807.
[3] Es handelt sich um Buchholz' deutsche Übersetzung von Charles-Hyacinthe His: Théorie du Monde politique, ou de la science du gouvernement considérée comme science exacte, Paris 1806.
[4] Charles-Hyacinthe His de Butenval (1769–1851), Journalist der Revolutionszeit, hat bis 1792 für den Moniteur die Berichte aus der Nationalversammlung publiziert, wurde als Royalist verdächtigt und hat anschließend den *Républicain français* herausgegeben. His schloss sich im Italienfeldzug der napoleonischen Armee an und war ab 1813 im französischen Innenministerium in der Abteilung Bibliotheken verschäftigt.
[5] Vgl. Brief Nr. 28, Anm. 5.
[6] Vgl. Brief Nr. 10, Anm. 1.
[7] Henri-Jacques-Guillaume Clarke (1765–1818), französischer General und Staatsmann, ab 1807 Kriegsminister.
[8] Vgl. Brief Nr. 20, Anm. 2.
[9] Johannes von Müller (1752–1809), schweizer Historiker und Diplomat, verhandelte 1807 über Cotta um eine Berufung auf eine Geschichtsprofessur an der Universität Tübingen, bis er im November 1807 von Napoleon als Minister-Staatssekretär an den Kasseler Hof berufen und schließlich 1808 zum Generaldirektor des öffentlichen Unterrichts im Königreich Westfalen ernannt wurde. Vgl. a. Pape: Müller (1989), S. 251f.

Nr. 30 vom 28. Juli 1807

Berlin den 28ten Jul. 1807

Ich schicke Ihnen, m. th. Fr., meinem Versprechen gemäß, hier, nach einer langen Pause, den ersten Aufsatz für die Eur. Annalen; er ist, wie es mir scheint, von hohem Interesse. Die übrigen sollen nachfolgen, sobald ich von einer kleinen Reise zurückgekommen seyn werde, die ich in diesen Tagen zu meiner Aufheiterung zu machen gedenke. Vorzüglich trage ich mich mit einem, worin ich auseinandersetzen werde, unter welchen Bedingungen der Krieg Preussens mit Frankreich allein zu vermeiden war.

Ich sage Ihnen über die Friedensbedingungen nur, daß ich das Schicksal unseres Staats keinesweges für vollendet halte.[1] Das ist ganz offenbar nicht Napoleons Schuld, sondern die des Königs von Preussen u. seiner abgeschmackten Umgebung. Ich bedaure meine armen Landsleute.

Mein Werk über den Adel[2] wird hier mit Genehmigung der französischen Regierung, u. sozusagen, unter ihren Augen gedruckt. Es wird, das sehe ich auf das Bestimmteste vorher, eine große Sensation machen. In sofern ich etwas Derbes wage, hoffe ich mich allen Gefahren dadurch zu entziehen, daß ich französischer Bürger werde. Es gibt ja jetzt keine andere Rettung für den Wahrheitsliebenden.

Machen Sie mit meiner Johanna von Neapel[3] was Sie wollen.

Massenbach[4], den Sie im nächsten Monat vielleicht bei sich sehen werden u. den ich Ihnen auf diesen Fall nicht zu empfehlen brauche, wünscht zu erfahren, ob Sie die Pakete erhalten haben, die er an Sie abgeschickt hat. Vielleicht folg' ich ihm ins Reich, um an den Ufern des Neckar zu leben, da hier doch alles vorbei ist.

Ich hätte wohl Lust, meine Aussichten in die Zukunft – es versteht sich daß ich nur die politische meine – vollständig in einem Werke zu entfalten, welches nicht über ein Alphabeth stark werden würde, u. damit den Deutschen ein Neujahrsgeschenk zu machen. Melden Sie mir, ob Sie es verlegen wollen. Es würde darin vorzüglich von den gesellschaftlichen Institutionen die Rede seyn, so wie sie gegenwärtig sind u. wie sie modifizirt werden müssen, um neuen wahrhaft | beglückenden Einfluß auszuüben. Alles würde in diesem Werke idealisch seyn u. dennoch die ächten Grundsätze tüchtiger

Organisationen allenthalben durchschimmern. Für Ihre Verhältniße, soweit ich sie kenne, hätten Sie von dem Verlag nichts zu besorgen.

Leben Sie wohl. Man schreibt jetzt ungern, weil es sehr heiß ist, man schreibt um so ungerner, weil das Gemüth sich in einem Zustande befindet, der dem Schreiben nicht günstig ist. Bei alle dem kann ich nicht umhin, Sie um die Fortdauer Ihrer Freundschaft zu bitten, der ich mich immer würdig beweisen werde.

Ihr Diener grüßt Sie. Die Sybillinischen Blätter[5] hab' ich mit großem Vergnügen gelesen.

F.B.

---

[1] Mit dem Frieden von Tilsit vom 9. Juli 1807 verlor der preußische Staat die Hälfte seines Territoriums, darunter die westelbischen Gebiete und die mit der Zweiten und Dritten Teilung Polens (1793, 1795) annektierten Gebiete. Zudem verpflichtete sich Preußen, der Kontinentalsperre beizutreten.

[2] Vgl. Brief Nr. 26, Anm. 5.

[3] Vgl. Brief Nr. 24, Anm. 3.

[4] Christian von Massenbach (1758–1827), preußischer Oberst und Schriftsteller. Buchholz gab mit Massenbach 1807 die Zeitschrift *Lichtstrahlen. Beiträge zur Geschichte der Jahre 1805, 1806 und 1807*, Hamburg und Leipzig 1807 heraus und arbeitete für die *Gallerie Preußischer Charaktere* mit ihm zusammen. Vgl. a. [F.B.]: Der Oberst von Massenbach, in: EA 9 (1807), S. 251–273.

[5] [Joseph Widemann]: Sibyllinische Blätter, s. l. 1807. Pronapoleonische und feudalismuskritische Streitschrift. Vgl. a.: Die Sibyllinischen Blätter, nebst Nutz-Anwendung, mit Rehbergs Dienerschaft und vorgeschlagener deutschen ständischen Verfassung verglichen von einem Deutschen. In: Neue Feuerbrände, Bd. 4, Heft 10, 1808, S. 121–130.

Nr. 31 vom 8. August 1807

Berlin den 8ten Aug. 1807

Laßen Sie, mein verehrter Freund, Rom und London[1] in Gottes Namen vom Stapel laufen; es komt jetzt um so mehr zu rechter Zeit je undurchdringlicher den Meisten der Vorhang scheint, der die Gegenwart von der Zukunft trennt. Die Verbeßerungen, welche ich hier beifüge, gehen nur die ersten 16 Bogen an; denn mehr hab' ich den Beschluß abgerechnet nicht erhalten. Außerordentlich lieb würde es mir seyn, wenn die Abtheilungen, die ich in das Werk gebracht habe, beibehalten werden könnten; doch laße ich es mir gefallen, wenn nur das zweite Buch an die Stelle des dritten tritt, weil sonst die beiden ersten Abtheilungen gar keinen Sinn haben. Ich hoffe[,] daß mein vorletzter Brief in Ihre Hände gekomen seyn wird; ich habe ihn, damit er desto schneller nach Tübingen kommen möchte, der Post anvertraut. An meiner Critik der Feudal-Aristokratie[2] wird hier fleißig gedruckt; das Werk wird mit Ausgang dieses Monats fertig werden; u. meinen Herrn Verleger würd' ich bitten, Ihnen ein Exemplar davon zu übermachen. Ich habe jetzt sehr große Lust nach Frankreich zu gehen. Was meinen Sie dazu? Die europäischen Annalen würden sehr dadurch gewinnen; denn ich stelle mir vor[,] daß ich in Frankreich Dinge sehen würde, welche Anderen bisher ganz entgangen sind. Hier ist alles anders; u. wir befinden uns noch dazu einer Crise, die nicht größer seyn kann, weil man nach Abschluß des Frieden, noch von Bedingungen spricht, die niemand kennt. Sowie die Sachen jetzt stehen, gebe ich nichts für die hohenzollersche Dynastie. Man würde vor Kummer vergehen, erschlafte die außerordentliche Hitze nicht jedes Fiber. Ich bin, die Wahrheit zu gestehen, um so gleichgültiger, weil ich vor ungefähr acht Tagen auf der Enten-Jagd recht tüchtig angeschossen worden bin, so daß mir noch alle Rippen der linken Seite wehe thun. u. ich von Glück zu sagen habe, sofern mein Leben gerettet worden ist. Leben Sie wohl.

Fr. Buchholz

---

[1] Vgl. Brief Nr. 10, Anm. 1.
[2] Vgl. Brief Nr. 26, Anm. 5.

Nr. 32 vom 16. August 1807

Berlin den 16ten Aug. 7

Sie erhalten hier, mein Th. Freund, außer einigen Beiträgen des Morgenblattes, welche mir Herr Bothe[1] gestern zugeschickt hat, eine Lebensbeschreibung Ihres Jugendfreundes des Obersten von Massenbach[2]. Meinem Wunsche nach wird sie in die Annalen eingerückt. Die Tendenz derselben ist, M...[3] vor den Verfolgungen zu retten, denen er in dem gegenwärtigen Augenblick ausgesetzt ist, u., wo möglich seinem Schicksal eine günstige Wendung zu geben. Was ich von ihm gesagt habe, ist der Wahrheit vollkommen gemäß; u. trügt mich meine Freundschaft für Massenbach nicht, so ist es in sich nicht uninteressant, wozu dann das noch kommt, daß Massenbach seit dem Oct. vor. Jahres mehr als jemals zur öffentlichen Person geworden ist. Können Sie es irgend möglich machen, so lassen Sie diesen Aufsatz in das achte Stück der Annalen abdrucken u. beschleunigen Sie die Erscheinung dieses Stücks.

Unsere Angelegenheiten entwirren sich noch immer nicht u. ich weiß warlich nicht, was aus Friedrich Wilhelm dem Dritten[4] werden soll, wenn er dem Rheinbunde[5] nicht beitritt. Mit einiger Ungeduld warte ich auf die Erscheinung meiner Critik der Feudal-Aristrokratie[6], welche unstreitig mein künftiges Schicksal bestimmen wird.

Es ist hier so heiß, daß man kaum die Feder halten kann. Leben Sie wohl.

Fr. B.

---

[1] Vgl. Brief Nr. 25, Anm. 2.
[2] Vgl. Brief Nr. 30, Anm. 4.
[3] Massenbach.
[4] Vgl. Brief Nr. 13, Anm. 4.
[5] Vgl. Brief Nr. 13, Anm. 5.
[6] Vgl. Brief Nr. 26, Anm. 5.

Nr. 33 vom 29. August 1807

Berlin den 29ten Aug. 1807

Sie glauben nicht, mein hochgeschätzter Freund, wie sauer es jetzt einem ehrlichen Manne wird, etwas Lesenswerthes zu schreiben; die Hitze ist eine entschiedene Vernichterin der schaffenden Kraft. Mit dem besten Willen etwas für das Morgenblatt zu leisten, ist es mir bisher in buchstäblichem Sinne des Worts unmöglich gewesen, denn es hat mir ganz an Fantasie gefehlt. Die Zeiten werden ja beßer werden; u. das Morgenblatt ist wol zu gut berechnet, um eine Ephemeride[1] zu seyn.

Sie sehen hieraus, daß ich Ihre gütige Zuschrift vom 14^t Aug. erhalten habe. Ihr Schreiben an Massenbach[2] habe ich sogleich besorgt.

Unter uns gesagt, ich habe angefangen, geheime Denkwürdigkeiten der preußischen Monarchie[3] zu schreiben. Die Begierde, womit das Publikum die vertrauten Briefe[4] verschlungen hat, ist mein Incentiv gewesen; doch hoff' ich[,] daß mein Werk ganz anders ausfallen soll, als das Geschreibsel des Herrn von Cölln[5] ohne Zusammenhang, Ordnung[,] Decenz u. Verstand. Werde ich zu rechter Zeit mit dieser Arbeit fertig, so übermache ich sie Ihnen zur Michaelismesse nach Leipzig mit einer sicheren Gelegenheit; denn um keinen Preis möchte ich das Manuskript der Post anvertrauen, nicht einmal von Leipzig aus. Wir warten alsdann den rechten Augenblick der Erscheinung ab d. h., denjenigen der über kurz oder lang eintreten muß, da die Dinge unmöglich in ihrer jetzigen Gestalt bleiben können. Für eine ungemeine Sensation möchte ich Ihnen mit meinem Leben einstehen.

Mit Erstaunen hab' ich im 7^{tn} Hefte der Annalen zwei Aufsätze von mir gefunden, die ich rein vergeßen hatte.[6]

Hierbei eine Beilage von Massenbach[7].

Haben Sie je eine größere Crisis erlebt, als die gegenwärtige? Die Besitznahme der Engländer von Seeland[8] ist in jeder Hinsicht bedeutend, vorzüglich weil sie zeigt, daß durch den letzten Continental-Krieg nichts für die Freiheit der Meere geleistet worden ist. Unstreitig nimmt der

Krieg zwischen Frankreich und Rußland nach einigen Monaten wieder seinen Anfang.

FB.

---

[1] Jahrbuch, Kalender, Almanach (nach der französischen Bedeutung).
[2] Vgl. Brief Nr. 30, Anm. 4.
[3] Gemeint ist wohl die Gallerie Preussischer Charaktere. Vgl. a. Brief Nr. 39, Anm. 5.
[4] Friedrich von Cölln: Vertraute Briefe über die innern Verhältnisse am Preußischen Hofe seit dem Tode Friedrichs II., Amsterdam: Hammer 1807–1809.
[5] Vgl. Brief Nr. 8, Anm. 4.
[6] [F.B.]: Pauls des Ersten gewaltsamer Tod, in: EA 7 (1807), S. 3–14; [F.B.]: Über die Wiedervertreibung der Jesuiten aus dem Königreich Neapel, in: EA 7 (1807), S. 21–29.
[7] Vgl. Brief Nr. 30, Anm. 4.
[8] Nachdem Dänemark im Anschluss an den Tilsiter Frieden in das Kontinentalsperren-System einbezogen werden sollte, besetzten die Engländer am 16. August 1807 Seeland und bombardierten anschließend vom 2. bis 5. September 1807 Kopenhagen.

Nr. 34 vom 27. Oktober 1807

Berlin den 27ten Oct. 1807

Dies Schreiben erhalten Sie, mein verehrter Freund durch Johann von Müller[1], der Morgen seine Reise nach der Schweiz antritt, nachdem er hier drei Jahre hindurch die veränderliche Hofluft probirt hat. Dieser Johann von Müller hat sich auf die Lektüre der Untersuchungen über den Geburtsadel[2] mit mir ausgesöhnt, u. wird wenn er Rom u. London[3] gelesen haben wird, gewiß mein Verehrer werden. Ich habe Sandern[4] aufgetragen, Ihnen ein Exemplar von meinen Untersuchungen zu senden; hoffentlich haben Sie es bereits erhalten. Sie selbst, mein verehrter Freund, bitte ich inständigst von Rom u. London zwei Exemplare an Herrn Wiedemann[5] zu senden, welcher eins für sich behalten u. das andere dem gegenwärtigen Kriegsminister Clarke[6] überreichen wird. Sie haben mir der Exemplare beinah zu viel geschickt. Das ist indeßen meiner Sünden Schuld. Ich hätte früher an Sie schreiben sollen; ich arbeitete aber nur für Sie. Und nun hören Sie, wie es mir gegangen ist. Sie sollten ein recht interessantes Werk von mir erhalten, wodurch ich meine bisherige Nicht-Theilnahme an dem Morgenblatt bei Ihnen theils gut machen, theils rechtfertigen wollte. Da kamen aber einige gute Freunde hinter mein Geheimniß u. quälten mich solange, bis ich mich entschloß, hier drucken zu lassen. Die Wahrheit zu gestehen, ich habe mich ungern dazu entschlossen; um so ungerner, weil ich, in sofern ich hier drucken lasse, einen bedeutenden Theil meines Manuskripts zurücklegen muß. Auch ist bei weitem noch nicht Alles stipulirt[7]. Ich bin nur bis auf einen gewißen Punkt nachgiebig gewesen, u. kann, wenn ich will, mit Ehren zurückgehen. Unter gewissen Umständen steht Ihnen das Ganze noch immer bereit. | Sollten diese Umstände aber nicht eintreffen, so verzeihen Sie es mir, daß ich diesmal an Ihnen untreu geworden bin. Mein Werk wird in einigen Tagen geendigt; u. Sie mögen es nun noch erhalten oder nicht, so können Sie versichert seyn, daß ich von dem November an nur für die Annalen u. das Morgenblatt arbeite u. nebenher mein Werk über gesellschaftliche Institutionen beginne.

Man verlangt von mir, daß ich meine historischen u. politischen Aufsätze drucken lassen soll. Haben Sie etwas dagegen, wenn ich auch von dem Gebrauch mache, was bis zum Jahre 1806 von mir in den Annalen enthalten ist?

Hab' ich recht gelesen, so sind Sie ins Bad gereiset. Auf diesen Fall wünsch' ich Ihnen den besten Erfolg.

Leben Sie wohl.
Fr.B.

---

[1] Vgl. Brief Nr. 29, Anm. 9. Buchholz hat Müller in der *Gallerie Preußischer Charaktere* satirisch porträtiert. Buchholz: Gallerie (1808/1982), S. 721–738.
[2] Vgl. Brief Nr. 26, Anm. 5.
[3] Vgl. Brief Nr. 10, Anm. 1.
[4] Johann Daniel Sander (1759–1825), Buchhändler und Verleger in Berlin, bei dem Buchholz in den Jahren 1807–1808 seine Werke veröffentlichte.
[5] Vgl. Brief Nr. 19, Anm. 3.
[6] Vgl. Brief Nr. 29, Anm. 7.
[7] festgemacht.

Anhang: Briefe von Buchholz an Cotta

Nr. 35 vom 29. Dezember 1807

An Herrn Buchhändler Cotta.

Berlin den 29. Dec.

Ich schicke Ihnen, mein hochgeschätzter Freund, hiermit das 10te Heft der Annalen zurück. Sie werden, wenn Sie einen Blick in dasselbe werfen wollen, sich überzeugen, daß ich alle Ursach habe, mich über die Nachlässigkeit des Correctors zu beklagen, die Sie durchaus abdruken müssen, weil er zugleich im höchsten Grade unwissend ist. In welchem hohen Grade wird mein armes Rom u. London,[1] in welches ich die schönsten Ideen niedergelegt habe, deren ich fähig gewesen bin, verunstaltet werden, wenn die beiden letzten Bücher in eben so ungeschickte Hände gerathen, als die des Correctors der ersten sind! Ich weiß nicht, wo die Annalen gedruckt werden, noch weniger wo sie Rom u. London abdrucken lassen wollen. Sollte aber Leipzig der Druckort seyn, so erzeigen Sie mir die überschwengliche Gefälligkeit, anzubefehlen, daß man mir die Bogen zur letzten Durchsicht schicke. Die damit verbundenen Kosten will ich sehr bereitwillig tragen.

Ich überschicke Ihnen hierbei einen, ich glaube nicht uninteressanten Aufsatz für die europäischen Annalen.[2] Ein zweiter über das Königreich Preussen ist in der Mache u. wird bald nachfolgen. *Mergor civilibus undis.*[3] Vielleicht gelingt es mir, den Frieden herbeizuführen, den die Leidenschaft so gewaltsam von sich stößt. Er ist so leicht zu machen; aber man kennt die Punkte nicht, die man festhalten muß, um ihn zu Stande zu bringen. Frankreich ist aufgebracht darüber, daß England auf Malta u. das Vorgebirge der guten Hoffnung einen so geringen Wert gelegt hat. Wie wenig kennt man England in Frankreich! Wie sehr präsidiert die unwissende Schöngeisterei, da wo die Weisheit den Vorsitz haben sollte!

Um mich her löset sich der ganze gesellschaftliche Zustand auf. Das ist ein affreuser[4] Anblick, der sich nur empfinden, nicht beschreiben läßt. Einem gefühlvollen Menschen bleibt dabei nichts anderes übrig, als sich in seine Schaalen zurückzuziehen, sich seine eigene Welt zu schaffen u. in ihr die Ordnung wiederzufinden, die rund um ihn her zerstört wird. Vielleicht arbeite ich auch dieses Jahr etwas für den Damenka | lender, den Sie jährlich herauszugeben pflegen. Ich komme nach gerade von dem Aerger zurück, den ich darüber empfunden habe, daß Bötticher[5] in Dresden meine Sappho als eine glückliche Nachahmung der Wielandschen Werke in dieser Gattung gelobt hat.

Der Oberst von Massenbach[6], von welchem die Allg. Zeitung in diesem Jahre einige kleine Aufsätze aufgenommen hat, wird Ihnen über die Feldzüge von 1793 u. 1794 sehr interessante Details für die Annalen mittheilen, welche erst nach dem Tode des Herzogs von Braunschweig[7] bekannt gemacht werden konnten. Er hat mir aufgetragen, Sie um die Gefälligkeit zu ersuchen, ihm den Discours sur la division des terres dans l'agriculture par Herrenschwand (Londres 1788 chez Robertson et Debrett)[8] zu verschaffen. Ist es möglich, ihm dies Werk zu liefern, so werden Sie sich ihm dadurch sehr verbinden.

Wenn die nicht-politische Zeitung, welche Sie herauszugeben gedenken, noch mit dem Anfang des nächsten Jahres erscheinen soll, so werden Sie von hier aus keine Beiträge erhalten. Von allen Seiten sind die hiesigen Schöngeister ausgerissen, u. schwerlich werden sie vor dem Frieden hierher zurück kommen. Wie dieser gemacht werden wird, weiß Gott. Köpfe u. Herzen sind jetzt gleich weit auseinander. Der Ausbruch einer Revolution in England, welcher mir gegenwärtig unvermeidlich scheint, wird das erste Signal des Friedens werden. Man wird in England damit anfangen, den König abzusetzen; allein dies ist eine von den Maasregeln, welche zu nichts führen können, da die ganze englische Regierungsmaschine umgestülpt werden muß, wenn etwas Gesundes zum Vorschein kommen soll. Diese Revolution wird die Französische an Furchtbarkeit bei weitem übertreffen. Leben Sie wohl.

Die französischen Bücher habe ich vor einigen Tagen erhalten.

F.B.

---

[1] Vgl. Brief Nr. 10, Anm. 1.
[2] Vermutlich handelt es sich um: [F.B.]: Kann und wird England unter den gegenwärtigen Umständen Frieden machen, in: EA 2 (1808), S. 170–183.
[3] lat.: „Ich versinke in den Wogen der Politik."
[4] frz.: schrecklich, schauderhaft
[5] Karl August Böttiger (1760–1835); Gymnasialdirektor, Philologe, Schriftsteller und einer der einflussreichsten Netzwerker im Kulturleben Weimars um 1800. Herausge-

ber von Christoph Martin Wielands *Neuem Teutschen Merkur* (ab 1794) und von Friedrich Justin Bertuchs *Journal des Luxus und der Moden* sowie des Journals *London und Paris*. Schmidt-Funke: Böttiger (2006). Vgl. a. Brief Nr. 2, Anm. 14.

6   Vgl. Brief Nr. 30, Anm. 4.

7   Karl Wilhelm Ferdinand, Herzog zu Braunschweig und Lüneburg (1735–1806) war Oberbefehlshaber der preußischen Truppen in der Schlacht bei Jena und Auerstedt. Er erlag am 10. November 1806 den in der Schlacht erlittenen Verwundungen.

8   Jean Herrenschwand: *Discours sur la division des terres dans l'agriculture*, London 1788. Abhandlung über die politische Ökonomie und die Subsistenzweisen.

Nr. 36 vom 1. Januar 1808 (mit Brief Nr. 35)

den 1st Dec[1].

Ich war genöthigt, das Paket wieder aufzumachen, weil sich nicht gleich eine Gelegenheit fand, es mit Sicherheit nach Leipzig zu fördern. So erhalten Sie den zweiten Aufsatz. Ich werde derer hinter einander noch mehrere schreiben, welche in die Annalen aufgenommen werden können. Der Krieg nimt jetzt eine sehr ernstliche Gestalt an. Napoleon muß zurück, wenn das türkische Reich nicht über den Haufen geworfen werden soll. Preussens Integrität ist jetzt schon so gut als gerettet; wenigstens begreif' ich durchaus nicht, wie Napoleon sie aufheben will. Die unglückliche Unternehmung, Polens Unabhängigkeit wieder herzustellen, hat vielleicht die ernsthaftesten Folgen für Europas Geschick. Rußland müßte in England, nicht England in Rußland besiegt werden. Noch einmal, leben Sie wohl.

So eben erhalte ich Ihr gütiges Schreiben vom 22 Dec. Womit ich den Oct.[,] Nov. u. den größten Theil des Dec. beschäftigt gewesen bin, das wissen Sie jetzt schon , da die Geschäfte des Jahres 1805 in Ihren Händen seyn müssen. – Ueber das Thun u. Treiben der französischen Regierung in den preußischen Ländern jetzt schon etwas zu sagen, fällt mir schwer; meine Gefühle müssen sich erst abkühlen. – Prinz Louis Ferdinand[2] war unstreitig voll Anlagen, sogar voll Talente; aber zu seinem Lobe läßt sich nichts sagen, weil er ein roué[3] im schlimmsten Sinne des Wortes war. Als Staatsmann u. Militär hat er den preussischen Staat zu Grunde gerichtet; u. da er also nicht war, was er seyn sollte, so kommen alle die Eigenschaften, wodurch er glänzte, in keine Betrachtung. Die Zeiten, mein theurer Freund, sind von einer solchen Beschaffenheit, daß man allen Firniß beiseite werfen muß, um die Wahrheit vollständig sagen zu können. Ich werde in der Geschichte des Jahres 1806 von dem Prinzen Louis wie von dem Herzog von Braunschweig u. von dem Fürsten von Hohenlohe[4] sprechen; aber bis dahin erlauben Sie mir, das tiefste Stillschweigen beobachten zu dürfen. Ob die beiden Aufsätze, die ich Ihnen hier übersende[,] zum Debut des neuen Jahrganges paßen, überlasse ich Ihrer Beurtheilung; ich habe sie so berechnet, weil sie die Wahrheit auf Kosten der herrschenden Meinung sagen. Aehnliche sollen nachfolgen. Ich habe noch sehr viel in petto; nun überlassen Sie mich meinem Genius, der an dem Einzelnen nur in sofern klebt, als sich das Allgemeine darin abspiegelt. Bedenken Sie auch, daß es gefährlich ist, Notizen zu verbreiten – Napoleons Privatleben vollzieht sich zuletzt, wie jedes andere Privatleben. Nur sein öffentliches darf die Aufmerksamkeit beschäftigen.

Viel Glück zum neuen Jahre.

---

[1] [sic!] eigtl. 1. Januar.
[2] Prinz Louis Ferdinand von Preußen (1772–1806) starb am 10. Oktober 1806 vier Tage vor der Doppelschlacht bei Jena und Auerstedt als Kommandant einer preußischen Vorhut.
[3] frz.: Lüstling, Hallodri.
[4] Friedrich Ludwig Fürst zu Hohenlohe (1747–1818), preußischer General, kapitulierte am 28. Oktober 1806 nach kurzem Gefecht mit den Franzosen und übergab auf Grund einer Lagebeurteilung seines Generalquartiermeisters Christian von Massenbach die Festung Prenzlau. Er wurde von König Friedrich Wilhelm III deshalb unehrenhaft aus dem Heeresdienst entlassen. Vgl. zu Massenbach a. Brief Nr. 20, Anm. 4.

Nr. 37 vom 16. Januar 1808

Berlin den 16 Januar 8

Seyn Sie mir recht herzlich gegrüßt, indem ich Ihnen hier, nach lieber langer Zeit einmal wieder etwas überschicke.

Ihr letztes Schreiben vom 20ten Nov hab ich erhalten. Sie meinen darin, ich sey von Ihnen abgesprungen.[1] Das ist durchaus nicht der Fall gewesen. Schriftlich kann ich mich nicht rechtfertigen. Ich werde es aber mündlich thun; denn nichts soll mich abhalten, dies Jahr nach Leipzig zu kommen u. Ihre persönliche Bekanntschaft zu machen. Alsdann sollen Sie selbst mich absolviren. Mein Thun u. Treiben seitdem ich die Untersuchungen über den Geburtsadel[2] geschrieben habe, ist von einer so eigenthümlichen Beschaffenheit gewesen, daß ich mich wol auf einige Monate von Ihnen trennen mußte, wie sehr mein Gemüth auch entgegen wirken mochte.

Jetzt bin ich mit der Ausgabe meiner kleinen Schriften beschäftigt.[3] Die beiden ersten Bände werden lauter historische Aufsätze enthalten; u. da ich mich nur zu zwei Bänden anheischig gemacht habe, so wird vielleicht noch lange nicht die Reihe an die politischen Aufsätze kommen. Mitunter hoff' ich für die Annalen schreiben zu können. Wäre die Crisis, worin wir jetzt leben, nur nicht von einer so sonderbaren Beschaffenheit, daß man gar nicht weiß, was man davon denken soll.

Könnten Sie sich denn nicht entschließen, hier etwas drucken zu lassen? Ich trage mich mit einem Werk | über die Organisation der Staaten, welche den Rheinbund[4] ausmachen u. bin versichert, daß es einen ebenso großen Eindruck haben wird als meine Untersuchungen, welche bereits wieder unter der Presse sind.[5] Es hat sich hier ein junger Buchdrucker Namens Amelang[6] etablirt, der mit großem Vergnügen für Sie arbeiten würde. Was mich bewegt, Ihnen diesen Vorschlag zu machen, ist daß mir Druckfehler einen unbeschreiblichen Schmerz verursachen.

Berlin ist noch immer voll von französischem Militär u. auch ich muß diese Last noch immer theilen. Es ist ein sonderbares Schicksal, das ich habe; nachdem ich so viele Jahre hindurch Napoleon in Deutschland pronirt habe u. ihm für seine Zwecke gewiß ungemein nützlich geworden bin, muß ich – französische Offiziere füttern u. meinen mühsamen Erwerb mit ihnen theilen. Es sei darum. Fatis agimur; ceditis fatis[7].

Leben Sie wohl u. glauben Sie nicht länger an meinen Wankelmuth; denn dergleichen ist nicht in mir.

FB.

Die beikommenden Einfälle sind von Peschel[8]

---

[1] Buchholz' Zusammenarbeit mit Sander und anderen Verlegern hatte offenkundig zu Verstimmungen mit Cotta geführt.
[2] Vgl. Brief Nr. 26, Anm. 5.
[3] Friedrich Buchholz: Kleine Schriften, historischen und politischen Inhalts, 2 Bände, Berlin und Leipzig: Carl Friedrich Amelang 1808.
[4] Vgl. Brief Nr. 13, Anm. 5.
[5] Die zweite Auflage der *Untersuchungen über den Geburtsadel* erschien Berlin 1808. Vgl. a. Brief Nr. 26, Anm. 5.
[6] Carl Friedrich Amelang (1785–1856), Verleger und Buchdrucker in Leipzig und Berlin.
[7] Nach Seneca: Oedipus: „Fatis agimur: cedite fatis!" [Vom Schicksal werden wir geführt: gebt dem Schicksal.]
[8] Evtl. Karl Wilhelm Peschel (1787–1852), Schriftsteller in Schlesien.

Nr. 38 vom 6. Februar 1808

Berlin, den 6ten Febr. 8

Mit Beziehung auf mein letztes Schreiben schicke ich Ihnen hier einige Bagatellen für das Morgenblatt von meinem Freunde, dem Hofrath Fischer[1].

In der allgemeinen Zeitung habe ich Ihre sehr wackere Vertheidigung gegen die Herrn Prof. von H... gelesen. Bravo u. abermals bravo! War jemals ein Zeitpunkt, wo das Schlechte zur Untersuchung gezogen werden muß, so ist es der gegenwärtige. Die Schriftsteller sind der einzige δῆμος[2] in Deutschland; u. nachdem die deutsche Freiheit durch die Schwäche der Degen verloren gegangen ist, muß sie durch die Kraft der Federn wiedererobert werden: Ein Erfolg, der gar nicht ausbleiben kann, wenn man gegen alles Schlechte protestirt u. die Vortrefflichkeit emporbringt. Deutschlands

Fürsten haben immer gegen die deutsche Nation conspirirt, u. diese hat sich immer gerettet. Sie wird sich auch diesmal retten; ich zweifle keinen Augenblick daran, ob ich gleich den glücklichen Zeitpunkt ihrer politischen Freiheit schwerlich erleben werde.
B.

[1] Vgl. Brief Nr. 24, Anm. 4.
[2] Demos, griech.: Volk, hier im Sinn von: aktive Bürger.

Nr. 39 vom 1. März 1808

Berlin den 1ten März

Sie können sich darauf verlassen, daß ich die europäische Staatengeschichte[1] für Sie fortsetzen werde. Um die Mitte des März soll mein Manuskript in Ihren Händen seyn. Die Materialien, die ich zu sammlen Gelegenheit gehabt habe, setzen mich in den Stand, diesmal etwas ganz Vorzügliches zu leisten. Meine Arbeit wird die Periode von dem Presburger bis zum Tilsiter Frieden umfassen u. diesmal eine solche Ausdehnung bekommen, daß Sie nicht nöthig haben werden für anderweitige Materialien zu sorgen.

Wenn ich irgend einem Schriftsteller das Wort reden möchte, so ist es derjenige, der Ihnen im beikommenden Schreiben ein Werk astronomischen Inhalts anträgt.[2] Er ist zwar mein Freund; allein dies würde mich nicht bestechen. Alles was bis jetzt aus seiner Feder geflossen ist, hat wahrhaft klassischen Wert, u. darum wünsche ich, daß Sie auf seinen Antrag eingehen mögen. Sie erhalten ein Werk, das sich nicht in dem ersten Jahr verkaufen wird, deßen Absatz aber unfehlbar ist, so weit ich dergleichen beurtheilen kann.

Daß Rom und London[3] Beifall findet, macht mir sehr viel Vergnügen, weil ich überzeugt bin, daß es das Höchste der Politik enthält; eine Wissenschaft, die man bisher nur allzu sehr vernachlässigt hat. Sollte dies Werk eine neue Auflage erleben, so würde ich es nicht nur retouchiren, sondern ihm auch wesentliche Zusätze geben. |

Ich bin noch immer fest entschlossen, Sie in der nächsten Jubilate-Messe in Leipzig aufzusuchen.

Nächstens erhalten Sie neue Beiträge zu den Annalen. Unsere Lage wird mit jedem Tage kritischer u. ich weiß warlich nicht, wie unsere Leiden ihr Ziel finden werden. In dem gegenwärtigen Augenblick sind wir der fürchterlichsten Agiotage[4] ausgesetzt. Das Geld hatte immer einen sehr geringen Wert bei uns. Jetzt dauert die Theuerung fort u. mit ihr verbündet sich der Wuchergeist, um uns den Gar aus zu machen. Wenn Sie von einem Juden-Massacer hören sollten, so wundern Sie sich nicht.

Die Gallerie Preußischer Charaktere[5] wird, wenn Sie dies Schreiben erhalten werden, unstreitig schon in Ihren Händen seyn. Dies Buch hat hier sehr viel Sensation gemacht; es wird aber ganz gewiß nicht bei dieser Erscheinung bleiben. Ueberhaupt begreife ich nicht, was aus dem französichen Staate werden soll. Alle Elemente sind in demselben in Aufruhr u. was daraus folgt brauche ich Ihnen nicht zu sagen. Man hat mir die Ehre erzeigt, mich zum Verfasser der Gallerie zu machen. Ich ertrage dies, wie so manche andere Beschuldigung von Autor- oder Vaterschaft.

Leben Sie wohl.
Fr. Buchholz

---

[1] [F.B.]: StaatsGeschichte Europa's – von dem Preßburger Frieden bis zum Frieden von Tilsit, 4. Jg., Tübingen: Cotta 1809.

[2] Christian Ludwig Ideler (1766–1846), Studienfreund von Buchholz und Astronom (Historische Untersuchungen über die astronomischen Beobachtungen der Alten, 1806; Untersuchungen über den Ursprung und die Bedeutung der Sternnamen, 1809). Veröffentlichte eine Übersetzung von Adam Smith's Versuch eine philosophischen Geschichte der Astronomie, in: NMD, Bd. 22–24 (1827). Seit 1793 Verfasser mehrerer Handbücher der französischen, italienischen und englischen Sprache und Literatur.

[3] Vgl. Brief Nr. 10, Anm. 1.

[4] Finanzspekulation bei Kursverfällen.

[5] [F.B.]: Gallerie Preussischer Charaktere. Aus der Französischen Handschrift übersetzt, Germanien [=Berlin: Sander] 1808.

Nr. 40 vom 27. April 1808

Berlin den 27 Apr. 8

Wundern Sie sich nicht darüber, daß ich seit einigen Monaten nicht an Sie geschrieben habe. Ich bin diesem Zeitraum hindurch damit beschäftigt gewesen, meine Studien für die europäische Staatengeschichte zu machen, deren Ausarbeitung mich einen großen Theil des Januars hindurch an das Pult feßeln wird. Ich habe diesmal nach allen Seiten hin Korrespondenzen eröffnet[,] um einzelne dunkle Parthien des großen Gemäldes aufzuhellen; u. meine Arbeit wird Ihnen beweisen, daß ich aus vortrefflichen Quellen geschöpft habe.

Ueber diese Arbeit werde ich Ihnen mündlich noch besondere Vorschläge machen, denn ich bin fest entschlossen, diesmal nach Leipzig zu kommen u. dieser Entschluß kann nur dadurch rückgängig gemacht werden, daß die Dinge hier eine Wendung nehmen, die sich jetzt noch nicht bestimmen läßt. Sie können sich nicht vorstellen, bis auf welchen Punkt des allgemeinen Elendes wir durch den Egoismus unserer Edelleute u. Juden in Verbindung mit dem Aussauge-System der französischen Regierung gekommen sind. Wenn dies zunimt, so muß eine allgemeine Auswanderung oder ein Krieg Aller gegen Alle erfolgen.

Herr Bötticher[1] hat mich mit seinem gewöhnlichen Leichtsinn zum Verf. der Galerie Preussischer Charaktere gestempelt. Ich hoffe, er wird sich nach einiger Zeit entschließen, das letzte Wort zurückzunehmen. Ueber meine Schriftstellerei werde ich immer die strengste Rechenschaft ablegen können.

Sie erhalten hier einen Aufsatz für die Annalen. Ich habe für diese Zeitschrift noch manches in Petto; aber ich kann nicht dazu kommen, meine Gedanken niederzuschreiben, weil ich von allen Seiten in Anspruch genommen werde. Außerdem fürchte ich die Empfindlichkeit der französischen Regierung, welche sich mir gar zu leicht aufsetzen läßt. Von der Revolution in Spanien verspreche ich mir nichts Gutes; u. doch möchte ich darüber einmal öffentlich meine Meinung sagen.[2] Der Friedensfürst[3] hat seine Rüstung im Jahre 1806 sehr theuer bezahlen müssen. Er setzte damals unstreitig voraus, daß Preussen einen anhaltenden Widerstand leisten würde; als er sich aber in dieser Voraussetzung betrogen fand u. sich genöthigt sah, das Schwert womit der dem

französischen Kaiser in den Rücken fallen wollte, wieder einzustecken, da war er einmal für allemal aus seiner Rolle gefallen. Das königl. Decret vom 13. Januar[4], welches ihn den Prinzen von Hause gleichsetzte, u. ihn gewissermassen zum Major Domus[5] machte, hatte keine andere Absicht, als ihn zu retten; aber der Erfolg hat gezeigt, daß er nicht zu retten war.[6] Die ganze Revolution in Spanien hängt aufs Genaueste mit der neapolitanischen vom Jahre 1806 zusammen u. nichts ist so merkwürdig, als daß auch in Spanien die regierende Königin die erste Ursache des Zusammensturzes der Dynastie gewesen ist[7]; denn dieser wird ganz unfehlbar erfolgen. Nach einem halben Jahre hat sich über Spanien ein Elend verbreitet, für welches die Indolenz dieser Nation allein den Maßstab abgeben wird.
Leben Sie wohl.
F. Buchholz

[1] Vgl. Brief Nr. 35, Anm. 5. Vgl. a. Karl August Böttigers Brief an Johannes von Müller, Dresden, den 29. November 1807: „Eben finde ich, indem ich die *Gallerie Preussischer Charaktere* mit dem eben jetzt herausgekommenen *Gemälde Preussens bis zum 14. Oktober* von Buchholz vergleiche, die größte Wahrscheinlichkeit, daß Buchholz auch der eigentliche Verfasser jener Gallerie seyn müsse; dann wird freilich Alles erklärbar." Briefe an Johannes von Müller. Supplement zu dessen sämmtlichen Werken, hg. v. Maurer-Constant, Bd. 1, Schaffhausen 1839, S. 448. Vgl. a. Sangmeister: Johannes von Müller (1994).

[2] Im Aufstand von Aranjuez wurde der spanische König Karl IV (1748–1819) am 17. März 1808 festgesetzt und sein Sohn Ferdinand wurde von den Aufständischen zum Nachfolger ernannt. Allerdings musste Ferdinand trotz seiner frankreich-freundlichen Haltung auf Druck Napoleons am 6. Mai 1808 zu Gunsten von Napoleons Bruder Joseph niederlegen. Die Vorangegange Verhaftung der Königsfamilie durch französisches Militär löste am 2. Mai 1808 in Madrid einen Volksaufstand aus, der bald das ganze Land erfasste.

[3] Manuel de Godoy (1767–1851), war Geliebter der spanischen Königin Maria Luise von Bourbon-Parme und wurde vom spanischen König nach dem Friedensschluss mit Frankreich in Basel 1795 zum Friedensfürsten („Principe de la Paz") ernannt.

[4] Mit dem Dekret vom 13. Januar 1807 wurden Manuel de Godoy alle Vollmachten eines Statthalters des Königs gewährt: Decret vom 13ten Januar nicht nur in diesen Würden bestätigte, sondern ihm ferner den Titel: Durchlaucht, beilegte und ihm die unumschränkteste Gewalt ertheilte und es wurde allen „Conseils, Vicekönigen, General-Capitainen" befohlen, dass sie de Godoys „Verfügungen in Allem […] Folge leisten" und ihn wie die „die eigne Person" des Königs ehren sollen.

⁵ lat.: Verwalter des Hauses.
⁶ In der Meuterei von Aranjuez vom 17. März 1808 forderte die Menge die Verhaftung Godoys und dieser wurde am 19. März 1808 seiner Ämter als Generalissimus und Admiral von Spanien und Indien enthoben.
⁷ Maria Karolina von Österreich (1752–1814), Königin von Neapel-Sizilien, wurde der Terror gegen die napolitanischen Republikaner nach der mit Hilfe des britischen Admirals Nelson gelungenen Niederschlagung der Parthenopäischen Republik 1799 angelastet. Nach dem Sieg über die österreichischen Truppen bei Austerlitz am 2. Dezember 1805, machte Napoleon seinen Bruder Joseph Bonaparte zum König von Neapel. Karolina von Österreich und ihre Famile flohen im Februar 1806.

Nr. 41 vom 25. Mai 1808

Berlin den 25ten May 8

Ich bin glücklich hier angekommen. Beikommende *Recus*¹ werden Ihnen sagen, daß ich die mir mitgegebenen Briefe ohne Zeitverlust bestellt habe. Mit Massenbach² habe ich über das Porträt des Herzogs von Braunschweig³ gesprochen. Er wird es mit Vergnügen hergeben; aber er muß es erst aus Potsdam kommen lassen, wo es zurückgeblieben ist. Sie erhalten es also um einen Posttag später. Der Himmel beschütze Sie.

Fr. Buchholz

¹ frz.: Empfangsbestätigungen, Quittungen.
² Vgl. Brief Nr. 30, Anm. 4.
³ Vgl. Brief Nr. 35, Anm. 7.

Nr. 42 vom 28. Mai 1808

Berlin, den 28ten May 8

Ich schicke Ihnen den versprochenen Kupferstich, welcher, in Hinsicht der Ähnlichkeit der Gelungenste ist, den es giebt; Sie selbst werden das finden, wenn Sie den Herzog von Braunschweig[1] einmal gesehen haben. Massenbach[2], dem dieser Kupferstich gehört, leistet darauf Verzicht, so daß Sie nach Wohlgefallen darüber schalten können.

Nach ungefähr vierzehn Tagen werden Sie einen ostensiblen[3] Brief von mir erhalten, der sich auf Ihren Vorschlag bezieht, mich in Ihrer Nähe niederzulassen. Gelingt dieser Entwurf nicht, so bin ich fest entschlossen, mit den Meinigen nach Dresden zu gehen. Hier wird der Verfall des gesellschaftlichen Gebäudes mit jedem Tage stärker u. auffallender. Ohne das Mindeste ausgerichtet zu haben, hat der Minister Stein[4] Berlin verlassen. Allem Ansehen nach verschwindet die Idee Preussen aus der europäischen Welt; denn diese Idee hängt aufs innigste mit der Dynastie der Hohenzollern zusammen, welche ihre Rolle eben so ausgespielt hat, als die Bourbonen auf dem spanischen Thron.[5] Welche Entwickelung des Drama's im Süden von Europa! Ich habe lachen müssen, als ich in neuen Berichten die Stelle las, welche sich auf die Bourbonen in Spanien bezieht. Nie hat sich der unkönigliche Sinn auffallender manifestirt, als durch diese Dynastie. Wer aber auch König von Spanien werden möge, Europa's Schicksal, welches so sehr von den Verhältnissen dieses Reiches zu seinen Colonien abhängt, schwebt jetzt auf der allergefährlichsten Spitze, u. ich befürchte, daß Napoleon | weiter gegangen sey, als die Klugheit zu gehen gestattete. Man muß nicht alles wollen, was man kann, wenn man sich in Napoleons Lage befindet.

Ich wünsche, daß mein Brief Sie noch in Leipzig antreffen möge; zu größerer Vorsicht habe ich ihn an die boehmische Handlung adressirt.

Reisen Sie glücklich u. behalten Sie lieb
Ihren Fr. B.

---

[1] Vgl. Brief Nr. 35, Anm. 7.

² Vgl. Brief Nr. 30, Anm. 4.
³ vorzeigbaren
⁴ Heinrich Friedrich Karl Freiherr vom und zum Stein (1757–1831), von 1804 bis zum 3. Januar 1807 königlicher Finanz- und Wirtschaftsminister, wurde am 10. Juli 1807 – unter anderem auf Drängen Napoleons, der in ihm einen Reformer und irrtümlicherweise einen potentiellen Verbündeten sah –, erneut zum Staatsminister berufen. Am 9. Oktober 1807 wurde das sogenannte Oktoberedikt, „den erleichterten Besitz und den freien Gebrauch des Grundeigentums so wie die persönlichen Verhältnisse der Landbewohner betreffend", mit dem Leibeigenschaft und Erbuntertänigkeit abgeschafft wurden. Die beiden anderen großen Stein'schen Reformen, die Städteordnung vom 19. November 1808 und die Neuordnung der Ministerien vom 24. November 1808, standen noch bevor. Auf Druck Napoleons, der erkannt hatte, dass Stein zur antifranzösischen „Kriegspartei" in Preußen gehörte, wurde Stein am 24. November erneut entlassen.
⁵ Spanische Linie der Bourbonen-Dynastie, die in Frankreich von Heinrich IV (Regierungszeit 1589–1610) bis zu Ludwig XVI. (Regierungszeit 1774–1793) und in Spanien von Philipp V. (Regierungszeit 1700–1724) bis zu Ferdinand VII. (Regierungszeit 1808 und ab 1813) den Herrscher stellte. Vgl. a. Brief Nr. 40, Anm. 2.

Nr. 43 vom 9. Juli 1808

Berlin den 9ten Jul 8

Unmittelbar nach Beendigung der europäischen Staatsgeschichte vom Presburger bis zum Tilsiter Frieden¹, setze ich mich zu einer Unterhaltung mit Ihnen nieder; ich habe seit ungefähr 6 Wochen weder rechts noch links gesehen, um mich nicht zu zerstreuen bei meiner Arbeit, die meine ganze Aufmerksamkeit verdiente.

Schon zum Voraus habe ich Ihnen gesagt, daß Sie für das nächste Taschenbuch² keiner anderweitigen Materialien bedürfen, u. ich wiederhole Ihnen dies jetzt auf das Allerzuverlässigste. Sie erhalten ein Manuskript von nicht weniger als 60 Bogen. 24 sind mir bereits von dem Copisten abgeliefert, u. werden in diesen Tagen an Sie abgehen. Damit Sie aber nicht vor dem Volumen erschrecken mögen, sage ich Ihnen, daß diese 60 Bogen nur 30 von meiner Hand ausmachen u. folglich nicht mehr als 300 gedruckte Seiten in dem Taschenbuche ausfüllen werden.

Die Lectüre wird Sie davon überzeugen, daß ich nicht nur allen und möglichen Fleiß auf diese Arbeit gewendet, sondern auch Thatsachen erzählt habe, welche bisher nicht dem Publikum unbekannt waren. Wie wäre es, wenn Sie das Werk doppelt drucken ließen, einmal als Taschenbuch u. dann in 8^{ve} zur Unterhaltung für diejenigen, welche das Taschenbuch mit seinen Kupfern nicht kaufen. Ueberlegen Sie diesen Vorschlag wenigstens.

Massenbach[3], welcher vor einiger Zeit nach dem Herzogthum Warschau[4] abgegangen ist, hat mir ein Exemplar von der Pallas[5] mitgetheilt, deren Inhalt Sie mir bei meinem Aufenthalt in Leipzig zu verschweigen die Güte gehabt haben. Ich gestehe Ihnen, daß Unwille über Rühle's Niederträchtigkeit meine erste Empfindung war; denn hatte mich dieser Mensch nicht auf das Dringendste gebeten, ihn mit Aufsätzen zu unterstützen, u. hatte ich ihn im Mindesten beauftragt, meinen Namen lang u. breit unter meine Arbeit zu setzen?[6] Doch, so wie alle Empfindungen des Hasses keine Dauer in meinem Herzen haben, so habe ich denn in dem vorliegenden Falle sehr bald lachen müssen, über das, was die Pallas mir sonst noch darbot. Nie ist ein lächerlicheres Journal erschienen; denn sagen Sie selbst, was kann lächerlicher seyn, als ein Journal, das sich selbst bekämpft? In Wahrheit ist Rühle niederträchtig, so stur, zugleich so albern, daß man nicht böse auf ihn werden kann. Die Idee der Pallas konnte nur in einem Kopf entspringen, der zugleich Prinzenerziehung, Schriftstellerei, Adreßhausarbeiten u. Heirathsangelegenheiten betreiben will; mit einem Worte in dem | Kopfe eines eitelen u. würdigen Edelmanns. Was den Herrn Adam Müller betrift, der für gut befunden hat, eine Lanze mit mir zu brechen, so irrt er sehr, wenn er sich einbildet, daß ich ihm die Ehre erzeigen werde, ihm gegenüber in die Schranken zu treten.[7] Dazu ist er mir zu unreif. Er nehme den Erbadel und die Juden in Schutz soviel er wolle; mich geht das nichts an; denn ich habe etwas mehr zu thun, als Meinungen u. Ansichten zu vertheidigen, so leicht es mir im uebrigen auch werden würde, den Herrn Adam Müller als einen politischen Don Quichote darzustellen, für welchen des redseligen Burke's Werke die Amadis von Gallien sind.[8] Uebrigens werden Sie mir wohl glauben, daß ich mit Rühle für immer auseinander bin. Ich wünsche seiner Pallas von ganzem Herzen Glück; aber nach wenigen Monaten wird von diesem abgeschmackten Journal schwerlich noch die Rede seyn.

Nach einigen Tagen gehe ich auf eine Woche aufs Land, um wieder neue Kräfte zu sammeln. Nach meiner Rückkunft werde ich eine längere Zeit nur für die Annalen arbeiten. Mehrere Gedanken sind mir seit zwei Monaten durch den Kopf gegangen, die ich nicht habe niederschreiben können, weil ich die Wärme nicht verfliegen lassen durfte, die mir zu meiner Arbeit nötig war. Indeß – alta mente repostum jacet[9].

Ich habe mich genöthigt gesehen, die 100 Fried. d'or, die Sie in Leipzig für mich niedergelegt hatten, auf einmal kommen zu lassen – weil die Studersche Handlung mir nicht Wort gehalten hat. Achthundert Thaler hab' ich schon jetzt an dieser Handlung verloren, u. der Himmel mag wissen, ob ich nicht auch den letzten Rest einbüssen werde. Es ist doch nichts so verrucht als ein Betrug dieser Art.

Als politische Macht ist Preussen noch immer ohne Kraft für die Gegenwart u. ohne alle Aussichten für die Zukunft. Es ist also nicht weniger, als ein Glück, in diesem, von Gott u. Menschen verlassenen Staate zu leben; u. wenn die Umstände so beschaffen sind, daß ich mich mit Erfolg um die für Joh. v. Müller in Tübingen bestimmte Professur bewerben kann[10] – so würden Sie mir eine Gefälligkeit erzeigen, wenn Sie mir darüber einen Wink geben wollen.

Der Himmel erhalte Sie u. Die Ihrigen!
Fr. Buchholz

---

[1] Vgl. Brief Nr. 39, Anm. 1.
[2] [F.B.]: StaatsGeschichte Europa's – von dem Frieden von Tilsit bis zur Abreise Napoleons zur Armee in Spanien, 5. Jg., Tübingen: Cotta 1810.
[3] Vgl. Brief Nr. 30, Anm. 4.
[4] Mit dem Frieden von Tilsit wurde der polnische Staat von Napoleon als Herzogtum Warschau restituiert, das mit dem Wiener Kongress 1815 wieder aufgelöst wurde.
[5] Die *Pallas. Eine Zeitschrift für Staats- und Kriegs-Kunst*, herausgegeben von R.v.L., Erster Band, Tübingen: Cotta 1808 wurde von Otto August Rühle von Lilienstern (1780–1847), preußischer Generalleutnant und Militärschriftsteller, herausgegeben.
[6] Im genannten Heft der Pallas erschien der namentlich gekennzeichnete Artikel von Buchholz: In wie fern kann die englische Regierung eine oligarchische genannt werden?, in: Pallas, Bd. 1 (1808), S. 65–74, den Buchholz anonym publizieren wollte.
[7] Im selben Heft der *Pallas* veröffentlichte Adam Müller (1779–1829) seine Kritik an Buchholz' *Untersuchungen über den Geburtsadel*: Bei Gelegenheit der Untersuchungen über den Geburtsadel von Fr. Buchholz, in: Pallas, Bd. 1 (1808), S. 83–88. Vgl. dort a. die Buchholz- und aufklärungskritische Passage im Beitrag von Ernst Brandes: „Statt einer reichen, kräftigen Lebensverbindung zwischen dem nothwendigen Walten

der Begebenheiten, und den freien Eingriffen des reinen menschlichen Willens in ihren Gang, sehen sie nur mit kaltem Auge einen Mechanismus; statt lebendiger Wechselwirkung zwischen Souverain und Volk, herrscht die Idee, ‚daß der Staat eine von der höchsten Gewalt erfundene Maschine sei,' von Friedrich II. gebildet und geübt, und von Friedrich Buchholz erschöpft, in wie fern sich mit so wenigen Mitteln etwas erschöpfen läßt. – Die Maximen der preußischen Aufklärung, und der preußischen Regierung treffen zusammen." Brandes: Ueber die Betrachtungen des Zeitgeistes in Deutschland (1808), S. 221f.

[8] Ritterromane wie *Amadis von Gallien* werden von Cervantes' Romanfigur *Don Quichote* für die Realität gehalten. Edmund Burke (1729–1797) verfasste mit den von Friedrich Gentz ins Deutsche übersetzen *Reflections on the revolution in France* (1790) den meistgelesenen revolutionskritischen und frühkonservativen Traktat. Burke ist für Adam Müller der wichtigste Referenzautor, mit dem er ein direkt Buchholz entgegengesetztes traditionsbewahrendes Gegenwartskonzept verbindet. Vgl. o. Kapitel 4.1.

[9] lat.: „sie bleiben tief in der Seele aufbewahrt".

[10] Vgl. Brief Nr. 29, Anm. 9.

Nr. 44 vom 20. August 1808

Berlin den 20 Aug. 8

Ich überschicke Ihnen hier für die europäischen Annalen zwei Aufsätze[1], die so gut gerathen sind, als jetzt etwas gerathen kann. Die enorme Hitze während des Jul. hat alle Realisation meines Geistes abgespannt, u. obgleich die Witterung jetzt erträglicher zu werden anfängt, so befinde ich mich noch immer nicht so wohl, daß ich mich zu irgend einem anhaltenden Geschäfte aufgelegt fühlte. Vielleicht habe ich mich bei der Ausarbeitung der europäischen Staatsgeschichte[2] allzu sehr angegriffen. Ich fühlte mich, nach Beendigung dieser höchst mühsamen Arbeit ermattet u. bin zu meiner Erholung einige Wochen aufs Land zu meinen Geschwistern; allein dieser Aufenthalt hat mir diesmal mehr geschadet, als er mir nützlich gewesen ist.

Sie wundern sich vielleicht darüber, daß die europäische Staatengeschichte noch nicht in Ihren Händen ist. Es hat mir bisher blos an einer sicheren Gelegenheit nach Leipzig gefehlt; diese wird sich aber im Laufe der nächsten Woche finden. Mit dem Manuskripte bekommen Sie zugleich die Portraits von Constantin[3] u. Bennigsen[4]. Das des Herzogs von Auerstädt[5] habe ich hier nicht auftreiben können, u. Sie werden sich deshalb schon nach Paris an Widemann[6] wenden müssen.

Die Franzosen fangen an, uns zu verlassen, u. Ihrer Aussage nach gibt es einen neuen Krieg mit Oestreich. Ganz unwahrscheinlich ist das nicht; u. wenn der Krieg wirklich ausbrechen sollte, so wird Franz der Zweite schwerlich jemals als Kaiser von Oesterreich gekrönt werden. Würde doch in diesem Krieg der Kampf zwischen dem Alten u. dem Neuen zu Ende gebracht.

Ich rechne darauf nächstens zu hören, daß man Sie zum Reichsstand für das Kgreich Württemberg[7] ernannt hat.

Mit dem Herrn von Rühl[8] bin ich nicht weiter in Zusammenstoß gerathen; welches aber auch seine Gesinnungen seyn mögen, so hat er mich durch sein Versehen[9] einmal für allemal abgeschreckt, mit ihm irgend etwas gemein zu haben.

Der zierliche Hofrath Schütz[10] in Halle hat dem Staatsrath Müller[11] in Cassel seinen Hof durch arge Rezensierung meiner Schriften zu machen gesucht. Gott gebe, daß er seinen Zweck erreiche! Ich lache darüber, weil ich die falsche Voraussetzung, die dabei obgewaltet hat, nur allzu gut kenne. Es giebt doch in der deutschen Literatur nichts Verächtlicheres, als diese Rezensions-Fabriken. Wollte ich den Mund aufthun, so sollte dieser Professor Schütz für sein ganzes Leben geschändet seyn. Ich halte es aber für der Mühe werth zu sagen, was ich mit der höchsten Bestimmtheit weiß u. werde also ruhig den Zeitpunkt abwarten, wo die Sache sich von selbst aufklärt.

Leben Sie wohl.
Fr. Buchholz

---

[1] Mutmaßlich handelt es sich um: [F.B.]: Schreiben an den Herausgeber der europäischen Annalen, in: EA 10 (1808), S. 26–35; [F.B.]: Wie viel Wahrscheinlichkeit haben die Engländer, unter den gegenwärtigen Umständen Eroberungen im spanischen Amerika zu machen?, in: EA 12 (1807), S. 150–261.
[2] Vgl. Brief Nr. 39, Anm. 1.
[3] Benjamin Constant (1767–1830), politischer Publizist und frühliberaler Staatstheoretiker.

⁴ Levin August von Bennigsen (1745–1826), aus dem Kurfürstentum Hannover stammender russischer General. Oberkommandierender der russischen Truppen in der Schlacht bei Eylau. Vgl. a. Brief Nr. 20, Anm. 1.

⁵ Loui-Nicolas Davout [auch: Davoût, Davoust] (1770–1823), französischer General und Marschall von Frankreich. Nach dem Sieg über Preußen in der Schlacht von Auerstedt von Napoleon zum Herzog von Auerstedt ernannt und Generalkommandeur der französischen Truppen in Preußen.

⁶ Vgl. Brief Nr. 19, Anm. 3.

⁷ Johann Friedrich Cotta wurde erst ab 1815 bis 1819 Mitglied der Württembergischen Ständeversammlung, 1817 wurde er geadelt (Cotta von Cottendorf), 1822 erhielt er den Titel eines Freiherrn.

⁸ Vgl. Brief Nr. 43, Anm. 5.

⁹ Vgl. Brief Nr. 43, Anm. 6.

¹⁰ Christian Gottfried Schütz (1747–1832), Herausgeber der *Allgemeinen Literatur-Zeitung* in Halle. Im Mai 1808 waren dort August Wilhelm Rehbergs kritische Rezensionen von Buchholz' *Rom und London* (*Allgemeine Literatur-Zeitung*, Nr. 144, 17. Mai 1808, Sp. 129–134) und den *Untersuchungen über den Geburtsadel* (*Allgemeine Literatur-Zeitung*, Nr. 145, 18. Mai 1808, Sp. 137–144) erschienen.

¹¹ Vgl. Brief Nr. 29, Anm. 9.

Nr. 45 vom 25. September 1808

Berlin den 25ten Sept

Ich überlasse es Ihrer Beurtheilung, ob Sie das Vorstehende der allgemeinen Zeitung einverleiben wollen; beim Niederschreiben desselben hatte ich nur die Absicht, ein derbes Wort über den Unsinn zu sagen, womit unsere Minister jetzt alles Preis geben, weil sie nichts von den Erscheinungen der Zeit begreifen.

Ihr Schreiben vom 5 d. habe ich gestern erhalten. Unstreitig wird die Staatsgeschichte von Europa[1] jetzt schon in Ihren Händen seyn; ich habe sie durch die Frölich'sche Handlung[2] nach Leipzig gesandt. Beruhigen Sie mich, sobald wie möglich, über die Ungewißheit, worin ich jetzt noch bin, ob diese sehr mühselige Arbeit auch wirklich bei Ihnen angekommen ist.

In meiner neuen Arbeit gefalle ich mir in eben dem Maaße, worin ich darin fortschreite. Jetzt komt es mir vor, als werfe ich die ersten Lichtstralen in das Chaos, das man bisher Reichsgeschäfte genannt hat. Wenigstens ist es mir gelungen; das punctum saliens³ festzustellen, von welchem aus die Begebenheiten eines Jahrtausends sich in ihrer unvermeidlichen Nothwendigkeit zeigen. Von dieser Seite wird mein Werk durchaus neu seyn; es wird aber, hoff' ich, auch höchst interessant werden durch die Aussichten, die ich für die Zukunft eröffne, u. durch die Apologie Napoleons in Ansehung seines Verfahrens gegen Deutschland. Ich zeige nämlich, daß derjenige welcher Deutschland schon gegenwärtig Freiheit u. Nationalität geben wollte, nicht blos gegen die Fürsten dieses Reiches, sondern auch gegen ihre Unterthanen höchst grausam seyn würde; u. führe meinen Beweis aus der Beschaffenheit des gesellschaftlichen Zustandes in Deutschland.

Melden Sie mir doch auch über diesen Gegenstand recht bald Ihre Willensmeinung.

Nächstens erhalten Sie von mir einen Aufsatz über die Wahrscheinlichkeit, welche England hat, in dem gegenwärtigen Kriege Eroberungen im spanischen America zu machen.⁴ Ich leugne nämlich diese Wahrscheinlichkeit, nachdem ich von dem Benehmen der Engländer in Monte Video u. Buenos Ayres vollständiger unterrichtet worden bin u. die Vertheidigungsmittel der Spanier in Amerika kenne. Bei dieser Gelegenheit werde ich viel beser durchaus Unbekanntes sagen, vorzüglich über Kinders, der auf eine sehr merkwürdige Weise zur Vertheidigung von Buenos Ayres gekommen ist.

Leben Sie wohl.

Man sagt hier, Hulin⁵ sey in Spanien auf eine grausame Weise ermordet worden. Wäre es Ihnen wohl möglich, mir hierüber eine sichere Auskunft zu verschaffen. Ich interessire mich sehr für diesen Mann, den ich hier als höchst bieder kennen gelernt habe.
B.

---

[1] Vgl. Brief Nr. 39, Anm. 1.
[2] Heinrich Frölich (gest. März 1806), Buchhändler und Verleger, hat 1798 vom Buchhändler Friedrich Vieweg des Privileg erworben und die Frölich'sche Verlagsbuchhandlung gegründet. Nach seinem Tod wurde der Verlag noch bis 1809 unter seinem Namen weitergeführt, anschließend nach den neuen Besitzern in Duncker & Humblot umbenannt.

³ lat.: der springende Punkt.
⁴ [F.B.]: Wie viel Wahrscheinlichkeit haben die Engländer, unter den gegenwärtigen Umständen Eroberungen im spanischen Amerika zu machen?, in: EA 12 (1807), S. 150–261. Vgl. a. Brief Nr. 44, Anm. 1.
⁵ Das Gerücht stimmte nicht, Hulin lebte noch bis 1841. Vgl. a. Brief Nr. 20, Anm. 2.

Nr. 46 vom 9. Oktober 1808

Herrn Dr. Cotta.

Berlin den 9ten Oct. 8

Ich kann das gestern erhaltene Paket meines Freundes nicht abschicken, ohne Ihnen wenigstens guten Tag! zu sagen.

Mit der größten Ungeduld erwarte ich Ihre Antwort auf meinen vorletzten Brief. Aus dem Groben bin ich bereits mit meiner Arbeit. Nie habe ich etwas geschrieben, wobei der ganze Mensch in mir so interessirt gewesen wäre. Der Titel dieses Werks wird seyn: <u>Tiresias oder Deutschlands Zukunft.</u>¹ Es ist wesentlich prophetisch, obgleich so, daß kein vernünftiger Mensch sich meinen Prophezeihungen wird versagen können. Der Zweck ist: den Kampf der alten u. neuen Ideen in Deutschland zum Stillstand zu bringen, u. dieser Zweck wird dadurch erreicht, daß ich meinen Ideen von organischer Gesetzgebung eine klarere Entwicklung gebe, als es bisher geschehen ist. Das Buch soll uns beiden gleichviel Ehre machen: Sie als Verleger, sollen in Ihrem Verlage nichts haben, was entscheidender auf Deutschland eingewirkt hätte, ich, als Verfasser, will mir das Verdienst erwerben, Deutschlands guter Genius geworden zu seyn. Sie selbst werden mir hinterher das Zeugniß geben, daß ich Ihnen nicht zu viel gesagt habe; u. kenne ich Sie recht, so wird mein Werk, wie ruhiger Mann Sie auch sind, ein wenig enthusiasmiren. Gern würde ich es sehen, wenn es hier gedruckt werden könnte; doch füge ich mich hierin Ihrem Willen, wenn Sie mir versprechen, daß ein recht gewissenhafter u. einfühlsvoller Corrector bei dem Abdruck eingestellt werden soll. Dergleichen müssen ja bei Ihnen zu bekommen seyn. | Papier u. Druck sind hier preislich allzu theuer, als daß ich verlangen könnte, mein Lieblings-Produkt unter meinen Augen erscheinen zu sehen.

Warum constituirt sich das Königreich Wirtemberg nicht? Es hat ganz das Ansehen, als ob Ihr König nicht den rechten Punkt finden könnte, von welchem er ausgehen muß. Seine einzelnen Schöpfungen verrathen durchaus nicht, daß er den Geist der Zeit gefaßt habe.[2] Das Zurückstreben in die alte Zeit wird ihm sehr verderblich werden; u. er wird noch manchen Magister für gemüthskrank erklären müssen, um nicht selbst als ein Gemüthskranker zu erscheinen. Beantworten Sie mir doch obige Frage mit einigen Worten; mehr bedarf es nicht für mich. Doch bitte ich Sie zugleich, diese Paar Worte recht leserlich zu schreiben, damit kein Misverstand möglich sey.

Ich hatte mir vorgenommen, ich hatte Ihnen sogar versprochen, Einzelnes zu arbeiten; allein mein Genius läßt mich dazu nicht kommen. Ich habe mich lange nicht so wohl befunden, wie seit einem Monate, u. damit hängt aufs Innigste zusammen, daß ich vor der Arbeit nicht zu den Geschäften kommen kann. Lassen Sie mich gewähren. Gegen Ende Nov. bin ich mit meiner Arbeit fertig u. dann wird Gott weiterhelfen.

Die Auftritte in Spanien werden dazu beitragen, daß die Constitution dieses Königreichs in allen den Punkten, welche die Geistlichkeit betreffen, wesentliche Abänderungen erfahren wird. Die römische Theokratie, die nur in Spanien u. Portugal noch fortlebte, stirbt an diesen Krämpfen. Uebrigens bedaure ich den König Joseph[3]. Ich möchte um keinen Preis nicht an seiner Stelle in den ersten zehn Jahren seyn.

Fr. B.

---

[1] Das Werk wurde am 12. November 1808 an Cotta abgeschickt, erhielt jedoch nicht das Imprimatur der Zensur in Tübingen und dürfte nie veröffentlicht worden sein: vgl. a. Briefe Nr. 49, Nr. 51, Nr. 54, Nr. 55 und Nr. 58. Vermutlich sind Teile des Werks eingegangen in Buchholz' Hermes oder über die Natur der Gesellschaft mit Blicken in die Zukunft, Tübingen: Cotta 1810. Vgl. a. Brief Nr. 64, Anm. 10.

[2] Anders als in den Modellstaaten des Rheinbund wurde im Königreich Württemberg der Code Napoleon nicht als allgemeines Gesetzbuch eingeführt. König Friedrich I. nutzte die napoleonische Zeit lediglich zur Zentralisierung der Herrschaft, „Freiheit und Rechte des Bürgers waren kein Ziel seiner Politik [...] Der Gleichheitsgrundsatz war für den König nur ein Mittel zur Herstellung des einheitlichen Untertanenverbandes." Bernd Wunder: Europäische Geschichte im Zeitalter der Französischen Revolution 1789–1815, Stuttgart 2001, S. 166.

[3] Joseph Bonaparte, König von Spanien (1808–1813). Vgl. a. Brief Nr. 40, Anm. 7.

Nr. 47 vom 20. Oktober 1808

Berlin den 20ten Oct. 8

Benningsens[1] Portrait wird von einem Künstler gemacht werden, den Gubitz[2] in Vorschlag gebracht hat; ich hoffe also, daß alle Ihre Wünsche in dieser Hinsicht werden befriedigt werden.

Was Sie mir von Massenbach[3] mitgetheilt haben, hat mich sehr frappirt, ob ich gleich davon nicht sehr überrascht worden bin, da er mich selbst darauf vorbereitet hatte. Ich habe in diesen Tagen an ihn geschrieben u. ihm kein Geheimniß aus der Verlegenheit gemacht, worin Sie sich in Ansehung seiner befänden. Immer wird dies etwas wirken, da er mein Urtheil über ihn respectirt. Ihnen schicke ich hier ein Fragment seines letzten Briefes an mich, woraus Sie seine Adresse u. seine Gesinnungen zugleich kennenlernen mögen. Die Wahrheit zu gestehen, ich begreife noch nichts von seinem Verfahren; es scheint mir gar zu abgeschmackt. Mit meinem Tiresias[4] bin ich bis auf die letzten Kapitel fertig, welche Deutschlands künftige Kunst u. allgemeine Volksstimmung betreffen. Es ist mein bestes Buch u. wird, aller Wahrscheinlichkeit nach, mein letztes politisches Werk seyn; denn ich wüßte wahrlich nicht was ich nun noch über Europa's Angelegenheiten im Allgemeinen oder Besonderen zu sagen hätte. Dafür sage ich Ihnen gut, daß es abgehen wird. Wie aber, wenn es noch vor der Ostermesse erschiene? Das Manuskript kann mit Ausgang des Nov. in Ihren Händen seyn; u. wenn Sie dann den Druck gleich anfangen lassen, so wäre es sehr wohl möglich, das Werk, welches nicht über ein Alphabet betragen wird, im Febr. in Umlauf zu setzten. Unstreitig werden Sie Manches daraus für die Annalen nehmen. Ich mache Sie vorläufig aufmerksam auf den Abschnitt, welcher die Schicksale unserer Literatur betrifft, über die von Fichte, Jean Paul u. dem wasserigten Bötticher[5] so viel gefaselt werden darf. Wie schmerzlich werden vielen unserer heutigen Schriftsteller die Augen über ihr elendes Thun u. Treiben aufgehen, wenn sie das lesen werden! Das Buch hat einen mathematischen Zusammenhang u. umfaßt, wenn mich nicht alles täuscht, die ganze deutsche Welt.

Von unserem Schicksal wissen wir noch immer nichts, obgleich der Prinz Wilhelm[6] sich hier mehrere Tage aufgehalten hat. Es ist bewundernswürdig, wie Napoleon alle diese Menschen beherrscht.

Leben Sie wohl.
Fr. Buchholz

[1] Vgl. Brief Nr. 44, Anm. 4.
[2] Vgl. Brief Nr. 17, Anm. 11.
[3] Vgl. Brief Nr. 30, Anm. 4.
[4] Vgl. Brief Nr. 46, Anm. 1.
[5] Johann Gottlieb Fichte (1762–1814), Jean Paul (1763–1825), Karl August Böttiger (1760–1835); zu Böttiger vgl. a. Brief Nr. 35, Anm. 5.
[6] Prinz Wilhelm von Preußen (1783–1851), vierter und jüngster Sohn von König Friedrich Wilhelm II.

Nr. 48 vom 7. November 1808

Berlin den 7 Novemb. 8

Ich kann Ihnen nicht sagen, welche geheime Freude ich darüber empfinde, daß Sie der Verleger meines besten Productes seyn werden;[1] wären wir an einem Orte, so könnte ich es Ihnen nur mit einer Umarmung übergeben.

Ich bin jetzt damit ganz fertig; u. würde es Ihnen sogleich überschicken, wenn ich mir auf der einen Seite nicht vorgenommen hätte, es noch einmal durchzusehen, u. wenn ich auf der andern nicht Ihre Antwort auf einen meiner letzten Briefe bis zum Sonnabend abwarten wollte.

Wenn Sie das Werk durchaus nicht hier drucken lassen wollen; so bitte u. beschwöre ich Sie, die Correctur einem zuverlässigen Manne anzuvertrauen, der Gewissenhaftigkeit genug hat, den Satz mit dem Manuskript zu vergleichen, u. grammatische Kenntnisse genug besitzt, um keine Sprachfehler in den Druck kommen zu lassen.

Ich schicke das Werk von hier an Böhme[2], der es weiter besorgen wird; man muß sicher gehen, weil die Dieberei auf den Posten nur allzu groß ist.

In dem Werke habe ich bezeichnet, was Sie für die Annalen daraus brauchen können. Ich schätze, Sie laßen den Abriß den ich von der politischen Geschichte Deutschlands gemacht habe, der Länge nach mit einer kleinen Einleitung drucken, worin Sie auf das Werk selbst hinweisen; Dieser Abriß enthält Sachen, die von unseren Geschichtschreibern neu zur Sprache gebracht worden sind. Was Sie in den Annalen abdrucken lassen, vergüten Sie mir <u>nicht</u>.

Aeußerst lieb würde es mir seyn, wenn mein Werk noch dieses Jahr, oder doch wenigstens gleich im Anfang des folgenden erschiene. Der Wunsch geht aus der Natur des Werks hervor, wie sie sich leicht überzeugen werden, wenn Sie es lesen.

In Ansehung der Auflage mache ich Ihnen, wie sich von selbst versteht, keine Vorschrift. Für das Werk selbst werden Sie die Güte haben, mir 100 T. friedrichs d'or gut zu schreiben. Jetzt brauche ich sie nicht, da die Sandersche Handlung[3] mir noch im Laufe dieses Monats einen bedeutenden Posten zu entrichten hat; außerdem bin ich Ihnen Entschädigung schuldig für | die sehr früh einkassierten 100 Th. fr. d'or vom vorigen Sommer. Ich hoffe, daß sich in <u>unseren</u> Verkehr nie ein Misverstand einschleichen soll. Von nun an arbeite ich nun längere Zeit für die Annalen.

Ich hätte auch wohl die Absicht, die höchst interessante Geschichte der Maria von Burgund[4], Gemalin Maximillians des Ersten, für den Damenkalender zu bearbeiten; indeßen müssen Sie dazu Ihr Fiat![5] geben, ehe ich eine so mühsame Arbeit beginne.

Leben Sie wohl u. behalten Sie lieb.
Ihren
Fr. Buchholz

---

[1] Vgl. Brief Nr. 46, Anm. 1.
[2] Adam Friedrich Böhme (geb. 1785), Buchhändler in Leipzig.
[3] Vgl. Brief Nr. 34, Anm. 4.
[4] Maria von Burgund (1457–1482), Herzogin von Burgund, das durch ihre Heirat mit Maximilian I. von Habsburg an Habsburg kam.
[5] lat.: Es werde!

Anhang: Briefe von Buchholz an Cotta

Nr. 49 vom 12. November 1808

Berlin den 12ten Nov. 8

Ich habe bis jetzt vergeblich auf einen Brief von Ihnen gehoft. Um keine Zeit zu verlieren, schicke ich das Manuskript an Sie ab.[1] Vielleicht können Sie, wenn Sie es recht bald ins Publikum bringen, ein großes Unglück verhüten; wenigstens betrachte ich es als ein Unglück, wenn Süd-Deutschland noch einmal der Kriegesschauplatz wird, was mir in, der gegenwärtigen Lage der Dinge, unvermeidlich erscheint. Was ich damit sagen will, darüber werden Sie in dem Werk selbst die genügendsten Aufschlüsse bekommen.

Auf den Fall, daß Sie den Druck sogleich anfangen lassen, bitte ich Sie, es mir zu melden. Ich werde Ihnen alsdann mit umgehender Post einen Brief an Göthe[2] schicken, dem ich mein Werk dedizirt haben würde, wenn ich meine Liebe für ihn prosterniren[3] möchte.

Das Mspt schicke ich an Böhme[4] mit dem Auftrag[,] es ohne Zeitverlust an Sie abgehen zu lassen. Was Sie außer den angestrichenen Stellen noch ausgeben wollen für die Annalen, bleibt Ihrer Wahl anheim gestellt.

Leben Sie wohl u. behalten Sie lieb
Ihren
Fr. Buchholz

---

[1] Vgl. Brief Nr. 46, Anm. 1.
[2] Mit Johann Wolfgang Goethe (1749–1832) verband Buchholz, ohne dass es je zum persönlichen Kontakt gekommen wäre, ein besonderes intellektuelles Verhältnis. So hat Goethe von Anfang Buchholz' Werke zur Kenntnis genommen und in einem Fall auch wohlwollend rezensiert (vgl. a. Kapitel 5.2). Zu Buchholz' Hochschätzung von Goethe vgl. a. die Briefe Nr. 59, Nr. 61, Nr. 81 sowie den Nachruf von Buchholz auf Goethe: Über Göthe, in: NMD 37 (1832), S. 454–463.
[3] in Verehrung auf die Knie gehen
[4] Vgl. Brief Nr. 48, Anm. 2.

Nr. 50 vom 25. November 1808

Berlin den 25^(ten) Nov. 8

Ich kann beiliegenden Brief nicht abschicken, ohne ihn mit einigen Worten an Sie zu begleiten.

Mein Mskpt wird in diesem Augenblick unstreitigst in Ihren Händen seyn. Mit Ungeduld erwarte ich Ihre Antwort; doch nur um zu wissen, daß alles pünktlich angekommen ist.

Ich weiß nicht, was Fischer[1] Ihnen zugesandt hat; aber das weiß ich, daß er sich sehr darüber wundert, daß bisher so wenig davon abgedruckt ist. Wollen Sie ihn in Beziehung auf das Morgenblatt feßeln; so werden Sie dem Redakteur desselben hierüber schon einen Wink geben müssen.

Wir haben hier täglich Durchmärsche, u. niemand zweifelt mehr daran, daß die Franzosen uns verlassen werden. Die Herrlichkeit wird indeß von keiner langen Dauer seyn; denn sobald die spanischen Angelegenheiten beendet sind, komt der Tanz wieder an Deutschland. Dies liegt so sehr in der Natur der Sache, daß ich nicht begreife, wie man dabei so ruhig bleiben kann. Außerdem beschäftigt mich nichts so sehr, als die künftigen Maasregeln unserer Regierung, die freilich deutlich genug einsieht, daß die Zurückführung des Alten unmöglich ist, aber, wie es mir vorkömt, für ihre Procedur keine zuverlässige Formel finden kann. Gewohnt, ihre Bestimmung nur von Seiten der damit verbundenen Genüsse zu würdigen, wird es ihr sehr schwer werden, Pflichten anzuerkennen u. auszu | üben. Sie können sich kaum vorstellen, wie groß die Verwirrung bei uns ist. Alles würde sich machen lassen, wenn der Adel nicht überall in den Weg träte. Sein Bestreben ist, sich zu retten; da er aber bis über die Ohren in Schulden steckt u. nur durch enorme Kornpreise oben erhalten werden kann, so ist ihm durch die Größe der Krieges-Contribution (40 Millionen Thaler)[2] der Garaus gemacht, wenn der Staat nicht für immer zu Grunde gehen soll. Wir sind in der abscheulichsten Lage, worin sich jemals ein Staat befunden hat, u. durchaus verloren, wenn wir halbe Maasregeln nehmen.

Ich arbeite jetzt an einem ausführlichen Aufsatz für die Annalen, der ganz historischen Inhalts ist, u. wie ich glaube, um so anziehender seyn wird, da er hauptsächlich Spanien angeht.

Massenbach hat mir seine Rückerinnerungen an große Männer u. seine historischen Denkwürdigkeiten[3] geschickt. Jene taugen nichts; denn er hat aus interessanten Männern zusammengeflickte Lumpenkönige gemacht, indem er ihnen viel zu viel von dem Seinigen geliehen hat. Diese sind beßer, u. ich wünschte wohl, daß Sie Diestelberg verlegt haben möchte.

Der Himmel erhalte Sie.
F.B.

[1] Vgl. Brief Nr. 24, Anm. 4.
[2] Im Vertrag von Paris vom 8. September 1808 wurde die Preußische Kontribution an Frankreich auf 140 Millionen Francs festgelegt. Bis zur Zahlung des Gesamtbetrags sollten die Festungen Stettin, Küstrin und Glogau als Pfand in französischer Hand bleiben. Mit der Konvention von Berlin vom 6. November 1808 wurden die Kontributionen auf 120 Millionen Francs, d. h. rund 40 Millionen Thaler, reduziert.
[3] Christian von Massenbach: Rückerinnerungen an große Männer, Zwei Abtheilungen, Amsterdam: Verlag des Kunst- und Industriecomtoirs 1808; Christian von Massenbach: Historische Denkwürdigkeiten zum Verfall des preussischen Staates seit dem Jahre 1794, in zwei Theilen, Amsterdam: Verlag des Kunst- und Industriecomtoirs 1809.

Nr. 51 vom 2. Dezember 1808

Berlin den 2 Dec. 8

Hier einen neuen Aufsatz für die Annalen![1]
Ich kann Ihnen nicht sagen, mit welchem Vergnügen ich die beiden letzten Stücke (das 9ten u. 10ten) gelesen habe. Jetzt endlich komt wieder Einheit in das Journal. Halten Sie ja den Widemann[2] fest! Der Antrieb, den ich ihm gegeben habe, ist, wie ich mit Vergnügen bemerke, nicht verloren gegangen; u. wenn er in der Bahn bleibt, so kann er wesentlich dazu beitragen, daß die Köpfe andere Ansichten fassen, u. daß Deutschland dadurch regenerirt wird. Im Grunde haben die Deutschen ihr Schicksal doch immer ihrer historischen u. geographischen Unwissenheit zu verdanken. Jetzt beschäftige ich mich mit einem historischen Aufsatz, der die Spanier des vierzehnten Jahrhun-

derts zum Gegenstande hat; eine sehr mühsame Arbeit, weil ich, um sie gehörig zu vollenden, Schriftsteller wie Christophorus Gregoras, Chalcondylas u. Pachymeres[3] lesen muß, als in welchen, über diesen Theil der spanischen Geschichte, die wichtigsten, bisher, soweit ich weiß durchaus unbenutzte Notizen, stecken. Dies wird ein Aufsatz von mehreren Bogen (so weit ich die Materialien jetzt schon überschauen kann, etwa zehn bis zwölf), u. da ich gegen das Ende dieses Monats damit fertig zu seyn hoffe, so ersuche ich Sie, mir in dem Januar u. Februar Stück der Annalen einen bedeutenden Platz offen zu lassen.[4]

In diesen Tagen verlassen die Franzosen die Hauptstadt.[5] Was übrigens aus mir werden wird, mag | Gott wißen. Der Staat ist nicht nur das unheimlichste Ding das jemals zum Vorschein gekommen ist, sondern dieses unheimliche Ding blutet auch an allen Adern, u. es ist niemand da, der diese Wunden heilen könnte. Mit Sehnsucht erwarten die Berliner die Rückkehr des Monarchen. Ach! Sie wissen nicht, wie theuer diese Rückkehr ihnen zu stehen kommen wird, u. haben keine Ahnung von ihrer Unzufriedenheit nach einigen Monaten. Die meisten Menschen sind mitten in der Gesellschaft Wilde, die nur für den gegenwärtigen Augenblick leben u. nicht weiter sehen, als gerade ihre Nase reicht.

Ihren Brief vom 3ten Nov. habe ich erhalten. Mit Massenbach[6] werden Sie wohl bis zur Ostermesse Geduld haben müssen; übrigens ist er nicht außer aller Schuld u. sein Verfahren gegen Sie durchaus nicht zu billigen. Sein Tagebuch das jetzt erschienen ist, giebt in der That bedeutende Aufschlüsse, u. wird sehr gelesen werden. Uebrigens hat er viel zurückgehalten; u. da er der Schriftstellerei fürs erste nicht entsagen wird, so möchte ich Ihnen den Rat geben, Ihr gegenwärtiges Verhältniß mit ihm so zu behandeln, daß er geneigt werde, Sie zum Verleger seiner in der That sehr wichtigen Correspondenz mit dem König, dem Herzog von Braunschweig[7], dem Fürsten von Hohenlohe[8] u. s. w. zu machen. Er hat auch noch andere Sachen in petto, die nicht weniger als gleichgültig sind.

Ihr Souverän ist wie alle deutschen Fürsten, wenige ausgenommen. Auch er kennt nur Rechte. Das | wird sich indeß bald legen. Die Constitution, die er nicht will, wird ihm von Frankreich aufgedrungen werden; u. so steuern die Wünsche der Wirtemberger doch ihrer Erfüllung entgegen.[9]

Auf einem einsamen Spatziergange vor mehreren Wochen, stieß ich auf zwei württembergische Familien, welche eben aus Berlin auswanderten, um in ihr Vaterland zurückzukehren. Ich sprach mit ihnen. Ihr Schicksal jammerte mich. Ich gab was ich bei mir hatte, u. indem ich mich in eben diesem Augenblick Ihrer Freundschaft für mich erinnerte, schrieb ich in das Taschenbuch eines dieser Familien-Väter ein paar Worte nieder, durch welche ich Ihnen die Noth dieser Unglücklichen ans Herz legte. Ich brauche Sie wohl deswegen nicht um Verzeihung zu bitten; denn hätte ich Sie weniger lieb, so würde jenes schwerlich geschehen seyn.

Deutschlands Zukunft muß jetzt in Ihren Händen seyn, wenn alles gehörig befolgt ist, was ich angeordnet habe.[10] Ich wünsche recht sehr, hierüber die Gewissheit von Ihrer Hand zu erhalten.

Leben Sie wohl.
FB.

---

[1] [F.B.]: Über das Gehässige in der Würde eines Premier-Ministers, EA 1 (1809), S. 51–65.
[2] Vgl. Brief Nr. 19, Anm. 3.
[3] Nicephorus Gregoras (1295–1359), Demetrios Chalcondylas (1423–1511), Georgios Pachymeres (1242–1310): byzantinische Geschichtsschreiber.
[4] [F.B.]: Die Spanier des vierzehnten Jahrhunderts, in: EA 1 (1809), S. 65–83, S. 117–149; EA 2 (1809), S. 97–137; EA 3 (1809), S. 3–68.
[5] Am Tag von Buchholz' Brief, dem 2. Dezember 1808, übergab Marschall Davout die Stadtschlüssel Berlins an Prinz August Ferdinand von Preußen (1730–1813), den jüngsten Bruder Friedrichs II. und der Abzug der französischen Truppen begann.
[6] Vgl. Brief Nr. 30, Anm. 4.
[7] Vgl. Brief Nr. 35, Anm. 7.
[8] Vgl. Brief Nr. 36, Anm. 4.
[9] Vgl. Brief Nr. 46, Anm. 2.
[10] Vgl. Brief Nr. 46, Anm. 1.

Nr. 52 vom 27. Dezember 1808

Berlin den 27 Dec. 8

Ihr Schreiben vom 6 Dec. habe ich erhalten u. mich sehr darüber gefreut, daß mein Mspt[1] in Ihre Hände gekommen ist. Wenn Sie es für vortheilhafter halten, es erst gegen Ostern drucken zu lassen; so gebe ich von ganzem Herzen nach; denn es versteht sich von selbst, daß Sie Dinge dieser Art ungehindert anordnen müssen.

Seit der Absendung jenes Mspt habe ich noch zwei Aufsätze für die Annalen an Sie abgeschickt.

Jetzt erhalten Sie ein bedeutendes Volumen für eben diese Annalen. Der Gegenstand desselben sind zwar die Spanier des <u>vierzehnten</u> Jahrhunderts; allein dieser Gegenstand ist wenigstens insofern ganz neu, als unsere Geschichtsbücher in Beziehung auf ihn ein vollständiges Vakuum bilden.[2] Dazu komt, daß die Sache das höchste Interesse mit sich führt, nähmlich einen ungewöhnlichen Reichtum an Abentheuern u. nicht ganz gemeine Aufschlüsse über das, was die Stärke u. Schwäche der Regierungen ausmacht. Irre ich nicht sehr, so wird die Geschichte der spanischen Abentheurer im orientalischen Römerreiche von allen mit Vergnügen gelesen werden.

Hierdurch will ich Sie aber keinesweges bestechen. Sollten Sie den Aufsatz allzu lang oder auch nicht angemessen genug finden; so schicken Sie ihn mir sogleich zurück. Man hat mich sehr gebeten, ihn hier drucken zu lassen; da ich ihn aber für die Annalen niedergeschrieben hatte, so wollte ich meiner ersten Absicht nicht ohne Noth ungetreu werden u. überhaupt mein Ihnen in Leipzig gegebenes Versprechen erfüllen. |

Was aus Preussen werden wird, mag Gott wissen. Unser König ist nach St. Petersburg gereist, um einer Hochzeit beizuwohnen; denn mehr ist gewiß nicht dahinter.[3] Unterdeß ist eine neue Constitution bekannt gemacht worden, die nichts weiter ist, als die Beschreibung einer Maschine, die ihre eigenen Reibungen nicht wird überwinden können. In der Einleitung wird gesagt: <u>man habe sie dem Zeitgeiste angepaßt</u>; das ist aber eine so auffallende Prahlerei, als es jemals eine gegeben hat. Was mich betrifft, so finde ich in ihr weder das monarchische noch das republikanische Prinzip activirt u. überhaupt keine von den Ideen des Zeitalters in ihr ausgedrückt. Ist Herr von

Stein[4] Urheber derselben, so hat er kein Meisterstück geliefert. Dieser Minister hält sich jetzt hier auf; u. auch Hardenberg[5] ist nach Berlin zurück gekommen. Alle diese Herrn scheinen mit großer Ungeduld darauf zu warten, daß der Teufel den französischen Kaiser holen soll, um <u>ihr</u> Werk von neuem zu beginnen. Ich möchte das Horazische

Rusticus expectat dum defluat amnis; at ille labitur et labetur in omne volubilis aevum[6]

auf sie u. Napoleon anwenden, u. jenen zum voraus sagen, daß sie werden zu Narren werden.

Ich trage mich noch mit allerlei Ideen für die Annalen. Unter andern möchte ich auseinandersetzen, warum in unseren Zeiten die Stelle eines Finanz-Ministers nur einem Kaufmann von Profession anvertraut werden kann. Im vierzehnten u. fünfzehnten Jahrhundert waren die Könige so klug, ihre Minister nur aus dem geistlichen Stande zu wählen, u. die Folge davon war, daß der päbstliche Stuhl ins Wackeln kam. Hiernach möchte ich darauf wetten, daß man von England freier u. unabhängiger | werden würde, wenn man kluge Kaufleute an die Spitze der Finanzen setzte u. es ihnen überließe, den Handel zu moralisieren. Unsere Edelleute werden nie etwas vom Handel begreifen u. folglich immer zum Verderben der Staaten regieren.

Der Himmel erhalte Sie u. die Ihrigen im bevorstehenden neuen Jahre.
B.

---

[1] Manuskript
[2] Vgl. Brief Nr. 51, Anm. 4.
[3] Das Preußische Königspaar reiste vom 27.12.1808 bis zum 10. Februar 1809 nach St. Petersburg.
[4] Vgl. Brief Nr. 42, Anm. 4.
[5] Karl August von Hardenberg (1750–1822) war zum Jahreswechsel 1808/1809 aus dem ostpreußischen Exil nach Berlin zurück gekommen. Vgl. Hermann: Hardenberg, S. 283. Vgl. zu Hardenberg a. Brief Nr. 71, Anm. 3.
[6] Horaz: Epistulae I,2, 42f.: „Der Bauer wartet, bis der Strom sich verlaufe: der aber wälzt sich, strömt und wird strömen in alle Zeit."

Nr. 53 vom 24.1.1809

Berlin den 24ten Jan. 9

Ich schicke Ihnen hier eine Kleinigkeit, die Sie in den eur. Ann.[1] als historische Merkwürdigkeit abdrucken lassen werden.

Meiner Ueberzeugung nach ist der Zeitpunkt gekommen, wo man die Deutschen auf sich selbst zurückführen muß, damit sie endlich erfahren, wo die Quelle ihres Mißgeschicks fließet. Zu diesem Ende beschäftige ich mich mit der Geschichte des deutschen Reiches. Seit einem Monat habe ich beinahe nichts anderes gelesen, als die Werke des Aeneas Sylvius; u. ich kann Ihnen nicht sagen, wie viel Vergnügen mir diese Lectüre gemacht hat. Morgen gehe ich an die Ausarbeitung eines Aufsatzes: Aeneas Sylvius u. Markgraf Albrecht betitelt.[2] Gelingt es mir, meine Idee darzustellen, so soll über die letzte Hälfte des fünfzehnten Jahrhunderts nie etwas ähnliches geschrieben worden seyn. Ueberhaupt ist es wohl Zeit, daß die Deutschen einmal anfangen, Ordnung u. Verstand vorzüglich letzteren in das Chaos ihrer Geschichte zu bringen.

Ich bitte Sie um die Gefälligkeit, mir 60 Fried. d'or zu überschicken. Sollte ihr Banquier in Leipzig an keines der hiesigen Handelshäuser Forderungen zu machen haben, so wird die Uebersendung durch die Post der kürzeste u. bequemste Weg seyn.

Hier steigt das Elend von Tag zu Tag, wozu die Reise des Königs nach Petersburg[3] nicht wenig beigetragen hat. Der ganze Staat ist in den Händen der Juden, u. Gott mag wissen, wie es daraus wieder wird befreit werden. Von dem Augenblick an, wo Deutschlands Angelegenheiten definitiv geordnet werden, nimmt unser Schicksal eine andere Wendung; bis dahin muß man sich dem Teufel ergeben.

Leben Sie recht wohl.
Fr. B.

---

[1] Europäische Annalen
[2] [F.B.]: Aeneas Sylvius und Markgraf Albrecht, genannt der deutsche Achilles, in: EA 10 (1809), S. 23–61. Albrecht Achillles von Brandenburg (1414–1486), als Albrecht

I. Markgraf von Ansbach und Kulmbach, ab 1470 als Albrecht III. Kurfürst von Brandenburg. Enea Silvio Piccolomini (1405–1464), ab 1458 Papst Pius II., bedeutender Humanist und Gelehrter, verlieh Albrecht den Beinamen Achilles. Zum gleichen Thema von Buchholz auch: Urtheil des Aeneas Sylvius über Deutschlands Schwäche, in: EA 12 (1809), S. 279–282.
3   Vgl. Brief Nr. 52, Anm. 3.

Nr. 54 vom 7. Februar 1809

Berlin den 7ten Febr. 9

Ich schicke Ihnen hier den Aufsatz, den ich Ihnen in meinem letzten Schreiben versprochen habe. Meine Absicht bei Arbeiten dieser Art wird <u>Ihnen</u> nicht entgehen, u. vielleicht bringe ich es dahin, daß meine Ansicht von dem, was Deutschland nöthig ist, eine allgemeinere wird.

Ich habe es wohl vorhergesehen, daß Deutschlands Zukunft in Tübingen das Imprimatur ebenso wenig erhalten würde, wie der neue Leviathan es erhalten hatte.[1] Der Censor mag daran ganz unschuldig seyn; diese Leute sind es in der Regel. Unglücklicherweise sind sie einer Verantwortlichkeit ausgesetzt, die sie abhalten muß, etwas anderes passiren zu lassen als was den currenten Meinungen entspricht; u. beinahe alle Regierungen sind gegenwärtig noch so angethan, daß sie für die Wahrheit nicht anders gewonnen werden können, als wenn der Erfolg entschieden hat, u. die Unterwerfung das Werk der bittersten Notwendigkeit geworden ist.

Glauben Sie noch nicht an einen Krieg mit Oesterreich? Meiner innigsten Ueberzeugung nach hängt es gar nicht von dieser Macht ab, den Krieg zu vermeiden. Ihre ganze Lage macht ihn notwendig, u. was für mich von dem höchsten Interesse ist, weil es so ganz zu meiner Ansicht der Weltgegebenheiten passt, ist, daß das Haus Oesterreich, welches seine Größe vorzüglich der Furcht vor den Türken verdankt, in eben dem Augenblicke zu regieren aufhört, wo jene Asiaten ihre Rolle zu Ende spielen. Hier spricht man viel von einer Teilnahme Preussens an dem Kriege gegen Oester | reich. Ich glaube aber noch nicht daran. Auf jeden Fall würde die Dynastie der Hohenzollern sich dadurch nicht retten. Hier zu Lande haben die Dinge eine Höhe erreicht, welcher die Kraft der Personen nicht mehr gewachsen ist. Ich meine die Personen, die gegenwärtig die Regierung bilden; denn ich zweifle nicht daran, daß im Kampf mit den Dingen, sich ganz neue Charaktere entwickeln werden. Wie gefällt Ihnen z. B. unser neuer Finanz-Minister[2]? Hat man je eine Bekanntmachung gelesen, worin der wahre Charakter der Monarchie mehr prostituiert worden wäre, wie die, worin die Anleihe von einer Million eingeleitet wird?[3] Ihnen, der dem <u>persönlichen</u> Credit unter den nachtheiligsten Umständen alles verdankt – Ihnen muß diese Bekanntmachung vor tausend Anderen ein Gegenstand des Greuels seyn.

Es ließe sich jetzt sehr viel Interessantes sagen; allein, alles gehörig überlegt, ist es nicht der rechte Zeitpunkt. Ich trage mich seit mehreren Tagen mit einer Abhandlung über das Verhältniß des beweglichen Reichthums zu dem unbeweglichen in Grund u. Boden; aber ich weiß noch immer nicht, ob ich meine Feder ansetzen soll, oder nicht, so gefährlich ist die Lage worin sich der Pr. Staat durch eine gänzliche Verkennung dieses Verhältnisses in seinem Innern befindet.

Leben Sie wohl. FB.

---

[1] Vgl. Brief Nr. 46, Anm. 1.

[2] Karl vom Stein zum Altenstein (1770–1840) wurde 1808 Nachfolger des Freiherrn von Stein als Finanzminister. Als es ihm nicht gelang, die französischen Kontributionsforderungen zu erfüllen und er dafür die Abtretung Schlesiens an Frankreich vorschlug, wurde er 1810 entlassen. Von 1817 bis 1838 war Altenstein Leiter des preußischen Kulturministeriums.

[3] Im Februar 1809 verfügte Altenstein, dass alle Einwohner des Staates ihr gesammtes Gold- und Silbervermögen dem Staat gegen Anleihescheine verkaufen oder ein Drittel ihres Wertes als Steuern zu entrichten haben. Vgl. a. Paul Goldschmidt: „Stein, Karl Freiherr von", in: *Allgemeine Deutsche Biographie* 35 (1893), S. 645–660.

Nr. 55 vom 20. Februar 1809

Berlin den 20 Febr. 9

Die Zurückkunft meines Manuskripts, das ich vorgestern erhalten habe, ist mir freilich nicht angenehm gewesen; denn Zeit verloren heißt alles verloren. Indeßen soll dies in unserem Verhältniß, so viel dabei von mir abhängt, um so weniger etwas verändern, da es mir nicht an einem Debouché[1] fehlt: Ich würde bereits alles verabredet haben, wenn ich nicht vor einer halben Stunde die Entdeckung gemacht hätte, daß das Mspt unvollständig zurückgekommen ist. Es fehlen nämlich die Blätter 5, 6, 7, 8, 9, welche wahrscheinlich in der Druckerei zurückgeblieben sind. Das, worum ich Sie auf das inständigste bitte, ist, mir diese Blätter mit umgehender Post zu schicken. Ersetzen kann ich sie auf keine Weise, u. wenn sie verloren sind, so ist auch meine Arbeit verloren.

In meinem vorletzten Briefe habe ich Sie um 60 Friedr d'or gebeten. Diese Bitte sollte ich vielleicht jetzt zurücknehmen, da sie sich auf die Voraussetzung stützte, daß Sie der Verleger von Deutschlands Zukunft[2] seyn würden. Indessen gestehe ich Ihnen, daß Sie mich verbinden werden, wenn Sie mir jene Summe gleichwol überschicken; ich habe meinen ökonomischen Zuschnitt danach gemacht u. würde vielleicht in Verlegenheit kommen, wenn Sie mir ausbliebe. Entweder ich bezahle Sie als ehrlicher Mann in der Ostermesse durch den Buchhändler, der den Verlag von Deutschlands Zukunft übernimmt, oder ich schicke Ihnen dafür Beiträge zu den Annalen, u. dem Damenkalender. Sie selbst mögen bestimmen, was Ihnen am Willkommensten ist.

Meinen letzten Aufsatz für die Annalen werden Sie unstreitig schon erhalten haben, ich habe ihn durch die Ungersche Buchhandlung[3] abgeschickt.

Ich denke jetzt recht oft mit Betrübniß an Sie. Der Krieg im südlichen Deutschland fängt wieder an; u. obgleich das Königreich Wirtemberg davon dispensirt ist, das Kriegestheater zu werden, so werden Sie doch von Durchmärsche zu leiden haben, u. auf vielfach andere Weise in ihrer rühmlichen Thätigkeit unterbrochen werden. Der Himmel gebe nur, daß dieser Krieg der letzte sey.[4] Lange wird er nicht dauern; dafür bürgt alles; weder Franz der Zweite[5] noch der Erzherzog Carl[6] ist ein Mithridat, der es mit dem Sylla[7] unserer Zeit aufnehmen könnte. Das ganze Haus Habsburg-

Lothringen ist gegenwärtig seinem Falle nahe u. wird entweder das Schicksal der Bourbons haben, oder auf Ungarn beschränkt werden; doch glaube ich bei weitem mehr das Erstere als das Letztere, da die Ungarn gewiß auch nicht die mindeste Anhänglichkeit an diesem Hause haben u. es auch zu Bedauern seyn würde, wenn diese Nation der Raub einer Regierung würde, welche die Kunst zu Regieren schon längst verlernt hat. Die Raschheit, womit N...[8] zu Werke geht ist wahrhaft bewundernswürdig an einem Regenten.

Leben Sie wohl oder vielmehr Aequam memento rebus in arduis servare mentem[9].

Fr B.

---

[1] Absatzmarkt.
[2] Vgl. Brief Nr. 46, Anm. 1.
[3] Vgl. Brief Nr. 16, Anm. 6.
[4] Österreich eröffnete kurze Zeit später, am 9. April 1809 den Fünften Koalitionskrieg gegen Frankreich.
[5] Franz II von Österreich (1768–1835), bis 1806 letzter Kaiser des Heiligen Römischen Reiches Deutscher Nation (ab 1804 Franz I. Kaiser von Österreich).
[6] Erzherzog Karl von Österreich-Teschen (1771–1847), österreichischer Hofkriegsrat und Generalissimus in den antinapoleonischen Koalitionskriegen.
[7] Sylla, Sulla = Lucios Cornelius Sulla (138 v. Chr.–78 v. Chr.), römischer Feldherr und Diktator in der Spätphase der Republik; Mithridates VI. (134 v. Chr.–63 v. Chr.) führte die drei nach ihm benannten mithridatischen Kriege gegen Rom.
[8] Napoleon Bonaparte.
[9] Horaz: Carmina 2, 3, 1: Denke daran, in schwierigen Situationen Gelassenheit zu bewahren.

Nr. 56 vom 7. März 1809

Berlin den 7 März 9

Ich überschicke Ihnen hier einen Aufsatz von Fischer[1]; ich überschicke Ihnen zugleich den Brief an mich, womit er diesen Aufsatz begleitet hat. Sie werden daraus sehen, was er bei seiner Theilnahme an dem Morgenblatte bezweckt.

Ich arbeite jetzt an einem sehr interessanten Aufsatz für die Annalen, in welchem die Frage beantwortet werden soll: Ob die europäische Welt neben einer politischen Reformation noch einer kirchlichen bedarf u. was überhaupt durch eine neue Reformation der Kirche bewirkt werden könne.[2]

Aus den öffentlichen Blättern sehe ich, daß Ihre Regierung Censor-Edicte giebt; u. da diese Ihre Regierung gewiß eben so wenig ein Abgrund von Weisheit ist, als irgend eine andere deutsche Regierung, so beklage ich zum Voraus den Verlust der Gedankenfreiheit, der aus diesen Censor-Edicten entstehen wird. Machen Sie mich doch mit dem Inhalte derselben bekannt, damit ich als Mitarbeiter an den Annalen keine Misgriffe mache.

Wie kommt es daß von diesem Journal noch nichts erschienen ist? Wenigstens ist mir von dem neuen Jahrgange noch nichts zu Gesichte gekommen, ob wir gleich schon im März sind.

Ich erwarte mit einiger Ungeduld Ihre Antwort auf meine letzten Briefe, vorzüglich auf den, worin ich Sie um einen Geldvorschuß von 60 fried. d'or gebeten habe. Das Ausbleiben dieses Geldes würde mir jetzt sehr empfindlich seyn, nachdem ich so bestimmt darauf gerechnet habe. Doch ich bin überzeugt, daß die Schuld der Verzögerung nicht an Ihnen, sondern an Ihrem Banquier | oder Commissionär in Leipzig liegt.

Leben Sie wohl. Bei Uebersendung der neuen Arbeit sage ich Ihnen mehr. Wir sind hier in einer greulichen Verlegenheit, weil der König nicht zurückkommt. Was seyne Ankunft verspätet, weiß niemand mit Gewissheit. Die Kränklichkeit der Königin scheint nur Vorwand zu seyn. Vielleicht ist die Krankheit des Königs noch viel bedeutender. Ueberall aber weiß ich nichts was uns retten soll, so lange unser politisches System unverändert bleibt; ein System, das nur durch Privat-Zuneigungen u. Abneigungen gebildet wird, u. den ganzen Staat zum Opfer eines nicht zu vertheidigenden Interesses macht. <u>So</u> können die Dinge nicht fortdauern; wir sind in unserem

Innern revolutionirt, u. der Stoß, den wir durch den Krieg mit Frankreich erhalten haben, muß, wenn mich nicht alles täuscht, auch den Thron erreichen. Vielleicht hören Sie sehr bald von einer Veränderung, die Ihnen neu seyn wird, Sie aber, als einen erfahrenen Mann, nicht befremden kann. Noch einmal, leben Sie wohl!

B.

[1] Vgl. Brief Nr. 24, Anm. 4.
[2] [F.B.]: Bedarf die europäische Welt außer dem politischen Reformator noch eines religiösen? in: EA 9 (1809), S. 230–243.

Nr. 57 vom 26. März 1809

Berlin den 26 März 9

Ihr letztes vom 8ten März habe ich erhalten, u. ich danke Ihnen vorläufig für die Gefälligkeit, mir 60 Fr. d'or angewiesen zu haben. In der That, ich würde sonst in einige Verlegenheit gerathen seyn. Meine Pflicht ist es dafür zu sorgen, daß Sie bei mir nicht zu kurz kommen. Wäre ich genauer von Ihrem Verhältniß zu dem Censor in Tübingen unterrichtet gewesen; so hätte ich freilich vorsichtiger seyn können. Ich verließ mich darauf, daß Sie mit ihm in einem <u>freundschaftlichen Vernehmen</u> ständen.

Jetzt überschicke ich Ihnen einen Aufsatz, der meine Ansicht von den Veränderungen enthält, die dem Kirchenwesen in Europa bevorstehen.[1] Ich denke, er soll nicht blos Ihnen, sondern auch anderen vernünftigen Männern Vergnügen machen. Was die dunklen Parthien betrifft, die er enthält, so muß ich Ihnen sagen, daß mich, zwei Monate hindurch nichts so sehr beschäftigt hat, als ein Mittel zu erfinden, wodurch das Schicksal der Staaten beßer gefestigt werden könne, wie bisher. Mein Nachdenken hat mich zuletzt auf <u>die Idee einer arithmetischen Staatskunst</u>[2] gebracht, u. irre ich nicht sehr, so habe ich durch diese Idee eine ganz neue Wissenschaft ins Leben gerufen. Die Oster-Messe wird Sie mit meinem Produkte bekannt machen, u. die

Wahrheit zu gestehen, ich freue mich nicht wenig darauf, daß Sie mein Buch lesen werden. Es enthält eine ganz neue Theorie des Geldes, u. diese Theorie ist so einfach, daß ich gar nicht begreifen kann, warum Ich sie habe machen müssen, da sie allem so nahe liegt[.] In diesem Buche nun ist alles enthalten, was zur Aufhellung der dunklen Stellen in dem beikommenden Aufsatze dienen kann. Sie, mein Freund, werden mir Ihr Urtheil über meine arithmetische Staatskunst nicht vorenthalten. Leuch | tet Ihnen die Wahrheit derselben eben so sehr ein, wie mir selbst u. meinen hiesigen mathematischen Freunden; so bedenken Sie, daß das, was ich jetzt gebe, nur Idee ist u. daß daraus ein Werk gemacht werden kann, welches alle ähnliche Werke z. B. den esprit de loix[3] verdunkeln muß; denn ist meine Idee eine richtige, so ist sie auch die Baconische lex legum ex qua informatio peti prossit, quid in singulis legibus bene et perperum positum aut constitutum sit.[4] Für Sie werde ich ein solches Werk mit Freuden ausarbeiten.

Es ist unstreitig eine Folge Ihrer Klugheit, daß von den europäischen Annalen bisher noch immer nicht das erste Heft des neuen Jahrganges erschienen ist; u. Sie thun wohl daran, daß Sie so vorsichtig sind. Die nächste Schlacht wird Sie hoffentlich von aller weiteren Vorsichtigkeit in Beziehung auf Oesterreich befreien. In dem gegenwärtigen Augenblick spricht man von einem durch Alexander vermittelten Frieden; ich glaube aber nicht daran; Oesterreich kennt seine Lage allzu gut, um nicht die Nachtheile einer Demobilisirung zu berechnen, u. alles gehörig erwogen, ist es gleichgültig, ob die Dynastie Habsburg-Lothringen[5] jetzt oder nach Jahr u. Tag untergeht; denn untergehen muß sie doch im Kurzen.

Auf meiner Rechnung haben Sie mir wohl für den vierten Jahrgang der Staatsgeschichte[6] zuwenig angesetzt. Ich kann Ihnen betheuern, daß ich auf diese Arbeit fünf Monate verwendet habe; u. wenn Sie in Erwägung ziehen wollen, daß historische Arbeiten unendlich schwieriger sind, als alle übrigen, so werden Sie um so bereitwilliger seyn, mir darauf noch Etwas zu Gute zu rechnen. Mein Gedanke war, daß die 100 Fr. d'or, die ich vorigen Sommer erhalten habe, ein angemessenes Honorar seyn würden. Es steht nun bei Ihnen, dagegen zu excipiren[7]; ich | sage Ihnen vorher, daß ich mir Alles gefallen laße, was Sie billiger finden.

Wenn Sie die, Preussen betreffenden Artikel lesen, so müssen Sie uns bedauern. Eine Regierung, welche, vor Jahr u. Tag, dem Feudalismus den Krieg ankündigte, handelt in dem Geist desselben mit einem so hohen Unverstande, daß sie sich alle ihre Unterthanen als Leibeigene denkt, die keine beßere Bestimmung haben, als sich ihr aufzuopfern. Das wird indessen nicht geschehen. Unsere ganze Lage werden Sie aus meiner arithmetischen Staatskunde[8] kennen lernen, u. als dann einsehen, daß Friedrich Wilhelm der 3te[9] auf ein Haar jenem Johann ohne Land[10] gleicht, für den es keine Rettung gab. Ich bedaure diesen König von ganzem Herzen; allein, so wie die Sachen einmal liegen, fällt er weniger ein Opfer seiner Verhältnisse mit auswärtigen Mächten, als ein Opfer seiner Verhältnisse zu dem Adel seines eigenen Landes. Sie werden erstaunen, wenn Sie mein Buch lesen werden. Die königliche Autorität ist seit Friedrichs des Großen Tode[11] bei uns gerade um zwei Drittel vermindert worden. Werden diese wiedererobert – u. sie können nur im Inneren des Königreichs wieder erobert werden – so ist die Dynastie gerettet; wo nicht, so ist sie unabtreiblich verloren. Nach dem Maasstabe, den ich Ihnen hier gebe, müssen Sie alle die einfältigen Gesetze über Zinsfuß, Ablieferung von edlen Metallen u. Kostbarkeiten u. s. w. beurtheilen; Gesetze der Nicht-Vollziehbarkeit a priori erwiesen ist.

Leben Sie wohl. u. behalten Sie lieb
Ihren FB

Bei mir liegen mehrere für das Morgenblatt bestimmte Aufsätze, die ich Ihnen mit der nächsten Gelegenheit übermachen werde

[1] Vgl. Brief Nr. 56, Anm. 2.
[2] [Friedrich Buchholz]: Idee einer arithmetischen Staatskunst mit Anwendung auf das Königreich Preußen in seiner gegenwärtigen Lage, Berlin: Duncker und Humblot 1809.
[3] Charles de Montesquieu: De l'esprit des lois, Genf 1748.
[4] Lat.: „Die Gesetze der Gesetze [zu finden], nach denen man sich unterrichten kann, was in einzelnen Gesetzen auf richtige oder falsche Art festgelegt ist." Nach Francis Bacon: De dignitate et augmentis scientiarum (1623), Lib. VIII, Exemplum tractatus de justitia universali sive de pontibus juris, in uno titulo, per aphorismos, Aphorismus VI: „Dictabimus igitur pro judicii nostri modulo quasdam tanquam legum leges; ex quibus informatio peti possit aut constitutum sit."
[5] Die Dynastie Habsburg-Lothringen entstand 1736 mit der Heirat Maria Theresias, der Erbin des Hauses Habsburg mit Franz I. Stephan Herzog von Lothringen. Zu ihr gehörten bis 1809 die Kaiser des Alten Reichs Joseph II., Leopold II. und Franz II./I.
[6] Vgl. Brief Nr. 39, Anm. 1.

[7] Einrede tun.
[8] Vgl. Brief Nr. 57, Anm. 2.
[9] Vgl. Brief Nr. 13, Anm. 4.
[10] Jean Plantagenêt (1167–1216), genannt Jean Sans-Terre (Johann Ohneland) war der jüngste Sohn König Heinrichs II. von England und von 1199 bis 1216 König von England. Den Beinamen „Ohneland" erhielt er, weil er bei der von seinem Vater mit dem französischen König vereinbarten Erbteilung keine Berücksichtigung fand.
[11] Friedrich II. von Preußen starb 1786.

Nr. 58 vom 20. April 1809

Berlin den 20 April 9

Ich schicke Ihnen hier die versprochenen Aufsätze für das Morgenblatt. Da ich über ihren Wert mit mir selbst nicht einig werden konnte; so wollte ich Ihnen wenigstens keine Kosten verursachen. Sie verbinden mich, wenn Sie mir gelegentlich den richtigen Empfang melden; ich habe dem Verf. meine Vermittlung nicht abschlagen wollen, u. möchte nur nicht gern in einem Lichte erscheinen, als ob ich die fremde Angelegenheit saumselig betrieben hätte.

Es wäre doch sehr merkwürdig, wenn die Leipziger Messe mitten unter dem Getümmel des neuen Krieges eben so ruhig gehalten würde als die Hindu ihre Aecker zu bestellen pflegen, während zwischen den feindlichen Herren in ihrer Nähe gekämpft wird. Dies wird, soviel ich davon einsehen kann, für einen längeren Zeitraum der letzte Krieg in Deutschland seyn. Ich habe die in Wien erschienenen Proclamationen[1] gelesen u. wie Sie leicht denken können, die Achseln gezuckt. Wer solche Proclamationen auch nur unterschreiben kann, der ist nicht berufen, das Weltgeschick zu verändern. Dergleichen lauwarmen Zeug bringt ja notwendig die entgegengesetzte Wirkung hervor. Ich möchte wohl wisssen, was der Erzherzog Carl[2] mit Deutschland anfangen wollte, wenn es ihm gelänge, die Franzosen über den Rhein zu jagen. Ueber die Köpfe, welche nicht weitersehen, als ihre Nase reicht u. alles abgemacht | glauben, wenn eine Schlacht gewonnen ist. Man siegt ja nie durch die Kraft der Arme u. Beine, man siegt ja nur durch die Macht der Ideen. Ich würde an den Genius des Erzherzogs Carl glauben, wenn aus seinen Proclamationen hervorginge, daß er der Mann wäre, Deutschland beßer zu ordnen, als es vor dem Jahre 1806 geordnet war; ich glaube nicht an diesen Genius, weil er den alten Rechtszustand wiederherzustellen verspricht, u. den deutschen Fürsten mit einer Souveränität schmeichelt, die ihnen niemals hätte zu Theil werden sollen. Das Haus Habsburg-Lothringen[3] wird fallen; u. das Haus Hohenzollern[4] wird ihm nachfolgen. Was auch daraus entstehen möge, es giebt keine andere Rettung.

Deutschlands Zukunft[5] liegt noch in meinem Pulte. Die darin enthaltenen Ideen werden durch den Ausgang der neuen Fehde eine höhere Sanktion erhalten. Es wird einige Monate später erscheinen, als es hätte erscheinen können; aber es wird dadurch um so weniger Widerspruch finden.

Ich habe mich seit einiger Zeit nicht ganz wohl befunden; vielleicht eine Folge der großen Anstrengung, die mir die Ausarbeitung meines letzten Werkes verursacht hat. Sie werden mir wohl glauben, daß es mir darin nur um allgemeine Wahrheiten zu thun gewesen ist. Wollte der Himmel ich hätte unter den deutschen Schriftstellern nur zwei Gehülfen d. h. Männer, die sich damit befaßten, unabhängig von allem, was die Persönlichkeit | der Regenten gut macht oder verdirbt, Untersuchungen über die Natur der Dinge anzustellen; u. es müßte doch anders u. beßer werden. Ich habe gelacht, als ich in den öffentlichen Blättern las, daß außer Genz[6] auch Friedrich Schlegel[7] den Fahnen des Erzherzogs Carl gefolgt sey. Was wollen denn diese Menschen? Ihre Armee-Bulletins werden, wie der verstorbene Bülow[8] es auszudrücken pflegte, auf Eulenspiegels Grabe geschrieben werden. Man möchte es verwünschen, jemals schreiben gelernt zu haben, wenn man sieht, wie in Deutschland beständig das Herz an die Stelle des Kopfes tritt, um die Verwirrung zu vermehren. Genz u. Schlegel werden ihr Leben von der Großmuth des Siegers erbetteln oder Deutschland für immer meiden müssen.

Leben Sie wohl und u. behalten Sie lieb

Ihren
F.B.

---

[1] Proklamation des Erzherzogs Karl „An die Deutsche Nation", die im Zusammenhang mit dem am 9. April 1809 von Kaiser Franz I. von Österreich eröffneten 5. Koalitionskrieg gegen Frankreich veröffentlicht wurde und mit der der Krieg zur Aufgabe

der „deutschen Nation" erklärt wurde. Zur beginnenden propagandistischen Funktionalisierung des Nation-Begriffes vgl. a. Echternkamp: Aufstieg (1998), S. 216–225.
2 Vgl. Brief Nr. 55, Anm. 6.
3 Vgl. Brief Nr. 57, Anm. 5.
4 Weitverzweigte deutsche Herrscherdynastie mit drei Hauptlinien, schwäbische, fränkische und brandenburgische Hohenzollern, die seit Friedrich I. von Brandenburg (1371–1440) den Kurfürsten von Brandenburg und seit 1701 die preußischen Könige stellten.
5 Vgl. Brief Nr. 46, Anm. 1.
6 Friedrich Gentz (1764–1832), wichtiger frühkonservativer Publizist und Berater Metternichs.
7 Friedrich Schlegel (1772–1829), romantischer Autor, konvertierte 1808 zum Katholizismus und trat in den österreichischen Staatsdienst.
8 Dietrich Heinrich von Bülow (1757–1807), nach dem Abschied beim Militär Schauspieldirektor, Projektemacher und pronapoleonischer Publizist aus Buchholz' Berliner Umfeld. Vgl. a. Herrmann: Herausforderung Preußens, S. 119, Anm. 188.

Nr. 59 vom 27. April 1809

Berlin den 27 April 9

Ich adressiere diese Zeilen an Sie in der Voraussetzung, daß Sie wirklich in Leipzig angekommen sind.

Zuverlässig haben Sie im Laufe des Jan. dieses Jahres ein Paket an mich abgeschickt, welches außer dem ersten Hefte der europäischen Annalen die allgemeine Zeitung vom 22 Dec. 1808 bis 2 Febr. 1809 enthalten hat. Das Paquet nun ist nicht angekommen. Daß Sie es abgeschickt haben, schließe ich aus den späteren Absendungen, welche regelmässig bei mir eingegangen sind. Wo es geblieben ist, vermag ich nicht zu bestimmen. Sie werden mir indeß eine Gefälligkeit erzeigen, wenn Sie darüber in Leipzig Nachfrage halten. Ich möchte weder das erste Heft der Eur. Annalen noch die Allgemeine Zeitung entbehren.

Es erscheint jetzt Manches, wovon ich hier aller angewandten Mühe ungeachtet, nichts erhalten kann. Daher mahne ich besonders die Correspondenz zwischen dem Pabste u. dem französischen Kaiser[1], das ausführliche Manifest der österreichischen Regierung[2], die Deductionen des ehemaligen

Cabinets-Ministers Cevallos[3], u. die veschiedenen Prokla[mationen] der deutschen Fürsten. Haben Sie doch die Güte, dies alles vo[rläufig] für mich anzukaufen; u. nicht das allein, sondern alles [auf die] Zeitgeschichte sich beziehende Interessante, was Ihnen nur vor[kommen] mag. Wir leben in einer Crisis, die nicht großer seyn kann u. es ist für den Geschichtsforscher wichtig, zu wissen, wie sie sich in den verschiedenen Regierungen abgespiegelt hat.

Ich habe Ihnen vor einiger Zeit einen Aufsatz zugeschickt, worin von den Verhältnißen der Kirche zum Staate gehandelt wird.[4] Ich möchte diese Materie wohl ausführlicher bearbeiten. Die Sache erscheint mir immer wichtiger, je mehr ich ihr nachdenke. Das neunzehnte Jahrhundert macht in dieser Hinsicht Forderungen, die kein vorhergegangenes Zeitalter gemacht hat. Melden Sie mir doch, ob Sie sich mit einem solchen Verlagsartikel befassen würden. Die Haupt-Tendenz des Buchs würde seyn, zu zeigen, welche Veränderungen im Innern der Staaten vorgehen müssen, wenn die Kirche dahin gelangen soll, ein wahrhaft religiöses Institut zu werden. Höchste Achtung für den sogenannten Christianismus, aber eben deswegen auch tiefes Bedauern mit dem Zustande, worin die Kirche sich bis jetzt allenthalben befunden hat!

Adieu. Fr. Buchholz

---

[1] Correspondenz zwischen dem römischen und französisch-kaiserlichen Hofe, Germanien 1808.
[2] Vgl. Brief Nr. 58, Anm. 1.
[3] Authentische Darstellung der Begebenheiten in Spanien von dem Ausbruch der Unruhen zu Aranjuez bis zum Schluß der Junta von Bayonne. Von Don Pedro Cevallos, erstem Sekretair des Staats und der Depeschen Sr. Katholischen Majestät, Ferdinand VII., Germanien 1808.
[4] Vgl. Brief Nr. 56, Anm. 2.

Anhang: Briefe von Buchholz an Cotta

Nr. 60 vom 25. August 1809

Berlin den 25 Aug. 9.

Sie haben Sich vielleicht darüber gewundert, daß ich so lange kein Lebenszeichen von mir gegeben habe; ich bin unterdeßen beschäftigt gewesen; die europäische Staatsgeschichte für das historische Taschenbuch[1] auszuarbeiten, so versunken in die Begebenheiten der letzten Jahre, daß ich weder zur Rechten noch zur Linken gesehen habe. Diese meine Arbeit überschicke ich Ihnen hiermit. Den Preis derselben anlangend, lass' ich mir sehr gerne die in Ihrem letzten Briefe enthaltenen Bedingungen gefallen. Glauben Sie mir überhaupt, mein werther Freund, daß ich auf nichts weniger ausgehe, als mir meine schriftstellerischen Arbeiten übermässig bezahlen zu lassen. Mit Freuden wollte ich für die Hälfte des Ertrages arbeiten, wenn ich in Rente lebte, oder wenn das Geld bei uns nicht einen so geringen Sachwerth hätte, daß man desselben kaum genug haben kann, um die allergewöhnlichsten Bedürfnisse zu bestreiten. Sie müßten hier an Ort u. Stelle seyn, um zu fühlen, wie wahr das ist, was ich Ihnen hier sage. – Rechnen Sie also auch für den vierten Jahrgang in Gottes Namen ab, was ich Ihnen zuviel gefordert zu haben scheine, u. lassen Sie mir nur das zur Güte kommen, was Sie an anderweitigen Beiträgen erspart haben. Wir werden immer und unter allen Umständen als zwei Männer auseinanderkommen, die sich gegenseitig verstehen u. in deren Herzen die Billigkeit lebt.

Für den fünften Jahrgang hab' ich keinen beßeren Abschnitt finden können, als die Abreise des fr. Kaisers zur Armee in Spanien[2]; denn der Krieg mit Spanien u. Oesterreich will als ein einiger behandelt seyn. | Die eben erwähnte Periode ist vorzüglich merkwürdig durch die Versuche, welche mehrere europäische Regierungen in derselben gemacht haben, sich durch verbeßerten Organismus mit Frankreich ins Gleichgewicht zu setzen. Dies dürfte nicht mit Stillschweigen übergangen werden; u. wie konnte ich mich darauf einlassen, ohne die Sache nach Würden zu behandeln? Von der Revolution in Spanien habe ich meinen Ueberzeugungen gemäß gesprochen, u. ich schätze mich glücklich, durch diese Ueberzeugungen der Verlegenheit entgangen zu seyn, in welche tausend Andere an meiner Stelle geraten seyn würden, den französischen Kaiser entweder zu loben oder zu tadeln. Dieser Theil meiner Arbeit wird von Ihnen, hoffe ich, nicht ohne Interesse gelesen werden, da er so vieles aufhellet, was man in einem ganz anderen Zusammenhange gedacht oder wohl gar vereinzelt hat. Auch der Abschnitt meiner Arbeit, der den französischen Erbadel u. die Juden-Reform betrift, ist von Erheblichkeit, u. Kenner werden mir hoffentlich die Gerechtigkeit widerfahren lassen, daß ich über Begebenheiten zu denken im Stande bin. Ist eine historische Arbeit dieser Art einmal fertig, so sieht sie gern leicht aus; aber ich gestehe Ihnen, daß von allen meinen Arbeiten gerade diese die allerbeschwerlichste ist, einmal, weil nichts weiter gegeben ist, als die Notiz, die in ein Factum verwandelt werden muß, zweitens weil man sich selbst unaufhörlich Zaum u. Gebiß anlegen muß, um nicht zu viel u. nicht zu wenig zu sagen

Zunächst gehe ich an die Ausarbeitung meiner | arithmetischen Staatskunst[3], von welcher ich bis jetzt nur die Idee angegeben habe. Dies soll eines der interessantesten Bücher werden, welche jemals geschrieben worden sind – vorzüglich dadurch, daß ich zeigen werde, daß der Charakter des neunzehnten Jahrhunderts in jeder Hinsicht von einer richtigen Behandlung des Geldes abhängt, u. daß von Napoleons Schöpfungen keine einzige fortdauern kann, wenn man die Idee von einem Sachwerth des Geldes[4] aufgiebt. Fürchten Sie nicht, daß mein Werk nicht ad captum[5] seyn werde; ich werde es wenigstens nicht an meinen Bemühungen fehlen lassen, recht verständlich zu seyn. Alles, was um mich her geschieht, bestärkt mich in der Ueberzeugung, daß meine Idee eine Ware sey, u. in ihr erblicke ich die allerwesentlichsten Veränderungen des gesellschaftlichen Zustandes in Europa u. neben ihnen gar herrliche Entwickelungen, die ich anzugeben nicht ermangeln werde. Auf die natürlichste Weise von der Welt bekomme ich Gelegenheit über die Revolution zu sprechen, welche der päpstliche Thron erfahren hat, und dieser Theil meiner Arbeit wird einer der glänzendsten werden. Bleibe ich gesund u. heiter, so bekommen Sie das Manuskript noch zeitig genug, um das Werk zur Ostermesse publici juris machen zu können. Für die Annalen werde ich Ihnen Fragmente daraus schicken.[6]

Wer in aller Welt ist der Verfasser der Parentation welche in der 21 Beilage zu der Allgemeinen Zeitung dem Staatsrath J. v. Müller gehalten worden ist?[7] Auch meinem ärgsten Feinde möchte ich nicht eine solche halten; u. rührt sie, wie ich vermuthe, von Böttigers[8] Feder her, so bitte ich | im Voraus den Himmel, daß er mich, nach meinem seeligen Ende, in beßere Hände fallen lassen möge. Das moralische Gefühl dieses Menschen muß

Anhang: Briefe von Buchholz an Cotta

durch u. durch vom Schlage gerührt seyn, da er so wenig empfunden hat, wie albern u. wie jammervoll zusammengestoppelt sein Nachwort ist. Seine officiosa sedulitas[9] in der deutschen Gelehrten-Republik wird von Tage zu Tage eckelhafter.

Sind Sie mit Massenbach[10] auseinander? Ich höre jetzt gar nichts von ihm. Durch seinen Buchhändler habe ich den zweiten Theil seiner Memoires erhalten, in welchem er das Geheimniß seiner Schriftstellerei nur allzu sehr verrathen hat.[11]

Ob ich gleich den Ausgang des Krieges mit Oesterreich vorhergesehen habe, so bin ich doch nicht wenig auf den nahen Frieden gespannt. Ist Napoleon nur einigermaßen consequent, so muß die Idee Oesterreichs gänzlich aus der europäischen Welt verschwinden. Glauben Sie aber nicht, daß mein Patriotismus mir diesen Gedanken sugerire. Ich stelle meinem eigenen Vaterlande kein anderes Prognostikum. Die Idee Preussens muß gleichfalls verschwinden, wenn aus Deutschland jemals etwas werden soll; auch scheint mir von seiten Napoleons alles darauf berechnet zu seyn. Eine größere Verwirrung, als bei uns stattfindet, ist gar nicht denkbar u. ein einziger Federzug ist hinreichend, um das Schicksal unseres Staates zu vollenden. In dem Fürsten von Neufchatel[12] finde ich den Morgenstern, der uns eine beßere Zukunft verheißt, u. ich gestehe, daß ich mich über diesen Punkt nicht gern irren möchte. In Holland geht nächstens eine Veränderung vor, die von großen Folgen für Deutschland seyn wird.

Leben Sie wohl u. behalten Sie lieb
Ihren
B.

---

[1] Vgl. Brief Nr. 43, Anm. 2.
[2] Nach dem Erfurter Fürstenkongress vom 27. September bis zum 14. Oktober 1808 und dem Bündnis mit Zar Alexander I. zog Napoleon die Grande Armée aus Deutschland ab und marschierte in Spanien ein, wo am 4. Dezember 1808 Madrid eingenommen wurde.
[3] Vgl. Brief Nr. 57, Anm. 2.
[4] Zu Buchholz' Unterscheidung von „Sachwerth des Geldes" und „Geldwerth der Sachen" vgl. Buchholz:: Arithmetische Staatskunst (1810), S. 16 ff.
[5] „ad captum vulgi loqui", [aus der Bibelhermeneutik]: angepasst an den Verstehenshorizont der Zeitgenossen.

[6] [F.B.]: Über die Zurückführung des Pabstes auf die geistliche Macht, in: EA 11 (1809), S. 179–200.
[7] Trauerrede, die bei Begräbnissen neben der Leichenpredigt gehalten wird. Johannes von Müller ist am 29. Mai 1809 in Kassel gestorben. Der Nachruf ist erschienen in: Allgemeine Zeitung, Beilage Nr. 21, 1. August 1809, S. 54.
[8] Vgl. Brief Nr. 35, Anm. 5.
[9] Nach Horaz, Epistel I 7, 8: permanente diensteifrige Aktivität auf dem Forum.
[10] Vgl. Brief Nr. 30, Anm. 4.
[11] Christian von Massenbach: Memoiren über meine Verhältnisse zum preußischen Staat und insbesondere zum Herzog von Braunschweig, 2 Bde, Amsterdam: Verlag des Kunst- und Industrie-Comptoirs 1809.
[12] Louis-Alexandre Berthier (1753–1815), nach dem Sieg über Preußen 1806 Fürst von Neuchâtel, im 5. Koalitionskrieg 1809 Oberbefehlshaber der französischen Armee. Nach der siegreichen Schlacht bei Wagram am 5. und 6. Juli 1809, die den 5. Koalitionskrieg beendete, Herzog von Wagram.

Nr. 61 vom 6. Oktober 1809

Berlin den 6 Oct. 9

Ich hoffe, daß das Mspt für den vierten Jahrgang des historischen Taschenbuchs[1] bereits in Ihren Händen seyn wird.

Für das mir übermachte Exemplar von dem Damen-Kalender sage ich Ihnen den verbindlichsten Dank. Die Flucht aus Aegypten[2] hat mich entzückt. Das ist ein Bericht, den man nicht genug studieren kann; u. wenn der Roman, der unter dem Titel Wahlverwandtschaften bei Ihnen erscheint, durchgängig so verarbeitet ist, so sage ich Ihnen vorher, daß die Welt ihn für eins der ersten Meisterwerke erklären wird. Göthe[3] ist der Homer des neunzehnten Jahrhunderts; davon geht auch kein Jota ab.

In Johann von Müllers[4] Testamente habe ich Ihren Nahmen gefunden, u. ich kann Ihnen nicht sagen mit welchen traurigen Empfindungen ich das Testament gelesen habe. Es ist bei alle dem unverantwortlich, so wenig Aufmerksamkeit auf seine Oekonomie zu wenden, u. bei einem so guten Einkommen so viel Schulden zu machen. Mit den großen Arbeiten, die Müller vorhatte, hat er sich offenbar selbst getäuscht; denn wäre es ihm damit Ernst gewesen, so würde er von seiner Zeit nicht so viel an einen frivolen

Anhang: Briefe von Buchholz an Cotta

Umgang u. noch weit weniger an die Arbeiten abgegeben haben, die er für die Literaturzeitungen machte. Das Exegi monumentum aere perennius[5] hat für ihn nicht stattgefunden, u. er wird in kurzer Zeit vergessen seyn. Der gute Mann hätte sich nie von den Schweitzer-Alpen trennen sollen; er selbst scheint das gefühlt zu haben, als seine letzten Seufzer sich noch der Schweitz hinwendeten.

Ich arbeite rastlos an meiner arithmetischen Staatskunst[6], aus welcher jetzt etwas mehr werden soll, als | eine bloße Idee. Meiner innigsten Ueberzeugung nach können Napoleons Schöpfungen nur dadurch bestehen, daß man anfängt, das Geld anders zu behandeln, als es bisher ist behandelt worden. Wie alles Uebrige so will auch die Gesellschaft einen festen Punkt haben, auf welchem sie ruhe; u. dieser feste Punkt kann ihm nur in der Feststellung des Verhältnisses gegeben werden, das vom Gelde zu den Sachen statt findet.[7] Mein Werk wird von sehr hohen u. sehr allgemeinen Interesse seyn. Es werden darin Dinge verhandelt, an welche der größte Theil der Menschen gar nicht denkt, so nahe sie auch liegen. Mit dem Anfange des künftigen Jahres soll das Manuskript in Ihren Händen seyn; denn ich habe Ursache, zu glauben, daß meine Gesundheit u. meine Heiterkeit sich gleich bleiben werden. Beide sind jetzt vortrefflich.

Ich schicke Ihnen hier zwei Aufsätze, von welchen ich den einen für das Morgenblatt, den anderen für die europäischen Annalen bestimmt habe. Der letzte handelt von einem Gegenstande, dessen Wichtigkeit zur Sprache gebracht zu werden verdient. Die Zurückführung des h. Vaters auf die geistliche Macht, ist die größte Begebenheit unserer Zeit u. wenn sie, woran ich nicht zweifle, bleibend gemacht wird, so muß ihr Einfluß sich auf die entferntesten Jahrhunderte erstrecken.[8] Ich halte den Frieden für sehr nahe. Aus der Verzögerung desselben schließe ich, daß Napoleon die gute Absicht gehabt hat, einen allgemeinen Frieden daraus zu machen; dies wird ihm aber schwerlich gelingen.

Sie, mein werthester Freund, bitte ich, ein Exemplar von den Materialien, die zu München erschienen sind, für mich zurückzulegen; hier ist dergleichen mit Mühe zu haben. |

Von dem elenden Gesellschaftszustande, worin wir uns hier befinden, können Sie sich kaum eine Vorstellung machen; wir leben in einer Anarchie, die nicht größer seyn kann. Viel beßer mag es bei Ihnen freilich auch nicht seyn; denn da steht es immer schlecht, wo Könige ihre Autorität dadurch zu retten versuchen, daß sie diejenigen, die an ihrer Tugend zweifeln, für Wahnsinnige erklären, die von allen Staatsämtern ausgeschlossen werden müssen. Ich habe herzlich über dies furchtbare Gesetz gelacht, das schwerlich in Anwendung gebracht werden kann, ohne ihren König zu vereinzeln. Wie unglücklich wird Deutschland durch seine Vielherrschaft.

Wenn es Sie nicht incommodiert, mir gegen die Mitte des Novemb. 60 bis 80 Friedrich d'or zu übermachen, so würde ich Ihnen für diese Gefälligkeit sehr verbunden seyn. Sollten die gegenwärtigen Zeitumstände meinem Wunsch entgegen seyn, so bitte ich Sie, mir darüber Auskunft zu geben, damit ich meine Maasregeln nehmen kann. Der gänzliche Mangel an Credit, welcher hier stattfindet, bringt unter andern auch die Wirkung hervor, daß man gar nicht mehr Herr des Vermögens ist, das man sonst zu besitzen glaubte; denn 80 Procent u. drey bis vierfache Sicherheit sind die einzigen Bedingungen unter welchen man hier baar Geld erhalten kann, wenn man es nöthig hat, u. dies muß nothwendig noch ärger werden.

Leben Sie wohl u. behalten Sie lieb
Ihren
Bch

---

[1] Es handelt sich um den 5. Jahrgang des Historischen Taschenbuchs. Vgl. Brief Nr. 43, Anm. 2. Buchholz zählt den ersten von ihm bearbeiteten Jahrgang 1806 an Stelle des Jahrgangs 1805 als Jahrgang Nr. 1. Vgl. a. Brief Nr 3, Anm. 1.

[2] Goethe hat die ersten vier Kapitel seines späteren Romans *Wilhelm Meisters Wanderjahre oder die Entsagenden* (1821/1829), darunter auch *Die Flucht nach Aegypten* in Cottas *Taschenbuch für Damen auf das Jahr 1810* erstmals veröffentlicht. Vgl. a. Goethe: Sämtliche Werke, Briefe, Tagbücher und Gespräche (1989), I. Abt., Bd. 10, S. 1022.

[3] Vgl. Brief Nr. 49, Anm. 2.

[4] Johannes von Müllers Testament offenbarte, dass er als armer Mann gestorben war und sah unter anderem vor, dass vom Verkauf seiner Handschriften die Schuldner zu befriedigen seien. Das Testament ist abgedruckt in: *Illustrirte Zeitung*, VII. Bd. (1845), Nr. 157, Leipzig, S. 7.

[5] Horaz, Carmina 3, 30, 1: Ein Denkmal habe ich mir gesetzt, dauernder als Erz.

[6] Vgl. Brief Nr. 56, Anm. 2.

[7] Vgl. Brief Nr. 60, Anm. 4.

[8] Vgl. Brief Nr. 60, Anm. 6.

Nr. 62 vom 30. Oktober 1809

Berlin den 30ten Oct. 9

Um nicht mit leeren Händen vor Ihnen, mein wertesther Freund zu erscheinen, übergebe ich Ihnen hier einen Aufsatz über die Folgen der letzten Revolution in Spanien, die ich als geendigt betrachte.[1] Ich wollte Ihnen noch mehr schicken; allein gewisse Verbindlichkeiten, die ich der Jenaeschen Literatur-Zeitungsexpedition[2] habe, sind ein Hinderniß geworden. Ich behalte es aber in Petto.

Die Portraits der königlich-spanischen Familie sind ein herrlicher Fund für das historische Taschenbuch; u. wenn Sie das des Friedensfürsten[3] einfügen können, desto beßer! Außer Lannes[4] u. Bennigsen[5] geben Sie, wenn es Ihnen möglich ist, die Portraits von Darrus[6] u. Massena[7], vorzüglich das des ersteren, dessen Kopf so sehr der leibhafte Abdruck der Tapferkeit ist, daß man ihn gar nicht für einen Franzosen-Kopf halten sollte. Die Karte von Spanien lassen Sie noch, wenn Sie meinem Rathe folgen wollen. Dagegen eine Karte von Finnland, diesem Schauplatze des allerersten Krieges der jemals geführt worden ist. Ich freue mich recht auf die Fortsetzung dieser historischen Arbeit u. sammle schon jetzt alles, was ich dazu brauchen werde. Durch die Bearbeitung des letzten Jahrganges habe ich mir das Lob erworben, daß ich mit beispielloser Ruhe die Begebenheiten meiner Zeit aufgefaßt u. dargestellt habe. Das ist doch wenigstens etwas für einen Menschen, der seinen ganzen Stolz darin setzet, durch das Studium | der Geschichte zur Umfangenheit (im eigentlichen Sinne des Worts) zurückgekehrt zu seyn. Wie auch mein Schicksal fallen mag, nie sollen Sie erleben, daß ich so umgetrieben werde, wie Joh. v. Müller[8] oder jener sprudelnde Adam Müller[9], der gegen mich in die Schranken getreten ist. Der gute Mann hält sich jetzt hier auf, kündigt Verfassungen an, die niemand hören mag u. prostituirt sich <u>noch jetzt</u> dadurch, daß er seine Billete mit einem mitgenommenen Stadtsiegel von Dresden markiert.[10] Unsere Weisen haben wenigstens einen bedeutenden Fond von Albernheit oder Thorheit in sich.

Ich bitte Sie die Beilage an die Adresse zu befördern.

Was aus Preussen werden wird, mag Gott wissen. Ich möchte mich sehr irren, oder es wird zu neuen Abtretungen kommen, bis zuletzt die ganze Idee Preussens vernichtet ist, die freilich auch nicht mehr in den gegenwärtigen

Zusammenhang der Dinge gehört. Der Geist unserer Aristokraten ist der aller abgeschmackteste, der sich denken läßt; u. wenn die Dynastie Zollern[11] das Schicksal so vieler anderer Dynastien hat, so wird sie zuletzt nur den Adel anklagen können, der unablässig geschäftig ist, sie in das Nichts zu stürzen, ohne es gerade zu wollen. Sie glauben nicht, was für unsinnige Streiche hier ausgeführt werden, u. wie unser unheilbares Militär auf gänzliche Auflösung des Staates los arbeitet. In Brandenburg ist es zwischen den Preussen u. den Franzosen u. Polen, welche einen Trupp Gefangener vom Schillschen Corps[12] eskortierten, zu einer formlosen Bataille gekommen, obgleich die eigentliche Bestimmung der Preussen wäre, die Franzosen u. Polen gegen den Pöbel zu unterstützen.

Ich hoffe, daß alles, was ich seit Monatsfrist an Sie geschickt habe, in Ihren Händen seyn werde. Für die nächsten Monate erwarten Sie nichts von mir; denn ich gehe mit dem morgenden Tage an die Ausarbeitung meiner arithmetischen Staatskunst.[13]

Leben Sie indessen wohl u. erinneren Sie sich meiner mit Freundschaft.
B.

---

[1] [F.B.]: Wahrscheinliche Folgen der spanischen Revolution, sowohl für Spanien selbst, als für die übrigen Reiche in Europa, in: EA 12 (1809), S. 201–211.
[2] Die *Jenaische Allgemeine Literatur-Zeitung*, erschien 1804–1841 und war eines der führenden Rezensionsorgane im deutschen Sprachraum.
[3] Vgl. Brief Nr. 40, Anm. 3.
[4] Jean Lannes (1769–1809), französischer General und enger Vertrauter Napoleons, der in der Schlacht bei Aspern am 21./22. Mai 1809 tödlich verwundet wurde.
[5] Vgl. Brief Nr. 44, Anm. 4.
[6] Pierre Daru (1767–1829), französischer Staatsmann, 1809 Generalintendant in Preußen und Österreich.
[7] André Massena (1758–1817), französischer Marschall.
[8] Vgl. Brief Nr. 29, Anm. 9.
[9] Vgl. Brief Nr. 43, Anm. 7.
[10] Adam Müller kam 1809 aus Dresden nach Berlin und hielt dort öffentliche Vorlesungen, auf der Basis seiner Elemente der Staatskunst. Adam Müller: Die Elemente der Staatskunst, Berlin: Sander 1809. Vgl. a. Baxa: Adam Müller (1930).
[11] Vgl. Brief Nr. 58, Anm. 4.
[12] Vom preußischen Offiziert Ferdinand Baptista von Schill (1776–1809) geführtes Freikorps, das am 31. Mai 1809 in Stralsund von der französischen Armee geschlagen

wurde. Die etwa 200 Überlebenden des Freicorps gerieten in Gefangenschaft und wurden an Preußen überstellt.

[13] Vgl. Brief Nr. 57, Anm. 2.

Nr. 63 vom 18. November 1809

Berlin den 18ten Nov. 9

Ich überschicke Ihnen hier, mein werther Freund, einen Beitrag zu dem künftigen Damenkalender der neulich durch ein Versehen zurückgeblieben ist. Vor Göthe streiche ich, wie es sich von selbst versteht, die Seegel; u. wenn ich dem Eindruck, den die <u>Flucht nach Aegypten</u> auf mich gemacht hat, hätte blindlings folgen wollen, so hätte ich meine Arbeit verbrennen müssen.[1] Mit desto größerm Muthe trete ich neben Lafontaine[2], die Pichler[3] u. s. w. auf. Taedet quotidianarum harum formarum[4] von Predigern u. Rectortöchtern, Grafen u. Gräfinnen u. s. w. zu welchen sich nun gar Leibeigene gesellen. Ich habe im <u>Fels der Liebenden</u>[5] einen Versuch machen wollen, die Einbildungskraft der Leser mit ganz neuen Gegenständen zu beschäftigen u. der Fantasie eine Welt aufzuschließen, welche in Deutschland ganz unbekannt ist; nämlich die alte Spanische Welt in ihrem Gegensatz von Christenthum u. Muhammadamismus. Freilich werden sich unsere Dichter u. Romanschreiber, um diese Welt mit Erfolg zu benutzen, noch etwas mehr mit dem Studium der alten spanischen Literatur beschäftigen müssen! Doch genug von meiner Arbeit.

Ich lebe jetzt in der größten Spannung wegen der Dinge, die da kommen werden; Ganz ungenossen wird der preussischen Regierung gewiß nicht hingehen,[6] was sie im letzten Kriege gesündigt hat, und ich müsste mich sehr irren, oder es ist vorbei mit der Dynastie | Zollern,[7] welche immer deutlicher zeigt, daß sie nicht in den neuen Zusammenhang der Dinge taugt, in dem sie sich von dem Gefühl ihrer ehemaligen Größe nicht trennen kann. Es ist ein trauriges Loos für Regenten, daß sie, selbst mit beßerer Einsicht in die Natur der Dinge, die Schicksale der Regierungen theilen müssen, u. daß das horazische Quidquid delirant reges[8] u. s. w. ewig wahr bleibt. Geschieht, was ich erwarte, so erhalten Sie auf Ostern ein Mspt, das schon seit einigen Jahren fertigt liegt, u. wenn ich nicht sehr irre von dem allergrößten Interesse ist. Ich habe Ihnen bisher nichts davon sagen können, weil die Publication unter den Umständen, so wie sie bis jetzt noch waren, sich kaum denken ließ.

Von Massenbach[9] höre u. sehe ich nichts. Sein Versehen gegen Sie ist u. bleibt tadelhaft. Den dritten Theil seiner Memoiren[10] hab' ich nicht lesen können, ohne mitunter laut aufzulachen – nicht etwa über das was er vorträgt, sondern über ihn selbst u. die patriotischen Grimassen, welche er schneidet. So lange Menschen dieser Art sich Patrioten nennen dürfen, kann aus der Welt nichts werden, um welche es überhaupt schwach stehen wird, so lange man den Patriotismus zum Gegenstand von Lobeserhebungen macht oder sich selbst machen läßt. Dieser Patriotismus zeigt nichts weiter an, als die Schwäche der Regierungen und zerstört sich immer ganz von selbst. Uebrigens zweifle ich nicht daran, daß es auch bei Ihnen der- | gleichen Patriotismus gebe; er ist ja so natürlich in einem Staate, deßen Regierung sich nicht genug brüsten kann, um ihre Schwäche zu verstecken.

Ueber das, was ich seit dem 1ten Oct. an Sie abgeschickt habe bin [ich] bis jetzt im Zweifel, ob es ruhig bei Ihnen eingelaufen sey. In meinem letzten Schreiben habe ich mich über die Portraits zu dem nächsten historischen Almanach erklärt. Meine arithmetische Politik[11] wird ein sehr interessantes Buch durch eine Menge von Aufschlüssen welche, vor mir, niemand gegeben hat. Es komt mir vor, als existire ein gewisser Antagonismus zwischen Ihrer Regierung u. der von Baiern, sonst hätte ich wohl Lust, aufmerksam zu machen auf das, was durch die baierische Regierung für Deutschland geleistet wird. In Wahrheit, wer auch die eigentlichen Macher seyn mögen, Baiern ist jetzt der Haupt- und Musterstaat in ganz Deutschland; denn von da geht jetzt jede lustvolle Idee aus.[12]

Leben Sie wohl u. behalten Sie lieb
Ihren
Fr. Buchholz

---

[1] Vgl. Brief Nr. 61, Anm. 2.
[2] August Lafontaine (1758–1831), einer der erfolgreichsten Unterhaltungsschriftsteller um 1800 und Mitherausgeber von Cottas *Taschenbuch für die Damen*. Vgl. a. Sangmeister: August Lafontaine (1998).
[3] Caroline Pichler (1769–1843), österreichische Schriftstellerin und Salonière in Wien.

4 Nach Terenz: Eunuchus, II, 3, 6: Ich habe genug von diesen alltäglichen Schönheiten.
5 Friedrich Buchholz: Der Fels der Liebenden, in: Taschenbuch für Damen auf das Jahr 1812, Tübingen: Cotta, S. 207–274.
6 „nicht ungenossen hingehen" = das wird nicht ungeahndet bleiben. Vgl. Johann Christoph Adelung: Grammatisch-kritisches Wörterbuch der Hochdeutschen Mundart, Band 4. Leipzig 1801, S. 860.
7 Vgl. Brief Nr. 58, Anm. 4.
8 Horaz, Epistulae 1, 2, 14: Quidquid delirant reges, plecuntur achivi: Alles, was die Könige in ihrem Wahnsinn anrichten, müssen die Völker büßen.
9 Vgl. Brief Nr. 30, Anm. 4.
10 Vgl. Brief Nr. 60, Anm. 11.
11 Vgl. Brief Nr. 57, Anm. 2.
12 Bayern war der einzige der nicht von Napoleon neu gegründeten Rheinbundstaaten, der am 1. Mai 1808 eine Verfassung nach dem Vorbild des Königreichs Westphalen in Kraft setzte, in der das Prinzip der Gewaltenteilung zwischen Justiz und Exekutive sowie die Teilung der Legislative zwischen Herrscher und einer einzurichtenden Nationalrepräsentation festgeschrieben wurde.

Nr. 64 vom 29. Dezember 1809

Berlin den 29^n Dbr. 9

Durch baldige Beförderung der Einlage an ihre Adresse würden Sie mich sehr verbinden; sie betrifft einen Gegenstand, welcher eben so wichtig für Widemann[1] ist, als für mich.

Unstreitig sind Sie der Verleger des Widemannschen Werks: <u>Frankreich unter der neuen Dynastie</u> pp[2] Ich habe es mit großem Vergnügen gelesen u. danke Ihnen auf das Verbindlichste für die Uebersendung desselben.

Das 9ber Stück[3] der Annalen erwarte ich mit einiger Ungeduld; weil ich meinen Aufsatz über die Zurückführung des Pabstes auf die geistliche Macht darin wieder zu finden hoffe.[4]

Napoleons Scheidung von der Kaiserin Josephine[5] beschäftigt hier alle Köpfe. Man fragt, welche russische oder österreichische Prinzessin er heirathen wird.[6] Ich lache dazu. Napoleon wird ganz unstreitig seine Stieftochter heirathen[7] u. dieser entscheidende Schritt wird das ganze bisherige ius consitium[8] umstossen u. Epoche machen in der Kirchengeschichte. Der

Pabst, so wie er jetzt noch dasteht, kann niemals seine Einwilligung in diese Heirath geben; u. daraus folgt, daß man endlich die Frage aufwerfen werde: was ist göttliches Gesetz. Ich müsste mich sehr irren, oder nach einigen Monaten werden | alle guten Köpfe in Frankreich u. Deutschland mit der Beantwortung dieser Frage beschäftigt seyn, die nicht erörtert werden kann, ohne die Philosophie in Beziehung auf das bisherige kirchliche System zu Ehren zu bringen. Nichts ist angenehmer, als wenn das Herz der Machtmenschen in die Weltangelegenheiten eingreift, und Ihnen ganz unerwartete Wendungen giebt. Das letzte Resultat der zwischen dem Kaiser u. dem Pabste obwaltenden Streitigkeiten kann schwerlich ein anderes seyn, als daß der Pabst aus dem Halbdunkel, worin er bisher gestanden, wieder hervortritt, u. eine große Rolle in Europa spielt. Freilich Pius dem 7ten[9] wird dergleichen nicht begegnen.

Mit meinem neuen Werke bin ich zur Hälfte fertig; ich schicke Ihnen aber noch nichts davon, weil ich über den Titel noch nicht mit mir einig bin. Es sind Untersuchungen über die Natur der Gesellschaft mit vielen Blicken in die Zukunft.[10] Auf jeden Fall ist darin alles ganz neu gedacht, u. wenn ich mich nicht selbst täusche, so wird man sehr bedeutende Resultate darin antreffen.

Hier haben wir unseren König zurück.[11] Was weiter aus uns werden wird mag Gott wissen. | Der Staatsbankerot ist erklärt, in sofern von Zurückzahlung der Capitalien gar nicht die Rede ist, d. h. in sofern man geradezu eingestanden hat, daß dies unmöglich sey. Schauspieler, Pfennig-Poeten u. Liebe u. Treue predigende Schwarzröcke sind die Pfeiler des Staates in diesem Augenblick; aber Sie werden es schwerlich lange bleiben.

Komme es wie es wolle, ich wünsche Ihnen ein glückliches neues Jahr u. empfehle mich Ihrer ferneren Freundschaft.

F.B.

---

[1] Vgl. Brief Nr. 19, Anm. 3.
[2] Frankreich unter der neuen Dynastie nach seinen innern Verhältnissen. Von Joseph Widemann, Beamten des Französischen Staats-Secretariats, Verfasser der Streifzüge nach Venedig und Istrien, und der mahlerischen Schilderung von Baden, s.l. 1810.
[3] Septemberstück
[4] Vgl. Brief Nr. 60, Anm. 6.

⁵ Die Scheidung von Joséphine de Beauharnais (1763–1814), mit der er seit dem 9. März 1796 verheiratet war, gab Napoleon am 15. Dezember 1809 auf einem öffentlichen Empfang bekannt. Am 10. Januar 1810 wurde die Scheidung als erste nach dem neuen Scheidungsgesetz des Code Civil ausgesprochen. Sie steht im Zusammenhang mit der Kinderlosigkeit des Paares, die den Bestrebungen Napoleons entgegenstand, sein Herrschaftssystem durch den Aufbau einer neuen Dynastie zu sichern.

⁶ Napoleon heiratete am 11. März 1810 die Tochter des österreichischen Kaisers Franz II., Marie-Louise von Österreich (1791–1847). Aus dieser Verbindung ging 1811 der von Napoleon ersehnte Thronfolger Napoléon-François-Charles-Joseph Bonaparte hervor, der 1832 im Alter von 21 Jahren an Tuberkulose im Schloss Schönbrunn in Wien verstarb.

⁷ Hortense de Beauharnais (1783–1837), war die Tochter von Kaiserin Joséphines im Jahr 1794 hingerichteten ersten Ehemannes aus dessen erster Ehe. Sie heiratete 1802 Napoleons jüngeren Bruder Louis Bonaparte, seit 1806 König von Holland. Schon während der Ehe wurde sie von ihrem Ehemann mehrfach der Affäre mit Napoleon beschuldigt, 1810 wurde die Ehe geschieden.

⁸ Evtl. „ius constitutum": das positive Kirchenrecht im Unterschied zum „ius divinum", dem göttlichen Recht.

⁹ Luigi Barnaba Niccolò Maria Chiaramonti (1742–1823), war von 1800 bis zu seinem Tod als Pius VII. Papst in Rom.

¹⁰ Buchholz: Hermes oder über die Natur der Gesellschaft – mit Blicken in die Zukunft, Tübingen: Cotta 1810.

¹¹ Friedrich Wilhelm III. und Königin Luise kehrten am 23.12.1809 aus Ostpreußen nach Berlin zurück.

Nr. 65 vom 19. Januar 1810

Berlin den 19 Januar 1810

Fischers¹ Aufsatz verschaft mir die Gelegenheit, Ihnen ein Paar Worte zu schreiben.

Zuförderst nun bitte ich Sie auch in meinem Namen, die Vorrede zu dem Alphonsino² recht bald abdrucken zu lassen; dies Produkt von Fischer ist wirklich sehr witzig, ich möchte sagen, der Don Quixote der Deutschen.

Habe ich eine Stelle in Wideman's³ Briefe recht verstanden, so ist meine europäische Staatsgeschichte⁴ bereits unter der Presse, vielleicht gar schon abgedruckt. Auf diesen Fall ersuche ich Sie recht dringend, mir vor der Bekanntmachung ein Exemplar zu übermachen, damit ich die Druckfehler sogleich anzeigen kann. Denn fehlen wird es daran gewiß nicht.

Mit meinem Werke bin ich fertig bis aufs letzte Ausputzen. Es wird den Titel führen: <u>Hermes oder über die Gesellschaft mit Blicken in die Zukunft</u>.[5] Dies zeige ich Ihnen vorläufig an damit es Ihnen nicht an Zeit fehlen möge, in dem Meßkatalog oder auch anderweitig darauf aufmerksam zu machen. Diesmal glaub' ich mit Ihrer Censur nicht zu kollidieren. Uebrigens enthält mein Werk sehr kühne Ideen. Es | wird in den letzten Tagen dieses Monats von hier abgehen.

Ich überlasse es sehr gern Ihren Correspondenten, Ihnen Artikel über Berlin u. Preussen zuzuschicken; aber im Vertrauen muß ich Ihnen sagen, daß es in jeder Hinsicht sehr schlecht um uns steht. Wir kämpfen mit unserem Bankerot so gut wir können. Ob er ausbleiben wird, steht dahin. Schwer ist es, ein gleichgültiger Zuschauer von allen den Albernheiten zu bleiben, von welchen die eine die andere jagt; aber ich habe mir fest vorgenommen, mich in Beziehung auf mein Vaterland zu indifferenzieren, bis ich sehe, daß der Weltgeist wirklich über uns kommt. Die Nacht von Barbaren in welcher wir liegen, wird kaum durch einige Vernunftstralen aufgehellt. Wir plumpen immer wieder in die Feudalität zurück, aus welcher wir uns erheben wollen; u. alle unsere öffentlichen Maaßregeln sind von solcher Beschaffenheit, daß der Herrschaft des Feudal-Geistes kein Ende gemacht werden kann. Weil die Liberalität nicht im Gemüthe ist, so ist sie auch nicht im Geiste.

Legen Sie für mich doch alles Bedeutende zurück, was über den letzten Krieg erscheint. Dieser Stoff zieht mich unsäglich an. Ich bearbeite ihn zum Theil schon jetzt, obgleich nur in Gedanken. Können Sie mir nicht behilflich werden, zu- | verlässige Nachrichten von den Vorfällen bei u. in <u>Ebersberg</u>[6] zu erhalten. Die französischen Bulletins haben dieselben im Dunkel gelassen; sie sind aber um so gewisser das Scheußlichste, was in dem letzten Kriege geschehen ist. Ich ziehe von allen Seiten Erkundigungen ein, um die Begebenheiten meiner Zeit so charakteristisch wie möglich zu erzählen. Mein größtes Verdienst wird einmal seyn: die Geschichtsschreibung in Deutschland weitergeführt zu haben.

Leben Sie wohl u. behalten Sie lieb
Ihren
FB.

[1] Vgl. Brief Nr. 24, Anm. 4.
[2] Ein Werk mit diesem Titel konnte nicht ermittelt werden.
[3] Vgl. Brief Nr. 19, Anm. 3.
[4] Vgl. Brief Nr. 43, Anm. 2.
[5] Vgl. Brief Nr. 64, Anm. 10.
[6] Bei der Schlacht um Ebersberg an der Traun im Erzherzogtum Österreich hatten sich am 3. Mai 1809 35.000 Mann österreichische Truppens verschanzt, um den Übergang der Franzosen über den Fluss zu verhindern. Während der Kämpfe geriet die Stadt in Flammen, beide Kontrahenten wurden vom Feuer eingeschlossen und erlitten große Verluste. Ein Augenzeuge aus der napoleonischen Armee, der das Schlachtfeld besichtigte, berichtet: „Die Todten und halbverbrannten Leichname lagen zu Hunderten in den Straßen angehäuft; allenthalben sah man einzelne Glieder verstümmelt und verbrannt neben den Feuerbränden und Aschenhaufen liegen. Der Geruch war erstickend; wir mussten uns alle mit den Taschentüchern Mund und Nase verstopfen." Beobachtungen und historische Sammlung wichtiger Ereignisse aus dem Kriege zwischen Frankreich, dessen Verbündeten und Oesterreich im Jahr 1809, Weimar: Verlag des Landes-Industrie-Comptoirs 1809, S. 136.

Nr. 66 vom 2. Februar 1810

Berlin den 2 Febr. 10

Da haben Sie meinen Hermes[1], der wahrlich nicht bestimmt ist, die Staaten in den Orkus zu führen, der, im Gegentheil, dem Verderben, worin sie liegen, ein Ende machen soll. Es freut mich indeß, daß das, was ich in diesem Buche vortrage, von einem großen Theile der Bewohner Deutschlands wird verstanden werden. Mit großem Vergnügen habe ich noch gestern in der Allg. Zeit den Aufsatz über die Bankzettel in den von Oesterreich abgetretenen Provinzen gesehen.[2] Möchten sich doch viele dergleichen Stimmen erheben, denn Deutschland ist unabtreiblich verloren, u. versinkt in Barbarei

u. Ignoranz, wenn das Metallgeld verdrängt wird. Hier zu Lande rennt man auf das allerunverantwortlichste in sein Verderben.

Erwarten Sie nächstens einige Aufsätze für die Eur. Annalen, von welchen ich bis jetzt nur das Nov. Stück erhalten habe.

Leben Sie wohl.
Fr. Buchholz

[1] Vgl. Brief Nr. 64, Anm. 10.
[2] In Österreich war es zum Jahreswechsel 1809/1810 zu einer Entwertung der Bank-Zettel gekommen, die aus den abgetretenen Gebieten zurück genommen werden mussten.

Nr. 67 vom 25. Februar 1810

Berlin den 25ten Feb. 10

Ich hoffe, daß Sie meinen Hermes[1] erhalten haben werden; ich habe ihn seit ungefähr drei Wochen über Leipzig an Sie abgeschickt, nur war mir die Gelegenheit nicht ganz zu Sinne, weil ich meinen Mann nicht genau kannte.

Gestern Abend habe ich das erste Stück der Europäischen Annalen von 1810 erhalten. Die Beiträge zur geheimen Geschichte der französischen Politik unter Ludwig dem Sechzehnten[2] sind im höchsten Grade interessant. Dagegen haben die Bemerkungen über die unmittelbaren Ursachen der Dynastie-Veränderung und u. der Insurrection in Spanien[3], soweit sie bisher mitgetheilt worden sind, einen sehr geringen Werth; denn Minister Cevallos[4] ist, bei allem Hasse, den der Verf. auf ihn wirft, zuviel Ehre erwiesen worden; denn man muß sehr blind seyn, wenn man in der authentischen Darstellung dieses Mannes nicht die größte Erbärmlichkeit wahrnimt. Hätte er die Thronrevolution bewirkt, so würde Ferdinand[5] nie nach Bayonne gegangen seyn.

Das 10te Stück des vorigen Jahrganges habe ich nicht erhalten; es ist unstreitig in Leipzig oder in irgendeiner hiesigen Buchhandlung liegen geblieben.

In Ansehung der Wiedervermälung Ns. haben wir uns geirrt.⁶ Aber ich gestehe Ihnen, daß ich noch immer nichts begreife von dem Entschluß, sich mit der Tochter Franz des Zweiten zu vermählen. Welche Verhältnisse führt dies herbei, da das Haus Oester- | reich-Lothringen verwandt ist mit allen den Häusern, die Glanz u. Existenz durch N. verloren haben. Ich sehe in dieser Vermählung die Aufhebung des Familiengesetzes⁷ vorher; sie ist ein Carrusel für alle Bande der französischen Kaiserfamilie, u. kann der erste Antrieb zu schrecklichen Contrarevolutionen werden. Um eine Dynastie zu befestigen muß man, wie ich glaube, mehr auf eine tüchtige Posterität⁸ als auf Verwandtschaft mit alten Häusern bedacht seyn; denn die letztere kann nur allzu leicht dazu beitragen, daß die <u>tüchti</u>ge Posterität ausbleibt. Monarchen sind hierin Privatpersonen; u. was mich betrifft, so hätte ich mich durch keine Betrachtung in der Welt abhalten laßen, mich nur mit derjenigen zu vereinigen, die ich allein lieben könnte.

Ich schicke Ihnen hier einen Aufsatz für die Annalen, worin ich versucht habe, den Geist des neunzehnten Jahrhunderts dadurch hervorzuheben, daß ich ihn mit dem Geiste des dreizehnten über einen bestimmten Gegenstand, nämlich das Verhältniß des Kaisers zu dem Pabste, contrastire.⁹ Ich glaube, man muß bisweilen von dem Mittelalter sprechen, damit die Declamationen, wodurch die Schlegel¹⁰ u. ihresgleichen sich desselben anzunehmen versucht haben, nicht allzu viel Raum bei denjenigen gewinnen, die eigentlich in gar keiner Zeit leben. Nach allen meinen Ansichten von Deutschlands Bestimmung muß ich wie pro aris et focis¹¹ für den gesellschaftlichen Zustand kämpfen, zu welchem wir uns mit soviel Mühe herangearbeitet haben. | England fängt an, aus dem politischen Gesichtskreise zu verschwinden, u. in den Annalen des vorigen Jahres ist kaum noch davon die Rede gewesen. Ich werde mir also die Mühe geben, in einem ausführlicheren Aufsatze alles dasjenige zusammen zu fassen, was von England seit der Zusammenkunft der beiden Kaiser in Erfurth bekannt geworden ist.¹² Fährt die französische Regierung fort, den Kampf mit England <u>so</u> zu führen, wie sie in ihrem Commentarien zu der Rede, wodurch die disjährigen Sitzungen des Parlaments eröffnet wurden, angefangen hat; so ist eine große Wahrscheinlichkeit da, daß sie dadurch mehr ausrichten werde, als durch die Continentale Kriege. Diese meine Vermuthung stützt sich auf den Zustand der englischen Finanzen, der, bei allem National-Reichthum, kritisch zu werden beginnt. Est modus in rebus[13]. Es muß, durch die Fortsetzung des Anleihe-Systems[14] doch dahin kommen, daß die Schultern der englischen Nation nicht mehr imstande sind, die Last der Taxen zu tragen. Der letzte Markgraf von Bayreuth[15], ein leidenschaftlicher Verehrer des englischen Wesens, schrieb kurz vor seinem Tode an einen seiner Freunde in Deutschland: We are starved by taxes.[16] Ich habe mich darüber im Stillen gewundert, daß mein Aufsatz über Malthe's Idee von Volksvermehrung noch nicht abgedruckt ist.[17] Sollten Sie ihn gar nicht erhalten haben?

Ich weiß zwar nicht, wie Sie mit Massenbach[18] stehen; da ich aber aus öffentlichen Blättern ersehe, daß Sie nicht mehr der Verleger der Pallas[19] sind u. folg. | auch keine Aussicht haben sich durch den Herrn von Rühl[20] bezahlt zu machen, so muß ich Ihnen melden, daß Massenbach, nach seinen letzten Briefen an mich, mit seinem Amsterdammer Verleger[21] sehr übel angekommen ist. Dieser Herr, der die Miene annahm, als ob er den ganzen deutschen Buchhandel in Vermortstraat concentriren wollte, bezahlt nicht, u. Massenbach, der nicht weniger als 1500 Thaler an ihn zu fordern hat, lebt in der größten Geldverlegenheit auf seinem Gute im Herzogthum Warschau.[22] Was die allg. Zeit.[23] von der Wahrscheinlichkeit seiner Vorforderung[24] gesagt hat, ist erlogen; er wird nie zur Verantwortung gezogen werden, theils um seines Verhältnisses zu dem Fürsten von Hohenlohe[25] willen, theils weil es den Interessen einzelner Minister entgegen ist, ihn hier in Berlin zu sehen.

Wenn es Sie nicht inkommodieren sollte, so haben Sie die Güthe, mir gegen den 1st April 80 friedrich d'or anzuweisen. Ich werde dies als eine besondere Gefälligkeit zu ehren wissen.

Widemann[26] schreibt mir, daß Carnot[27] Kriegsminister werden u. Clarke[28] an Marets[29] Stelle kommen werde. Dies macht mir sehr viel Vergnügen, weil ein Mann von großem Talent dadurch aus der Dunkelheit des Privatstandes wieder hervorgezogen wird.

Leben Sie wohl.
F.B.

---

[1] Vgl. Brief Nr. 64, Anm. 10.

Anhang: Briefe von Buchholz an Cotta

[2] Beiträge zur geheimen Geschichte der französischen Politik unter Ludwig XVI, in: EA 1 (1810), S. 67–104.
[3] Bemerkungen über die unmittelbaren Ursachen der Dynastie-Veränderung und der Insurrektion in Spanien, gerichtet an Don Petro Cevallos, Ex Staatsminister des Königs Carls IV, Ferdinands VII und Josephs I., in: EA 1 (1810), S. 40–66.
[4] Pedro Cevallos [auch Ceballos] Guerra (1759–1839), spanischer Staatsminister und Karl IV und Ferdinand II. von Spanien; kurze Zeit Außenminister unter König Joseph Bonaparte, bevor er sich nach England absetzte und anti-napoleonische Flugschriften veröffentlichte.
[5] Vgl. Brief Nr. 40, Anm. 2.
[6] Vgl. Brief Nr. 64, Anm. 5.
[7] Vgl. Brief Nr. 23, Anm. 1.
[8] Nachkommenschaft
[9] [F.B.]: Papst und Kaiser im neunzehnten Jahrhundert, in: EA 4 (1810), S. 48–72.
[10] Vgl. Brief Nr. 58, Anm. 7.
[11] Römische Redewendung: für Altar und Herd, i. e.: für das Vaterland.
[12] Auf dem Erfurter Fürstenkongress vom 27. September bis zum 18. Oktober 1808 in Erfurt wurde ein Bündnisvertrag zwischen Napoleon und Zar Alexander geschlossen. [F.B.]: England im Jahre 1809, in: EA 4 (1810), S. 72–90; St. 5, Mai 1810, S. 104–132.
[13] Römisches Sprichwort: Es gibt ein rechtes Maß in allen Dingen.
[14] Bezeichnung für das britische permanente Kreditsystem zur Finanzierung der Staatsausgaben. Vgl. Kapitel 5.
[15] Christian Friedrich Karl Alexander von Brandenburg-Ansbach (1736–1806), letzter Markgraf von Bayreuth, verkaufte die beiden Fürstentümer Ansbach und Bayreuth 1791 an Preußen und ging mit der Reiseschriftstellerin Elizabeth Craven (1750–1828) nach England, wo er bis zu seinem Tod als Privatmann lebte.
[16] Wir verhungern durch die Besteuerung.
[17] [F.B.]: Bemerkungen über das Werk des Engländers T.R. Malthus, betitelt: Versuch über die Bedingung und die Folgen der Volksvermehrung, in: EA 8 (1810), S. 139–156.
[18] Vgl. Brief Nr. 30, Anm. 4.
[19] Vgl. Brief Nr. 43, Anm. 5.
[20] Vgl. ebd.
[21] Der Verlag wurde 1805 von Friedrich Arnold Brockhaus (1772–1823) in Amsterdam gegründet und 1807 in „Kunst- und Industriecomptoir" umbenannt. 1811 wurde der Verlag nach Verkauf des Sortiments nach Altenburg verlegt und dort unter dem Titel „F. A. Brockhaus" weitergeführt.
[22] Massenbach hatte sich seit 1806 auf sein Gut in Bialokowsz bei Posen zurückgezogen.
[23] Allgemeine Zeitung
[24] Vorladung vor Gericht.
[25] Vgl. Brief Nr. 36, Anm. 4.

²⁶ Vgl. Brief Nr. 19, Anm. 3.
²⁷ Lazare Nicolas Marguerite Carnot (1753–1823), Mathematiker und Politiker, war bereits nach Napoleons Machtübernahme am 18. Brumaire VIII (9. November 1799) Kriegsminister, gab das Amt jedoch nach einigen Monat auf und zog sich aus dem politischen Leben zurück.
²⁸ Vgl. Brief Nr. 29, Anm. 7.
²⁹ Hugues-Bernard Maret (1763–1839), Staatsmann und Publizist, wurde nach Napoleons Machtübernahme am 18. Brumaire VIII (9. November 1799) Staatssekretär, war ab 1800 für den Moniteur verantwortlich und begleitete Napoleon bei den meisten seiner Feldzüge. Maret blieb bis November 1813 im Amt.

Nr. 68 vom 10. März 1810

Berlin den 10ten Marz 10

Ich schicke Ihnen hierbei, außer dem Verzeichniß der Druckfehler für das historische Taschenbuch von 1810, zwei Aufsätze für die europäischen Annalen.

Der eine handelt von England; ich habe mir die Mühe gegeben, die Begebenheiten dieses Reichs im Jahre 1809 zusammenzustellen, weil mir das sehr wichtig schien für eine Uebersicht des zunehmenden Verfalles, den ich an Großbritannien zu bemerken glaube.[1]

Der andere handelt von Oesterreich, u. ist wenn ich nicht sehr irre, von interessantem Inhalte, in sofern ich darin beweise, daß Oesterreich sich mit seiner Politik seit Jahrhunderten verirrt hat u. nun durch die Vermählung N[apoleons] mit einer Tochter Franz des Ersten in die rechte Bahn zurück geführt wird.[2] Ihre Regierung wird ja nichts dagegen haben, daß ich ihre künftige Wahrheit darthue. Hier ist man schwach genug, für Schlesien zu fürchten. Lassen Sie diesen Aufsatz, wenn ich bitten darf, recht bald abdrucken.

Ich bin sehr begierig auf die europäischen Geschichten von Müller.[3] Aufgefordert | zu einer Recension des Woltmannischen u. des Herrenschen Werkes über diesen Johannes, habe ich diese Arbeit abgelehnt, weil ich nicht dazu beitragen mag, daß die Reputation, deren Müller in seinem Leben genoß, nach seinem Tode sogar plötzlich dahinwelke.[4] Uebrigens gestehe ich Ihnen, daß ich mir von dem *operibus posthumis*[5] im Ganzen genommen sehr wenig verspreche, weil es Müllern, so weit meine Bekanntschaft mit ihm gereicht hat, durchaus an der Kraft der Idee fehlte, ohne welche sich keine Geschichte schreiben läßt.

Mit großem Vergnügen habe ich die Briefe der spanischen Bourbons gelesen[6]; denn ich habe daraus ersehen, daß alles, was ich von dieser [...]gischen[7] Familie in der Staatsgeschichte[8] gesagt habe, die reine Wahrheit ist. Das Einzige, was ich nicht begreife, ist, daß die französische Regierung auf diese Dokumente solche Argumentationen hat gründen können. Der erste Brief der Königin an den Großherzog von Berg ist ein wahrer Leckerbißen für diejenigen, die ein Vergnügen daran finden können, daß eine Königin wie ein Wäscherweib denkt u. schreibt.[9] Gott im Himmel, wie sehr ist die Schande dieser Familie für | alle Hellsehenden durch diese Briefe aufgedeckt! Doch – peccatur intra iliacos muros et extra[10]. Schon vor einem Jahrhunderte sagte Lord Bolingbroke[11]: Die Menschen würden von den größten Dummköpfen unter ihnen beherrscht; u. es wird wohl noch manches Jahrhundert vergehen, ehe dieses Erbübel der Gesellschaften fortgeschaft wird. Auch um mich her geht so Manches vor, was mit den Begebenheiten des ehemaligen Hofes von Aranjuez[12] aus Einem Stücke ist. Je schwächer die Regierungen werden, desto mehr verlangen sie von den Regierten; u. mit uns ist es leider! dahin gekommen, daß man des Patriotismus nicht genug bekommen kann. Der Himmel mag wissen, wie das endigen wird, aber gut kann es niemals endigen.

Vielleicht komme ich Ihnen in kurzer Zeit um einige vierzig Meilen näher. Mir solle dies recht lieb seyn, wenn ich meine übrigen Wünsche dabei erfüllt sehe.

Leben Sie recht wohl.
B.

---

[1] Vgl. Brief Nr. 67, Anm. 12.
[2] [F.B.]: Österreich nach dem Traktat von Wien, in: EA 5 (1810), S. 153–161.
[3] Cotta verlegte ab 1810 postum Johannes von Müllers Sämmtliche Werke, hg. v. Johann Georg Müller, deren erste drei Bände Müllers *Vier und zwanzig Bücher Allgemeiner Geschichten besonders der Europäischen Menschheit* enthalten.

[4] Karl Ludwig Woltmann: Johann von Müller, Berlin: Hitzig 1810; Arnold Heeren: Johann von Müller, der Historiker, Leipzig: Göschen 1809. Beide Biographien setzen sich kritisch mit Müller auseinander.
[5] postume Werke.
[6] Vgl. Brief Nr. 42, Anm. 5. In der *Allgemeinen Zeitung*, Nr. 50 begann am Montag, 19. Februar 1810 eine Serie mit *Aktenstücken über die spanischen Angelegenheiten*.
[7] unleserlich
[8] Vgl. Brief Nr. 43, Anm. 2.
[9] Maria Luise von Bourbon-Parma (1751–1819), Königin von Spanien; Großherzog von Berg war seit der Gründung des Herzogtums am 15. März 1806 bis zum 15. Juli 1808. der napoleonische Offizier und Marschall von Frankreich, Joachin Murat (1767–1815). Der Brief von Maria Luise an Murat stammt vom April 1808 und ist abgedruckt in *Allgemeine Zeitung*, Nr. 54, Freitag, 23. Februar 1810, S. 214f.
[10] Horaz: Epistulae 1, 2, 16: „Innerhalb der trojanischen Mauern wird gesündigt und außerhalb."
[11] Henry St. John, I. Viscount Bolingbroke (1678–1751), britischer Philosoph und Politiker.
[12] Sommerresidenz der spanischen Könige außerhalb von Madrid.

Nr. 69 vom 24. März 1810

Berlin den 24ten März 10.

Sie erhalten hierbei einen Aufsatz, der um so mehr in die Annalen gehört, da beinahe alle deutsche Zeitungen, die Allgemeine diesmal gar nicht ausgenommen, den Gegenstand desselben mit Stillschweigen übergangen haben. Ueberhaupt müsste ich mich sehr irren, oder das laufende Jahr wird für Großbritannien höchst merkwürdig werden; so, daß die Annalen nichts beßeres thun können, als die Aufmerksamkeit wieder auf England hin richten.[1]

Ich habe das 2 u. 3te Stück von diesem Journal erhalten. Der gegen Cevallos gerichtete Aufsatz ist aus der Feder eines Franzosen geflossen; darauf will ich viel verwetten.[2] Ein großer Misgriff liegt darin, daß man einen Mann zu Etwas macht, der nie Etwas gewesen ist. Wäre Cevallos das, was in der Darstellung seines Gegners ist, so hätte er gewiß untergehandelt.

Die Relation von der Schlacht bei Wagram | u. die Marginalien zu derselben sind kaum der Stelle werth, die sie einnehmen.[3] Welche ungeheure

Weitschweifigkeit, die nur da entstehen kann, wo keine Idee durch das Ganze geht! Die Deutschen Berichtabstatter sind wie die deutschen Generale.

Von hier aus könnte ich Ihnen viel Interessantes schreiben, wenn ich Lärm machen wollte. Unter uns gesagt: der preussische Staat wird sich schwerlich jemals wieder erholen; nicht weil es dazu an Mitteln fehlt; sondern weil es keinen Kopf giebt[,] der von den vorhandenen Mitteln Gebrauch machen könnte. Sie glauben kaum, wie schlecht es um uns steht.

Soll die Literatur der Geschichte u. Politik[4] ein stehender Artikel in den Annalen werden u. wollen Sie, daß ich dazu beitragen soll?

Von dem historischen Taschenbuche[5] bitte ich Sie ein Exemplar an Widemann[6] zu schicken, so bald es fertig ist.

Ich sammle jetzt die Materialien zu dem nächsten Taschenbuche[7] u. werde das meinige thun, um den spanischen Krieg recht interessant zu beschreiben.

FB.

N.S.
Hier ist sehr viel die Rede von Streitigkeiten zwischen dem französischen und dem bairischen Hofe, veranlaßt durch ein unter Müllers zurückgelassenen Papieren gefundenes Schreiben des Kronprinzen von Baiern.[8] Spricht man bei Ihnen auch davon?

---

[1] [F.B.]: Das englische Ministerium im Kampfe mit den Bürgern von London, in: EA 5 (1810), S. 164–182.
[2] Bemerkungen über die unmittelbaren Ursachen der Dynastie-Veränderung in der Insurrektion in Spanien, gerichtet an Don Pedro Cevallos, Ex-Staatsminister des Königs Carls IV, Ferdinands VII und Joseph I., EA 1 (1810), S. 40–66; EA 2/3 (1810) (Fortsetzung), S. 124–172.
[3] Relation über die Schlacht bey Deutsch-Wagram auf dem Marchfelde am 5ten und 6ten July 1809, und die Geschichte, welche derselben bis zum Abschlusse des Waffenstillstandes am 12ten des nächsten Monats folgten. Pest 1809, in: EA 2/3 (1810), S. 185–232; Marginalien zur Relation über die Schlacht bei Wagram. Eingesendet von einem Offizier des k. k. östreich. General-Staabs, in: EA 2/3 (1810), S. 233–262.
[4] Literatur der Geschichte und Politik, in: EA 2/3 (1810), S. 173–184.
[5] Vgl. Brief Nr. 43, Anm. 2.
[6] Vgl. Brief Nr. 19, Anm. 3.

[7] [F.B.]: StaatsGeschichte Europa's von der Abreise Napoleons zur Armee in Spanien bis zum Wiener Frieden, 6. Jg., Tübingen: Cotta 1811.

[8] Johannes von Müller korrespondierte mit Kronprinz Ludwig Carl August von Bayern im Zusammenhang mit dessen seit 1807 verfolgten Plänen zu einem deutschen Nationaldenkmal, für das Johannes von Müller den Namen „Walhalla" (altnord. „Halle der Gefallenen") vorschlug. Johannes von Müller: Sämmtliche Werke, hg. v. Johann Georg Müller, 18. Theil, Tübingen: Cotta 1814. Briefe Nr. 277 v. 8. Februar 1808, S. 45; Nr. 301 v. 9. August 1808, S. 114; Nr. 330 v. 10. April 1809, S. 200.

Nr. 70 vom 20. Mai 1810

Berlin, den 20 May 10

Ich heiße Sie in Leipzig willkommen. Sehr gerne käme ich zu Ihnen, wenn meine Lage es mir erlaubte. Vor zwei Jahren hat das seltsame Verhältniß, worin ich damals mit Sander[1] stand, mir sehr viel Abbruch gethan. Was ich damals durch meine Befangenheit in Hinsicht Ihrer verloren habe, das gewänne ich jetzt sehr gern wieder; allein ich habe gar zuviel Ursache mit Zeit u. Kraft zu geizen, als daß ich davon viel auf Reisen wenden könnte. Uebrigens bin ich recht gesund u. aufgeweckt. An der Fortsetzung der Europäischen Staatsgeschichte[2] arbeite ich Tag u. Nacht; wenn, da ich mitten am Componieren bin, so ist jeder schlaflose Augenblick dem Nachdenken über den interessantesten Fortgang der Erzählung gewidmet. Wenn Sie den fünften Jahrgang mit auf die Messe gebracht haben, so erzeigen Sie mir doch die Freundschaft u. schicken Sie mir die Exemplare, die Sie mir zu verehren pflegen, mit der nächsten Post; es kommt mir darauf an, von einem derselben einen nützlichen Gebrauch zu machen. Der Hermes[3] wird unstreitig nicht fertig geworden seyn. Ist der Herr von Helwig Verfaßer der russischen Günstlinge?[4] Das Buch hätte sehr interessant werden können, wenn es von einem geistvolleren Mann geschrieben wäre. Sie glauben kaum, wie sehr mich die Tyroler in der Darstellung interessieren, die ich jetzt von Ihrem Thun u. Treiben während des vorjährigen Krieges mache.[5] Kennen Sie denn in Ihrer Gegend keinen, der den Tiroler Krieg vollständig beschreiben könnte? Je unparteiischer ein solches Werk ausfiele, desto anziehender müsste es seyn. Ich habe keineswegs das Recht, Ihnen etwas anzurathen; aber ich gestehe Ihnen, daß ich an Ihrer Stelle auf ein solches Buch spekulieren würde.

Leben Sie wohl und behalten Sie lieb
Ihren
Fr. Buchholz

NS
Melden Sie mir doch, wie lange Sie in Leipzig bleiben, damit ich Ihnen noch etwas von meiner Arbeit überschicken kann.

1 Vgl. Brief Nr. 34, Anm. 4.
2 Vgl. Brief Nr. 69, Anm. 7.
3 Vgl. Brief Nr. 64, Anm. 10.
4 Georg Adolf Wilhelm von Helwig [auch: Helbig]: Russische Günstlinge, Tübingen: Cotta 1809.
5 Tirol war mit dem Frieden von Preßburg 1805 an Bayern gekommen. 1809 kam es zu Aufständen gegen die neue Regierung, die von dem Gastwirt und Viehhändler Andreas Hofer (1767–1810) angeführt wurden.

Nr. 71 vom 8. Juni 1810

Berlin den 8 Jun. 1810

Ich überschicke Ihnen hier die Fortsetzung der europäischen Staatsgeschichte, von welcher ich, nach Ihrem letzten Schreiben nicht einmal weiß, ob sie Ihnen willkommen seyn wird.[1] Laßen Sie mich mit Aufrichtigkeit darüber zu Ihnen reden. Je mehr man dem Geschmack des Publikums, der nur auf das Mannichfaltige geht, nachgiebt, desto früher wird es dahin kommen, daß kein historisches Werk, in welchem große Ansichten u. inniger Zusammenhang eher anzutreffen sind, Absatz finden wird. Nichts ist am Ende leichter als ein historisches Buch, daß nur auf das Amüsement berechnet ist; aber, wie die europäische Staatsgeschichte amüsant gemacht werden könne, davon habe ich, die Wahrheit zu gestehen, gar keinen Begriff. Hierin sind Sie gewiß mit mir einverstanden. Sollen Sie nun künftig von Unternehmungen dieser Art keinen Schaden zu befürchten haben: so bleibt, meines Ermessens, nichts anderes übrig, als die Fortsetzung der europäischen Staatsgeschichte entweder ganz aufzugeben, oder anders einzurichten. Das Letztere könnte auf folgende Weise geschehen. Ernsthafte Geister, denen es nur um die Sache zu thun ist, entbehren leicht alle Verzerrungen, welche das historische Taschenbuch bisher erhalten hat. Fort also mit allen Kupfern, Karten u. s. w., welche bisher diese Verzerrungen ausgemacht haben! Nur das Format bleibt u. nebenher wird für recht korrekten Druck gesorgt. Der ernsthaften Geister aber sind wenige; u. ein Buch, das auf sie allein berechnet ist, wird sich weder schnell, noch stark verkaufen. Gut! Für den großen Haufen der Leser muß auf eine andere Weise gesorgt werden. Für diesen bedarf es nur <u>Erinnerungen</u> – ungefähr solche, wie Forster im Jahre 1793 zu Berlin herausgab.[2] Da läßt sich die höchste Mannichfaltigkeit erbringen; da läßt sich Ernst mit Scherz vermischen; da thun Portraits u. andere Kupferstiche nur ungemeine Wirkung. Biographien, Anecdoten, kleine Abhandlungen politischen oder | statistischen Inhalts, kurz alles was keinen langen Athem erfordert u. indem es Unterhaltung gewährt, sich mit allen Arten von Unterbrechungen verträgt, würde in ein solches Taschenbuch gehören, das man auch dadurch noch pikant machen könnte, daß man Personen, die dem großen Publikum minder bekannt sind, einen Platz darin vergönnte, z. B. ausgezeichneten Staatsbürgern von allen Classen. Wenn Sie diese meine Idee genehm halten, so will ich ein solches historisches Taschenbuch ausarbeiten; u. es soll hinterher ganz von Ihnen abhangen, ob Sie sich mit dem Verlag desselben befassen wollen, oder nicht. Das seh ich selbst ein, daß Sie bei der europäischen Staatsgeschichte in dem <u>furchtbaren Ernst</u>, womit sie seit einigen Jahren unter den Deutschen auftritt, wenig Glück machen können. Die Menschen wollen weit lieber amüsiert als belehrt seyn; u. in Deutschland komt noch das dazu, daß man sich gern gegen einen Kampf verblenden möchte, der, nachdem er durch Napoleons Persönlichkeit eine so eigenthümliche Wendung genommen hat, Allen ein Greuel ist, welche nicht wollen, daß die Weltgeschichte auf der Strasse spazieren gehe u. ihnen in die Fenstern gucke. Ich habe mich gegen Sie erklärt wie ich denke. Es ist nun an Ihnen, meinen Vorschlag anzunehmen, oder ihn zu verwerfen.

Hier haben wir eine der aller seltsamsten Revolutionen erlebt. Der Baron von Hardenberg, von welchem das französische Gouvernement im Jahre

1806 sagte: er habe sich auf das Vollständigste entehrt, der warlich einen dummen Streich über den andern hat ausgehen lassen, der gegenwärtig ein Alter von 63 Jahren hat u. halbtaub ist – dieser Herr von Hardenberg ist jetzt, mit Genehmigung des französischen Kaisers – vielleicht sogar auf dessen Antrieb – unser Premier-Minister mit dem Titel eines Staats Kanzlers geworden.³ Sein Hauptgeschäft wird darin bestehen, unsere Finanzen in Ordnung zu bringen; u. in dieser Hinsicht erwartet man hier zu Lande Wunderdinge von ihm! Nur ich nicht. Ich betrachte die- | se Revolution als einen mächtigen Vorschritt zu einer vollendeten Auflösung des ganzen Staats u. zu einer gänzlichen Vernichtung der Idee: Preussen. Nach einem halben Jahre wird von dem Herrn von Hardenberg kaum noch die Rede sein. Seine ersten FinanzOperationen werden entscheiden; u. da er, als Alt-Adeliger nicht das Herz haben wird, mit dem gesellschaftlichen Zustande diejenigen Veränderungen vorzunehmen, durch welche allein nur Verbeßerung der Finanzen möglich ist, so sehe ich auch vorher, daß Ein Misgriff auf den anderen folgen wird, bis er sich entfernt, oder entfernt wird. Die Neunaugen müssten sich im Salze todt laufen, ehe sie eingemacht werden. Die meisten europäischen Regierungen werden dasselbe Schicksal in ihren versalzenen Finanzen haben; u. dies wird fortdauern, bis die in Geldwirtschaft verwandelte Staatswirtschaft zu einer Wissenschaft geworden ist, die ihre unerschütterlichen Prinzipien hat.

Ich habe erwartet, daß Sie die Güte haben würden, mir von Leipzig aus mein Conto zu überschicken. Ich weiß, daß ich in Ihrer Schuld bin; aber ich befinde mich in der Nothwendigkeit, Sie um die Fortsetzung Ihres Credits zu bitten. Wenn es Sie also nicht incommodirt, so haben Sie die Güte, mir im Laufe des Jul. 80 friedrich d'or zu überschicken. Ich hoffe, daß ich Sie alsdann, eine längere Zeit hindurch, nicht mit Bitten dieser Art behelligen werde.

Für das Morgenblatt werde ich Ihnen nächstens einige Bemerkungen über eine, im Journal de l'Empire erschienene Revision von Göthe's Wahlverwandtschaften⁴ schicken, die warlich recht drollig ist. Ich hoffe Ihnen für dieses Blatt noch einige andere brauchbare Mitarbeiter zu verschaffen, die Ihnen nichts kosten sollen.

Leben Sie wohl u. behalten Sie lieb
Ihren
Fr. Buchholz

---

1 Vgl. Brief Nr. 69, Anm. 7. Der Sechste Jahrgang der Europäischen StaatsGeschichte war das letzte Historische Taschenbuch, das Buchholz bei Cotta publizierte. Anscheinend ist es wegen mangelnden Absatzes zum Konflikt gekommen. Das von Buchholz als Siebenter Jahrgang eingesandte Manuskript druckte Cotta nicht, den gezahlten Vorschuss in Höhe von 400 Rth. forderte er von Buchholz zurück bzw. bot er an, dass Buchholz als Kompensation Beiträge für das Taschenbuch für Damen liefern solle. Vgl. Briefe Nr. 79 vom 17. März 1811, Nr. 81 vom 24. September 1811, Nr. 85 vom 19. April 1812, Nr. 88 vom 13. Februar 1814, den Schriftwechsel mit Gubitz ebd. Anm. 7, sowie Nachtrag Brief an Johann Georg Cotta am 13. April 1833.
2 Georg Forster: Erinnerungen aus dem Jahr 1790. In historischen Gemälden und Bildnissen von D. Chodowiecki, D. Berger, Cl. Kohl, J. F. Bolt und J. S. Ringck, Berlin: Voss 1793.
3 Karl August von Hardenberg (1750–1822) wurde am 4. Juni 1810 mit Billigung Napoleons zum Staatskanzler ernannt. Vgl. zum folgenden auch Kapitel 3.
4 T. [=Louis-Simon Auger]: Ottilie, ou le pouvoir de la Sympathie, traduit de l'allemand de Goethe, auteur de Werther, d'Hermann et Dorothée etc.; Les Affinités electives, roman de Goethe, auteur de Werther, in: Journal de l'Empire, Mittwoch 16. Mai 1810, S. 1–4.

Nr. 72 vom 1. Oktober 1810

Berlin, den 1 Oct. 10

Ich muß Ihnen endlich zeigen, daß ich noch lebe; u. ich thue es, indem ich Ihnen einen etwas langen Aufsatz für die Annalen sende, auf welchen ziemlich bald ein eben so langr folgen soll, deßen Materialien bereits in Bereitschaft liegen.

Mit dem 8ten Stücke dieser Zeitschrift habe ich sogleich den Damen-Kalender erhalten, für dessen Uebersendung ich Ihnen den verbindlichsten Dank sage. Er enthält sehr interessante Aufsätze, unter welchen sich der von dem Ungenannten auszeichnet.[1] Mergor civilibus undis.[2] Ich bin auf eine sehr unverhofte Weise zu der Ehre gelangt, meine Meinung abgeben zu müssen über den Zustand unserer Finanzen; u. habe mich dergestallt aus der Affaire gezogen, daß ich gesagt habe: die Finanzen eines Staats verbeßert man nur durch Verbeßerung des gesellschaftlichen Zustandes. Gott weiß, was daraus werden wird.[3] Man möchte viel, aber man fürchtet die Folgen, so wenig sie auch zu fürchten sind. Ich selbst bin darauf gespannt wie Hardenberg, der bei mir Alles in Allem ist, seine ersten Schritte nach so langem Zaudern einrichten wird. Der Mann ist 60 Jahr alt, von bezaubernden Formen u. von einer unermüdlichen Thätigkeit. Dennoch besorge ich, daß ihm die Festigkeit fehlen werde, welche allein die Idee giebt. Außerdem käme es hier nur wol darauf an, das Schicksal zu anticipieren, welches Deutschland bevorsteht, sobald die Sachen jenseits der Pyrenäen in Ordnung sind.[4] Es ist sehr merkwürdig, daß Baiern an der Bekanntmachung seines Civil Codex verhindert worden ist.[5] Es ist nicht minder merkwürdig, daß der G[roß] Herzog von Frankfurth[6] sich beeilt hat, die Institution des Königreich Westphalen für sein Großherzogthum zu adaptieren u. die Klöster in demselben aufzuheben. In das Königreich Wirtemberg möchte ich wol einen klaren Blick thun: Mir kommt es vor, als ob der Eigensinn Ihres Königs seltsame Auftritte veranlassen könne.[7] Sachsen constituirt sich gewiß noch in diesem Jahre.[8] Und wollte der Himmel Preussen folgte den Beispielen, die ihm von allen Seiten gegeben werden.

Das nächste Mal spreche ich Ihnen mehr.
Die Einlage an W.[9] hat keine Eile.

Leben Sie wohl.
FB.

---

[1] Taschenbuch für die Damen auf das Jahr 1811.
[2] Vgl. Brief Nr. 35, Anm. 3.
[3] [Friedrich Buchholz]: Freimüthige Betrachtungen über die Verordnung vom 27. October in Betreff des Finanz-Wesens, Berlin: Matzdorff 1810.
[4] Nach dem Sieg bei Wagram und dem Ende des Fünften Koalitionskrieges im Juli 1809 hatte Napoleon seine Truppen 1810 wieder in Spanien massiert, um gegen die Truppen des britischen Generals Arthur Wellesley, Duke of Wellington (1769–1852) in Portugal vorzurücken.

⁵ Der von Paul Johann Anselm von Feuerbach (1775–1833) im Auftrag von Montgelas ausgearbeitete Entwurf eines neuen Zivilgesetzbuches auf der Basis des Code Napoléon scheiterte am Widerstand des altständischen Adels.
⁶ Karl Theodor von Dalberg (1744–1817), von 1810 bis 1813 Fürstprimas und Großherzog von Frankfurt. Vgl. a. Brief Nr. 13, Anm. 5.
⁷ Vgl. Brief Nr. 46, Anm. 2.
⁸ Sachsen bekam erst nach dem Wiener Kongress, am 5. Mai 1816, eine landständische Verfassung.
⁹ Vgl. Brief Nr. 19, Anm. 3.

Nr. 73 vom 2. Oktober 1810

Berlin den 2ten Oct. 1810

Ich kann Ihnen nicht sagen, wie viel Freude mir das Prädikat gemacht hat, das Sie in Ihrem letzten Schreiben meinem Hermes¹ zu geben die Güte gehabt haben. Als ich acht Tage darauf von Leipzig die Freiexemplare erhielt, las ich mein Werk, das mir seit 10 Monaten ganz neu geworden war, recht eigentlich mit der Absicht, zu prüfen, ob es auch jenes Prädikat verdiene. Darf ich Ihnen nun unumwunden die Wahrheit sagen; so finde ich, daß der Hermes wirklich nicht nur Wahrheiten, sondern auch ganz neue Wahrheiten enthält, u. zwar solche, deren Anwendung mit keinen großen Schwierigkeiten verbunden ist, wenn man den guten Willen dazu hat. Wir können indeßen ganz getrost seyn. Die Sachen fangen nachgerade an, sich gegen den Willen der Regierungen zu machen. Dahin müßte es allerdings kommen, wenn aus der Gesellschaft etwas werden soll.

Ich füge hier die Druckfehler bei, durch welche der Hermes entstellt ist. Da Sie so viel Gelegenheit haben, das Verzeichniß derselben unter die Leute zu bringen, so werden Sie es auch thun. Der Umschlag um die europäischen Annalen wird für diesen Zweck das Meiste leisten.

Was den Preis des Hermes betrift, so kann ich mich darüber unmöglich erklären, nachdem er abgedruckt ist; denn ich würde befürchten müssen, Ihnen zu nahe zu treten, da das Buch als Object des Handels nur 13 1/2 Bogen stark ist. Bestimmen Sie selbst den Preis. Ich lasse mir alles gefallen; u. ob ich gleich weiß, daß ich Sie durch meinen Vorschlag in Verlegenheit setze, so bitte ich Sie doch zu erwägen, daß zwischen Ihnen u. mir, als zwei ehrlichen u. verständigen Männern, nicht davon die Rede seyn kann, daß einer den andern habe berücken[2] wollen. Wie gesagt: ich habe in Beziehung auf das Buch, als Object des Handels, die Tramontane[3] verloren, u. es ist an Ihnen, mich wieder zu orientiren.

Ich soll Ihnen die Portraits zu der Staatsgeschichte vorschlagen. Wie wäre es, wenn [Sie] unter folgenden wählten: Davoust[4], Massena[5], Bernadotte (gegenwärtiger König von Schweden)[6], Wrede[7], Lichtenstein[8], Herzog von Oels (dieser als den letzten Fürsten des Welfischen Hauses)[9] u. dem berühmtesten würtembergischen General[10]. Die Abbildung von Münzen ist eine herrliche Idee; zur Wiederholung derselben dürfte aber diesmal wohl keine Gelegenheit seyn. |

Ich arbeite jetzt an einem Werk über National-Repräsentation. Mein Gedanke ist, die Grundsätze derselben vollständig zu entwickeln u. den Deutschen klar zu machen, was durch sie für die Verbeßerung des gesellschaftlichen Zustandes in Deutschland geleistet werden kann. Wenn Deutschland in seinen Partikular-Verfassungen so weit hinter Frankreich zurückbleibt: so scheint mir die Ursache darin vorzüglich darin zu liegen, daß die deutschen Staatsmänner durchaus nicht wissen, was sie von Frankreichs Verfassung halten sollen, u. wie viel von einer Uebertragung derselben zu hassen u. zu fürchten ist.

Hierin möchte ich Ihnen zu Hülfe kommen; mein eigentlicher Zweck aber geht auf eine Beschleunigung der Freiheit in Deutschland, ohne welche kein Heil zu erwarten ist. Sagen Sie mir: ob der Verlag eines solchen Werks Ihre Sache seyn würde? Es versteht sich ganz von selbst, daß es sich in den Schranken kalter Unterstützung halten wird, so, daß von Seiten der Censur keine Schwierigkeiten zu befürchten sind. Ich müßte mich sehr irren, oder, nachdem in Deutschland in zwei Königreichen u. zwei Großherzogthümern der National-Repräsentation die Bahn gebrochen ist[11], wird es vielen angenehm seyn, zu erfahren, was es damit auf sich hat, so wohl für den Geist der Regierungen als für das Wohl der Regierten!

Meine Lage ist noch immer von einer solchen Beschaffenheit, daß Sie mich verbinden werden, wenn Sie mir zum Dec. 60 Friedrich d'or überschicken; ich muß es aber darauf ankommen lassen, ob Sie das Vertrauen in mich setzen, daß ich, so weit es von meinem guten Willen abhängt, nicht Ihr Schuldner bleiben werde. Ich befinde mich gegenwärtig in einer besonderen

Krisis, über welche ich mich nicht erklären kann, ohne weitläufig zu werden. Endigt sie sich, wie ich wünsche, bald; so können Sie sich darauf verlassen, daß Sie Ihren Wechsel unbenutzt zurückerhalten.

Ich bin vertraut über die Menge der Verlagsartikel, welche Sie auf die letzte Messe gebracht haben. Sie werden es dahin bringen, daß Sie der einzige Buchhändler werden, von welchem etwas Neues ausgeht. Und Gott stehe Ihnen darin umso mehr bei, weil von Ihnen niemals etwas Schlechtes ausgegangen ist. Leben Sie wohl.

Ich war Anfangs Willens diesem Brief einen Aufsatz beizufügen, dessen Gegenstand Schweden ist; allein ich finde es gerathener, das Ei sich noch weiter entwickeln zu laßen.

Fr.B.

---

[1] Vgl. Brief Nr. 64, Anm. 10.
[2] betrügen, hintergehen.
[3] Ital. perdere la tramontane: Den Kopf verlieren, die Orientierung verlieren. Vgl. a. [Buchholz]: Bekenntnisse einer schönen Seele (1086), S. 59: „Wie fest ich auch war, und wie noch weit fester ich mich auch glaubte, so verlor ich doch die Tramontane".
[4] Vgl. Brief Nr. 44, Anm. 5.
[5] André Massena (1758–1817), Marschall von Frankreich.
[6] Jean-Baptiste Bernadotte (1763–1844), französischer Kriegsminister und Marschall von Frankreich, 1810 vom kinderlosen Schwedischen König Karl XIII. adoptiert und damit schwedischer Thronfolger. Von 1818 bis 1844 als Karl IV. Johann König von Schweden.
[7] Carl Philipp von Wrede (1767–1838), war als Generalfeldmarschall Befehlshaber der Bayerischen Truppen im Tiroler Aufstand 1809.
[8] Johann Joseph Fürst von Liechtenstein (1760–1836), österreichischer Feldmarschall in den Koalitionskriegen.
[9] Friedrich August von Braunschweig-Wolfenbüttel (1740–1805), seit 1792 Herzog von Oels.
[10] Karl Friedrich Kerner (1775–1840), Württembergischer General auf französicher Seite gegen Preußen und Österreich, 1809 zum Offizier der französischen Ehrenlegion ernannt.
[11] Im Königreich Westphalen, Königreich Bayern, Großherzogtum Berg und im Großherzogtum Frankfurt wurde der Code civile bzw. eine Verfassung nach dessen Vorbild eingeführt.

Anhang: Briefe von Buchholz an Cotta

Nr. 74 vom 17. Oktober 1810

Berlin den 17 Dec. 10

Ihr verbindliches Schreiben vom 30 Nov habe ich den 14 d. erhalten. Mit Vergnügen nehme ich Ihre Bestimmung in Ansehung des Hermes[1] an – der beikommende Aufsatz ist für die Annalen bestimmt[2]; aus ihm werden Sie ersehen, welches meine Ansicht von der gegenwärtigen Lage der Dinge ist; wirklich rechne ich auf einen nahen Frieden mit England, er werde nun durch den Nachfolger Georgs des Dritten[3] oder, was mir bei Weitem wahrscheinlicher ist, durch eine Revolution herbeigeführt. Es ist sehr thörigt, daß die Censur in Tübingen in der Staatsgeschichte Europa's Sachen[4] streicht, die allgemein bekannt sind; Sachen, welche vor ungefähr 2 Jahren durch alle Zeitungen verbreitet worden sind. Der Herzog von York ist freilich der Schwager Ihres Königs[5]; aber gehört Ihr König der Geschichte weniger an als der Herzog von York?

Es ist mir durchaus unmöglich gewesen, hier ein Haus zu finden durch welches ich auf Sie ziehen könnte. Unsere Buchhändler kennen Sie, ohne daß ich nöthig habe, Sie ihnen zu schildern. Schicklers[6] wollten die Summe quaest. wohl für mich einziehen; aber wie viel Zeit würde darüber verloren gegangen seyn! Es bleibt mir also nichts anderes übrig, als Sie zu bitten, daß Sie die Güte haben, mir jene 60 friedrich d'or durch Herrn Frege[7], oder durch Ihren Commissär in Leipzig auszahlen zu lassen. Jede andere Maasregel verwickelt mich in unangenehme Weitläuftigkeiten. Ich bitte Sie aber zugleich, ein wenig zu eilen; denn die Umstände, unter welchen ich Sie um diesen Vorschuß gebeten habe, dauern für mich noch fort, u. ich möchte nicht gern in Verlegenheit gerathen.

Muß ich aus Ihrem Stillschweigen schließen, daß Sie sich nicht gern mit einem Werke, deßen Gegenstand National-Repräsentation ist, befassen wollen? Ich bitte Sie, sich darüber zu erklären. Das Buch halte ich für ein sehr wichtiges, in Hinsicht der Veränderungen, welche Deutschland in allen seinen Theilen bevorstehen.

Nach wenigen Wochen werden Sie von mir auch einen ausführlichen Aufsatz über alle die Veränderungen erhalten, welche hier zu Lande vorgehen. Sie sind höchst bedeutend in Hinsicht der Folgen, die sie für ganz Deutschland haben werden, das erst dann zur Ruhe kommen wird, wenn es sich mit sich selbst durch dieselben VerfassungsGrundsätze ins Gleichgewicht gestellt hat.

Ist es irgend möglich, so lassen Sie den beikommenden Aufsatz im Dezemberst. der Annalen abdrucken.

Leben Sie wohl u. behalten Sie lieb
Ihren
Fr. Buchholz

---

[1] Vgl. Brief Nr. 64, Anm. 10.
[2] [Friedrich Buchholz]: Abriß einer Regierungs-Geschichte des Königreichs Preußen seit dem Frieden von Tilsit, Bd. 2, St. 4, April 1811, S. 59–75.
[3] George III. (1738–1820), König von Großbritannien seit 1760, blieb noch bis zu seinem Tod an der Regierung.
[4] Vgl. Brief Nr. 69, Anm. 7.
[5] Friedrich I., seit 1806 König von Württemberg, hatte 1797 Charlotte Auguste Mathilde von Großbritannien, die Tochter Georges III. geheiratet. Prinz Friedrich August, Herzog von York (1763–1827) war der zweite Sohn Georges III.
[6] Handelshaus Gebrüder Schickler in Berlin.
[7] Vgl. Brief Nr. 13, Anm. 9.

Nr. 75 vom 10. Januar 1810

Berlin den 10ten Jan. 11

Es ist eine schlimme Anzeige, daß die Würtembergische Censur einen so unschuldigen Aufsatz wie der meinige über die Veränderungen, welche Deutschland bevorstehen, ist, nicht passiren lassen will. Dafür wird mir die Würtembergische Regierung erlauben, daß ich ihre Existenz nicht garantiren mag.

Ich schicke Ihnen hier eine Sammlung von pikanten Gedanken, von welcher ich glaube, daß sie den Lesern der Annalen zusagen wird.[1]

Ich habe eine ziemliche Anzahl von englischen Staatsschriften gesammelt, von welchen ich Auszüge für die Annalen machen werde. Ihrer Antwort auf meinen letzten Brief harre ich mit einiger Ungeduld.

B

---

[1] [F.B.]: Auszüge aus einem wenig gekannten Buche, in: EA 2 (1811), S. 146.

Nr. 76 vom 18. Januar 1811

Berlin, den 18ten Jan. 1811

Ich übersende Ihnen hier eine Erzählung, welche Fischer[1] für das Morgenblatt bestimmt hat.

Mit der eigenen Arbeit bin ich noch nicht fertig.

Was den Vorschlag betrift, den Sie mir machen, so liegt darin viel Reizendes.[2] Ueber das Fixum kann ich nichts bestimmen, weil ich nicht weiß, wie viel eine, übrigens sehr mäßige Familie an Ort u. Stelle gebraucht; über diesen Punkt muß mir Ihre Freundschaft nachhelfen, wenn ich Ihnen sage, daß Bereicherung durchaus nicht in meinem Vergnügen liegt. Den Fürsten, der von mir unterhalten seyn will, möchte ich wenigstens dem Namen nach kennen. Da Sie ihn als einen geistvollen bezeichnen, so habe ich auf den Großherzog von Frankfurt[3] schließen müssen; ich gestehe Ihnen aber, daß ich aus anderen Gründen daran zweifle, daß Er es sey, der mich in seiner Nähe zu haben wünscht.

Ich möchte behaupten, daß es mit der Verbeßerung des gesellschaftlichen Zustande in Deutschland weit schneller gehen wird, als die Deutschen in diesem Augenblick glauben. Riesenschritte sind seit einigen Jahren gemacht worden; Riesenschritte werden in den nächsten Jahren gemacht werden. Nicht was die Machthaber wollen, sondern was die Notwendigkeit mit sich bringt, geschieht. Das Königreich Westphalen ist ein wahrer Gährungsstoff, der seine Kraft nicht eher verlieren kann, als bis alle übrigen deutschen Königsreiche dieselben Gesetze (organische u. bürgerliche) angenommen haben.[4] Hier ist man in voller Arbeit zu diesem Zweck. Alle Privilegien sind aufgehoben; die individuelle Kraft ihrer natürlichen Wirksamkeit zurückgegeben. Die Leute schreien in diesem Augenblick darüber; aber das Geschrei wird sich legen, sowie einer anfängt, | die Vortheile der neuen Gesetzgebung anzusehen. Schon vor Jahren sagte ich: das preußische Landrecht[5] sei zu früh erschienen in dem es einen Gesellschaftszustand fixirt habe, der gar nicht hätte fixirt werden sollen. Jetzt, nachdem durch die Erscheinung eines einzigen Finanz-Gesetzes[6] das ganze Landrecht als verwitterte Trümmer dasteht, wundern sich die Menschen darüber, daß so etwas möglich sey, u. glauben, der alte Zustand der Dinge daure noch fort. Es ist sehr interessant in einer solchen Krisis zu leben, wie die unsrige ist. Vor ungefähr 7 Jahren zergliedere ich das Verhältniß der Juden zu ihren Mitbürgern[7]; mein Buch erregt die Aufmerksamkeit des Publikums; u. was geschieht, nachdem ich bereits vergessen hatte, über diesen Gegenstand geschrieben zu haben? Ich werde aufgefordert, Vorschläge zur bügerlichen Verbeßerung der Juden zu thun.[8] Bei Ihnen, mein hochgeschätzter Freund, wird man gegen seinen Willen vorwärts müssen. Es ist doch warlich lächerlich, wenn Ihr König den hohen Adel auffordert, ihm seine Ehrfurcht zu bezeugen. Das würde gewiß nicht geschehen sey, wenn er selbst sich nicht als Edelmann fühlte, oder wenn er nur zwanzig Jahre hindurch König gewesen wäre. Das Küchel will nicht heraus aus der Schale, die es bisher umgeben hat; aber sein eigener Umfang drängt es u. seine Lungen wollen athmen. Darauf mache ich mich gefaßt, daß der Uebergang vom Schlechteren ins Beßere nicht ohne alle Schmerzen bleiben wird; aber ich rechne zugleich darauf, daß die herbesten bereits überstanden sind. Ich sammle fleißig an Beiträgen zu einer Geschichte unserer Verwandelung.

Leben Sie wohl und behalten Sie lieb
Ihren
FB.

---

[1] Vgl. Brief Nr. 24, Anm. 4.
[2] Offensichtlich handelt es sich um den Vorschlag, ein Amt in einem der Rheinbundstaaten anzunehmen, das Cotta vermittelte. Vgl. a. unten Brief Nr. 77.
[3] Vgl. Brief Nr. 72, Anm. 6.

⁴ Das 1807 gegründete Königreich Westphalen wurde als ein konstitutioneller Modellstaat aufgebaut. Vgl. a. Brief Nr. 63, Anm. 8.
⁵ Das Allgemeine Landrecht für die Preußischen Staaten war 1794 erlassen worden.
⁶ Finanzedikt vom 27. Oktober 1810.
⁷ Buchholz: Moses und Jesus (1803).
⁸ Vgl. a. Kapitel 6.1.

Nr. 77 vom 15. Februar 1811

Berlin den 15ten Febr. 11

Ich überschicke Ihnen hier:
einen Aufsatz für die europäischen Annalen, einen Brief von Fischer[1], u. zwei Beilagen von berühmten Dichtern, die für das Morgenblatt bestimmt sind.
Nächstens bekommen Sie für die Annalen neue Aufsätze, England betreffend, welches immer mehr aus dem politischen Horizont Europa's zu verschwinden beginnt.[2]
Für die Uebersendung der allg. Zeitung danke ich Ihnen aufs Verbindlichste.

Einer Antwort von Ihnen sehe ich mit Ungeduld entgegen.

FB

---

[1] Vgl. Brief Nr. 24, Anm. 4.
[2] [F.B.]: Über das Verhältnis Irlands zu Großbritannien, in: EA 1 (1812), S. 3–16.

Nr. 78 vom 2. März 1811

Berlin den 2 Marz

Sie erhalten hierbei was Sie für die Allgemeine Zeitung gewünscht haben. Möchte ich Ihrer Idee entsprochen haben! Der Gegenstand ist sehr verwickelter Art; u. so wie die Sachen jetzt noch liegen, läßt sich kaum absehen, was bei Frankreichs Maasregeln aus Europa werden soll. Dazu komt noch, daß man etwas mit Stillschweigen übergehen muß weil man Frankreichs Interesse nicht umsonst berühren darf. An einem u. demselben Tage i. e. Heute, ist die Nachricht von der Zurücknahme der englischen Cabinetsbefehle u. von dem Verlust der besten französischen Colonie angekommen, die, wie die übrigen in Englands Schlundt gefallen ist.[1] Was soll man sagen? Ich glaube bei allem dem, daß die Einverleibung Hollands und der Hansestädte in das französische Gebiet die Engländer nachgiebig machen wird.[2] Sie können Deutschland nicht entbehren wenn sie nicht vor der Zeit u. vor den Haufen fallen wollen.

Da Sie mir blos sagen, daß man mit 800 bis 1000 el in Ihrer Gegend fertig werden könne; so nehme ich an, daß ich Sie entweder unrecht verstanden habe, oder daß Ihr Wunsch nicht mehr derselbe ist. Die volle Wahrheit zu gestehen, würde | es mir auch schwer geworden seyn, dies Land zu verlassen, an welches ich durch alle Arten von Banden gefesselt bin.[3] Ich gebe also das ganze Project auf, u. wünsche mir noch zu erfahren, welcher Prinz so viel Interesse an mir gefunden hat, um mich in seine Nähe ziehen zu wollen.

Gewisse Arbeiten, die ich Ihnen versprochen habe, dürfen Sie nächstens erwarten; die Verzögerung liegt daran, daß man mir den Besitz der Quellen, aus welchen sie fließen müssen, zu lange vorenthält.

Leben Sie wohl. Für die allgem. Zeitung werde ich Ihnen nächstens einen ausführlichen Artikel, uns betreffend, schicken.

FB.

---

[1] Zwischen 1809 und 1811 eroberte Großbritannien die französischen Kolonien im Indischen Ozean, Île de France (Mauritius), Île Bonaparte (Réunion), Madagaskar und

die Seychellen. Die Nachricht von der Eroberung der Seychellen erreichte Europa im Februar 1811.
2 Das Königreich Holland wurde Juli 1810, die nordwestdeutsche Küste und die Hansestädte im Januar 1811 aufgelöst und zu Französischen Departements erklärt.
3 Vgl. a. Brief Nr. 76, Anm. 2.

Nr. 79 vom 17. März 1811

Berlin den 17ten Marz 11

Sie haben sich im Stillen vielleicht darüber gewundert, daß ich so lange nicht an Sie geschrieben habe. Die Ursache ist folgende. Der Antrag, den Sie mir im verfloßenen Winter machten, hat die Folge gehabt, daß ich hier durch eine Anstellung fixirt worden bin. Ich arbeite unmittelbar unter dem Staatskanzler.[1] Meine Arbeiten sind indeß von einer solchen Beschaffenheit, daß sie mich nicht aus der Bahn heraus werfen, die ich bisher beschrieben habe; sie geben meiner Schriftsstellerei einen anderen Charakter, aber sie verhindern dieselbe nicht. Ich bin also auch rastlos damit beschäftigt, gewisse Ideen, die ich lange verfolgt habe, auszubilden. Was ich über National-Repräsentation zu schreiben gedachte u. zum Theil bereits ausgearbeitet habe, hat sich zur Idee einer Geschichte der organischen Gesetzgebung des Occidents von Europa seit dem Anfang der römischen Republik bis auf unsere Zeiten herab ausgedehnt, u. wenn mir Gott Gesundheit u. Heiterkeit erhält, so soll das Werk – das ich, wie sich von selbst versteht, für Ihren Verlag bestimme – eines der wichtigsten u. anziehendsten werden, die unsere Literatur aufzuweisen hat. In dem gegenwärtigen Augenblick beschäftigt mich das Römerthum, das ich, nach den Quellen selbst mit Ansichten darstelle, von welchen ich ihnen betheuern kann, daß sie durchaus neu sind u. eine vollkommene Revolution in den bisherigen Vorstellungen von dieser Sache bewirken werden.[2] Das Werk wird, wenn ich mich auch noch so sehr concentrire drei Bände stark werden, u. in spätestens drei Jahren vollendet seyn. Finden Sie es also nicht auffallend, wenn ich von jetzt an wenig für die europäischen Annalen thue. Vor Arbeiten dieser Art schreckt mich auch der Despotismus ab, welchen der Herzog von Auerstädt[3] in Deutschland auszuüben beginnt; ein Despotismus der aller politischen Schriftstellerei, die den |

gegenwärtigen Augenblick bearbeitet, wenn sie nicht still u. blind das französische Interesse umfaßt, ein Ende machen muß. Dagegen werde ich die europäische Staatsgeschichte[4] fortsetzen für welche ich bereits alles gesammmelt habe, was nöthig ist, u. ich ersuche Sie mir zu diesem Behufe, die allgemeine Zeitung nach wie vor zuzusenden. Im Ganzen schätze ich mich glücklich, daß ich Ihnen von jetzt an vollkommenere Arbeiten versprechen kann, als meine höchst prekäre Lage mir bisher zu liefern gestattete.

Hätten Sie wohl Lust ein Werk über die Griechen zu verlegen? Verfasser desselben ist der Herr von Raumer, der über Einkommen u. Steuer geschrieben hat; ein sehr heller Kopf. Für die Güte des Werks stehe ich Ihnen ein u. kosten wird es Ihnen wenig.[5]

Leben Sie wohl u. seyn Sie eben so sehr von meiner Anhänglichkeit an Ihnen, als von meinem guten Willen, Ihre große Gefälligkeiten zu erwiedern, überzeugt.

F. Buchholz

[1] Schreiben von Karl August von Hardenberg an Buchholz, 16. März 1811, GStA PK I. HA, Rep. 74 N III Nr. 40, Bl. 1 f. Vgl. a. Kapitel 3.2.
[2] Friedrich Buchholz: Philosophische Untersuchungen über die Römer, Berlin: Enslin 1819, sowie als Vorabdruck im: Journal für Deutschland, Bd. 5 (1816) bis Bd. 10 (1818).
[3] Vgl. Brief Nr. 44, Anm. 5.
[4] Der Band ist nicht erschienen. Zum Konflikt zwischen Buchholz und Cotta um die Europäische StaatsGeschichte vgl. Brief Nr. 71, Anm. 1.
[5] Friedrich von Raumer (1781–1873), war als ab 1810 als Regierungsrat und enger Vertrauter Hardenbergs in der preußischen Staatskanzlei tätig und wechselte im Winter 1811 auf eine Geschichtsprofessur nach Breslau. Im Zusammenhang mit den Hardenberg'schen Finanzreformen veröffentlichte er: Das Brittische Besteuerungs-System insbesondere die Einkommensteuer, dargestellt mit Hinsicht auf die in er Preußischen Monarchie zu treffenden Einrichtungen, Berlin: Sander 1810. Ein Werk zur griechischen Geschichte von Raumer ist nicht bei Cotta erschienen. Vgl. zu Friedrich von Raumer a. Baillot: Raumer (2011).

Nr. 80 vom 10. Juli 1811

Berlin den 10 Jul. 11

Ich habe den Auftrag, Ihnen beikommende Erzählung nebst einem Brief von Fischer[1] zu übersenden, der in Begriff steht nach Wien zu reisen.

Ich selbst beschäftige mich beinahe ausschließend mit der Geschichte der organischen Gesetzgebung[2], u. hoffe, wenn meine Arbeit nicht gewaltsam unterbrochen wird, Ihnen nach vier bis höchstens 6 Monaten den ersten Theil dieses Werks zu überschicken.

Das Gewitter, welches sich auf Rußland zu entladen droht, zieht sich so allmählig zusammen, daß sehr Viele es gar nicht sehen. Nach meinem Urtheil werden alle bisherigen Kriege nur das Vorspiel zu demjenigen geworden seyn, deßen Ausbruch ich um die Mitte des Aug. erwarte.[3] Es müßte mich alles täuschen, oder Napoleon trift solche Vorkehrungen, daß die Idee Peters des Großen[4] vertilgt u. Rußland von dem Ufer der Ost-See verdrängt wird. Es wäre hierüber viel zu sagen, wenn sich nicht alle Mächte das Wort gegeben hätten, die öffentliche Meinung irrezuführen. Sobald der Krieg ausgebrochen seyn wird, erwartet Sie ein Aufsatz für die E. A.[5] über diesen Gegenstand von mir. Vielleicht wird Spanien an | den Ufern der Ost-See erobert; wenigstens begreife ich nicht, woher die Engländer den Muth zur Fortsetzung des Krieges auf der pyrenäischen Halbinsel nehmen wollen, wenn sie auf keine Diversion zu ihrem Vortheil mehr rechnen können. Man kennt hier genau die Summe, um welche Rußland erkauft worden ist. Im gegenwärtigen Augenblick ist die Rede von einer Allianz zwischen England, Rußland, u. der Türkey. Sollten die Türken wirklich so einfältig geworden seyn, sich in eine solche Verbindung einzulassen, so kann man nicht blos Oesterreich sondern auch der ganzen europäischen Welt dazu Glück wünschen.

Leben Sie wohl.
Fr. Buchholz

---

[1] Vgl. Brief Nr. 24, Anm. 4. Fischer zog 1811 nach Wien um, wo er seine letzten Lebensjahre als Privatgelehrter verbrachte.

[2] Vgl. Brief Nr. 79, Anm. 2.
[3] Die Kriegsvorbereitungen in Frankreich und Russland hatten durch Truppenverstärkungen an der polnischen Grenze bereits im Frühjahr 1811 begonnen. Napoleons Armee marschierte am 23. Juni 1812 in Russland ein.
[4] Peter I., (1672–1725), Zar von Russland.
[5] Europäische Annalen

Nr. 81 vom 24. September 1811

Berlin den 24 Sept. 11

Während Sie vielleicht geglaubt haben, daß ich Sie aus den Augen verliere, hab' ich rastlos gearbeitet, Ihnen einen Beweis vom Gegentheile zu geben.

Sie erhalten hier das erste Buch meiner <u>Geschichte der organischen Gesetzgebung</u>[1], des westl. Europa u. s. w. Es ist voll neuer Ideen; u. wenn ich nicht irre, so sind es solche, die nur ausgesprochen werden dürfen, um als wahr einzuleuchten. Die ganze römische Geschichte erhält dadurch einen Verstand, den sie bisher nicht hatte; u. dieser Theil des Alterthums wäre demnach für alle diejenigen au[f]gehellt, die ihn begreifen wollen. Ich würde nicht so weit ausgeholt haben, wenn ich einen beßeren Abgangspunkt hätte finden können, als die Erbauung der Stadt Rom ist. Besorgen Sie indeßen nicht, daß ich <u>viele</u> Bände machen werde. Ich gedenke das Ganze in sechs bis sieben Bänden abzuhandeln, von welchen 2 immer einen Theil ausmachen sollen. Die ganze Geschichte der organischen Gesetzgebung des Römerreichs bringe ich in den ersten Theil. Der zweite wird die Geschichte der organischen Gesetzgebung des ganzen Mittelalters[2] enthalten; u. im letzten würde ich mich damit begnügen, die drei merkwürdigsten Verfassungen der neueren Zeit, die venetianische, die englische u. die neue französische, zu zergliedern. Durch das Ganze soll auf einer unumstößlichen Unterlage von Thatsachen eine ganz neue Wissenschaft begrün | den, an welcher die reine Spekulation gar keinen Antheil hat; u. man soll endlich einsehen, wie wir in der Zeit stehen u. was den Staaten Noth thut.

Mit dem zweiten Buche, das fertig daliegt u. nur abgeschrieben zu werden braucht, werden Sie die Vorrede u. die Inhaltsanzeige erhalten. Sie werden es nach höchstens vier Wochen erhalten.

Meinen Wünschen nach laßen Sie diesen Theil noch diesen Winter drucken, um ihn auf die Ostermeße zu bringen. Was den Druck selbst betrifft, so bitte ich Sie blos um die Gefälligkeit, ihn ein wenig splendider[3] einzurichten, als es beim Hermes[4] geschehen ist; denn so gedruckte Bücher ermüden den Leser u. ich möchte nicht gern den Leser ermüden sehen, da ich selbst alles gethan habe, was in meinen Kräften stand, ihn munter u. lebendig zu erhalten. Nebenher ersuche Sie noch um die Freundschaft einen gewißenhaften Corrector anzustellen, weil in dem Werk viele Namen vorkommen, die nicht verunstaltet werden dürfen.

Den Winter werde ich auf die Ausarbeitung des zweiten Theiles anwenden. Die Musse, derer ich mich jetzt erfreue, gestattet mir so mühsame Arbeiten, bei welchen mein letzter Wunsch kein anderer ist, als meine Zeitgenossen durch ein Labyrinth von Vorurtheilen u. Misgriffen zur Wahrheit und Einsicht hinzuleiten.

Ueber die Fortsetzung der neuen Staatsgeschichte[5] können Sie gebieten; die Materialien liegen in Bereitschaft u. bedürfen nur der letzten Hand. Der französisch-rußische Krieg, | der seinem Ausbruche nahe ist, bringt einen natürlichen Abschnitt zu Wege. Irre ich nicht sehr, so wird der nächste Krieg Entscheidung bringen; denn ich sehe nicht ein, wie die Engländer den Frieden noch länger vertagen wollen, wenn Rußland von der Ost-See u. dem schwarzen Meere zugleich getrennt wird. Preußen wird diesmal die entgegengesetzte Rolle von derjenigen spielen, durch welche es sich 1806 ins Verderben stürzte.[6] Vielleicht, daß es sich dadurch wieder emporbringt. Für mich ist es, ich gestehe es, ein großer Triumph, daß die Natur der Dinge über die Verkehrtheit der Menschen siegte. Zwei Menschen haben dies bewirkt: der Bar. von Hardenberg[7] u. der Gr. von St. Marsan[8], franz. Gesandter an unserem Hofe. Von dem letzteren kann ich Ihnen nicht vortheilhafter genug sagen. Wenn alle Gesandten so wären, so würde weniger Misverständniß in der Welt seyn. Es wird die Zeit kommen, wo ich Ihnen sehr interessante Aussichten für die Annalen zuschicken kann. Jetzt muß ich noch an mich halten.

Wollen Sie mir den Würtembergischen Prinzen, der sich für meine Idee interessirt, nicht näher bezeichnen?[9] Ich möchte ihm aus Dankbarkeit wol die Geschichte der organischen Gesetzgebung zueignen. Hier lebe ich auf einem sehr vertraulichen Fuße mit dem Prinzen Georg von Hessen-Darmstadt, einem der liebenswürdigsten u. aufgeklärtesten Menschen, die ich kennen gelernt habe.[10] Am Ende muß man doch eingestehen, daß in den Köpfen der Süddeutschen Fürsten noch etwas mehr lebt, als in denen der norddeutschen; die letzteren sind unter dem Corporatsstreit verbauert.

Sie können mir keinen größeren Gefallen erzeigen, als wenn Sie mir gegen den Winter 60 T. friedrich d'or überschicken; indeßen, da ich noch so sehr in Ihrer Schuld bin, so wage ich es kaum, Sie darum zu bitten. Bedeutende Ausgaben, die mir bevorstehen durch die nahe Niederkunft meiner Frau, flößen mir die Besorgniß ein, daß ich mit meinen Einkünften nicht ausreichen werde. Wie gesagt: ich lasse Alles auf das Vertrauen ankommen, das Sie in mich setzen. Geben Sie mir allenfalls eine Anweisung auf Fichte[11], der, wenn er sich noch nicht mit Ihnen auseinandergesetzt haben sollte, gegenwärtig eine so gute Einnahme hat, daß er wohl bezahlen kann.

Sind Sie mit Massenbach[12] auseinander? Er hat, so viel ich erfahren habe, eine ziemlich reiche Erbschaft gemacht. Der sonderbare Mann schreibt jetzt Tragödien, mit denen er mich u. seine übrigen guten Freunde heimsucht. Beinahe zweifle ich daran, daß es ein Mittel giebt, ihn zur Ruhe zu bringen, nachdem er sein a plomb durch die Schlacht bei Jena verloren hat.

Leben Sie wohl u, behalten Sie lieb
Ihren
F. Buchholz

---

[1] Vgl. Brief Nr. 79, Anm. 2. Cotta hat das Werk offenbar unter Verweis auf mangelnde Verkaufsaussichten zurückgewiesen; bei den späteren Streitigkeiten um ausstehende Honorare verwies Buchholz auf das Manuskript. Vgl. a. Brief Nr. 82.

[2] Die Philosophischen Untersuchungen über das Mittelalter sind im Journal für Deutschland, Bd. 10 (1818) bis Bd. 15 (1819) sowie in NMD, Bd. 1 (1820) bis Bd. 26 (1828) erschienen. Buchholz hat das Werk noch in den 1830er Jahren Johann Friedrich Cotta (Brief Nr. 92) sowie dessen Sohn Johann Georg Cotta (Brief vom 13. April 1833) zum Verlag angeboten.

[3] großzügiger

[4] Vgl. Brief Nr. 64, Anm. 10.

[5] Der Band ist nicht erschienen. Vgl. a. Brief Nr. 71, Anm. 1; Brief Nr. 79, Anm. 1.

[6] Preußen war als Bündnispartner Napoleons mit 20.000 Soldaten am Russlandfeldzug beteiligt.

[7] Vgl. Brief Nr. 71, Anm. 3.

[8] Antoine Marie Philippe Asinari de Saint-Marsan (1761–1828), seit 1809 französischer Gesandter in Berlin.

[9] Evtl. Paul Karl Friedrich August, Prinz von Württemberg (1785–1852). Vgl. a. Brief Nr. 88 vom 13. Februar 1814.
[10] Buchholz widmete seine *Philosophischen Untersuchungen über die Römer* (1819) Prinz Georg von Hessen-Darmstadt (1780–1865). Vgl. Brief Nr. 79, Anm. 2.
[11] Vgl. Brief Nr. 47, Anm. 5. Zu Buchholz und Fichte vgl. a. Kapitel 4.
[12] Vgl. Brief Nr. 30, Anm. 4.

Nr. 82 vom 26. November 1811

Berlin den 26ten Nov. 11

Unabgeschreckt durch den Inhalt Ihres Schreibens vom 9 d., schicke ich Ihnen das zweite Buch meiner Geschichte der org. Gesetzgebung.[1] Erlauben Sie mir, Ihnen zu sagen: daß Sie in der gegenwärtigen Zeit Manches verlegen können, was dem Publikum angenehmer ist u. sich daher schneller u. beßer bezahlt macht, daß Sie aber nichts verlegen können, was so viel neue u. nützliche Wahrheiten enthält, als diese Geschichte der organischen Gesetzgebung. In dieser Ueberzeugung von dem Inhalt meiner Arbeit, konnte ich mich an keinen anderen Verleger wenden, als an Sie; selbst dann erst wenn ich von Grundsätzen einer strengen Rechtschaffenheit, die mich zu Ihnen hinführen mußten, hätte entsagen können oder wollen. Denn, nennen Sie mir, ich bitte Sie, den Mann, der, Ihr Geschäft treibend, unterrichtet genug ist, um einen solchen Gedanken würdigen zu können, den <u>der</u> ist, der meiner Arbeit zum Grunde liegt! Seyn Sie aber auch wegen des Erfolges, den dieses Werk haben wird, außer Sorgen; da es in alle Tendenzen des Jahrhunderts eingreift, so muß es sich verkaufen, u. vielleicht wird es nur allzu viel Lärm machen, indem es gegen so viele beglaubigte Meinungen ankämpft, u. wenn ich nicht sehr irre, mit solchem Erfolge, daß sie nicht länger bestehen können. Ich bin zufrieden, wenn Sie mir für die 40 Bogen, welche den ersten Theil ausmachen 60 Fr. d'or geben, oder vielmehr abrechnen. Wenn Sie das Eine u. das Andere von dem Werke durch die Annalen bekannt machen wollen: so | habe ich nichts dagegen; ich bitte Sie blos, diejenigen Stücke und Capitel zu wählen, die mehr als Abhandlungen dastehen, vorzüglich im zweiten Buche, wo die Cap. 4, 6, 8, 14, 15 sich am meisten eignen aus dem Zusammenhange, worin sie stehen, herauszutreten u.

eigene Ganze zu bilden. Die Vorrede, worin ich die Idee des Ganzen entwickele, werden Sie mit einigen Abhandlungen, welche für die Annalen bestimmt sind, nach einigen Wochen erhalten.

Übrigens ist es nicht Recht, daß Sie mich so ganz vergeßen haben. Von den Annalen ist mir seit mehreren Monaten nichts zu Gesicht gekommen u. das 6te Stück ist das letzte gewesen; das ich erhalten habe. Selbst meine Frau haben Sie so verwöhnt, daß sie sich bei mir schon mehr als einmal danach erkundigt hat, ob sie dieses Jahr keinen Damenkalender erhalten werde. Fremde Personen haben mir gesagt, daß in diesem Taschenbuche etwas von mir abgedruckt sey – wahrscheinlich der Fels der Liebenden[2], oder Johanna die Zweite von Neapel. Ich habe weder der Mitarbeit an den Annalen noch der an dem Damenkalender entsagt, u. hoffe diesen Winter Musse zu beiden zu finden.

Ich werde zwar darunter leiden, daß Sie nicht im Stande sind, meinen Wunsch in Hinsicht der 60 fr. zu erfüllen; indeßen hoffe ich über die Schwierigkeiten hinwegzukommen, die mir bevorstehen. Ich hätte für mein Geschäft freieren Spielraum gewonnen, auf welchen ich jetzt Verzicht leisten muß. Dies ist, was mich am meisten genirt; denn schwerlich kann man noch einfacher leben als ich.

Der Verfasser der Penthesileia[3] – wenn ich nicht irre haben Sie dies Gedicht verlegt – hat sich in diesen Tagen nicht weit von hier erschossen.[4] Sein Tod ist so seltsam gewesen, als seine Poesien es | sind. Er kam mit heiler Haut aus dem österreichisch-französischen Kriege sicher zurück, vereinigte sich mit Adam Müller[5] zur Herausgabe eines Abendblattes[6], gab dies auf, weil es nicht einträglich war, schloß sich an die Weiber an u. fixirte sich hier eine gewiße Madame Vogel[7]; eine Frau deren Ueberbildung u. Hysterie ihm vorzüglich convenirt zu haben scheint. Beide bereden sich, daß das Leben keinen Werth habe u. daß man eilen müsse, es los zu werden. Gemeinschaftlich fahren sie nach einem Gasthof auf dem Wege von hier nach Potsdam, verleben daselbst eine Nacht, der Himmel mag wissen wie, schwärmen am folgenden Tage in der Gegend umher, lassen sich den Kaffe in einem Gehölz auftragen, u. setzen sich in eine Vertiefung, die kaum hinreicht beide zu fassen. Und in dieser Stellung expedirt H. von Kleist erst seine Geliebte u. unmittelbar darauf sich selbst. Uebrigens waren die Maasregeln so gut genommen, daß gleich nach geschehener That, der Mann der Dame mit einigen guten Freunden u. dem Kreisphysikus ankommen u. die beiden Liebenden, nach geschehener Besichtigung zum Ende bestatten konnte. Ich müßte mich sehr irren, oder von den jungen Männern in Deutschland, welche sich so ungebehrdig betragen haben, weil rund um sie her so Vieles vorging, was sie nicht begreifen konnten, werden noch mehrere auf diese Weise endigen.

Ich begreife nicht, wie das Paket, das ich im Jul. an Sie abgeschickt habe, so lange hat liegen bleiben können. Von Fischer[8] hab' ich seit seiner Ankunft in Wien nichts erfahren. Ob er gleich seit dem Anfange des Sept. daselbst angekommen seyn muß, | so werden Ihre Empfehlungen ihm unstreitig noch immer sehr willkommen seyn; u. die Intentionen, die er in Beziehung auf das Morgenblatt hatte, waren so gut, daß ich Sie recht sehr bitte, solche nicht ausser Acht zu lassen. Fischer ist ein vortrefflicher Beobachter u. es hängt nur von Ihnen ab, ihn noch weit mehr für das Mgb. zu gewinnen, als es bisher geschehen ist. Als ein wohlhabender Mann gleichgültig gegen Honorar, ist er es desto weniger gegen kleine Aufmerksamkeiten u. Cajolerien[9].

Leben Sie wohl u. behalten Sie lieb
Ihren
FBuchholz

---

[1] Vgl. Brief Nr. 79, Anm. 2.
[2] Friedrich Buchholz: Der Fels der Liebenden, in: Taschenbuch für die Damen auf das Jahr 1812, Tübingen: Cotta, S. 207–274.
[3] Heinrich von Kleist: Penthesilea. Ein Trauerspiel, Tübingen: Cotta 1808.
[4] Heinrich von Kleist hat sich am 21. November 1811 in Berlin erschossen. Vgl. a. Bisky: Kleist (2007).
[5] Vgl. Brief Nr. 43, Anm. 7.
[6] Kleist gab die Berliner Abendblätter von Oktober 1810 bis März 1811 heraus.
[7] Henriette Vogel (1780–1811).
[8] Vgl. Brief Nr. 24, Anm. 4.
[9] Schmeicheleien.

Nr. 83 vom 10. Dezember 1811

Berlin den 10 Dec. 11

Ich schicke Ihnen hierbei, außer der Vorrede zu der Gesch. der org. Gesetzgebung, einen Aufsatz für die Eur. Annalen, in dem ich hoffe, daß, beim Empfang dieses, meine letzte Absendung in Ihren Händen seyn werde. Nach ungefähr 14 Tagen werden Sie noch andere Aufsätze für dasselbe Journal erhalten.

Ich habe in diesen Tagen Göthe's Lebensbeschreibung gelesen.[1] Sie ist für mich sehr anziehend gewesen, u. sobald ich dazu Gelegenheit habe, werde ich denen die Köpfe waschen, die für unsere Zeitungen so barrokke Auszüge aus diesem trefflichen Buche gemacht haben. Das 5te Buch ist eins der größten Meisterstücke, die mir je vorgekommen sind; u. ich bedaure die Armseligen, welche das Abentheuerliche vermissen.

Leben Sie wohl, u. behalten Sie lieb.
Ihren
FBuchholz

---

[1] Johann Wolfgang Goethe: Aus meinem Leben, Theil 1, Tübingen: Cotta 1811.

Nr. 84 vom 24. März 1812

Berlin den 24 März 12

Ich schicke Ihnen hier einen Aufsatz für die Annalen, den Sie die Güte haben werden, recht bald abdrucken zu lassen. Der Gedanke, der ihm zum Grunde liegt, ist vielleicht der größte, der jemals auf deutschem Grund u. Boden gewachsen ist. Doch ich besinne mich, daß ich darüber nicht Richter bin.

Ich wollte Ihnen mit diesem Aufsatze noch einen anderen schicken, der von größerem Umfange ist; aber ich habe damit nicht fertig werden können. Er betrift das Genetische der europäischen Staatsbanken, das so sehr im Dunklen liegt.[1] Die Materialien dazu habe ich aus allen Geschichtsschreibern des Mittelalters gesammelt; nur die Ausarbeitung fehlt noch. An diese werde ich mich machen, sobald ich von einer Reise, die ich morgen antrete, zurückgekommen seyn werde. Meine Arbeit werden Sie in Leipzig finden.

Leben Sie wohl. Ihr letzter Brief ist mir sehr angenehm gewesen, sofern er die Gerüchte widerlegte, die seit zwei Monaten hier von Ihnen in Umlauf waren. Ich habe keinen Augenblick daran geglaubt; u. so freute es mich um so mehr, daß ich richtig geurtheilt hatte. Der Himmel erhalte Sie.

B.

---

[1] [F.B.]: Auflösung eines staatswirthschaftlichen Problems, in: EA 5 (1812), S. 152–178.

Nr. 85 vom 19. April 1812

Berlin den 19ten April 12

Sie erhalten hierbei die Fortsetzung der europäischen Staatsgeschichte[1]; u. irre ich nicht sehr, so wird die Censur Ihnen diesmal keine Bocksprünge machen. Die Idee, nach welcher ich dies Arbeit fertige, kann <u>Ihnen</u> kein Geheimniß seyn. Macht man mir nun den Vorwurf der Partheilichkeit, so rührt dies blos daher, daß man nicht zu beurtheilen versteht, in welchem Lichte nur Regierungen, wie zum B. die österreichische ist, nothwendig erscheinen müssen. Ich lasse ihnen als antagonisierenden Kräften gewiß alle Gerechtigkeit widerfahren u. würde sogar bedauern, wenn sie nicht wären, was sie sind: aber auf ihre Seite kann ich niemals treten, weil sie, meiner innigsten Ueberzeugung nach, durchaus nicht wissen, worauf es in dem Kampfe zwischen Frankreich u. England ankommt, u. folglich ihre eigene Existenz u. das Wohl von vielen Millionen leichtsinnig aufs Spiel setzen. Es wird eine Zeit kommen, wo die Wahrheit meiner historischen Darstellung von Niemand angefochten werden wird. Mein Fehler, als Historiograph, besteht nur darin, daß meine Zeitgenossen keinen Begriff von den allgemeinen Gesetzen haben, nach welchen die Erscheinungen der moralischen Welt erfolgen, u. daß die unmittelbare Anschauung dieser Gesetze mich keinen Augenblick verläßt.

Ich überschicke Ihnen zugleich den Aufsatz, den ich Ihnen in meinem letzten Schreiben versprach.[2] Da Sie viele ähnliche Aufsätze in den Annalen aufgenommen haben, so wird er nicht am unrechten Orte zum Vorschein kommen. Der Vorschlag, den (wahrscheinlich Widemann[3]) der österreichischen Regierung gemacht hat, ist von mir verallgemeinert worden. Ich habe keine Bedenken getragen, das Geheimniß der Circulationsbanken aufzudecken, weil dies das einzige Mittel war, der Idee, die ihnen zum Grunde liegt ganz neue Anwendungen zu verschaffen. Die Zeiten, worin wir leben, sind von einer solchen Beschaffenheit, daß ich die Gränzen des Verfalls der Gesellschaften, Staaten genannt, gar nicht berechnen läßt, wenn die Regierungen nicht mit neuen Ideen, u. zwar mit solchen geschwängert werden, welche die Erfahrung von Jahrhunderten für sich haben. Soll, die Idee einer allgemeinen Geistesfreiheit, die gewiß eine sehr wichti- | ge ist, nicht wieder zu Grunde gehen, so muß man der zarten Pflanze dadurch zu Hülfe kommen, daß man sie beschützt; als woran unsere Staatsmänner, in der festen Ueberzeugung, daß es nur gewisser Gesetze bedürfe, gar nicht zu denken scheinen.

Ich habe mir sehr viel Mühe gegeben, Ihr Taschenbuch für Damen von diesem Jahre zu erhalten; aber ich habe es bis jetzt nicht bekommen können, obgleich ich es ausdrücklich habe vorschreiben laßen. Die Hefte von den europäischen Annalen habe ich bis zum Decemberheft 1811 (exclusive) erhalten; was in diesem Jahre erschienen ist, ist mir gar noch nicht zu Gesicht gekommen. Ich benutze also Ihre Anwesenheit in Leipzig, Sie zu bitten, mir sowohl ein Exemplar von jenem Taschenbuch für Damen als von den mir fehlenden Heften der Annalen zu senden. Für die Annalen werde ich Ihnen im Laufe dieses Jahres Manches zuschicken; u. sind die Umstände nicht ganz ungünstig, so werde ich noch eine Arbeit vollenden, die ich schon vor Jahr u. Tag für jenes Taschenbuch angefangen habe.

Wie die Messe ausfallen wird, weiß ich freilich nicht; aber ich kann nicht umhin, Sie zu bitten, mir 80 friedrich d'or zu übersenden. Die Bedingungen, unter welchen ich jetzt lebe, sind sehr schwer. Die Einquartirungen kosten viel, die Theuerung nimt mit jedem Tage zu, die Bedürfniße meiner Familie wachsen u. eine Krankheit meiner Frau hat viel Geld verschlungen. Soll ich unter diesen Umständen den Kopf oben behalten; so bedarf ich Ihrer Unterstützung. Mein Gedanke war freilich, Sie nicht zu behelligen; aber ich sehe ein, daß ich ihn nicht durchführen kann, ohne zu leiden u. sehr zu leiden. Kommen Sie mir also zu Hülfe, wenn es Ihnen irgend möglich ist u. rechnen Sie darauf, daß ich schon jetzt das Meinige thue, um nicht als Ihr Schuldner zu sterben.

Leben Sie wohl u. behalten Sie lieb.
Ihren
F.B.

N.S.
Fischer[4] ist Willens, etwas über Wien drucken zu lassen. Wollen Sie sich damit befassen. Das Mspt. Wird Ihnen entweder garnichts oder sehr wenig kosten. Beantworten Sie mir ja diesen Punkt, weil ich die Anfrage bei Ihnen übernommen habe.

---

[1] Der Band ist nicht erschienen. Vgl. Brief Nr. 71, Anm. 1.
[2] Vgl. Brief Nr. 84, Anm. 1.
[3] Vgl. Brief Nr. 19, Anm. 3.
[4] Vgl. Brief Nr. 24, Anm. 4.

Nr. 86 vom 05. Mai 1812

Berlin den 5 May 12

Ich benutze Ihre Anwesenheit in Leipzig, um Ihnen beikommenden Aufsatz für die Annalen zu überschicken; u. da es mir an jeder anderen Gelegenheit fehlt, so übermache ich ihn direct mit der Post.[1]

Wir haben uns, wie es mir scheint, gegenseitig an einander geirrt; Sie, indem Sie glaubten, es komme mir bei meiner Uebersendung von Msptn auf noch etwas mehr an, als meine Schuld zu tilgen; ich indem ich von Ihnen glaubte, Sie würden sich durch die Umstände, welche gegenwärtig auf den Buchhandel drücken, nicht dergestalt niederschlagen lassen, daß Sie den Muth verlören. So wie die Sachen einmal stehen, kann u. mag ich nicht an Ihnen zum Bekehrer werden. Dies wird mich aber nie verleiten, ungerecht zu werden. Erwarten Sie aber von mir, daß ich meine Verbindlichkeiten erfüllen werde. Vielleicht kommt eine Zeit, wo Sie mich nicht länger verkennen.

Leben Sie wohl.
F. Buchholz

---

[1] [F.B.]: Über das Verfahren des brittischen Senats gegen die katholischen Irländer, in: EA 9 (1812), S. 232–248.

Nr. 87 vom 26. Februar 1813

Berlin den 26ten Febr 13

Ich schicke Ihnen hier einen Aufsatz für die Annalen.[1]

Einen großen Theil des Sommers bin ich krank gewesen, so daß ich höchstens Studien machen konnte.

Während des Herbstes habe ich eine Reise nach dem Herzogthum Warschau machen müssen.

So ist geschehen, daß Sie so lange nichts von mir gehört haben.

Ich habe indeß nicht aufgehört, an Sie zu denken u. unter meinen Arbeiten ist Vieles, das ich für Sie bestimmt habe. Die Crisis, worin wir jetzt leben, verhindert den Druck; aber ich hoffe, sie wird bald vorüber seyn u. Alles sich alsdann so gestalten, daß der Buchhandel einen neuen Schwung bekommt.

Berlin ist in diesem Augenblick in Gefahr ein Gegenstand der Eroberung zu werden; täglich kämpfen Franzosen u. Russen vor den Thoren u. die Entscheidung wird nur dadurch verhindert, daß noch keine russische Infanterie angelangt ist. Unsere Lage ist also keinesweges beneidenswerth. Schon vor 7 Tagen waren Kosaken in einzelne Thore der Stadt eingedrungen; da sie aber im Vertrauen auf den Beistand der Berliner in allzu geringer Zahl gekommen waren, so kamen wir mit dem Allarm ab, den ihre Erscheinung im franz. Militär verursachte.[2]

Leben Sie wohl.
F.B.

---

[1] [F.B.]: Über die Schwierigkeiten einer Reform des brittischen Parliaments, in: EA 5 (1813), S. 590–611.
[2] Am 20. Februar 1813 erschienen russische Kosakenabteilungen vor den Toren Berlins, am 4. März 1813 räumte die französische Garnison die Stadt und russische Truppen zogen ein.

Nr. 88 vom 13. Februar 1814

Berlin den 13ten Febr 1814

Worüber beklagen Sie sich? Ist das Manuskript zu dem ersten Theile der Geschichte der europäischen Staaten[1] nicht in Ihren Händen gewesen? Haben Sie mir dasselbe nicht mit umgehender Post zurückgesendet? Haben Sie es nicht mit dem doppelten Zusatz gethan: Sie hätten dergleichen nicht von mir verlangt u. was ich Ihnen schuldig war, möchte ich durch Aufsätze für das Taschenbuch für Damen abmachen.

Ich war damals weit entfernt, Ihnen solche Handlungen begleitet mit solchen Erklärungen übel zu nehmen; ich begriff Ihre Lage als Buchhändler u. schob Ihren Unwillen auf diese, statt Ihrem Herzen u. Ihrem Verstande das Mindeste beizu messen. Meinen guten guten Willen, nicht Ihr Schuldner zu bleiben, gab ich Ihnen dadurch zu erkennen, daß ich fortführe, Ihnen Aufsätze für die Annalen zuzusenden. Das geschah bis zu dem Augenblick, wo die Communikation zwischen uns aufhörte. Nie ist es mir bis zur Ankunft Ihres Schreibens eingefallen, mich von Ihnen zu trennen. Noch weniger habe ich den Gedanken gehabt, Ihnen Abbruch zu thun. Als Wittich[2] mich bat, die Geschichte der Gegenrevolution bei ihm herauszugeben, war ich weit davon entfernt zu glauben, daß Sie das Werk für eine <u>Fortsetzung</u> der europäischen Staatsgeschichte halten können.[3] Das ist es nicht; das soll es niemals werden. Da ich, als ehrliebender Mann, die <u>Staatsgeschichte</u> nach der Behandlung, die ich von Ihnen erfahre, nicht fortsetzen konnte, so wollte ich Keinen verhindern, es an meiner Stelle zu thun. Dieser, der zwar ähnliche, aber so wesentlich veränderte Titel, | ein Titel, der Ihnen nicht den mindesten Abbruch thut, während meine Arbeit jedem Fortsetzer der europäischen Staatsgeschichte sehr zu Statten komt, sofern durch mich (was in Arbeiten dieser Art immer das Schwierigste zu seyn scheint) die Bahn gebrochen ist.

Nichts thut mir in diesem Augenblick mehr leid, als die Entfernung, worin wir voneinander leben; denn sie verhindert alle persönlichen Mittheilungen, durch welche Misverständniße so leicht gehoben werden. <u>Der</u> Cotta, der mir bisher immer vorgeschwebt hat, u. <u>der</u>, den mir Ihr letzter Brief zeigt, sind für mich so wesentlich verschiedene Personen, daß ich noch immer geneigt bin, mehr an die erstere als an die letztere zu glauben. Ich habe, im Laufe des vorigen Hebstes die persönliche Bekanntschaft des Prinzen Paul von Würtemberg[4] gemacht, u. er kann nur bezeugen, wie ich mich in meinen Unterredungen mit ihm über Sie erklärt habe. Indeß steht es nicht in meiner Macht, ein Verhältniß wiederherzustellen, daß Sie im ersten Aufbrausen zerstört haben. Hätten Sie mehr Kaltblütigkeit gehabt, so würde Ihnen klar geworden seyn – einmal, daß ich nie Ihr Leibeigener war, über deßen Production Sie gebieten konnten – zweitens, daß das, was ich Ihnen schuldig seyn kann, von keinem solchen Belange ist, daß es uns nothwendig trennen mußte. Ich bin deswegen in einer sehr geringen Verlegenheit. Dann ob ich gleich in diesem Augenblick nicht im Stande bin, meine Schuld zu bezahlen, so habe ich doch alles dazu verabredet, daß Sie bezahlt werden kann – selbst mit Zeugen, wenn Sie nicht anders wollen wie wol Sie sich erinnern müssen, daß diese Schuld längst getilgt seyn würde, wenn der deutsche Buchhandel nicht so grausam Hemmungen erlitten hätte, wie in den Jahren 1811 u. 12. Zwei Manuscripte liegen in Bereitschaft, mich mit Ihnen aus einander zu setzen: ein Werk über National-Repräsentation[5] u. der erste Theil meiner Geschichte der organischen Gesetzgebung[6], den Sie kennen. Beide sollen diesen Sommer gedruckt werden u. ihr Ertrag wird mehr als hinreichen, daß ich aus der Liste Ihrer Schuldner gestrichen werde, auf welcher ich mich immer gegen meinen Wunsche befunden habe – u. nie befunden haben würde, wenn die Zeiten günstiger gewesen wären. Ihr Wunsch soll also erfüllt werden, ich bitte Sie, für die künftige Ostermesse an Berechnung für mich in Bereitschaft zu halten, meine Arrangements treffen kann. So Gott [will, hoffe] ich Ihnen zu zeigen, daß Sie sich in mir geirrt ha[ben].[7]

Leben Sie wohl.
Fr. Buchholz

---

[1] Vgl. Brief Nr. 71, Anm. 1.
[2] Ludwig Wilhelm Wittich (1773–1832), Berliner Verleger.
[3] Buchholz gab ab 1814 bei Wittich die *Geschichte der europäischen Staaten seit dem Frieden von Wien* [unter dem Titel: *Historisches Taschenbuch*] heraus.
[4] Paul Karl Friedrich August, Prinz von Württemberg (1785–1852). Vgl. a. Brief Nr. 81, Anm. 9.
[5] Ein Werk über Nationalrepräsentation von Buchholz ist nicht erschienen.
[6] Vgl. Brief Nr. 79, Anm. 2.
[7] Dem Brief folgte ein Schriftwechsel zwischen Buchholz und Friedrich Wilhelm Gubitz, der offenkundig im Auftrag Cottas eine Rückzahlung des Vorschusses auf das *Historische Taschenbuch* erwirken sollte und der im Cotta'schen Verlagsarchiv dem Vorgang beigelegt ist:
Buchholz an Gubitz: „Ew Wohlgeboren erwiedere ich: daß Ihr Schreiben keine Anweisung von Herrn Cotta erhält; daß ich allerdings in der Schuld des Herrn Cotta stehe, wenn gleich nicht auf eine so liquide Weise wie er glaubt. daß endlich alles zwischen mir u. ihm auf der nächsten Ostermesse abgemacht wird; u. endlich daß ich mich bis dahin auf nichts einlassen werde, Herr Cotta mag nehmen, welche er Maasregeln er wolle. Berlin, den 17. Nov. 1815. Fr. Buchholz"

Gubitz mit dem gleichen Datum an Cotta: „Die Anweisungen hatte ich einem Boten mitgegeben, doch für sich eingepackt, da nun Hr. Prof. Buchholz sich gleich erklärt: er zahle nicht, sind sie natürlich von dem Boten mir zurück gebracht worden. Von ‚andere Maasregeln' hab' ich in meinem Billete durchaus nicht (ich versichere es bei meiner Ehrlichkeit) gesprochen, das ist nur eine unbedingte kecke Abweisung vom Empfänger. Ich schrieb: daß ich beauftragt sey, den Betrag einzuziehen, um ihn für Sie weiter zu bezahlen: Hr. Prof. Buchholz hat übrigens diese Zeilen mir so unversiegelt und ausführlich gesandt, ob ich gleich die Angelegenheit gegen ihn mit der höchsten Schicklichkeit behandelte, es ist mir aber gleichgültig und nur nebenher gesagt. Man behauptet übrigens: er habe seit drei Jahren 800 Thlr. Gehalt, wogegen er sich verpflichte: im Sinne der Regierung zu schreiben, Sie können also, im Nothfalle, daran sich halten. Gtz. 17t 9br 1815."

Nr. 89 vom 18. April 1817

Berlin, den 18ten April. 17

Der Mensch denkt u. Gott lenkt. Mit dem besten Willen, meine Schuld bei Ihnen zu tilgen, sehe ich mich außer Stande, es auf der Stelle zu thun. Wie es Ihnen mit mir geht, eben so geht es mir mit Andern. Für mich kommt noch dazu, daß ich in einem Lande u. an einem Orte lebe, wo seit drei Jahren alles enorm theuer geworden ist, u. daß die zunehmenden Bedürfnisse einer heran wachsenden Familie mich nicht zu Kräften kommen laßen. Sie werden also noch Nachsicht mit mir haben müssen. Mein Plan ist indeß folgender. Ich lasse gegen den nächsten Winter meine philosophischen Untersuchungen über die Römer[1] drucken u. befriedige Sie von dem Vertrage derselben. Männer, wie wir, müssen Vertrauen zu einander fassen. Ich sage Ihnen also gerade heraus, daß ich das Werk niemandem lieber angeboten haben würde, als Ihnen, wenn Sie mich im Jahre 1812 weniger abgeschreckt hätten. Daß es mir nicht an Verlegern fehlt, glauben Sie mir wohl. Indeß soll es ganz von Ihnen abhängen, ob Sie das Werk verlegen wollen. Meine Hauptbedingung ist, daß | es hier gedruckt werde, weil bei Werken diesr Art die Korrektheit unentbehrlich ist, diese aber von dem Verfasser ausgehen muß. Sie werden mich verbinden, wenn Sie sich über meinen Vorschlag durch ein Paar Zeilen erklären, die Herr Enslin[2] mir zurückbringen wird.

Ich leugne nicht, daß Sie mich verbinden werden, wenn Sie mir zugleich melden, ob Sie noch Mitglied der Würtembergischen Ständeversammlung sind. Ich habe im vergangenen Winter bei Durchsicht der von Ihnen herausgegebenen Acten recht viel an Sie gedacht u. Sie mitunter sehr beklagt. Ein Mann von Ihrem hellen Geiste mußte sich in dieser Versammlung sehr übel befinden. Wir werden es unstreitig noch erleben, daß das Verfassungs Werk in allen Staaten Deutschlands eine Wendung nimmt, auf welche Niemand gerechnet hat. Ich halte die Zurückführung einer sogenannten ständischen Verfassung für den größten Unsinn, dem man sich hingeben kann.[3] Diese Form war gut für das vierzehnte u. fünfzehnte Jahrhundert; aber sie taugt nicht für das neunzehnte. Hätte sie einen so entschiedenen Werth gehabt, wie Einige wollen, so würde sie nicht untergegangen seyn. In | einer Zeit, wo die Verwaltung so ausgebildet ist, wie in der unsrigen, muß die Repräsentation einen anderen Charkter haben, als ehemals, u. der erste von allen Misgriffen, die man in dieser Hinsicht begehen kann, ist, das ständische Wesen, wär es auch nur dem Namen nach, zurückzurufen. Der transrheinische Spiegel giebt hierüber Aufschlüsse genug, wenn man sie finden u. benutzen will. Doch unglücklicher Weise glauben wir jetzt weit klüger zu seyn, als die Franzosen.

Leben Sie wohl, u. trauen Sie mir noch immer die Gesinnungen der Achtung u. Freunds[chaft] zu, womit ich ehemals Sie erfüllt [habe.]

Ihr
Fried. Buchholz

---

[1] Vgl. Brief Nr. 79, Anm. 2.
[2] Theodor Johann Christian Friedrich Enslin (1787–1851), Berliner Verleger, der u.a. Buchholz' *Historisches Taschenbuch* (ab Bd. 14) und das *Journal für Deutschland /Neue Monatsschrift für Deutschland* (ab 1817) herausgab.
[3] Der Konflikt zwischen landständischen Verfassungen im Sinne der altständischen Ordnung und auf Wahlen basierenden Repräsentativ-Verfassungen in der Folge des Code Civil prägte die gesamte Restaurationsperiode.

Nr. 90 vom 17. Oktober 1823

Berlin, den 17 Oct. 23

Da bin ich mit einem Aufsatze, von welchem ich wünsche, daß er in einer von den nächsten Beilagen der Allg. Zeit. einen Platz finden möge. Der Angriff, den man, von hier aus in N° 164 dieser Beilage gemacht hat[1], ist allzu arg, als daß er unbeantwortet bleiben könnte; in der Natur der Sache aber liegt, daß man sich da vertheidigt, wo man angegriffen wird. Daß ich Ihnen, hochgeschätzter Mann, nichts zur Last lege, werden Sie mir wohl glauben; ich weiß Ihre Lage zu würdigen, u. begreife, was es mit Recommendationen auf sich hat. Das Einzige, worum ich Sie bitte, ist den Abdruck nicht zu verspäten u. meinen alten Freund Widemann[2] ersuchen, daß er für eine gute Correctur sorge.

Sie werden nächstens mehr von mir hören.
Ihr
ergebnster F. u. D.
Fried Buchholz

---

[1] Der Angriff auf Buchholz findet sich in der Beilage Nr. 164 der Allgemeinen Zeitung Nr. 273 von Dienstag, d. 30. September 1823, S. 653–54 unter der Rubrik „Preußen" und gezeichnet „Berlin, 16. Sept." Buchholz Antwort ist abgedruckt in der Beilage Nr. 190 der Allgemeinen Zeitung, Nr. 315 von Montag, d. 10. November 1823, S. 758–59 als „Gegenerklärung des Hrn. Friedrich Buchholz". Zu den Inhalten der Erklärungen vgl. o. Kapitel 6.

[2] Vgl. Brief Nr. 19, Anm. 3.

Nr. 91 vom 25. November 1828

Mit großem Vegnügen hab' ich gestern erfahren, daß Ew Hochwohlgeboren sich wieder in unserer Mitte befinden.

Wäre ich nicht von neuem Schnupfenfieber genöthigt das Zimmer zu hüten, so würd' ich diesen Vormittag den Versuch machen, Ihnen aufzuwarten.

Ich füge den Versicherungen meiner Hochachtung eine kleine (morgen oder übermorgen erscheinende) Schrift bei, die Ihnen aus einem doppelten Grunde zukommt: einmal, weil ich Niemand kenne der praktisch so erfolgreich auf Deutschlands Einheit in Ansatz u. Institution hingewirkt hat, als Ew Hochwohlgeboren; weiters, weil in dieser Schrift von Ihnen geradezu die Rede ist.[1]

Ew Hochwohlgeboren
ergebenster Diener
Fr. Buchholz
Berlin, den 25 Nov. 1828

---

[1] Evtl. ist gemeint: Friedrich Buchholz: Über Preußens Gränzzölle. Eine Abhandlung staatswirthschaftlichen Inhalts, Berlin: Enslin 1828.

Nr. 92 vom 9. Dezember 1832

Berlin, den 9 Dec. 1832

Sollen wir, nach einer langen Trennung wieder an u. in einander kommen, so ist keine Zeit zu verlieren; denn wir beide befinden uns in einem vorgerückten Alter u. müssen darauf gefasst seyn, daß die Natur den letzten Tribut von uns fordert.

Ich mache Ihnen zu diesem Endzweck folgenden Vorschlag:

Seit mehr als dreißig Jahren ist mein Bestreben dahin gerichtet gewesen, der Staatswissenschaft den Charakter einer positiven Wissenschaft zu geben; das ist die Tendenz aller meiner Schriften. Daß ich in diesem Fache etwas geleistet habe, ist mir aus vielen Anzeigen klar geworden: meine Anschauungen sind in viele Lehrbücher übergegangen, u. die letzte Schrift des Hern von Wangenheim beweist[1], daß selbst praktische Staatsmänner mit meinen

Waffen zu kämpfen angefangen haben. Meinen Zweck aufs Vollständigste zu erreichen, hab' ich seit etwa zwölf Jahren in den „philosophischen Untersuchungen über das Mittelalter"[2] allem politischen Urtheil | eine Grundlage zu geben versucht, die nicht verlassen werden kann, wenn man nicht in das Chimärische und Abentheuerliche gerathen will. Das Werk ist für den Unterricht auf den höhern Schulen bestimmt u. darf um so mehr auf glänzenden Erfolg rechnen, da man nachgerade der Zwecklosigkeit der Beckerschen Weltgeschichte[3] u. anderer ähnlicher Werke einig geworden ist. Was ich davon in der Monatsschrift für Deutschland bekannt gemacht habe, hat nicht nur in meiner nächsten Umgebung, sondern auch in sehr entfernten Gegenden (Frankreich nicht ausgenommen) mächtig eingewirkt. Das Werk ist gänzlich beendigt u. der Abbdruck kann mit jedem Tage beginnen.

Daß es mir nicht an einem Verleger fehlt, werden Sie mir wohl glauben. Ihre Buchhandlung ziehe ich jeder andern vor, weil sie mir, vermöge ihrer Lage, die Aussicht gewährt, ein Werk, worauf ich stolz bin, schneller u. allgemeiner verbreitet zu sehen. Wollen sie sich also mit dem Verlag befassen, so dürfen Sie sich darüber nur erklären. Ueber die Hauptbedingung d. h. über den Preis werden wir uns leicht vereinigen, wenn Sie sich folgende Vorbedingungen gefallen lassen:

1, daß das Werk hier oder in Dessau gedruckt werde. Das ist unumgänglich nöthig, um so die Korrektheit zu geben, die einem Werke dieser Art nicht fehlen darf;

2, daß es in Groß-Oktav mit 30 Zeilen auf der Kolumne erscheine, d. h. gerade so, wie meine philosophische Untersuchung über die Römer gedruckt sind; das scheint mir deshalb nöthig, weil ein Werk allgemein anziehenden Inhalts von Seiten des Typographischen nicht zurückstehen darf.

Das Werk selbst würde in sechs Theile zerfallen, von welchen jeder wenigstens 30 bis 34 Bogen enthalten würde. Der Kaufpreis bestimmt sich hier auch ganz von selbst.

Sofern Sie auf meinen Vorschlag einzugehen nicht abgeneigt sind, werd' ich für Beförderung Ihres u. meines Interesses für die Allgemeine Zeitung einen Artikel ausarbeiten, der den Absäzen nicht schaden soll. Die ganze Lage Europa's ist gegenwärtig von einer solchen Beschaffenheit, daß guter Rath theuer ist. Soll irgend ein Faden gefunden werden, an welchem man sich aus diesem Labyrinth befreien kann: so darf er nur von der Verfassung herrühren, u. in dieser Beziehung leistet meine Arbeit, was keine andere zu leisten vermag. Ich betrachte also die Erfahrung meiner philosophischen Untersuchungen über das Mittelalter (das ich, beiläufig gesagt, bis zur französischen Revolution hinführe), als sehr zeitgemäß u. folglich auch in dieser Beziehung als ein vortheilhaftes Unternehmen.

Wie sehr ich Sie immer geschätzt habe, wissen Sie aus | meinen mündlichen u. öffentlichen Aeußerungen. Mit dem Manne, dem Deutschland die größte aller Wohltaten (den freien Verkehr) verdankt, in Zusammenhang zu bleiben, so lange meine u. seine Augen offen stehen, das ist mein aufrichtiger Wunsch. Ich empfehle mich dem Andenken Ihrer würdigen Gemahlin[4].

Ihr
ergebenster
Fr. Buchholz

---

[1] Karl August von Wangenheim (1778–1850), Kultusminister und politischer Vertrauter Cottas im Königreich Württemberg. Ab 1817 Württembergischer Gesandter im Bundestag. Wegen seiner liberalen Positionen wurde er auf Druck Österreichs und Preußens im Juli 1823 abberufen. Buchholz bezieht sich hier auf Wangenheims Schrift: *Die Wahl des Freiherrn von Wangenheim, K. Württembergischen Staatsministers ausser Dienst, zum Abgeordneten in die Würtembergische Ständeversammlung*, Tübingen Laupp 1832.

[2] Vgl. Brief Nr. 81, Anm. 2.

[3] Karl Friedrich Becker: Die Weltgeschichte für Kinder und Kinderlehrer, 8 Bde., Berlin: Frölich 1801–1809.

[4] Elisabeth Sophie Cotta (1789–1859), geb. Freiin von Gemmingen-Guttenberg, war die zweite Ehefrau von Johann Friedrich Cotta.

Buchholz an Johann Georg Cotta am 13. April 1833[1]

Berlin 13 Apr. 1833

Wiederhergestellt von einer anhaltenden Unpäßlichkeit, lass' ich es mein erstes Geschäft seyn, Ew. Hochwohlgeboren verehrliches Schreiben vom 9 März d. J. zu beantworten.

Allerdings hat mir Ihr verehrtester Vater im Jahre 1810 auf einen neuen Band europäischer Staatsgeschichte[2] 400 Th. Gold vorgeschossen; doch wenn diese Summe sich auf 742 rh. erhöht hat, so kann das nur dadurch geschehen seyn, daß die Zinsen zum Kapital geschlagen sind. Wenige Monate nach dem Empfang des Geldes sendete ich eine Arbeit ein. Inzwischen hatte die französische Regierung Ihrem Herrn Vater Händel bereitet, u. verstimmt durch diese, sendete er mir mein Mspt auf eine unzarte Weise zurück. So kamen wir, gegen meine Schuld, aus einander; in meinen Absichten lag nichts weniger, als eine Trennung. Ich habe den Verewigten seitdem hier mehre Male wiedergesehen, u. jedesmal hat er mir den Wunsch zu erkennen gegeben, daß wir wieder in Verbindung treten möchten. Unterblieben ist dies nur, weil sich seit dem Jahre 1813 meine Schriftstellerei in einer Bahn bewegt hat, die ich nicht aufgeben konnte. Doch ist mir den ganzen Zeitraum hindurch der Gedanke geblieben, durch ein größeres Werk mit Ihrem Vater wiederanzuknüpfen, u. was ich in dieser Hinsicht gethan habe, kann Ihnen, als dem Nachfolger in der Buchhandlung nicht unbekannt geblieben seyn.

Auffallend werden Sie es finden, daß Ihr verewigter Vater auch seinerseits als mein Schuldner gestorben ist; u. doch verhält es sich also. Er hat nämlich zwei umfangreiche Mspte von mir angenommen u. behalten, ohne daß er jemals an eine Remuneration[3] für dieselben gedacht hat. Das eine dieser Mspte führt den Titel „Der Fürst u. die Wissenschaften" u. ist eine Uebersetzung aus dem Italiänischen des Grafen Alfieri.[4] Das zweite führt den Titel: „Johanna, Königin von Neapel".[5] Das letztere war für den von Ihrem Herrn Vater verlegten Damenkalender bestimmt. Ob es jemals abgedruckt ist, weiß ich nicht; doch ist mir davon nichts zu Gesicht gekommen, u. eben so wenig hab' ich dafür ein Honorar bekommen. Endlich sind mehre

Aufsätze, die ich für die politischen Annalen gearbeitet habe u. die wirklich erschienen sind, unremunerirt geblieben.

Dies ist, nach der strengsten Wahrheit, der status causae^6 zwischen mir u. dem Verewigten. Ew Hochwohlgeboren ersuche ich, Ihre Miterben damit bekannt zu machen. Sind sie einigermaßen billig, so wird sich ihnen die Ueberzeugung aufdrängen, daß ihre Forderung nicht so liquide ist, als Sie es geglaubt haben mögen. Sind sie nicht billig, | so bleibt mir nichts weiter übrig, als Ihre Maaßregeln zu erwarten.

Was Ew Hochwohlgeboren betrifft, so wird es mir Vergnügen machen, Ihnen gefällig zu werden; doch werden Sie mich verbinden, wenn Sie mir auf den letzten Antrag antworten, den ich Ihrem Herrn Vater gemacht habe: ein Antrag, der, wie ich glaube, durchaus zu Ihrer Kenntniß gekommen seyn muß. Auf diese Weise würde zwischen uns Alles auf das Freundschaftlichste ausgeglichen werden. Ich habe die Verdienste Ihres Vaters um Deutschland immer sehr hoch angeschlagen, u. bin mir darin, trotz allem Widerspruch de[r] Welt, immer getreu geblieben. Diese Achtung [von] demjenigen, welcher zur Fortsetzung seines [] dienstlichen Bemühungen berufen ist, zu [über]tragen, wird ein um so angenehmeres Geschäft für mich seyn, weil ich dabei das Zartgefühl bewahre, das mich in meinem Verhältniß zu dem Verewigten stets geleitet hat.

Ew. Hochwohlgeboren
ergebenster
Fr. Buchholz

---

[1] Johann Georg Cotta (1796–1863), Sohn aus erster Ehe Johann Friedrich Cottas (1764–1832) mit Wilhelmine Haas (1769–1821) und nach dem Tod seines Vaters im Dezember 1832 Erbe des Verlags, der mit hohen Schulden belastet war.
[2] Vgl. Brief Nr. 71, Anm. 1.
[3] von „remuneriren"= engelten.
[4] Vgl. Brief Nr. 1, Anm. 3.
[5] Vgl. Brief Nr. 24, Anm. 3.
[6] [juristisch] Sachstand.

Siglen und Abkürzungen

ADB	Allgemeine Deutsche Biographie	JD	Journal für Deutschland
		Jg.	Jahrgang
AZ	Allgemeine Zeitung	Miszellen	Miszellen für die neueste Weltkunde
Bd., Bde.	Band, Bände		
Bl.	Blatt	Ndr.	Nachdruck
CA	Cotta Archiv im Deutschen Literaturarchiv Marbach	nl	Neue Louis d'or
		NMD	Neue Monatsschrift für Deutschland
Ders.	derselbe	Nr.	Nummer
Dies.	dieselbe	o.J.	ohne Jahr
Diss.	Dissertation	Rep.	Repositur
DLAM	Deutsches Literaturarchiv Marbach	rt, Rthl.	Reichsthaler
		S.	Seite
EA	Europäische Annalen	s.	siehe
Eigtl.	eigentlich	u.	und
Fasc.	Faszikel	übers.	übersetzt, Übersetzung
GStA PK	Geheimes Staatsarchiv Preußischer Kulturbesitz	v.	von
		Verf.	Verfasser
H.	Heft	Vgl.	Vergleiche
Hg.	Herausgeber, Herausgeberin	Vol.	Volumen
HZ	Historische Zeitschrift		

Literaturverzeichnis

1. Ungedruckte Quellen

Geheimes Staatsarchiv Preußischer Kulturbesitz (GStA PK)

I. HA Rep. 92, Hardenberg.
I. HA Rep. 96 A, Tit 36.
I. HA Rep 101, E Lit. B, Nr. 4: Zensur Buchholz'sche Monatsschrift 1820–1833.
I. HA Rep. 104 II: General-Fiscalat Juden. Specialia.
III. HA: Ministerium der Auswärtigen Angelegenheiten I, Nr. 8942: Acta Renfner.
III. HA: Ministerium der Auswärtigen Angelegenheiten I, Nr. 9262: Acta betr. die Buchholz'sche Monatsschrift
VI. HA, Nl Albrecht.
VI. HA, Nl Albrecht, Nr. 32: Buchholz: Verfassungen Frankreichs, Italiens und Westfalens.

Deutsches Literaturarchiv Marbach, Cotta-Archiv (DLAM CA)

Briefe an Cotta: Br. Buchholz, Br. Widemann.
Cotta/Interna, B, Buchmesse IX: Honorarabrechnung 1806–1815 Europäische Annalen.
Cotta/Vertr. 1: Buchholz, Friedrich.
Geschäftsbücher IV Kalkulationen: Druckauftragsbücher 1800–1810 und 1810–1818.

Landesarchiv Berlin

A Rep 060–040: Protokolle der Humanitätsgesellschaft.

Staatsbibliothek Preußischer Kulturbesitz Berlin Handschriftenabteilung

Ms. germ. fol. 1034, Bd. 1, Bl. 2 r, Protokolle der Philomatischen Gesellschaft.

University Archive Jerusalem

Nachlass Lazarus Bendavid. ARC.792 A10–4.

2. Friedrich Buchholz: Bücher, Broschüren und Periodika

Buchholz, Friedrich: Antwort auf die zwölf Fragen eines alten Landstandes an den Verfasser der Marginalien, Berlin 1823.

[Buchholz, Friedrich]: Antwort eines Juristen, auf: Schuderoff, die Juristen in der Reformation, Berlin 1818.

[Buchholz, Friedrich]: Bayard – Den Officiren der Preußischen Armee geweiht, Berlin 1801.

[Buchholz, Friedrich]: Bekenntnisse einer Giftmischerin. Von ihr selbst geschrieben, Berlin 1803.

[Buchholz, Friedrich]: Bekenntnisse einer schönen Seele. Von ihr selbst geschrieben, Berlin 1806 [Ndr. als Friederike Helene Unger: Bekenntnisse einer schönen Seele. Frühe Frauenliteratur in Deutschland, Bd. 9, hg. mit einem Nachwort v. Susanne Zantop, Hildesheim 1991].

[Buchholz, Friedrich]: Beschreibung der Schlachten von Ligny und la belle Alliance, ein Bruchstück aus der Geschichte der europäischen Staaten, Berlin 1817.

[Buchholz, Friedrich]: Briefe eines reisenden Spaniers an seinen Bruder in Madrid über sein Vaterland und Preussen. Geschrieben in den Jahren 1801 und 1802, Erster Theil, Berlin 1804.

Literaturverzeichnis

[Buchholz, Friedrich]: Darstellung eines neuen Gravitazionsgesetzes für die moralische Welt, Berlin 1802.

[Buchholz, Friedrich]: Der neue Leviathan, Tübingen 1805 [Ndr. Aalen 1970].

[Buchholz, Friedrich]: Francisco, Berlin 1802.

Buchholz, Friedrich: Freimüthige Betrachtungen über die Verordnung vom 27. October in Betreff des Finanz-Wesens, Berlin 1810.

[Buchholz, Friedrich]: Gallerie Preussischer Charaktere. Aus der Französischen Handschrift übersetzt, Germanien [=Berlin] 1808 [Ndr. Frankfurt a. M. 1982].

[Buchholz, Friedrich]: Gemählde des gesellschaftlichen Zustandes im Königreiche Preussen, bis zum 14ten Oktober des Jahres 1806. Von dem Verfasser des neuen Leviathan, Berlin u. Leipzig 1808.

Buchholz, Friedrich: Geschichte der europäischen Staaten seit dem Frieden von Wien [=Historisches Taschenbuch], 22 Bde., Berlin 1814–1837.

Buchholz, Friedrich: Geschichte Napoleon Bonaparte's, 3 Bde., Berlin 1827–29.

Buchholz, Friedrich: Girtanner's historische Nachrichten und politische Betrachtungen über die französische Revolution, fortgesetzt von Friedrich Buchholz, Bd. 14–17, Berlin 1802–1804.

[Buchholz, Friedrich]: Handbuch der spanischen Sprache und Litteratur, oder Sammlung interessanter Stücke aus berühmten spanischen Prosaisten und Dichtern, chronologisch geordnet und mit Nachrichten von den Verfassern und ihren Werken begleitet. Prosaischer Theil, Berlin 1801, Poetischer Theil, Berlin 1804.

Buchholz, Friedrich: Hermes oder über die Natur der Gesellschaft – mit Blicken in die Zukunft, Tübingen 1810. [Ndr. Kroberg/Ts. 1975].

Buchholz, Friedrich: Idee einer arithmetischen Staatskunst mit Anwendung auf das Königreich Preußen in seiner gegenwärtigen Lage, Berlin 1809.

Buchholz, Friedrich (Hg.): Journal für Deutschland, historisch-politischen Inhalts, 15 Bde., Berlin 1815–1819.

[Buchholz, Friedrich]: Juan de Mariana oder die Entwicklungsgeschichte eines Jesuiten, Berlin 1804.

Buchholz, Friedrich: Kleine Schriften, historischen und politischen Inhalts, 2 Bde., Berlin u. Leipzig 1808.

Buchholz, Friedrich: Marginalien zu der Schrift: Ansicht der Ständischen Verfassung der Preußischen Monarchie; von E. F. d. V., Berlin 1822.

Buchholz, Friedrich: Moses und Jesus, oder über das intellektuelle und moralische Verhältniß der Juden und Christen. Eine historisch-politische Abhandlung, Berlin 1803.

Buchholz, Friedrich (Hg.): Neue Monatsschrift für Deutschland, historisch-politischen Inhalts, 48 Bde., Berlin 1820–1837.

Buchholz, Friedrich: Philosophische Untersuchungen über die Römer, 3 Bde., Berlin 1819.

[Buchholz, Friedrich]: Rom und London oder über die Beschaffenheit der nächsten Universal-Monarchie. Von dem Verfasser des neuen Leviathan, Tübingen 1807.

[Buchholz, Friedrich]: Schreiben eines Landgeistlichen an einen Staatsrath über Synoden und Synodal-Verfassung, Berlin 1817.

[Buchholz, Friedrich]: StaatsGeschichte Europa's, 5 Jg., Tübingen 1806–1811.

Buchholz, Friedrich: Über den kirchlichen Zwist, der sich im Königreich Baiern entsponnen hat, Berlin 1822.

Buchholz, Friedrich: Über die allzu weit getriebene Furcht vor den Proselytenmachern, und über die allzu geringe Achtung vor dem Geist der Wissenschaft, Berlin 1827.

Buchholz, Friedrich: Über die Seeschlacht bei Navarin und deren wahrscheinliche Folgen, Berlin 1828.

Buchholz, Friedrich: Über die Zusammenkünfte der Physiker unserer Zeit, Berlin 1828.

Buchholz, Friedrich: Über Preußens Gränzzölle. Eine Abhandlung staatswirthschaftlichen Inhalts, Berlin 1828.

[Buchholz, Friedrich]: Untersuchungen über den Geburtsadel und die Möglichkeit seiner Fortdauer im neunzehnten Jahrhundert. Von dem Verfasser des neuen Leviathan, Berlin u. Leipzig 1807.

Buchholz, Friedrich: Vertheidigung der Urheber des Preußischen Landrechts gegen die Beschuldigungen eines Ungenannten, Berlin 1828.

[Buchholz, Friedrich]: Was verhindert die Juden an der Erwerbung politischer Rechte, Berlin 1833.

3. Friedrich Buchholz: Artikel

Buchholz, Friedrich: An den Herrn Doctor Johann Benj. Erhard zu Berlin, in NMD 5 (1821), S. 487–501.

Buchholz, Friedrich: Antwort auf die zwölf Fragen eines alten Landstandes an den Verfasser der Marginalien, Berlin: Enslin 1823; zugleich erschienen in: NMD, 10 (1823), S. 209–252.

Buchholz, Friedrich: Bemerkungen zu einer literarischen Ankündigung, die Revision der Gesetzgebung betreffend, in: NMD 31 (1830), S. 77–101.

Buchholz, Friedrich: Der Fels der Liebenden, in: Taschenbuch für Damen auf das Jahr 1812, Tübingen, S. 207–274.

[Buchholz, Friedrich]: Die Juden, in: Eunomia, 2 (1802), S. 330–341.

Literaturverzeichnis

[Buchholz, Friedrich]: Einige Aufschlüsse über die Umwälzung auf Haity oder St. Domingo, in: NMD 4 (1821), S. 116–127.

Buchholz, Friedrich: Einleitung zu Merkwürdige Urkunden die Abdankung des Königs von Holland betreffend, Deutschland 1813, S. 3–60.

Buchholz, Friedrich: Gegenerklärung des Hrn. Friedrich Buchholz', in: Beilage Nr. 190 der Allgemeinen Zeitung, Nr. 315 von Montag, d. 10. November 1823, S. 758 f.

Buchholz, Friedrich: Gegenerklärung, in: Beilage Nr. 190 zur Allgemeinen Zeitung, Nr. 315 v. 10. November 1823, S. 758f.

Buchholz, Friedrich (Hg.): Geschichte der europäischen Staaten seit dem Frieden von Wien [=Historisches Taschenbuch], 22 Bde., Berlin 1814–1837.

Buchholz, Friedrich: Geschichte der Mark Brandenburg, in: Berliner Kalender 1840–1843.

[Buchholz, Friedrich]: Giebt es einen specifischen Unterschied zwischen Royalisten und Liberalen?, in: NMD 8 (1822), S. 367–379.

Buchholz, Friedrich: Herausgeber-Anmerkung, in: NMD 39 (1832), S. 125 ff.

Buchholz, Friedrich: Herr von Pradt und Herr Guizot als politische Schriftsteller, in: NMD 4 (1821), S. 88–99.

[Buchholz, Friedrich]: Herr von Pradt und Herr Guizot als politische Schriftsteller, in: NMD 4 (1821), S. 88–99.

Buchholz, Friedrich: Historische Untersuchungen über die Deutschen, in: JD 1 (1815), S. 435–477 bis 4 (1816), S. 473–516.

[Buchholz, Friedrich]: Nachrichten von dem gesellschaftlichen Zustande auf der Insel St. Domingo, geschöpft aus haytischen Urkunden, in: JD 5 (1816), S. 241–288.

Buchholz, Friedrich: Protestation, in: Königlich privilegirte Berlinische Zeitung, Nr. 85, v. 17. Juli 1813, o. S.

[Buchholz, Friedrich]: Rükblike auf das System des politischen Gleichgewichts, in: EA 3 (1806), S. 124–188; EA 4 (1806), S. 3–82, S. 145–214, S. 270–349; EA 1 (1807), S. 3–78 [= Vorabdruck ders.: Rom und London].

Buchholz, Friedrich: Sappho und Phaon, in: Taschenbuch für Damen auf das Jahr 1807. Hg. v. Huber, Lafontaine, Pfeffel u.a., Tübingen 1807, S. 98–171.

Buchholz, Friedrich: Sendschreiben an den Herrn v. Haller, Mitglied des souveränen wie auch des geheimen Raths der Republik Bern, in: NMD 2 (1820), S. 495–520.

Buchholz, Friedrich: Sollte die Wiedereinführung eines erblichen Adels Bedürfniß für das Königreich Norwegen seyn?, in: NMD 6 (1821), S. 234–245.

[Buchholz, Friedrich]: Sollte es so leicht seyn, die Entwickelung der drei letzten Jahrhunderte zu verdrängen?, in: NMD 4 (1821), S. 70–87.

Buchholz: Über Adam Smith, als Urheber einer neuen wissenschaftlichen Methode, in: NMD 22 (1827), S. 390–393.

[Buchholz, Friedrich]: Über den Verlust St. Domingo's und die politische Wichtigkeit dieser Insel, in: Geschichte und Politik, 1 (1804), S. 162–190.

Buchholz, Friedrich: Über die drei Stände im 19. Jahrhundert, in: JD 1 (1815), S. 79–98.

Buchholz, Friedrich: Über die Erblichkeit der Throne in den Staaten Europa's, in: JD 1 (1815), S. 46–63.

[Buchholz, Friedrich]: Über die neue Tendenz der Ideen (aus dem Französischen), in: NMD 38 (1832), S. 212–223.

Buchholz, Friedrich: Über die Revolution in Neapel, in: NMD 3 (1820), S. 114–128.

Buchholz, Friedrich: Ueber die Universitäten. In: Eunomia 3, 1 (1803), S. 106–116

Buchholz, Friedrich: Ueber eine dankenswerthe Bereicherung der deutschen Literatur, in: NMD, 44 (1834), S. 108–115.

Buchholz, Friedrich: Ueber Niccolo Machiavellis Fürstenspiegel, in: Geschichte und Politik 2 (1803), S. 69–100.

Buchholz, Friedrich: Vittorio Alfieri von Asti, in: Eunomia 4, 1 (1804), S. 89–105 u. S. 169–183.

Buchholz, Friedrich: Vorrede zu der Uebersetzung, in: Christoph Wilhelm Koch: Gemählde der Revolutionen in Europa, seit dem Umsturze des Römischen Kaiserthums im Occident, bis auf unsre Zeiten, aus dem Französischen übersetzt v. Johann Daniel Sander, Berlin 1807, S. I–V.

[Buchholz, Friedrich]: Vorwort des Herausgebers zu: Über den gegenwärtigen Zustand Hayti's (aus: Edinburgh Review No. LXXXII), in: NMD 18 (1825), S. 158–177.

Buchholz, Friedrich: Was ist von der neuen Lehre zu halten, die sich die St. Simonische nennt?, in: NMD 37 (1832), S. 194–219.

[Buchholz, Friedrich]: Was verhindert die Juden an der Erwerbung bürgerlicher Rechte?, in NMD 40 (1833), S. 334–356.

Buchholz, Friedrich: Zugaben zu den Staatswirtschaftlichen Aphorismen. Eilfte Zugabe: Durch welche Uebergänge ist die Staatwirtschaft dahin gelangt, eine positive Wissenschaft zu werden, in: NMD 42 (1833), S. 372–412.

Buchholz, Friedrich: Zur Geschichte von Berlin und Potsdam unter der Regierung des Königs Friedrich des Zweiten, in: Historisch-genealogischer Kalender [ab 1827 „Berliner Kalender"], Jg. 1825–1828.

4. Friedrich Buchholz: Übersetzungen

Buchholz, Friedrich [Übers. Alfieri]: Alfieri, Vittorio; Der Fürst und die Wissenschaften, hg. v. Enrica Yvonne Dilk u. Helmuth Mojem. Mit einem Nachwort v. Arnaldo di Benedetto. Aus dem Italienischen übers. v. Friedrich Buchholz, Göttingen 2011.

Buchholz [Übers. Bentham]: Kritische Prüfung verschiedener Erklärungen der Rechte des Menschen und des Bürgers, in: NMD 39 (1832), S. 365–400; NMD 40 (1833), S. 1–28 u. S. 117–149.

Buchholz, Friedrich [Übers. Bentham]: Deontologie, in: NMD 45 (1834), S. 173–186.

Buchholz, Friedrich [Übers. Bentham]: Abhandlung über politische Trugschlüsse, in: NMD 39 (1832), S. 125–157 u. S. 245–275.

Buchholz, Friedrich [Übers. Comte]: Grundlinien einer nicht-metaphysischen Staatswissenschaft, in: NMD 14 (1824) S. 314–351 u. S. 439–476; NMD 15 (1824), S. 52–85.

Buchholz, Friedrich [Übers. Comte]: Philosophische Betrachtungen über die Wissenschaften und über die Gelehrten, in: NMD 19 (1826), S. 312–339.

Buchholz, Friedrich [Übers. Comte]: Über die neue Tendenz der Ideen (aus dem Französischen), in: NMD 38 (1832), S. 212–223.

Buchholz, Friedrich [Übers. Destutt de Tracy]: Über den Handel, in: NMD 1 (1820), S. 1–42.

Buchholz, Friedrich [Übers. Destutt de Tracy]: Über den Luxus, in: JD 15 (1819), S. 332–355.

Buchholz, Friedrich [Übers. Ganilh]: Science des finances, in: NMD 17 (1825), S. 105–11.

Buchholz, Friedrich [Übers. Guizot]: Über den politischen Charakter des Lehnswesens, in: NMD 13 (1824), S. 43–89 u. S. 183–203.

Buchholz, Friedrich [Übers. Guizot]: Über den Ursprung des Repräsentativ-Systems in England NMD 13 (1824), S. 316–344 u. S. 454–483; NMD 14 (1824), S. 54–86 u. S. 200–233.

Buchholz, Friedrich [Übers. Guizot]: Von der sittlichen Wirksamkeit der Todesstrafe für politische Verbrechen, in: NMD 9 (1822), S. 456–483.

Buchholz, Friedrich [Übers. His.]: Theorie der politischen Welt, Hamburg 1807 [Théorie du monde politique, ou de la science du gouvernement, considérée comme science exacte, Paris 1806].

Buchholz, Friedrich [Übers. Hugo]: Über Frankreichs gesellschaftliche Zukunft, in: NMD 46 (1835), S. 66–71.

Buchholz, Friedrich [Übers. Llorente]: Auszüge aus der kritischen Geschichte der Inquisition, in: JD 10 (1818), S. 503–518; JD 11 (1818), S. 89–123; NMD 1 (1820), S. 484–490.

[Buchholz, Friedrich, Übers.: Montgaillard] Denkschrift des Grafen Montgaillard betreffend die Verschwörung Pichegru's in den Jahren 3, 4, 5 der Französischen Republik, Berlin 1804.

Buchholz, Friedrich [Übers. Pradt]: Europa und Amerika im Jahre 1821, in: NMD 7 (1822), S. 503–512.

Buchholz, Friedrich [Übers. Pradt]: Fortschritte der repräsentativen Regierung in Frankreich, in: JD 10 (1818), S. 478–502.

Buchholz, Friedrich [Übers. Pradt]: Wiederherstellung des Königtums in Frankreich, in: JD 5 (1816), S. 517–536.

Buchholz, Friedrich [Übers. Pradt]: Französische Denkschriften, in: NMD 13 (1824), S. 484–494.

Buchholz, Friedrich [Übers. Say]: Beweis, daß die Handels-Balanze ein unmögliches Ergebnis zu ihrem Zwecke macht, in: NMD 28 (1829), S. 185–204.

Buchholz, Friedrich [Übers. Say]: J. Bapt. Say an Herrn Malthus, in: NMD 44 (1834), S. 198–227, S. 278–303 u. S. 368–393; NMD 45 (1834), S. 34–50, S. 140–151 u. S. 262–286.

Buchholz, Friedrich [Übers. Say]: Über England und die Engländer, in: JD 3 (1815), S. 89–136.

Buchholz, Friedrich [Übers. Say]: Über Napoleon Bonaparte's Schicksal, in: NMD 45 (1834), S. 363–375 und Nachschrift des Hg., S. 375–380.

Buchholz, Friedrich [Übers. Sismondi]: Sismondis Geschichte der italienischen Republiken des Mittelalters, in: JD 11 (1818), S. 537–551; JD 12 (1818), S. 101–135.

Buchholz, Friedrich [Übers. Sismondi]: Über den Ursprung des Merkantil-Systems. Aus Sismondi's ‚Nouveaux principes d'économie politique', in: NMD 13 (1824), S. 108–117.

Buchholz, Friedrich [Übers. Thierry]: Histoire de la conquete de l'Angleterre par les Normands, in: NMD 30 (1829), S. 188–203.

Buchholz, Friedrich [Übers. Thiers]: Ueber Marseille's gegenwärtiges Verhältniß zu Frankreich, in: NMD 11 (1823), S. 108–132.

5. Gedruckte Quellen und Quelleneditionen

Acta Borussica. Das preußische Kultusministerium als Staatsbehörde und gesellschaftliche Agentur (1817–1934), Dokumente und Fallstudien, 4 Bde., hg. v. Berlin-Brandenburgische Akademie der Wissenschaften u. Wolfgang Neugebauer, Berlin 2009ff.

Literaturverzeichnis

Allgemeine Zeitung 1798–1925.

[Anonymus]: Einige Bemerkungen über den gegenwärtigen Krieg in St. Domingo. Von einem Engländer, der viele Jahre in West-Indien zugebracht hat, in: Frankreich 2 (1803), S. 287.

[Anonymus]: Nachrichten von dem allgemeinen Zustande der Handlung auf der Insel St. Domingo, sowohl mit Frankreich, als mit fremden Nationen, in: Historisch-politisches Magazin, nebst litterarischen Nachrichten 10 (1791), S. 683–685.

[Anonymus]: StatsEinkünfte und Handlung der französischen Colonie zu St. Domingue, in: Staats-Anzeigen 13 (1789), S. 88–95.

[Anonymus]: Toussaints Louverture Bericht über die Begebenheiten, welche im nördlichen Theil von St. Domingo […], in: Frankreich 2 (1802), S. 73.

Archenholz, Johann Wilhelm von: Geschmückter Ball in St. Domingo bey der Neger-Dame Dessalines, Minerva 2 (1805), S. 343–354.

Archenholz, Johann Wilhelm von: Neue Greuel der Neger in St. Domingo, in: Minerva 2 (1805), S. 292–299.

Archenholz, Johann Wilhelm von: Zur neuesten Geschichte von St. Domingo, in: Minerva 4 (1804), S. 340–357.

Archenholz, Johann Wilhelm von: Vorrede, Geschichte der Neger-Empörung, in: Minerva 1 (1805), S. 434–464.

Arnim, Achim von: Werke. 6 Bde., hg. v. Roswitha Burwik, Jürgen Knaack u. Hermann F. Weiss, Frankfurt a. M. 1992.

Arnold, J. D.: Kurze Geschichte der Ritter-Akademie zu Dom-Brandenburg in dem ersten Jahrhunderte, vom 4. August, 1704–1805. Brandenburg 1805.

Ascher, Saul [Übers. Ganilh]: Untersuchungen über die Systeme der politischen Oekonomie von Charles Ganilh, Advokat und Ex-Tribun. Aus dem Französischen übersetzt, Berlin 1811.

Ascher, Saul: „Mannigfaltigkeiten aus Berlin", in: Miszellen für die Neueste Weltkunde, Nr. 26, Sonnabend den 30. März 1811, S. 102.

Ascher, Saul: 4 Flugschriften, hg. v. Peter Hacks, Berlin 1991.

Ascher, Saul: Ausgewählte Werke, hg. v. Renate Best, Köln, Weimar u. Wien 2010.

Ascher, Saul: Flugschriften [= ders.: Werkausgabe, Abt. I: Theoretische Schriften, Bd. 1], hg. v. André Thiele, Mainz 2011.

Ascher, Saul: Ideen zur natürlichen Geschichte der politischen Revolutionen, Leipzig 1802 [Repr. Kronberg/Ts. 1975].

[Ascher, Saul]: Kabinett Berlinischer Karaktere, [Berlin] 1808.

Ascher, Saul: Napoleon oder Über den Fortschritt der Regierung, Dem Fürstprimas Dahlberg gewidmet, Berlin, 6. November 1807, S. 155 f.

Ascher, Saul: Vorbericht, in: Welt- und Zeitgeist. Ein Archiv politisch-philosophisch-literärischen Inhalts, hg. v. dems., Bd. 1, Leipzig 1810, III f.

Berlinische Monatsschrift (1783–1796). Auswahl, hg. v. Friedrich Gedike u. Johann Erich Biester mit einer Studie von Peter Weber, Leipzig 1986.

Beyträge zur Geschichte der Französischen Revolution, hg. v. Peter Paul Usteri, 7 Bde., 1795–1796 [Repr. Nendeln/Liechtenstein 1972].

Börne, Ludwig: Sämtliche Schriften, hg. v. Inge u. Peter Rippmann, 5 Bde., Dreieich 1977.

Brandes, Ernst: Ueber die Betrachtungen des Zeitgeistes in Deutschland in den letzten Deceniien des vorigen Jahrhunderts, in: Pallas 1 (1808), S. 218–225.

Briefe an Cotta, hg. v. Maria Fehling, 2 Bde., Stuttgart, Berlin 1925–1934.

Briefe an Johann von Müller. Hg. v. Maurer-Constant, Bibliothekar zu Schaffhausen, 6 Bde., Schaffhausen 1839/1840f.

Briefe von und an Friedrich von Gentz. Hg. v. Friedrich Carl Wittichen, 2. Bde., München, Berlin 1909 und u. 1910.

Briefwechsel zwischen Friedrich Gentz und Adam Heinrich Müller 1800–1829, Stuttgart 1857.

Briefwechsel zwischen Goethe und Zelter in den Jahren 1799 bis 1832, hg. v. Hans-Günter Ottenberg und Edith Zehm [= Johann Wolfgang Goethe: Sämtliche Werke nach Epochen seines Schaffens. Münchener Ausgabe, hg. v. Karl Richter in Zusammenarbeit mit Herbert G. Göpfert, Norbert Miller, Gerhard Sauder und Edith Zehm, Bd. 20.1], München 1991.

Briefwechsel zwischen Schiller und Cotta, hg. v. Wilhelm Vollmer, Stuttgart 1876.

Briefwechsel zwischen Varnhagen von Ense und Oelsner nebst Briefen von Rahel, hg. v. Ludmilla Assing, 2. Bde., Stuttgart 1865.

‚Buchholz (Paul Ferdinand Friedrich)', Eintrag in: Conversations-Lexicon. Neue Folge, Bd. 1, Abt. 1, 1822, S. 472 f.

Burke, Edmund: Reflections on the Revolution in France and on the Proceedings in certain Societies in London relative to that Event, London 1791.

de Staël, Germaine: Über Deutschland [De l'Allemagne], ins Deutsche übers. v. Friedrich Buchholz, Samuel Heinrich Catel u. Julius Eduard Hitzig, Berlin 1814.

Der Freimüthige. Ein Unterhaltungsblatt für gebildete, unbefangene Leser, Berlin 1803–1840.

Deutschland. Eine Zeitschrift, hg. v. Johann Friedrich Reichardt. Auswahl hg. v. Gerda Heinrich, Leipzig 1989.

Die Briefe Barthold Georg Niebuhrs, hg. v. Dietrich Gerhard u. William Norwin, 2 Bde., Berlin 1926.

Literaturverzeichnis

Die Französische Revolution. Berichte und Deutungen deutscher Schriftsteller und Historiker, hg. v. Horst Günther, Frankfurt a. M. 1985.

Die Zeiten oder Archiv für die Neueste Staatengeschichte und Politik, hg. v. Christian Daniel Voss, Weimar-Halle 1805–1810.

Erhard, Johann Benjamin: Über das Recht des Volkes zu einer Revolution [1795], in: ders.: Über das Recht des Volkes zu einer Revolution und andere Schriften, mit einem Nachwort hg. v. Hellmut G. Haasis, München 1970, S. 7–98.

Eunomia. Eine Zeitschrift des neunzehnten Jahrhunderts. Von einer Gesellschaft von Gelehrten. Hg. v. Ignaz A. Feßler, Johann G. Rohde u. Johann C. Fischer, Berlin 1801–1805.

Fichte, Johann Gottlieb: Beitrag zur Berichtigung der Urteile des Publikums über die französische Revolution, Erste Teil: Zur Beurteilung ihrer Rechtmäßigkeit (1793), hg. v. Richard Schottky, Hamburg 1973.

Fichte, Johann Gottlieb: Der geschloßne Handelsstaat. Ein philosophischer Entwurf als Anhang zur Rechtslehre und Probe einer künftig zu liefernden Politik, Tübingen 1800.

Fichte, Johann Gottlieb: Schriften zur angewandten Philosophie [= Werke II], hg. v. Peter Lothar Oesterreich, Frankfurt a. M. 1997.

Forum der Journal-Literatur, hg. v. Karl Gutzkow [Photomech. Repr. der Ausgabe Berlin 1831, Frankfurt a. M. 1971].

Friedenspräliminarien, hg. v. Ferdinand Huber, Berlin 1794–1796.

Gans, Eduard: Briefe und Dokumente, Tübingen 2011.

Gans, Eduard: Naturrecht und Universalrechtsgeschichte. Vorlesungen nach G. W. F. Hegel, hg. u. eingel. v. Johann Braun, Tübingen 2005.

Gans, Eduard: Vorlesungen über die Geschichte der letzten funfzig Jahre, in: Historisches Taschenbuch, hg. v. Friedrich v. Raumer, 4. Jg. (1833), S. 283–326.

Gedike, Friedrich: Einige Gedanken über den mündlichen Vortrag des Schulmanns, Berlin 1786.

Gelegentliche Gedanken über Universitäten. Von J. J. Engel, J. B. Erhard, F. A. Wolf, J. G. Fichte, F. D. E. Schleiermacher, K. F. Savigny, W. v. Humboldt, G. F. W. Hegel, hg. v. Ernst Müller, Leipzig 1990.

Gentz, Friedrich: Authentische Darstellung des Verhältnisses zwischen England und Spanien vor und bei dem Ausbruche des Krieges zwischen beiden Mächten, St. Petersburg 1806.

Gentz, Friedrich [Übers.]: Betrachtungen über die französische Revolution, 2 Theile, Berlin 1793 [Ndr. ders.: Über die Französische Revolution, hg. und mit einem Anhang versehen v. Hermann Klenner, Berlin 1991].

Gentz, Friedrich: Fragmente aus der neuesten Geschichte des politischen Gleichgewichts in Europa, St. Petersburg 1806.

Gentz, Friedrich: Gesammelte Schriften, hg. v. Günther Kronenbitter, Repr. Hildesheim, Zürich u. New York 1997.

Gentz, Friedrich: In wie fern kann man Unparteilichkeit und Neutralität von einem politischen Schriftsteller verlangen?, in: Historisches Journal, 2 (1799), S. 323–341.

Gentz, Friedrich: Nachtrag zu dem Räsonnement des Herrn Professor Kant über das Verhältniß zwischen Theorie und Praxis, in: Berlinische Monatsschrift, Dezember 1793, S. 518–554.

Gentz, Friedrich: Rezension zu Fichtes *Beitrag*, in: Allgemeine Literatur-Zeitung, Nr. 153, 154, Mittwoch, den 7. Mai 1794, Sp. 345–360.

Gentz, Friedrich: Über den Ewigen Frieden, in: Historisches Journal, 3 (1800), S. 711–790.

Gentz, Friedrich: Über den Unterschied zwischen den landständischen und Repräsentativ-Verfassungen, Wien 1819.

Gentz, Friedrich: Ueber den jetzigen Zustand der Finanz-Administration und des National-Reichthums in Großbrittannien, in: Historisches Journal, 3 (1799), S. 3–246.

Gentz, Friedrich: Untersuchungen über die Entstehung der Französischen Revolution: Ueber die Revoluzion vom 9ten und 10ten November, und die Vernichtung der Constituzion von 1795, in: Historisches Journal 3 (1799), S. 436–478.

Geschichte der gegenwärtigen Zeit, Straßburg 1791–1793.

Geschichte und Politik. Eine Zeitschrift, hg. v. Karl Ludwig von Woltmann, Berlin 1800–1805.

Goethe, Johann Wolfgang: Sämtliche Werke, Briefe, Tagbücher und Gespräche, hg. v. Friedmar Apel, Karl Eibl. u.a., Frankfurt a. M. 1989.

Goethe, Johann Wolfgang: Xenien 1796. Nach den Handschriften des Goethe- und Schiller-Archivs, hg. v. Erich Schmidt u. Bernhard Suphan, Weimar 1893.

Goethe und Cotta. Briefwechsel 1797–1832. Textkritische und kommentierte Ausgabe in drei Bänden, hg. von Dorothea Kuhn, 1979.

Goldfinder, Georg: Rezension zu [Buchholz:] Gemählde, in: Die Zeiten, 9. St. September 1808, S. 335–374; 10. St. Oktober 1808, S. 3–31.

Gubitz, Friedrich Wilhelm: Larvenspiel (1808), in: Lachender Ernst und Stacheln der Laune. Gesammelte Blättchen des Humors, Berlin 1855, S. 33–60.

Guizot, François: Cours d'histoire d'histoire moderne: Histoire générale de la civilisation en Europe depuis la chute de l'empire romain jusqu'à la Révolution française, Paris 1828.

Guizot, François: Des moyens de gouvernement et d'opposition dans l'état actuel de la France, Paris 1821.

Hardenberg, Karl August von: 1750–1822. Tagebücher und autobiographische Aufzeichnungen, hg. u. eingel. v. Thomas Stamm-Kuhlmann, München 2000.

Literaturverzeichnis

Harrington, James: The Commonwealth of Oceana and A system of politics, hg. u. übers. v. John G. A. Pocock, Cambridge 1992.

Harrington, James: The Prerogative of Popular Government. A Politicall Discourse. 2 Bde., London 1658.

Heeren, Arnold Hermann Ludwig: Johann von Müller, der Historiker, Leipzig 1809.

Heeren, Arnold Hermann Ludwig: Über Quellenstudium, Raisonnement und historische Kritik, zuerst in: Göttingische Anzeigen von gelehrten Sachen, Nr. 57 (1795), S. 257–266.

Hegel, Georg Wilhelm Friedrich: Gesammelte Werke. In Verbindung mit der Deutschen Forschungsgemeinschaften hg. v. Nordrhein-Westfälischen Akademie der Wissenschaften und der Künste, Hamburg 1989 ff.

Hegel, Georg Wilhelm Friedrich: Über die englische Reformbill [1831], in: ders.: Werke, Bd. 11, Frankfurt a. M., 1979, S. 83–129

Heine, Heinrich: Säkularausgabe. Werke, Briefwechsel, Lebenszeugnisse, hg. v. der Klassik Stiftung Weimar u. dem Centre national de la recherche scientifique Paris, Berlin u. Paris 1970 ff.

His, Charles Hyacinthe: Théorie du Monde politique ou de la science du gouvernement, considérée comme science exacte, Paris 1806.

Historisches Journal, hg. v. Friedrich Gentz, Berlin 1799–1800.

Humboldt, Wilhelm von: Ideen über Staatsverfassung, durch die neue Französische Konstituzion veranlaßt, in: Berlinische Monatsschrift 1 (1792), S. 84–98.

Humboldt, Wilhelm von: Ideen zu einem Versuch, die Grenzen der Wirksamkeit des Staates zu bestimmen, Breslau 1851.

Hume, David: Political Discourses, Second Edition, Edinburgh 1752.

Hume, David: Politische und ökonomische Essays, übers. v. Susanne Fischer, 2 Bde., Hamburg 1988.

Ideler, Christian Ludwig [Übers. Smith]: Versuch einer philosophischen Geschichte der Astronomie, in: NMD 22 (1827), S. 393–418; NMD 23 (1827), S. 73–101; NMD 24 (1827), S. 310–332.

Jenaische Allgemeine Literatur-Zeitung (JALZ), Jena 1804–1841.

Jetzt! Taschenbuch der Zeitgeschichte für 1832, Dresden 1833.

Jochmann, Carl Gustav: Politische Sprachkritik: Aphorismen und Glossen, mit einem Nachwort hg. v. Uwe Pörksen, Stuttgart 1983.

Journal de l'Empire, Paris 1805–1815.

Kant, Gentz, Rehberg: Über Theorie und Praxis. Einl. v. Dieter Henrich, Frankfurt a. M. 1967.

Kant, Immanuel: Idee zu einer allgemeinen Geschichte in weltbürgerlicher Absicht, in: Berlinische Monatsschrift, 11. St., November 1784, S. 385–410.

Kant, Immanuel: Ueber den Gemeinspruch: Das mag in der Theorie richtig sein, taugt aber nicht für die Praxis, in: Berlinische Monatsschrift, 9 St., September 1793, S. 201–284.

Kant, Immanuel: Zum ewigen Frieden. Ein philosophischer Entwurf, hg. v. Rudolf Malter, Stuttgart 1984.

Klio, hg. v. Peter Paul Usteri, 5 Bde., Jena 1795–1796 [Repr. Nendeln/Liechtenstein 1972].

Königlich privilegierte Berlinische Zeitung von Staats- und gelehrten Sachen [Vossische Zeitung], Berlin 1704–1934.

Kritik der Revolution. Theorien des deutschen Frühkonservativismus 1790–1810, hg. v. Jörn Garber, Kronberg/Ts. 1976.

La Revue Occidentale philosophique, sociale et politique, Organe du Positivisme, Paris 1878–1914.

Lange, Karl Julius: Der Freiherr von Hardenberg, in: Der Nordische Merkur 2 (1805), S. 404–410.

Le Producteur, journal de l'industrie, des sciences et des beaux-arts, Paris 1825–26.

Lichtstrahlen. Beiträge zur Geschichte der Jahre 1805, 1806 und 1807. Eine Zeitschrift in freien Heften, Hamburg u. Leipzig 1807.

Lessing, Gotthold Ephraim: Werke und Briefe, 12 Bde., Frankfurt a. M. 1985 ff.

Lettres d'Auguste Comte à divers, publiée par ses Testamentaires 1850–1857, 3 Bde., Paris 1902.

Mallet du Pan, Jacques: Über die französische Revolution und die Ursachen ihrer Dauer. Uebersetzt mit einer Vorrede und Anmerkungen von Friedrich Gentz, Berlin 1794.

Marx, Karl u. Friedrich Engels: Die Deutsche Ideologie (1845/46), in: Karl Marx: Die Frühschriften, hg. v. Siegfried Landshut, Stuttgart 1971, S. 339–485.

Marx, Karl u. Friedrich Engels: Werke, 44 Bde., Berlin 1956–1989.

Marx, Karl: Die Frühschriften. Von 1837 bis zum Manifest der kommunistischen Partei 1848, Stuttgart 1971.

Massenbach, Christian von: Memoiren über meine Verhältnisse zum preußischen Staat und insbesondere zum Herzog von Braunschweig, 2 Bde, Amsterdam 1809.

Merkel, Garlieb: Darstellungen und Charakteristiken aus meinem Leben, Leipzig 1839.

Minerva. Ein Journal historischen und politischen Inhalts, Jena 1792–1857, hg. v. Johann Wilhelm von Archenholtz [u. a.].

Miscellen für die neueste Weltkunde, hg. v. Heinrich Zschokke, Aarau 1807–1813.

Morgenblatt für gebildete Stände, Stuttgart, Tübingen 1807–1837.

Müller, Adam: Ausgewählte Abhandlungen, hg. v. Jakob Baxa. Zweite, vermehrte und verbesserte Ausgabe, Jena 1931.

Literaturverzeichnis

Müller, Adam: Bei Gelegenheit der Untersuchungen über den Geburtsadel von Fr. Buchholz, in: Pallas (1808), S. 83–88.

Nachruf auf Friedrich Buchholz von Heinrich Döring, in: Neuer Nekrolog der Deutschen 23 (1845), S. 66–70.

Nemesis. Zeitschrift für Politik und Geschichte, hg. v. Heinrich Luden, Weimar 1774–1804.

Neue Monatsschrift für Deutschland, historisch-politischen Inhalts, hg. v. Friedrich Buchholz, Berlin 1820–1835.

Österreichischer Beobachter, hg. v. Friedrich von Schlegel und Josef Anton v. Pilat, Wien 1811–1848.

Politischer Nachlass des hannoverschen Staats- und Cabinets-Ministers Ludwig von Ompteda aus den Jahren 1804 bis 1813, Abt. 1, Jena 1869.

Posselt, Ernst Ludwig: Ewald Friedrich Graf von Hertzberg. Mit Auszügen aus seiner Correspondenz, die neuesten Welthändel betreffend, Tübingen 1798.

Posselt, Ernst Ludwig: Frankreichs Colonien, in: EA 1 (1795), S. 231–251; EA 3 (1795), S. 95–106 u. S. 183–188; EA 1 (1796), S. 290–296; EA 2 (1796), S. 20–31; EA 1 (1797), S. 98–112; EA 1 (1802), S. 189–204.

Prokesch-Osten, Anton Graf von (Hg.): Aus dem Nachlasse des Grafen Prokesch-Osten. Briefwechsel mit Herrn von Gentz und Fürsten Metternich, 2 Bde., Wien 1881.

Prometheus. Für Licht und Recht, hg. v. Heinrich Zschokke, Aarau 1832–1833.

Prozeß des Buchdrucker Unger gegen den Oberkonsitorialrath Zöllner in Censurangelegenheiten wegen eines verbotenen Buchs. Aus den bei Einem Hochpreißl. Kammergericht verhandelten Akten. Berlin 1791. Bei Johann Friedrich Unger, hg. u. mit kritischen Anmerkungen versehen von Uwe Otto, Berlin 1985.

Prutz, Robert: Die Musenalmanache und Taschenbücher in Deutschland, in: ders.: Neue Schriften. Zur Literatur- und Kulturgeschichte, 2 Bde., Bd. 1, Halle 1854, S. 105–166.

Raumer, Friedrich von: Lebenserinnerungen und Briefwechsel, 2 Bde., Leipzig 1861.

Rehberg, August Wilhelm: Friedrich Buchholz, in: ders.: Sämmtliche Schriften, Bd. 4: Politisch-historische kleine Schriften, Hannover 1829, S. 193–239.

Revolutionäre Vernunft. Texte zur jakobinischen und liberalen Revolutionsrezeption in Deutschland 1789–1810, hg. v. Jörn Garber, Kronberg Ts. 1974.

Saint-Simon, Henri de: Ausgewählte Schriften, übers. u. mit einer Einleitung hg. v. Lola Zahn, Berlin 1977.

Saint-Simon, Henri de: Lettres d'un habitant de Genève à ses contemporains, Genf 1803.

Saint-Simonistische Texte. Abhandlungen von Saint-Simon und anderen in zeitgenössischen Übersetzungen, hg. u. eingel. v. Rütger Schäfer, 2 Bde., Aalen 1975.

Schiller, Friedrich: Sämtliche Werke, 5 Bde., hg. v. Peter-André Alt, Albert Meier u. Wolfgang Riedel, München 2004.

[Schmalz, Theodor Anton Heinrich]: Ansicht der ständischen Verfassung der Preußischen Monarchie, von E. F. d. V., Berlin 1823.

Schubart, Ludwig: Sendschreiben über Posselt's leben. München 1805.

Schütz, Christian Gottfried: Darstellung seines Lebens, Charakters und Verdienstes. Nebst einer Auswahl aus seinem litterarischen Briefwechsel mit den berühmtesten Gelehrten und Dichtern seiner Zeit, hg. v. seinem Sohne Friedrich Karl Julius Schütz, 2 Bde., Halle 1835.

Sieyès, Emmanuel Joseph: Des Manuscripts, Bd. 1: 1773–1799, hg. v. Christine Fauré, Jacques Guilhaumou u. Jacques Valier, Paris 1999.

Sieyès, Emmanuel Joseph: Was ist der Dritte Stand? Ausgewählte Schriften, hg. v. Oliver Lembcke u. Florian Weber, Berlin 2010.

Smith, Adam: An Inquiry into the Nature and Causes of the Wealth of Nations, 6. Aufl., 2 Bde., Dublin 1801.

Stein, Lorenz von: Geschichte der socialen Bewegung in Frankreich von 1789 bis auf unsere Tage, 3 Bde., Der Begriff der Gesellschaft und die soziale Geschichte der Französischen Revolution bis zum Jahre 1830, Leipzig 1850 [Ndr. Hildesheim 1959].

Streckfuß, Karl: Classification der deutschen Juden, in: Der Nationalökonom, Jg. 1834, S. 895–902.

Streckfuß, Karl: Über das Verhältniß der Juden zu den christlichen Staaten, Berlin 1833.

Taschenbuch der neuesten Geschichte, hg. v. Gustav Bacherer und Ernst Münch, Karlsruhe 1836–1843.

Taschenbuch der neuesten Geschichte, hg. v. Wolfgang Menzel, 7 Bde., Stuttgart, Tübingen 1831–1839.

Überlieferungen zur Geschichte unserer Zeit, hg. v. Heinrich Zschokke, Aarau 1817–1823.

Varnhagen von Ense, Karl August: Blätter aus der preußischen Geschichte. Aus dem Nachlass hg. v. Ludmilla Assing-Grimelli, 5 Bde., Leipzig 1868/69 [Ndr. mit einer Einl. hg. v. Nikolaus Gatter, Hildesheim 2009].

Varnhagen von Ense, Karl August: Tagebücher, aus dem Nachlaß. 14 Bde., hg. v. Ludmilla Assing, Leipzig 1861–1870.

[Voltaire:] Des Herrn von Voltaire kleinere historische Schriften, übers. und hg. v. Gotthold Ephraim Lessing, Rostock 1752.

Voltaire: Kritische und satirische Schriften, Darmstadt 1984.

Voltaire: Oeuvres complète. De L'Imprimerie, de La Société Littéraire-Typographique, 28 Bde., Kehl 1784 ff.

Voltaire: Oeuvres, 9. Bde., Dresden 1748–1750.

Voss, Christian Daniel: Der Herausgeber, an die Leser dieser Zeitschrift, Die Zeiten Bd. 1 (1807), S. 3–20.

Literaturverzeichnis

Voss, Christian Daniel: Einleitung, in: Die Zeiten oder Archiv für die Neueste Staatengeschichte und Politik, Bd. 1 (1805), S. 17–23.

Voss, Christian Daniel: Handbuch der neuesten Staatengeschichte Europens für denkende Beobachter der Geschichte des Tages entworfen, Halle 1794.

Voss, Julius von: Eingetroffene Weissagungen und prophetische Irrthümer der Herren Archenholz, Bülow und Fr. Buchholz, Berlin 1806.

Voss, Julius von: Ignaz von Jalonski oder die Liebenden in der Tiefe der Weichsel. Eine wahre Geschichte aus den Zeiten der Polnischen, Französischen und Negerrevolution in St. Domingo, 2 Bde., Berlin u. Leipzig 1806.

Wekhrlin, Ludwig: Das graue Ungeheuer, Bd. 4, Nürnberg 1785.

Welt- und Zeitgeist. Ein Archiv, politisch-philosophisch-literärischen Inhalts, hg. v. Saul Ascher, Leipzig 1810.

[Widemann, Joseph Georg]: Blike auf Spanien, in: EA 4 (1808), S. 3–25.

[Widemann, Joseph Georg]: Die Sibyllinischen Blätter, nebst Nutz-Anwendung, mit Rehbergs Dienerschaft und vorgeschlagener deutschen ständischen Verfassung verglichen von einem Deutschen, in: Neue Feuerbrände, 4, 10 (1808), S. 121–130.

[Widemann, Joseph Georg]: Germanien an seine Fürsten und Völker, am Sekular-Tage des Badner Friedens vom 7. September 1714, in: EA 4 (1814), S. 140 ff.

[Widemann, Joseph Georg]: Handels-System und See-Codex der Oceanokraten, in: EA 3 (1813), S. 52 ff.

[Widemann, Joseph Georg]: Les Océanocrates et leurs partisans, ou la guerre avec la Russe en 1812, par M. Widemann (de Vienne au Autriche), Paris 1812.

[Widemann, Joseph Georg]: Noch eine Preißfrage über Kaffee und Zucker; aber nicht von Gelehrten, nur von Fürsten zu lösen, in: EA 2 (1808), S. 209–215.

[Widemann, Joseph Georg]: Sibyllinische Blätter, o.O. 1807.

Wiedemann, Joseph Georg: Streifzüge an Istriens Küsten, (Wien, 1810).

Wiedemann, Joseph Georg: Streifzüge durch Innerösterreich, Triest, Venedig und einen Theil der Terra ferma im Herbste 1800, Leipzig 1801.

Wieland, Christoph Martin: Politische Schriften, insbesondere zur Französischen Revolution, hg. v. Jan Philipp Reemtsma, 3 Bde., Nördlingen 1988.

Woltmann, Karl Ludwig: Abschied von den Lesern dieser Zeitschrift, in: Geschichte und Politik 3 (1805), S. 263–267.

Woltmann, Karl Ludwig: Geschichte und Politik, in: Geschichte und Politik, 1 (1800), S. 1–12.

Woltmann, Karl Ludwig: Johann von Müller, Berlin 1810;

Woltmann, Karl Ludwig: Karl Ludwig v. Woltmann's Sämmtliche Werke, hg. v. Karoline von Woltmann, 12 Bde., Berlin 1827.

Zschokke, Heinrich: Von geistlichen Angelegenheiten des Zeitalters, in: Überlieferungen zur Geschichte unserer Zeit, 20 (1817), S. 531–553

6. Darstellungen

Acomb, Frances Dorothy: Mallet du Pan. A Career in Political Journalism, Durham 1973.

Adler-Bresse, Marcelle: Sieyès et le monde allemande, Paris 1976.

Alibert, Jacques: Les triangles d'or d'un société catholique. Louis de Bonald, théoricien de la contre-révolution, Paris 2002.

Aly, Götz: Warum die Deutschen? Warum die Juden? Gleichheit, Neid und Rassenhass 1800–1933, Frankfurt a. M. 2011.

Asmuth, Christoph (Hg.): Kant und Fichte – Fichte und Kant, Amsterdam 2009.

Bach, Reinhard: Sieyès et les origines de la „science naturelle de l'état social", in: Iwan-Michelangelo D'Aprile, Thomas Gil u. Hartmut Hecht (Hg.): Französische Aufklärung, Berlin 2001, S. 165–192.

Bahrs, Kurt: Friedrich Buchholz. Ein preussischer Publizist 1768–1843, Berlin 1907.

Baillot, Anne (Hg.): Netzwerke des Wissens. Das intellektuelle Berlin um 1800, Berlin 2011.

Baillot, Anne: Intellektuelle Öffentlichkeit. Friedrich von Raumers Weg zwischen Politik und Wissenschaft, in: Berbig, Roland, Iwan-M. D'Aprile, Helmut Peitsch u. Erhard Schütz (Hg.): Berlins 19. Jahrhundert. Ein Metropolen-Kompendium, Berlin 2011, S. 135–146.

Baum, Dajana: Johann Friedrich Benzenberg (1777–1846). „Doktor der Weltweisheit" und „Professor der Konstitutionen". Verfassungskonzeptionen aus der Zeit des ersten preußischen Verfassungskampfes, Essen 2008.

Baumann, Ursula (Hg.): Fichte in Berlin. Spekulative Ansätze einer Philosophie der Praxis, Berlin 2002.

Baxmann, Dorothee: Wissen, Kunst und Gesellschaft in der Theorie Condorcets, Stuttgart 1999.

Becker, Ernst Wolfgang: Zeit der Revolution! – Revolution der Zeit? Zeiterfahrungen in Deutschland in der Ära der Revolutionen, Göttingen 1999.

Bénoit, Francis-Paul: De Hegel à Marx. Philosophie – économie – sociologie, Paris 2009.

Berbig, Roland, Iwan-M. D'Aprile, Helmut Peitsch u. Erhard Schütz (Hg.): Berlins 19. Jahrhundert. Ein Metropolen-Kompendium, Berlin 2011.

Berghahn, Cord-Friedrich u. Dirk Sangmeister (Hg.): August Lafontaine (1758–1831). Ein Bestsellerautor zwischen Spätaufklärung und Romantik, Bielefeld 2010.

Bergmann, Werner: Art. ‚Friedrich Buchholz', in: Handbuch des Antisemitismus, Bd. 2. 1, hg. v. Wolfgang Benz, Berlin u. New York 2009, S. 110–113.

Literaturverzeichnis

Bergmann, Werner: Art. ‚Grattenauer-Kontroverse', in: Handbuch des Antisemitismus, Bd. 4: Ereignisse, Dekrete, Kontroversen, Berlin u. New York 2011, S. 153–156.

Best, Renate: Der Schriftsteller Saul Ascher. Im Spannungsfeld zwischen innerjüdischen Reformen und Frühnationalismus in Deutschland, in: Ascher: Ausgewählte Werke, S. 7–52.

Bethmann, Anke: Pragmatischer Reformkonservativismus als Reaktion auf erste Vorboten des demokratischen Zeitalters. Ernst Brandes – ein Vertreter der hannoverschen Schule, in: Christoph Weiß u. Wolfgang Albrecht (Hg.): Von „Obscuranten" „Eudämonisten". Gegenaufklärerische, konservative und antirevolutionäre Publizisten im späten 18. Jahrhundert. St. Ingbert 1997, S. 549–578.

Bienenstock, Myriam: Die ‚soziale Frage' im französisch-deutschen Kulturaustausch: Gans, Marx und die deutsche Saint-Simon Rezeption, in: Blänkner, Reinhard, Gerhard Göhler, Norbert Waszek (Hg.): Eduard Gans (1797–1839). Politischer Professor zwischen Restauration und Vormärz, Leipzig 2002, S. 153–175.

Bisky, Jens: Kleist. Eine Biographie, Berlin 2007.

Blanke, Horst Walter u. Dirk Fleischer (Hg.): Theoretiker der deutschen Aufklärungshistorie, 2 Bde., Stuttgart-Bad Cannstatt 1990.

Blanke, Horst Walther: Die Rolle der Historik im Entstehungsprozeß modernen historischen Denkens, in: Wolfgang Küttler, Jörn Rüsen u. Ernst Schulin (Hg.): Geschichtsdiskurs, Bd. 2: Anfänge modernen historischen Denkens, Frankfurt a. M. 1994, S. 282–291

Blänkner, Reinhard, Gerhard Göhler, Norbert Waszek (Hg.): Eduard Gans (1797–1839). Politischer Professor zwischen Restauration und Vormärz, Leipzig 2002.

Blänkner, Reinhard u. Wolfgang de Bruyn (Hg.): Salons und Musenhöfe. Neuständische Geselligkeit in Berlin und in der Mark Brandenburg um 1800, Hannover-Laatzen 2010.

Blänkner, Reinhard: „Geselligkeit" und „Gesellschaft". Zur Theorie des Salons bei Eduard Gans, in: Berbig, Roland, Iwan-M. D'Aprile, Helmut Peitsch u. Erhard Schütz (Hg.): Berlins 19. Jahrhundert. Ein Metropolen-Kompendium, Berlin 2011, S. 161–178.

Blänkner, Reinhard: Absolutismus. Eine begriffsgeschichtliche Studie zur politischen Theorie und zur Geschichtswissenschaft in Deutschland, 1830–1870. Zweite, um eine Vorbemerkung ergänzte Aufl., Diss. Göttingen 1990], Frankfurt a. M. 2011.

Blänkner, Reinhard: Berlin – Paris. Wissenschaft und intellektuelle Milieus des l'homme politique Eduard Gans, in: Blänkner, Reinhard, Gerhard Göhler, Norbert Waszek (Hg.): Eduard Gans (1797–1839). Politischer Professor zwischen Restauration und Vormärz, Leipzig 2002, S. 367–408.

Blänkner, Reinhard: Verfassungsgeschichte als aufgeklärte Kulturhistorie. K.H.L. Pölitz' Programm einer konstitutionellen Verfassungsgeschichte der Neuzeit, in: Peter Brandt, Arthur Schlegelmilch u. Reinhard Wendt (Hg.): Symbolische Macht und inszenierte Staatlichkeit. ‚Verfassungskultur' als Element der Verfassungsgeschichte, Bonn 2005, S. 298–330.

Bödeker, Hans Erich, Georg G. Iggers, Jonathan B. Knudsen u. Peter H. Reill: Aufklärung und Geschichte. Studien zur deutschen Geschichtswissenschaft im 18. Jahrhundert, Göttingen 1992.

Bödeker, Hans-Erich: Die „gebildeten Stände" im späten 18. und frühen 19. Jahrhundert: Zugehörigkeit und Abgrenzungen. Mentalitäten und Handlungspotentiale, in: Jürgen Kocka (Hg.): Bildungsbürgertum im 19. Jahrhundert, Bd. 4, Stuttgart 1989, S. 23–27.

Böning, Holger (Hg.): Französische Revolution und deutsche Öffentlichkeit. Wandlungen in Presse und Alltagskultur am Ende des achtzehnten Jahrhunderts, München 1992.

Böning, Holger: „Ein wahrer Philosophischer Royalist". Gottlob Benedict von Schirach und seine publizistische Tätigkeit, in: Christoph Weiß u. Wolfgang Albrecht (Hg.): Von „Obscuranten" „Eudämonisten". Gegenaufklärerische, konservative und antirevolutionäre Publizisten im späten 18. Jahrhundert. St. Ingbert 1997, S. 403–444.

Böning, Holger: Aufklärung und Presse im 18. Jahrhundert, in: Hans-Wolf Jäger (Hg.): „Öffentlichkeit" im 18. Jahrhundert, Göttingen 1997, S. 151–163.

Böning, Holger: Heinrich Zschokke und sein „Aufrichtiger und wohlerfahrener Schweizerbote". Die Volksaufklärung in der Schweiz, Bern [u. a.] 1983.

Bösch, Frank: Journalisten als Historiker. Die Medialisierung der Zeitgeschichte, in: Vadim Oswalt u. Hans-Jürgen Pandel (Hg.): Geschichtskultur. Die Anwesenheit von Vergangenheit in der Gegenwart, Schwachbach 2009, S. 47–62.

Bosse, Heinrich: Vom Schreiben leben. Garlieb Merkel als Zeitschriftsteller, in: Otto-Heinrich Elias (Hg.): Zwischen Aufklärung und Biedermeier, Lüneburg 2007, S. 211–255.

Bourdin, Philippe (Hg.): La Révolution 1789–1871. Écriture d'une Histoire immédiate, Clermont-Ferrand 2008.

Bourel, Dominique: Zwischen Abwehr und Neutralität. Preußen und die Französische Revolution 1789 bis 1795/1795 bis 1803/06, in: Otto Büsch, Monika Neugebauer-Wölk u. Helmut Berding (Hg.): Preußens revolutionäre Herausforderung, Berlin 1991, S. 43–76.

Braun, Johann: Die ‚Lex Gans' – ein Kapitel aus der Geschichte der Judenemanzipation in Preussen, in: ders.: Judentum, Jurisprudenz und Philosophie. Bilder aus dem Leben des Juristen Eduard Gans (1797–1839), Baden-Baden 1998, S. 46–74.

Breckman, Warren: Karl Marx, the Young Hegelians, and the Origins of Radical Social Theory: Dethroning the Self, Cambridge 1999.

Brockhaus, Heinrich Eduard: Friedrich Arnold Brockhaus. Sein Leben und Wirken nach Briefen und anderen Aufzeichnungen geschildert, 3 Bde., Leipzig 1872–1881.

Literaturverzeichnis

Brunöhler, Kurt: Die Redakteure der mittleren und größeren Zeitungen im heutigen Reichsgebiet 1800–1848, Diss. Leipzig 1933.

Buchholtz, Arend: Die Vossische Zeitung. Geschichtliche Rückblicke auf drei Jahrhunderte, Berlin 1904.

Buck-Morss, Susan: Hegel, Haiti, and Universal History, Pittsburgh 2009 [deutsch: Hegel und Haiti, Frankfurt a. M. 2011].

Buhr, Manfred u. Domenico Losurdo: Fichte – die Französische Revolution und das Ideal vom ewigen Frieden, Berlin 1991.

Bunzel, Wolfgang: Almanache und Taschenbücher, in Fischer, Ernst, , Wilhelm Haefs u. York-Gothart Mix (Hg.): Von Almanach bis Zeitung. Ein Handbuch der Medien in Deutschland 1700–1800, München 1999, S. . 24–35.

Büsch, Otto, Monika Neugebauer-Wölk u. Helmut Berding (Hg.): Preußens revolutionäre Herausforderung, Berlin 1991.

Bussche, Albrecht von dem: Die Ritterakademie zu Brandenburg, Frankfurt a. M. 1989.

Cahen, Raphaël: Frédéric Gentz et les publicistes Français, le droit de la mer en débat (1795–1815), in: Philippe Sturmel u. Jacques Bouineau (Hg.): Actes du colloque „Navires et Gens de mer", Paris 2011, S. 281–307.

Cahen, Raphaël: Friedrich Gentz (1764–1832) on Maritime Law. An Unfamiliar Aspect of Counter-Revolutionary Thought in Napoleonic Europe, in: Markus J. Prutsch u. Norman Domeier (Hg.): Inter-Trans-Supra? Legal Relations and Power Structures in History, Saarbrücken 2011, S. 344–357.

Cahen, Raphaël: The Correspondence of Friedrich von Gentz: The Reception of Du pape in the German-speaking World, in: Carolina Armenteros u. Richard A. Lebrun (Hg.): Joseph de Maistre and his European Readers. From Friedrich Gentz to Isaiah Berlin, Leiden u. Boston 2011, S. 95–122.

Coignard, Tristan: Vom „Reichspatriotismus" zum „Rheinbundpatriotismus"? Napoleons Reformkonzept und sein Widerhall im Umfeld des ‚Rheinischen Bundes', in: Marion George u. Andrea Rudolph (Hg.): Napoleons langer Schatten über Europa, Dettelbach 2008, S. 87–102.

Czygan, Paul: Zur Geschichte der Tagesliteratur während der Freiheitskriege, 2 Bde, Leipzig 1910 f.

D'Aprile, Iwan-Michelangelo: Berliner Rationalismuskritik. In: ders., Martin Disselkamp u. Claudia Sedlarz (Hg.): Tableau de Berlin. Beiträge zur „Berliner Klassik" (1786–1815), Hannover-Laatzen 2005, S. 51–70.

D'Aprile, Iwan-Michelangelo: Buchholz's Reception of James Harrington, in: Gaby Mahlberg / Dirk Wiemann (Hg.): European Contexts for English Republicanism, London 2013 [im Erscheinen].

D'Aprile, Iwan-Michelangelo: Der „Weltgeist der Aufklärung". Saul Aschers und Friedrich Buchholz' anti-idealistische Weltgeschichtsschreibung, in: ders. u. Ricardo K. S.

Mak (Hg.), Aufklärung – Evolution – Globalgeschichte, Hannover-Laatzen 2010, S. 89–104.

D'Aprile, Iwan-Michelangelo: „Die letzten Aufklärer". Politischer Journalismus in Berlin um 1800, in: Ursula Goldenbaum u. Alexander Košenina (Hg.): Berliner Aufklärung. Kulturwissenschaftliche Studien, Bd. 4, Hannover-Laatzen 2011, S. 179–206.

D'Aprile, Iwan-Michelangelo: Die Schöne Republik. Ästhetische Moderne in Berlin im ausgehenden 18. Jahrhundert, Tübingen 2006.

D'Aprile, Iwan-Michelangelo: Europa im Spiegel der Welt – ein Motiv in der deutschen Aufklärungsdiskussion, in: Helmut Peitsch (Hg.): Reisen um 1800. München 2012, S. 17–29.

D'Aprile, Iwan-Michelangelo: Europäische Pressenetzwerke im napoleonischen Zeitalter, in: Baillot, Anne (Hg.): Netzwerke des Wissens. Das intellektuelle Berlin um 1800, Berlin 2011, S. 331–346.

D'Aprile, Iwan-Michelangelo: Friedrich Buchholz und die Konstellation politischer Öffentlichkeit im frühen 19. Jahrhundert, in: Berbig, Roland, Iwan-M. D'Aprile, Helmut Peitsch u. Erhard Schütz (Hg.): Berlins 19. Jahrhundert. Ein Metropolen-Kompendium, Berlin 2011, S. 121–134.

D'Aprile, Iwan-Michelangelo: Friedrich Nicolai und die zivilgesellschaftliche Aneignung von Bildung und Wissenschaft um 1800, in: Stefanie Stockhorst, Knut Kiesant u. Hans-Gert Roloff (Hg.): Friedrich Nicolai (1733–1811), Berlin 2011, S. 139–158.

D'Aprile, Iwan-Michelangelo: „Mein eigentlicher Zweck geht auf eine Beschleunigung der Freiheit." Netzwerke zwischen radikaler Spätaufklärung, Frühliberalismus und Vormärz in Brandenburg-Preußen, in: Martin Mulsow u. Guido Naschert (Hg.): Aufklärung. Interdisziplinäres Jahrbuch zur Erforschung des 18. Jahrhunderts und seiner Wirkungsgeschichte. Themenband 24: Netzwerke und Konstellationen radikaler Spätaufklärung in Deutschland, Hamburg 2012, S. 115–134.

D'Aprile, Iwan-Michelangelo: St. Domingo als „Achse des großen politischen Schwungrades von Europa". Haiti und die Globalisierung des politischen Diskurses in Preußen um 1800, in: Reinhard Blänkner (Hg.): Heinrich von Kleists Novelle ‚Die Verlobung in St. Domingo'. Literatur und Politik im globalen Kontext um 1800, Würzburg 2013 [im Erscheinen].

D'Aprile, Iwan-Michelangelo: „Wo der Pöbel vernünftelt". Die Fehde zwischen Buchholz und Gentz, in: Zeitschrift für Ideengeschichte 4 (2009), S. 33–46.

D'Aprile, Iwan-Michelangelo, Martin Disselkamp u. Claudia Sedlarz (Hg.): Tableau de Berlin. Beiträge zur „Berliner Klassik" (1786–1815), Hannover-Laatzen 2005.

D'Aprile, Iwan-Michelangelo, Thomas Gil u. Hartmut Hecht (Hg.): Französische Aufklärung, Berlin 2001.

Daniel, Ute u. Wolfram Siemann (Hg.): Propaganda: Meinungskampf, Verführung und politische Sinnstiftung 1789–1989, Frankfurt a. M. 1994.

Literaturverzeichnis

Dann, Otto, Norbert Oellers u. Ernst Osterkamp (Hg.): Schiller als Historiker, Stuttgart 1995.

Dierse, Ulrich: „Der Newton der Geschichte", in: Archiv für Begriffsgeschichte 30 (1986/87), S. 158–182.

Dongowski, Gerhard: „Bessert, damit nicht eingerissen werde". Reformkonservativismus in der Zeit der Französischen Revolution: August Wilhelm Rehberg, in: Christoph Weiß u. Wolfgang Albrecht (Hg.): Von „Obscuranten" und „Eudämonisten". Gegenaufklärerische, konservative und antirevolutionäre Publizisten im späten 18. Jahrhundert, St. Ingbert 1997, S. 521–548.

Drews, Jörg (Hg.): „Ich werde gewiß große Energie zeigen." Garlieb Merkel (1769–1850) als Kämpfer, Kritiker und Projektemacher in Berlin und Riga, Bielefeld 2000.

Dubroca, Louis: Leben des J. J. Dessalines oder Jacob's des Ersten Kaysers von Hayti (St. Domingo). Nebst Darstellung der Schreckensscenen, welche während des Aufstandes der Neger daselbst vorgefallen sind, übers. v. K. L. M. Müller, Leipzig 1805.

Echternkamp, Jörg: Der Aufstieg des deutschen Nationalismus (1770–1840), Frankfurt a. M. 1998.

Eichler, Helga: Berliner Intelligenz im 18. Jahrhundert. Herkunft – Struktur – Funktion, Berlin 1989.

Elkan, Albert: Die Entdeckung Machiavellis zu Beginn des 19. Jahrhunderts, in: Historische Zeitschrift 119 (1919), S. 427–58.

Endres, Rudolf: Die „Aera Hardenberg" in Franken, in: Archiv für Geschichte in Oberfranken (Bayreuth) 73 (1993), S. 115–127.

Erb, Rainer u. Werner Bergmann: Die Nachtseite der Judenemanzipation. Der Widerstand gegen die Integration der Juden in Deutschland 1780–1860, Berlin 1989.

Fahrmeir, Andreas: Revolutionen und Reformen. Europa 1789–1850, München 2010.

Feilchenfeldt, Konrad: Varnhagen von Ense als Historiker, Amsterdam 1970.

Fischer, Bernhard: Poesien der Warenwelt. Karl August Böttigers Messberichte für Cottas Allgemeine Zeitung, in: René Sternke (Hg.): Böttiger-Lektüren, Berlin 2012, S. 55–74.

Fischer, Bernhard: Verlegerisches „Know-how" im 18. und frühen 19. Jahrhundert: Die Verlagsstrategie Johann Friedrich Cottas 1787–1795, in: Schulz, Günther (Hg.): Geschäft mit Wort und Meinung. Medienunternehmer seit dem 18. Jahrhundert, München 1999, S. 57–76.

Fischer, Bernhard: Von den „Europäischen Annalen" zur Tribüne – J. F. Cottas politische Periodika. Universalhistorische Geschichtsschreibung und „Innere Staatsbildung", in: Archiv für Geschichte des Buchwesens 50 (1998), S. 295–315.

Fischer, Carl August: Zur Lehre vom Staatsbankrott, Karlsruhe 1921.

Fischer, Ernst, Wilhelm Haefs u. York-Gothart Mix (Hg.): Von Almanach bis Zeitung. Ein Handbuch der Medien in Deutschland 1700–1800, München 1999.

Foucault, Michel: Sicherheit, Territorium, Bevölkerung: Geschichte der Gouvernementalität I, Frankfurt a. M. 2006.

Fratzke-Weiß, Birgit: Europäische und nationale Konzeptionen im Rheinbund. Politische Zeitschriften als Medien der politischen Öffentlichkeit, Frankfurt a. M., Berlin u. Bern 1997.

Fuchs, Eckhardt: Positivistischer Szientismus in vergleichender Perspektive: Zum nomothetischen Wissenschaftsverständnis in der englischen, amerikanischen und deutschen Geschichtsschreibung, in: Wolfgang Küttler, Jörn Rüsen u. Ernst Schulin (Hg.): Geschichtsdiskurs, Bd. 3: Die Epoche der Historisierung, Frankfurt a. M. 1997, S. 377–395.

Fulda, Daniel u. Silvia Serena Tschopp (Hg.): Literatur und Geschichte. Ein Kompendium zu ihrem Verhältnis von der Aufklärung bis zur Gegenwart, Berlin 2002.

Fulda, Daniel: Wissenschaft aus Kunst. Die Entstehung der modernen deutschen Geschichtsschreibung 1760–1860, Berlin u. New York 1996.

Gall, Lothar u. Dieter Langewiesche (Hg.): Liberalismus und Region. Zur Geschichte des deutschen Liberalismus im 19. Jahrhundert, München 1995.

Gall, Lothar: Das Problem der parlamentarischen Opposition im deutschen Frühliberalismus, in: Gerhard Ritter (Hg.): Deutsche Parteien vor 1918, Köln 1973, S. 192–207.

Garber, Jörn: Von der naturalistischen Menschheitsgeschichte (Georg Forster) zum gesellschaftswissenschaftlichen Positivismus (Friedrich Buchholz), in: ders. u. Tanja van Hoorn (Hg.): Natur – Mensch – Kultur: Georg Forster im Wissenschaftsfeld seiner Zeit, Hannover-Laatzen 2006, S. 53–78.

Garber, Jörn: Die Entstehung der Soziologie im Konzept des „socialen" Positivismus (Friedrich Buchholz), in: Roland Borgards, Almuth Hammer [u. a.] (Hg.): Kalender kleiner Innovationen: 50 Anfänge der Moderne zwischen 1755 und 1856. Für Günter Oesterle, Würzburg 2006, S. 275–284.

Garber, Jörn: Nachwort: Ideologische Konstellationen der jakobinischen und liberalen Revolutionsrezeption in Deutschland (1790–1810), in: ders. (Hg.): Revolutionäre Vernunft. Texte zur jakobinischen und liberalen Revolutionsrezeption in Deutschland 1789–1810, Kronberg Ts. 1974, S. 170–220.

Garber, Jörn: Politische Revolution und industrielle Evolution. Reformstrategien des preußischen Saint-Simonismus (Friedrich Buchholz), in: Otto Büsch u. Monika Neugebauer-Wölk (Hg.): Preußen und die revolutionäre Herausforderung seit 1789, Berlin, New York 1991, S. 301–330.

Garber, Jörn: Spätabsolutismus und bürgerliche Gesellschaft. Studien zur deutschen Staats- und Gesellschaftstheorie im Übergang zur Moderne, Frankfurt a. M. 1992.

Garber, Jörn: Spätaufklärerischer Konstitutionalismus und ökonomischer Frühliberalismus. Das Staats- und Industriebürgerkonzept der postabsolutistischen Staats-, Kameral- und Polizeiwissenschaft (Chr. D. Voss), in: ders.: Spätabsolutismus, S. 77–118.

Literaturverzeichnis

Gembruch, Werner: England und Kontinentaleuropa im politischen Denken von Friedrich Buchholz. Ein Beitrag zur Diskussion um die Freiheit der Meere und kolonialer Expansion in der Naploeonischen Ära, in: ders.: Staat und Heer. Ausgewählte historische Studien zum ancien régime, zur Französischen Revolution und zu den Befreiungskriegen, hg. v. Johannes Kunisch, Berlin 1990, S. 277–305.

Gersmann, Gudrun u. Hubertus Kohle (Hg.): Frankreich 1815–1830: Trauma oder Utopie? Die Gesellschaft der Restauration und das Erbe der Revolution, Stuttgart 1993.

Gerth, Hans H.: Bürgerliche Intelligenz um 1800. Zur Soziologie des deutschen Frühliberalismus, Göttingen 1976 [zuerst: Frankfurt a. M. 1935]

Gerth, Hans H.: Friedrich Buchholz, auch ein Anfang der Soziologie, in: Zeitschrift für die gesamte Staatswissenschaft 110 (1954), S. 665–692.

Gierl, Martin: Geschichte als präzisierte Wissenschaft. Johann Gatterer und die Historiographie des 18. Jahrhunderts im ganzen Umfang, Stuttgart-Bad Cannstatt 2012.

Gil, Thomas: Kritik der klassischen Geschichtsphilosophie, Berlin 1999.

Gisi, Lucas Marco u. Wolfgang Rother (Hg.): Isaak Iselin und die Geschichtsphilosophie der europäischen Aufklärung, Basel 2011.

Gollwitzer, Heinz: Europabild und Europagedanke. Beiträge zur deutschen Geistesgeschichte des 18. und 19. Jahrhunderts, München 1951.

Gollwitzer, Heinz: Geschichte des weltpolitischen Denkens, Göttingen 1972.

Grab, Walter: Hans von Held als patriotischer Publizist und politischer Prophet, in: ders.: Ein Volk muß seine Freiheit selbst erobern. Zur Geschichte der deutschen Jakobiner, Frankfurt a. M., Wien u. Zürich 1984, S. 449–460.

Grab, Walter: Saul Ascher. Ein jüdisch-deutscher Spätaufklärer zwischen Revolution und Restauration, in: ders.: Ein Volk muß seine Freiheit selbst erobern. Zur Geschichte der deutschen Jakobiner, Frankfurt a. M. 1984, S. 461–494.

Granier, Herman: Berichte aus der Franzosenzeit 1807–1809 [= Publikationen aus den Königlich Preußischen Staatsarchiven, 48. Band], Leipzig 1913.

Greiling, Werner u. Siegfried Seifert (Hg.): „Der entfesselte Markt. Verleger und Verlagsbuchhandel im thüringisch-sächsischen Kulturraum um 1800, Leipzig 2004.

Greiling, Werner: Varnhagen von Ense – Lebensweg eines Liberalen. Politisches Wirken zwischen Diplomatie und Revolution, Köln 1993.

Grimm, Dieter: Deutsche Verfassungsgeschichte 1776–1866. Vom Beginn des modernen Verfassungsstaats bis zur Auflösung des Deutschen Bundes, Frankfurt a. M. 1988.

Groh, Dieter: Art. ‚Cäsarismus, Bonapartismus, Führer, Chef, Imperialismus', in: Otto Brunner, Werner Conze u. Reinhart Koselleck (Hg.): Geschichtliche Grundbegriffe: Historisches Lexikon zur politisch-sozialen Sprache in Deutschland, Bd. 1. Stuttgart 1972 ff., S. 762 ff.

Haas, Stefan: Die Kultur der Verwaltung. Die Umsetzung der preußischen Reformen 1800–1848, Frankfurt a. M. u. New York 2005.

Haasis, Hellmut G.: Gebt der Freiheit Flügel. Die Zeit der deutschen Jakobiner 1789–1805, 2 Bde., Reinbek bei Hamburg 1988.

Haberkern, Ernst: Limitierte Aufklärung. Die protestantische Spätaufklärung in Preußen am Beispiel der Berliner Mittwochsgesellschaft, Marburg 2005.

Habermas, Jürgen: Strukturwandel der Öffentlichkeit. Untersuchungen zu einer Kategorie der bürgerlichen Gesellschaft [1962]. Mit einem Vorwort zur Neuauflage 1990, Frankfurt a. M. 1990.

Hacking, Ian: The Taming of Chance, Cambridge 1990.

Hacks, Peter: Ascher gegen Jahn. Ein Freiheitskrieg, 3 Bde., Berlin 1991.

Hacks, Peter: Zur Romantik, Berlin 2008.

Hahn, Johannes: Julius von Voss, Berlin 1910.

Hammersley, Rachel: French Revolutionaries and English Republicans: The Cordeliers Club 1790–1794, Woodbridge 2005.

Handbuch des Antisemitismus. Judenfeindschaft in Geschichte und Gegenwart, hg. v. Wolfgang Benz in Zusammenarbeit mit Werner Bergmann, Johannes Heil, Juliane Wetzel und Ulrich Wyrwa, Berlin, New York 2011.

Handbuch politisch-sozialer Grundbegriffe in Frankreich 1680–1820, hg. v. Rolf Reichardt und Hans Jürgen Lüsebrink, München 1985 ff.

Harnack, Adolf von: Geschichte der Königlich Preußischen Akademie der Wissenschaften zu Berlin, 3 Bde., Berlin 1900 [Ndr. Hildesheim 1970].

Harnack, Adolf von: Geschichte der Königlich Preußischen Akademie der Wissenschaften zu Berlin, Berlin 1900.

Hayek, Friedrich August von: Mißbrauch und Verfall der Vernunft, 3. überarb. Aufl., Tübingen 2004 [Engl. Originalfassung: The Counter-Revolution of Science. Studies in the Abuse of Reason, Glencoe 1952, dt. Übers. zuerst: Frankfurt a. M. 1959].

Heinrich, Gerda: „...man sollte itzt beständig das Publikum über diese Materie en haleine halten". Die Debatte um die „bürgerliche Verbesserung der Juden" 1781–1786, in: Ursula Goldenbaum [u. a.] (Hg.): Appell an das Publikum. Die öffentliche Debatte in der deutschen Aufklärung 1687–1796, 2 Bde., Berlin 2004, Bd. 2, S. 813–896.

Hellmuth, Eckhart: Die glorreiche Revolution 1688/89, in: Peter Wende (Hg.): Große Revolutionen. Von der Frühzeit bis zur Gegenwart, München 2000, S. 82–100.

Hellmuth, Eckhart: Naturrechtsphilosophie und bürokratischer Werthorizont. Studien zur preußischen Geistes- und Sozialgeschichte des 18. Jahrhunderts, Göttingen 1985.

Henrich, Dieter: Grundlegung aus dem Ich. Untersuchungen zur Vorgeschichte des Idealismus. Tübingen – Jena 1790–1794, 2 Bde., Frankfurt a. M. 2004.

Herrmann, Ludger: Die Herausforderung Preußens. Reformpublizistik und politische Öffentlichkeit in Napoleonischer Zeit (1789–1815), Frankfurt a. M. 1998.

Literaturverzeichnis

Hertel, Karin: Der Politiker Johann Friedrich Cotta. Publizistische verlegerische Unternehmungen 1815–1819, in: AGB 19, 1978, Sp. 366–578.

Heyck, Eduard: Die Allgemeine Zeitung 1798–1898. Beiträge zur Geschichte der deutschen Presse, München 1898.

Hocks, Paul u. Peter Schmidt: Literarische und politische Zeitschriften 1789–1805. Von der politischen zur Literaturrevolution, Stuttgart 1975.

Hofmann, Michael, Jörn Rüsen u. Mirjam Springer (Hg.): Schiller und die Geschichte, München 2006.

Hofmeister-Hunger, Andrea: Opposition via Pressepolitik. Netzwerke bei der Arbeit, in: Bernd Sösemann: Kommunikation und Medien in Preußen vom 16. bis zum 19. Jahrhundert, Berlin 2002, S. 303–322.

Hofmeister-Hunger, Andrea: Pressepolitik und Staatsreform. Die Institutionalisierung staatlicher Öffentlichkeitsarbeit bei Karl August von Hardenberg, Göttingen 1994.

Houben, Heinrich Hubert: Zeitschriften des jungen Deutschlands, 2 Teile, Berlin 1906 u. 1909.

Huerkamp, Josef u. Georg Meyer-Thurow: „Die Einsamkeit, die Natur und meine Fader, dies ist mein einziger Genuß". Christian August Fischer (1771–1829) – Schriftsteller und Universitätsprofessor, Bielefeld 2001.

Hüffer, Hermann: Die Kabinettsregierung in Preußen und Johann Wilhelm Lombard. Ein Beitrag zur Geschichte des preußischen Staates vornehmlich in den Jahren 1797 bis 1810, Leipzig 1891.

Israel, Jonathan I.: Democratic Enlightenment, Oxford 2011.

Jaeger, Stephan: Performative Geschichtsschreibung. Forster, Herder, Schiller, Archenholz und die Brüder Schlegel, Berlin 2011.

Jamme, Christoph u. Elisabeth Weisse-Lohmann (Hg.): Politik und Geschichte. Zu den Intentionen von G. W. F. Hegels Reformbill-Schrift [=Hegel-Studien, Beiheft 35], Bonn 1995.

Joas, Hans u. Peter Vogt (Hg.): Begriffene Geschichte. Beiträge zum Werk Reinhart Kosellecks, Berlin 2011.

Jung, Theo: Zeitgeist im langen 18. Jahrhundert: Dimensionen eines umstrittenen Begriffs, in: Achim Landwehr, (Hg.): Frühe Neue Zeiten. Zeitwissen zwischen Reformation und Revolution, Bielefeld 2012, S. 319–355.

Kapp, Friedrich: Die preußische Preßgesetzgebung unter Friedrich Wilhelm III. (1815–1840). Nach den Akten im Königl. Preußischen Geh. Staatsarchiv. Leipzig 1880.

Kehr, Eckart: Der Primat der Innenpolitik. Gesammelte Aufsätze zur preußisch-deutschen Sozialgeschichte im 19. und 20. Jahrhundert, hg. u. eingel. v. Hans-Ulrich Wehler, mit einem Vorwort v. Hans Herzfeld, Berlin 1965.

Kemper: Dirk, Missbrauchte Aufklärung. Schriften zum Religionsedikt vom 9. Juli 1788, Hildesheim 1996.

Kirchner, Joachim: Bibliographie der Zeitschriften des deutschen Sprachgebiets bis 1900, 4 Bde., Stuttgart 1969–1989.

Kittsteiner, Heinz Dieter: Der Streit um Christian Jacob Kraus in den „Berliner Abendblättern" (2005), in: http://www.textkritik.de/vigoni/kittsteiner1.htm [letzter Zugriff 25.11.2012].

Kittsteiner, Heinz Dieter: Listen der Vernunft. Motive geschichtsphilosophischen Denkens, Frankfurt a. M. 1998.

Kittsteiner, Heinz Dieter: Weltgeist, Weltmarkt, Weltgericht, München 2008.

Knaack, Jürgen: Arnim und Niebuhr. Ein gespanntes Verhältnis, in: Neue Zeitung für Einsiedler, Bd. 4/5 (2006), S. 21–41.

Kocka, Jürgen: Geschichte und Aufklärung, in: ders.: Geschichte und Aufklärung, Göttingen 1989, S. 140–159.

Koselleck, Reinhart:: Abstraktheit und Verzeitlichung in der Revolutionssprache, in: Rolf Reichardt, Reinhart Koselleck (Hg.): Die Französische Revolution als Bruch des gesellschaftlichen Bewusstseins, München 1998, S. 224–232.

Koselleck, Reinhart: Begriffsgeschichten, Frankfurt a. M. 2010.

Koselleck, Reinhart: Art. „Geschichte, Historie", in: Geschichtliche Grundbegriffe, Bd. 2, Stuttgart 1975, S. 647–717.

Koselleck: Stetigkeit und Wandel aller Zeitgeschichten. Begriffsgeschichtliche Anmerkungen, in: ders.: Zeitschichten. Studien zur Historik, S. 246–264.

Koselleck, Reinhart: Vergangene Zukunft. Zur Semantik geschichtlicher Zeiten. Frankfurt a. M. 1979.

Koselleck, Reinhart: Preußen zwischen Reform und Revolution. Allgemeines Landrecht, Verwaltung und soziale Bewegung von 1791–1848, Stuttgart 1967.

Koselleck, Reinhart: Die Verzeitlichung der Begriffe, in: ders.: Begriffsgeschichten, S. 77–85.

Koselleck, Reinhart: Zeitschichten. Studien zur Historik, Frankfurt a.M. 2003.

Kraft, Werner: Carl Gustav Jochmann und sein Kreis. Zur deutschen Geistesgeschichte zwischen Aufklärung und Vormärz, München 1972.

Kraus, Andreas: Vernunft und Geschichte. Die Bedeutung der deutschen Akademien für die Entwicklung der Geschichtswissenschaft im späten 18. Jahrhundert, Freiburg, Basel u. Wien 1963.

Kraus, Hans-Christof: Englische Verfassung und politisches Denken im Ancien Régime 1689–1789, München 2006.

Kraus, Hans-Christof: Theodor Anton Heinrich Schmalz (1760–1831). Jurisprudenz, Universitätspolitik und Publizistik im Spannungsfeld von Revolution und Restauration, Frankfurt a. M. 1999.

Literaturverzeichnis

Krause, Herbert: Die Gegenwart. Eine enzyklopädische Darstellung der neuesten Zeitgeschichte für alle Stände. F. A. Brockhaus 1848–1856. Eine Untersuchung über den deutschen Liberalismus, Saalfeld 1936.

Kronenbitter, Georg: Wort und Macht. Friedrich Gentz als politischer Schriftsteller, Berlin 1994.

Kronenbitter, Günther: Gegengift. Friedrich Gentz und die Französische Revolution, in: Christoph Weiß u. Wolfgang Albrecht (Hg.): Von „Obscuranten" „Eudämonisten". Gegenaufklärerische, konservative und antirevolutionäre Publizisten im späten 18. Jahrhundert. St. Ingbert 1997, S. 579–609.

Kurze Geschichte der Ritter-Akademie zu Dom-Brandenburg in dem ersten Jahrhunderte, vom 4. August, 1704–1805. Entworfen von J. D. Arnold, Brandenburg a. d. H. 1805.

Lachenicht, Susanne: Die Französische Revolution, Darmstadt 2012.

Lachenicht, Susanne: Information und Propaganda. Die Presse deutscher Jakobiner im Elsaß (1791–1800), München 2004.

Lanckoronska, Maria u. Arthur Rümann: Geschichte der deutschen Taschenbücher und Almanache aus der klassisch-romantischen Zeit, München 1954.

Landwehr, Achim (Hg.): Frühe Neue Zeiten. Zeitwissen zwischen Reformation und Revolution, Bielefeld 2012.

Landwehr, Achim: Alte Zeiten, Neue Zeiten. Aussichten auf die Zeit-Geschichte, in: ders. (Hg.): Frühe Neue Zeiten. Zeitwissen zwischen Reformation und Revolution, Bielefeld 2012, S. 9–40.

Lang, Hans-Joachim: Im Foyer der Revolution. Als Schiller in Tübingen Chefredakteur werden sollte: die Gründerzeit von Cottas „Allgemeiner Zeitung", Tübingen 1998.

Langewiesche, Dieter (Hg.): Liberalismus im 19. Jahrhundert. Deutschland im europäischen Vergleich, Göttingen 1988.

Langewiesche, Dieter: Europäischer Liberalismus, Göttingen 2003.

Langewiesche, Dieter: Liberalismus in Deutschland, Frankfurt a. M. 1988.

Lehmstedt, Mark: „Ich bin nun vollends zur Kaufmannsfrau verdorben". Zur Rolle der Frau in der Geschichte des Buchwesens am Beispiel von Friederike Helene Unger (1751–1813), in: Leipziger Jahrbuch zur Buchgeschichte 6 (1996), S. 81–154.

Lejeune, Claire: L'abbé de Pradt, Thèse de doctorat histoire [Diss.], Paris 1996.

Lembcke, Oliver u. Florian Weber: Revolution und Konstitution. Zur politischen Theorie von Sieyès, in: Sieyès: Ausgewählte Schriften, S. 13–90.

Leonhard, Jörn: Erfahrungsgeschichte der Moderne: Von der komparativen Semantik zur Temoralisierung europäischer Sattelzeiten, in: Hans Joas u. Peter Vogt (Hg.): Begriffene Geschichte. Beiträge zum Werk Reinhart Kosellecks, Frankfurt a. M. 2011, S. 423–448.

Liebeschütz, Hans: Judentum und deutsche Umwelt im Zeitalter der Restauration, in: Hans Liebeschütz u. Arnold Paucker (Hg.): Das Judentum in der Deutschen Umwelt 1800–1850. Studien zur Frühgeschichte der Emanzipation, Tübingen 1977, S. 1–54.

Lottes, Günther: Politische Aufklärung und plebejisches Publikum. Zur Theorie und Praxis des englischen Radikalismus im späten 18. Jahrhundert, München 1979.

Lüsebrink, Hans-Jürgen (Hg.): Das Europa der Aufklärung und die außereuropäische koloniale Welt, Göttingen 2006.

Lüsebrink, Hans-Jürgen u. Jean-Yves Molliers (Hg.): Presse et événement: Journaux, Gazettes, Almanachs (XVIIIe–XIXe siècles), Bern, Berlin, Bruxelles 2000.

Lüsebrink, Hans-Jürgen u. Jeremy Popkin (Hg.): Enlightenment, Revolution and the periodical press, Oxford 2004.

Ludwig, Roland: Die Rezeption der englischen Revolution im deutschen politischen Denken und in der deutschen Historiographie im 18. und 19. Jahrhundert, Leipzig 2003.

Lukács, Georg: Der junge Hegel. Über die Beziehungen von Dialektik und Ökonomie, Zürich, Wien 1948. Neuausgabe: Frankfurt a. M. 1973.

Mader, Niels: Philosophie als politischer Prozess. Karl Marx und Friedrich Engels – Ein Werk im Werden, Köln 1986.

Mann, Golo: Friedrich von Gentz: Gegenspieler Napoleons – Vordenker Europas, Neuausgabe der Ausgabe Zürich 1947, Frankfurt a. M. 2011.

Martino, Alberto: Die deutsche Leihbibliothek. Geschichte einer literarischen Institution (1756–1914); mit einem zusammen mit Georg Jäger erstellten Verzeichnis der erhaltenen Leihbibliothekskataloge, Wiesbaden 1990.

Marwitz, Friedrich August Ludwig von der: Letzte Vorstellung der Stände des Lebusischen und Beeskow-Storkowschen Kreises an den König [1811], in: Friedrich August Ludwig von der Marwitz. Ein märkischer Edelmann im Zeitalter der Befreiungskriege, hg. v. Friedrich Meusel, Bd. 2/2, Berlin 1913, S. 3–22.

Matthew Bernard Levinger: Enlightened Nationalism: The transformation of Prussian political culture 1806–1848, New York u. Oxford 2000.

McClellan, James: Science Reorganized. Scientific Societies in the Eighteenth Century, New York 1985.

McMahon, Darrin: French Counter-Enlightenment and the Making of Modernity, Oxford 2001.

Melo Araújo, André de: Weltgeschichte in Göttingen. Eine Studie über das spätaufklärerische universalhistorische Denken, 1756-1815, Bielefeld 2012.

Meumann, Markus: Der Zeitgeist vor dem Zeitgeist. Genius saeculi als historiographisches, mnemonisches und gegenwartsdiagnostisches Konzept im 17. und 18. Jahrhundert, in: Achim Landwehr, (Hg.): Frühe Neue Zeiten. Zeitwissen zwischen Reformation und Revolution, Bielefeld 2012, S. 283–318.

Meyer, Annette: Art. ‚Karl Ludwig Woltmann', in: Heiner Klemme u. Manfred Kuehn (Hg.): Dictionary of German Enlightenment Philosophers, Bristol 2009 [im Druck].

Meyer, Annette: Geschichte und Anthropologie in der Spätaufklärung. Zur Genese eines idiosynkratischen Verhältnisses, in: Manfred Beetz, Jörn Garber u. Heinz Thoma (Hg.): Physis und Norm. Neue Perspektiven der Anthropologie im 18. Jahrhundert, Göttingen 2007, S. 187–205.

Meyer, Annette: Geteilte Historiographie, in: Neue Politische Literatur, Jg. 55 (2010), S. 489 f.

Meyer, Annette: Machiavellilektüre um 1800. Zur marginalisierten Rezeption in der Popularphilosophie, in: dies. u. Cornel Zwierlein (Hg.): Machiavellismus in Deutschland – Chiffre von Kontingenz, Herrschaft und Empirismus in der Neuzeit. Historische Zeitschrift, Beihefte, 51 (2010), S. 191–213.

Meyer, Annette: Von der Wahrheit zur Wahrscheinlichkeit. Die Wissenschaft vom Menschen in der schottischen und deutschen Aufklärung, Tübingen 2008.

Meyer, Marie-Joseph: Historisches Journal de Friedrich Gentz. Thèse pour le doctorat du IIIe cycle, Metz 1992 [Diss. Masch.]

Misch, Carl: Varnhagen von Ense in Beruf und Politik, Gotha 1925.

Moldenhauer, Dirk: Geschichte als Ware. Der Verleger Friedrich Christoph Perthes (1772–1843) als Wegbereiter der modernen Geschichtsschreibung, Köln, Weimar u. Wien 2008.

Moretti, Franco: Quantitative Data, Formal Analysis. Reflections on 7000 Titles (British Novels, 1740–1850). Vortrag 10. Dezember 2008 im Wissenschaftskolleg zu Berlin [Mitschrift I. D.]

Motschmann, Uta: Schule des Geistes, des Geschmacks und der Geselligkeit. Die Gesellschaft der Freunde der Humanität (1797–1861), Hannover-Laatzen 2009.

Müller, Hans-Heinrich: Akademie und Wirtschaft im 18. Jahrhundert. Preisschriften der Berliner Akademie, Berlin 1975.

Müller, Philipp: Entwicklung aus Gegensätzen. Die Englische Geschichte in der Historiographie von Augustin Thierry und Leopold Ranke, in: Iwan-M. D'Aprile u. Ricardo K. S. Mak (Hg.): Aufklärung – Evolution – Globalgeschichte, Hannover-Laatzen 2010, S. 219–242.

Nebrig, Alexander: Helene Ungers Übersetzung des ersten Teils von Rousseaus ‚Confessions' im Kontext der deutschen Bekenntnisliteratur um 1800, in: Übersetzungskultur im 18. Jahrhundert. Übersetzerinnen in Deutschland, Frankreich und der Schweiz, hg. v. Brunhilde Wehinger u. Hilary Brown, Hannover 2008, S. 87–119.

Neugebauer-Wölk, Monika: Revolution und Constitution: die Brüder Cotta. Eine biographische Studie zum Zeitalter der Französischen Revolution und des Vormärz, Berlin 1989.

Neumann, Gerhard: Geschichte der konstitutionellen Theorie in der deutschen Publizistik von 1815 bis 1848. Ein Grundriß vom politischen Ideengehalt des vormärzlichen Liberalismus, Berlin 1931 [zgl. Phil. Diss. Halle a.d. S. 1931].

Nissen, Martin: Populäre Geschichtsschreibung. Historiker, Verleger und die deutsche Öffentlichkeit (1848–1900), Köln 2009.

Nussbaum, Felicity A. (Hg.): The Global Eighteenth Century, Baltimore u. London 2003.

Oesterle, Ingrid: Der ‚Führungswechsel der Zeithorizonte' in der deutschen Literatur. Korrespondenzen aus Paris, der Hauptstadt der Menschheitsgeschichte, und die Ausbildung der geschichtlichen Zeit ‚Gegenwart', in: Dirk Grathoff (Hg.): Studien zur Ästhetik und Literaturgeschichte der Kunstperiode, Frankfurt a. M. 1985, S. 11-76.

Ort, Werner: „Die Zeit ist kein Sumpf; sie ist Strom". Heinrich Zschokke als Zeitschriftenmacher in der Schweiz, Bern [u. a.] 1998.

Osterhammel, Jürgen u. Niels P. Petersson: Geschichte der Globalisierung. Dimensionen, Prozesse, Epochen, München 2003.

Pandel, Hans-Jürgen: Historik und Didaktik. Das Problem der Distribution historiographisch erzeugten Wissens in der deutschen Geschichtswissenschaft von der Spätaufklärung zum Frühhistorismus (1765–1830), Stuttgart Bad-Canstatt 1990.

Pape, Matthias: Johannes von Müller. Seine geistige und politische Umwelt in Wien und Berlin 1793–1806, Bern u. Stuttgart 1989.

Pape, Matthias: Johannes von Müllers Rezensionen in der Allgemeinen Literatur-Zeitung, in: Schaffhauser Beiträge zur Geschichte, hg. v. Historischen Verein des Kantons Schaffhausen, Bd. 67 (1990), S. 289–320.

Pickering, Mary: Auguste Comte. An Intellectual Biography, 2 Bde., Cambridge 2006.

Piereth, Wolfgang: Bayerns Pressepolitik und die Neuordnung Deutschlands nach den Befreiungskriegen, München 1999.

Piereth, Wolfgang: Propaganda im 19. Jahrhundert. Die Anfänge staatlicher Pressepolitik in Deutschland (1800–1817), in: Ute Daniel u. Wolfram Siemann (Hg.): Propaganda, Meinungskampf, Verführung und Sinnstiftung (1789–1989). Frankfurt a. M. 1994, S. 21–43.

Pilbeam, Pamela: Republicanism in nineteenth-century France 1814–1871, Basingstoke 1995.

Pilbeam, Pamela: The Constitutional Monarchy in France 1814–1848, Harlow 2000.

Plechanov, Georgi Walentinowitsch: Über die Anfänge der Lehre vom Klassenkampf in: Die Neue Zeit, Bd. 21 (1902), S. 228–234 u. S. 266–273.

Pompe, Hedwig: Die Neuheit der Neuheit. Der Zeitungsdiskurs im späten 17. Jahrhundert, in: Albert Kümmel, Leander Scholz, Eckhard Schumacher: Einführung in die Geschichte der Medien, Paderborn 2004, S. 35–64.

Prüfer, Thomas: Die Bildung der Geschichte. Friedrich Schiller und die Anfänge der modernen Geschichtswissenschaft, Köln 2002.

Literaturverzeichnis

Prutz, Robert: Die Musenalmanache und Taschenbücher in Deutschland, in: ders.: Neue Schriften. Zur Literatur- und Kulturgeschichte, Bd. 1, Halle 1854, S. 105–166.

Pujo, Pauline: Geschichtsschreibung der Volksaufklärung im mediengeschichtlichen Kontext: Christoph Gottlieb Steinbecks *Frey- und Gleichheitsbüchlein* (1794), in: Das 18. Jahrhundert, Jg. 36, H. 1 (2012), S. 43–55.

Rainsford, Markus: Geschichte der Insel Hayti oder St. Domingo, besonders des auf derselben errichteten Negerreichs, Hamburg 1806; [Bryan Edwards], Toussaint-Louverture's frühere Geschichte nach englischen Nachrichten bearbeitet, Fürth 1802.

Rasch, Wolfgang: Nachrichten aus der Provinz. Berlin-Korrespondenzen des jungen Gutzkow für das Morgenblatt und andere süddeutsche Journale, in: Berbig, Roland, Iwan-M. D'Aprile, Helmut Peitsch u. Erhard Schütz (Hg.): Berlins 19. Jahrhundert. Ein Metropolen-Kompendium, Berlin 2011, S. 337–348.

Reichardt, Rolf (Hg.): Aufklärung und historische Semantik. Interdisziplinäre Beiträge zur westeuropäischen Kulturgeschichte, Beiheft 21 der Zeitschrift für historische Forschung, Berlin 1998.

Reichardt, Rolf: Reform und Revolution bei Condorcet. Ein Beitrag zur späten Aufklärung in Frankreich, Bonn 1973.

Reiß, Stefan: Fichtes „Reden an die deutsche Nation" oder: Vom Ich zum Wir, Berlin 2006.

Remaud, Olivier: Petite philosophie de l'accélération de l'Histoire, in: Revue Esprit 6 (2008), S. 135–152.

Requate, Jörg u. Martin Schulze Wessel (Hg.): Europäische Öffentlichkeit. Transnationale Kommunikation seit dem 18. Jahrhundert, Frankfurt a. M. 2002

Requate, Jörg: Journalismus als Beruf. Entstehung und Entwicklung des Journalistenberufs im 19. Jahrhundert. Deutschland im internationalen Vergleich, Göttingen 1995.

Riedel, Manfred: Geschichtstheologie, Geschichtsideologie, Geschichtsphilosophie, in: Philosophische Perspektiven. Ein Jahrbuch, hg. v. Rudolph Berliner und Eugen Fink, Bd. 5, Frankfurt a. M. 1973, S. 200–226.

Rieger, Ute: Johann Wilhelm von Archenholz. Eine historisch-analytische Untersuchung zur Aufklärung in Deutschland, Berlin 1994.

Rippmann, Inge: „Die Zeit läuft wie ein Reh vor uns her". Der Zeitschriftsteller als Geschichtsschreiber, in: dies.: „Freiheit ist das Schönste und Höchste in Leben & Kunst". Ludwig Börne zwischen Literatur und Politik, Bielefeld 2002, S. 251–283.

Rohbeck, Johannes: Geschichtsphilosophie. Zur Einführung, Hamburg 2004.

Rosa, Hartmut: Beschleunigung. Die Veränderung der Zeitstrukturen in der Moderne, Frankfurt a. M. 2005.

Ruda, Frank: Hegels Pöbel. Eine Untersuchung der Grundlinien der Philosophie des Rechts, Konstanz 2011.

Rüdiger, Axel: Staatslehre und Staatsbildung. Die Staatswissenschaft an der Universität Halle im 18. Jahrhundert, Tübingen 2005.

Ruof, Friedrich: Johann Wilhelm von Archenholtz. Ein deutscher Schriftsteller zur Zeit der französischen Revolution und Napoleons (1741–1812), Berlin 1915 [photom. Repr. Vaduz 1965].

Salzbrunn, Ingeborg: Studien zum deutschen historischen Zeitschriftenwesen von der Göttinger Aufklärung bis zur Herausgabe der „Historischen Zeitschrift" (1859), Diss. Münster 1968.

Sangmeister, Dirk: August Lafontaine oder Die Vergänglichkeit des Erfolges. Leben und Werk eines Bestsellerautors der Spätaufklärung, Tübingen 1998.

Sangmeister, Dirk: Vom Zuschauer zu den Allgemeinen Staatsanzeigen: Ein unbekanntes Kapitel Berliner Zeitungsgeschichte, in: Jörg Drews (Hg.): „Ich werde gewiß große Energie zeigen." Garlieb Merkel (1769–1850) als Kämpfer, Kritiker und Projektemacher in Berlin und Riga, Bielefeld 2000, S. 93–113.

Sangmeister, Dirk: „Was ist der Tand von Ruhm und was der Traum des Lebens!" Johannes von Müller und die „Gallerie preussischer Charaktere", in: Bargfelder Bote 187 (1994), S. 1–18.

Schäfer, Rütger: Einleitung, in: Saint-Simonistische Texte. Abhandlungen von Saint-Simon und anderen in zeitgenössischen Übersetzungen, 2 Bde., Bd. 1, Aalen 1975, S. 9–15.

Schäfer, Rütger: Friedrich Buchholz – ein vergessener Vorläufer der Soziologie, 2 Bde, Göppingen 1972.

Schaumkell, Ernst: Geschichte der deutschen Kulturgeschichtschreibung. Von der Mitte des 18. Jahrhunderts bis zur Romantik im Zusammenhang mit der allgemeinen geistigen Entwicklung, Leipzig 1905.

Schiewe, Jürgen: Carl Gustav Jochmann und die politische Sprachkritik der Spätaufklärung, Berlin 1989.

Schmidt am Busch, Hans-Christoph, Ludwig Siep, Hans-Ulrich Thamer u. Norbert Waszek, (Hg.): Hegelianismus und Saint-Simonismus, Paderborn 2007.

Schmidt, Arno: Belphegor. Nachrichten von Büchern und Menschen, Karlsruhe 1961.

Schmidt-Funke, Julia A.: Auf dem Weg in die Bürgergesellschaft. Die politische Publizistik des Weimarer Verlegers Friedrich Justin Bertuch, Köln, Weimar, Wien 2005.

Schmidt-Funke, Julia A.: Karl August Böttiger (1760–1835). Weltmann und Gelehrter, Heidelberg 2006.

Schmieder, Ulrike: Das Bild Lateinamerikas in der preußischen und deutschen Publizistik vom Ende des 18. bis zur Mitte des 19. Jahrhunderts, in: Sandra Carreras u. Günther Maihold (Hg.): Preußen und Lateinamerika. Im Spannungsfeld von Kommerz, Macht und Kultur, Münster 2004, S. 59–91.

Literaturverzeichnis

Schmitz, Rainer (Hg.): Die ästhetische Prügeley. Streitschriften der antiromantischen Bewegung, Göttingen 1992.

Schömig, Ulrike: Politik und Öffentlichkeit in Preußen. Entwicklung der Zensur- und Pressepolitik zwischen 1740 und 1819, Diss. Würzburg 1988.

Schremmer, Eckart: Steuern und Staatsfinanzen während der Industrialisierung Europas. England, Frankreich, Preußen und das Deutsche Reich 1800–1914, Berlin u. Heidelberg 1994.

Schröder, Claudia: „Siècle de Frédéric II" und „Zeitalter der Aufklärung". Epochenbegriffe im geschichtlichen Selbstverständnis der Aufklärung, Berlin 2002.

Schuck, Gerhard: Rheinbundpatriotismus und politische Öffentlichkeit zwischen Aufklärung und Frühliberalismus. Kontinuitätsdenken und Diskontinuitätserfahrung in den Staatsrechts und Verfassungsdebatten der Rheinbundpublizistik, Stuttgart 1994.

Schulin, Ernst: Der Zeitbegriff in der Geschichtsschreibung der Aufklärung und des deutschen Historismus, in: Wolfgang Küttler, Jörn Rüsen u. Ernst Schulin (Hg.): Geschichtsdiskurs, Bd. 2: Anfänge modernen historischen Denkens, Frankfurt a. M. 1994, S. 333–343.

Schulin, Ernst: Die weltgeschichtliche Erfassung des Orients bei Hegel und Ranke, Göttingen 1958.

Schüller, Karin: Die deutsche Rezeption Haitianischer Geschichte in der ersten Hälfte des 19. Jahrhunderts. Ein Beitrag zum deutschen Bild vom Schwarzen, Köln, Weimar u. Wien 1992.

Schulte, Christoph: Die jüdische Aufklärung. Philosophie, Religion, Geschichte, München 2002.

Schulz, Günther (Hg.): Geschäft mit Wort und Meinung. Medienunternehmer seit dem 18. Jahrhundert, München 1999.

Schumann, Axel: Berliner Presse und Französische Revolution. Das Spektrum der Meinungen unter der Preußischen Zensur 1789–1806, Diss. Berlin 2001.

Schwartz, Paul: Der erste Kulturkampf in Preußen um Kirche und Schule (1788–1798), Berlin 1925.

Schwidtal, Michael u. Armands Gutmanis (Hg.): Das Baltikum im Spiegel der deutschen Literatur: Carl Gustav Jochmann und Garlieb Merkel, Heidelberg 2001.

Seibt, Gustav: Goethe und Napoleon. Eine historische Begegnung, München 2008.

Siebers-Gfaller, Stefanie: Deutsche Pressestimmen zum Saint-Simonismus 1830–1836. Eine frühsozialistische Bewegung im Journalismus der Restaurationszeit, Frankfurt a. M. 1992.

Siemann, Wolfram: Ideenschmuggel. Probleme der Meinungskontrolle und das Los deutscher Zensoren im 19. Jahrhundert, in: Historische Zeitschrift 245 (1987), S. 71–106.

Siemann, Wolfram: Vom Staatenbund zum Nationalstaat. Deutschland 1806–1871, München 1995.

Sonenscher, Michael: Before the Deluge. Public Debt, Inequality, and the Intellectual Origins of the French Revolution, Princeton 2007.

Sonenscher, Michael: The Moment of Social Science: The Décade Philosophique and late eighteenth-century French Thought, in: Modern Intellectual History 6 (2009), S. 121–146.

Sösemann, Bernd (Hg.): Theodor von Schön. Untersuchungen zu Biographie und Historiographie, Köln 1996.

Spaemann, Robert: Der Ursprung der Soziologie aus dem Geist der Restauration. Studien über L. G. A. de Bonald, Stuttgart 1998 [1959].

Spree, Ulrike: Das Streben nach Wissen. Eine vergleichende Gattungsgeschichte der populären Enzyklopädie in Deutschland und Großbritannien im 19. Jahrhundert, Tübingen 2000.

Stadler, Peter: Geschichtsschreibung und historisches Denken in Frankreich 1789–1871, Zürich 1958.

Stedman Jones, Gareth: Das kommunistische Manifest von Karl Marx und Friedrich Engels. Einführung, Text, Kommentar, München 2012.

Steig, Reinhold: Heinrich von Kleist's Berliner Kämpfe, Berlin 1901.

Stein, Lorenz von: Geschichte der socialen Bewegung in Frankreich von 1789 bis auf unsere Tage, 2 Bde., Leipzig 1850.

Steiner, Harald: Das Autorenhonorar – seine Entwicklungsgeschichte vom 17. bis 19. Jahrhundert, Wiesbaden 1998.

Stern, Alfred: Geschichte Europas seit den Verträgen von 1815 bis zum Frankfurter Frieden von 1871, 2. Aufl., Stuttgart u. Berlin 1913.

Stockhorst, Stefanie: Zur Einführung: Von der Verzeitlichungsthese zur temporalen Diversität, in: Zeitkonzepte. Zur Pluralisierung des Zeitdiskurses im langen 18. Jahrhundert. Das 18. Jahrhundert 30/ 2 (2006), S. 157–164

Stone, Bailey: Reinterpreting the French Revolution: A Global-Historical Perspective, Cambridge 2002.

Stone, Bailey: The Genesis of the French Revolution: A Global-Historical Interpretation, Cambridge 1994.

Straubel, Rolf: Carl August von Struensee. Preußische Wirtschafts- und Finanzpolitik im ministeriellen Kräftespiel (1786–1804/06), Potsdam 1999.

Struckmann, Johann Caspar: Staatsdiener als Zeitungsmacher. Die Geschichte der Allgemeinen Preußischen Staatszeitung, Berlin 1981.

Tortarolo, Edoardo: Zensur, öffentliche Meinung und Politik in der Berliner Spätaufklärung. Eine Problemskizze, in: Matthias Middell (Hg.): Medien, Revolution, Historie.

Literaturverzeichnis

Leipziger Beiträge zu Universalgeschichte und vergleichenden Gesellschaftsforschung, Bd. 3 (1991), S. 80–90.

Tortarolo, Eduardo: Zensur als Institution und Praxis im Europa der Frühen Neuzeit. Ein Überblick, in: Helmut Zedelmaier u. Martin Mulsow (Hg.), Die Praktiken der Gelehrsamkeit in der Frühen Neuzeit, Tübingen 2001, S. 277–294.

Treitschke, Heinrich von: Deutsche Geschichte im 19. Jahrhundert, hg. v. V. Valentin, 2 Bde, Berlin 1927.

Tschirch, Otto: Friedrich Buchholz, Friedrich von Cölln und Julius von Voß, drei preußische Publizisten in der Zeit der Fremdherrschaft 1806–1812, in: FBPG 48 (1936), S. 163–181.

Tschirch, Otto: Geschichte der öffentlichen Meinung in Preußen im Friedensjahrzehnt vom Baseler Frieden bis zum Zusammenbruch des Staates, 2 Bde, Weimar 1933.

Ullmann, Hans Peter: Geschichte der öffentlichen Finanzen vom 18. Jahrhundert bis heute, München 2005.

Valjavec, Fritz: Die Entstehung der politischen Strömungen in Deutschland 1770–1815, unveränd. Nachdr. d. Erstausg. v. 1951, mit einem Nachwort neu hg. v. Jörn Garber, Düsseldorf 1978.

Varnhagen von Ense, Karl August: Hans von Held. Ein preußisches Charakterbild, Leipzig 1845.

Vogel, Ursula: Konservative Kritik an der bürgerlichen Revolution. August Wilhelm Rehberg, Darmstadt und Neuwied 1972.

Vogl, Joseph: Das Gespenst des Kapitals, Zürich 2010.

Vogl, Joseph: Kalkül und Leidenschaft. Poetik des ökonomischen Menschen, Zürich 2008.

Voss, Jürgen: Akademien und Gelehrte Gesellschaften, in: Helmut Reinalter (Hg.): Aufklärungsgesellschaften, Frankfurt a. M., Berlin u. Bern 1993, S. 19–38.

Waszek, Norbert: Adam Smith in Germany 1776–1832, in: Hiroshi Mizuta u. Chuhei Sugiyama (Hg.): Adam Smith. International Perspectives, London u. New York 1993, S. 163–180.

Waszek, Norbert: The Scottish Enlightenment and Hegel's Account of "Civil Society", Dordrecht 1988.

Weber, Peter: „Was jetzt eben zu sagen oder noch zu verschweigen sei, müßt ihr selbst überlegen". Publizistische Strategien der preußischen Justizreformer 1780 – 1794, in: Ursula Goldenbaum (Hg.): Appell an das Publikum. Die öffentliche Debatte in der deutschen Aufklärung 1687–1796, Bd. 2, Berlin 2004, S. 729–812.

Weber, Peter: Literarische und politische Öffentlichkeit. Kleine Studien zur Berliner Aufklärung. Gesammelte Aufsätze von Peter Weber, hg. v. Iwan-Michelangelo D'Aprile u.Winfried Siebers, Berlin 2006.

Weber, Peter: Mirabeau und die Berliner Aufklärer – Zur preußischen Reformideologie im französischen Kontext, in: ders.: Literarische und politische Öffentlichkeit (2006), S. 169–182.

Wehler, Hans-Ulrich: Deutsche Gesellschaftsgeschichte, Bd. 1: Vom Feudalismus des Alten Reichs bis zur defensiven Modernisierung der Reformära 1700–1815 u. Bd. 2: Von der Reformära bis zur industriellen und politischen „Deutschen Doppelrevolution" 1815–1845/49, München 1987.

Weiß, Alfred Georg: Carl Ludwig von Woltmann, Diss. Wien 1937.

Weiß, Christoph in Zusammenarbeit mit Wolfgang Albrecht (Hg.): Von „Obscuranten" und „Eudämonisten". Gegenaufklärerische, konservative und antirevolutionäre Publizisten im späten 18. Jahrhundert, St. Ingbert 1997.

Welke, Martin: Zeitung und Öffentlichkeit im 18. Jahrhundert. Betrachtungen zur Reichweite und Funktion der periodischen deutschen Tagespublizistik, in: Elger Blühm (Hg.): Presse und Geschichte. Beiträge zur historischen Kommunikationsforschung, München 1977, S. 71–99.

Wilke, Jürgen (Hg.): Telegraphenbüros und Nachrichtenagenturen in Deutschland. Untersuchungen zu ihrer Geschichte bis 1949, München [u. a.] 1991.

Wilke, Jürgen (Hg.): Unter Druck gesetzt. Vier Kapitel deutscher Pressegeschichte, Köln, Weimar, Wien 2002.

Wilke, Jürgen: Grundzüge der Medien- und Kommunikationsgeschichte. Von den Anfängen bis ins 20. Jahrhundert, Köln, Weimar u. Wien 2000.

Wingertszahn, Christof: Der irritable Geschichtsschreiber. Christoph Girtanners publizistische Auseinandersetzung mit der Französischen Revolution, in: Christoph Weiß u. Wolfgang Albrecht (Hg.): Von „Obscuranten" „Eudämonisten". Gegenaufklärerische, konservative und antirevolutionäre Publizisten im späten 18. Jahrhundert. St. Ingbert 1997, S. 481–520.

Wittichen, Paul: Das Preußische Kabinett und Friedrich von Gentz. Eine Denkschrift aus dem Jahre 1800, in: Historische Zeitschrift 89 (1902), S. 238–273.

Wobbe, Theresa: Soziologie der Staatsbürgerschaft. Vom Gehorsam zur Loyalität, in: Staatswissenschaften und Staatspraxis, 8. Jg., H. 2 (1997), S. 205–225.

Woolf, Stuart: Napoleon's integration of Europe, London 1991.

Wright, Johnson Kent: Historical Thought in the Era of the Enlightenment, in: Lloyd Kramer u. Sarah Maza (Hg.): A Companion to Western Historical Thought, Oxford 2002, S. 123–142.

Wülfing, Wulf: Schlagworte des Jungen Deutschland. Mit einer Einführung in die Schlagwortforschung, Berlin 1982.

Wunder, Bernd: Europäische Geschichte im Zeitalter der Französischen Revolution 1789–1815, Stuttgart, Berlin u. Köln 2001.

Wyrwa, Ulrich: Juden in der Toskana und in Preußen im Vergleich. Aufklärung und Emanzipation in Florenz, Livorno, Berlin und Königsberg i. Pr., Tübingen 2003.

Zaunstöck, Holger: Denunziation und Kommunikation. Studentenorden und Universitätsobrigkeit in Halle zur Zeit der Spätaufklärung, in: Holger Zaunstöck u. Markus Meumann (Hg.): Sozietäten, Netzwerke, Kommunikation. Neue Forschungen zur Vergesellschaftung im Jahrhundert der Aufklärung, Tübingen 2003, S. 231–249.

Zimmermann, Harro: Friedrich Gentz oder Die Erfindung der Realpolitik, Paderborn 2012.

Zurbuchen, Simone: Theorizing Enlightened Absolutism: The Swiss Republican Origins of Prussian Monarchism, in: Hans Blom, Johann Christian Laursen u. Luisa Simonutti (Hg.): Monarchisms in the Age of Enlightenment: Liberty, Patriotism, and the Common Good, Toronto, Buffalo u. London 2006, S. 240–66.

Personenverzeichnis

Alfieri, Vittorio 28, 206
Allier, Joseph 76
Alvensleben, Philipp Karl Graf v. 23
Aly, Götz 193
Archenholz, Johann Wilhelm von 20, 37, 42, 52, 89, 91, 105, 106, 155, 157 ff., 168, 252 f., 255, 260, 265
Arndt, Ernst Moritz 190
Ascher, Saul 20 f., 25 ff., 32, 40, 51, 67, 84f, 87 ff., 101, 124, 130 ff., 138, 194 f., 197 ff., 348
Bacherer, Gustav 48 f.
Bacon, Francis 322
Bahrdt, Karl Friedrich 24
Bahrs, Kurt 193f.
Barbault-Royer, Paul François 157
Baxmann, Dorothee 125
Bazard, Saint-Amand 76
Beckedorff, Ludolph von 110 f., 217
Bendavid, Lazarus 138 f.
Benjamin, Walter 8, 84, 125
Bentham, Jeremy 68 f.
Benzenberg, Johann Friedrich 115
Bergmann, Werner 193
Bertuch, Friedrich Justin 24, 38 f.

Beyme, Karl Friedrich von 32
Bisky, Jens 185
Blanqui, Adolphe 76
Bonald, Louis de 20, 122
Börne, Ludwig 15, 43, 50, 92, 101
Böttiger, Karl August 22
Boye, Johann 72
Brockhaus, Friedrich Arnold 34 f., 114
Brummer, Friedrich 71
Buchez, Philipp Joseph Benjamin 76
Buck-Morss, Susan 155 f., 159, 168
Burke, Edmund 122 ff., 147, 169, 184, 297
Butenschön, Johann Friedrich 20
Chevalier, Michel 78
Clarke, Henri-Jacques-Guillaume 61, 64, 71, 274, 282
Cölln [Kölln], Friedrich von 84, 90, 95, 234, 280
Comte, Auguste 10, 72 ff., 128 f., 137, 141 f.
Condorcet, Jean Antoine Nicolas de Caritat, Marquis de 74, 125, 127 f., 133, 142, 176
Constant, Benjamin 114

Cotta, Friedrich Christoph 20
Cotta, Johann Friedrich 10, 12 f., 22, 26, 31, 33, 37 ff., 41 f., 47 f., 52, 54 ff., 59 ff., 71, 90, 92, 96 f., 107, 149 f., 153, 167, 188, 193, 199, 212, 217 f.
Cotta, Johann Georg 389
Dalberg, Karl Theodor von 23
d'Eichthal, Gustave 72 ff., 141 f.
de Pradt, Dominique 69, 217 f.
de Tracy, Destutt 67
Decaen, A. 76
Dessalines, Jean-Jacques 156, 165 f.
Diderot, Denis 166
Döhner, Friedrich 156
Dohm, Christian Wilhelm v. 26
Droysen, Johann Gustav 34
Dubouchet, Jean 76
Dubroca, Louis 156 ff.
Edouard, Louis Pierre, Baron de Bignon 61
Edwards, Bryan 156
Eggers, Christian von 124
Eisenmenger, Johann Andreas 195
Enfantin, Barthélémy Prosper 76
Engels, Friedrich 80
Erhard, Johann Benjamin 84, 110
Falsen, Christian Magnus 10, 71 f.
Ferguson, Adam 125
Feßler, Ignaz Aurelius 82 f., 270 f., 274
Fichte, Johann Gottlieb 10, 83 f., 119, 121 ff., 130, 134 f., 140, 177 f., 187, 190, 194 ff., 207, 305, 371
Finckenstein, Friedrich Ludwig Karl von 89

Fischer, Bernhard 13, 81
Fischer, Christian August 20, 266, 309, 320, 340, 362, 364, 368, 374, 378
Forster, Georg 16, 51, 89, 353
Fratzke-Weiß, Birgit 11, 60
Friedrich II., König v. Preußen 21, 116
Friedrich Wilhelm II., König v. Preußen 123
Friedrich Wilhelm III., König v. Preußen 82, 100, 104, 106 f., 205
Fulda, Daniel 9, 13
Ganilh, Charles 67, 88, 131
Gans, Eduard 49, 75, 80, 115, 118, 120 f., 205, 214
Garber, Jörn 11, 24, 190
Garve, Christian 52
Gatterer, Johann Christoph 9, 21, 36
Gedike, Friedrich 27
Gentz, Friedrich 9 ff., 14, 16, 18 ff., 23, 32, 37, 39, 43 f., 47, 52 ff., 84, 94 f., 111 f., 114, 122 ff., 162, 179 ff., 195, 211, 214, 217 ff.
Gerth, Hans 11, 190
Gibbon, Edward 150
Girtanner, Christoph 29, 146 f.
Goethe, Johann Wolfgang 10, 16, 30, 55, 167
Goldfinder, Georg 94, 197
Göschen, Georg Joachim 35
Grattenauer, Karl Wilhelm 30, 194 f.
Grégoire, Henri-Baptiste 51, 165
Guizot, François 20, 51, 69 f., 129, 146, 213
Gustav III., König v. Schweden 106

Personenverzeichnis

Gutzkow, Karl 116

Haller, Carl Ludwig v. 217 f.

Hardenberg, Karl August v. 19, 32, 56 f., 59, 61, 65, 84 ff., 96 ff., 106 ff., 111, 114, 185, 187, 199, 205, 212, 214, 219, 314, 353 ff., 367, 370

Harrington, James 14, 94, 206, 208 f.

Hegel, Georg Wilhelm Friedrich 75, 119 f.

Heine, Heinrich 15, 81, 119 f.

Held, Hans von 29, 83 f., 102, 140, 195

Hennings, August 20, 26, 39 f.

Henri IV., König v. Frankreich 22

Henri Christophe, König v. Haiti 166

Herder, Johann Gottfried 74, 142

Herrmann, Ludger 11

Herzberg, Ewald v. 17, 22

His, Charles Hyacinthe 142

Hofmeister-Hunger, Andrea 11, 81

Hormayr, Joseph von 49

Hoym, Karl Georg Heinrich Graf v. 29

Huber, Ludwig Ferdinand 16, 82, 90

Hugo, Victor 70

Humboldt, Wilhelm von 189

Hume, David 169, 171 ff., 176 f., 179, 181

Iselin, Isaak 16, 25, 36

Jaeger, Stephan 9

Jean Paul, eigtl. Johann Paul Friedrich Richter 141, 305

Jochmann, Carl Gustav 8, 20, 25, 125

Kamptz, Karl von 110 f.

Kant, Immanuel 75, 118 f., 122 f., 129 f., 189, 211

Karl der Große, Römischer Kaiser 260

Karl Wilhelm Ferdinand, Herzog von Braunschweig-Wolfenbüttel 86, 284, 286, 294, 311

Kittsteiner, Heinz Dieter 13, 205

Kleist, Heinrich von 56, 156, 184, 187, 373

Koch, Christoph Wilhelm 143

Koreff, Friedrich Daniel 114

Koselleck, Reinhart 7, 168

Lachenicht, Susanne 81

Lafontaine, August 24, 336

La Mettrie, Julien Offray de 140

Landwehr, Achim 8

Lange, Karl Julius 19, 26, 85 ff., 91, 101

Laurent, Paul Mathieu 76

Leonhard, Jörn 190

Lessing, Gotthold Ephraim 86, 129, 192

Llorente, Juan Antonio 70

Locke, John 69

l'Ouverture, François-Dominique Toussaint 165

Luden, Heinrich 19 f.

Machiavelli, Niccolo 28, 150, 206 ff.

Mallet Du Pan, Jacques 20, 122

Marwitz, Friedrich August Ludwig von der 89, 185

Marx, Karl 8, 118, 126, 146

Matzdorff, Carl August 98

Mendelssohn, Moses 26, 82, 86

Menzel, Wolfgang 48 f.

Merkel, Garlieb 16, 20, 84, 91, 225
Metternich, Klemens Wenzel Lothar v. 53, 114, 217 f.
Meyer, Annette 11, 13, 125, 207
Mill, John Stuart 121
Moldenhauer, Dirk 34
Montesquieu, Charles de Secondat 45, 150, 169
Montgelas, Maximilian v. 61, 65, 219
Müller, Adam 10 f., 19, 20, 32, 53, 95, 124, 126, 170, 184 ff., 211, 220, 297, 334, 373
Müller, Johannes von 11, 18 f., 23, 33, 38, 53, 91, 141, 190, 225, 275, 282, 298, 300, 329, 331, 334, 347 f., 350
Münch, Ernst 48 f.
Napoleon Bonaparte, Kaiser der Franzosen 19, 26, 31, 52 ff., 85, 88 f., 94, 104, 144, 158, 160, 164 ff., 169, 185 f., 191, 197, 205, 212, 217 ff., 239, 241 ff., 245, 247, 250, 260, 262 f., 273 f., 276, 286 ff., 295, 301, 305, 314, 329, 330, 332, 338, 353, 368
Nebrig, Alexander 11, 13
Newton, Isaak 69, 126 ff., 133, 135 f., 139
Niebuhr, Barthold Georg 10, 94 f., 121
Nissen, Martin 34, 43
Oelsner, Konrad Engelbert 25, 51, 65, 84 f., 89 f., 100 f., 217
Osterhammel, Jürgen 168
Otto, Christian Georg 20, 140
Owen, Robert 190
Pahl, Johann Gottfried 19
Perthes, Christoph 34, 37

Petersson, Niels P. 168
Piereth, Wolfgang 60, 81
Pölitz, Karl Heinrich Ludwig 116, 130
Posselt, Ernst Ludwig 9, 20 ff., 31, 38 f., 41, 43, 46 f., 52, 157
Prutz, Robert 48
Pütter, Johann Stephan 21
Rainsford, Marcus 156 f.
Rambach, Friedrich 82
Ranke, Leopold von 33 f., 37, 48, 99, 117, 159
Raumer, Friedrich von 49, 55, 89, 106 f., 120, 367
Raumer, Karl Georg von 106
Raynal, Guillaume-Thomas-François 165
Rehberg, August Wilhelm 10, 20, 32, 122, 190 f., 207
Rehfues, Philipp Joseph von 53
Reichardt, Johann Friedrich 16, 82
Reimer, Georg 107
Reinhard, Karl Friedrich 51, 89
Renfner, Johann Heinrich 107 ff.
Rodrigues, Olinde 76
Rouen, P. J. 76
Rousseau, Jean-Jacques 70, 131, 178, 206
Rüdiger, Axel 11, 13
Ruge, Arnold 48
Saadi [Sadi], eigtl. Muscharraf ad-Din Abdullah 131
Saint-Simon, Henri de 20, 78 f., 118, 127 ff., 133, 136 f.
Sander, Johann Daniel 31, 93, 282, 351

Personenverzeichnis

Sauerländer, Heinrich 25
Say, Jean Baptiste 67
Schäfer, Rütger 11, 13, 190
Schiller, Friedrich 16, 22, 33, 35 f., 38, 55, 130, 207
Schirach, Gottlob Benedikt von 20, 37, 157
Schlabrendorf, Gustav Graf von 25, 53, 84, 112, 215, 216 ff., 325, 344
Schlegel, Friedrich 20, 85
Schlichtegroll, Antonin von 51
Schlözer, August Ludwig 9, 16 f., 21, 35, 36, 46, 52, 157
Schmalz, Theodor Anton Heinrich von 112
Schöll, Maximilian Samson Friedrich 111, 214 f.
Schubart, Christian Daniel 16, 21
Schubart, Ludwig 21 f.
Schuck, Gerhard 11
Schuckmann, Friedrich von 109
Schüller, Karin 160
Schütz, Christian Gottfried 134, 300
Schummel, Johann Gottlieb 83
Seibt, Gustav 189
Siemann, Wolfram 81
Sieyès, Emmanuel Joseph 83, 90, 169, 175 ff., 211, 262
Sismondi, Jean-Charles-Léonard Simonde de 20, 67
Smith, Adam 67 f., 125, 127, 173, 176 f., 179
Sonenscher, Michael 168 f.
Spartakus 157
Spinoza, Baruch de 140
Spittler, Ludwig Timotheus 22, 36

Stägemann, Friedrich August von 91, 111, 115
Streckfuß, Karl 194, 202
Struensee, Carl August von 23, 83 f., 105, 178
Sully, Maximilien de Béthune, Duc de 22, 252
Taarup, Thomas 199
Tabarié, Emile 75
Tacitus 152
Thiele, André 26
Thierry, Augustin 20, 69, 129, 146
Thiers, Adolphe 20, 69
Thuanus, eigtl. Jacques Auguste de Thou 8
Treitschke, Heinrich v. 34
Tschirch, Otto 12, 100
Turgot, Anne-Robert-Jacques 125, 127
Unger, Friderike 30, 265
Unger, Johann Friedrich 22 f., 29 f., 39, 82 f., 102 ff., 134, 139, 147, 251
Usteri, Peter Paul 9, 20, 90
Valjavec, Fritz 190
Varnhagen von Ense, Karl August 10, 29, 33, 85, 89, 91 f., 100 f., 110, 216 f., 220
Villers, Charles de 124
Vogl, Joseph 168 f.
Vogt, Niklas 19, 39
Voltaire, [eigtl.] François Marie Arouet 125 ff., 129
Voss, Christian Daniel 20 f., 23 f., 29, 38 f., 45 ff., 94, 197
Voss, Julius von 168

Weise, Christian 8

Wekhrlin, Wilhelm Ludwig 16

Widemann, Joseph 19 f., 54 f., 60, 61 f., 64 f., 256, 258, 299, 310, 338, 345, 350, 377, 385

Wieland, Christoph Martin 16, 35, 236, 284

Wingertszahn, Christof 147

Winkopp, Peter Adolf 19

Wittgenstein, Wilhelm Fürst von Sayn 90, 111

Wolf, Friedrich August 27, 32

Wöllner, Johann Christoph 101 f., 105, 107

Woltmann, Karl Ludwig von 9, 11, 20 ff., 29, 39, 44 f., 47, 53, 82 ff., 104, 124, 140 f., 190, 347

Wyrwa, Ulrich 11, 13, 192 f.

Zelter, Karl Friedrich 30

Zerboni di Sposetti, Joseph 83

Zimmermann, Harro 219

Zöllner, Johann Friedrich 102 f.

Zschokke, Heinrich 9, 20 f., 24 f., 37, 39, 42, 47, 52 f., 69, 88, 124, 198

www.ingramcontent.com/pod-product-compliance
Lightning Source LLC
Chambersburg PA
CBHW021139160426
43194CB00007B/626